Ein Buch aus dem Verlag

die PIRSCH

unsere Jagd

Fritz Nüßlein

Das
PRAKTISCHE
HANDBUCH
der
JAGDKUNDE

blv

Die Deutsche Bibliothek – CIP-Einheitsaufnahme

Ein Titeldatensatz für diese Publikation ist bei
Der Deutschen Bibliothek erhältlich.

BLV Verlagsgesellschaft mbH
München Wien Zürich
80797 München

15., überarb. Auflage, Neuausgabe

© BLV Verlagsgesellschaft mbH, München 2003

Umschlaggestaltung: Studio Schübel, München
Umschlagfoto: Titelfoto Erich Marek; Rückseite Willi Rolfes, Erich Marek
Lektorat: Gerhard Seilmeier
Herstellung: Peter Rudolph

Gesamtherstellung: F. Pustet, Regensburg

Printed in Germany · ISBN 3-405-16456-7

Inhalt

Jagdrecht und Jagdschutz

Die Jagd einst und heute

Wildkunde

Jagdbetrieb

Jagdhunde

Jagdwaffenkunde

Umwelt- und Naturschutz
Grundlagen des Land- und Waldbaues

Bearbeiter bzw. Verfasser der 15. Auflage

»Die Jagd einst und heute«
»Wildkunde«, »Jagdbetrieb«

Dr. Wilfried Bützler, Prof. für Wildbiologie und Jagdbetriebslehre am Fachbereich Forstwirtschaft und Umweltmanagement Göttingen der Fachhochschule Hildesheim/Holzminden

»Jagdrecht und Jagdschutz«
»Umwelt- und Naturschutz«

Dr. Dietrich Meyer-Ravenstein, Min.-Dirig., Leiter der Verwaltungsabt. der Landtagsverwaltung von Sachsen-Anhalt, Lehrbeauftragter der Universität Göttingen im Jagdrecht (1990–2001)

»Wildkrankheiten«
»Fleischhygienegesetz«
»Behandlung des erlegten Wildes«
»Hundekrankheiten«

Dr. Odward Geisel, Akademischer Direktor, Fachtierarzt für Pathologie i. R., Mitglied der Jägerprüfungskommission Oberbayern

»Jagdhunde«

Dr. Wolf-Eberhard Barth, Forstdirektor, Leiter des Nationalparks Harz (Bearbeiter 14. Auflage)

»Jagdwaffenkunde«

Heinrich Weidinger, Fachautor von Waffen- und Munitionsthemen

»Grundlagen des Land-
und Waldbaues«

Johannes Urban, Chefredakteur »Bayerisches Landwirtschaftliches Wochenblatt«

Vorwort zur 15. Auflage

Seit 40 Jahren dient »der Nüßlein«, wie er längst liebevoll genannt wird, der Jagdkunde und ist damit inzwischen zu einem Werk für Generationen geworden. Langfristige Kontinuität oder, schlichter gesagt, die Treue zum Wild und zur Jagd, kann besonders dann als eigener Wert entdeckt werden, wenn sonst die Welt aus den Fugen zu geraten scheint. Das Wild bestätigen und kennenlernen, das leise Pirschen gegen den Wind, das störungsfreie Ansitzen auf der Leiter, das gewissenhafte Ansprechen, der sorgfältig angetragene Schuss und die saubere Versorgung des erlegten Wildes mit vielen, hundertfach erprobten Handgriffen, diese jagdliche Routine wird dann zu einer Insel der Normalität in einem sonst chaotischen Meer. So können sich Jagd und Jagdkunde auch zu einer Orientierungshilfe im Leben gestalten, eine Wertedimension, die in scheinbar geordneten Zeiten und Verhältnissen oft nicht bemerkt wird. Erkennt man diese Werte, so erscheint die gewohnte Befriedigung und Beglückung durch den Umgang mit Wild und Jagd in einem neuen Licht. Darin ist die eigene Begeisterung für Wild und Jagd ein kostbares Geschenk, das uns Lebensfreude und -mut erneuert und verstärkt. Die so gefundene jagdliche Identität war bei mir insbesondere an die Person des Autors der »Jagdkunde« gebunden und damit auch an das vorliegende Buch als sichtbarer Ausdruck jagdlicher Sachkunde. Es will zu den Zielen einer sorgfältigen Behandlung des Wildes und einer fachgerechten Jagdausübung beitragen. Die letzte, von Professor Nüßlein selbst noch gestaltete Auflage – es war damals die elfte – überreichte er mir Weihnachten 1983 mit der Widmung ». . . in Erinnerung an gemeinsame Arbeit zum Wohle der Jagd«. Walter Helemann (Hauptschriftleiter der Jagdzeitschrift »Die Pirsch«) ist danach eine besonders gute und reich illustrierte Neuausgabe zu verdanken, die in ständig aktualisierter Form fortgeführt wurde. Im Sinne beider Autoren, die leider schon lange nicht mehr leben, zum Wohl des Wildes und der Jagd, möge auch diese junge, 15. Auflage beitragen. Sie zeichnet sich neben vielen, kleineren Anpassungen und Verbesserungen, z. B. durch die Umstellung auf den EURO, besonders aus durch eine völlige Neufassung des jagdrechtlichen Kapitels, welche durch die aktuellen Änderungen der Gesetzestexte notwendig wurde.

Prof. Dr. WILFRIED BÜTZLER

Vorwort zur Neuausgabe 1988 (12. Auflage)

Ein Ausblick nach 25 Jahren

Im Frühjahr 1962 erschien die erste Ausgabe der »Jagdkunde«. Jetzt, im Frühjahr 1988, liegt die 12. Auflage (Neuausgabe) des Buches vor. Der »Nüßlein« ist als Standardwerk für die jagdliche Ausbildung längst zu einem Begriff geworden. Ein Gedanke, den der Verfasser vor 25 Jahren diesem Lehrbuch mit auf den Weg gegeben hat, gilt nach wie vor: »Möge der Leitfaden – so wissenschaftlich wie nötig gehalten, so praktisch wie möglich ausgerichtet – jungen Jägern ein Rüstzeug für ihr Waidwerken sein und alten Jägern manche Anregung für neue Betrachtung bringen.«
Der Zuwachs an Wissensstoff und die sich steigernden Anforderungen an die Verantwortlichkeit des Jägers für das Wild und dessen Lebensraum haben zu höheren Ansprüchen auch in der Ausbildung für die Jägerprüfung geführt: Die 250 Seiten der ersten Auflage haben sich fast verdoppelt. Und in einer Zeit, in der unser Umgang mit der belebten Umwelt, unser Verhältnis zu den tierischen Mitge-

schöpfen immer schwierigere Fragen aufwirft, sind auch alte Jäger aufgerufen, sich »manche Anregung für neue Betrachtung« zu verschaffen; ebenso nichtjagende Naturfreunde, sich über jagdkundliche Fragen sachlich zu informieren.

Fritz Nüßlein war wie kein anderer dazu berufen, das geistige Rüstzeug für das komplexe Gebiet der Jagdkunde in einem Lehr- und Handbuch zusammenzufassen. Fundiertes Sachwissen als Grundlage für verantwortliches Handeln zu vermitteln, war seine Richtschnur. Der Nestor der deutschen Jagdwissenschaft starb am 30. Januar 1984 im 85. Lebensjahr. Von Beruf Forstmann, aus Familientradition mit jagdlicher Praxis, Verwaltung und Lehre verwachsen, frühzeitig mit jagdwissenschaftlichen Aufgaben betraut, leitete er seit 1950 das Institut für Jagdkunde an der Universität Göttingen. Seiner Initiative ist es zu verdanken, daß anläßlich der internationalen Jagdausstellung in Düsseldorf 1954 der »Internationale Ring der Jagdwissenschaftler« gegründet wurde. Auch nach seiner Emeritierung 1967 blieb Professor Nüßlein seinem Fach, dem Institut und dem gesamten jagdlichen Geschehen eng verbunden und wirkte als angesehene Autorität über Landesgrenzen hinaus. Als hervorragender Repräsentant der »klassischen«, in der Forstwissenschaft beheimateten Jagdkunde stand er der aufblühenden zoologisch-ökologisch orientierten Wildbiologie aufgeschlossen gegenüber, behielt aber die Einordnung in das gemeinsame Ganze im Auge und vermittelte, wo Spannungen auftraten.

In diesem Geist die »Jagdkunde« als ein Lehr- und Handbuch für alle, die an jagdlichen Fragen interessiert sind, ganz besonders für den Jägernachwuchs weiterzuführen, ist eine verpflichtende Aufgabe. Von der ersten Auflage der »Jagdkunde« an mit Professor Nüßlein in fachlicher Zusammenarbeit verbunden, ging es mir wie vielen, die von ihm lernen durften: Es entwickelte sich ein harmonisches Vertrauensverhältnis, das es mir leicht macht, sein Vermächtnis in Dankbarkeit anzunehmen, aber auch schwer, den Maßstäben gerecht zu werden, die seine Persönlichkeit gesetzt hat. Das sind, so hoffe ich, brauchbare Voraussetzungen, um das bewährte Werk in zeitgerechter Form auch künftigen Jägergenerationen nahezubringen. Wo immer es möglich war, ohne das zeitgemäße Verständnis zu beeinträchtigen, ist der originale Wortlaut bewahrt worden.

Die neubearbeitete 12. Auflage berücksichtigt den Stand der Gesetzgebung vom Herbst 1987. Die raschen und vielfältigen Neuerungen und Änderungen von Gesetzen und Rechtsverordnungen haben leider zu einer Zersplitterung und Komplika-

Prof. F. Nüßlein im Gespräch mit Walter Helemann

tion der einschlägigen Vorschriften geführt, die in einem allgemeinen Lehrbuch nur noch in groben Zügen erfaßbar sind. Dank gebührt dem Verlag für die abermals verbesserte, jetzt weitgehend farbige Ausstattung.

WALTER HELEMANN

Die **13. Auflage** erschien 1990 ohne Walter Helemanns Mitarbeit. Er verstarb am 5. September 1989 im Alter von nur 56 Jahren.

Den von Fritz Nüßlein vorgegebenen Maßstäben konnte Walter Helemann auf Grund seines Wissens in der Jagdkunde und all ihren Randgebieten bei seiner letzten Überarbeitung zur Neuausgabe in vollem Maße gerecht werden. Ihm ist es zu verdanken, daß das Handbuch heute dem allgemeinen Wissen und der aktuellen Entwicklung in der Jagd und ihrem Umfeld standhält. Nicht umsonst war die 12. Auflage in so kurzer Zeit vergriffen.

Der Verlag hat dieses anspruchsvolle Niveau eines zeitgemäßen Handbuches weitergeführt.

Der Verlag

Begriffe der Jagd und Jagdkunde

Wenn wir in diesem Buch die Jagdkunde behandeln wollen, müssen wir zunächst darlegen, was wir unter *Jagd* verstanden wissen möchten.

Die deutsche Sprache kennt das Hauptwort »Jagd« in verschiedener Bedeutung. Wir benutzen Jagd gleichbedeutend mit Jagdwesen und meinen damit die Gesamtheit aller jagdlichen Dinge (z. B. die Jagd in Deutschland). Wir verwenden Jagd anstelle von Jagdwirtschaft, auch von Jagdbetrieb, und meinen damit diese Bodennutzungsform (neben Land-, Forst- und Fischereiwirtschaft). Mit Jagdbeute oder Jagdertrag meinen wir die Beute oder den Ertrag, die die jagdbaren Tiere liefern. Wir sagen Jagd und meinen das Jagdrevier (ich gehe in meine Jagd). Ebenso gebrauchen wir das Tätigkeitswort »jagen« in verschiedenem Sinne. Zunächst verstehen wir allgemein unter »jagen« zweckbewußtes Verfolgen gewisser freilebender Tiere, nämlich Wild, durch den Menschen (ich jage auf den Rehbock).

Rechtlich verstehen wir unter jagen: von der Befugnis Gebrauch machen, auf Wild die Jagd auszuüben, es aufzusuchen, ihm nachzustellen, es zu erlegen und sich anzueignen. Wir sagen: »Müller jagt« und wollen damit ausdrücken, Müller ist ein Jäger. Schließlich hat die Entwicklung mit sich gebracht, daß jagen ohne Hege des Wildes und Pflege des Reviers nicht mehr denkbar ist. So hat das Wort jagen einen erweiterten Inhalt bekommen, auch in unserer Gesetzgebung.

Mir scheint es daher bei dieser Komplexität zumindest keine erschöpfende, ja sogar eine verwirrende Relation und Sentenz zu sein, die Jagd als »angewandte Ökologie« oder »angewandten Naturschutz« zu bezeichnen. Daher schlage ich die folgende, sachbezogene Definition vor: »Jagd ist Hege und Nutzung lebender Naturgüter (jagdbare Wildtiere).«

Ebenso wie die Worte Jagd und jagen eine vielseitige Bedeutung haben, ist auch die Jagdkunde, die Lehre und die Forschung, die sich darauf beziehen, vielseitig und komplex.

Die Jagdkunde fußt sowohl auf natur- als auch auf geisteswissenschaftlichen Grundlagen. Diese sind einerseits die Biologie und Ökologie des Wildes (also die Naturgeschichte der jagdbaren Tiere und ihr Verhältnis zur Umwelt), andererseits die Rechtskunde, Geschichte, Kultur- und Sozialwissenschaften, soweit sie sich auf Jagd und Jäger beziehen.

Von dieser Grundlage ausgehend vermitteln die jagdtechnischen Fächer Kenntnisse über Wildhege, Jagdschutz, Wildnutzung und Wildschäden. Die jagdwirtschaftlichen Fächer befassen sich mit der Einordnung des Wildes in die Kulturlandschaft, mit der Planung, Regulierung und Nutzung der Wildbestände sowie mit der Reviergestaltung. Schließlich unterrichtet uns die Jagdpolitik über die Einflußnahme von Staat und Gesellschaft auf das Jagdwesen. Die folgende Graphik veranschaulicht diese Zusammenhänge zwischen Grundlagen und Fächern der Jagdkunde.

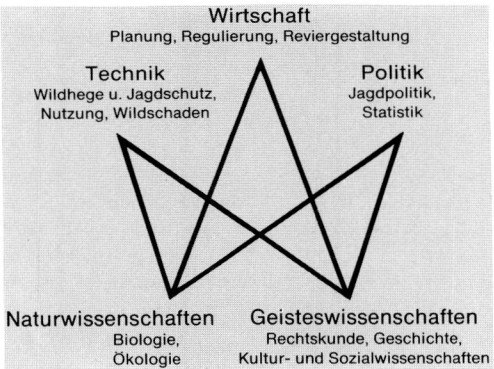

Das komplexe Fachgebiet Jagdkunde

So gesehen, ist Jagdkunde ein komplexes Gebiet. Infolge dieses Charakters ist es verständlich, daß manche es anders bezeichnet haben, je nachdem sie dem einen oder anderen Teilgebiet den Vorrang zuerkannt haben wollen. Waidwerk, Wildkunde, Jagdwirtschaft, Jagdlehre, auch Wildbiologie sind solche Bezeichnungen. Sie alle umfassen nicht die Gesamtheit. Ich erachte nur die Worte Jagdwissenschaft und Jagdkunde für umfassend genug und als Oberbegriffe. Ich behielt das letztere bei, weil dort, wo seit über einhundert Jahren gezielt auf die Jagd Bezügliches gelehrt, geprüft, entwickelt und erforscht und auch anderwärts zu erarbeiten angeregt wird, nämlich an den forstlichen Ausbildungsstätten, dies als Fachgebiet *Jagdkunde* bezeichnet wird.

Die Jagd
einst und heute

Eine der ursprünglichsten und ältesten Betätigungen des Menschen ist das Jagen. Es bildete bei den Menschen der Vorzeit zunächst eine der Hauptquellen der Ernährung. Als die Menschen Viehzucht begannen, seßhaft wurden, Ackerbau trieben und dabei an Zahl immer mehr zunahmen, trat die Jagd als Ernährungsquelle zurück. Das Wild begann den landwirtschaftlichen Anbau zu schädigen. Die Jagd verfolgte nunmehr auch den Zweck, den durch das Wild verursachten Schaden einzudämmen. Das führte zur Bekämpfung des Großwildes – sowohl des Schalen- wie des Raubwildes – bis zu seiner Ausrottung in vielen Gebieten.

In geschichtlicher Zeit begannen die Rodung großer Waldflächen, die Zunahme der Landwirtschaft, ein weiterer Anstieg der Bevölkerung. Konnte und mußte bisher jeder jagen, weil die Jagd fester Bestandteil der Arbeitsaufgaben der erwachsenen Männer war, so beschränkte sich die Jagd später durch berufliche Spezialisierung auf nur mehr einen Teil der Bevölkerung. Dazu kam, daß mit der Gründung der Städte, später mit der Industrialisierung, eine Ballung und Umschichtung der Bevölkerung eintrat, bei der im Laufe der Zeit die Bindung an die Landschaft gelöst wurde und die Naturentfremdung der Menschen zunahm. So setzen sich heute die Jäger zwar aus allen Schichten

und Berufen zusammen, ihre Zahl ist aber zwangsläufig nur mehr ein ganz geringer Bruchteil unseres Volkes (rund 0,3 Prozent). Bei den Nichtjägern, vor allem in der Landbevölkerung, aber auch bei vielen Städtern als Nachklang ihrer ländlichen Herkunft, ist jedoch das Interesse an jagdlichen Dingen wachgeblieben. Ja, es hat einen neuen Auftrieb erhalten durch die Naturschutzbewegung und die Erholung in der freien Landschaft, die für den modernen Menschen immer wichtiger wird.

Die Jagd hat den Menschen zur Erfindung und Herstellung seiner ersten Waffen und Werkzeuge veranlaßt. Die Steinschleuder, der Speer, Pfeil und Bogen, die Armbrust, schließlich mit der Erfindung des Schießpulvers das Feuergewehr, dienten – oft im Abstand von Tausenden von Jahren entwickelt – meist erst der Jagd, bevor sie im Kampf mit den Feinden verwendet wurden. Der einfache Jäger war in der Herstellung von Vorrichtungen und Geräten, die ihm zur Tötung oder zum Fang des Wildes verhalfen, erstaunlich findig; geschickt wurden, Gruben, Fänge, Fallen, Schlingen, Netze für die Jagd verwendet. Die moderne Technik brachte neue Jagdbüchsen und -flinten, Jagdgläser und Zielfernrohre. Das älteste Haustier, der Hund, wurde bei allen frühen Kulturvölkern und auch in vorgeschichtlicher Zeit als Jagdgehilfe verwendet.

Darstellung einer Hirschjagd aus der Cúeva de los Caballos (Altsteinzeit)

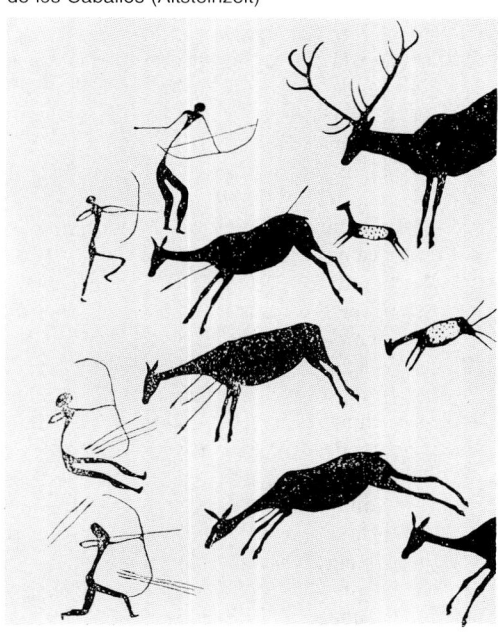

Wirtschaftliche Bedeutung

Die Erzeugnisse der Jagd brachten dem Menschen neben dem Wildbret auch brauchbare Beiprodukte. Aus den Knochen fertigte er Pfeilspitzen, Nadeln und Schmuck, die Felle und Pelze verarbeitete er zur Bekleidung, nach der Erfindung der Gerberei auch zu Leder. Diese Verwendung hat sich im Laufe der Jahrtausende den Verhältnissen angepaßt, gewandelt und ist heute noch, was Felle, Pelze, Wildleder anlangt, von Bedeutung.

Dementsprechend war der wirtschaftliche Wert der Jagd zu allen Zeiten bedeutend. Die Verwertung der Jagderzeugnisse, des Wildbrets, der Decken und Bälge, ihre Verarbeitung und Veredlung, die Herstellung der Jagdwaffen, Jagdgeräte, Patronen ist auch heute noch ein beachtlicher Wirtschaftsfaktor.

Die bejagbare Fläche in Deutschland beträgt rund 32 Millionen Hektar. Die Jagdfläche setzt sich zusammen aus rund 30% Waldungen und 70% hauptsächlich landwirtschaftlichen Flächen. Die gemeinschaftlichen Jagdbezirke nehmen rund 75%, die privaten Eigenjagdbezirke 13%, die öffentlichen (staatlichen, kommunalen) Eigenjagden 12% der Gesamtjagdfläche ein. Die Zahl der gemeinschaftlichen Jagdbezirke mag um 36 000, die der privaten Eigenjagdbezirke um 12 000 liegen.

Die Zahl der Jäger (Inhaber von Jahresjagdscheinen) beträgt rund 340 400, von ihnen sind etwa 17% Landwirte, 31% Beamte und Angestellte (einschl. Forstbeamte), 10% Fabrikanten und Kaufleute, 13% Handwerker, 9% andere freie Berufe, 11% Arbeiter, 9% sonstige Berufe. 88% der Inhaber von Jahresjagdscheinen sind Mitglieder eines Landesjagdverbandes.

Die Einnahmen aus Wild und Wildbret betragen jährlich etwa 156 Millionen EUR. Davon entfallen etwa 36% allein auf Rehwild und 35% auf Schwarzwild. Rotwild erbringt einen Streckenwert von 15 Millionen EUR. Die Fuchsstrecke hat einen Wert von 8 Millionen EUR, die der Hasen von etwa 5 Millionen EUR. Etwa 6 Millionen EUR erbringt die Gesamtstrecke des Federwildes, vor allem Fasanen, Wildenten und Ringeltauben. Die Bälge aller Raubwildarten zusammen (Fuchs, Marder und Dachs) erreichen einen Wert von 10 Millionen EUR.

An Pachtgeldern gehen rund 366 Millionen EUR ein (die Eigenjagden sind dabei nicht berücksichtigt), an Jagdpachtsteuern 66 Millionen, die Einnahmen aus Jagdscheingebühren betragen 18 Millionen EUR im Jahr, einschließlich der Jagdabgabe. Die jährlichen Beiträge zur Jagdhaftpflichtversicherung belaufen sich auf 15 Millionen EUR. Die Sachkosten für den Betrieb der Jagd (Jagdhundhaltung, Fütterung, Abwehr und Ersatz von Wildschäden) in allen Jagdbezirken mögen mit fast 200 Millionen veranschlagt werden, die Personalkosten (Jagdaufseher u. ä.) mit 31 Millionen. An Jagdausrüstung (samt Jagdwaffen und Munitionsbeschaffung) mögen Aufwendungen von 60 Millionen EUR entstehen.

Wenn auch diese Zahlen nicht genau sind (sie sind teilweise den Veröffentlichungen des Deutschen Jagdschutzverbandes entnommen, teilweise mit möglichster Sorgfalt geschätzt), so ergeben sie doch einen Einblick in die umlaufenden Werte.

Jagdrechtliche Entwicklung

Die Entwicklung der Jagd läßt sich verfolgen an der Gestaltung des Jagdrechts. Das Jagdrecht begann, als die Menschen seßhaft wurden und sich zu Gemeinwesen zusammenschlossen. Der Einzelne erwarb eigenen Grundbesitz, auf dessen Fläche er allein die Jagd ausüben durfte. Daneben gab es

Die Jahresstrecke im Bundesgebiet im Jagdjahr 1993/94 (Quelle: DJV Handbuch 2002)

Rotwild	53 241
Damwild	45 609
Sikawild	850
Schwarzwild	350 976
Rehwild	1 065 236
Gamswild	4 097
Muffelwild	5 869
Hasen	442 127
Kaninchen	188 172
Fasanen	336 908
Rebhühner	11 092
Waldschnepfen	8 578
Wildgänse	29 720
Wildenten	516 868
Wildtauben	749 729
Füchse	606 456
Dachse	38 419
Baummarder	4 243
Steinmarder	47 587
Iltisse und Wiesel	31 241
Waschbären	9 064
Marderhunde	7 161

zunächst nicht in Anspruch genommenes Gelände zwischen den einzelnen Siedlungen (oder Banngebieten oder Herrschaftsgebieten), in dem nach Belieben gejagt werden konnte. Aus diesem Gelände oder Teilen von ihm konnte sich die Allmende entwickeln, ein gemeinschaftlich genutztes Gelände, das der Gemeinde gehörte. Gegendweise gab es auch Flächen, die gemeinsam mehreren Einzelpersonen gehörten (z. B. Markgenossenschaften). Aus den Eigentumsverhältnissen entwickelte sich die Berechtigung zum Jagen. Mit dem Erstarken ihrer Macht, ab 800, gingen die Könige daran, große Waldgebiete zu Bannforsten zu erklären, in denen sie sich die Jagd vorbehielten (Wildbann) und die Verletzung ihres Vorrechts mit Strafen belegten (Königsbann). Ähnliches tat die Kirche. Die Entwicklung führte nach und nach zu einem Obereigentum des Königs (teilweise der Kirche), gegenüber dem es nur ein Lehensverhältnis der Ritter und von diesen abhängig eines der Bauern gab. Das führte schließlich dazu, daß der Bauer von der Jagdausübung mehr und mehr verdrängt wurde. Das Schwinden der königlichen Gewalt brachte vom 16. Jahrhundert an ein Wachsen der Macht der

Landesfürsten. Diese betrachteten sich als Eigentümer ihres ganzen Landes und nahmen das Jagdrecht für sich allein in Anspruch (Jagdregal).

Ein anderer konnte die Jagd nur auf Grund landesherrlicher Verleihung ausüben. Meist behielten sich die Landesherren die sogenannte Hohe Jagd selbst vor, während sie die Niedere Jagd den Adligen, Geistlichen und Patriziern überließen. So entstand eine Jagdberechtigung an fremdem Grund und Boden. Der bäuerliche Grundeigentümer durfte das Wild nicht jagen; er bekam auch keinen Ersatz des Wildschadens. Indes mußte er Jagdfronen aller Art leisten. Das mußte zu unerträglichen Härten für den Bauernstand führen, zumal in dieser Zeit des Absolutismus die Landesfürsten oft jede Rücksicht auf die Bevölkerung unterließen und die Jagd ausschließlich zu ihrem Vergnügen betrieben.

In Frankreich brachte die Revolution des Jahres 1789 die Aufhebung des Jagdregals, in Deutschland das Jahr 1848. Man bestimmte, daß jeder auf seinem Grund und Boden jagen durfte, ja mancherorts schritt man zur freien Jagd, d. h. jeder durfte überall jagen. Schon in Kürze zeigte es sich, daß dies zur völligen Vernichtung des Wildbestandes führen muß; es häuften sich zudem die Unfälle und blutigen Zusammenstöße der Jäger. Die Einsicht siegte bald, und fast alle Länder gingen an eine Neuregelung. Danach stand in Deutschland das Jagdrecht zwar dem Grundeigentümer zu, aber er durfte es nur ausüben, wenn der Grundbesitz eine bestimmte Größe (Eigenjagdbezirk) hatte. Grundstücke innerhalb einer Gemeinde, die diese Mindestgröße nicht haben, werden zu einem gemeinschaftlichen Jagdbezirk zusammengefaßt. Gleichzeitig wurde die Verpflichtung zum Ersatz des Wildschadens an den Grundeigentümer festgelegt. Eine Voraussetzung für den sachgemäßen Jagdbetrieb war damit erfüllt.

Nachdem so der Jagdbezirk als Betriebseinheit geschaffen war, wandelte sich der Kreis der Jagenden. Neben den Eigenjagdbesitzern trat der, der einen Jagdbezirk pachten konnte (der Jagdpächter), und der, dem dieser Jagdgelegenheit geben konnte (der Jagdgast). Zu einer weitergehenden Einflußnahme auf den Jäger und einer vor allem den Interessen der Allgemeinheit Rechnung tragenden Regelung konnte man sich jedoch nicht entschließen; dies hätte auch dem Liberalismus der Zeit widersprochen. So änderte auch die Reichsgründung 1871 nichts am Jagdrecht, seine Regelung verblieb den damaligen deutschen Bundesstaaten. Es dauerte mehrere Jahrzehnte, bis im Reichsjagdgesetz von 1934 eine in die Zukunft weisende Regelung geschaffen wurde mit folgenden neuen Grundgedanken:

- der Wille zur Erhaltung eines der Landeskultur angemessenen Bestandes freilebender Tiere,
- die Pflicht zur Hege allen Wildes,
- der Jagdbezirk (Jagdrevier) als Grundlage des Jagdbetriebs,
- die Möglichkeit, die nach dem Gesetz bestehenden Jagdbezirke nach jagdbetrieblichen Gesichtspunkten abzurunden,
- die Einführung des Abschußplanes*,
- die Mitwirkung der Jäger beim Vollzug des Gesetzes.

Das Bundesjagdgesetz von 1952 hat, der staatlichen Neuordnung nach dem zweiten Weltkrieg Rechnung tragend, unter Übernahme dieser Grundgedanken das Jagdrecht neu geordnet.

In der ehemaligen DDR stand die Jagd auf einer völlig anderen rechtlichen Grundlage, vor allem war sie *nicht* mit dem Eigentum an Grund und Boden verknüpft. Das Wild war rechtlich vielmehr *Gemeineigentum;* wirtschaftlich wurde es von den Staatsforstbetrieben verwaltet, denen die Einnahmen aus dem Verkauf von Wildbret und Bälgen ebenso wie die Ausgaben für Jagdeinrichtungen, Erlegerprämien, Wildschäden usw. zukamen.

Ausgeübt wurde die Jagd grundsätzlich von Jägerkollektiven, die sich historisch aus den nach dem Krieg gebildeten Kommandos zur Bekämpfung des (damals überhandnehmenden) Schwarzwildes entwickelt hatten. Diesen wurden großzügig bemessene Jagdgebiete zugewiesen. In deren Rahmen wurden einzelnen Jägern Hegegebiete für die Einzeljagd zugewiesen. Außerdem gab es Sonderjagdgebiete der Volksarmee, der Grenztruppen, der Roten Armee, für die Wildforschung – und für Parteifunktionäre.

Vom 3. Oktober 1990 bis zum Frühjahr 1992 galt auch in den neuen Bundesländern das Bundesjagdgesetz mit Überleitungsvorschriften. Seit 1992 gilt es umfassend im gesamten Bundesgebiet. Seit der letzten Auflage wurde es in mehreren Punkten novelliert. Die Neuerungen werden im Kapitel »Jagdrecht und Jagdschutz« dargestellt.

---

* Es wäre treffender gewesen, statt der Bezeichnung »Abschußplan« das umfassendere Wort **»Jagdplan«** zu wählen. Damit wäre erkennbar, daß es sich nicht nur um Abschießen, sondern um die entsprechende Behandlung und Regulierung des Wildes nach verschiedenen Gesichtspunkten handelt. Auch hätten darin Angaben über den Jagdbetrieb vorgesehen werden können. Damit würden auch die Hegegemeinschaften Unterlagen für ihre Arbeit erhalten. Solange jedoch der Gesetzgeber solchen Erwägungen nicht folgt, sei im folgenden das Wort »Abschußplan« beibehalten.

Parforcejagd (Curée) unter Kurfürst Max III. Joseph von Bayern, um 1750.

Jagdgeschichtliche Entwicklung

Fragt man sich, auf welche Weise denn die Jäger in Deutschland etwa in den letzten 2000 Jahren gejagt haben, so muß man – jedenfalls für die Zeit vor 1848 – zwischen der herrschenden Schicht und dem einfachen Mann unterscheiden und außerdem berücksichtigen, daß zum Teil aus Versorgungsgründen, zum Teil aus Freude am Waidwerk gejagt wird. Daß die Fortentwicklung von Handwerk und Technik einen Einfluß hat, ist selbstverständlich. Man kann vier Zeitabschnitte der Ausübung der Jagd bilden:

1. In den Jahrhunderten etwa vor Karl dem Großen (†814), also bis zur Festigung des »Heiligen Römischen Reiches Deutscher Nation«, war die Jagd mit Speer und Jagdschwert, mit Gruben, Fängen, aber auch durch Anschleichen und Ausnutzung von Zwangswechseln kennzeichnend.

2. Das Mittelalter brachte als neue Jagdwaffe die Armbrust. Die Jagdmethoden wurden erweitert um die Anwendung von Netzen und Hagen; letztere sind sehr dichte Jagdhecken mit Lücken zum Durchwechseln des Wildes, die selbst größere Gebiete umschließen können. Die Beiz-

jagd entwickelte sich zu ihrer Blüte, und die Jagd zu Pferde wurde mehr und mehr bevorzugt. Diese, als robustes Überlandjagen, war nicht ungefährlich: Ludwig der Bayer kam 1347, Maria von Burgund 1482 durch Sturz vom Pferd bei der Jagd ums Leben. Die Jagd zu Pferde wurde in der Begleitung von Hunden durchgeführt, die auf die verschiedensten Verwendungsmöglichkeiten hin abgerichtet waren.

3. Der folgende Abschnitt, von Kaiser Maximilian (um 1500) bis zur Revolution 1848, die Zeit der landesfürstlichen (absoluten) Herren, ist charakterisiert durch die aus Frankreich übernommene Parforcejagd zu Pferde auf den Hirsch (mit speziellem Zeremoniell) und das entartete Massentöten in den »eingestellten Jagen« (enger, meist mit Jagdzeug abgesteckter Raum, in den möglichst viel Wild oft von weit her zusammengetrieben wurde), meist prunkvolle und aufwendige Veranstaltungen. Der einfache Mann hat nebenher, soweit er überhaupt zum Jagen kam, auf bescheidene Weise gejagt. In diesen Zeitabschnitt fällt – eine Umwälzung im Jagen nach sich ziehend – die Einführung des Schießgewehrs.

Das Dianenfest bei Bebenhausen, 1812. Farblithographie von F. Müller nach dem Gemälde von J. Baptist Seele.

4. Der vierte Zeitabschnitt (nach 1848) bringt mit der Abschaffung der feudalen Vorrechte und Öffnung der Jagd für alle Staatsbürger – soweit sie gewisse Voraussetzungen erfüllen – eine Vereinfachung und Angleichung der Jagdweisen. Die Einzeljagd wird immer mehr bevorzugt. Die Vervollkommnung der Jagdwaffen und -geräte, sowie die Zunahme der Mobilität der Jäger kennzeichnen diese Epoche bis zur Gegenwart.

Mit dem Fortschreiten der Bodenkultur und der Zunahme der Bevölkerung wurde der Raum für das Wild weniger, manche Arten des Großwildes verschwanden. Es entwickelte sich mehr und mehr die Notwendigkeit der Hege des Wildes. Das wachsende Verständnis für die Natur und für die Notwendigkeit ihres Schutzes (Naturschutz) sowie die Achtung vor ihren Geschöpfen (Tierschutz) wirken sich auch auf die Einstellung des Jägers zum Wild, auf sein Verhalten bei der Jagd und auf die Art der Jagdausübung aus. Es entwickeln sich die Begriffe der Waidgerechtigkeit und die jagdlichen Bräuche, die von Generation zu Generation weitergegeben und fortentwickelt werden. Das gilt auch für die Waidmannssprache, die differenzierteste und umfangreichste Fach- und Sondersprache im deutschen Sprachraum. Die materiellen Werte

der Jagd, die früher den Vorrang hatten, aber nach und nach im Rahmen der Gesamtwirtschaft zurückgingen, werden von der inneren Einstellung des Jägers, von den ethischen und kulturellen Werten der Jagd überwogen.

Jagdkultur

Damit hat der Begriff der Jagd, anfänglich als bewußte Verfolgung von wilden Tieren durch den Menschen darstellend, heute eine Erweiterung über den ursprünglichen Sinngehalt hinaus erfahren und wird auch als die Sorge um das anvertraute Jagdrevier mit seinem Wildbestand verstanden. So ist es begreiflich, daß die Jagd das Leben und die Lebensäußerung des einzelnen Menschen sowie der Gesellschaft weitgehend beeinflußt und widerspiegelt. Sprache und Dichtung, Handwerk, Kunstgewerbe und Malerei, Musik, ja Religion und Weltanschauung lassen uns offen oder versteckt Anklänge oder Wechselwirkungen zur Jagd erkennen. Das alte Sprichwort: »Wer andern eine Grube gräbt, fällt selbst hinein« entspringt ebenso der Jagd, wie manche in den allgemeinen Sprachgebrauch übergegangenen waidmännischen Ausdrücke. Die Heldenlieder der mittelhochdeutschen

18

Zeit, das Nibelungenlied oder das Waltharilied, singen auch von Jagd und Wild, das Werk »De arte venandi cum avibus« (Von der Kunst der Jagd mit Vögeln) des gebildetsten Kaisers des Mittelalters, Friedrich II. (1194–1250), ist ein einmaliges Kulturdenkmal der abendländischen Welt.

Welche Mühe haben sich Schneider und Schuster allezeit gegeben, um zweckmäßige Jagdkleidung zu liefern. Köstliche, feinzisilierte Pulverhörner und eingelegte Armbrüste, gravierte Gewehre, Hirschfänger, Jagdhörner sind der Stolz vieler Liebhaber und Museen. Die Jagdbilder von Friese, Kröner, Kuhnert, Pausinger – um nur einige zu nennen – sind weltberühmt. Webers Oper »Der Freischütz« ist zum Inbegriff der deutschen Oper überhaupt geworden. Die Vorstellung von der Wilden Jagd, die Kunde von der Göttin Diana, die Sage vom Jäger, den der entgegentretende weiße Hirsch den schon gespannten Bogen niederlegen ließ, vom Schutzheiligen St. Hubertus, zeigen die Verknüpfungen von Jagd und Religion.

Das alles zeigt die kulturelle und kulturgeschichtliche Untermauerung der Jagd, die den Jägern Verpflichtungen auferlegt.

In den letzten hundert Jahren hat die Naturwissenschaft mit Biologie und Ökologie sowie Verhaltensforschung, auch was das Wild betrifft, große Fortschritte gemacht. Das hat zu neuen Einblicken und Gesichtspunkten für die jagdliche Behandlung des Wildes, für Hege und Jagd geführt. Es wäre jedoch zu einseitig, wollte man nur die dabei gewonnenen Erkenntnisse allein für die Jagd maßgebend sein lassen und die übrigen zum Wesen der Jagd gehörenden Inhalte vernachlässigen. Die jagdliche Vielseitigkeit wird noch verstärkt durch die wachsende, internationale Verflechtung des Jagdwesens. So stehen z. B. Jagdforschung und jagdliche Organisationen aller Kontinente immer stärker miteinander im Austausch und arbeiten weltweit zusammen. Diese neuen Impulse, in Verbindung mit einer raschen, methodischen Entwicklung der Wildtierbewirtschaftung (»Wildlife Mana-

»Heimbringung des letzten, in Bayern am 24. Oktober 1835 in Ruhpolding erlegten Bären«. – Farblithographie von Friedrich Hohe (1840) nach dem Originalgemälde von Heinrich Bürkel (1802–1869). Aus dem Deutschen Jagdmuseum in München.

gement«) und der internationalen Naturschutzplanung, vereinigen sich mit der gewachsenen Jagdtradition zu einem facettenreichen Mosaik. Sie gestalten die jagdliche Kultur lebendig, erfüllen sie mit neuen Inhalten und stellen sie vor neue Aufgaben.

Jagd im Rahmen von Umwelt und Gesellschaft

In der gleichen Zeit hat die Landschaft große Veränderungen erfahren. Meliorationen auf großer Fläche, die zunehmende landwirtschaftliche Großflächenwirtschaft, die Begradigung von Wasserläufen, die Zunahme der Industrie- und Verkehrsanlagen, die Ausformung eintöniger Wirtschaftswälder lassen dies erkennen. Die Verarmung der Pflanzenwelt und der Rückgang bei den freilebenden Tieren sind die Folge: der Verlust bei ihnen beträgt bereits um 50%. Hatte man zur Abhilfe zunächst die gefährdeten Arten zu schützen versucht, so haben ökologische Einsichten ergeben, daß ein nachhaltiger Erfolg nur gesichert ist, wenn die Lebensbedingungen erhalten und – wo nötig – verbessert werden. So kam es zu Naturschutz und Landschaftspflege.

Die zunehmende Industrialisierung mit der Zusammenballung großer Bevölkerungsteile, der Rückgang der Bewohner auf dem Lande, die Ausweitung des Verkehrs und die bessere Einsicht in die Zusammenhänge zwischen Landschaft und Volksgesundheit haben in den letzten Jahrzehnten in weitesten Kreisen eine Bewegung zum Schutze der Natur, der Pflanzen und Tiere wachgerufen. Unsere Welt durchzieht, in seltsamem Gegensatz zur materialistischen Betrachtung der Dinge, eine oft romantische, aber echte Hingabe zur Natur. Der moderne Mensch will, soweit wie möglich, die freie Natur und Landschaft samt der Gemeinschaft pflanzlichen und tierischen Lebens geschützt und für sich in seiner Freizeit zugänglich haben.

Diesem Bestreben kommen auch die mehr und mehr errichteten Wildgehege entgegen, in denen auf überschaubarem Raum freilebende Tiere möglichst in ihrer natürlichen Umgebung gehalten und von den Besuchern beobachtet werden können.

Nicht ganz ohne Sorge kann man beobachten, daß die Liebe zum freilebenden Tier vielfach insofern in die Irre geht, als viele Menschen, oft durch fehlgestaltete Filme beeindruckt, den Begriff des freilebenden Tieres verlieren. Dazu tragen auch die zahlreichen kleinen Einzäunungen neben Gaststätten und Ausflugslokalen und sogar Schaugatter bei, in denen solche Tiere aller Art – oft unsachgemäß gehalten – mit einem durch die enge Gefangenschaft verzerrten Verhalten sich darstellen. Solches unbedachte Manipulieren mit freilebenden Tieren verstümmelt ihre natürliche Eigenart und verleitet den unkundigen Besucher zu einer falschen Beurteilung.

Natürlich muß eine hochentwickelte Landeskultur, wie wir sie haben und brauchen, Schutz vor unzumutbaren Schäden durch das Wild fordern dürfen. Dies verlangt vom Jäger regulierend in die Wildbestände einzugreifen, und er darf sich solchen Forderungen nicht verschließen. Solches Eingreifen ist auch nötig, weil manche unserer Wildarten, die kaum mehr natürliche Feinde haben und in der Kulturlandschaft übergute Bedingungen finden, sich über Gebühr vermehrt haben.

So ist ein Charakteristikum der letzten 50 Jahre bemerkenswert: die Zunahme der Cerviden in großen Teilen Europas. In Skandinavien und in Osteuropa handelt es sich um den Elch, in der Bundesrepublik Deutschland und anderen Ländern Mitteleuropas um Reh- und Rotwild. Das hat Proble-

Der zunehmende Kraftverkehr auf den Straßen hat hohe Verluste an Wild zur Folge. Hier ein angefahrenes Reh.

me mannigfacher – sowohl wildbiologischer, also das Wild betreffender, als auch soziologischer, also den Jäger selbst betreffender – Art ausgelöst.

Andererseits hat der zunehmende Kraftverkehr auf den Straßen jährlich hohe Verluste an Wild zur Folge. So werden in jedem Jahr rund 1300 Stück Rotwild überfahren, ebenso viele Stück Damwild, 75000 Rehe, 2500 Sauen und 125000 Hasen.

Man darf aber diese Fragen nicht nur vom Einzelnen her, also von der Naturschutz-, Tierschutz-, Landeskultur- oder von der Jagdseite betrachten und lösen wollen. Es geht letzten Endes um das komplizierte, abgestimmte ökologische Gefüge der Landschaft in seiner Gesamtheit: Boden, Pflanzenwuchs und Tierwelt, Gliederung, Vegetations- und Wirtschaftsform, Auswirkung, Gestaltung und Behütung. In das jagdliche Gebiet übertragen könnte man sagen: Es geht um das Jagdrevier und seine Gestaltung, im Zusammenhang damit um das Wild und die Sicherung seiner arteigenen Lebensweise und um uns Jäger.

Der Jäger, dem die Fürsorge um einen Teil der freilebenden Tierwelt, nämlich um das Wild und seine Umwelt anvertraut ist, ist eingereiht in diese Bewegung des Natur-, Landschafts- und Tierschutzes, aber auch von der Forderung auf Erholung der

In sich selbst überlassenen, ursprünglichen Ökosystemen (Naturlandschaften) pendeln die Verhältnisse um einen sich regulierenden Ausgleichszustand. Dies gilt auch für die dort lebenden Tiere, bei denen es von den vorhandenen Lebensverhältnissen, vor allem von der Nahrung einerseits und von den Nahrungskonkurrenten und Feinden andererseits, sowie von ihren Reaktionen darauf abhängt, wie sie sich entwickeln. Der Einfluß des Menschen ist hier unbedeutend.

In unserer vom Menschen gestalteten Kulturlandschaft sind die Verhältnisse weitgehend gestört und der Anteil der einzelnen Arten verändert, insbesondere sind die größeren Raubwildarten ausgerottet. Es gilt, diesen Störungen entgegenzuwirken. Für den Jäger bedeutet dies Hege, Revierverbesserung, Ausschalten überstarker Wildkonzentrationen, Schutz bedrohter Wildarten und Erhaltung einer größtmöglichen Artenvielfalt der für den jeweiligen Lebensraum charakteristischen Wildtiere.

Wild in der Natur- und Kulturlandschaft
Mitteleuropa

Naturlandschaft
– ungestörtes Ökosystem –

Kulturlandschaft
– Erhaltung der Artenvielfalt und pflegliche Nutzung –

praktisch ohne Jagd

Die Aufgabe   der Jagd

*) sinnvolle Wiedereinbürgerung

21

Bevölkerung in der Landschaft betroffen. Jeder einzelne Jäger soll sich dessen bewußt sein und danach handeln.

Außerdem ist die Jagd auch eine *echte Bodenwirtschaft* (neben Land- und Forstwirtschaft und Fischerei), in deren Wesen es liegt, von dem zu nutzen, was der Boden nährt. Die Nutzung in solchem Maße zu halten, daß nachhaltig ein angemessener, artenreicher Wildbestand erhalten bleibt und insbesondere der Schutz von Tierarten gesichert ist, deren Bestand bedroht erscheint, liegt auch im Zuge einer geordneten Wirtschaft.

Aus allen diesen Erwägungen ergibt sich, daß Jagd und Jäger heutzutage nicht im bloßen Jagen ihre Aufgabe sehen dürfen, sondern ihre notwendige Einordnung in Natur und Gesellschaft erkennen und ihr Verhalten und Streben danach einrichten müssen. Je bereitwilliger sie dies tun und dabei auf Bestrebungen horchen, die von anderer als der jagdlichen Ausgangslage kommen und das Jagdwesen berühren, desto aufmerksamer wird man ihnen begegnen. Je überzeugender sie zu erkennen geben können, daß sie ihren Standpunkt innerhalb der Gemeinschaft finden und auf der Grundlage kompetenten Fachwissens vertreten, desto eher wird man sie akzeptieren und respektieren. Je verantwortungsbewußter sie die Jagd betrachten und je disziplinierter sie sie ausüben, desto eher werden sie auch Verständnis für die Jagd finden.

Die in den letzten Absätzen vorgetragenen Gesichtspunkte, aber auch vieles, das in den folgenden Abschnitten steht, müssen sich diejenigen gegenwärtig halten, die sich mit *Jagdpolitik*, d. h. mit Maßnahmen aller Art zur Ordnung, zum Schutz und zur Förderung des Jagdwesens und mit Öffentlichkeitsarbeit zu befassen haben. Das sind die Parlamente, die Behörden, die Organisationen, die Presse, aber auch der einzelne, der dazu Stellung nimmt oder durch sein Verhalten das Bild des Jägers in der Öffentlichkeit mitgestaltet.

Jagdrecht
und Jagdschutz

Jagdrecht und Jagdausübungsrecht

Durch das **Bundesjagdgesetz** vom 29. November 1952 wurden mit Wirkung vom 1. April 1953 die jagdlichen Verhältnisse in der Bundesrepublik Deutschland unter Beibehaltung des Reviersystems (vgl. S. 25) neu geordnet. Insgesamt 17mal wurde das Gesetz bislang geändert oder ergänzt, u. a. durch den Einigungsvertrag im Jahre 1990, durch den das bundesdeutsche Jagdrecht mit einer begrenzten Übergangsphase auf die neuen Bundesländer Brandenburg, Mecklenburg-Vorpommern, Sachsen, Sachsen-Anhalt und Thüringen übertragen wurde. Derzeit gilt das Gesetz in seiner Fassung vom 29. 10. 2001 (BGBl. I S. 2785).

Man faßt unter *objektivem Jagdrecht* im engeren Sinne alle Rechtsvorschriften zusammen, die unmittelbar die Jagd betreffen (Jagdgesetze des Bundes und der Länder sowie die dazu gehörigen Verordnungen), im weiteren Sinne darüberhinaus alle die Jagd berührenden Rechtsvorschriften (z. B. Waffen-, Tierschutz-, Naturschutz-, Fleischhygiene-, Straf-, Polizei- und Zivilrecht). Unter Jagdrecht im *subjektiven* Sinne versteht man die sich aus dem objektiven Recht für den einzelnen ergebenden Befugnisse (z. B. Recht zur Jagdausübung).

Die Jagdgesetze enthalten Normen des öffentlichen Rechts (z. B. Abrundung, Jagdgenossenschaften, Jagdschein) und solche des privaten Rechts (z. B. Pachtvertrag, Wildschadensersatz). Ferner finden wir dort Bestimmungen polizeilicher (z. B. sachliche und örtliche Verbote) und jagdbetrieblicher Art (z. B. Fütterung).

In Deutschland gehört die Jagd (wie z. B. auch der Naturschutz) zu den Rechtsmaterien, deren Regelung auch in der Kompetenz der Bundesländer liegt. Der Bund hat hier nur eine *Rahmenkompetenz*, d. h. er kann (mit Zustimmung des Bundesrates) die Fragen regeln, für die eine bundesweite Regelung erforderlich ist. Er hat von dieser Rahmenkompetenz sehr weitgehend Gebrauch gemacht und richtet sich dabei auch nach den Richtlinien der EG (z.B. EG-Vogelrichtlinie). So kommt es, daß die in den einzelnen Bundesländern jeweils geltenden jagdrechtlichen Bestimmungen zum Teil vom Bund erlassen wurden, der dabei wiederum an Bestimmungen der EG gebunden ist, zum Teil vom (zuständigen) Bundesland. Diese von den Ländern erlassenen Landesjagdgesetze (LJG) sind zur Zeit folgende:

Baden-Württemberg: 1. 6. 1996 (GBl. S. 369), geändert 17. 6. 1997 (GBl. S. 278)
Bayern: 13. 10. 1978, zul. geändert 24. 4. 2001 (GVBl. S. 140)
Berlin: 3. 5. 95 (GVBl. S. 282)
Brandenburg: 3. 3. 1992 (GVBl. I S. 58), geändert 5. 11. 97 (GVBl. I S. 112)
Bremen: 26. 10. 81 (GBl. S. 171)
Hamburg: 22. 5. 78 (GVBl. S. 162), zul. geänd. 27. 8. 97 (GVBl. S. 439)
Hessen: 5. 6. 2001 (GVBl. S. 271)
Mecklenburg-Vorpommern: 22. 3. 2000 (GVOBl. S. 126)
Niedersachsen: 10. 3. 2001 (GVBl. S. 100)
Nordrhein-Westfalen: 7. 12. 1994 (GVNW 1995 S. 2)
Rheinland-Pfalz: 5. 5. 1979 (GVBl. S. 23), zul. geändert 12. 10. 1999 (GVBl. S. 325)
Saarland: 27. 5. 1998 (ABl. S. 638), geändert 24. 1. 2001 (ABl. S. 358)
Sachsen: 8. 5. 1991 (GVBl. S. 67), zul. geändert 4. 7. 1994 (GVBl. S. 1261)
Sachsen-Anhalt: 23. 7. 1991 (GVBl. LSA S. 186) zuletzt geändert 13. 12. 2001 (GVBl. S. 582)
Schleswig-Holstein: 13. 10. 99 (GVOBl. S. 300)
Thüringen: 25. 8. 1999 (GVBl. S. 469)

Allgemein gelten ferner die Bestimmungen der **Bundes-Wildschutzverordnung** (vgl. *S. 42 f.*)

Im folgenden wird von den Bestimmungen des Bundesjagdgesetzes ausgegangen. Wegen der sehr großen Verschiedenheit der Landesbestimmungen muß sich der Jäger jeweils darüber genauestens unterrichten. Leider sind in der letzten Zeit die Rechtsvorschriften, die der Jäger kennen sollte, durch viele Neuerungen und häufige Änderungen immer mehr zersplittert, unübersichtlich und zum Teil widersprüchlich geworden. Insbesondere zur Vorbereitung auf die Jägerprüfung ist es unerläßlich, die jeweils geltenden landesrechtlichen Vorschriften zu kennen. Dazu hilft die spezielle Fachliteratur (Textausgaben und Kommentare). Aktuelle Änderungen von Rechtsvorschriften werden regelmäßig auch in der Fachpresse veröffentlicht und erläutert. Das gilt auch für andere Rechtsgebiete, soweit dadurch die Jagd berührt wird. Neuerdings läßt sich der aktuelle Stand der Landesgesetze und deren Wortlaut auch im Internet recherchieren.*

---

* Über den Stand der Gesetzesentwicklung informiert der Parlamentsspiegel www.parlamentsspiegel.de, die Gesetze und Verordnungen selbst findet man im Internet unter www.jagd.de/service/jagdgesetze.

Begriff des Jagdrechts

Unter **Jagdrecht** (§ 1)* versteht man die Befugnis, auf einem bestimmten Gebiet wildlebende Tiere, die dem Jagdrecht unterliegen (Wild), zu hegen, auf sie die Jagd auszuüben und sie sich anzueignen. Die Jagdausübung erstreckt sich auf das Aufsuchen, Nachstellen (zum Zwecke des Bejagens, nicht etwa nur zum Betrachten), auf das Erlegen (d. h. Töten) und Fangen von Wild. Das Jagdrecht selbst ist nach § 3 mit dem Eigentum an Grund und Boden untrennbar verbunden. Als selbständiges dingliches Recht kann es nicht begründet werden. Auf Flächen, an denen kein Eigentum begründet ist, steht das Jagdrecht den Ländern zu. Dies gilt z. B. für den Meeresstrand, das Wattenmeer und die Küstengewässer, worüber Niedersachsen und Schleswig-Holstein besondere Bestimmungen getroffen haben. Das Jagdrecht darf jedoch nur in Jagdbezirken – Eigenjagdbezirken, gemeinschaftlichen Jagdbezirken und auf Grundstücken, die solchen Jagdbezirken angegliedert sind – ausgeübt werden. Dieses Jagdausübungsrecht (§ 3), ein eigenständiges, aus dem Jagdrecht abgeleitetes dingliches Recht am Jagdbezirk, überlagert somit das Jagdrecht und geht ihm in der Rechtswahrnehmung vor. Das Jagdrecht als solches behält seine praktische Bedeutung daher nur an jagdbezirksfreien Flächen und befriedeten Bezirken, wo ein Jagdausübungsrecht nicht existiert, sowie als Grundlage für das Mitgliedschaftsrecht in einer Jagdgenossenschaft (vgl. S. 28).

Die Jagdbezirke sind die Grundlage des Reviersystems. *Jagdausübungsberechtigter* ist in Eigenjagdbezirken der Eigentümer (§ 7), in gemeinschaftlichen Jagdbezirken die Jagdgenossenschaft (§ 8). In allen verpachteten Jagdbezirken geht das Jagdausübungsrecht auf den Pächter über (und zwar nur auf ihn allein, nicht etwa auf seine Jagdgäste oder Jagdbediensteten). Die Forstbeamten sind innerhalb ihres Dienstbereichs auf Grund ihrer Bestallung als angestellte Jäger zur Jagdausübung befugt, sofern nicht die Jagd an Dritte verpachtet ist.

Der Jagdausübungsberechtigte – nicht die öffentliche Forstverwaltung – ist Unternehmer im Sinne der Reichsversicherungsordnung und ist daher zur landwirtschaftlichen *Unfallversicherung* beitragspflichtig. Er, sein Jagdpersonal und seine Jagdhelfer genießen den Schutz dieser Versicherung. Die landwirtschaftlichen Berufsgenossenschaften (LBG) als Träger dieser Versicherung haben zur Vermeidung von Unfällen ausführliche Unfallverhütungsvorschriften erlassen, die zu beachten sind (siehe S. 408). Die Verhaltensregeln für Jäger, die in dem Abschnitt »Jagdbetrieb« (siehe S. 185) enthalten sind, decken sich mit diesen Vorschriften.

Das *Aneignungsrecht* des Jagdausübungsberechtigten erstreckt sich nicht nur auf lebendes und erlegtes Wild, sondern auch auf solches, das eingegangen ist *(Fallwild).* Es erstreckt sich auch auf die *Abwurfstangen* und auf die *Eier* von Federwild. Ausgenommen vom Aneignungsrecht ist gezähmtes und gefangen gehaltenes Wild. Dieses ist Eigentum seines Halters, sofern es nicht wieder herrenlos geworden ist (§ 960 BGB), d. h. die Gewohnheit abgelegt hat, an den ihm bestimmten Ort zurückzukehren bzw. die Freiheit zurückerlangt und der Eigentümer die Verfolgung nicht unverzüglich aufgenommen oder wieder aufgegeben hat. Eigentum an Wild erwirbt der Jagdausübungsberechtigte nicht bereits mit dem Schuß und dem Erlegen, sondern erst, wenn er die tatsächliche Gewalt darüber erlangt. Das ist dann der Fall, wenn er vom Wild, auch durch seinen Jagdhund, Besitz ergriffen hat (dies ist der Hintergrund des brauchtümlichen »Inbesitznahmebruchs«) und es dem Wild aus eigener Kraft nicht mehr möglich ist, sich der Besitzergreifung zu entziehen.

Personen, die vom Jagdausübungsberechtigten die Erlaubnis zur Jagdausübung haben, erwerben für ihn das Eigentum; der Jagdangestellte erwirbt es für den Dienstherrn, der staatliche Forstbeamte für den Staat. Gewildertes Wild steht dem Jagdausübungsberechtigten zu und kann von ihm herausverlangt werden. Der Wilderer kann trotz Inbesitznahme kein Eigentum erwerben (§ 958 Abs. 2 BGB). Personen, die an einem Ort, an dem sie nicht berechtigt sind zu jagen, Besitz an lebendem oder verendetem (auch überfahrenem) Wild ergreifen, begehen regelmäßig Jagdwilderei. Verkehrsunfälle mit Schalenwild sind in einigen Bundesländern (z. B. nach § 30 LJagdG Sachsen-Anhalt) dem Jagdausübungsberechtigten oder der Polizei anzuzeigen, in einigen Ländern besteht für in Besitz genommenes Wild darüberhinaus eine Ablieferungspflicht (z. B. § 2 LJagdG Rheinl.-Pfalz).

---

* Paragraphen ohne Gesetzesausgabe beziehen sich auf das Bundesjagdgesetz (BJG).

Grundsätze bei der Wahrnehmung des Jagdrechts und der Ausübung der Jagd (Hege)

Mit dem Jagdrecht ist die Pflicht zur Hege* verbunden. Die Hege hat zum Ziele die Erhaltung eines den landschaftlichen Verhältnissen angepaßten artenreichen und gesunden Wildbestandes und die Sicherung seiner Lebensgrundlagen; sie muß so durchgeführt werden, daß Beeinträchtigungen einer ordnungsgemäßen land-, forst- und fischereiwirtschaftlichen Nutzung, insbesondere Wildschäden, möglichst vermieden werden (vgl. S. 244). In Zweifelsfällen geht also insbesondere Forstwirtschaft vor Wildbestand. In dem Kapitel »Jagdbetrieb« sind die Hegemaßnahmen im einzelnen dargelegt.

Bei der Ausübung der Jagd sind die allgemein anerkannten *Grundsätze der Waidgerechtigkeit* (siehe S. 186) zu beachten.

---

* In verpachteten Jagdbezirken geht die Hegepflicht auf den Jagdpächter über. Kontrovers wird diskutiert, ob bzw. inwieweit die Pflicht zur Hege in solchen Jagden daneben bei dem Grundeigentümer verbleibt oder sich zumindest in eine Duldungspflicht verwandelt.

Ein Großteil des im Sinne der Hege erforderlichen Tuns (oder Unterlassens!) wird sich praktisch nur im Einvernehmen zwischen Grundeigentümern, ihrer Jagdgenossenschaft und dem Jagdausübungsberechtigten (und in weiterem Sinne allen Jagdscheininhabern) verwirklichen lassen. Insofern sind sie alle durch den Gesetzgeber zu einem solchen Zusammenwirken berufen.

Wild (jagdbare Tiere)

Welche Tiere als »Wild« Gegenstand der Jagd sind – d.h. dem Jagdrecht unterliegen –, ist im Bundesjagdgesetz (§ 2) bestimmt. Die übrigen freilebenden Tierarten unterliegen dem Naturschutzrecht (die Fische dem Fischereirecht). Alle freilebenden Tiere (ob jagdbar oder nicht) sind nach § 960 BGB *herrenlos*. Ein *Aneignungsrecht* besteht grundsätzlich

1. für jedermann an nicht-geschützten Tieren (verwilderte Haustaube),
2. für den Jagdausübungsberechtigten am Wild,
3. für niemanden an geschützten Tieren, die nicht dem Jagdrecht unterliegen – auch wenn er sie z.B. als Jäger ausnahmeweise erlegen darf (Saatkrähe o.ä. mit naturschutzrechtlicher Sondergenehmigung).

Derzeit zählen zum »Wild« die freilebenden Exemplare folgender Tierarten:

Haarwild
Wisent (*Bison bonasus* L.)
Elchwild (*Alces alces* L.)
Rotwild (*Cervus elaphus* L.)
Damwild (*Dama dama* L.)
Sikawild (*Cervus nippon* TEMMINCK)
Rehwild (*Capreolus capreolus* L.)
Gamswild (*Rupicapra rupicapra* L.)
Steinwild (*Capra ibex* L.)
Muffelwild (*Ovis ammon musimon* PALLAS)
Schwarzwild (*Sus scrofa* L.)
Feldhase (*Lepus europaeus* PALLAS)
Schneehase (*Lepus timidus* L.)
Wildkaninchen (*Oryctolagus cuniculus* L.)
Murmeltier (*Marmota marmota* L.)
Wildkatze (*Felis silvestris* SCHREBER)
Luchs (*Lynx lynx* L.)
Fuchs (*Vulpes vulpes* L.)
Steinmarder (*Martes foina* ERXLEBEN)
Baummarder (*Martes martes* L.)
Iltis (*Mustela putorius* L.)
Hermelin (*Mustela erminea* L.)
Mauswiesel (*Mustela nivalis* L.)
Dachs (*Meles meles* L.)
Fischotter (*Lutra lutra* L.)
Seehund (*Phoca vitulina* L.)
Federwild
Rebhuhn (*Perdix perdix* L.)
Fasan (*Phasianus colchicus* L.)
Wachtel (*Coturnix coturnix* L.)
Auerwild (*Tetrao urogallus* L.)
Birkwild (*Lyrurus tetrix* L.)
Rackelwild *(Lyrurus tetrix x Tetrao urogallus)*
Haselwild (*Tetrastes bonasia* L.)
Alpenschneehuhn (*Lagopus mutus* MONTIN)
Wildtruthahn (*Meleagris gallopavo* L.)
Wildtauben *(Columbidae)*
Höckerschwan (*Cygnus olor* GMEL.)
Wildgänse (Gattungen *Anser* BRISSON und *Branta* SCOPOLI)
Wildenten *(Anatinae)*
Säger (Gattung *Mergus* L.)
Waldschnepfe (*Scolopax rusticola* L.)
Bläßhuhn (*Fulica atra* L.)
Möwen *(Laridae)*
Haubentaucher (*Podiceps cristatus* L.)
Großtrappe (*Otis tarda* L.)
Graureiher (*Ardea cinerea* L.)
Greife *(Accipitridae)*
Falken *(Falconidae)*
Kolkrabe (*Corvus corax* L.)
Die Länder können weitere Tierarten bestimmen, die dem Jagdrecht unterliegen (vgl. III. der Übersicht auf S. 38f.).

Zum *Schalenwild* gehören: Wisent, Elch-, Rot-, Dam-, Sika-, Reh-, Gams-, Stein-, Muffel- und Schwarzwild.

Zum *Hochwild* gehören: Schalenwild außer Rehwild, das Auerwild, Steinadler und Seeadler. Alles übrige Wild gehört zum *Niederwild*.

Zum *Nutzwild* rechnet man alles Wild, dessen Wildbret genießbar ist.

Als *Raubwild* bezeichnet man die freilebenden Raubtiere *(Carnivoren);* sinngemäß auch jene Arten, die nicht (oder nicht in allen Bundesländern) dem Jagdrecht unterliegen (Wolf, Bär, Waschbär, Marderhund), i. w. S. auch die Greifvögel.

Zum *Raubzeug* zählt man herrenlose wilde Tiere, die dem Wild als Beutegreifer oder zumindest als Nesträuber gefährlich werden können, selbst aber nicht dem Jagdrecht unterliegen. Sofern sie nicht nach dem Naturschutzrecht besonderen Schutz genießen, dürfen sie im Rahmen des Jagdschutzes getötet werden. Das sind in erster Linie die Wanderratte; ferner Rabenkrähe, Elster und Eichelhäher (soweit eine naturschutzrechtliche Ausnahmegenehmigung erteilt wurde und sie nicht ohnehin landesrechtlich zum Wild erklärt worden sind), sowie Waschbär und Marderhund dort, wo sie nicht ins Jagdrecht aufgenommen sind. Wildernde Hunde und Katzen gehören als Haustiere zwar nicht zum Raubzeug, unterliegen aber dennoch ausdrücklich (§ 23) dem Jagdschutzrecht.

Die überlieferten Bezeichnungen »Raubwild« und »Raubzeug« sollen keine Wertung ausdrücken. Zum Wild gehörende freilebende einheimische Beutegreifer sind ebenso wie das »Nutzwild« Teile der Lebensgemeinschaften, die dem Jäger anvertraut sind, die er nachhaltig nutzen darf und hegen muß. Für eingeschleppte, fremdländische Arten (z. B. Waschbär, Marderhund und Nutria) können landesrechtliche Ausnahmen gelten.

In dem Kapitel »Die einzelnen Wildtierarten« ist auch eine Anzahl von Tierarten aufgeführt, die nicht dem Jagdrecht unterliegen, denen der Jäger aber je nach dem Charakter seines Reviers immer wieder begegnet. Mit der Erfüllung seiner Hegepflicht, die sich auf die Sicherung der Lebensgrundlagen des Wildes erstreckt, trägt der Jäger auch zum Schutze mancher »nicht jagbarer« Arten im Sinne des Naturschutzes bei (s. »Bedeutung und Schutz der nichtjagbaren Tiere«, Seite 358).

Der Jagdbezirk

Allgemeines – Die Jagdbezirke (§ 4) entstehen kraft Gesetzes und werden nicht durch einen Akt der Verwaltung gebildet. Jagdbezirke sind Grundflächen, die eine bestimmte Größe aufweisen und im Zusammenhang liegen. Der Zusammenhang ist bereits erfüllt, wenn sie sich an einem Punkt berühren; sog. Schmalflächen (Wege, Wasserläufe, Eisenbahnkörper sowie ihnen ähnliche Flächen) unterbrechen den Zusammenhang nicht, stellen ihn aber auch nicht her (§ 5) und bilden keinen Jagdbezirk für sich, wenn sie nach Umfang und Gestalt für sich allein eine ordnungsmäßige Jagdausübung nicht gestatten. Flächen, die zu keinem Jagdbezirk gehören, sind jagdbezirksfrei. Auf ihnen ruht die Jagd (§ 6), d. h. an ihnen besteht kein Jagdausübungsrecht, solange sie nicht einem Jagdbezirk angegliedert wurden.

Jagdbezirksabrundung (§ 5). Um die Gestaltung der Jagdbezirke mit den Erfordernissen der Jagdpflege und der Jagdausübung in Einklang zu bringen, können die Jagdbezirke durch Abtrennung, Angliederung oder Austausch abgerundet werden. Dadurch dürfen jedoch nicht neue Jagdbezirke gebildet werden. Einzelheiten regeln die Landesgesetze.

Eigenjagdbezirk – Zusammenhängende Grundflächen mit einer land-, forst- oder fischereiwirtschaftlich nutzbaren Fläche von mindestens 75 ha, die im Eigentum ein- und derselben Person oder Personengemeinschaft stehen, bilden einen Eigenjagdbezirk (§ 7). Der Zusammenhang wird durch Landesgrenzen nicht unterbrochen.

Die Mindestgröße der Eigenjagdbezirke beträgt in Bayern 81,755 ha (240 Tagwerk), im Hochgebirge und seinen Vorbergen 300 ha, in Brandenburg 150 ha.

Vollkommen eingefriedete Flächen können zu Eigenjagdbezirken erklärt werden, auch wenn sie die Mindestgröße nicht erreichen. Dabei kann bestimmt werden, daß die Jagd in diesen Bezirken nur unter Beschränkungen ausgeübt werden darf (§ 7). Der *Eigenjagdbezirksinhaber* kann sein Jagdausübungsrecht persönlich, durch Dritte (Beamte, angestellte Jäger/Berufsjäger, Jagdgäste) oder im Wege der Verpachtung nutzen. Er kann – sofern es das Landesrecht vorsieht – mit Zustimmung der Jagdbehörde die Jagd auch ruhen lassen oder auf die Selbständigkeit seines Eigenjagdbezirks verzichten, so daß die Flächen dem gemeinschaftlichen Jagdbezirk zufallen.

Gemeinschaftlicher Jagdbezirk – Alle Grundflächen einer politischen Gemeinde oder abgesonderten Gemarkung, die nicht zu einem Eigenjagdbezirk gehören, bilden einen gemeinschaftlichen Jagdbezirk *(in Bayern: Gemeinschaftsjagdrevier),* sofern sie im Zusammenhang die vorgeschriebene

Mindestgröße besitzen (§ 8). Gemeindegemarkungen geringerer Größen können sich zusammenschließen oder werden einem anderen Jagdbezirk angegliedert.

Die *Mindestgröße* für gemeinschaftliche Jagdbezirke beträgt nach Bundesrecht 150 ha, wurde aber von den Ländern mit Ausnahme Baden-Württembergs und Nordrhein-Westfalens wie folgt erhöht: Bayern: 250 ha, im Hochgebirge 500 ha; Mecklenburg-Vorpommern: 350 ha; Brandenburg: 500 ha; im übrigen: 250 ha.

Die *Teilung* gemeinschaftlicher Jagdbezirke (§ 8) in mehrere selbständige Jagdbezirke darf durch die Jagdbehörden regelmäßig nur zugelassen werden, wenn jeder Teil die landesrechtlich zugelassene Mindestgröße aufweist und Belange der Jagdausübung nicht entgegenstehen. Die konkreten Teilungsvoraussetzungen ergeben sich aus den Landesjagdgesetzen.

Die *Jagdgenossenschaft* (§ 9) besteht aus den Eigentümern der Grundflächen eines gemeinschaftlichen Jagdbezirks auf denen die Jagd ausgeübt werden darf. Sie ist eine Zwangskörperschaft des öffentlichen Rechts; sie entsteht und erlischt mit dem Entstehen bzw. Untergang des gemeinschaftlichen Jagdbezirks, ein freiwilliger Ein- oder Austritt oder ein Ausschluß sind nicht möglich. Der Jagdgenossenschaft steht das Jagdausübungsrecht zu (§ 8).

Der *Jagdvorstand*, der von der Jagdgenossenschaft zu wählen ist, vertritt die Jagdgenossenschaft gerichtlich und außergerichtlich. Beschlüsse der Jagdgenossenschaft bedürfen der Mehrheit der anwesenden und vertretenen Jagdgenossen und der Mehrheit der bei der Beschlußfassung vertretenen Grundfläche.

Der gemeinschaftliche Jagdbezirk wird in der Regel verpachtet (§ 10). Ausnahmsweise kann die Jagd auf Rechnung der Jagdgenossenschaft durch angestellte Jäger ausgeübt werden.

Die *Verpachtung* eines gemeinschaftlichen Jagdbezirkes kann durch Freihandvergabe, öffentliche Ausschreibung, Versteigerung oder auch Verlängerung eines bestehenden Pachtverhältnisses erfolgen.

Der *Ertrag der Jagdnutzung* ist nach der Größe der Grundstücke an die einzelnen Jagdgenossen zu verteilen. Er kann auch für die Zwecke der Jagdgenossenschaft selbst verwendet werden, jedoch kann jeder Jagdgenosse die Auszahlung des auf ihn entfallenen Anteils verlangen.

Jagdpacht, Jagderlaubnisschein – Das Jagdausübungsrecht darf nur in seiner *Gesamtheit* verpachtet werden. Jedoch darf sich der Verpächter einen

Teil der Jagdnutzung, der sich auf bestimmte Wildarten bezieht, vorbehalten (§ 11).

Ein *Teil* eines Jagdbezirks darf nur verpachtet werden, wenn sowohl der verpachtete als auch der verbleibende Teil bei Eigenjagdbezirken die gesetzliche Mindestgröße, bei gemeinschaftlichen Bezirken die Mindestgröße von 250 ha haben.

Der Grundsatz »Kauf bricht nicht Miete« findet auch auf die Jagdpacht Anwendung (§ 14). Wird ein Eigenjagdbezirk veräußert, tritt der Erwerber anstelle des Veräußerers in den Pachtvertrag ein. Bei Zwangsversteigerung hat auch der Erwerber das Recht zu kündigen. Wechselt ein zu einem gemeinschaftlichen Jagdbezirk gehöriges Grundstück den Eigentümer, so hat das keine Wirkung auf den Jagdpachtvertrag; der Erwerber wird Jagdgenosse anstelle des Veräußerers.

Die *Gesamtfläche*, auf der einem Jagdpächter die Ausübung des Jagdrechts zusteht, darf nicht mehr als 1000 Hektar umfassen; hierauf sind Flächen anzurechnen, für die dem Pächter auf Grund einer entgeltlichen Jagderlaubnis die Jagdausübung zusteht. Der Inhaber eines oder mehrerer Eigenjagdbezirke darf nur zupachten, wenn er eine Gesamtfläche von 1000 ha nicht überschreitet, gegebenenfalls also nur, wenn er Flächen in der die Höchstfläche überschreitenden Größe verpachtet. Für Mitpächter, Unterpächter oder Inhaber einer entgeltlichen Jagderlaubnis wird auf die Gesamtfläche nur die Fläche angerechnet, die auf den einzelnen Mitpächter, Unterpächter oder auf den Inhaber einer entgeltlichen Jagderlaubnis (ausgenommen die Erlaubnis zu Einzelabschüssen) anteilig entfällt. Für bestimmte Gebiete (Hochgebirge) können die Länder eine höhere Grenze festsetzen.

Bayern: Für das Hochgebirge mit seinen Vorbergen beträgt die Gesamtfläche 2000 ha.

Die Fläche, auf der einem Jagdausübungsberechtigten oder Inhaber einer entgeltlichen Jagderlaubnis die Ausübung des Jagdrechts zusteht, ist von der Behörde in den Jagdschein einzutragen.

Die *Pachtdauer* soll mindestens neun Jahre betragen. Die Länder können die Mindestpachtzeit höher setzen. Ein laufender Jagdpachtvertrag kann aber auch auf kürzere Zeit verlängert werden. Beginn und Ende der Pachtzeit sollen mit Beginn und Ende des Jagdjahres (1. April bis 31. März) zusammenfallen (§ 11).

Pächter darf nur eine natürliche Person sein, die einen Jahresjagdschein besitzt (daher vor Beginn eines jeden Jagdjahres rechtzeitig erneuern!) und schon vorher einen solchen während dreier Jahre in Deutschland besessen hat.

Der *Jagdpachtvertrag* ist schriftlich abzuschließen. Er ist der zuständigen Behörde anzuzeigen (§ 12), die ihn binnen drei Wochen nach Eingang beanstanden kann, wenn die Vorschriften über die Pachtdauer nicht beachtet sind oder wenn zu erwarten ist, daß durch eine vertragsgemäße Jagdausübung die Vorschriften des § 1 Abs. 2 BJG verletzt werden (§ 12 Abs. 1). Die Bundesländer können in den Landesjagdgesetzen weitere Beanstandungsgründe bestimmen. Andere Mängel, z. B. eine zivilrechtliche Unwirksamkeit, geben keinen Beanstandungsgrund. Vor Ablauf der drei Wochen oder vor Behebung der von der Jagdbehörde vorgenommenen Beanstandungen darf der Pächter die Jagd noch nicht ausüben.

Sind mehrere Pächter an einem Jagdpachtvertrag beteiligt *(Mitpächter)*, so bleibt der Vertrag, wenn er im Verhältnis zu einem Mitpächter gekündigt wird oder erlischt, mit den übrigen bestehen. Die übrigen Bestimmungen über die *Mitpacht* (besonders über die Begrenzung der Zahl der Mitpächter) sind in den einzelnen Landesjagdgesetzen unterschiedlich geregelt.

Die Jagdausübungsberechtigten sind befugt, Jagdgästen *unentgeltliche und entgeltliche Jagderlaubnisscheine* auszustellen. Die Schriftform ist nötig, wenn die Jagd ohne Begleitung des Jagdausübungsberechtigten ausgeübt wird. In diesem Falle hat der Jagdgast den Erlaubnisschein bei sich zu führen.

Alle Länder: Die Zahl der unentgeltlichen Erlaubnisscheine ist nicht beschränkt. Die Zahl der entgeltlichen bzw. ständigen muß sich im Rahmen der landesrechtlich vorgegebenen Höchstzahlen halten; sie sind bei der unteren Jagdbehörde anzuzeigen und bedürfen in einigen Ländern auch deren Genehmigung; dies gilt nicht für Einzelabschlüsse.

Nordrhein-Westf.: Ist ein Jagdbezirk von mehr als 300 ha an eine geringere als die zulässige Zahl von Pächtern verpachtet, ist der Pächter verpflichtet, für jede vollen 150 ha, die die 300 ha übersteigen, eine Jagderlaubnis zu erteilen.

Die *Weiterverpachtung* ist die Übertragung des Jagdausübungsrechts vom Jagdpächter auf einen anderen derart, daß dieser an Stelle des ersten Pächters in eine Rechtsbeziehung zum Verpächter tritt. *Unterverpachtung* ist die Übertragung des Jagdausübungsrechts vom Jagdpächter auf einen anderen, ohne daß dieser in eine Rechtsbeziehung zum Verpächter tritt. Die Unterverpachtung und in der Regel auch die Ausgabe entgeltlicher Erlaubnisscheine bedürfen – soweit im einzelnen Pachtvertrag nicht anders geregelt –, der Zustimmung des Verpächters und der Anzeige an die zuständige Jagdbehörde.

Ein Jagdpachtvertrag, der gewissen Vorschriften nicht entspricht (Verpachtung des Jagdausübungsrechtes in seiner Gesamtheit, Verpachtung eines Teiles eines Jagdbezirkes, Höchstpachtfläche, Schriftform des Jagdpachtvertrages, Besitz eines Jagdscheines), ist *nichtig.*

Der Pachtvertrag *erlischt,* wenn dem Pächter der Jagdschein entzogen oder nicht wieder erteilt wird oder wenn der Pächter ihn nicht fristgerecht erneuert. Trifft ihn ein Verschulden, haftet er für den dem Verpächter aus der vorzeitigen Beendigung des Pachtvertrages entstandenen Schaden (§ 13).

Beim *Tode* des Pächters gehen die Rechte aus dem Pachtvertrag auf die Erben über. Ist kein Erbe jagdpachtfähig, haben die Erben eine jagdpachtfähige Person zu benennen (unterschiedliches Landesrecht!).

Befriedete Bezirke – In befriedeten Bezirken (§ 6) ruht die Jagd; ein Jagdausübungsrecht besteht an ihnen nicht, so daß das Jagdrecht wieder auflebt (vgl. S. 25).

Im einzelnen legen die Landesjagdgesetze fest, was unter befriedeten Bezirken zu verstehen ist. Alle Länder bezeichnen, mit geringen Unterschieden im Wortlaut, als befriedete Bezirke Gebäude, die zum Aufenthalt von Menschen dienen oder mit solchen räumlich zusammenhängen, sowie Hofräume und Hausgärten, welche unmittelbar an die Behausungen anstoßen; ferner Friedhöfe. Im übrigen kann die Jagdbehörde je nach Landesrecht z. B. öffentliche Anlagen und Grundflächen, die gegen den Zutritt von Menschen abgeschlossen und deren Eingänge absperrbar sind, oder geschlossene Gewässer, zur Fischerei dienende Seen und Teiche, auch Naturschutzgebiete, Wildschutzgebiete und Wildparke für befriedet erklären.

Regelmäßig gestatten die Länder dem Grundeigentümer oder Nutzungsberechtigten in Form eines besonderen Notstandsrechts das Fangen, Töten und Aneignen von Schadwild wie z. B. Kaninchen, Fuchs, Marder usw. Darüberhinaus erlaubt das Bundesjagdgesetz den Jagdbehörden die Gestattung einer beschränkten Jagdausübung. Auch hierbei handelt es sich um ein (erweitertes) Notstandsrecht, so daß es eines Jagdscheins im Prinzip nicht bedarf, der aber beim Gebrauch einer Schußwaffe die sonst erforderliche waffenrechtliche Erlaubnis ersetzt. Zur Strecke kommendes Wild unterliegt dem Aneignungsrecht des Grundeigentümers als Jagdberechtigtem.

Im übrigen gilt insbesondere für befriedete Bezirke das allg. Jagdverbot an Orten, an denen die Jagd nach den Umständen des einzelnen Falles die öffentliche Ruhe, Ordnung oder Sicherheit stören oder das Leben von Menschen gefährden würde (§ 20).

Hegegemeinschaften

Für mehrere zusammenhängende Jagdbezirke können die Jagdausübungsberechtigten zum Zwecke der Hege des Wildes und einer einheitlichen Abschußregelung eine Hegegemeinschaft als privatrechtlichen Zusammenschluß bilden.

Die Länder können bestimmen, daß die Jagdausübungsberechtigten eine solche Hegegemeinschaft bilden, falls diese aus Gründen der Hege erforderlich ist und eine an sie gerichtete Aufforderung, eine Hegegemeinschaft zu gründen, ohne Erfolg geblieben ist. – Das Nähere regeln die Länder.

Gatterreviere, Wildgehege, Wildparke, Tiergärten, Tiergehege

Gatterreviere und gegebenenfalls nach Landesrecht (§ 20 Abs. 1) auch **Wildparke** sind vollständig eingefriedete und – mit Ausnahme von Flug-, Kletter- und Kleinwild – wilddichte Grundflächen. Kennzeichnend ist, daß das Wild innerhalb der Einfriedung in seiner natürlichen Bewegungsfreiheit nicht oder nur begrenzt eingeengt ist. Es gilt als herrenlos; deshalb stehen die Gatterreviere und Wildparke unter dem Jagdgesetz, einerlei, ob sie nur für jagdliche Zwecke eingerichtet sind oder auch anderen Zwecken dienen.

Tiergärten sind in derselben Weise wilddicht von der Umgebung abgeschlossen wie die Gatterreviere und Wildparke, sie weisen jedoch eine geringere Fläche auf, so daß die Tiere in ihrer natürlichen Bewegungsfreiheit erheblich eingeengt sind. Diese gelten daher nicht als herrenlos, sondern stehen im Eigentum des Tiergartenbesitzers, der sie jederzeit mit einer nicht als Jagdausübung gekennzeichneten Handlung in seine Gewalt bringen kann. Die gefangengehaltenen Tiere in Tiergärten fallen daher nicht unter das Jagdgesetz.

In eine dieser beiden Kategorien sind *jagdrechtlich* auch die vielen sogenannten Schaugatter, Wildfreigehege u. ä. einzuordnen.

Die Bestimmungen über Tiergehege im Bundesnaturschutzgesetz sind mit dessen Änderung seit dem 4. 4. 2002 entfallen. Nach den *Landesnaturschutzgesetzen* bedarf die Errichtung und der Betrieb von Tiergehegen aber in der Regel der Genehmigung. Voraussetzung ist im allgemeinen, daß die artgemäße und verhaltensgerechte Unterbringung und fachgerechte Betreuung gewährleistet ist und daß durch die Anlage weder der Naturhaushalt oder das Landschaftsbild beeinträchtigt noch der

Zugang zur freien Landschaft in unangemessener Weise eingeschränkt wird.

Die Bundesländer haben ferner zahlreiche Einzelbestimmungen zur Regelung der Haltung von Wildtieren in Gehegen erlassen. Die Zuständigkeit verschiedener Rechtsbereiche (Jagd-, Naturschutz-, Tierschutz-, Waffen-, Fleischhygiene- und Baurecht) erfordert eine genaue Prüfung im Einzelfall.

Vorschriften über die Jagdausübung

Der Jagdschein

Wer die Jagd ausübt, muß einen auf seinen Namen lautenden gültigen Jagdschein (§ 15) mit sich führen und diesen auf Verlangen den Polizeibeamten sowie den Jagdschutzberechtigten vorzeigen. Der Jagdschein gilt im gesamten Bundesgebiet. (Zum Sammeln von Möweneiern [beachte aber § 22 Abs. 4 Satz 4 bis 6] und Abwurfstangen bedarf es nur der schriftlichen Erlaubnis des Jagdausübungsberechtigten.) Es gibt verschiedene Jagdscheine:

- *Jahresjagdschein* mit Gültigkeit für höchstes 3 Jagdjahre, wobei das Jagdjahr jeweils vom 1. April bis zum 31. März des darauffolgenden Jahres läuft.
- *Tagesjagdschein* mit Gültigkeit für 14 aufeinanderfolgende Tage.
- *Ausländerjagdscheine* (Jahres- und Tagesjagdschein)
- *Falkner-Jahresjagdschein.*
- *Jugendjagdschein.*

Der Jugendjagdschein (§ 16) wird Personen erteilt, die das 16. Lebensjahr vollendet haben, aber noch nicht 18 Jahre alt sind. Der Jugendjagdschein berechtigt nur zur Ausübung der Jagd in Begleitung des Erziehungsberechtigten oder einer von diesem schriftlich beauftragten Aufsichtsperson, die jagdlich erfahren sein muß. Die Teilnahme an *Gesellschaftsjagden* ist nicht erlaubt.

Gesuche um Erteilung eines Jagdscheines sind an die für den Wohnsitz des Bewerbers zuständige untere Verwaltungs-(Jagd-)behörde zu richten. Dabei hat der Bewerber nachzuweisen, daß er eine Jägerprüfung bestanden (vgl. S. 32) und eine ausreichende *Jagdhaftpflichtversicherung* abgeschlossen hat.

Für den Jagdschein ist eine Gebühr zu entrichten, die die Länder festsetzen. Daneben erheben einige Länder getrennt oder als Teil der »Gebühr« eine Jagdabgabe, die zur Förderung des Jagdwesens zu verwenden ist.

Personen, die mit der Jagd beruflich befaßt sind (Berufsjäger, bestätigte Jagdaufseher, Forstbeamte), erhalten den Jagdschein zu einer ermäßigten Gebühr oder auch gebührenfrei.

Wenn der Behörde, die den Jagdschein erteilt hat, erst nach der Erteilung Tatsachen bekannt werden, die eine Versagung des Jagdscheines begründen, so ist sie in den vom Gesetz genannten Fällen berechtigt, den Jagdschein für ungültig zu erklären und einzuziehen. Dabei kann sie eine Sperrfrist für die Wiedererteilung des Jagdscheines festsetzen (§ 18). Gegen die Versagung bzw. die Einziehung des Jagdscheines kann der Verwaltungsrechtsweg nach Maßgabe der in den einzelnen Ländern geltenden Vorschriften über die Verwaltungsgerichtsbarkeit beschritten werden.

Versagung des Jagdscheins (§ 17)

(1) Der Jagdschein ist zu versagen:
- Personen, die noch nicht 16 Jahre alt sind;
- Personen, bei denen Tatsachen die Annahme rechtfertigen, daß sie die erforderliche Zuverlässigkeit oder körperliche Eignung nicht besitzen;
- Personen, denen der Jagdschein entzogen ist, während der Dauer der Maßnahme;
- Personen, die keine ausreichende Jagdhaftpflichtversicherung (500 000 Euro für Personenschäden, 50 000 Euro für Sachschäden) nachweisen.

(2) Der Jagdschein *kann* versagt werden:
- Personen, die noch nicht 18 Jahre alt sind;
- Personen, die nicht Deutsche im Sinne des Grundgesetzes sind;
- Personen, die nicht mindestens drei Jahre ihren Wohnsitz oder ihren gewöhnlichen Aufenthalt ununterbrochen im Geltungsbereich des BJG haben;
- Personen, die gegen die Grundsätze der deutschen Waidgerechtigkeit schwer oder wiederholt verstoßen haben;

(3) Die erforderliche Zuverlässigkeit besitzen Personen nicht, wenn Tatsachen die Annahme rechtfertigen, daß sie
- Waffen oder Munition mißbräuchlich oder leichtfertig verwenden werden;
- mit Waffen oder Munition nicht vorsichtig und sachgemäß umgehen und diese Gegenstände *nicht sorgfältig verwahren* werden;

- Waffen oder Munition an Personen überlassen werden, die zur Ausübung der tatsächlichen Gewalt hierüber nicht berechtigt sind.

(4) Die erforderliche Zuverlässigkeit besitzen in der Regel Personen nicht, die
1. a) wegen eines Verbrechens,
   b) wegen eines *vorsätzlichen Vergehens*, das eine der Annahmen im Sinne des Absatzes 3 Nr. 1 bis 3 rechtfertigt,
   c) wegen einer *fahrlässigen Straftat* im Zusammenhang mit dem Umgang mit Waffen, Munition oder Sprengstoff,
   d) wegen einer Straftat gegen jagdrechtliche, tierschutzrechtliche oder naturschutzrechtliche Vorschriften, das Waffengesetz, das Gesetz über die Kontrolle von Kriegswaffen, das Sprengstoffgesetz oder nach den im Land Berlin geltenden entsprechenden Vorschriften
   zu einer Freiheitsstrafe, Jugendstrafe, Geldstrafe von mindestens 60 Tagessätzen oder mindestens zweimal zu einer geringeren Geldstrafe rechtskräftig verurteilt worden sind, wenn seit dem Eintritt der Rechtskraft der letzten Verurteilung 5 Jahre nicht verstrichen sind; in die Frist wird die Zeit eingerechnet, die seit der Vollziehbarkeit des Widerrufs oder der Rücknahme eines Jagdscheines oder eines Waffenbesitzverbotes nach § 40 des Waffengesetzes wegen der Tat, die der letzten Verurteilung zugrunde liegt, verstrichen ist; in die Frist nicht eingerechnet wird die Zeit, in welcher der Beteiligte auf behördliche oder richterliche Anordnung in einer Anstalt verwahrt worden ist;
2. wiederholt oder gröblich gegen eine in Nr. 1 d) genannte Vorschrift verstoßen haben;
3. geschäftsunfähig oder in der Geschäftsfähigkeit beschränkt sind;
4. trunksüchtig, rauschmittelsüchtig, geisteskrank oder geistesschwach sind.

(5) Ist ein Verfahren wegen vorstehender Handlungen noch nicht abgeschlossen, so kann die zuständige Behörde die Entscheidung über den Antrag auf Erteilung des Jagdscheins bis zum rechtskräftigen Abschluß des Verfahrens aussetzen. Die Zeit der Aussetzung des Verfahrens ist in die Frist nach Absatz 4 Nr. 1 erster Halbsatz einzurechnen.

(6) Sind Tatsachen bekannt, die Bedenken gegen die Zuverlässigkeit nach Absatz 4 Nr. 4 oder die körperliche Eignung nach Absatz 1 Nr. 2 begründen, so kann die zuständige Behörde dem Beteiligten die Vorlage eines amts- oder fachärztlichen Zeugnisses über die geistige und körperliche Eignung aufgeben.

Die Jägerprüfung

Die erste Erteilung eines Jagdscheins ist davon abhängig, daß der Bewerber eine *Jägerprüfung* bestanden hat, die aus einem schriftlichen und einem mündlich-praktischen Teil und einer Schießprüfung bestehen soll; er muß in der Jägerprüfung ausreichende Kenntnisse der Tierarten, der Wildbiologie, der Wildhege, des Jagdbetriebes, der Wildschadensverhütung, des Land- und Waldbaues, des Waffenrechts, der Waffentechnik, der Führung von Jagdwaffen (einschließlich Faustfeuerwaffen), der Führung von Jagdhunden, in der Behandlung des erlegten Wildes unter besonderer Berücksichtigung der hygienisch erforderlichen Maßnahmen, in der Beurteilung der gesundheitlich unbedenklichen Beschaffenheit des Wildbrets, insbesondere auch hinsichtlich seiner Verwendung als Lebensmittel, und im Jagd- und Tierschutz- sowie Naturschutz- und Landschaftspflegerecht nachweisen; mangelnde Leistungen in der Schießprüfung sind durch Leistungen in anderen Prüfungsfächern nicht ausgleichbar.

Die Länder können die Zulassung zur Jägerprüfung vom Nachweis einer theoretischen und praktischen Ausbildung abhängig machen.

Einzelheiten und Sonderregelungen, z. B. für Personen, die im Rahmen der forstlichen oder Berufsjägerausbildung eine dem Vorstehenden entsprechende Prüfung in Jagdkunde abgelegt haben, bestimmen die Prüfungsordnungen der Länder.

Die Falknerprüfung

Die erste Erteilung eines *Falknerjagdscheines* ist davon abhängig, daß der Bewerber zur Jägerprüfung eine *Falknerprüfung* bestanden hat. In ihr müssen ausreichende Kenntnisse auf diesem Spezialgebiet nachgewiesen werden. In der Jägerprüfung selbst braucht der Anwärter auf den Falknerjagdschein die auf Schießen und Waffengebrauch bezogenen Prüfungsteile nicht abzulegen, wenn er ausschließlich den Falknerjagdschein erwerben will. Über Falknerei (Beizjagd) s. S. 172 und 206.

Rechte und Pflichten bei der Jagdausübung

Pflichten beim Jagdbegang; Anlage von Reviereinrichtungen

Die Jagd darf nur so ausgeübt werden, daß an den Grundstücken und ihrer Bestellung kein Schaden entsteht. Entstandener Schaden *(Jagdschaden)* ist zu ersetzen (§ 33).

Der Jagdausübungsberechtigte darf grundsätzlich (beachte aber § 33 Abs. 1 Satz 2) *alle zur Jagd gehörigen Grundstücke betreten*. Einschränkungen können sich aus dem Betretungsverbot für Eisenbahnanlagen, Autobahnen und militärischen Anlagen sowie aus Verboten in Schutzgebieteverordnungen ergeben. An Orten, an denen die Jagd nach den Umständen des einzelnen Falles die *öffentliche Ruhe, Ordnung oder Sicherheit stören* oder das *Leben von Menschen gefährden* würde, darf nicht gejagt werden. (§ 20 – über Jagd an Sonn- und Feiertagen s. S. 34)

In Naturschutzgebieten u. a. Schutzgebieten unterliegt die Jagd den Beschränkungen, die hierfür von den Ländern verfügt worden sind (§ 20). Das Jagdausübungsrecht als grundgesetzlich geschütztes Eigentumsrecht darf aber nur insoweit beschränkt werden, als es der Schutzzweck erfordert.

Der Jagdausübungsberechtigte hat den Zugang zu seinem Jagdbezirk auf einem zum allgemeinen Gebrauch bestimmten Weg zu nehmen. Ist das nicht möglich, oder kann der Jagdbezirk nur auf einem unzumutbaren Wege erreicht werden, so ist in den meisten Ländern der Jagdausübungsberechtigte – notfalls durch Entscheidung der Jagdbehörde – berechtigt, einen nicht zum öffentlichen Gebrauch bestimmten Weg, den *Jägernotweg*, zu benutzen. Bei Benutzung des Notweges dürfen Schußwaffen nur ungeladen und in einem Überzug oder mit verbundenem Schloß, Hunde nur angeleint mitgeführt werden.

Der Jagdausübungsberechtigte darf *Reviereinrichtungen* wie Hochsitze, Futterplätze, Jagdhütten – letztere ggf. nur mit baupolizeilicher Erlaubnis – mit Genehmigung des Grundeigentümers errichten. Landesrecht bestimmt zum Teil, daß die Genehmigung nicht versagt werden darf, wenn die Duldung der Anlage zugemutet werden kann und eine angemessene Entschädigung geleistet wird, oder daß nicht mit dem Boden fest verbundene Einrichtungen auf extensiv genutzten Flächen der Genehmigung nicht bedürfen.

In diesem Zusammenhang sei auf das *Bundeswaldgesetz*, das Bundesnaturschutzgesetz sowie die jeweiligen Landesgesetze verwiesen, die sich u. a. mit dem *Betreten der freien Flur und des Waldes* durch jedermann und mit der Einschränkung dieser Befugnis – auch zum Schutze des Wildes und der Jagd – befassen.

Pflichten bei Wildseuchen, Wildfütterung, Jagdhundehaltung, Aussetzen von Wild

Tritt eine *Wildseuche* auf, so hat der Jagdausübungsberechtigte dies der Jagdbehörde zu melden

(§ 24). Die von ihr im Einvernehmen mit der Veterinärbehörde verfügten Bekämpfungsmaßnahmen sind durchzuführen.

Zur *Wildfütterung in Notzeiten* ist auf Grund der Landesgesetze der Jagdausübungsberechtigte verpflichtet. Versäumt er dieses, so kann die Fütterung auf seine Kosten durch die Jagdbehörde bewirkt werden. *Notzeiten* sind solche Zeiten, in denen Wild z. B. wegen hoher Schneedecke, Harsch, Überschwemmungen, Waldbränden nicht ausreichend an die natürliche Äsung herankommen kann. Die Länder können die Fütterung von Wild untersagen oder von einer Genehmigung abhängig machen (§ 28). Daneben gibt es Sonderregelungen für Kirrungen. Hierunter versteht man das gelegentliche Ausbringen von Futter in geringen Mengen zum Anlocken von Wild. (Über Fütterung und Kirrung siehe S. 228f.). – Die zur Zeit geltenden landesrechtlichen Vorschriften zu dem Komplex »Notzeit, Fütterung / Ablenkfütterung und Kirrung« sind recht unterschiedlich und teilweise widersprüchlich bzw. unklar. Die Frage, unter welchen Voraussetzungen freilebende Wildtiere überhaupt gefüttert werden sollen oder nicht, ist stark umstritten. Die BSE-Krise im Jahr 2001 hat in vielen Ländern zu weitreichenden Fütterungsbeschränkungen geführt. Mit weiteren Änderungen der landesrechtlichen Vorschriften ist zu rechnen.

Die Länder haben Bestimmungen über den Einsatz von *brauchbaren Jagdhunden* und über Prüfungen zur Feststellung der Brauchbarkeit erlassen. Die meisten Bundesländer fordern, daß zu bestimmten Jagdarten (Treib- und Drückjagden, Jagd auf Wasserwild und auf Waldschnepfen) sowie zu Nachsuchen entsprechend brauchbare Jagdhunde zu verwenden sind. Zweck dieser Vorschriften ist es, die sachgerechte »Arbeit nach dem Schuß«, zur Nachsuche auf krankgeschossenes Wild gemäß den Forderungen des Tierschutzes zu gewährleisten.

Das *Aussetzen* von Schwarzwild und Wildkaninchen ist verboten. Das Aussetzen fremder (d. h. nicht in Deutschland heimischer) Tierarten in der freien Natur ist nur mit Genehmigung der zuständigen Jagdbehörde zulässig. Die Länder können auch das Hegen und Aussetzen weiterer Tierarten beschränken oder verbieten (§ 28). Über das Aussetzen nicht jagdbarer Tiere siehe S. 354.

Pflichten zur Verhinderung von vermeidbaren Schmerzen und Leiden des Wildes und Bestimmungen über Wildfolge

Um *krankgeschossenes* Wild vor vermeidbaren Schmerzen oder Leiden zu bewahren, ist dieses unverzüglich, d. h. auch außerhalb der Jagdzeiten oder unter Überschreitung des Abschußplanes, zu erlegen; das gleiche gilt für *schwerkrankes* Wild. Die Pflicht, nicht das Recht, entfällt, wenn es genügt und möglich ist, das Wild zu fangen und zu versorgen. Krankgeschossenes oder schwerkrankes Wild, das in einem fremden Jagdbezirk wechselt, darf nur verfolgt werden *(Wildfolge)*, wenn mit dem Jagdausübungsberechtigten dieses Jagdbezirkes eine schriftliche Vereinbarung über die Wildfolge abgeschlossen worden ist. Die Länder können auch unmittelbar geltende gesetzliche Wildfolgerechte festlegen oder nähere Bestimmungen erlassen, insbesondere über die *Verpflichtung* der Jagdausübungsberechtigten benachbarter Jagdbezirke, Vereinbarungen über die Wildfolge zu treffen. In den Landesjagdgesetzen ist hierüber im allgemeinen folgendes enthalten:

Wechselt *krankgeschossenes Schalenwild* über die Grenze, so hat der Schütze den Anschuß und möglichst auch die Stelle des Überwechselns kenntlich zu machen, dem Angrenzer unverzüglich Meldung zu erstatten und sich zur Nachsuche zur Verfügung zu stellen. Bei anderem Wild gewähren einige Länder weitergehende Rechte, z. B. Mitnahmerecht mit Ablieferungspflicht. Ist Wildfolge vereinbart, so gilt im Zweifel folgendes: Der Erleger ist berechtigt, Wild, das in Sichtweite über der Grenze verendet, aufzubrechen und zu versorgen. Er hat den Reviernachbarn unverzüglich zu benachrichtigen. Einige Bundesländer erlauben ferner den Fangschuß in Sichtweite über die Grenze oder sogar das Mitführen der Schußwaffe, sofern dies erforderlich ist. Die Jagdnachbarn können aber auch Wildfolge zu anderen Bedingungen nach Belieben schriftlich vereinbaren, soweit die Länder nicht Mindestrechte unmittelbar vorgeschrieben haben.

Da die Rechtslage in den Ländern verschieden ist, muß sich der Jäger über die örtlich gültigen Bestimmungen genau unterrichten.

Jagdbeschränkungen

Beschränkungen der Jagdmittel

Verboten ist (§ 19):
- der Schrot- oder Postenschuß und der Schuß mit gehacktem Blei oder mit Bolzen oder Pfeilen, auch als Fangschuß, auf Schalenwild;
- der Schuß auf Rehwild mit Büchsenpatronen, deren Auftreffwucht auf 100 m (E_{100}) weniger als 1000 Joule beträgt;

- auf alles übrige Schalenwild mit Büchsenpatronen unter einem Kaliber von 6,5 mm zu schießen; im Kaliber 6,5 mm und darüber müssen die Büchsenpatronen eine Auftreffwucht auf 100 m (E_{100}) von mindestens 2000 Joule haben;
- auf Wild mit halbautomatischen Waffen, die mehr als zwei Patronen in das Magazin aufnehmen können, zu schießen;
- auf Wild mit Pistolen oder Revolvern zu schießen, ausgenommen im Falle der Bau- und Fallenjagd sowie zur Abgabe von Fangschüssen, wenn die Mündungsenergie der Geschosse mindestens 200 Joule beträgt;
- künstliche Lichtquellen, Spiegel, Vorrichtungen zum Anstrahlen oder Beleuchten des Zieles, Nachtzielgeräte, die einen Bildwandler oder eine elektronische Verstärkung besitzen und für Schußwaffen bestimmt sind, Tonbandgeräte oder elektrische Schläge erteilende Geräte beim Fang oder Erlegen von Wild aller Art zu verwenden oder zu nutzen sowie zur Nachtzeit an Leuchttürmen oder Leuchtfeuern Federwild zu fangen;
- Vogelleim, Fallen, Angelhaken, Netze, Reusen oder ähnliche Einrichtungen sowie geblendete oder verstümmelte Vögel beim Fang oder Erlegen von Federwild zu verwenden;
- Schlingen jeder Art, in denen sich Wild fangen kann, herzustellen, feilzubieten, zu erwerben oder aufzustellen;
- Fanggeräte, die nicht unversehrt fangen oder nicht sofort töten, sowie Selbstschußgeräte zu verwenden;
- Saufänge, Fang- und Fallgruben ohne Genehmigung der zuständigen Behörde anzulegen;
- Wild zu vergiften oder vergiftete oder betäubende Köder zu verwenden;
- Wild aus Luftfahrzeugen, Kraftfahrzeugen oder maschinenbetriebenen Wasserfahrzeugen zu erlegen; einige Länder verbieten bereits das Schießen von einem Kraftfahrzeug usw. aus, andere erlauben das Erlegen von Wild aus Kraftfahrzeugen durch Körperbehinderte mit Erlaubnis der zuständigen Behörden.

Beschränkung der Jagdausübung

Verboten ist (§ 19):
- die Hetzjagd auf Wild, die Netzjagd auf Seehunde und die Brackenjagd auf Flächen unter 1000 ha;
- die Lappjagd innerhalb einer Zone von 300 m von der Bezirksgrenze, die Jagd durch Abklin-

geln der Felder und die Treibjagd bei Mondschein;
- die Such- und Treibjagd auf Waldschnepfen im Frühjahr;
- Schalenwild, ausgenommen Schwarzwild, sowie Federwild zur Nachtzeit zu erlegen; als Nachtzeit gilt die Zeit von eineinhalb Stunden nach Sonnenuntergang bis eineinhalb Stunden vor Sonnenaufgang; das Verbot umfaßt nicht die Jagd auf Möwen, Waldschnepfen, Auer-, Birk- und Rackelwild;
- die Jagd in *Notzeiten* auf Schalenwild in einem Umkreis von 200 m von der Fütterung;
- das Ausnehmen der Gelege von Federwild. Die Länder können das Sammeln der Eier von Ringel- und Türkentauben sowie von Silber- und Lachmöwen aus den in Artikel 9 Abs. 1 der Richtlinie 79/409/EWG (EG-Vogelrichtlinie) genannten Gründen und nach den in Artikel 9 Abs. 2 dieser Richtlinie genannten Maßnahmen erlauben (§ 22 BJG);
- das Sammeln von Abwurfstangen ohne schriftliche Erlaubnis des Jagdausübungsberechtigten;
- das Aussetzen und Annehmen von Belohnungen für den Abschuß oder Fang von Federwild.

Außerdem ist verboten,
- die Treibjagd auf Feldern, die mit reifender Halm- oder Samenfrucht bestanden sind auszuüben (Suchjagd ist nur insofern zugelassen, als sie ohne Schaden für die reifenden Früchte durchgeführt werden kann) (§ 33 BJG);
- die Jagd an *Sonntagen oder gesetzlichen Feiertagen* während der ortsüblichen Zeit des Hauptgottesdienstes auszuüben, sofern hierdurch der Gottesdienst gestört wird; (Landesgesetze über den Schutz der Sonn- und Feiertage).

> **Die in § 19 BJG enthaltenen Verbote können (mit Ausnahme der Beschränkung der Brakenjagd) durch die Länder unter den dort in Abs. 2 aufgeführten Bedingungen erweitert oder eingeschränkt werden; die Energiewerte beim Schuß mit Büchsenpatronen auf Schalenwild können unter den dort in Abs. 3 genannten Bedingungen unterschritten werden. Jeweilige Landesvorschriften daher beachten!**

Das gleiche gilt für die unterschiedlichen Vorschriften über die *Jagdausübung in Wildparken und Wildschutzgebieten, in Naturschutzgebieten und in Nationalparken.* Die Regelungen sind je nach Bundesland verschieden; auch örtliche Unterschiede innerhalb eines Bundeslandes.

Beunruhigen von Wild

An jedermann richtet sich die folgende Bestimmung, die ein Ausfluß des Hege-, Tierschutz- und Naturschutzgedankens ist (§ 19a).

■ Verboten ist, Wild, insbesondere soweit es in seinem Bestand gefährdet oder bedroht ist, unbefugt an seinen Zuflucht-, Nist-, Brut- oder Wohnstätten durch Aufsuchen, Fotografieren, Filmen oder ähnliche Handlungen zu stören. Die Länder können für bestimmtes Wild Ausnahmen zulassen. Durch das Tatbestandsmerkmal »unbefugt« ausgenommen sind z. B. der Jagdausübungsberechtigte im Rahmen einer ordnungsmäßigen Jagdausübung.

Abschußregelung

Der Abschuß des Wildes ist so zu regeln, daß die berechtigten Ansprüche der Land-, Forst- und Fischereiwirtschaft auf Schutz gegen Wildschäden voll gewahrt bleiben sowie die Belange von Naturschutz und Landschaftspflege berücksichtigt werden. Innerhalb der hierdurch gebotenen Grenzen soll die Abschußregelung dazu beitragen, daß ein gesunder Wildbestand aller heimischen Tierarten in angemessener Zahl erhalten bleibt und insbesondere der Schutz von Tierarten gesichert ist, deren Bestand bedroht erscheint.

Abschußplan

Schalenwild (mit Ausnahme von Schwarzwild), Seehunde sowie Auer- und Birkwild dürfen nur auf Grund und im Rahmen der von der Jagdbehörde im Einvernehmen mit dem Jagdbeirat genehmigten *Abschußpläne* erlegt werden (§ 21). (Nachdem die Restbestände von Auer- und Birkwild sowie auch der Seehund in allen einheimischen Vorkommen landesrechtlich geschont sind, beziehen sich die Vorschriften praktisch nur noch auf Schalenwild.)

Die Abschußpläne sind bei gemeinschaftlichen Jagdbezirken im Einvernehmen mit dem Jagdvorstand vom Jagdausübungsberechtigten aufzustellen. Innerhalb von Hegegemeinschaften sind die Abschußpläne im Einvernehmen mit den Jagdvorständen der Jagdgenossenschaften und den Inhabern der Eigenjagdbezirke aufzustellen, die der Hegegemeinschaft angehören.

Bei den verpachteten Eigenjagdbezirken sind die Vorschriften länderweise unterschiedlich.

Die Abschußpläne werden von der Unteren Jagdbehörde im Einvernehmen mit dem Jagdbeirat genehmigt oder festgesetzt. Die Abschußpläne sind, bezogen auf den Stand vom 31. März, getrennt nach Wildart und Geschlecht aufzustellen. Niedersachsen z. B. läßt für Rehwild auch 3-jährige-Abschußpläne zu. Beim Schalenwild ist eine Trennung nach Altersstufen und beim männlichen Wild nach Stärke und Güteklassen vorzunehmen. (Die neueren Hegerichtlinien mehrerer Bundesländer betonen die Gliederung nach Altersstufen auch beim männlichen Wild stärker und gehen z. T. von den herkömmlichen Güte- und Stärkeklassen ab.)

Der Abschußplan muß erfüllt werden. Dies wird durch ein Meldeverfahren (z. B. Abschußmeldung innerhalb einer bestimmten Frist, Führung einer Streckenliste und deren Vorlegung bei der Jagdbehörde, Vorzeigen des Kopfschmuckes des erlegten männlichen Schalenwildes auf Verlangen der Jagdbehörde – siehe Trophäenschau S. 236) überwacht. Im übrigen kann der Abschuß unter bestimmten Bedingungen erzwungen werden. Der Abschuß von Wildarten, die in ihrem Bestand bedroht erscheinen, kann in bestimmten Bezirken für dauernd oder zeitweise untersagt werden.

Den Abschuß in den staatseigenen Jagden setzt in den meisten Ländern die Forstverwaltung fest; bei Zugehörigkeit zu einer Hegegemeinschaft können Sonderregelungen gelten. Hierbei handelt es sich um eine reine Zuständigkeitsverlagerung auf eine Fachbehörde, die auf das Ergebnis der Abschußplanung keinen Einfluß haben darf.

Jagd- und Schonzeiten

Nach den Grundsätzen der Hege werden durch Rechtsverordnung des Bundes für das Wild *Jagdzeiten* (§ 22) festgelegt. Außerhalb der Jagdzeiten ist Wild mit der Jagd zu verschonen *(Schonzeiten)*.

Wild mit Jagdzeiten

Für die Bemessung der Jagdzeiten sind biologische und wirtschaftliche Gründe maßgebend, die oft einen gegenseitigen Ausgleich notwendig machen. Während der Notzeiten und der Setz- und Brutzeiten soll das Wild Ruhe haben, die Erzeugnisse der Jagd sollen dann anfallen, wenn sie am besten verwertbar sind; der Schutz des landwirtschaftlichen Anbaus, der Waldpflege und der Fischerei ist zu berücksichtigen.

Die Länder können die Jagdzeiten abkürzen oder aufheben; sie können die Schonzeiten für bestimmte Gebiete oder für einzelne Jagdbezirke aus besonderen Gründen, insbesondere aus Gründen der Wildseuchenbekämpfung und der Landeskultur, zur Beseitigung kranker oder kümmernden Wildes, zur Vermeidung von übermäßigen Wildschäden, zu wissenschaftlichen, Lehr- und Forschungszwecken, bei Störung

Jagd- und Schonzeiten

Wildart	Bundes-VO (25. 4. 2002)	Baden-Württ. (5. 6. 96)	Bayern (24. 7. 92)	Berlin (20. 10. 95)	Brandenburg (14. 8. 97)	Bremen (30. 9. 77)	Hessen (13. 4. 2000)	Mecklenburg-Vorpommern (20. 8. 99)	Niedersachsen (6. 8. 01)
I. Haarwild									
Wisent	●								
Eichwild	●								
Rotwild									
Kälber	1. 8.–28. 2.	1. 8.–31. 1.	1. 8.–31. 1.				1. 8.–31. 1.	1. 8.–31. 1.	1. 9.–31. 1.
Schmalspießer	1. 6.–28. 2.	1. 6.–31. 1.	1. 6.–31. 1.				1. 7.–31. 1.	1. 6.–31. 1.	1. 6.–30. 6.
Schmaltiere	1. 6.–31. 1.						1. 7.–31. 1.		u. 1. 8.–31. 1.
Hirsch	1. 8.–31. 1.								1. 9.–31. 1.
Alttiere	1. 8.–31. 1.								
Dam- und Sikawild								nur Damwild	
Kälber	1. 9.–28. 2.	1. 9.–31. 1.	1. 9.–31. 1.				1. 9.–31. 1.	1. 8.–31. 1.	
Schmalspießler	1. 7.–28. 2.	1. 7.–31. 1.	1. 7.–31. 1.				1. 7.–31. 1.	1. 7.–31. 1.	
Schmaltiere	1. 7.–31. 1.		1. 7.–31. 1.				1. 7.–31. 1.		1. 9.–31. 1.
Hirsche und Alttiere	1. 9.–31. 1.		1. 9.–31. 1.						
Rehwild									
Kitze	1. 9.–28. 2.	1. 9.–31. 1.	1. 9.–15. 1.			1. 9.–31. 1.	1. 9.–31. 1.	1. 9.–31. 1.	1. 9.–31. 1.
Schmalrehe	1. 5.–31. 1.		1. 5.–15. 1.			1. 9.–31. 1.			1.–31. 5.
Ricken (Geißen)	1. 9.–31. 1.		1. 9.–15. 1.						u. 1. 9.–31. 1.
Böcke	1. 5.–15. 10.								
Gamswild	1. 8.–15. 12.								
Steinwild	●								
Muffelwild	1. 8.–31. 1.				Widder Lämmer } 1. 8.–28. 2.				1. 9.–31. 1.
Schwarzwild									
Frischlinge	○								1. 4.–31. 1.
Überläufer	○			führende Bachen: 1. 10.–31. 1.	führende Bachen: 16. 8.–31. 1.		16. 4.–31. 1.		1. 8.–31. 1.
Keiler und Bachen	16. 6.–31. 1.								
Feldhase	1. 10.–15. 1.	1. 10.–31. 12.	16. 10.–31. 12.	●	1. 10.–15. 12.		1. 10.–31. 12.	1. 10.–31. 12.	
Schneehase	●								
Wildkaninchen	○		¹)						1. 10.–15. 2.
Murmeltier	●								
Wildkatze	●								
Luchs	●								
Fuchs	○			1. 11.–31. 1. (Jungfüchse 1. 5.–31. 1.)					16. 6.–28. 2. außer Jungfüchse
Stein- und Baummarder	16. 10.–28. 2.			Baummarder ●	Baummarder ●	1. 11.–31. 1.			1. 11.–28. 2.
Iltis	1. 8.–28. 2.			●	●	1. 9.–31. 1.			1. 11.–28. 2.
Hermelin	1. 8.–28. 2.			●	●	1. 9.–31. 1.		16. 10.–28. 2.	1. 11.–28. 2.
Mauswiesel	1. 8.–28. 2.			●	●			●	●
Dachs	1. 8.–31. 10.			●	1. 10.–31. 10.	●			
Fischotter	●								
Seehund	●								

Die Tabelle gibt die **Jagdzeiten** für alle Wildarten in der Reihenfolge des § 2 BJG an.   ¹) auch in der Setzzeit

Unter den einzelnen **Bundesländern** sind nur die **Abweichungen** von der Bundes-Verordnung eingetragen. Leere Felder zeigen an, daß für die betreffende Wildart die Jagdzeit der Bundes-VO gilt. Nachträgliche Änderungen sind nach dem Stand von Januar 2002 berücksichtigt. (Siehe auch im Internet unter www.Schonzeiten.de)

Jagd- und Schonzeiten

Wildart	Bundes-VO (25. 4. 2002)	Nordrh.-Westf. (13. 7. 92)	Rheinld.-Pfalz (29. 3. 2000)	Saarland (27. 1. 2000)	Sachsen (13. 9. 99)	Sachsen-Anhalt (29. 7. 2002)	Schlesw.-Holstein (1. 7. 2002)	Thüringen (8. 6. 99)
I. Haarwild								
Wisent	●							
Eichwild	●							
Rotwild								
Kälber	1. 8.–28. 2.	1. 8.–31. 1.	1. 8.–15. 1.				⎫	1. 9.–15. 1.
Schmalspießer	1. 6.–28. 2.	1. 8.–31. 1.	1. 6.–15. 1.				⎬ 1. 8.–31. 1.	1. 8.–15. 1.
Schmaltiere	1. 6.–31. 1.	1. 8.–31. 1.	1. 6.–15. 1.				⎭	16. 6.–15. 1.
Hirsch	1. 8.–31. 1.		⎫ 1. 8.–15.1.					1. 9.–15. 1.
Alttiere	1. 8.–31. 1.		⎭		²)			1. 8.–15. 1.
Dam- und Sikawild								Damwild
Kälber	1. 9.–28. 2.	1. 9.–31. 1.	1. 9.–15. 1.				1. 9.–31. 1.	⎫
Schmalspießer	1. 7.–28. 2.	1. 9.–31. 1.	1. 7.–15. 1.				1. 7.–31. 1.	⎬ 1. 9.–15. 1.
Schmaltiere	1. 7.–31. 1.	1. 9.–31. 1.	1. 7.–15. 1.					⎭
Hirsche und Alttiere	1. 9.–31. 1.		1. 9.–15. 1.		²)			
Rehwild								
Kitze	1. 9.–28. 2.	1. 9.–31. 1.	1. 9.–15. 1.				1. 9.–31. 1.	1. 9.–15. 1.
Schmalrehe	1. 5.–31. 1.	⎰ 16. 5.–15. 6. ⎱ 1. 9.–31. 1.	1. 5.–15. 1.				1. 5.–31. 5. und	1. 5.–15. 1.
Ricken (Geißen)	1. 9.–31. 1.		1. 9.–15. 1.				1. 9.–31. 1.	1. 9.–15. 1.
Böcke	1. 5.–15. 10.							
Gamswild	1. 8.–15. 12.				●			
Steinwild	●							
Muffelwild								
Schafe u. Lämmer	1. 8.–31. 1.		1. 8.–15. 1.					1. 9.–15. 1.
Widder					²)			1. 8.–15. 1.
Schwarzwild		1. 8.–31. 1.		**)	○			
Frischlinge	○	*)		○	außer führende			
Überläufer	○			○	Bachen:	außer führende		
Keiler und Bachen	16. 6.–31. 1.		16. 6.–15. 1	1. 7.–31. 1.	16. 8.–31. 1.	Bachen		1. 7.–31. 1.
Feldhase	1. 10.–15. 1.	1. 10.–31. 12.	1. 10.–31. 12.				1. 10.–31. 12.	1. 10.–31. 12.
Schneehase	●							
Wildkaninchen	○						1. 10.–31. 1.³) außer Jungkaninchen	
Murmeltier	●							
Wildkatze	●							
Luchs	●							
Fuchs	○	16. 6.–28. 2. außer Jungfüchse					1. 7.–28. 2.³) außer Jungfüchsen	
Stein- und Baummarder	16. 10.–28. 2.						1. 12.–31. 1. (Steinmarder nur außerhalb befriedeter Bezirke)	Baummarder ●
Iltis	1. 8.–28. 2.				16. 10.–28. 2.		1. 12.–31. 1.	1. 9.–28. 2.
Hermelin	1. 8.–28. 2.				16. 10.–28. 2.	1. 10.–28. 2.	●	1. 9.–28. 2.
Mauswiesel	1. 8.–28. 2.		●		●	●	●	●
Dachs	1. 8.–31. 10.					1. 9.–31. 10.	1. 9.–31. 10.	
Fischotter	●							
Seehund	●						15. 9.–31. 10.	

²) näher bestimmte starke Trophäenträger nur innerhalb festgesetzter Schalenwildgebiete
³) im Bereich der Deichkörper auch in der Schonzeit

*) noch nicht einjährige Stücke
**) Treibjagd verboten 16. 1.–30. 6.

Jagd- und Schonzeiten

Wildart	Bundes-○ (25. ... 2002)	Baden-Württ. (14. 10. 92)	Bayern (3. 4. 2001)	Berlin (20. 10. 95)	Brandenburg (14. 8. 97)	Bremen (30. 9. 77)	Hessen (14. 11. 91)	Mecklenburg-Vorpommern (9. 3. 93)	Niedersachsen (6. 8. 01)
II. Federwild									
Rebhuhn	1. 9.–15. 12.	1. 9.–31. 10.	1. 9.–31. 10.	●			16. 9.–31. 10.	● (befr. b. 15. 12. 04)	16. 9.–30. 11.
Fasan	1. 10.–15. 1.	1. 10.–31. 12.	1. 10.–31. 12.				Hennen: ●	Hennen: ●	
Wachtel	●								
Auer-, Birk- u. Rackelwild	●		● bis 2004						
Haselhuhn	●								
Alpenschneehuhn	●								
Wildtruthuhn	1. 1.–15. 1. + Hähne			●			●		●
Hähne	15. ..–15. 5.						●		
Ringeltaube, Türkentaube	1. 11.–20. 2.	16. 7.–30. 4.	.	1. 10.–28. 2. ●				16. 7.–31. 3.	
Hohltaube Turteltaube	●								
Höckerschwan	1. 11.–20. 2.	1. 9.–30. 11.		●					1. 9.–30. 9.
Graugans	1. 8.–31. 8. + 1. 11.–15. 1.	●		●	1. 8.–31. 1. (1. 9.–31. 10. + 16. 1.–31. 1. beschränkt ****)		1. 11.–15. 1.		
Bläß-, Saat-, Ringel-, Kanadagans (übrige Wildgänse: ●)	1. 11.–15. 1.	●		●	16. 9.–31. 1. (16. 9.–31. 10. + 16. 1.–31. 1. beschränkt ****)		● außer Kanadagans (1. 11.–15. 1.)	Ringelgänse: ●	● Bläß-, Saat-Ringelgänse
Stockente	1. 9.–15. 1.			1. 10.–15. 12.					
Pfeif-, Krick-, Spieß-, Berg-, Reiher-, Tafel-, Samt- und Trauer-enten (übrige Wildenten ●)	1. 9.–15. 1.			●	● außer Tafel- und Krickenten	Reiher-Tafel-, Knäkente ●	●	● außer Tafel-, Pfeif- u. Krickenten	● außer Krickenten
Säger	●								
Waldschnepfe	16. 10.–15. 1.			●			●	16. 10.–31. 12.	16. 10.–31. 12.
Bläßhuhn	11. 9.–20. 2.			1. 10.–15. 12.					
Lachmöve	1. 9.–10. 2.			●				16. 7.–31. 3.	●
Sturm-, Silber-, Mantel-, Heringsmöwe (übrige Möwen: ●)	1. 9.–10. 2.	●		●				16. 8.–31. 3.	
Haubentaucher	●								
Großtrappe	●								
Graureiher**)	●		16. 9.–31. 10.						
Greifvögel	●								
Kolkrabe	●								
III. In Bundesländern zusätzlich dem Jagdrecht unterstellt									
Wolf		X	X	X	X	X	X	X	X
Waschbär		○	○¹)	○	○	X	○	○	16. 7.–31. 3.¹)
Marderhund		○	○¹)	○	○	X	○	○	1. 9.–28. 2.¹)
Nutria		○	○	○	X	X	○	○	1. 9.–28. 2.¹)
Mink		X	X	○	○	X	○	○	1. 8.–28. 2.¹)
Elster, Rabenkrähe		○	X	X	X	X	1. 9.–31. 3.	X	Rabenkr. 1. 8.–20. 2. Elster 1. 8.–28. 2.
Eichelhäher		X	○	X	X	X	X	X	X

**) Jagdzeit auf Graureiher in Bayern und Schleswig-Holstein auf 200 m um geschlossene Fischgewässer beschränkt.

¹) Jungtiere ganzjährig   ****) nur zur Schadensabwehr auf gefährdeten Ackerkulturen

Jagd- und Schonzeiten

Es bedeuten: ● ganzjährige Schonzeit;
○ ganzjährige Jagdzeit
X kein Wild

Wildart	Bundes-VO (25. 4. 2002)	Nordrh.-Westf. (13. 7. 92)	Rheinld.-Pfalz (29. 3. 2000)	Saarland (25. 2. 92)	Sachsen (13. 9. 99)	Sachsen-Anhalt (10. 3. 1995)	Schlesw.-Holstein (1. 7. 2002)	Thüringen (8. 6. 99)
II. Federwild								
Rebhuhn	1. 9.–15. 12.	16. 9.–15. 12.	1. 9.–31. 10.		●		1. 10.–31. 10.	1. 10.–30. 11.
Fasan	1. 10.–15. 2.	16. 10.–15. 1.	Hennen: 16. 10.–15. 12.				1. 10.–31. 12.	1. 10.–31. 12. Hennen: ●
Wachtel	●							
Auer-, Birk- u. Rackelwild	●							
Haselhuhn	●							
Alpenschneehuhn	●							
Wildtruthuhn Hähne	1. 10.–15. 1. + Hähne 15. 3.–15. 5.	Hähne 16. 3.–30. 4. Hennen: ●			●			●
Ringeltaube, Türkentaube	1. 7.–30. 4.	1. 8.–30. 4. 16. 8.–30. 4.	1. 8.–15. 4.		1. 8.–15. 4.		20. 9.–31. 3.[2]) ●	16. 8.–31. 3. 1. 10.–28. 2.
Hohltaube Turteltaube	●							
Höckerschwan	1. 9.–15. 1.	1. 9.–31. 12.	●				1. 11.–31. 12.****)	●
Graugans	1. 8.–31. 8. + 1. 11.–15. 1.	1. 8.–31. 8.	●		1. 11.–15. 1.		10. 8.–31. 10.****) und 1. 11.–31. 12.	●
Bläß-, Saat-, Ringel-, Kanadagans (übrige Wildgänse: ●)	1. 11.–15. 1.	●	●				Ringel u. Saatgans: ● Bläßgans 1. 11.–31. 12. Kanadagans wie Graugans	● Bläß- u. Saatgans 1. 11.–15. 1.
Stockente	1. 9.–15. 1.						16. 9.–31. 12.	
Pfeif-, Krick-, Spieß-, Berg-, Reiher-, Tafel-, Samt- und Trauerenten (übrige Wildenten ●)	1. 10.–15. 1.	●	●	Krick- und Knäkenten ●			● außer Pfeif-, Krick-, Reiherente, 1. 10.–31. 12.	●
Säger	●							
Waldschnepfe	16. 10.–15. 1.				●		16. 10.–30. 11.	●
Bläßhuhn	1. 9.–15. 1.						●	1.9.–30. 12.
Lachmöve	1. 10.–10. 2.				●		●	1. 8.–31. 1.
Sturm-, Silber-, Mantel-, Heringsmöve (übrige Möwen: ●)	1. 10.–10. 2.	Sturmmöwe: ●			Silbermöwe ●		●	●
Haubentaucher	●							
Großtrappe	●							
Graureiher**)	●						1. 8.–31. 10.	
Greifvögel	●							
Kolkrabe	●							
III. In Bundesländern zusätzlich dem Jagdrecht unterstellt								
Wolf	X	X	X	X	X	X	X	X ●
Waschbär	○	○	X	○	○	○	16. 7.–28. 2.[1])	○
Marderhund	○	○	X	○	○	○	16. 7.–28. 2.[1])	○
Nutria	X	X	X	○	X	X	X	○
Mink	X	X	X	○	○	○	16. 7.–28. 2.[1])	○
Elster, Rabenkrähe		X	1. 8.–15. 3.	X	einschl. Nebelkrähe 1. 8.–15. 3.	einschl. Nebelkrähe 16. 7.– Ende Februar	X	1. 8.–15. 2.
Eichelhäher		X	X	X	●	X	X	

[1]) Jungtiere ganzjährig   [2]) teilweise nur zur Schadensabwehr von gefährdeten Kulturen   ****) nur zur Schadensabwehr auf gefährdeten Ackerkulturen

des biologischen Gleichgewichts oder der Wildhege aufheben. Für den Lebendfang von Wild können die Länder im Einzelfällen Ausnahmen zulassen.

Die Übersicht auf den Seiten 36 bis 39 enthält die Jagdzeiten aufgrund der seit 1977 geltenden und zweimal im Jahr 2000 und 2002 geänderten Verordnung des Bundes und die in den Ländern gültigen Abweichungen. Durch die letzte Änderung wurden insbesondere im Hinblick auf die Vorgaben der EU-Vogelrichtlinie die Jagdzeiten z. T. verkürzt bzw. aufgehoben, was in den Ländern noch nicht umgesetzt werden konnte. Die in den Ländern noch geltenden (längeren) Jagdzeiten sind daher, sofern nicht Ausnahmegründe nach § 22 Abs. 1 BJagdG für bestimmte Gebiete oder einzelne Jagdbezirke gelten, bundesrechtswidrig und deshalb unwirksam. Sämtliche Bundesjagdzeiten umfassen nach dem neuen § 1 Abs. 3 der Verordnung außerdem nur solche Zeiträume einschließlich Tageszeiten, in denen nach den örtlich gegebenen äußeren Umständen für einen Jäger die Gefahr der Verwechslung von Tierarten nicht besteht.

Wild ohne Jagdzeiten

Wenn für eine Wildart *keine Jagdzeit* festgesetzt ist, so bedeutet das, daß sie der besonderen Hege und Schonung bedarf. Sie ist während des ganzen Jahres mit der Jagd zu verschonen. *Keine Jagdzeit* haben: Wisent, Elchwild, Steinwild, Schneehase, Murmeltier, Wildkatze, Luchs, Fischotter, Wachtel, Haselwild, Alpenschneehuhn, Hohltaube, Turteltaube, Brandgans, Eider-, Eis-, Kolben-, Löffel-, Moor-, Schell- und Schnatterente, Säger, Haubentaucher, Großtrappe, Graureiher, Greifvögel, Kolkrabe.

Die Länder können bei Störung des biologischen Gleichgewichts oder bei schwerer Schädigung der Landeskultur Jagdzeiten festsetzen oder in Einzelfällen zu wissenschaftlichen, Lehr- und Forschungszwecken Ausnahmen zulassen.

Wild ohne Schonzeiten

Aus Gründen der Landeskultur können Schonzeiten für Wild gänzlich versagt werden *(ganzjährige Jagdzeit)*. Das ist der Fall bei Wildkaninchen und Fuchs (in einzelnen Bundesländern auch noch bei anderen, ins Jagdrecht aufgenommenen Tierarten, wie z. B. Waschbär, Mink und Marderhund).
Im übrigen gilt

■ In den Setz- und Brutzeiten dürfen bis zum Selbständigwerden der Jungtiere die für die Aufzucht notwendigen Elterntiere – auch die von Wild ohne Schonzeit – nicht bejagt werden.
Die Länder können für Schwarzwild, Wildkanin-

chen, Fuchs, Ringel- und Türkentaube, Silber- und Lachmöwe Ausnahmen bestimmen.
Als Anhalt dafür, wie lange Elternteile zur Aufzucht der Jungen bis zu deren Selbständigwerden notwendig sind, d. h. mit der Jagd verschont werden müssen, mag die Liste »Aufzuchtdauer« im Anhang (siehe Seite 407) gelten. Ist eine Jagdzeit bestimmt worden, gilt in dieser regelmäßig (Ausnahme z. B. Schwarzwild) die Vermutung, daß das Tier nicht mehr zur Aufzucht von Jungtieren notwendig ist. Einen weiteren Anhalt bietet die frühere (heute noch in einigen Bundesländern geltende) Regelung, wonach die Setz- und Aufzuchtzeit für Haarwild allgemein vom 1. März bis 15. Juni, die Brutzeit für Federwild vom 1. April bis 15. Juli festgesetzt war. Im Einzelfall kommt es aber jeweils auf die biologischen Gegebenheiten bei der betreffenden Wildart an.

■ Die zuständige Behörde kann im Einzelfall das Aushorsten von Nestlingen und Ästlingen der Habichte für Beizzwecke genehmigen.

■ Krankgeschossenes und schwerkrankes Wild ist auch außerhalb der Jagdzeiten zu erlegen (s. Seite 33).

■ *Zur Verhinderung übermäßigen Wildschadens* kann die Jagdbehörde zu dem außergewöhnlichen Mittel greifen, dem Jagdausübungsberechtigten aufzuerlegen, den Wildbestand – wenn nötig unabhängig von den Schonzeiten – innerhalb einer bestimmten Frist und in bestimmtem Umfang zu verringern. Diese Verminderung kann auf Kosten des Jagdausübungsberechtigten notfalls erzwungen werden (§ 27).

Inverkehrbringen von Wild

Die Zuständigkeiten für diesen Abschnitt sind insofern geteilt, als der Bund für den Erlaß von Vorschriften zuständig ist, während den Ländern die Überwachung des Vollzuges zukommt. Der Bundesminister ist ermächtigt, durch Rechtsverordnung mit Zustimmung des Bundesrates, soweit dies aus Gründen der Hege, zur Bekämpfung von Wilderei und Wildhehlerei, aus wissenschaftlichen Gründen oder zur Verhütung von Gesundheitsschäden durch Fallwild erforderlich ist, Vorschriften zu erlassen über

- die Anwendung von Ursprungzeichen bei der Verbringung von erlegtem Schalenwild aus dem Erlegungsbezirk und der Verbringung von erlegtem Schalenwild in den Geltungsbereich dieses Gesetzes,
- den Besitz, den Erwerb, die Ausübung der tatsächlichen Gewalt oder das sonstige Verwenden, die Abgabe, das Feilhalten, die Zucht, den Transport, das Veräußern oder das sonstige Inverkehrbringen von Wild,
- die Ein-, Durch- und Ausfuhr sowie das sonstige Verbringen von Wild in den, durch den und aus dem Geltungsbereich dieses Gesetzes,
- die Verpflichtung zur Führung von Wildhandelsbüchern,
- das Kennzeichnen von Wild.

Die Länder erlassen Vorschriften über
- die behördliche Überwachung des gewerbsmäßigen Ankaufs, Verkaufs und Tausches sowie der gewerbsmäßigen Verarbeitung von Wildbret und die behördliche Überwachung der Wildhandelsbücher,
- das Aufnehmen, die Pflege und die Aufzucht verletzten oder kranken Wildes und dessen Verbleib.

Die Vorschriften können sich auch auf Eier oder sonstige Entwicklungsformen des Wildes, auf totes Wild, auf Teile des Wildes sowie auf die Nester und die aus Wild gewonnenen Erzeugnisse erstrecken (§ 36).

Von dieser Ermächtigung hat das Bundesministerium durch Erlaß der *Bundes-Wildschutzverordnung* (s. Seite 42) Gebrauch gemacht. Inhalt und Gestaltung dieser Verordnung sind auf Kritik gestoßen, da sie den Bedürfnissen der jagdlichen Praxis und Verwaltung nicht gerecht werden. Hinzu kommen Abgrenzungsprobleme mit dem neuen Naturschutzrecht. Es ist daher in der nächsten Zeit mit einer Änderung der Bundes-Wildschutzverordnung zu rechnen.

Für das Inverkehrbringen von Wild bzw. Wildbret als Lebensmittel sind inzwischen ebenfalls neue Vorschriften durch das (bundeseinheitlich geltende) *Fleisch- und Geflügelfleischhygienegesetz* und deren Durchführungsverordnung eingeführt worden (s. Seite 60).

Wild- und Jagdschadenersatz

Grundsätzliches

Wildschaden ist der Schaden, den jagdbare Tiere an einem Grundstück anrichten.

Jagdschaden ist der Schaden, den der Jäger bei der Jagd an einem Grundstück anrichtet.

Zu ersetzen ist der Wildschaden, der durch *Schalenwild, Wildkaninchen oder Fasanen* an Grundstücken und den noch nicht eingeernteten Erzeugnissen der Grundstücke verursacht wird. Die Länder können die Ersatzpflicht auf andere Wildarten ausdehnen. Auch Wildschaden, der in *befriedeten Bezirken* entsteht, ist grundsätzlich zu ersetzen. Zu ersetzen ist schließlich der Jagdschaden, der durch mißbräuchliche Jagdausübung verursacht wird.

Nicht zu ersetzen ist Wildschaden, wenn der Geschädigte die vom Jagdausübungsberechtigten zur Abwehr des Wildschadens getroffenen Maßnahmen unwirksam macht (§ 32).

Nicht zu ersetzen ist ferner Wildschaden, der an sogenannten *Sonderkulturen*, nämlich Weinbergen, Gärten, Obstgärten, Baumschulen, Alleen, einzelstehenden Bäumen, an Forstkulturen, die durch Einbringen anderer als der im Jagdbezirk vorkommenden Hauptholzarten einer erhöhten Gefährdung ausgesetzt sind, oder an Freilandpflanzungen von Garten- oder hochwertigen Handelsgewächsen entsteht, wenn die Herstellung von üblichen Schutzvorrichtungen unterblieben ist, die unter gewöhnlichen Umständen zur Abwendung des Schadens ausreichen, sofern ein Land nicht anders bestimmt (§ 32).

Die Bundesländer haben teilweise sehr ausführliche Vorschriften über die Wildschadenersatzpflicht und über die erforderlichen Schutzvorrichtungen für Sonderkulturen erlassen. Außerdem können die Vertragspartner im Jagdpachtvertrag Vereinbarungen über den Wildschadenersatz treffen, die über die gesetzlichen Bestimmungen hinausgehen.

Wildschaden, der durch aus einem *Gehege* ausgebrochenes Schalenwild angerichtet wird, muß der ersetzen, dem die Aufsicht über das Gehege obliegt. Nicht zu ersetzen sind Wild- und Jagdschäden, die nicht rechtzeitig und nicht vorschriftsmäßig angemeldet werden.

Ersatzberechtigte und Ersatzpflichtige

Berechtigt, Ersatz für Wild- und Jagdschaden zu verlangen, ist der Geschädigte, also entweder der Eigentümer oder der Pächter des Grundstückes (§ 29).
Verpflichtet zum Schadenersatz ist bei Wildschaden in gemeinschaftlichen Jagdbezirken grundsätzlich die Jagdgenossenschaft. Hat der Jagdpächter den Ersatz des Wildschadens ganz oder teilweise vertraglich übernommen, so trifft ihn die Ersatzpflicht; jedoch bleibt bei seiner Leistungsunfähigkeit die Jagdgenossenschaft ersatzpflichtig.
Die Ersatzpflicht für Wildschäden an Grundstücken eines Eigenjagdbezirks richten sich nach den Jagd- bzw. Landpachtverträgen. Ist nichts vereinbart, ist Schadenersatz vom Jagdausübungsberechtigten nur zu leisten, wenn er durch unzulänglichen Abschuß den Schaden verschuldet hat. Wildschäden an Grundstücken, die einem Eigenjagdbezirk angegliedert sind, hat der Eigentümer des Eigenjagdbezirks, im Falle der Verpachtung der Jagdpächter zu ersetzen, sofern er sich im Pachtvertrag zum Wildschadenersatz verpflichtet hat.

Verfahren bei Ersatzansprüchen

Nach dem Bundesjagdgesetz (§ 35) kann das Beschreiten des ordentlichen Rechtsweges von der Durchführung eines Vorverfahrens, das durch eine Anerkennung oder durch einen Vorbescheid beendet wird, abhängig gemacht werden. Die Länder haben dazu etwa folgendes bestimmt:
Zur Abschätzung des Wild- und Jagdschadens ernennt die Untere Jagdbehörde *Wildschadensschätzer;* für Schäden an Forstpflanzen Forstsachverständige.
Landwirtschaftliche Schäden sind innerhalb einer Woche nach Kenntnis, Schäden an forstwirtschaftlich genutzten Grundstücken nur zweimal im Jahr (jeweils bis zum 1. Mai oder 1. Oktober) bei der zuständigen Behörde (Ortspolizeibehörde bzw. Gemeinde) *anzumelden* (§ 34), die zur Herbeiführung einer gütlichen Einigung unverzüglich einen Ortstermin zwecks Schadensaufnahme anzuberaumen hat. Jeder Beteiligte kann einen neuen Termin kurz vor der Ernte beantragen.
Kommt eine Einigung zustande, so ist darüber eine Niederschrift zu fertigen, wie und zu welchem Zeitpunkt der Schaden zu ersetzen ist, und wie die Kosten des Verfahrens zu erstatten sind. Kommt eine Einigung nicht zustande, so wird ein neuer

Ortstermin – u. U. erst vor der Ernte – unter Hinzuziehung des amtlichen Schätzers anberaumt. Auf Grund der Schätzung erteilt die zuständige Behörde einen *Vorbescheid.*
Gegen den Vorbescheid steht den Beteiligten das Recht der *Klage* bei den ordentlichen Gerichten (Amtsgericht) zu. Antragsgegner ist nicht die Behörde, sondern der Anspruchsgegner. Weil Verfahrensfehler den Anspruch zunichtemachen können, sind die unterschiedlichen Landesvorschriften unbedingt zu beachten!

Besonderheiten bei der Schadenfestsetzung

Werden Bodenerzeugnisse, deren voller Wert sich erst zur Zeit der Ernte bemessen läßt, vor diesem Zeitpunkt durch Wild beschädigt, so ist der Wildschaden in dem Umfange zu ersetzen, wie er sich zur Zeit der Ernte darstellt. Bei der Schätzung ist zu berücksichtigen, ob der Schaden durch Wiederanbau im gleichen Jahr ausgeglichen werden kann.
Auch an bereits vom Boden getrennten, aber noch nicht eingeernteten Erzeugnissen (z. B. gerodete Kartoffeln) entstandener Wildschaden muß ersetzt werden (§ 31).

Wildschadenverhütung

Der Jagdausübungsberechtigte sowie der Grundeigentümer können zur Verhütung von Wildschaden das Wild von Grundstücken abhalten und verscheuchen. Der Jagdausübungsberechtigte darf aber dabei das Grundstück nicht beschädigen, der Grundeigentümer das Wild nicht gefährden (§ 26). (S. auch Seite 244f.)

Bundes-Wildschutzverordnung

Am 9. 11. 1985 bzw. teilweise am 1. 4. 1986 ist die Bundes-Wildschutzverordnung in Kraft getreten. Sie wurde 1999 geringfügig geändert und ergänzt das Bundesjagdgesetz aufgrund der in § 36 vorgesehenen Ermächtigung (s. Seite 40), den *Besitz, Erwerb, den Handel und das sonstige Inverkehrbringen* von Wild näher zu regeln. Die früher be-

Übersicht über die Bundes-Wildschutzverordnung

(Anlagen 1–5: die jeweils geltenden Anlagen sind angekreuzt)

Wildart		Anlagen 1	2	3	4	5
Haarwild						
Steinwild	●	×				×
Schneehase	●	×				×
Murmeltier	●	×				×
Seehund	●	×				×
Federwild						
Rebhuhn		×	×			
Fasan		×	×			
Wachtel	●	×				×
Auerwild	●	×				×
Birkwild	●	×				×
Rackelwild	●	×				×
Haselwild	●	×				×
Alpenschneehuhn	●	×				×
Wildtruthuhn		×				
Hohltaube	●	×				×
Ringeltaube		×	×			
Turteltaube	●	×				×
Türkentaube		×				
Höckerschwan		×				
Graugans		×	×			
Bläßgans		×		×		
Saatgans		×				
Kurzschnabelgans	●	×				×
Ringelgans		×				
Weißwangengans	●	×				×
Kanadagans		×				
Stockente		×	×			
Löffelente	●	×				×
Schnatterente	●	×				×
Pfeifente		×	×			

Wildart		Anlagen 1	2	3	4	5
Krickente		×	×			
Spießente		×	×			
Kolbenente	●	×				×
Bergente		×				
Reiherente		×	×			
Tafelente		×	×			
Schellente	●	×				×
Brandente	●	×				×
Eisente	●	×				×
Samtente		×				
Trauerente		×				
Eiderente	●	×				×
Mittelsäger	●	×				×
Gänsesäger	●	×				×
Zwergsäger	●	×				×
Waldschnepfe		×			×	
Bläßhuhn		×	×			
Mantelmöwe		×				
Heringsmöwe		×				
Silbermöwe		×				
Sturmmöwe		×				
Lachmöwe		×				
Schwarzkopfmöwe	●	×				×
Zwergmöwe	●	×				×
Dreizehenmöwe	●	×				×
Haubentaucher	●	×				×
Graureiher	●	×				×
Kolkrabe	●	×				×
alle einheimischen Greifvögel (Greife und Falken)	●				×	

● ohne Jagdzeit (ganzjährig geschont)

Anlage 1

Es ist allgemein verboten, diese Tiere (lebend oder tot) sowie Teile von ihnen oder aus ihnen gewonnene Erzeugnisse in Besitz zu nehmen, zu erwerben, sie zu be- oder verarbeiten oder irgendwie zu verwenden; diese Tiere dürfen auch nicht gehandelt werden (abgeben, anbieten, veräußern, in den Verkehr bringen).

Ausgenommen von diesen Verboten ist das Aneignungsrecht des Jagdausübungsberechtigten, das ihm nach dem Jagdgesetz zusteht. Insofern ändert sich also für den Jäger nichts; die Aneignungs- und Besitzverbote betreffen ihn nicht. Eine beachtenswerte Einschränkung ist aber dabei: Der Jagdausübungsberechtigte darf über ein solches Tier, das er sich rechtmäßig angeeignet hat, nicht beliebig verfügen. Er darf es lediglich *für sich selbst verwerten oder verschenken, nicht verkaufen* (»gegen Entgelt an Dritte abgeben«), auch nicht »zum Zweck des Verkaufs halten, befördern oder anbieten«. Das gilt ebenfalls für alle Teile oder Erzeugnisse solcher Tiere, also Wildbret, Trophäen, Präparate u. dgl.

Anlage 2

Für die hier genannten Tiere gilt eine *Ausnahme* von den Vorschriften der Anlage 1: *Der Jagdausübungsberechtigte darf sie verkaufen, und zwar auch gewerblich.* (Hier bleibt also für den Revierinhaber alles beim alten; er darf solches Wild an den Wildbrethandel oder die Gastronomie abgeben und überhaupt beliebig »in den Verkehr bringen«.) – Das betrifft alle wichtigen bejagten Federwildarten wie Rebhuhn, Fasan, Ringeltaube, Graugans, Stockente, Bläßhuhn u. a., unverständlicherweise aber z. B. nicht Höckerschwan, Türkentaube, Kanadagans und Möwen.

Anlage 3

Die hier geannten Tiere darf der Jagdausübungsberechtigte ebenfalls *verkaufen, aber nicht gewerblich.* (Wildbrethändler, Gastronomen oder Präparatoren dürfen solche Tiere nicht handeln.) – Betroffen davon sind nur Bläßgans und Waldschnepfe.

Anlage 4

Diese Anlage bezieht sich ausschließlich auf *Greifvögel.* Für sie regelt die Bundes-Wildschutzverordnung die *Haltung in Gefangenschaft.* Die Haltung (außer zu wissenschaftlichen Zwecken) wird vom Besitz des Falknerjagdscheins abhängig gemacht, die Zahl der gehaltenen Greifvögel wird beschränkt. Hinsichtlich

einer besonderen *Kennzeichnung* von gehaltenen und gezüchteten Greifvögeln wird auf die Vorschriften der Bundesartenschutzverordnung verwiesen. Zu- und Abgang sind der Behörde zu melden.

Anlage 5

Wer die hier aufgeführten Tiere lebend oder tot in den Verkehr bringt, sie erwirbt oder verarbeitet, muß ein *Aufnahme- und Auslieferungsbuch* führen, das eine behördliche Kontrolle ermöglicht. (Diese Vorschrift betrifft insbesondere Präparatoren.) – Der Vergleich (s. Tabelle) zeigt, daß es sich hierbei durchweg um Wildarten mit ganzjähriger Schonzeit handelt.

stehenden landesrechtlichen Vorschriften auf diesem Gebiet waren hauptsächlich darauf abgestellt, den Wildbrethandel zu kontrollieren (um die Wilderei besser bekämpfen zu können). Deshalb bestanden Vorschriften in erster Linie über Wildursprungszeichen und Wildhandelsbücher. Die Erwartung, hier eine neue, bundeseinheitliche Regelung zu bringen, hat die Bundes-Wildschutzverordnung nicht erfüllt. Sie ist mehr auf den Schutz gefährdeter Wildarten abgestellt, und zwar mit Schwerpunkt bei dem Federwild. Die Bestimmungen sind recht kompliziert und unübersichtlich. Ohne auf alle Einzelheiten einzugehen, sollen die Grundzüge soweit dargestellt werden, wie es für die Jagdpraxis nötig ist.

Die Bundes-Wildschutzverordnung sollte auch den Zweck haben, die Vorschriften über gefährdete Wildarten, die dem Jagdrecht unterliegen, den Vorschriften anzugleichen, die nach dem Naturschutzrecht für andere freilebende Tierarten gelten (s. Seite 348). In Überschneidung zum Jagdrecht waren einige (besonders gefährdete) Wildarten zugleich nach dem Naturschutzrecht in die Bundes-Artenschutzverordnung aufgenommen worden. Diese Wildarten waren: Fischotter, Wildkatze, Luchs, Großtrappe und sämtliche heimische Greifvögel. Diese Wildarten wurden deshalb auch nicht in die Bundes-Wildschutzverordnung aufgenommen, da sie gleichen Schutz bereits durch das Naturschutzrecht hatten. Bei den Greifvögeln enthält die Bundes-Wildschutzverordnung lediglich Vorschriften über die Haltung der in ihrer Anlage 4 genannten Greifvögel in Gefangenschaft.

Nun wurde aber kurz nach Erlaß der Bundes-Wildschutzverordnung das Bundes-Naturschutzgesetz samt Bundes-Artenschutzverordnung novelliert. Dabei wurden die dem Jagdrecht unterliegenden Tierarten (§ 2 BJG) – grundsätzlich konsequent nach dem Grundsatz der Trennung der Rechtskreise Jagd- und Naturschutzrecht – wieder aus dem besonderen Schutz durch das Natur-

schutzrecht herausgenommen. Es war somit der paradoxe Zustand gegeben, daß gerade so stark gefährdete Wildarten wie Fischotter, Wildkatze, Luchs, Großtrappe und Greifvögel nun weder nach der einen noch nach der anderen Verordnung den beabsichtigten zusätzlichen Schutz genießen. Teilweise – wenn auch unsystematisch – wurde diese Lücke durch die Definition der »besonders geschützten Arten« im Bundesnaturschutzgesetz von 1998 behoben.

Diese sowie andere Ungereimtheiten der Verordnung lassen eine klare Ausrichtung auf jagdpraktische Bedürfnisse wünschenswert erscheinen. Solange das nicht geschieht, muß der Jäger jedoch über die wesentlichen Bestimmungen Bescheid wissen.

Alle Wildarten, die der Bundes-Wildschutzverordnung unterliegen, sind in der Übersicht (siehe oben) aufgeführt. Dazu ist angegeben, welche Vorschriften im einzelnen für die betreffende Wildart gelten, nämlich unterschieden nach den *Anlagen 1–5.*

Anlage 1 enthält die allgemeinen, weit gefaßten Verbote, während die Anlagen 2 und 3 gewisse Ausnahmen davon zulassen. Anlage 4 enthält die Greifvögel, die den besonderen Vorschriften über die Haltung unterliegen, Anlage 5 spezielle Vorschriften für die gewerbliche Verarbeitung (z. B. durch Präparatoren).

Für den Jäger – besonders den verantwortlichen Revierinhaber – ist also wichtig zu wissen, was er mit Wild, das er sich zulässigerweise angeeignet hat, weiter tun darf:

- Darf er unbeschränkt auch an Gewerbebetriebe verkaufen?
- Darf er es nur »nicht gewerblich« (privat) verkaufen?
- Darf er es überhaupt nicht verkaufen, sondern nur für sich behalten oder unentgeltlich abgeben (verschenken)?

Für Wild nach § 2 BJG, das nicht in den Anlagen 1–5 der Bundeswildschutz-VO aufgeführt ist, bleibt es bei den bisherigen jagdgesetzlichen Regelungen. Wild nach Landesrecht, das gleichzeitig vom besonderen Schutz nach Bundesnaturschutzrecht erfaßt wird, unterliegt den dort genannten Vermarktungsbeschränkungen. Nicht berührt von der Bundeswildschutzverordnung ist auch der »Altbesitz« (z. B. Trophäen, Präparate), der vor dem 9. 11. 1985 rechtmäßig erworben wurde. Auch gelten die Vorschriften nicht für solche Rebhühner, Fasanen, Wachteln und Stockenten, die in Gefangenschaft gezüchtet und nicht herrenlos sind.

Derzeit besteht die Absicht, die BundeswildschutzVO zur Anpassung an das neue Bundesnaturschutzgesetz, zur Umsetzung von EU-Recht und zur Vereinheitlichung von Naturschutz- und Jagdrecht gemeinsam mit der ArtenschutzVO zu novellieren und durch eine einheitliche VO zu ersetzen. Dies würde zwar leider die klare Trennung der Rechtsgebiete von Jagd- und Naturschutzrecht endgültig verwischen, enthält aber die Chance – bei inhaltlich besonderer Berücksichtigung der Wildarten z. B. durch einen eigenen Abschnitt – eine widerspruchsfreie, einheitliche, vollständige und verständliche Regelung zu finden. Damit erübrigte sich auch die häufig angegriffene Vorrangwirkung des Jagdrechts gegenüber dem allgemeinen Naturschutzrecht im Hinblick auf die in dieser gemeinsamen VO geregelte Materie. Den Jägern bleibt die Sorge, durch eine gemeinsame VO der für Jagd und Naturschutz zuständigen Ministerien gegenüber dem (populäreren) Naturschutz ins Hintertreffen zu geraten.

Jagdverwaltung

Jagdbehörden

Das Bundesministerium für Verbraucherschutz, Ernährung und Landwirtschaft ist nicht Jagdbehörde hinsichtlich des Vollzuges des BJG, der bei den Ländern liegt. Seine Aufgabe ist die Bearbeitung allgemeiner jagdlicher Angelegenheiten, soweit ihm nicht das BJG besonders Zuständigkeit einräumt (z. B. Festsetzung der Jagdzeiten).

Die Organisation der Jagdverwaltung wird in den Jagdgesetzen der einzelnen Länder verschieden geregelt. Im allgemeinen gibt es die Untere Jagdbehörde, deren Zuständigkeitsbereich dem Landkreis entspricht, die Obere (Mittlere oder Höhere) Jagdbehörde mit dem Wirkungsbereich eines Regierungsbezirkes und die Oberste Jagdbehörde, die für die jagdlichen Belange eines Landes zuständig ist. (Die Tabelle auf S. 46 gibt eine Übersicht über die Organisationsformen.)

Die Jagdbehörden vollziehen die ihnen im Gesetz übertragenen Aufgaben im Einvernehmen/Benehmen mit den Jagdbeiräten und den beteiligten Behörden, insbesondere der Forstverwaltung. Den Vollzug in der Praxis sichern in erster Linie die Unteren Jagdbehörden. Sie unterstehen der Fachaufsicht (Weisungsrecht) der übergeordneten Jagdbehörden.

Die wichtigsten Obliegenheiten der Unteren Jagdbehörde sind: Verfügung von Jagdabrundungen, Prüfung und Beanstandung von Pachtverträgen, Festsetzung der Abschußpläne, Überwachung des Abschusses, Ausstellung der Jagdscheine, Abhaltung von Jägerprüfungen und von Hegeschauen, Bestätigung von Jagdaufsehern, Überwachung und Förderung aller jagdlichen Verhältnisse des Kreises.

Den Jagdbehörden sind in einzelnen Ländern *Jagdberater* (Bayern, Brandenburg, Hessen, Nordrhein-Westfalen, Saarland, Sachsen, Thüringen), *Kreisjagdmeister* (Rheinland-Pfalz), *Kreisjägermeister* (M.-Vorpommern, Niedersachsen, Sachsen-Anhalt und Schleswig-Holstein) und *Stadtjägermeister* (Bremen) zugeordnet; sie sind ehrenamtliche sachkundige Mitarbeiter der Jagdbehörden, denen gewisse Angelegenheiten zur eigenen Erledigung (im Auftrag dieser Behörden) übertragen werden können.

Das Bundesjagdgesetz macht den Ländern zur Pflicht, *Jagdbeiräte* (§ 37) zu bilden, denen Vertreter der Landwirtschaft, der Forstwirtschaft, der Jagdgenossenschaften, der Jäger und des Naturschutzes angehören müssen. Die Jagdbeiräte sind als beratende Organe der staatlichen Jagdbehörden tätig. Die Einrichtung der Jagdbeiräte bei den einzelnen Jagdbehörden, ihre Größe und die Art ihrer Zusammensetzung sind länderweise unterschiedlich.

In *staatseigenen Jagdbezirken* (in Bayern »Staatsjagdreviere« genannt) werden die Aufgaben der Jagdbehörden mit einigen Ausnahmen (z. B. Jagdscheinerteilung, Abrundung von Jagdbezirken) durch die zuständigen Forstbehörden (Forstämter, Regierungspräsidenten bzw. Forst- oder Oberforstdirektionen usw., Landwirtschaftsministerien) wahrgenommen.

Land	Oberste Jagdbehörde	Höhere Jagdbehörde	Untere Jagdbehörde
Baden-Württemberg	Ministerium für ländlichen Raum mit Jagdbeirat	Regierungspräsidien	Kreisjagdämter bei den Landkreisen und Stadtkreisen mit Beisitzern
Bayern	Staatsministerium für ELF mit Jagdbeirat	Regierungen mit Jagd-beirat	Landratsämter mit Jagdbeirat
Berlin	Senator für Stadtentwicklung, Umweltschutz und Technologie mit Jagdbeirat	–	–
Brandenburg	Ministerium für Landwirtschaft, Umweltschutz und Raum-ordnung mit Jagdbeirat	–	Kreise und kreisfreie Städte mit Jagdbeirat
Bremen	Senator für Bau- und Umwelt-schutz mit Landesjagdbeirat	–	Stadtamt mit Jagdbeirat
Hamburg	Umweltbehörde mit Landes-jagdbeirat	–	–
Hessen	Minister für Umwelt, Landwirt-schaft und Forsten mit Landesjagdbeirat	Regierungspräsident Kassel	Landrat bzw. Oberbürger-meister der kreisfreien Städte mit Jagdbeirat
Mecklenburg-Vorpommern	Minister für Ernährung, Landw., Forsten u. Fischerei mit Jagdbeirat	–	Kreise/kreisfreie Städte mit Jagdbeirat
Niedersachsen	Minister für Ernährung, Landwirtschaft u. Forsten	Bezirksregierungen	Landkreise bzw. kreisfreie Städte mit Jagdbeirat
Nordrhein-Westfalen	Minister für Umwelt und Naturschutz, Landw. u. Verbraucherschutz mit Landesjagdbeirat	Landesamt für Ernäh-rungswirtschaft und Jagd mit Landesjagdbeirat	Landkreise bzw. kreisfreie Städte mit Jagdbeirat
Rheinland-Pfalz-	Minister für Umwelt und Forsten mit Landesjagdbeirat	Struktur und Genehmi-gungsdirektion Süd	Landratsamt/kreisfreie Städte mit Jagdbeirat
Saarland	Minister für Umwelt mit Landesjagdbeirat	–	Landratsämter mit Kreisjagdbeirat
Sachsen	Staatsministerium für Umwelt und Landwirtschaft mit Jagd-beirat	Forstdirektionen mit Jagdbeirat	Kreisverwaltungsbehörden mit Jagdbeirat
Sachsen-Anhalt	Ministerium für Landw. u. Umwelt	Regierungspräsidien	Landkreise und kreisfreie Städte mit Jagdbeirat
Schleswig-Holstein	Minister für UNF (Umwelt, Natur und Forsten)	–	Landrat bzw. Oberbürger-meister mit Jagdbeirat
Thüringen	Ministerium für Landw., Naturschutz u. Umwelt mit Jagdbeirat	Landesforstdirektion und Jagdbeirat	Landratsämter und kreis-freie Städte mit Jagdbeirat

Die Jagdbehörden müssen ihre Verfügungen und Entscheidungen mit Sorgfalt ausarbeiten, schon deswegen, weil sie durch Klage bei den Verwaltungsgerichten angefochten werden können. Geschieht dies mit Erfolg, müssen die Jagdbehörden damit rechnen, für den Schaden haftbar gemacht zu werden, den ihre fehlerhafte Verfügung verursacht hat.

Jagdliche Organisationen

Seit ihrer Zusammenfassung innerhalb der einzelnen deutschen Bundesstaaten vor dem ersten Weltkrieg und innerhalb des Deutschen Reiches (der sog. Weimarer Republik) haben die Vereine und Organisationen der Jäger an der Bildung der öffentlichen jagdlichen Meinung teilgenommen. Dies kommt besonders darin zum Ausdruck, daß der Allgemeine Deutsche Jagdschutzverein und der Reichsjagdbund zu Beginn der 30er Jahre an der Neuordnung des Jagdrechts arbeiteten. Sie schufen die Grundlagen, die zum Erlaß des Reichsjagdgesetzes 1934 führten. In ihm war der Pflichtorganisation der deutschen Jäger ein bedeutsames Maß der Selbstverwaltung und der Mitwirkung beim Vollzug des Gesetzes übertragen. Der moderne demokratische Staat der Bundesrepublik sieht ebenfalls die Mitwirkung von Vereinigungen der Jäger beim Vollzug des Gesetzes vor (§ 37).

Heute sind in den Ländern durch freiwilligen Zusammenschluß der Jäger *Landesjagdverbände* gebildet, die im *Deutschen Jagdschutzverband* (DJV) vereinigt sind. Die Landesjagdverbände sind in der Regel in *Kreisgruppen* untergliedert, die sich aus *Hegeringen* zusammensetzen.

DJV-Signet

Der Deutsche Jagdschutzverband sieht seine Aufgaben und Ziele in der Förderung der freilebenden Tierwelt im Rahmen des Jagdrechts sowie des Natur-, des Landschafts-, des Umwelt- und des Tierschutzes. Dies soll verwirklicht werden durch

- den Schutz und die Erhaltung einer artenreichen und gesunden freilebenden Tierwelt und die Sicherung ihrer Lebensgrundlagen unter Wahrung der Landeskultur sowie Förderung der Ziele des Umwelt- und Naturschutzes, der Landschaftspflege und des Tierschutzes,
- die Pflege und Förderung des Jagdwesens,
- die Förderung und Anregung von Wissenschaft und Forschung,
- die Durchführung von Öffentlichkeitsarbeit und Wahrnehmung der Interessen des Verbraucherschutzes,

- Vertretung der Jägerschaft auf nationaler und internationaler Ebene (z. B. im Zusammenschluß der Jagdschutzverbände in der EG – »FACE«, in der internationalen Jagdkonferenz oder in dem internationalen Jagdrat zur Erhaltung des Wildes – »CIC«).

Eine Disziplinarordnung gewährleistet die Einhaltung der Verbandsdisziplin.

Der Landesjagdverband Saar ist eine öffentlich-rechtliche Körperschaft, der die Inhaber aller im Saarland gelösten Jagdscheine angehören. Die übrigen Landesjagdverbände und der Deutsche Jagdschutzverband sind eingetragene Vereine.

Rund 288 000 (ca. 84%) bundesdeutsche Jagdscheininhaber sind in Landesjagdverbänden des DJV organisiert. Demgegenüber sind Gruppierungen außerhalb des DJV, die z. T. »alternative« Zielsetzung vertreten, zahlenmäßig nicht bedeutend (Ökologischer Jagdverband, Verband für naturnahe Jagd, Bund Deutscher Jäger u. ä.).

Die Länder können die Mitwirkung von Vereinigungen der Jäger für Fälle vorsehen, in denen Jagdscheininhaber gegen die Grundsätze der Waidgerechtigkeit verstoßen (§ 37). Von dieser Ermächtigung haben mehrere Länder bereits Gebrauch gemacht.

Jagdwissenschaft

In diesem Zusammenhang seien auch die speziell jagdwissenschaftlichen Institute in der Bundesrepublik genannt:

- Bundesforschungsanstalt für Forst- und Holzwirtschaft – Fachbereich Wildtierökologie und Jagd in Eberswalde;
- Institut für Wildbiologie und Jagdkunde der Universität Göttingen;
- Europäisches Wildforschungsinstitut Bonndorf-Glashütte;
- Lehrbereich für Wildbiologie und Wildtiermanagement der forstwissenschaftlichen Fakultät der Universität München (Außenstelle Ettal);
- Arbeitsbereich Wildökologie und Jagdwirtschaft an der Universität Freiburg i. Br.;
- Forschungsstelle für Jagdkunde und Wildschadenverhütung des Landes Nordrhein-Westfalen in Bonn-Beuel;
- Institut für Wildtierforschung der Tierärztlichen Hochschule in Ahnsen/Hannover;
- Arbeitskreis Wildbiologie an der Universität Gießen;
- Gesellschaft für Wildtier- und Jagdforschung e. V. in Burghausen;

- Wildforschungsstelle des Landes Baden-Württemberg in Aulendorf;
- Dozentur Wildökologie und Jagdwirtschaft am Institut für Wildbau und Forstschutz der TU Dresden;
- Forschungsstelle für Jagdkultur, Universität Bamberg;
- Wildbiologische Gesellschaft e.V. München;
- Forschungsstelle für Wildökologie und Jagdwirtschaft, Eberswalde.

Ihre Mitarbeiter gehören mit anderen sich zugehörig fühlenden Personen dem *Internationalen Ring der Jagdwissenschaftler* an.

Jagdschutz

Der Jagdschutz (§ 23) umfaßt den Schutz des Wildes insbesondere vor Wilderern, Futternot, Wildseuchen, vor wildernden Hunden und Katzen, ferner die Sorge für die Einhaltung der zum Schutze des Wildes und der Jagd erlassenen Vorschriften.

Diese Aufzählung nennt nur die wichtigsten Beispiele (»insbesondere . . .«) und schließt den Schutz des Wildes vor weiteren Gefährdungen nicht aus. Das betrifft auch den Schutz vor »Raubzeug« (also nicht dem Jagdrecht unterliegenden, ansonsten ungeschützten Tieren, soweit diese Wild gefährden können; vgl. S. 358). Dagegen ist der früher eigens aufgeführte Schutz des Wildes (gemeint war: des »Nutzwildes«) vor »Raubwild« nur von geringer Bedeutung, weil Nutz- wie Raubwild ohne Unterschied den jagdrechtlichen Bestimmungen einschließlich der Hegepflicht unterliegen. Raubwild kann daher nur im Rahmen der jagdrechtlichen Beschränkungen bejagt werden.

In diesem Abschnitt werden die zum Schutze des Wildes und der Jagd erlassenen Vorschriften sowie der Schutz vor Wilderern behandelt. Der Schutz vor Futternot (vgl. Seite 228) und vor Wildseuchen wird in anderen Abschnitten behandelt (vgl. Seite 262).

Jagdschutzberechtigte

Jagdschutzberechtigte (§ 25) sind in ihren Bezirken die Jagdausübungsberechtigten und die bestätigten Jagdaufseher sowie entsprechend der jeweiligen Landesgesetzgebung die Beamten des Polizeidienstes und die Forstbeamten von Bund, Ländern und Gemeinden.

Die *Jagdausübungsberechtigen*, also die Eigenjagdbezirksinhaber und Jagdpächter – nicht der Jagdgast – sind nur in ihren Revieren zum Jagdschutz berechtigt. Sie sollten bei Ausübung des Jagdschutzes den Jagdschein oder einen Jagdschutzausweis mit sich führen.

Die zum Jagdschutz berechtigten Personen sind allgemein nach den Landesjagdgesetzen *befugt:*

- *Personen,* die in einem Jagdbezirk unberechtigt jagen oder eine sonstige Zuwiderhandlung gegen jagdrechtliche Vorschriften begehen oder außerhalb der zum öffentlichen Gebrauch bestimmten Wege zur Jagd ausgerüstet betroffen werden, *anzuhalten,* ihnen gefangenes oder erlegtes Wild, Schuß- und sonstige Waffen und Jagdgeräte sowie Hunde und Frettchen *abzunehmen* und ihre Personalien *festzustellen;* letzteres umfaßt das Recht, zur Beweissicherung Täterfotos anzufertigen.

- *Hunde,* die im Jagdbezirk außerhalb der Einwirkung ihres Herrn streunend bzw. wildernd und Katzen, die in einer Entfernung von mehr als 200 m (Brandenb., Bremen, Hamburg, M.-V., NRW, Rh.-Pf., Schl.-H., Thür.), Bayern, Niedersachsen, Sachsen-Anhalt, Saarland und Sachsen mehr als 300 m, Hessen, Bad.-Württ. mehr als 500 m vom nächsten bewohnten Hause getroffen werden, zu *töten.* Dieses Recht erstreckt sich in einigen Ländern (z.B. Berlin, Hamburg, M.-V., Sachsen, Thüringen) auch auf solche Hunde und Katzen, die sich in Fallen gefangen haben (in NRW u. Hessen ausdrücklich nicht!). *Es gilt nicht* gegenüber Hirten-, Jagd- und Blindenhunden, Sanitäts- und Polizeihunden, soweit sie als solche erkenntlich sind und solange sie vom Berechtigten zu ihrem Dienst verwendet werden, auch wenn sie sich vorübergehend der Einwirkung ihres Führers entzogen haben. Die *Beweislast* für eine evtl. rechtswidrige Tötung – und damit zusammenhängend für einen Anspruch auf Schadenersatz – lag nach früherem Recht allgemein beim Besitzer des getöteten Tieres. Die neuen Landesjagdgesetze haben diese Beweislast zum Teil zuungunsten des Jägers abgeschwächt oder sogar umgekehrt. Beim Jagdschutz gegen streunende bzw. wildernde Hunde und Katzen sind also genaue Kenntnis und Beachtung der jeweiligen landesrechtlichen Bestimmungen erforderlich!

- Wie jedermann denjenigen *vorläufig festzunehmen,* den sie auf frischer Tat (Verbrechen oder Vergehen) betreffen oder verfolgen, wenn der

Täter der Flucht verdächtig ist oder seine Personalien nicht sofort festgestellt werden können.

■ Im Falle der *Notwehr* und des *Notstandes* wie jedermann zu handeln (s. Seite 58 f.).

Jagdaufseher

Jagdaufseher sind Personen, die vom Jagdausübungsberechtigten zur Beaufsichtigung der Jagd (und zum Jagdbetrieb) herangezogen werden.

Jagdaufseher (die Berufsjäger oder forstlich ausgebildet sind oder sonst ihre Eignung nachgewiesen haben) können von der Jagdbehörde *bestätigt* werden.

Der *bestätigte Jagdaufseher* erhält seine Bestätigung durch die Untere Jagdbehörde und bekommt eine Bescheinigung, die er ebenso wie sein Dienstabzeichen im Dienst bei sich zu tragen und bei dienstlichem Einschreiten auf Verlangen vorzuzeigen hat. Der Jagdaufseher untersteht der Aufsicht der Jagdbehörde.

Geprüfte Jagdaufseher sind solche Personen, die bei der Landesvereinigung der Jäger eine entsprechende Prüfung abgelegt haben (nicht in allen Bundesländern möglich).

Die *bestätigten Jagdaufseher* (einschließlich der Forstbeamten und -angestellten, sofern sie allgemein oder im Einzelfall als Jagdaufseher bestätigt wurden), haben sofern sie Berufsjäger oder forstlich ausgebildet sind, nach Bundesrecht bei Ausübung des Jagdschutzes die Rechte und Pflichten der Beamten des *Polizeidienstes*. Als solchen steht ihnen bei strafbaren Handlungen das *erweiterte Festnahmerecht* zu. Danach dürfen sie bei Gefahr im Verzug jedermann dann vorläufig festnehmen, wenn die Voraussetzungen eines Haftbefehls vorliegen. Das ist der Fall, wenn Flucht- oder Verdunkelungsgefahr besteht.

Darüberhinaus sind sie *Hilfsbeamte* der *Staatsanwaltschaft*. Als solche haben sie die Befugnis zur körperlichen Durchsuchung, zur Hausdurchsuchung und zur Beschlagnahme. Ob *bestätigte Jagdaufseher*, die *nicht* Berufsjäger oder forstlich ausgebildet sind, Befugnisse der Polizeibeamten erhalten oder zu Hilfsbeamten der Staatsanwaltschaft ernannt werden können, richtet sich nach Landesrecht.

Die *Polizeibeamten* und *Hilfsbeamten der Staatsanwaltschaft* haben die *Pflicht*, jede strafbare Handlung, die ihren Aufgabenkreis betrifft, zu verfolgen und anzuzeigen. Sie machen sich eines Vergehens der Strafvereitelung im Amte schuldig, wenn sie die Anzeige oder Strafverfolgung unterlassen. Auch wird eine vorsätzliche falsche Anzeige als Verbrechen bestraft.

Die Jagdschutzberechtigten, die *nicht* Polizeibeamte oder Hilfsbeamte der Staatsanwaltschaft sind, sind – sofern sie nicht z. B. auf Grund einer Dienstanweisung eine weitergehende Verpflichtung haben – wie jeder Staatsbürger *verpflichtet*, Anzeige zu erstatten, wenn sie vom Vorhaben eines Verbrechens Kenntnis erhalten. Darüber hinaus sollte es selbstverständlich sein, daß sie jegliche strafbare Handlung gegen jagdrechtliche, auch natur schutz- und tierschutzrechtliche Bestimmungen zur Anzeige bringen.

Die *Forstbeamten* versehen ihren Dienst nach Dienstvorschriften. Beim Jagdschutz müssen sie Dienstkleidung oder Dienstabzeichen tragen und den Dienstausweis mit sich führen.

Nichtbestätigte Jagdaufseher haben keinerlei besondere Jagdschutzbefugnisse. Ihnen stehen lediglich Rechte wie jedermann zu.

Zu diesen Personen rechnen auch diejenigen *Jagdgäste*, denen der Jagdausübungsberechtigte den Abschuss wildernder Hunde und Katzen erlaubt.

Die Jagdaufseher haben sich im Bundesverband Deutscher Jagdaufseher e. V. organisiert.

Berufsjäger

Berufsjäger sind Personen, die nach abgeschlossener Ausbildung im Dienst des Jagdausübungsberechtigten hauptamtlich den Schutz eines Jagdreviers und die Hege des Wildes besorgen und beim Jagdbetrieb mitwirken (§ 25). Berufsjäger (Revierjäger) ist anerkannter Ausbildungsberuf. Ausbildung und Prüfung sind nach der Ausbildungsordnung vom 26. 4. 1982 (BGBl. I S. 554) geregelt, die Anforderungen an die Ausbildungsstätte in der Verordnung v. 28. 12. 1982. (BGBl. 1983 I S. 7).

Wer den Beruf ergreifen will, hat bei anerkannten Lehrherren eine zwei- bis dreijährige Lehrzeit abzuleisten und vor dem Prüfungsausschuß die Ausbildungsabschlußprüfung abzulegen. Nach Bestehen dieser Prüfung sind sie berechtigt, die Dienstbezeichnung »Revierjäger« zu führen und eine solche Stellung zu übernehmen. Nach dreijähriger hauptberuflicher Tätigkeit als Revierjäger können sie in einer zweiten Fachprüfung (Meisterprüfung) die Kenntnisse und Fertigkeiten nachweisen, die von einem Revierjäger in selbständiger Stellung verlangt werden müssen. Nach Bestehen der Meisterprüfung führen sie die Dienstbezeichnung »Revierjagdmeister«. Nach mehrjähriger hauptberuflicher Tätigkeit können die Bezeichnungen »Revieroberjäger« und »Wildmeister« verliehen werden.

Unter gewissen Voraussetzungen können auch hauptamtlich angestellte Jagdaufseher nachträglich zu den Berufsjägerprüfungen zugelassen werden.

Berufsorganisation der Berufsjäger ist der Bundesverband Deutscher Berufsjäger (in Bayern: Bund Bayerischer Berufsjäger).

Jagdwilderei

Jagdwilderei (vgl. Seite 53) ist eine Straftat nach § 292 StGB.

Umfang der Wilderei

Der Umfang der Wilderei läßt sich wegen der Heimlichkeit dieser Zuwiderhandlung kaum schätzen. Im Jahre 1970 wurden in der Bundesrepublik 1700 Wildererfälle zur Anzeige gebracht, bei denen 100 Jagdwaffen, 850 Kleinkalibergewehre und 200 Schlingen verwendet und 600 Kraftfahrzeuge benutzt wurden. Dabei gingen 70 Stück Rotwild, 700 Stück Rehwild, 500 Hasen und 500 Stück Federwild zu Verlust. Die Gesamtzahl der Wildererfälle und des dabei erbeuteten Wildes war mit Sicherheit ein Vielfaches dieser Angaben (»Dunkelziffer«)! Seit 1990 bewegt sich die Zahl der bekannten Wildereifälle in Gesamtdeutschland bei ca. 1300 mit einer Aufklärungsquote von knapp 40%.

Arten der Wilderer

Es gibt Gelegenheitswilderer und Gewohnheitswilderer, ferner solche, die mit der Waffe wildern (Wildschützen) und andere, die Schlingen, Fallen, Selbstschüsse, Gift und dergleichen verwenden. Als *Gelegenheitswilderer* kommen Personen in Betracht, die bei häufigem Aufenthalt in Wald und Feld den sich gerade bietenden verlockenden Möglichkeiten, jagdbarer Tiere habhaft zu werden, nicht widerstehen. *Gewohnheitswilderer* sind häufig Personen, die keiner geregelten Tätigkeit nachgehen oder ein über ihre Verhältnisse gehendes Leben führen wollen, oft aus reiner Gewinnsucht handeln.

Autowilderer sind Personen, die mit Hilfe eines Kraftfahrzeugs oft entfernt liegende Jagdbezirke zur Tages-, häufig zur Nachtzeit aufsuchen und Wild vom Auto aus, bei Nacht im Scheinwerferlicht, schießen. Diese Art der Wilderer hat in den letzten Jahren sehr stark zugenommen.

Den Tatbestand der Wilderei erfüllt auch, wer sich unbefugt Fallwild aneignet (z. B. im Straßenverkehr überfahrenes Wild), wer Jungwild an sich nimmt, Eier von Federwild oder Abwurfstangen ohne Erlaubnis des Revierinhabers sammelt. Von zunehmender Bedeutung sind leider auch Delikte, die von Jagdscheininhabern aus fehlgeleiteter Jagdpassion verübt werden, auch im Zusammenhang mit Verstößen gegen die Vorschriften über die Wildfolge.

Gebräuche der Wilderer

Alle Wilderer benutzen gern die Zeit, in der sie das Revier unbeaufsichtigt glauben, also die jagdruhige Zeit, in der sie morgens und abends den Jäger zu Hause vermuten; ebenso die Urlaubszeit des Jagdschutzberechtigten. Ganz besonders gefährdet sind Sonn- und Feiertage und hier wieder die sogenannten Halbfeiertage, andererseits Wochentage, wenn der Revierinhaber gewöhnlich nur über das Wochenende im Revier ist.

Der *Wildschütze* pirscht meistens. Sein Gewehr hat er im Wald versteckt, in abgelegenen Dickungen, hohlen Bäumen usw. Meist benutzt er ehemalige Militärgewehre oder Kleinkalibergewehre, auch zerlegbare Gewehre und solche mit Schalldämpfern. Er benutzt häufig die Nacht zum Anmarsch, den frühen Morgen zur Pirsch, setzt sich aber auch gelegentlich abends an. Während er die Pirsch mehr in entlegenen Waldteilen (Dickungen, Stangenhölzern) ausübt, verlegt er den Ansitz auch gerne an Feldränder, im Hochgebirge in Latschenfelder. Häufig wildert er nicht allein. Mehr als zwei Wilderer – Vater und Sohn, sonstige Verwandte und Freunde – sind jedoch nur ausnahmsweise anzutreffen. Der Jäger muß also immer mit zwei Wilderern rechnen und sich danach verhalten.

Der *Schlingensteller* spürt, bevor er die Schlingen auslegt, die Wechsel ab. Als harmloser Spaziergänger, Pilz- oder Beerensucher schlendert er im Wald herum. Die Schlingen werden zu Hause vorgerichtet. Der Wilderer glüht den Draht, bestreicht ihn mit Farbe und reibt ihn mit Rinde ab, um ihn unauffällig zu machen, zieht ihn auch oft durch Binsenstengel und dergleichen. Er trägt die Schlinge entweder im Rucksack oder um den Körper gewickelt unter dem Rock oder auf dem Leib. Verwendet werden verschiedene Schlingenarten. Alle werden auf Wechseln gestellt, und zwar nicht am Rande der Dickungen und Stangenhölzer, sondern mehr im Innern. Für hochläufiges Wild werden sie höher, zwischen Stangen und Schnellbäumen angebracht; für Hasen und Füchse über dem Boden, an Pflöcken, an Buschwerk und Zaunlükken. Damit der Schlingensteller die Schlingen wiederfindet, werden sie häufig »verzinkt«: an Stämmchen am Wege finden sich Kerben, am Wege selbst kleine Steinhäufchen und andere Zeichen. Oft werden Zwangswechsel hergerichtet, um das Wild in die Schlingen drücken zu können. Hierzu werden

Reisighaufen neben die Wechsel gestellt. Häufig geschieht dies bei hohem Schnee, bei dem Rot- und Rehwild die Wechsel gut hält.

Bisweilen werden sogenannte Legbüchsen auf die Wechsel gestellt, die bei Berührung einen Schuß auslösen. Auch Fallen, Fangnetze, Grubenfallen sowie vergiftete Köder für Raubwild werden verwendet.

Diese herkömmlichen Formen der Wilderei (Wildschütz und Schlingensteller) werden heute allgemein an Häufigkeit und Gefährlichkeit von der *Autowilderei* übertroffen. Der großräumige Aktionsradius und die schnelle Beweglichkeit des Autowilderers machen es besonders schwer, ihn auf frischer Tat zu stellen. Die Vertrautheit des Wildes gegenüber Kraftfahrzeugen und die starke Erschließung von Wald und Flur durch gut befahrbare Straßen und Wirtschaftswege erleichtern dem Autowilderer sein heimtückisches Handwerk, vor allem bei Nacht im Lichtkegel von Blendscheinwerfern.

Beim absichtlichen Überfahren von Wild (meist Hasen) wird auch das Auto unmittelbar als Wildererwerkzeug eingesetzt.

Verhalten der Jagdschutz-berechtigten beim Jagdschutz

Vorbeugungsmaßregeln gegen Wilderei

Die zweckmäßige Einrichtung und Ausführung des Revierganges ist das wichtigste Mittel der Vorbeugung. Der Jagdschutzberechtigte muß, wo Verdacht auf Wilderei besteht, immer damit rechnen, daß er von den Wilderern auf Schritt und Tritt überwacht wird. Daher soll er nicht regelmäßig die Wohnung verlassen und dahin zurückkehren, auch nicht sein Fahrzeug regelmäßig am gleichen Platz im Revier abstellen; keinen regelmäßigen, aber auch keinen planlosen Begang zurücklegen, sondern einen abwechslungsreichen, der im Laufe einer Woche um den ganzen Bezirk herum und kreuz und quer, auch durch die Dickungen und Stangenhölzer, führt.

Auch an Wochenenden und Feiertagen muß der Jagdschutzberechtigte seine Begänge ausführen. Wind und Wetter darf er dabei nicht scheuen, denn gerade an regnerischen und stürmischen Tagen fühlt sich der Wilderer sicher. Auch Nachtverpässe (zu zweit) sind von Zeit zu Zeit notwendig, vor allem um nächtlichen Autowilderern auf die Spur zu kommen.

Andererseits hüte man sich, in jedem stillen Wan-derer einen Wilderer zu sehen und ihn danach zu behandeln!

Beim Begang selbst muß man möglichst geräuschlos dahinschreiten, Auge und Ohr offenhalten, auf jedes verdächtige Geräusch, auf jede verdächtige Spur achten. Nicht auf der Mitte des Weges, sondern am Rande gehen! Vor dem Umbiegen in einen neuen Weg erst nach allen Seiten sichern! In Revieren mit langen geraden Gestellen (Linien) ist ein wirksamer Jagdschutz nur möglich, wenn in den Beständen hinter dem Waldmantel parallel zu den Gestellen Pirschwege angelegt werden.

Sehr wichtig ist auch die Ausrüstung. Eine Schußwaffe, ein Fernglas sind unbedingt nötig. Eine Faustfeuerwaffe sollte nur bei ausreichender Kenntnis und Erfahrung mitgeführt werden.

Ein gut abgerichteter Jagdgebrauchshund macht als ständiger Begleiter auf dem Reviergang den Jäger auf manche Spuren aufmerksam, die ihm sonst entgangen wären (Anschüsse, Schweißfährten, verendetes Wild, versteckten Aufbruch).

Andere Mittel der Vorbeugung sind: ständige Überwachung verdächtiger Personen, auch Überwachenlassen durch zuverlässige Personen, Beobachtung von Wirtschaften, die gern gewildertes Wild aufkaufen. Schließlich ist zur Einrichtung eines gut arbeitenden Fahndungsdienstes gutes Einvernehmen mit benachbarten Jagdschutzberechtigten und mit der Polizei zu halten.

Die *Landeskriminalämter* haben für die Bekämpfung der Wilderei, sowohl die Vorbeugung als auch die Aufdeckung der begangenen Taten, in der Regel Spezialisten ausgebildet. Mit ihnen sollte der Jagdschutzberechtigte stets Verbindung halten.

Verhaltensmaßregeln bei Wildererbekämpfung

Verdacht auf Wilderei – Das Wild ist nicht mehr so vertraut wie sonst. Das Rehwild schreckt mehr als gewöhnlich. Es finden sich verdächtige Fuß- und vor allem Autospuren im Revier. Man hört unaufklärbare Schüsse. Man findet Aufbrüche, Schweiß, Scheuerstellen von Schlingen, Patronenhülsen und andere Zeichen.

Alle Spuren sollten vom Fundort aus verfolgt, etwaige Funde als Beweismittel sichergestellt werden. Fußabdrücke und Reifenspuren von Kraftfahrzeugen mit ihren Besonderheiten sollten aufgezeichnet oder im Gipsabdruck gesichert werden.

Streife auf Wildschützen – Grundsätzlich soll die Wildererstreife nur aus An- und Abmarsch, also nicht in Herumpirschen im Revier, sondern in der Hauptsache aus Ansitz an geeigneter Stelle bestehen und möglichst zu zweit ausgeübt werden. Ein guter Gebrauchshund, der sich ruhig verhält, sich sicher ablegen läßt und als Schutzhund abgerichtet ist, kann wertvolle Dienste leisten.

Geeignete Stellen für den Ansitz sind: Waldeingang, wenn die Anmarschwege bekannt sind, Kreuzungspunkte vieler Linien, an denen gute Sicht nach allen Seiten besteht. Dabei sind Dickungen und Stangenhölzer zu bevorzugen. Hochsitze sind nicht zu beziehen; vielmehr setzt man sich bei guter Deckung in den Dickungsrand. Bei Nutzung des eigenen PKW sollte dieser von einem Wilderer nicht bemerkt werden können.

Fällt ein Schuß, so ist vorsichtig darauf zuzugehen. Ist man zu zweit, umschlägt man den Tatort nach rasch besprochenem Umgehungsplan, der gegenseitige Verständigung durch Zeichen usw. zuläßt.

Zusammentreffen mit Wildschützen – Geistesgegenwärtig die Lage erfassen! Auf etwaige Mittäter achten! Möglichst in Deckung bleiben! Anruf: »Gewehr weg! – Hände hoch! – Zehn Schritte zurücktreten oder ich schieße!« Ergibt sich der Wilderer, so ist mit schußfertigem Gewehr auf ihn zuzugehen. Mit raschem Griff ist die Wildererwaffe aufzunehmen, über die Schulter zu hängen oder in rückwärtiger Richtung wegzuwerfen. Dann ist der Wilderer festzunehmen. Man darf ihm dabei nicht zu nahe kommen, damit kein Handgemenge entstehen kann, sondern es ist stets zu drohen, daß bei der ersten verdächtigen Bewegung geschossen wird. Der Wilderer ist dann abzuführen. Er muß stets mit erhobenen Händen vor dem Jäger hergehen. Man darf sich auf keinerlei Gespräch oder Verhandlungen einlassen, die stets der Ablenkung dienen. Stellt sich der Wilderer marschunfähig, so ist nicht auf ihn zuzugehen, sondern er ist mit Drohungen dazu zu bewegen, weiterzugehen. Erst außerhalb des Waldes ist mit Handgriffen zu arbeiten, wobei dann eine Pistole gute Dienste leisten kann, während man das Gewehr auf den Rücken nimmt. Beim Abmarsch wird man Stangenhölzer, Dickungen und unübersichtliches Gelände möglichst meiden, auch wenn dadurch Umwege nötig werden. Widersetzt sich der Wilderer mit der Waffe, so heißt es rasch handeln (s. Seite 58 f.). Nicht die Deckung verlassen! Dem Wilderer kein Ziel bieten. Jedoch nur schießen, wenn man sein eigenes Leben gefährdet sieht.

Überwachung von Schlingen – Findet man gestellte Schlingen oder in Schlingen hängendes, verendetes Wild, so ist zunächst alles unverändert zu lassen.

Man verständigt sofort benachbarte Jagdschutzberechtigte oder die Polizei und richtet eine Tag und Nacht durchgehende Überwachung bei den Schlingen ein. Die gestellten Schlingen sind mit Beginn der Überwachung aus ihrer Fangstellung zu biegen, als ob sich Wild darin gefangen und wieder losgerissen hätte, oder mit totem Wild zu versehen. Wenn der Schlingensteller am Tatort erscheint, ist abzuwarten, bis er das Wild aus der Schlinge nimmt und diese wieder gestellt hat. Dann ist der Täter anzurufen und festzunehmen und zur Polizei abzuführen. Dabei ist Vorsicht geboten, weil der Festgenommene vielleicht eine Pistole oder ein Messer bei sich hat. Auch ist darauf zu achten, daß er nichts wegwirft.

Wildern mit dem Auto – Die zunehmende Wilderei unter Benutzung eines Kraftfahrzeuges wird bei dem immer stärker werdenden Ausflugsverkehr sehr erleichtert. Unter dem Anschein des harmlos spazierengehenden Wanderers, der sein Auto an stiller Stelle abgestellt hat, verbirgt sich oft ein gewandter Wilderer. Noch schlimmer ist es, wenn der Autofahrer bei Tage oder im Scheinwerferlicht erkanntes Wild rasch anfährt und vom Auto aus beschießt und mit der Beute davonfährt. Die Aufdeckung solcher Zuwiderhandlungen verlangt besondere Aufmerksamkeit auf Schußzeichen, verendetes Wild, langsam fahrende Kraftfahrzeuge, Reifenspuren auf gesperrten Wegen und erfordert rasches Handeln und eine überörtliche Zusammenarbeit mit Polizei und Jagdschutzberechtigten der Nachbarreviere.

Überschreitung der Jagdschutzbefugnisse – Beim Jagdschutz gegen Wilderer muß der Jäger sorgfältig darauf achten, daß er seine Befugnisse nicht überschreitet. Wie oben bereits ausgeführt, haben (neben den Polizeibeamten) nur diejenigen Jagdschutzberechtigten volle polizeiliche Befugnisse innerhalb ihres Dienstbezirks, die Berufsjäger oder forstlich ausgebildet sind (Anwendung unmittelbaren Zwanges, erweitertes Waffengebrauchsrecht). Private Revierinhaber sowie bestätigte Jagdaufseher, die nicht Berufsjäger sind, haben demgegenüber nur ein beschränktes Eingriffsrecht; ihnen fehlen alle erweiterten Befugnisse, die sich aus polizeilichen Aufgaben ergeben. Jagdgäste und nicht bestätigte Jagdaufseher sind überhaupt nicht jagdschutzberechtigt (sie haben lediglich, wie jedermann, die Befugnis, unbekannte Straftäter auf frischer Tat zwecks Feststellung der Personalien festzunehmen). Das Waffengebrauchsrecht ist im wesentlichen auf den Notwehrfall beschränkt.

Jäger, die ihre Befugnisse überschreiten, laufen Gefahr, sich schwerwiegender Delikte wie Amtsanmaßung, Nötigung, Freiheitsberaubung und Körperverletzung schuldig zu machen. Wenn der Jäger allein mehreren Tätern bzw. Verdächtigen

Jagdschutzbefugnisse

Jagdschutzbefugnis + gegeben – nicht gegeben	Revierinhaber (Jagdpächter, Eigenjagdbesitzer)	Jagdgast	Jagdaufseher		
			nicht bestätigt	bestätigt	
				ohne Zusatzausbildung	zusätzlich Berufsjäger oder forstlich ausgebildet
›jagdschutzberechtigt‹ laut Jagdgesetz	+	–	–	+	+
Töten von streunenden (wildernden) Hunden und Katzen	+	nur mit schriftlicher Ermächtigung des Revierinhabers		+	+
Anhalten von Personen in Jagdausrüstung abseits von öffentlichen Wegen; Abnehmen von Waffen und Jagdgerät; Feststellung der Personalien	+	–	–	+	+
vorläufige Festnahme von auf *frischer Tat betroffenen Straftätern* zur Feststellung der Personalien (§ 127 StPO)	+	+	+	+	+
›Selbsthilfe‹ gegenüber Wilderern (Anhalten und Abnehmen erlegten Wildes auch mit Gewalt)	+	–	–	–	–
volle polizeiliche Befugnisse (Anhalten und Durchsuchen von lediglich *verdächtigen* Personen, unmittelbarer Zwang, erweiterter Waffengebrauch, Festnahme, Durchsuchung und Beschlagnahmung, Hilfsorgan der Staatsanwaltschaft)	–	–	–	–*	+

* In einigen Bundesländern für ›geprüfte Jagdaufseher‹ weitergehende Befugnisse, die annähernd denen der Berufsjäger entsprechen

gegenübersteht, ist seine Beweislage besonders schwierig. Jäger ohne polizeiliche Jagdschutzbefugnisse sollten daher möglichst nicht selbständig gegen Wilderer einschreiten, sondern sich auf Beobachtungen und Sicherung von Beweismitteln beschränken und im übrigen eng mit der Polizei zusammenarbeiten.

Strafbare Handlungen gegen das Jagdrecht

Zuwiderhandlungen nach dem Strafgesetzbuch (Jagdvergehen)

- »Wer unter Verletzung fremden Jagdrechts oder Jagdausübungsrechts dem Wilde nachstellt, es fängt, erlegt oder sich oder einem Dritten zueignet, oder eine Sache, die dem Jagdrecht unterliegt, sich oder einem Dritten zueignet, beschädigt oder zerstört, wird mit Freiheitsstrafe bis zu drei Jahren oder mit Geldstrafe bestraft« (§ 292 Abs. 1 StGB).

Die vorgenannten Handlungen zur Verletzung fremden Jagdrechts (Jagdwilderei) stellen den Tatbestand des *einfachen Jagdvergehens* dar. Nicht nur die Erlegung, Beschädigung, Zerstörung und Aneignung von Wild oder anderen dem Jagdrecht unterliegenden Sachen (z. B. Abwurfstangen) ist strafbar, sondern bereits das »Nachstellen« durch Anschleichen, Anpirschen, Auflauern, Ansitzen u. a. m. vor der beabsichtigten Erlegung (Unternehmensdelikt). Ein Jagdvergehen liegt auch vor, wenn ein Jäger über die Grenze seines Reviers hinaus etwas unternimmt, um in den Besitz von auf der Nachbarjagd stehendem Wild zu gelangen: Überschießen, Verfolgen angeschossenen Wildes ohne gesetzliche Befugnis oder ohne vereinbarte Wildfolge, Aussenden von Hunden, Treibern u. a. m.

- »In besonders schweren Fällen ist die Strafe Freiheitsstrafe von drei Monaten bis zu fünf Jahren. Ein besonders schwerer Fall liegt in der Regel vor, wenn die Tat gewerbs- oder gewohnheitsmäßig, zur Nachtzeit, in der Schonzeit, unter Anwendung von Schlingen oder in anderer nicht waidmännischer Weise oder von mehreren mit Schußwaffe ausgerüsteten Tätern gemeinschaftlich begangen wird.« (§ 292 Abs. 2 StGB).

Bei diesen Tatbeständen liegt ein *erschwertes Jagdvergehen* vor. *Gewerbsmäßige Wilderei* liegt vor, wenn der Täter sich durch fortgesetzte Jagdausübung einen Gewinn verschafft, z. B. durch Verkauf des Wildes; *gewohnheitsmäßige,* wenn er fortgesetzt wildert. Nachtzeit ist die Zeit von eineinhalb Stunden nach Sonnenuntergang bis eineinhalb Stunden vor Sonnenaufgang. Zu den unwaidmännischen Jagdmitteln gehören das Schießen mit Pfeilen, das Vergiften von Wild usw. Ein gemeinschaftliches Jagdvergehen liegt auch dann vor, wenn einer der Jagenden zur Jagdausübung berechtigt war und der andere nicht.

- »Jagd- oder Fischereigeräte, Hunde oder andere Tiere, die der Täter oder ein Teilnehmer bei der Tat mit sich geführt oder verwendet hat, können eingezogen werden (§ 295 StGB).

Neben der Strafe wird also in der Regel die Einziehung der Jagdmittel (dazu kann auch ein Kraftfahrzeug gehören) verfügt, weswegen diese Gegenstände vom Jagdschutzberechtigten – soweit nach seinen Befugnissen zulässig – am Tatort und bei Haussuchungen vorsorglich zu beschlagnahmen sind.

Nicht eingezogen wird das gewilderte Wild. Hierauf hat der Jagdausübungsberechtigte Anspruch, aus dessen Revier es stammt.

- »In den Fällen des § 292 Abs. 1 wird die Tat nur auf Antrag des Verletzten verfolgt, wenn sie von einem Angehörigen oder an einem Ort begangen worden ist, wo der Täter die Jagd in beschränktem Umfange ausüben durfte.« (Antragsdelikt)

Angehörige sind nach § 11 Abs. 1 Nr. 1 StGB Verwandte und Verschwägerte gerader Linie, der Ehegatte, der Lebenspartner, der Verlobte, Geschwister, Ehegatten der Geschwister, Geschwister der Ehegatten.

Nur auf Antrag des Geschädigten wird somit auch das Jagdvergehen verfolgt, das z. B. dann vorliegt, wenn ein Jagdgast anderes Wild erlegt, als ihm der Revierinhaber erlaubt hat. Sonst werden Straftaten auf jeden Fall, auch ohne Antrag des Geschädigten, von Amts wegen verfolgt (Offizialprinzip).

Kein Jagdvergehen (Wilderei), sondern echter *Diebstahl* liegt dann vor, wenn sich jemand unbefugt Wild aneignet, das bereits in das Eigentum des Revierinhabers übergegangen ist. (Beispiel: Ein Treiber, der einen Hasen in der Sasse totschlägt, um ihn sich später anzueignen, begeht Wilderei. Wenn er einen erlegten Hasen vom Wildwagen entwendet, ist es Diebstahl.)

Zuwiderhandlungen gegen das Bundesjagdgesetz
(Vergehen, Ordnungswidrigkeiten)

Das Bundesjagdgesetz teilt die Zuwiderhandlungen gegen seine Bestimmungen ein in *Straftaten* (§ 38) und *Ordnungswidrigkeiten* (§ 39). Straftaten werden mit Freiheitsstrafe oder Geldstrafe, Ordnungswidrigkeiten mit Geldbuße bedroht. Die Straftaten sind von Amts wegen zu verfolgen (Legalitätsprinzip), bei Ordnungswidrigkeiten erfolgt eine Ahndung nach pflichtgemäßem Ermessen (Opportunitätsprinzip).

Straftaten – Wer *vorsätzlich* einer vollziehbaren Anordnung nach § 21 Abs. 3 (Verbot des Abschusses von bestandsbedrohtem Wild in bestimmten Jagdbezirken) zuwiderhandelt, entgegen § 22 Abs. 2 Satz 1 Wild (für das keine Jagdzeit festgesetzt wurde) nicht mit der Jagd verschont oder entgegen § 22 Abs. 4 Satz 1 ein (zur Aufzucht notwendiges) Elterntier bejagt, begeht ein Vergehen, das mit Freiheitsstrafe bis zu 5 Jahren oder Geldstrafe (5–360 Tagegeldsätze) bestraft wird. Dieselben Straftaten, *fahrlässig* begangen, werden mit Freiheitsstrafe bis zu 6 Monaten oder mit Geldstrafe (5–180 Tagegeldsätze) geahndet.

Ordnungswidrigkeiten – Insbesondere folgende Tatbestände gelten bei *Vorsatz* als *Ordnungswidrigkeiten:*

- Anwendung verbotswidriger Jagdmittel;
- Jagen eines Jugendlichen ohne Begleitperson;

- Jagen an Orten, an denen die öffentliche Ruhe, Ordnung oder die Sicherheit gestört oder das Leben von Menschen gefährdet wird;
- Verscheuchen von Wild mit Mitteln, durch die das Wild verletzt oder gefährdet wird;
- Verbotswidrige Wildaussetzung und unzulässige Hege;
- den Jagdschein auf Verlangen eines Jagdschutzberechtigten nicht vorzeigt;
- in befriedeten Bezirken die Jagd ausübt.

Bei *Vorsatz oder Fahrlässigkeit* sind folgende Tatbestände *Ordnungswidrigkeiten:*
- Jagen ohne Jagdschein;
- Nichtbeachtung der Munitionsvorschriften bei Schalenwild;
- Wild mit Jagdzeiten in der Schonzeit bejagt;
- Erlegung von Schalenwild in Notzeiten in einem Umkreis von 200 m von Fütterungen;
- Vergiften von Wild;
- Überschreitung des Abschußplanes oder Bejagung von Schalenwild, bevor der Abschußplan bestätigt oder festgesetzt ist;
- Unterlassung der Meldung von Wildseuchen oder von anzeigepflichtigen Krankheiten und Unterlassung der angeordneten Bekämpfung;
- Verstöße gegen die Bestimmungen der Bundeswildschutzverordnung;
- Betreten fremden Jagdgebietes außerhalb der öffentlichen Wege in Jagdausrüstung.

Die Ordnungswidrigkeiten können mit Geldbuße bis zu 5 000 Euro belegt werden.

Zusätzlich (§ 42) haben die Länder vielfach folgende Verstöße als Ordnungswidrigkeiten bezeichnet: Jagen eines Jagdgastes ohne Erlaubnisschein bei Einzeljagd, widerrechtliche Benutzung eines Jägernotweges, Verschweigen des Grenzüberwechsels angeschossenen Schalenwildes, unwahre Angaben einem Jagdschutzberechtigten gegenüber, das unbeaufsichtigte Laufenlassen von Hunden in Jagdbezirken, das unbefugte Benutzen von Jagdeinrichtungen und mutwillige Stören von Wild.

Nebenstrafen, Nebenfolgen

Als *Nebenfolge* können im ordentlichen Strafverfahren und im Verfahren wegen gewisser Ordnungswidrigkeiten Gegenstände, auf die sich die Straftat oder die Ordnungswidrigkeit bezieht (also z. B. das zu Unrecht erlegte Wild) und Gegenstände, die zu ihrer Begehung oder Vorbereitung gebraucht werden oder bestimmt gewesen sind (z. B. Waffen, Fahrzeuge), eingezogen werden (§ 40).

Als *Nebenstrafe* kann – unter bestimmten Voraussetzungen muß – ferner im ordentlichen Strafver-

fahren und im Verfahren wegen Ordnungswidrigkeit ein Verbot der Jagdausübung bis zu 6 Monaten (unter amtlicher Verwahrung des Jagdscheins) ausgesprochen (§ 41a) oder als Nebenfolge der zeitweise oder dauernde Entzug des Jagdscheines angeordnet werden (§ 41).

Waffengesetz und Waffengebrauch

Derzeit gilt noch das 1996 (BGBl. I S. 1779) letztmals geänderte Waffengesetz vom 8. März 1976 (BGBl. I S. 432) nebst seinen fünf Durchführungsverordnungen als bundeseinheitliches Waffenrecht. Nach jahrelangen Diskussionen um eine Verschärfung des Waffenrechts ist nunmehr das Waffengesetz durch »Gesetz zur Neuregelung des Waffenrechts«* vollständig novelliert worden. Dabei erfuhr es noch während des Gesetzgebungsverfahrens auf Grund des Amoklaufes in dem Erfurter Gutenberggymnasium weiter gehende Einschränkungen für Jäger und Sportschützen. Positiv hervorzuheben ist die systematische Zusammenfassung der wesentlichen die Jäger betreffenden Sondervorschriften in einem Paragraphen. Dieser § 13 hat folgenden Wortlaut:

§ 13
Erwerb und Besitz von Schußwaffen und Munition durch Jäger.
Führen und Schießen zu Jagdzwecken

(1) Ein Bedürfnis für den Erwerb und Besitz von Schußwaffen und der dafür bestimmten Munition wird bei Personen anerkannt, die Inhaber eines gültigen Jagdscheines im Sinne von § 15 Abs. 1 Satz 1 des Bundesjagdgesetzes sind (Jäger), wenn
1. glaubhaft gemacht wird, daß sie die Schußwaffen und die Munition zur Jagdausübung oder zum Training im jagdlichen Schießen einschließlich jagdlicher Schießwettkämpfe benötigen,
2. die zu erwerbende Schußwaffe und Munition nach dem Bundesjagdgesetz in der zum Zeitpunkt des Erwerbs geltenden Fassung nicht verboten ist (Jagdwaffen und -munition).

(2) Für Jäger gilt § 6 Abs. 3 Satz 1 nicht. Bei Jägern, die Inhaber eines Jahresjagdscheins im Sinne

---

* Das Gesetz wird voraussichtlich noch bis Ende 2002 verkündet werden.

55

von § 15 Abs. 2 in Verbindung mit Abs. 1 Satz 1 des Bundesjagdgesetzes sind, erfolgt keine Prüfung der Voraussetzungen des Absatzes 1 Nr. 1 sowie des § 4 Abs. 1 Nr. 4 für den Erwerb und Besitz von Langwaffen und zwei Kurzwaffen, sofern die Voraussetzungen des Absatzes 1 Nr. 2 vorliegen.

(3) Inhaber eines gültigen Jahresjagdscheines im Sinne des § 15 Abs. 2 in Verbindung mit Abs. 1 Satz 1 des Bundesjagdgesetzes bedürfen zum Erwerb von Langwaffen nach Absatz 1 Nr. 2 keiner Erlaubnis. Die Ausstellung der Waffenbesitzkarte oder die Eintragung in eine bereits erteilte Waffenbesitzkarte ist binnen zwei Wochen durch den Erwerber zu beantragen.

(4) Für den Erwerb und vorübergehenden Besitz gemäß § 12 Abs. 1 Nr. 1 von Langwaffen nach Absatz 1 Nr. 2 steht ein Jagdschein im Sinne von § 15 Abs. 1 Satz 1 des Bundesjagdgesetzes einer Waffenbesitzkarte gleich.

(5) Jäger bedürfen für den Erwerb und Besitz von Munition für Langwaffen nach Absatz 1 Nr. 2 keiner Erlaubnis, sofern sie nicht nach dem Bundesjagdgesetz in der jeweiligen Fassung verboten ist.

(6) Ein Jäger darf Jagdwaffen zur befugten Jagdausübung einschließlich des Ein- und Anschießens im Revier, zur Ausbildung von Jagdhunden im Revier, zum Jagdschutz oder zum Forstschutz ohne Erlaubnis führen und mit ihnen schießen; er darf auch im Zusammenhang mit diesen Tätigkeiten die Jagdwaffen nicht schußbereit ohne Erlaubnis führen.

(6a) Inhabern eines Jugendjagdscheines im Sinne von § 16 des Bundesjagdgesetzes wird eine Erlaubnis zum Erwerb und Besitz von Schußwaffen und der dafür bestimmten Munition nicht erteilt. Sie dürfen Schußwaffen und die dafür bestimmte Munition nur für die Dauer der Ausübung der Jagd oder des Trainings im jagdlichen Schießen einschließlich jagdlicher Schießwettkämpfe ohne Erlaubnis erwerben, besitzen, die Schußwaffen führen und damit schießen; sie dürfen auch im Zusammenhang mit diesen Tätigkeiten die Jagdwaffen nicht schußbereit ohne Erlaubnis führen.

(7) Personen in der Ausbildung zum Jäger dürfen nicht schußbereite Jagdwaffen in der Ausbildung ohne Erlaubnis unter Aufsicht eines Ausbilders erwerben, besitzen und führen, wenn sie das vierzehnte Lebensjahr vollendet haben und der Sorgeberechtigte und der Ausbildungsleiter ihr Einverständnis in einer von beiden unterzeichneten Berechtigungsbescheinigung erklärt haben. Die Person hat in der Ausbildung die Berechtigungsbescheinigung mit sich zu führen.

Obwohl zur Zeit der Drucklegung dieses Buches noch das alte Waffenrecht gilt, wird im folgenden nur noch auf das in Kürze inkrafttretende neue Waffenrecht eingegangen.

Allgemeines

Das Waffengesetz regelt den Umgang mit Waffen (u. a. Schuß-, Hieb- und Stoßwaffen) oder Munition in einem einheitlichen Regelungswerk und bestimmt damit auch den Gebrauch von Waffen durch den Jäger. Der Umgang (Erwerb, Besitz, Führen und Schießen) mit *Waffen oder Munition bestimmter Arten ist verboten* wie z. B. mit Kriegswaffen, vollautomatischen Schußwaffen, Waffen, die ihrer Form nach geeignet sind, einen anderen Gegenstand vorzutäuschen oder die mit Gegenständen des täglichen Gebrauchs verkleidet sind, Waffen, die über den für Jagd- und Sportzwecke allgemein üblichen Umfang hinaus zusammengeklappt, zusammengeschoben, verkürzt oder schnell zerlegt werden können, Stahlruten, Totschlägern oder Schlagringen sowie Vorrichtungen, die das Ziel beleuchten oder markieren und Nachtsichtgeräten und Nachtzielgeräten mit Montagevorrichtung für Schußwaffen. Im übrigen bedarf es für den Umgang mit Schußwaffen grundsätzlich einer waffenrechtlichen Erlaubnis, sofern nicht die Sonderbestimmungen z. B. für Jäger eingreifen.

Voraussetzung für eine waffenrechtliche Erlaubnis ist gem. § 4 WaffG die Vollendung des 18. Lebensjahres, die erforderliche Zuverlässigkeit und persönliche Eignung, der Nachweis der erforderlichen Sachkunde und eines Bedürfnisses sowie der Abschluß einer ausreichenden Haftpflichtversicherung. Die Inhaber waffenrechtlicher Erlaubnisse sind regelmäßig, mindestens jedoch nach Ablauf von drei Jahren erneut auf ihre Zuverlässigkeit und ihre persönliche Eignung zu überprüfen. Außerdem hat die Behörde drei Jahre nach Erteilung der ersten waffenrechtlichen Erlaubnis sowie einmalig nach weiteren drei Jahren das Fortbestehen des Bedürfnisses zu prüfen.

Die erforderliche *Zuverlässigkeit* besitzen nach § 5 WaffG nicht, wer wegen eines Verbrechens oder wegen sonstiger vorsätzlicher Straftaten zu einer Freiheitsstrafe von mindestens einem Jahr rechtskräftig verurteilt worden ist oder bei dem Tatsachen die Annahme rechtfertigen, daß er Waffen oder Munition mißbräuchlich oder leichtfertig verwenden wird, mit Waffen oder Munition nicht vorsichtig oder sachgemäß umgehen oder diese Gegenstände nicht sorgfältig verwahren wird oder Waffen oder Munition Personen überlassen wird, die zur Ausübung der tatsächlichen Gewalt über diese Gegenstände nicht berechtigt sind. Weiterhin werden Fälle geregelt, in denen in der Regel die erforderliche Zuverlässigkeit fehlt, z. B. bei Verurteilung wegen einer vorsätzlichen Straftat oder wegen einer fahrlässigen Straftat im Zusammenhang mit dem Umgang mit Waffen, Munition oder Sprengstoff oder bei Mitgliedern in einer verfassungswidrigen Partei.

Persönlich ungeeignet sind Personen, bei denen Tatsachen die Annahme rechtfertigen, daß sie geschäftsunfähig oder in der Geschäftsfähigkeit beschränkt sind, alkohol- oder rauschmittelabhängig sind oder auf Grund in der Person liegender Umstände mit Waffen oder Munition nicht vorsichtig oder sachgemäß umgehen und diese Gegenstände nicht sorgfältig verfahren können oder daß die konkrete Gefahr einer Fremd- oder Selbstgefährdung besteht (§ 6 WaffG).

Der Besitz eines Jagdscheins, dessen Erteilung nach den Bestimmungen des Bundesjagdgesetzes ebenfalls von einer Zuverlässigkeit und persönlichen Eignung abhängig gemacht wird, macht nach der neuen Bestimmung des § 17 Abs. 1 Satz 2 BJagdG die Prüfung der waffenrechtlichen Zuverlässigkeit und persönlichen Eignung nicht mehr entbehrlich. Hierdurch werden zwar Jagd- und Waffenrecht harmonisiert, jedoch ein doppelter Verwaltungsaufwand produziert. In diesem Zusammenhang sei auch auf den neuen § 18a BJagdG hingewiesen, wonach die erstmalige Erteilung eines Jagdscheins, Versagungen und Entziehungen eines Jagdscheins sowie Jagdausübungsverbote den zuständigen Waffenbehörden mitzuteilen sind.

Der Nachweis der erforderlichen Sachkunde wird durch vorgeschriebene Prüfungen (zum Beispiel Jägerprüfung) erbracht. Der Nachweis eines Bedürfnisses ist nach § 8 WaffG erbracht, wenn gegenüber den Belangen der öffentlichen Sicherheit oder Ordnung besonders anzuerkennende persönliche oder wirtschaftliche Interessen, vor allem als Jäger, Sportschütze oder Waffen- und Munitionssammler glaubhaft gemacht werden.

Erwerb, Besitz, Führen und Schießen

Die *Erlaubnis zum Erwerb und Besitz von Waffen* wird durch eine Waffenbesitzkarte oder durch Eintragung in eine bereits vorhandene Waffenbesitzkarte erteilt. Die Erlaubnis zum Erwerb einer Waffe gilt für die Dauer eines Jahres. Die Erlaubnis zum Besitz wird in der Regel unbefristet erteilt. Wer eine Waffe auf Grund einer Erlaubnis erwirbt, hat den vorgenommenen Erwerb binnen zwei Wo-

chen schriftlich anzuzeigen und seine Waffenbesitzkarte zur Eintragung des Erwerbs vorzulegen. Inhaber eines gültigen Jahresjagdscheins (nicht Jugendjagdscheins) bedürfen zum Erwerb von jagdlichen Langwaffen keiner Erlaubnis. Die Ausstellung der Waffenbesitzkarte oder die Eintragung in eine bereits erteilte Waffenbesitzkarte ist aber binnen zwei Wochen durch den Erwerber zu beantragen.

Einer Erlaubnis zum Erwerb und Besitz einer Waffe *bedarf nicht,* wer diese auf einer Schießstätte lediglich vorübergehend zum Schießen auf dieser Schießstätte erwirbt (§ 12 Abs. 1 Nr. 5 WaffG) oder als Inhaber eines Jagdscheins (nicht Jugendjagdscheins) von einem Berechtigten lediglich vorübergehend, höchstens aber für einen Monat für einen von seinem Bedürfnis umfaßten Zweck oder vorübergehend zum Zwecke der sicheren Verwahrung oder der Beförderung erwirbt (§ 12 Abs. 1 Nr. 1, § 13 Abs. 4 WaffG).

Die Erlaubnis zum *Erwerb und Besitz von Munition* wird durch Eintragung in eine Waffenbesitzkarte für die darin eingetragenen Schußwaffen erteilt. Dies gilt nicht für Jäger, so weit es sich um Munition für jagdliche Langwaffen handelt (§ 13 Abs. 5 WaffG).

Die Erlaubnis zum *Führen einer Waffe* wird durch einen Waffenschein erteilt. Die *Erlaubnis zum Schießen* mit einer Schußwaffe wird durch einen entsprechenden Erlaubnisschein erteilt. Ausgenommen hiervon ist das Schießen auf einer Schießstätte oder mit Schußwaffen mit einer Geschoßenergie von weniger als 7,5 Joule durch den Inhaber des Hausrechtes oder mit dessen Zustimmung im befriedeten Besitztum. Für Jäger gilt die Sonderregelung in § 13 Abs. 6 WaffG. Danach darf ein Jäger Jagdwaffen zur befugten Jagdausübung einschließlich des Ein- und Anschießens im Revier, zum Jagdschutz oder zum Forstschutz ohne Erlaubnis führen und mit ihnen schießen. Bei hiermit im Zusammenhang stehenden Tätigkeiten, z. B. auf dem Weg in das Revier, von einem Treiben in das nächste Treiben oder nach Abschluß der Jagd während des Streckelegens oder des Schüsseltreibens, dürfen die Jagdwaffen allerdings nicht schußbereit geführt werden.

Für *Inhaber eines Jugendjagdscheins* sind die Einschränkungen in § 13 Abs. 6a WaffG zu beachten. Für Personen in der *Ausbildung zum Jäger* gelten die Bestimmungen des § 13 Abs. 7 WaffG. Die Auszubildenden dürfen ohne Erlaubnis mit Jagdwaffen schießen, wenn sie das 14. Lebensjahr vollendet haben und der Sorgeberechtigte und der Ausbildungsleiter ihr Einverständnis in einer von beiden unterzeichneten Berechtigungsbescheinigung erklärt haben. Der Auszubildende hat die Berechtigungsbescheinigung mit sich zu führen.

Europäischer Feuerwaffenpaß

Personen, die Schußwaffen und die dafür bestimmte Munition in einen anderen Mitgliedstaat der Europäischen Union ohne Aufgabe des Besitzes vorübergehend verbringen wollen, wird auf Antrag ein europäischer Feuerwaffenpaß ausgestellt, wenn sie zum Besitz der Waffen, die in den europäischen Feuerwaffenpaß eingetragen werden sollen, und der Munition berechtigt sind (§ 31 WaffG). Die Geltungsdauer des europäischen Feuerwaffenpasses beträgt fünf Jahre; so weit bei Jägern in ihm nur Einzellader-Langwaffen mit glattem Lauf oder mit glatten Läufen eingetragen sind, beträgt sie zehn Jahre. Die Geltungsdauer kann zweimal um jeweils fünf Jahre verlängert werden. Zum Verbringen von Waffen und Munition aus dem oder in das Ausland im übrigen beachte §§ 29 ff des Waffengesetzes.

Aufbewahrung von Waffen und Munition

Wer Waffen oder Munition besitzt, hat gem. § 36 WaffG die erforderlichen Vorkehrungen zu treffen, um zu verhindern, daß diese Gegenstände abhanden kommen oder Dritte sie unbefugt an sich nehmen. Schußwaffen dürfen nur getrennt von Munition aufbewahrt werden, sofern nicht die Aufbewahrung in einem Sicherheitsbehältnis erfolgt, welches einem bestimmten Mindeststandard entspricht. Die sichere Aufbewahrung ist auf Verlangen der zuständigen Waffenbehörde nachzuweisen. Bestehen begründete Zweifel an einer sicheren Aufbewahrung, kann die Behörde vom Besitzer verlangen, daß dieser ihr zur Überprüfung der sicheren Aufbewahrung Zutritt zum Ort der Aufbewahrung gewährt. Die zuständigen Behörden können die notwendigen Ergänzungen anordnen und zu deren Umsetzung eine angemessene Frist setzen.

Kennzeichnung und Beschuß

Schußwaffen und Munition müssen Kennzeichen tragen. Bei den Schußwaffen bestehen sie aus dem Namen, der Firma oder einer eingetragenen Marke des Waffenherstellers oder -händlers, der Bezeichnung der Munition und einer fortlaufenden Nummer. Bei der Munition muß auf der kleinsten Verpackungseinheit der Name des Herstellers, die Fertigungsserie, die Zulassung und die Bezeichnung der Munition angebracht werden. Das Herstellerzeichen und die Bezeichnung der Munition sind auch auf der Hülse anzubringen. Munition, die wiedergeladen wird, ist außerdem mit einem besonderen Kennzeichen zu versehen.

Die ursprünglichen Regelungen über den Beschuß sind zur Entlastung des Waffengesetzes von technischen Regelungen in ein eigenständiges Beschußgesetz aufgenommen worden. Danach unterliegen Schußwaffen sowie Austausch-, Wechsel- und Einsteckläufe einer amtlichen Prüfung durch Beschuß. Haben sich keine Beanstandungen ergeben, sind sie mit einem amtlichen Beschußzeichen zu versehen.

Erbregelung

Ein Erbe bedarf zum Erwerb einer von einem Berechtigten ererbten Schußwaffe keiner Erlaubnis. Er muß die tatsächliche Inbesitznahme der Schußwaffe jedoch der Waffenbehörde unverzüglich anzeigen. Sodann hat der Erbe binnen eines Monats nach Annahme der Erbschaft die Ausstellung einer Waffenbesitzkarte oder die Eintragung der Waffe in eine bereits erteilte Waffenbesitzkarte zu beantragen (§§ 20, 37 Abs. 1 WaffG).

Der Waffengebrauch des Jägers im allgemeinen

Wer ordnungsgemäß die Jagd oder den Jagdschutz ausübt, hat auch das Recht, hierzu Jagdwaffen zu verwenden. Er darf sie auch im Revier *anschießen* (d. h. Kontroll- und Probeschüsse abgeben, nicht jedoch einschießen oder Übungs- und Wettschießen veranstalten!). Sonst darf nur auf Schießständen geschossen werden. Darüber hinaus darf er sich in Fällen der *Notwehr* und des *Notstandes* der Waffe bedienen, die er zur Hand hat und deren Gebrauch zur Abwehr erforderlich ist.

Notwehr (§ 227 BGB)

Notwehr ist diejenige Verteidigung, welche erforderlich ist, um einen gegenwärtigen, rechtswidrigen (menschlichen) Angriff von sich oder einem anderen abzuwenden. Nach § 32 StGB handelt nicht rechtswidrig, wer eine Tat begeht, die durch Notwehr geboten ist.

Voraussetzung der Notwehr ist ein gegenwärtiger, rechtswidriger Angriff auf den Bedrohten oder einen anderen. Er kann sich außer gegen Leib und Leben auch gegen die Ehre, den Besitz u. a. richten. Das angegriffene Gut kann auch einer dritten Person gehören. In diesem Fall spricht man von *Nothilfe*. Der Angriff muß gegenwärtig sein, also unmittelbar bevorstehen oder noch im Gange sein.

Hinreichend ist z. B., daß der Wilderer die Waffe auf Anruf nicht wegwirft. Es ist nicht erforderlich, zu warten, bis der Wilderer das Gewehr anlegt. Die Notwehrhandlung hat allein der Abwendung des Angriffes zu dienen. Sie muß geeignet sein und darf über das erforderliche Maß nicht hinausgehen, wenn sich ein milderes, noch wirksames Mittel anbietet. Flucht ist dem Angegriffenen nicht zumutbar, wohl aber ein Ausweichen, sofern dadurch seine Ehre nicht verletzt wird. Falls möglich und zweckmäßig, wird man sich auch der Hilfe Dritter versichern. Oftmals wird es genügen, die Notwehrhandlung anzudrohen.

Notwehrexzeß ist gegeben, wenn der zur Notwehr Berechtigte die Grenzen der Notwehr überschreitet. Nur dann, wenn er in Bestürzung, Furcht oder Schrecken handelt, ist diese *Überschreitung* nicht strafbar.

Vermeintliche Notwehr (Putativ-Notwehr) liegt vor, wenn der Handelnde irrigerweise annimmt, daß die tatsächlichen Voraussetzungen der Notwehr gegeben sind. Dann ist der Irrtum nach §§ 16 f. StGB zu behandeln, d. h. er beseitigt oder mildert möglicherweise die Strafbarkeit.

Notstand (§ 228 BGB, § 34 StGB)

Wer in einer gegenwärtigen, nicht anders abwendbaren Gefahr für Leben, Leib, Freiheit, Ehre, Eigentum oder ein anderes Rechtsgut eine Tat begeht, um die Gefahr von sich oder einem anderen abzuwenden, handelt nicht rechtswidrig, wenn bei Abwägung der widerstreitenden Interessen, namentlich der betroffenen Rechtsgüter und des Grades der ihnen drohenden Gefahren, das geschützte Interesse das beeinträchtigte wesentlich überwiegt. Dies gilt jedoch nur, soweit die Tat ein angemessenes Mittel ist, die Gefahr abzuwenden (§ 34 StGB).

Vermeintlicher Notstand (Putativ-Notstand) liegt vor, wenn irrigerweise Umstände angenommen werden, die ggf. die Merkmale des § 34 StGB erfüllen würden.

Übergesetzlicher Notstand liegt dann vor, wenn eine höhere Rechtspflicht nur durch Verletzung geringerer Rechtsgüter erfüllt werden kann (z. B. Fangschuß auf Schalenwild mit Schrot, wenn keine Waffe mit erlaubter Munition zur Hand ist).

Der Waffengebrauch der Forstbeamten und der bestätigten Jagdaufseher

Die Gefährdung, der die im Forst- und Jagdschutz tätigen Beamten und Angestellten bei der Ausübung ihres Dienstes, insbesondere durch bewaffnete Wilderer, ausgesetzt sind, legt es nahe, ihnen im Rahmen ihrer polizeilichen Befugnisse ein über das allgemein zulässige Maß der Notwehr hinausgehendes erweitertes Waffengebrauchsrecht einzuräumen. Hierfür bedarf es aber ausdrücklicher landesrechtlicher Bestimmungen an denen es in vielen Ländern (z. B. Niedersachsen oder Sachsen-Anhalt) fehlt.

Strafrechtlicher Schutz der Amtshandlungen
(Widerstand gegen Vollstreckungsbeamte)

Wer einem Beamten (oder einer Person, die die Rechte und Pflichten eines Polizeibeamten hat oder Hilfsbeamter der Staatsanwaltschaft ist), der zur Vollstreckung von Gesetzen oder Rechtsverordnungen berufen ist, bei der Vornahme einer solchen Amts- oder Diensthandlung mit Gewalt oder durch Drohung mit Gewalt Widerstand leistet oder ihn dabei tätlich angreift, wird mit Freiheitsstrafe oder mit Geldstrafe bestraft. Dies gilt entsprechend zum Schutz von Personen, die zur Unterstützung bei der Amts- oder Diensthandlung zugezogen sind (§§ 113 und 114 StGB).

Diesen Schutz des Gesetzes genießen also auch der Forstbeamte und der bestätigte Jagdaufseher – sofern er Rechte und Pflichten eines Polizeibeamten hat oder Hilfsbeamter der Staatsanwaltschaft ist – und *von ihm zugezogene* Personen (z. B. auch der Jagdausübungsberechtigte oder Jagdgast).

Die jagdrechtliche Vielfalt in der Bundesrepublik Deutschland

Die jagdrechtliche Vielfalt, in der die einzelnen Bundesländer den im Bundesjagdgesetz gesteckten Rahmen ausgefüllt haben, ist sehr groß geworden. Jedem Jäger wird daher dringend nahegelegt, sich über die jagdrechtlichen Verhältnisse in dem Bundesland, in dem er jagt, genau zu unterrichten. (Textausgaben und Kommentare zu den Landesjagdgesetzen und Durchführungsverordnungen sowie zu anderen einschlägigen Rechtsbestimmungen sind beim Buchhandel und durch die einschlägigen Fachverlage erhältlich. Siehe auch im Internet: www.jagd.de/service/jagdgesetze, oder www.parlamentsspiegel.de)

Fleischhygiene- gesetz

Die Verwendung von Wildbret als wertvolles Lebensmittel für den menschlichen Genuß erfordert vom Jäger entsprechende Kenntnisse und Sorgfalt beim Umgang mit dem erlegten Wild. Die Vorschriften über die Jägerprüfung (§ 15 Abs. 5 BJG) verlangen von den angehenden Jägern ausdrücklich: »Ausreichende Kenntnisse . . . in der Behandlung des erlegten Wildes unter besonderer Berücksichtigung der hygienisch erforderlichen Maßnahmen und in der Beurteilung der gesundheitlich unbedenklichen Beschaffenheit des Wildbrets, insbesondere auch hinsichtlich seiner Verwendung als Lebensmittel.« Diesem Zweck dienten auch bisher schon manche überlieferten jagdhandwerklichen Regeln für das Versorgen und Verwerten von Wild und Wildbret (s. Seite 214f.), zusammen mit den Kenntnissen über die wichtigsten Wildkrankheiten und ihre Erkennungsmerkmale (s. Seite 251). Die zunehmende Beachtung des Verbraucherschutzes und die Einsicht, daß freilebende Wildtiere (im Vergleich zum Schlachtvieh) durchaus nicht immer »gesünder« sind, haben dazu geführt, daß in der neuen *Fleischhygienegesetzgebung* auch Vorschriften über erlegtes Haarwild berücksichtigt wurden. Mit der anstehenden Novelle des Fleisch- und des Geflügelfleischhygienegesetzes wird die »Richtlinie 92/45/EWG des Rates vom 16. 6. 1992 zur Regelung der gesundheitlichen und tierseuchenrechtlichen Fragen beim Erlegen von Wild und bei der Vermarktung von Wildfleisch« (Fleischhygienerichtlinie) in nationales Recht umgesetzt werden. Darin werden auch Vorschriften für Federwild enthalten sein.

Allgemeine Vorschriften

Die das Haarwild betreffenden Vorschriften sind im Fleischhygienegesetz, die das Federwild betreffenden im Geflügelfleischhygienegesetz festgelegt. Grundsätzlich ist bei jedem erlegten Stück Haar- und Federwild eine Fleischuntersuchung vorgeschrieben. Es gibt aber eine Reihe von Ausnahmen, die in der auf Seite 61 dargestellten Tabelle aufgeführt sind.
Das Gesetz unterscheidet zwischen »erlegtem« Wild aus freier Wildbahn und »auf andere Weise«

als durch Erlegen getötetem« Wild (beispielsweise in Gefangenschaft für die Fleischproduktion gehaltenes Wild = Gehegewild). Für letzteres gelten Vorschriften, über die der Gehegehalter Bescheid wissen muß. Der Jäger hat es praktisch nur mit »erlegtem« Wild zu tun, wobei das Gesetz auch Fallwild, das durch äußere Gewalteinwirkung getötet wurde, also z. B. durch Verkehrsunfälle, oder das infolge einer Krankheit verendet ist, dem erlegten Wild gleichgestellt.
Es ist gesetzlich vorgeschrieben, daß das erlegte Wild unverzüglich aufgebrochen und ausgeweidet wird, Hasen und ähnliches Niederwild spätestens bei Anlieferung in den Betrieben. Es ist alsbald zu kühlen, Schalenwild ist innerhalb 24 Stunden, größeres Schalenwild innerhalb 36 Stunden auf eine Temperatur von + 7° C, Hasen und ähnliches Niederwild innerhalb 24 Stunden auf eine Temperatur von + 4° C herab zu kühlen. Haarwild in der Decke oder ungerupftes Federwild darf nicht eingefroren werden. Wildbret darf nicht mit Wildkörpern in der Decke oder ungerupftem Federwild in Berührung kommen. Für die Zerlegung und Verarbeitung (Umhüllung) des Wildbrets muß ein ausreichend großer Raum zur Verfügung stehen. Zum Reinigen des Wildbrets ist die Verwendung von Tüchern, Schwämmen oder ähnlichem verboten.
Die Gesetze legen dem Jäger darüber hinaus die Verantwortung auf, sowohl schon vor der Erlegung (beim Beobachten und Ansprechen des Wildes) als auch vor allem beim Versorgen (Aufbrechen, Ausweiden, Zerwirken, Zerlegen) von erlegtem Wild darauf zu achten, ob Merkmale vorliegen, die das Wildbret als bedenklich für den Verzehr durch den Menschen erscheinen lassen (Fleischhygiene-Verordnung (VO) und Geflügelfleischhygiene-VO). Stellt der Jäger keine solchen Merkmale fest, entfällt die Fleischuntersuchung durch einen amtlichen Tierarzt. Der Jäger darf dann entsprechend der aktuellen Fleischhygiene-VO
a) das erlegte Wild selbst verbrauchen,
b) einzelne Tierkörper von erlegtem Haarwild in der Decke unmittelbar oder auf einem Wochenmarkt an Verbraucher,
c) an nahegelegene be- und verarbeitende Betriebe zur Abgabe an Verbraucher an Ort und Stelle (Gastwirtschaften, Metzgereien, Kantinen) und
d) an Einzelhandelsbetriebe zur Abgabe an Verbraucher zur Verwendung im eigenen Haushalt abgeben.
e) Er darf ferner kleine Mengen von frischem Wildbret an einzelne natürliche Personen zum eigenen Verbrauch abgeben.

f) Bei Abgabe an einen Wildhändler sind die inneren Organe mitzuliefern, weil diese für die beim Wildhändler obligatorisch vorgeschriebene Fleischuntersuchung vorliegen müssen.

Die Fleischhygiene-VO enthält ferner Vorschriften über die Beschaffenheit und Ausstattung der Räume, in denen Fleisch, auch Wildbret gewonnen, zubereitet oder behandelt wird, und Hygienevorschriften für das Personal:

a) Fußboden, Wände, Türen und Fensterrahmen müssen so beschaffen sein, daß sie leicht zu reinigen und desinfizieren sind, es muß ein Wasserablauf vorhanden sein, ferner ausreichende Beleuchtung, Be- und Entlüftung, Ungezieferschutz, Reinigungs- und Desinfektionsgeräte, Konfiskatbehälter, Kühleinrichtung und Heißwasseranlage, schließlich »Toilettenanlagen mit Handwaschgelegenheiten, in denen die Ventile nicht von Hand zu betätigen sein dürfen … sowie mit hygienischen Mitteln zum Händetrocknen.«

b) Das Personal muß beim Behandeln und Zubereiten von Fleisch und Fleischerzeugnissen folgende Vorschriften befolgen: Sauberkeit, waschbare saubere helle Kleidung, saubere

Kühlraum für erlegtes Haarwild

helle Kopfbedeckung, Verbot der Einnahme von Speisen und des Mitbringens von Getränkebehältnissen, Rauchverbot, Fernhalten von Ungeziefer (Insekten, Nagetiere), Mikroorganismen (Bakterien und andere Krankheitserreger), Schmutz, Gerüchen, chemischen Mitteln.

Wann muß erlegtes Haarwild zur Fleischuntersuchung gebracht werden?

Fleischuntersuchung wann? + Fleischuntersuchung erforderlich – nicht erforderlich	Eigenverbrauch	Abgabe an Privatpersonen zum Eigenverbrauch	Abgabe an nehegelegene be- oder verarbeitende Betriebe in geringen Mengen (Gastronomie, Metzgerei, Kantine u. ä.)	Abgabe an den Wildhandel
Feststellungen vor dem Schuß am lebenden Wild				
a) normales Verhalten und Befinden (gesund)	–	–	–	+
b) abnormes Verhalten, schlechte Verfassung (kümmernd, krank)	+	+	+	+
Feststellungen am erlegten Wild, beim Aufbrechen				
a) keine bedenklichen Merkmale (normal, gesund)	–	–	–	+
b) bedenkliche Merkmale (krankhafte Veränderungen, auffällige Abweichungen vom Normalzustand	+	+	+	+
c) verspätet gefundenes und versorgtes Wild (aufgebläht, beginnende Verfärbung/ »Verhitzung«)	+	+	+	+
Generelle Untersuchungspflicht auf Trichinen – vgl. Seite 61	+	+	+	+

Es ist die Pflicht des Jägers, sich laufend über neue gesetzliche Vorschriften zu informieren. Das ist vor allem auch deshalb erforderlich, weil in europäischem Rahmen eine Vereinheitlichung der Vorschriften über Gewinnung und Verarbeitung von Wildbret angestrebt wird, die möglicherweise einschneidende Veränderungen für die jagdlichen Traditionen bei der Versorgung des erlegten Wildes bringen.

Verstöße gegen das Fleischhygienegesetz können als Straftat geahndet werden. So handelt z. B. strafbar, wer Fleisch, das der Fleischuntersuchung oder der Untersuchung auf Trichinen unterliegt, zum Genuß für Menschen zubereitet oder in den Verkehr bringt, bevor die vorgeschriebene Untersuchungen durchgeführt worden sind. Bereits der Versuch ist strafbar!

Bedenkliche Merkmale

Anders liegt der Fall, wenn der Jäger an dem erlegten Wild Merkmale bzw. Veränderungen feststellt, die den Verzehr des Wildbrets bedenklich erscheinen lassen. Dann muß er das Wild zur amtlichen Fleischuntersuchung anmelden, sofern es als Nahrungsmittel verwertet werden soll, wogegen der offensichtliche Verderb des Wildbrets sprechen könnte, aber auch die wirtschaftliche Überlegung, ob die Untersuchungsgebühren im Verhältnis zu dem Ertrag des Wildbretverkaufs stehen. Für die Fleischuntersuchung sind die dafür amtlich bestellten Tierärzte zuständig. Neben dem Wildkörper müssen auch die inneren Organe vorgelegt werden. Das heißt, daß der Jäger schon beim Aufbrechen darauf achten muß, die Organe sicherzustellen.

Wichtige Veränderungen am Wildkörper bzw. an Organen, die das Wildbret als für den Verzehr bedenklich erscheinen lassen:

- Abnorme Verhaltensweisen und Störungen des Allgemeinbefindens;
- Fehlen von Anzeichen äußerer Gewalteinwirkung als Todesursache (Fallwild);
- Geschwülste und Abszesse, wenn sie zahlreich oder verteilt in inneren Organen oder in der Muskulatur vorkommen;
- Schwellungen der Gelenke oder Hoden,
- Hodenvereiterung;
- Leber- oder Milzschwellung;
- Darm- oder Nabelentzündung;
- fremder Inhalt in den Körperhöhlen, insbesondere Magen- und Darminhalt oder Harn, wenn Brust- oder Bauchfell verfärbt sind;
- erhebliche Gasbildung im Magen- und Darmkanal mit Verfärbung der inneren Organe;

- erhebliche Abweichungen der Muskulatur oder der Organe in Farbe, Konsistenz oder Geruch;
- offene Knochenbrüche, soweit sie nicht unmittelbar mit dem Erlegen in Zusammenhang stehen;
- erhebliche Abmagerung oder Schwund einzelner Muskelpartien;
- frische Verklebungen oder Verwachsungen von Organen mit Brust- oder Bauchfell;
- sonstige erhebliche sinnfällige Veränderungen außer Schußverletzungen, wie z. B. stickige Reifung.

Neben Wild, das an Krankheiten leidet (siehe Wildkrankheiten, Seite 251), treffen solche Bedenken in der Praxis vor allem auf Wild zu, das nach schlechten Schüssen (besonders Weidwundschüssen), erst nach längerer Zeit aufgefunden werden kann (Nachsuche) und dann bereits aufgebläht und mehr oder weniger »anbrüchig« ist, vor allem bei warmer Witterung.

Wild, das beim Erlegen und Versorgen als unbedenklich befunden wird, kann auch noch nachträglich verderben, wenn es nicht sachgemäß transportiert und aufbewahrt wird. Wichtig sind Sorgfalt und Sauberkeit beim Aufbrechen (siehe Seite 215), gründliches Ausschweißen und anschließendes Auskühlen.

Trichinenschau

Wie schon bisher, schreibt das Fleischhygienegesetz ferner die *Untersuchung auf Trichinen* für bestimmte Wildarten vor: Das betrifft in erster Linie Schwarzwild, aber auch andere fleisch- und allesfressende Tiere, sofern sie zum Verzehr für Menschen verwendet werden sollen (ausdrücklich aufgeführt sind Bär, Fuchs, Dachs sowie als einziger vorwiegender Pflanzenfresser auch die Nutria [»Sumpfbiber«]). Die Trichinenuntersuchung muß vor der Zerlegung des Tierkörpers geschehen. Sie wird von amtlich bestellten Tierärzten oder Fleischkontrolleuren vorgenommen. Sumpfbiber können in bestimmten Schlachthöfen statt der Untersuchung auf Trichinen auch einer Kältebehandlung unter behördlicher Aufsicht unterzogen werden.

Wildkunde

Die Wildkunde betrachtet einmal die einzelne Art und das Einzeltier im Rahmen der Systematik des Tierreiches und in beschreibender Darstellung *(Zoologie)*. Sie betrachtet zum anderen die Lebensweise und das Verhalten des einzelnen Tieres und seine Beziehungen zu den Artgenossen *(Biologie)*. Schließlich betrachtet sie das Wild als Teil der gesamten Lebensgemeinschaft *(Ökosystem)* in seinen Wechselbeziehungen zu seiner Umgebung und den Umwelteinflüssen *(Ökologie)*.

Eine kurze zoologische und eine biologisch-ökologische sowie eine entwicklungs- und vererbungskundliche Einführung, der sich eine Übersicht über das zoologische System anschließt, gehen der Darstellung der einzelnen Wildarten voraus.

Zoologische Einführung – Bau des Wildkörpers

Säugetiere (Haarwild)

Der Körper des Haarwildes gliedert sich in Schädel, Rumpf und Gliedmaßen. Das Stütz- und Bewegungsgerüst bilden die Knochen (Skelett). Um diese sind Muskeln und Bindegewebe (Wildbret) gelagert. Der ganze Körper ist mit der behaarten Haut bedeckt. Die **Behaarung** besteht an den meisten Körperteilen aus zwei Schichten, der Oberschicht (Grannen, Deckhaar) und der Unterschicht (Unterwolle). Das Haar wird gewöhnlich zweimal im Jahr, im Frühjahr und im Herbst, gewechselt.

Beim **Knochenbau** des Schädels lassen sich unterscheiden die eigentlichen Schädelknochen, die die Schädelhöhle mit dem Gehirn umschließen, die Gesichtsknochen und der Unterkiefer. Die Verbindung zum Rumpf stellt die Wirbelsäule (Hals-,

Skelett eines Rehbockes als Beispiel für das Knochengerüst der Säugetiere

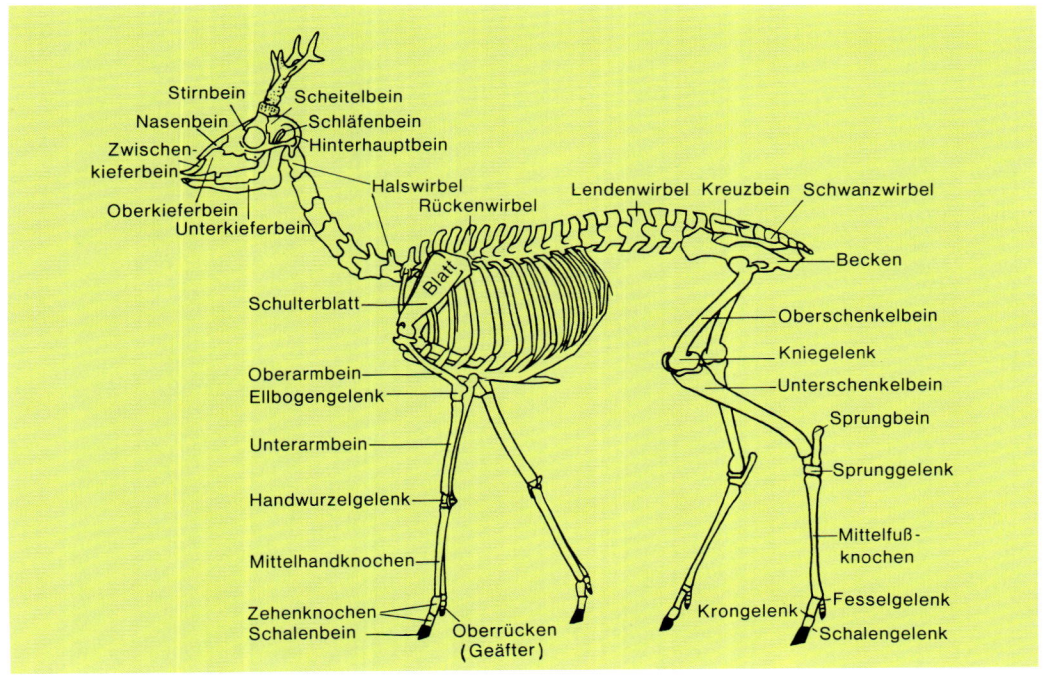

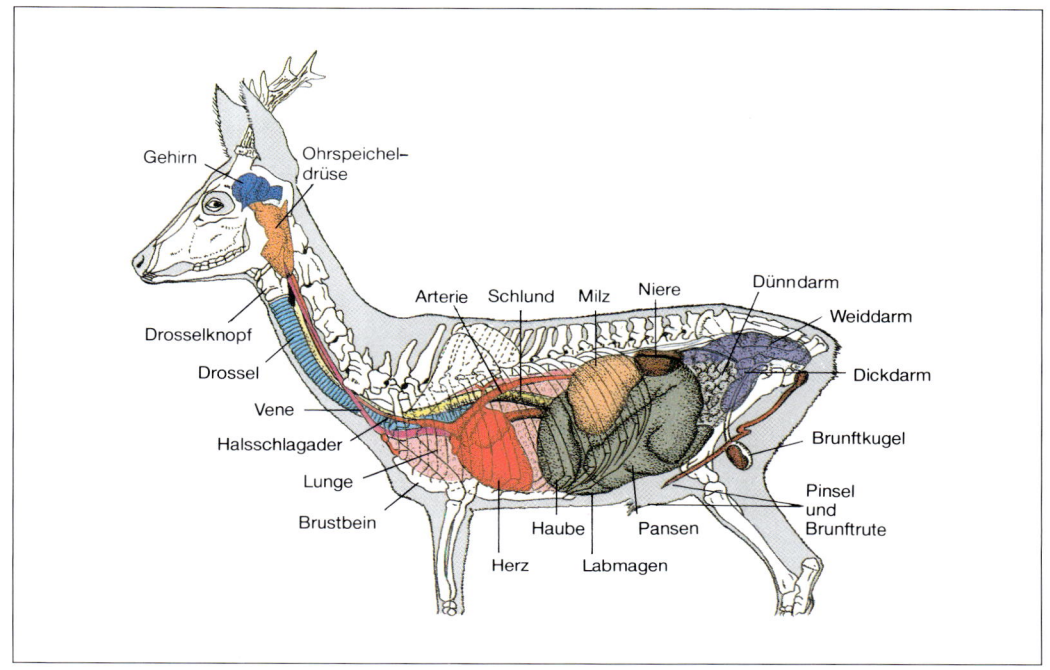

Die inneren Organe des wiederkäuenden Schalenwildes (Rehbock linksseitig)

Brust-, Lenden-, Schwanzwirbel) dar, die das Knochengerüst des Rumpfes verbindet und im Schwanz endet. Die Rumpfknochen bestehen aus dem Brustgürtel und dem Beckengürtel. Der Brustgürtel wird von den Brustwirbeln und den Rippen gebildet. Er umschließt die Brusthöhle. Der Beckengürtel wird von dem Kreuzbein und den Beckenknochen gebildet. Er umschließt die Beckenhöhle. Zwischen Brusthöhle und Beckenhöhle liegt die von der Brusthöhle durch das Zwerchfell getrennte Bauchhöhle.

Die Vorderläufe, anschließend an das Schulterblatt aus Oberarmbein und den Unterarmknochen (Elle, Speiche) bestehend, sind mit dem Rumpf durch Muskeln verbunden und durch Gelenke beweglich; sie endigen im Fuß oder in der Hand (Fußwurzel, Mittelfuß und Zehen). Die Hinterläufe, die aus Oberschenkel-, Unterschenkelbein und Fuß bestehen, sind mit dem Becken durch das Hüftgelenk verbunden.

In jagdlicher Hinsicht eine besondere Rolle spielen die **Stirnwaffen** des wiederkäuenden Schalenwildes, die wir als »Jagdtrophäen« schätzen. Sie sitzen auf knöchernen Auswüchsen des Stirnbeins (Stirnzapfen).

Zu unterscheiden sind die *Geweihe* (bei den Hirschen = *Cerviden*) und die *Hörner* (bei den Hornträgern = *Boviden*). – S. Seite 177.

Geweihe bestehen aus Knochensubstanz, ähnlich wie die Knochen des inneren Skeletts; sie werden auf dem Stirnzapfen (»Rosenstock«) jedes Jahr neu gebildet (»geschoben«) und während ihres Wachstums durch Blutgefäße in der umgebenden Haut (»Bast«) mit Aufbaustoffen versorgt. Das in den neu gebildeten Bereichen zunächst noch weiche Geweih wird durch Einlagerung von phosphorsaurem Kalk verfestigt; das fertig geschobene (»vereckte«) Geweih wird gefegt, d. h. durch Reiben und Schlagen an Zweigen vom eingetrockneten Bast befreit. Geweihe werden in der Regel nur von den männlichen Tieren getragen (Ausnahme: Rentier) und sind je nach Hirschart verschiedenartig in mehrere Sprossen oder Enden verzweigt oder teilweise zu »Schaufeln« abgeflacht. Durch Auflösen einer Knochenschicht an der Verbindung von Geweihstange und Rosenstock werden die Geweihstangen alljährlich abgeworfen (Abwurfstangen).

Hörner sind Bildungen der Außenhaut, vergleichbar mit der Hornsubstanz der Haare und der Hufe (Schalen). Sie wachsen »tütenförmig« über den knöchernen Stirnzapfen und werden nicht abgeworfen. Vielmehr bildet sich jährlich eine neue

Hornschicht von der Basis her, wodurch der »Hornschlauch« immer höher über den Stirnzapfen geschoben wird. Das Hauptwachstum erfolgt in den ersten 4–5 Lebensjahren, danach ist der jährliche Zuwachs nur noch gering. Bei den meisten Hornträgern haben auch die weiblichen Tiere Hörner, oft jedoch schwächere als die männlichen. Die Hornschläuche sind nicht verzweigt, aber je nach Art verschieden gekrümmt oder gewunden (z. B. Gamskrucken, Schnecken der Muffelwidder, Gehörn der Steinböcke).

Bei den **inneren Organen** unterscheidet man die der Atmung (Kehlkopf, Luftröhre, Lunge), der Verdauung (Rachenhöhle, Schlund, Magen, Darm mit Leber und anderen Drüsen), ferner die Harnorgane (Nieren, Harnblase, Harnröhre), die Geschlechtsorgane (Hoden, Glied bzw. Scheide, zwei Eierstöcke, Gebärmutter, Gesäuge), die Organe des Blutkreislaufes (Herz, Blut- und Lymphgefäße, Leber und Milz) und die Organe des Nervensystems (Gehirn, Rückenmark, Nerven). Herz und Lunge liegen vor dem Zwerchfell in der Brusthöh-

le; die übrigen inneren Organe (ohne Gehirn und Rückenmark) liegen in der Bauch- und Beckenhöhle.

Atmung – Die Luft kommt durch die Nasen- bzw. Rachenhöhle, den Kehlkopf und die Luftröhre in die beiden Lungenflügel. Hier wird ihr der Sauerstoff entzogen und dem Blut zugeführt. Bei der Ausatmung werden die dem Blut entnommenen Ausscheidungsstoffe, insbesondere Kohlensäure, soweit sie gasförmig sind, wieder weggeführt. Mit den Atmungsorganen ist der Stimmerzeugungsapparat verbunden.

Blutkreislauf – Das Herz pumpt aus der linken Herzkammer sauerstoffreiches, scharlachrotes Blut durch die Schlagadern (Arterien) in den Kreislauf des Körpers (Pulsschlag); verbrauchtes, sauerstoffarmes, dunkelrotes Blut strömt langsam, ohne Pulsschlag durch die Hohladern (Venen) zur rechten Herzkammer zurück (großer Kreislauf). Von hier wird es durch die Lungenarterien zu den Lungen geführt, wo es Kohlensäure abgibt und Sauerstoff aufnimmt und sodann durch die Lungenvenen in die linke Herzkammer gelangt (kleiner Kreislauf).

Verdauung – Die durch den Rachen aufgenommene Nahrung wird mit den Zähnen zerkleinert und dabei mit Speichel vermengt. Danach wird sie über den Schlund (Speiseröhre) zum Magen abgeschluckt und dort durch den Saft der Magendrüsen (Labdrüsen) teilweise aufgeschlossen. Von hier gelangt sie durch den Pförtner portionsweise in den Dünndarm. Dort wird sie durch Enzyme der Bauchspeicheldrüse und der Leber (einschließlich der Galle, soweit vorhanden) weiter zersetzt. Die so frei gewordenen Nährstoffe werden durch die Darmwände hindurch mit Hilfe der Darmzotten dem Blut und der Lymphe zugeführt. Sie werden dort zum Aufbau und Ersatz von Körperzellen verwandt.

Bei den *Wiederkäuern* (s. Seite 77) sind vor dem eigentlichen Magen (Labmagen) noch drei Vormägen entwickelt: Pansen, Haube (= Netzmagen) und Psalter (= Blättermagen). Diese Vormägen sind drüsenlos als Ausstülpungen der Speiseröhre gebildet worden, während Drüsen nur der Labmagen enthält. Die Nahrung wird zunächst in Pansen und Haube aufgeweicht und vorgegoren; Bakterien und Einzeller zersetzen die pflanzliche Zellulose. Nun wird sie erneut zum Rachen hochgewürgt, ein zweites Mal durchgekaut (wiederkauen) und danach direkt über eine Schlundrinne zum Psalter abgeschluckt. Hier wird ihr Wasser entzogen, und daraufhin gelangt sie schließlich in den Labmagen. Von hier geht sie (wie bei den Nicht-

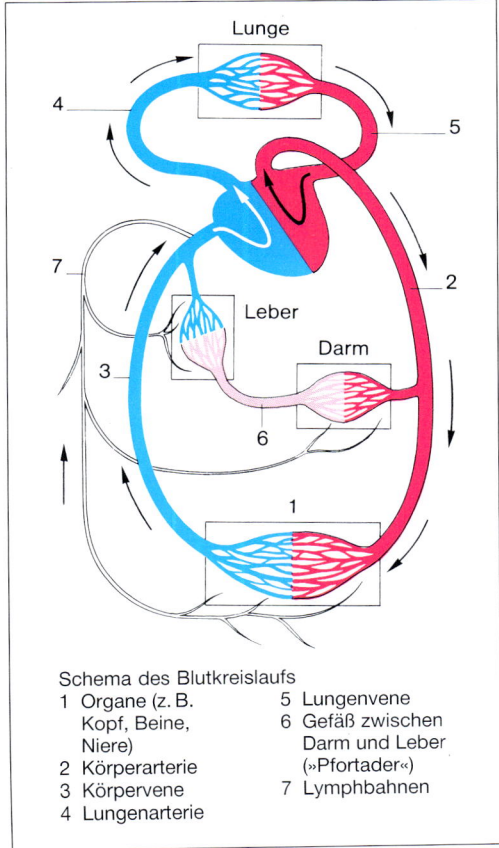

Schema des Blutkreislaufs
1 Organe (z. B. Kopf, Beine, Niere)
2 Körperarterie
3 Körpervene
4 Lungenarterie
5 Lungenvene
6 Gefäß zwischen Darm und Leber (»Pfortader«)
7 Lymphbahnen

Lunge
4
5
7
2
Leber
3
Darm
6
1

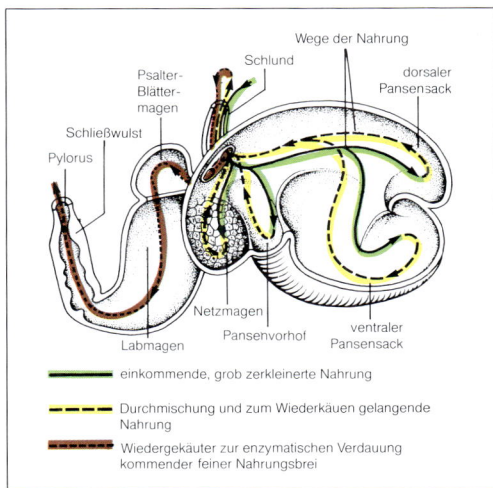

Wege der Nahrung
Schlund
Psalter-Blätter-magen
dorsaler Pansensack
Schließwulst
Pylorus
Netzmagen
Labmagen
Pansenvorhof
ventraler Pansensack

— einkommende, grob zerkleinerte Nahrung

- - - Durchmischung und zum Wiederkäuen gelangende Nahrung

••• Wiedergekäuter zur enzymatischen Verdauung kommender feiner Nahrungsbrei

Wiederkäuer-Magen

wiederkäuern mit einfachem Magen) durch den Pförtner in den Dünndarm (s. oben).

Im Blinddarm mancher, nichtwiederkauender *Pflanzenfresser* (v. a. bei Hasen, Kaninchen und Nagetieren) besorgen Bakterien und Einzeller einen weiteren Abbau der Zellulosestoffe. Daher ist der nun ausgeschiedene Kot sehr nährstoffreich und wird zum Teil erneut aufgenommen. So passiert er den Darm ein zweites Mal, wobei die nun noch besser gelösten Nährstoffe nahezu vollständig in das Blut übergeführt werden können. Unverdauliche Haare und Fasern können im Magen mancher Wiederkäuer zu Magensteinen (Bezoar) verklumpen.

Gebiß – Der einzelne *Zahn* besteht in der Hauptmasse aus dem Zahnbein (Dentin), in dessen Innerem ein Hohlraum, die Zahnhöhle (Pulpa) liegt. Der aus dem Kiefer in den Rachen herausragende Teil des Zahnes ist die Krone; sie ist mit dem sehr harten Zahnschmelz (= Porzellanschicht) überzogen. Der Zahn ist mit seiner Wurzel im Kiefer verankert; diese ist mit Zahnzement überzogen. Die Zahnwurzel setzt sich in den Zahnhals fort, der vom Zahnfleisch umfaßt ist. Auf dem Zahnhals sitzt die Krone (vgl. Abb. S. 90).

Das erste (oder Milch-)Gebiß wird während der Jugendentwicklung durch das Dauergebiß ersetzt (Zahnwechsel). Zähne mit Wurzeln schließen mit ihrer Ausbildung das Wachstum ab; Zähne ohne Wurzeln (Schneidezähne der Hasen und Nager sowie Eckzähne der Schweine) wachsen laufend nach. Die Zahnkrone weist meistens Höcker oder Leisten auf, die mit fortschreitendem Alter abgenutzt werden.

Das *Gebiß* besteht aus Schneidezähnen (Incisivi = I), Eckzähnen (Canini = C), vorderen Backenzähnen (Prämolaren = P) und hinteren Backenzähnen (Molaren = M).

Das Gebiß der Säugetiere ist ein wichtiges systematisches Merkmal, an dem die einzelnen Tierarten zu unterscheiden sind. In Anpassung an die Ernährungsweise haben sich die Gebisse im Lauf der stammesgeschichtlichen Entwicklung verändert: Mit zunehmender Spezialisierung hat die Zahl der Zähne abgenommen (vergleiche z. B. Allesfresser-Gebiß des Wildschweins, das noch die vollständige Anzahl von Zähnen aufweist, mit dem Gebiß eines hochspezialisierten Pflanzenfressers – z. B. Murmeltier – oder Fleischfressers – z. B. Luchs –, bei dem die Zahl der Zähne stark verringert ist); auch die Form einzelner Zähne hat sich der Ernährungsweise angepaßt (z. B. Nagezähne der Hasen und Nager, Fangzähne der Raubtiere, Mahlzähne der Wiederkäuer), ebenso ist das Fehlen bestimmter Zähne kennzeichnend (z. B. Fehlen der oberen Schneidezähne und meist auch der Eckzähne bei den Wiederkäuern; Fehlen der Eckzähne bei Hasen und Nagern).

Die Art des Gebisses wird durch die *Zahnformel* angegeben. Dabei wird die jeweilige Zahl der Zähne, in der Reihenfolge Schneide-, Eck-, vordere und hintere Backenzähne, aufgeführt, und zwar über dem Strich für den Oberkiefer, darunter für den Unterkiefer. Da die beiden Hälften des Ober- und Unterkiefers spiegelbildlich gleich sind, genügt die Angabe je einer Hälfte.

Als Beispiel für das vollständige Säugetiergebiß die Zahnformel des Wildschweins:

$$\frac{3\ 1\ 4\ 3}{3\ 1\ 4\ 3}\ (\times\ 2 = 44\ \text{Zähne})$$

Beispiele für höher spezialisierte Gebisse:

Reh (Wiederkäuer) $\dfrac{0\ 0\ 3\ 3}{3\ 1\ 3\ 3}\ (\times\ 2 = 32\ \text{Zähne})$

Luchs (Raubtier) $\dfrac{3\ 1\ 2\ 1}{3\ 1\ 2\ 1}\ (\times\ 2 = 28\ \text{Zähne})$

Murmeltier (Nager) $\dfrac{1\ 0\ 2\ 3}{1\ 0\ 1\ 3}\ (\times\ 2 = 22\ \text{Zähne})$

Die Backenzähne der *Wiederkäuer* zeichnen sich dadurch aus, daß ihre Kronen durch Schmelzfalten oder Schmelzschlingen (bei den Prämolaren) und durch breite Schmelztaschen, Kunden genannt (bei den Molaren), geriffelt sind. Zwischen der Zahnwand, die aus Schmelz besteht, und den Schmelzfalten und Kunden befindet sich Zahnbein (Den-

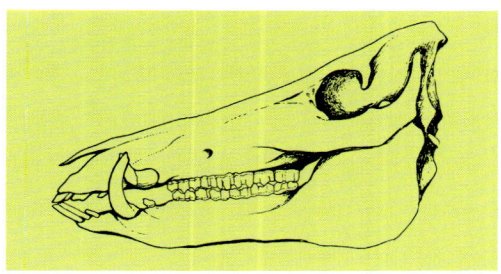
Schwarzwildschädel (Keiler)

tin). Die zungenwärts gelegene Kaufläche heißt Kaurand. Die Schmelzschlingen und Kunden sind im oberen Kronenteil am stärksten ausgebildet und werden wurzelwärts dünner. Durch Abnutzen der Zähne beim Kauen werden daher die Schmelzschlingen und Kunden zunehmend schmäler, während das Zahnbein einen immer breiter werdenden Teil einnimmt. Dieses färbt sich durch die Äsungssäfte dunkel; man nennt es bei den Prämolaren Dentinband, bei den Molaren (und zwar beim Kaurand) Kauranddentin. Aus dem Grad des Abschleifens kann man auf das Alter schließen. Außerdem kann man aus schichtweisen Ablagerungen in der Zahnhöhle der mittleren Schneidezähne, die durch Aufschleifen mit Schmirgelscheiben sichtbar werden, auf das Alter schließen [Prof. EIDMANN]. Ebenso lassen sich aus schichtweisen Ablagerungen am Zahnzement von Backenzähnen Schlüsse auf das Alter ziehen [MITCHEL].

Stoffwechsel – Er umfaßt die Vorgänge der Stoffaufnahme, -umsetzung und -abgabe. Dazu gehört die Fähigkeit, körperfremde Stoffe, also Nährstoffe (Eiweiß, Stärke, Mineralien) und Luft, aufzunehmen, abzubauen und zu körpereigenen Stoffen umzusetzen. Blut, Lymphe und Gewebesäfte bringen diese Stoffe zu den Orten des Bedarfs, wo sie zum Aufbau und Ersatz verwendet werden. Zerfallstoffe werden gleichzeitig weggeführt. Sie werden in den Nieren als Harn abgesondert; die unverdauten festen Stoffe gehen durch den Darm ab. Verbrauchte Luft wird durch die Lunge ausgeschieden.

Harnleitung – Die in der Bauchhöhle zu beiden Seiten der Wirbelsäule liegenden Nieren sondern den Harn ab, der sich zunächst im Nierenbecken sammelt, von hier wird er in die Harnblase geleitet und durch die Harnröhre ausgeschieden.

Fortpflanzung – Sie wird durch die Begattung eingeleitet. Eine männliche Samenzelle befruchtet die weibliche Eizelle. Diese entwickelt sich in der Gebärmutter (dem Tragsack) zum Embryo. Er steht mit der Wandung der Gebärmutter durch den Mutterkuchen (Placenta) in Verbindung und über den Nabelstrang ernährt. Bei der Geburt platzen die Hüllen des Embryos; sie werden mit dem Mutterkuchen als Nachgeburt abgestoßen. Das Junge kommt lebend zur Welt. Es wird anfangs mit Muttermilch gesäugt.

Fortbewegung – Ähnlich wie sich das Gebiß an die Ernährung angepaßt hat, haben die Gliedmaßen in Anpassung an die Fortbewegung typische Merkmale entwickelt.

Am ursprünglichsten sind die Verhältnisse bei den *»Sohlengängern«:* Alle (ursprünglich 5) Finger und Zehen sowie Mittelfuß- und Mittelhandknochen berühren den Boden. Das ist der Fall bei Dachs, Waschbär und Bär, auch bei vielen Nagetieren (sowie auch bei den Primaten, also Affen und Mensch!).

Die fortschreitende Spezialisierung in Richtung auf schnelleres Laufen drückt sich aus in einer Abnahme der Zehenzahl, einer Verschmelzung und Streckung der Mittelfußknochen, so daß nur noch die Zehen den Boden berühren. Solche *»Zehengänger«* sind die meisten Raubtiere; sie haben meist nur noch 4 Zehen. Die Hasen sind mit den Vorderläufen Zehen-, mit den Hinterläufen Sohlengänger.

Am weitesten fortgeschritten ist die Spezialisierung bei den Huftieren: Sie laufen als *Zehenspitzengänger* nur noch auf den Zehenspitzen. Die Zahl ihrer Zehen ist auf 2 oder 4 bei den Paarhufern verringert; bei den Unpaarhufern sind es 1 oder 3 Zehen. Die Mittelfußknochen sind zum »Lauf« verschmolzen und lang gestreckt, dementsprechend ist das ursprüngliche Knie- bzw. Ellenbogengelenk weit nach oben zum Körper hin verschoben. Alle unsere Schalenwildarten gehören zu den Paarhufern. Bei ihnen sehen wir neben den beiden Schalen der Hauptzehen noch die »Geäfter« als rückgebildete Nebenzehen.

Andere Anpassungen sind die Ausbildung von Greifhänden (Nagetiere, Waschbär), von einziehbaren Krallen (Katzen), von Schwimmhäuten (Fischotter). Eine besonders weitgehende Anpassung an das Leben im Wasser haben die Robben entwickelt; ihre Gliedmaßen haben sich zu Schwimmflossen umgebildet.

Bei den Landsäugetieren unterscheiden wir drei *Gangarten:* das ruhige Schreiten (beim Schalenwild: *Ziehen*, beim Niederwild: *Laufen*); den beschleunigten *Trab* oder *Troll* und das galoppierende *Flüchten*. – Beim Ziehen und Trollen werden ein Vorderlauf und der Hinterlauf der Gegenseite fast gleichzeitig nach vorn bewegt (Wechselgang); beim Flüchten werden jeweils beide Vorder- und Hinterläufe gleichzeitig bewegt, wobei die Hinterläufe meist über die aufgesetzten Vorderläufe vorgreifen (siehe auch die Hasenspur, Seite 192/193).

Vögel (Federwild)

Vögel unterscheiden sich von den Säugern durch das Federkleid; außerdem im Bau des Knochengerüstes, in den Organen der Nahrungsaufnahme und Verdauung sowie in der Fortpflanzung.

Knochengerüst – Es zeigt eine Reihe von Einrichtungen, die eine fliegende Bewegung ermöglichen. Die Knochen enthalten zur Gewichtsersparnis zahlreiche, mit Luft gefüllte Zwischenräume. Von der Lunge ausgehende, in die Brust- und Bauchhöhle reichende Luftsäcke erleichtern das Atmen während des Fluges. Das Brustbein hat einen hohen Kamm, der zum Ansatz der kräftigen Brustmuskeln dient. Die Vordergliedmaßen sind zu Flügeln umgewandelt. Bei den Hintergliedmaßen ist das Wadenbein verkümmert. Das Kniegelenk liegt sehr hoch und ist unter den Federn verdeckt. Fußwurzel und Mittelfuß sind zum Lauf verschmolzen. Die gegliederten Zehen (meist 4) sind zum Greifen und Festhalten eingerichtet und bei Wasservögeln mit Schwimmhäuten versehen.

Federkleid – Man unterscheidet Groß- und Kleingefieder. Das Großgefieder besteht aus den großen, kräftigen Federn, die den Flug ermöglichen: aus den Schwungfedern (Hand- und Armschwingen) an den Flügeln (Schwingen) und aus den Schwanzfedern (Stoß). Die übrigen den Körper bedeckenden Federn gehören zum Kleingefieder. Dem Haarwechsel der Säugetiere entspricht der (artenweise und zeitlich verschiedene) Federwech-

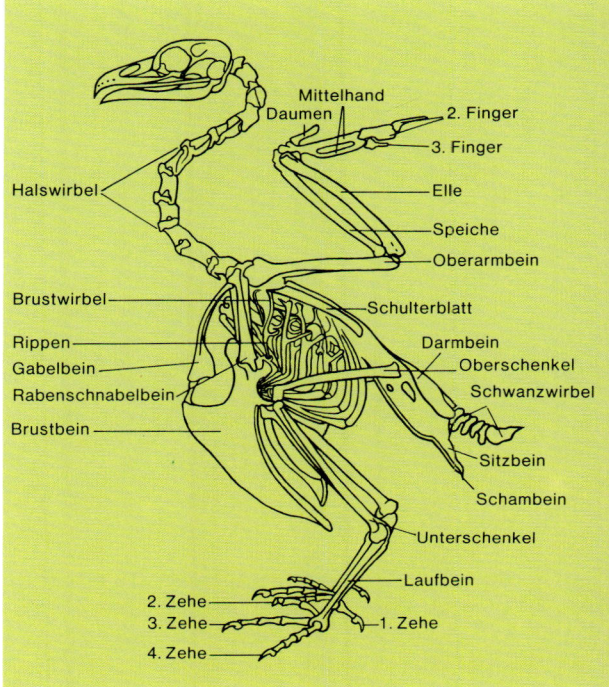

Skelett eines Auerhahns als Beispiel für das Knochengerüst der Vögel

sel (Mauser) der Vögel. Die Färbung der Federn kommt zum Teil durch eingelagerte Farbstoffe, zum Teil durch Lichtbrechung an besonderen Federstrukturen (Schillerfarben) zustande.

Nahrungsaufnahme – Dazu dient der hornige Schnabel, der aus Ober- und Unterschnabel besteht. Die Speiseröhre weist bei den meisten Vögeln eine sackartige Erweiterung – den Kropf – auf, die der Aufnahme und Vorverdauung der Nahrung dient. Magen- und Darmkanal sind einfacher als bei den Säugetieren; Blinddärme meist mehr ausgeprägt. Die Harnblase und das Zwerchfell fehlen. Harn, Kot und Geschlechtsprodukte werden über einen gemeinsamen Ausführgang, die *Kloake*, entleert.

Fortpflanzung – Die Vögel besitzen nur innere Geschlechtsorgane. Die Männchen der Gänse- und Entenartigen haben jedoch einen Penis. Die Hoden liegen in der Bauchhöhle am unteren Ende der Niere. Es ist nur ein Eierstock vorhanden. Es werden sowohl die befruchteten als auch die unbefruchteten Eizellen zu Eiern (mit Schale und einem großen Dottervorrat) entwickelt, abgelegt und in einem Nest bebrütet. Durch die Brutwärme entwickelt sich

Körperbezeichnungen beim Vogel

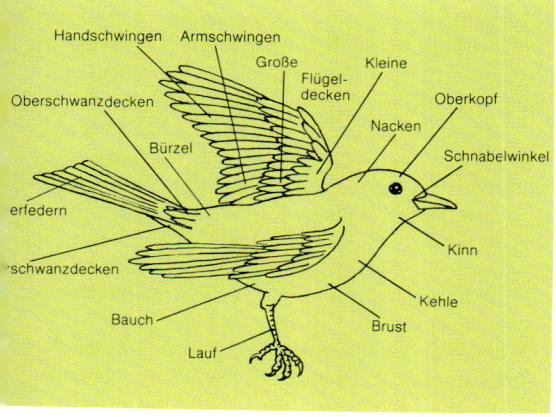

im befruchteten Ei der durch das Dotter ernährte Embryo. Aus dem Ei schlüpfen lebende Junge, die entweder als Nesthocker zuerst geatzt werden, bevor sie flügge sind und sich selbst ernähren können, oder die als Nestflüchter nach dem Schlüpfen selbst ihrer Nahrung nachgehen können.

Fortbewegung – Die Vögel sind Zehengänger. Sie kennen nur ein Schreiten, wobei ein Bein vor das andere gesetzt wird; kleinere Vögel hüpfen, indem sie sich mit beiden Beinen gleichzeitig abstoßen. Eigentümlich ist, daß die Vögel länger auf einem Bein stehen können; dies ist durch einen besonderen Gelenk- und Muskelmechanismus ermöglicht. In Anpassung an verschiedene Arten der Fortbewegung und der Nahrungsaufnahme haben sich besondere Fußformen entwickelt: so die kräftigen Lauf- und Scharrfüße der Hühnervögel, Schwimmlappen und Schwimmhäute an den Zehen bei Wasservögeln; lange »Stelzbeine« bei Reihern und Störchen; scharf bewehrte »Fänge« bei Greifvögeln und Eulen usw.

Das gleiche gilt für das hauptsächliche Fortbewegungsorgan der Vögel, die Flügel (Schwingen): Größe und Proportionen der Schwingen sind verschieden, je nachdem es sich um wenig wendige Kurzstreckenflieger handelt (z. B. Hühnervögel), um Vögel, die in dicht bewachsenem Gelände schnell und wendig fliegen (z. B. Eichelhäher, Sperber), um Segelflieger (z. B. Geier, Bussarde, Milane), um ausdauernde Langstreckenflieger (z. B. Kraniche, Wildgänse) oder um besonders schnelle »Jagdflieger« wie die Falken. Besonders schwere Vögel (Großtrappe, Höckerschwan) können nur mit »Anlauf« auffliegen; hochspezialisierte Schwimmvögel benutzen teilweise die Schwingen auch zur Fortbewegung beim Tauchschwimmen (Taucher).

Biologische und ökologische Einführung

Verhalten

Um das Wild verständnisvoll hegen zu können, soll der Jäger das Leben der Tiere, wie es sich im Tages- und Jahresablauf abspielt, sorgfältig beobachten. Wir finden gesellig lebende Tiere und solche, die einzeln leben. Die Muttertiere leben mit ihren Jungen zusammen, etwa bis diese geschlechtsreif werden (z. B. das Alttier mit dem Kalb); oft tun sich einige Muttertiere mit ihren Jungen zusammen; das beobachten wir vielfach beim Schwarzwild. Manche Tiere, die etwa zur Sommerzeit kaum in einem geselligen Verband leben (das Rehwild), vereinigen sich im Winter zu Verbänden (Sprüngen, Rudeln). Im allgemeinen sondern sich die erwachsenen männlichen Tiere von den übrigen Artgenossen ab, zu denen sie nur während der Paarungszeit hinzutreten.

Die Jungen der Huftiere können kurze Zeit nach der Geburt auf den Läufen stehen und bald laufen (»Laufjunge«). Unbeholfen sind dagegen die Jungen der Raubtiere (»Nestjunge«). Die Jungen der Pflanzenfresser brauchen keine Anleitung, welche Pflanzen sie äsen können; Raubtiere leiten ihre Jungen an, wie sie die Beute fangen und reißen müssen.

Die Nestflüchter unter den Vögeln können, kaum dem Ei entschlüpft, munter umherlaufen und erste Nahrung selbst aufnehmen (Hühnervögel, Enten). Die Nesthocker sind wochenlang im Nest auf die Atzung der Eltern angewiesen (z. B. Singvögel, Tauben, Greifvögel).

Das Verhalten von Wildtieren hat in den letzten Jahrzehnten eine ungewöhnlich weite wissenschaftliche Erkundung erhalten. Dazu haben alte Erfahrungen der Jäger ihren Teil beigetragen, wie z. B. Beobachtungen über das Markieren und Einstandserobern, das Drohverhalten und Imponieren, das Kampfverhalten, das Paarungsverhalten, das Spielen und die Mutter-Kind-Beziehungen, ferner die soziale Schichtung und Umstellung.

Paarbindung und Jungenfürsorge – Bei den meisten Säugetieren unter unserem Wild besteht keine eheliche Bindung. Die Vatertiere kümmern sich auch nicht um die Führung der Jungen. Bei den Vögeln kennen wir Bindung für das Leben (z. B. bei den Gänsen) neben »Jahresehen« (z. B. bei den Tauben) und völliger Ehelosigkeit (z. B. beim Auerwild). Aufmerksam führt der Rebhahn mit der Henne das Volk, während sich der Birkhahn nach der Balz um Gelege und Junge nicht kümmert.

Lebensraum und Standorttreue – Jedes einzelne Tier und jeder Verband hat seinen Lebensraum. Er ist in der Regel bei größeren Tieren größer als bei kleineren, aber doch auch artgebunden. Die einen sind innerhalb ihres Lebensraumes sehr standorttreu (z. B. der Hase), andere leben sehr weiträumig (z. B. das Schwarzwild, das sich heute hier, morgen 10 km entfernt einschiebt). Manche Tiere (z. B. Rehwild) beanspruchen zeitweilig oder dauernd einen bestimmten Wohnbereich (Revier, Territorium), der gegen Artgenossen abgegrenzt (markiert) und verteidigt wird. Viele Vögel zeigen solches Territorialverhalten besonders zur Brutzeit.

Innerartliche Verständigung – Die Tiere verständigen sich durch Lautäußerungen der verschiedensten Art (z. B. das Fiepen der Kitze nach der Ricke, der Warnlaut des Eichelhähers, der Schrecklaut des Rehes), aber auch Gebärden (das Aufwerfen eines Alttieres veranlaßt die anderen Rudelgenossen zum Sichern; Balz-, Imponier- und Drohverhalten verschiedener Art) oder durch Gerüche (Duftdrüsen). Besondere Sinnesleistungen und Verhaltensweisen stehen im Dienst des Nahrungserwerbs, andere dienen dem Schutz vor Feinden (Feindvermeidung). Einen großen Teil der Zeit verbringen Wildtiere mit der Körperpflege (Lekken, Putzen, Ordnen von Haarkleid oder Gefieder), wobei gesellig lebende Tiere häufig soziale Körperpflege (gegenseitiges Belecken usw.) betreiben.

Instinkte und erlernte Reaktionen – Die Tiere reagieren auf gewisse Ereignisse automatisch, wir sagen instinktmäßig (z. B. das Auffressen der Nachgeburt durch das Muttertier). Auf andere Reize reagieren sie unterschiedlich, vielleicht von einer gewissen Erfahrung beeinflußt (z. B. drückt sich der Fuchs einmal, wenn die Treiber nahen, ein andermal flüchtet er, kaum daß er beunruhigt wurde). Bei manchen hochentwickelten Tieren hat es den Anschein, als würden sie überlegen und dann zweckmäßig handeln können; man darf solche Reaktion jedoch nicht mit menschlichen Maßstäben messen.

Anpassungsfähigkeit – Manche Tiere haben die Fähigkeit, sich an die Veränderung der Natur und an die Wirtschaft des Menschen leichter anzupas-

Feldhasen zeigen ein sehr auffälliges Paarungsverhalten.

sen, andere vermögen das weniger und weichen zurück. Das hängt davon ab, ob die betreffende Tierart vielseitig anpassungsfähig ist (und so vielleicht von den durch den Menschen veränderten Lebensbedingungen sogar profitiert) oder ob sie ganz bestimmte, enge Ansprüche an ihre Lebensbedingungen stellt. (Die früher gebrauchte Unterscheidung zwischen »Kulturfolgern« und »Kulturflüchtern« wird den komplizierten Zusammenhängen nicht gerecht.)

In der Vogelwelt ist der *Vogelzug* eine besonders auffällige Verhaltensweise. Von ihm zu unterscheiden ist das bloße Ausweichen der Vögel etwa vor den Unbilden des Winters oder auch andere jahreszeitliche Standortwechsel (z. B. »Mauserquartiere« der Enten). Ein Teil unserer Vögel (besonders die Insektenfresser) verläßt jedes Jahr zu Beginn des Herbstes die Brutgebiete, um in südliche Länder, bis nach Mittelafrika, zu ziehen. Von dort kehren sie im Frühjahr zurück, um zu brüten und die Jungen großzuziehen. Der Zugtrieb ist ihnen instinktmäßig derart angeboren, daß bei manchen (z. B. dem Kranich) die Jungen vor den Erwachsenen die Sommerplätze verlassen. Wir beobachten aber auch, daß in milden Wintern einzelne Vögel mancher Arten hier bleiben (z. B. die sog. Lagerschnepfen).

Alle diese Erscheinungen sind für den Jäger besonders beachtenswert: einmal weil er damit ein besseres Bild vom Wesen des ihm anvertrauten Wildes bekommt, zum anderen, weil er für Hege und Jagd manchen Fingerzeig erhält und schließlich, weil ihm damit das Erleben der Natur vertieft wird.

Umwelt und Lebensgemeinschaft

Die Lebensbedürfnisse des Wildes (als Grundlage für seine Hege) werden erst verständlich, wenn wir nicht nur wissen, wie das Einzeltier lebt, sondern wenn wir das Wild in seinen Wechselbeziehungen zur gesamten (belebten und unbelebten) Umwelt betrachten, in die es eingefügt ist.

Wenn man unter Lebensraum die Geländefläche versteht, die ein Tier im Laufe seines Lebens einnimmt, unter Jahresbezirk die Fläche, die es im Laufe eines Jahres, und unter Tagesrevier die, die es im Laufe eines Tages einnimmt, dann mögen die Angaben in folgender Tabelle (bei denen es sich um ungefähre Durchschnittswerte handelt) zu einer Vorstellung von den Wohnräumen verhelfen. Dabei gilt die Regel, daß bei verwandschaftlich einander nahestehenden Wildarten die Größe des beanspruchten Lebensraumes mit der Größe der betreffenden Tierarten zunimmt. Die größten Flächen werden von den größten Raubwildarten und Greifvögeln beansprucht.

Art	Tages- revier in ha	Jahres- bezirk in ha	Lebens- raum in ha
Feldhase	5	70	200
Rehwild	20	200	600
Rotwild	50	500	1 500
Fuchs	–	500	–
Rebhuhn	5	40	–
Fasan	5	60	–
Habicht	–	4 000	–
Steinadler	–	12 000	–

Kein Tier lebt allein für sich in seinem Lebensraum, es teilt ihn mit einer Anzahl von Lebewesen der verschiedensten Art, nicht nur tierischer, sondern auch pflanzlicher Natur. Letztere wiederum sind an ihre Begleitpflanzen, mit ihnen an Boden und Klima gebunden. Diese Gesamtheit nennt man ökologisches Beziehungsgefüge (Ökosystem), in das auch der Mensch eingebunden ist. Die Beziehungen der verschiedenen Tierarten zueinander können von gleichgültiger, abhängiger, feindlicher oder vorteilhafter Art sein. Man kann sagen, daß sich alles in irgendeiner Beziehung zu-

einander befindet, eine Lebensgemeinschaft darstellt. Diese versucht sich durch gegenseitige Beeinflussung auf ein gleitendes biologisches Gleichgewicht einzupendeln (z. B. Rückgang der Jungenzahl bei Nachlassen der Nahrung und umgekehrt). In Kulturlandschaften sind die natürlichen Wechselwirkungen in vielfacher Hinsicht durch den Menschen beeinflußt, verändert und gestört. Die Erhaltung der Lebensvielfalt setzt daher bei Eingriffen (wie z. B. auch bei der Jagdnutzung) entsprechende Rücksicht voraus, bedingt aber z. T. auch regulierende Eingriffe und Pflegemaßnahmen.

Manche Tiere kommen nur in ganz bestimmten Lebensräumen (Biotopen) vor (z. B. das Murmeltier im Hochgebirge; die Eiderente an der Meeresküste), während andere in den verschiedensten Landschaften vorkommen (z. B. Reh, Feldhase, Stockente). Es gibt wärmeliebende und kälteliebende Arten. Innerhalb der gleichen Art (z. B. Rothirsch) besitzen die Tiere der kälteren Klimaregion (z. B. Osteuropa) ein höheres Gewicht als die der wärmeren (z. B. Spanien). Die einen überstehen die kalte Jahreszeit infolge erhöhter Widerstandskraft durch Anlegen einer Feistschicht oder durch dichteres Haar- oder Federkleid, einige wenige durch Winterruhe bei zeitweise verminderter Aktivität (z. B. Dachs) oder durch ausgesprochenen Winterschlaf in sicheren Verstecken (Murmeltier).

Je günstiger und vielfältiger die Lebensbedingungen eines Biotops sind (z. B. Auwälder), desto mehr Arten leben dort. Je eintöniger die Lebensbedingungen eines Biotops sind, desto artenärmer ist er (z. B. Sand- und Dünenflächen), desto größer ist aber vielfach der Bestand einzelner Arten (z. B. Wildkaninchen). So ist auch der Urwald reich an Arten, weil er vielseitige Lebensbedingungen bietet; die einzelne Art jedoch ist jeweils in geringer Dichte vorhanden, weil zahlreiche Arten miteinander konkurrieren. In weniger ausgeglichenen Biotopen, zum Beispiel in Forsten mit nur einer Baumart oder auf intensiv bewirtschafteten Agrargroßflächen verringert sich die Artenvielfalt schlagartig. Hier können sich einzelne, robuste Wildarten stark vermehren, sofern sie künstlich gefördert werden, z. B. durch Fütterung.

Bestandsentwicklungen

Auf einer begrenzten Fläche kann nur eine gewisse Zahl von Einzeltieren gedeihen; diese Zahl hängt nicht allein von der Nahrung ab. Bei erhöhtem Bestand nehmen Körpergröße, Gewicht und auch

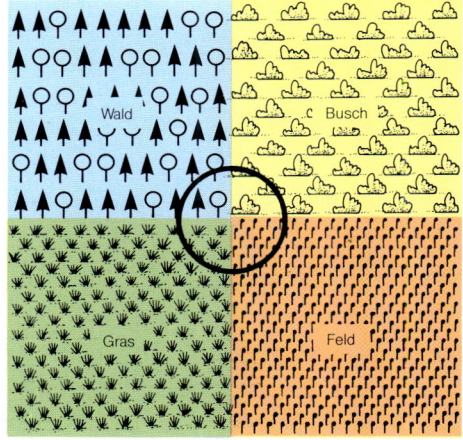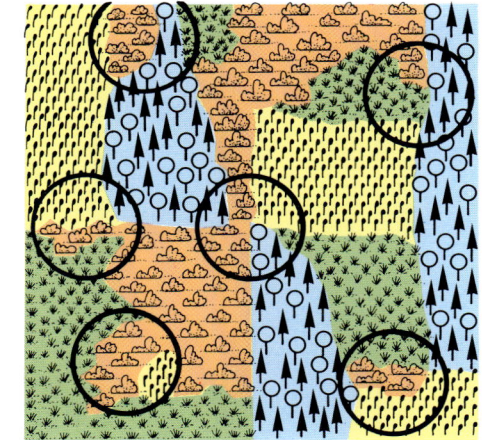

Schematische Erläuterung der Grenzlinienwirkung: Wildtiere mit begrenztem Aktionsradius (schwarzer Kreis), die jedoch sehr verschiedenartige Biotopelemente zur Befriedigung ihrer täglichen Bedürfnisse benötigen, finden in einer Landschaft mit feinerem Verteilungsmuster der verschiedenen Requisiten (auf gleicher Grundfläche) Siedlungsmöglichkeiten in größerer Zahl (nach Leopold aus Gossow, verändert).

die Jungenzahl ab. Jagdlich heißt dies, daß man durch zusätzliche Fütterung die Bestandsdichte nicht beliebig vermehren, sondern nur innerhalb bestimmter Grenzen ausgleichen kann. Diese fallen allerdings je nach Wildart äußerst unterschiedlich aus. Bei vorwiegend einzeln lebenden Tieren (z. B. Hase und Rehwild im Sommerhalbjahr) sind diese Grenzen enger gesteckt als bei in Rudeln lebenden Arten (z. B. Rot- und Damwild). Bei letzteren lassen sich durch massive Fütterung extreme Dichten erreichen. Diese führen zu einer starken Verarmung der Waldflora bis hin zur Ausrottung der bevorzugten Äsungspflanzen. Das schädigt nicht nur den Wald, sondern auch andere, von diesen Pflanzen abhängige Tierarten, z. B. Rauhfußhühner in Waldgebieten. Deshalb ist die pflegliche Bemessung der Wilddichte auch im jagdlichen Interesse so wichtig.

Unter natürlichen Verhältnissen – die allerdings in den Kulturlandschaften durch menschliche Einflüsse weitgehend gestört sind – stehen auch die Feindfaktoren, d. h. die Raubtiere, Parasiten und Krankheitserreger, in einem ausgeglichenen Verhältnis. Sie nehmen zu, sobald die Beute- oder Wirtstiere zunehmen. Deshalb beobachten wir immer wieder, daß z. B. bei starker Zunahme des Rehwildes seine Schmarotzer (z. B. die Magen-, Darm- und Lungenwürmer) zunehmen und zum Eingehen vieler Stücke führen.

Die meisten Wildtierarten unterliegen in ihrer Bestandsentwicklung gewissen Schwankungen in viel-

fältiger Abhängigkeit von Umwelteinflüssen (Klima, Nahrung), Nahrungskonkurrenten und natürlichen Feinden. Bei kleineren Tieren, die zahlreich vorkommen und sich rasch vermehren (z. B. Mäuse und viele Insekten) können wir extreme Schwankungen (»Massenwechsel«) kurzfristig beobachten: Es treten Massenvermehrungen auf, die schließlich zum Zusammenbruch führen und von einer Zeit abgelöst werden, in der die Art allmählich wieder zunimmt. Bei größeren Tieren, die langlebiger sind, in größeren Wohngebieten weniger zahlreich vorkommen und sich spärlicher vermehren, sind solche Schwankungen weniger deutlich oder erstrecken sich über lange Zeiträume.

Um solche Vorgänge (Populationsdynamik) zu klären, muß der Einfluß der verschiedenen Faktoren der unbelebten und belebten Umwelt erfaßt und zur Vermehrungsrate (Reproduktion) sowie zur Sterblichkeit (Mortalität) der betreffenden Population in Beziehung gesetzt werden. Das ist ein schwieriges Forschungsgebiet, das in letzter Zeit viele wertvolle und auch überraschende Erkenntnisse gebracht hat.

Als Anwendung auf die jagdliche Nutzung von Wildbeständen ergeben sich daraus Hinweise auf die Höhe der möglichen Jagdstrecke, um einerseits häufige Wildarten (z. B. Reh) optimal zu nutzen und andererseits seltene Arten (z. B. Rebhuhn) nicht zu gefährden.

Auch die Einwirkung des Tieres auf die Umwelt ist zu beachten, insbesondere auf den Pflanzenwuchs. Das Maß, in dem er in Anspruch genommen wird – vom unbedeutenden Verzehr bis zur Auswahl und zur Verarmung der Flora – ist ein Weiser für den Zustand des ökologischen Gefüges. Eine »Überhege« insbesondere von großen Pflanzenfressern (Rotwild, Rehwild) wirkt sich also nicht nur wegen wirtschaftlicher Wildschäden in Land- und Forstwirtschaft nachteilig aus, sondern sie wirkt auch im ökologischen Sinn negativ auf die Lebensgemeinschaft (bis hin zur Zerstörung der eigenen Lebensgrundlagen).

Diese wenigen Hinweise sollen dem Jäger zeigen, daß seine Aufgabe sich nicht nur auf die bloße Sorge um das Wild selbst, sondern auf die Umwelt des Wildes, auf das Revier, die Landschaft erstrecken muß.

Einführung in die Entwicklungs- und Vererbungslehre

Zelle und Zellteilung

Alle Pflanzen und Tiere, die uns hier im jagdkundlichen Zusammenhang interessieren, sind aus einer Vielzahl von Zellen aufgebaut. Die einzelnen Zellen sind recht verschieden – je nach ihrer Funktion – gestaltet. Eine Zelle besteht aus einer äußeren Membran, dem Zelleib aus Zytoplasma und dem Zellkern, in dem wiederum ein kleines kernartiges Gebilde, das Zellkörperchen, liegt. Die Vermehrung der Zellen erfolgt in jedem Falle durch eine Teilung, bei der sich zuerst der Kern in der Mitte durchschnürt und dann die ganze Zelle diesem Beispiel folgt. Auf diese Art wird der Kern immer wieder vom Zelleib oder Zytoplasma umschlossen.

Der Zellkern beherbergt die Kernschleifen oder auch Chromosomen genannt, deren Anzahl für jede Tierart festgelegt ist. Sie sind die Träger der Erbanlagen (Gene) und werden bei der Zellteilung genau der Länge nach geteilt und auf die beiden Tochterzellen gleich verteilt, d. h. jede Tochterzelle erhält einen vollen Chromosomensatz.

Nun gibt es aber noch eine Besonderheit bei der Reifung und Teilung der männlichen und weiblichen *Geschlechtszellen*, den Samen- bzw. Eizellen

(für das männliche Geschlecht setzt man das Zeichen ♂, für das weibliche das Zeichen ♀). Diese geteilten Geschlechtszellen dürfen nicht mit einem vollen Chromosomensatz ausgerüstet sein, sondern dürfen nur einen halben Chromosomensatz haben, damit sie bei der Verschmelzung der Samen- und der Eizelle zusammen wieder den vollen Chromosomensatz je zur Hälfte vom männlichen und weiblichen Elternteil erhalten. Daher wird vor der Paarung eine Reduktionsteilung der Geschlechtszellen durchgeführt, bei der sich ihr doppelter Chromosomensatz auf die Hälfte verringert.

Nachdem die Verschmelzung der weiblichen und männlichen Geschlechtszelle mit je einem halben Chromosomensatz zu der vollen Chromosomenausrüstung geführt hat, setzt sich das Wachstum des Keimlings oder Embryos durch einfache fortgesetzte Zweiteilung bis zur Vollendung des ganzen Individuums fort. Dabei muß man allerdings berücksichtigen, daß die ersten Zellen des Keimlings die Fähigkeit besitzen, sich ganz erheblich zu differenzieren.

Entwicklung des Embryos

Als erstes bildet sich eine winzige Kugel aus Zellen, das Maulbeer- oder Morulastadium. Bei der weiteren Zellteilung entsteht in deren Mitte ein Hohlraum, so daß wir nun von einem Bläschenkeim (Blastulastadium) sprechen können. Es folgt eine Spezialisierung der Zellen in drei Keimblätter, aus denen später wiederum nur ganz bestimmte Gewebearten hervorgehen. Das äußere Keimblatt (Ektoderm) bildet das gesamte Deckgewebe des Körpers, die Haut, Haare, Nägel, die Eihäute und das Zentralnervensystem. Das mittlere Keimblatt (Mesoderm) bildet das Stützgewebe in Form der Knochen, die Muskulatur, das Bindegewebe, dazu die Auskleidung der Leibeshöhle, die Blut- und Lymphgefäße, während das innere Keimblatt (Entoderm) die Ausbildung der Verdauungs- und Atmungswege übernimmt.

Der Keimling benötigt zu seinem Wachstum Nahrungsstoffe, die ihm bei den Vögeln das Eidotter und bei den Säugetieren der Organismus der Mutter liefert. Um diese Nahrungsstoffe erhalten zu können, bildet bei den Säugetieren der Embryo die Plazenta, die sogenannten Eihäute in Form einer Hülle, aus der kleine Zotten in die Wand des Tragsackes einwuchern und so eine feste Verbindung zum mütterlichen Organismus in Form des Mutterkuchens herstellen. Die Verwachsungsstellen sind aber niemals so eng, daß Blut aus der

Tragsackwand in den Keimling übertreten könnte. Es bleibt während der ganzen Trächtigkeitsperiode eine Schranke zwischen Muttertier und Embryo erhalten, die bestimmte Stoffe abzuhalten vermag. Von den Eihäuten her zieht der Nabelstrang zur Leibeshöhle des Embryos und wird damit zu seiner Lebensader.

Vererbung, Zucht, Evolutionen

Eingangs wurden die Chromosomen als Träger der Erbanlagen erwähnt. Auf jedem Chromosom sind in zahlreichen Genen die Erbanlagen festgelegt. Bei der Verschmelzung entscheidet der Zufall, welche Erbanlagen bei den neuen Lebewesen zusammentreffen. Die Kombinationsmöglichkeiten sind ungeheuer groß. Die Erkenntnis, daß eine bestimmte Gesetzmäßigkeit bei der Weitergabe gewisser Eigenschaftsmerkmale beider Eltern an ihre Nachkommen auftritt, hat dazu geführt, daß man heute in der Lage ist, bei Pflanzen und Tieren besondere Rassen zu züchten. Das Erscheinungs-

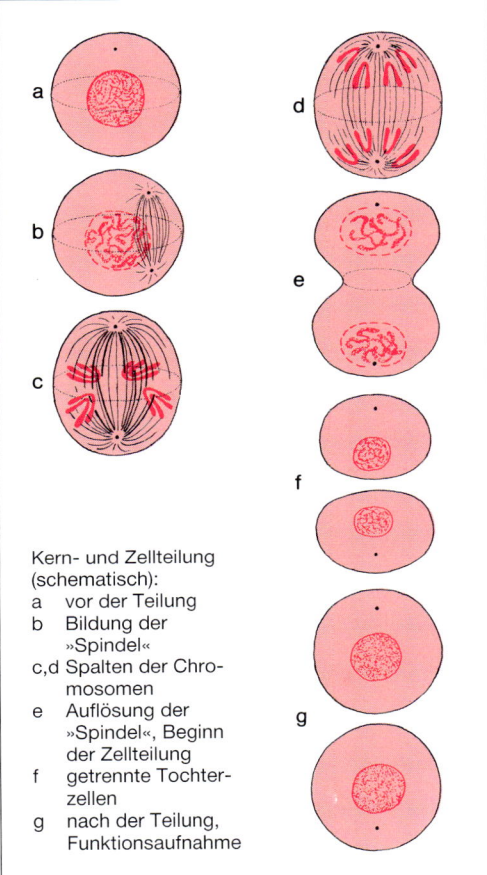

Kern- und Zellteilung (schematisch):
a   vor der Teilung
b   Bildung der »Spindel«
c,d Spalten der Chromosomen
e   Auflösung der »Spindel«, Beginn der Zellteilung
f   getrennte Tochterzellen
g   nach der Teilung, Funktionsaufnahme

Vergleich von Tier- und Pflanzenzelle (Schema nach dem Lichtmikroskop, vereinfacht)

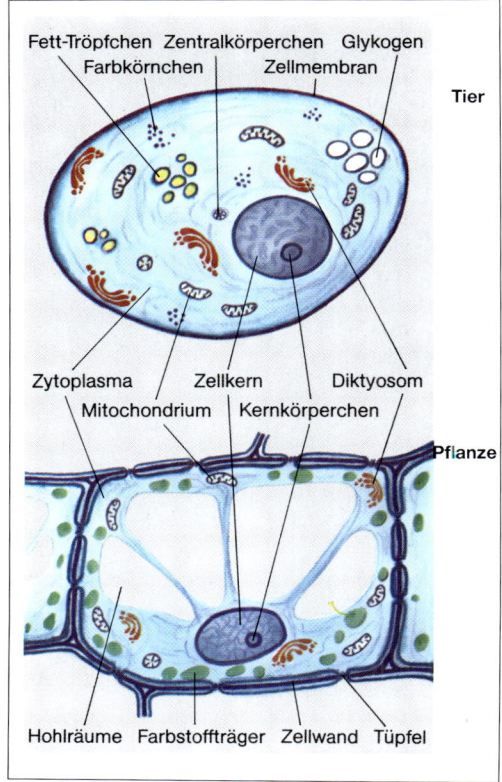

Fett-Tröpfchen   Zentralkörperchen   Glykogen
Farbkörnchen   Zellmembran
                                                        Tier
Zytoplasma   Zellkern   Diktyosom
Mitochondrium   Kernkörperchen
                                                        Pflanze
Hohlräume   Farbstoffträger   Zellwand   Tüpfel

bild des einzelnen Lebewesens ist nicht das ausschließliche Produkt seiner Erbanlagen. Auch die Umwelt beeinflußt das Äußere eines jeden Lebewesens erheblich.

Es gibt einzelne Erbanlagen, von denen man weiß, daß sie dominant, d. h. vorherrschend, vererbt werden, während andere rezessiv, d. h. zurücktretend, vererbt werden. Letztere sind zwar im Erbgut vorhanden, setzen sich aber viel seltener durch. In der Haustierzucht ist es deshalb möglich, bestimmte erwünschte Merkmale gezielt zu fördern, andere, unerwünschte dagegen zurückzudrängen und auszumerzen.

Eine züchterische Beeinflussung bei wildlebenden Tieren ist schon deswegen sehr viel schwieriger als bei Haustieren, weil das Erbbild der wildlebenden Tiere weitgehend unbekannt ist und man die jeweils beabsichtigte Paarung der Tiere nicht erzwingen kann.

Eine »Verbesserung« eines Wildbestandes durch Aussetzen einzelner fremder Tiere (männlich oder weiblich) in einen vorhandenen Bestand der gleichen Art erreichen zu wollen, ist meist ein nutzloses Beginnen, da das Erbgut dieser Tiere in der Masse des Erbgutes der bodenständigen Tiere in kurzer Zeit untergeht.

Im übrigen ist zu bedenken, daß bei den freilebenden Tieren im Laufe langer Zeiträume eine Entwicklung in Richtung auf eine optimale Anpassung an die Umweltverhältnisse eingetreten ist. Das unterscheidet ja gerade das Wildtier vom Haustier, daß es nicht durch den Menschen willkürlich nach dessen Wünschen »gezüchtet« ist. Wildtiere treten uns als Ergebnis einer natürlichen Entwicklung (Evolution) seit vielen Millionen Jahren entgegen. Erst in letzter Zeit ist die natürliche Evolution dadurch gefährdet, daß viele Wildtiere vom Menschen ausgerottet werden, sei es durch direkte Verfolgung (z. B. Wolf und Bär in Mitteleuropa), sei es durch Zerstörung ihres Lebensraums (z. B. der Moorlandschaften und Auwälder). Die Erbsubstanz der Wildtiere (und Wildpflanzen) zu erhalten und damit auch die Möglichkeit einer vielfältigen natürlichen Evolution ist das wichtigste »Fernziel« des heutigen Artenschutzes, dem auch die jagdliche Wildhege verpflichtet ist. »Züchterische« Manipulationen am Wild sollten daher unterlassen werden.

Einteilung nach dem zoologischen System

Die Zoologie faßt die einzelnen Tierarten (z. B. Rothirsch, Damhirsch) nach ihrer Verwandtschaft zu Gattungen und diese zu Familien (z. B. Hirsche) zusammen. Die Familien werden zu Ordnungen (z. B. Paarhufer), die Ordnungen zu Klassen (z. B. Säugetiere) vereinigt.

Unsere Wildarten gehören ausnahmslos zu den Klassen der Säugetiere und der Vögel. Die zoologische Zugehörigkeit der Wildarten kann folgender Übersicht von Seite 77 bis 83 entnommen werden.

Jede Tierart ist durch ihren wissenschaftlichen Namen international gekennzeichnet. Dieser Name ist in der Regel zweiteilig (z. B. *Lepus europaeus* = Feldhase); dabei gibt der erste, großgeschriebene Teil die Gattung an (*Lepus* = Hase), der zweite, kleingeschriebene Teil bezeichnet die Art (*europaeus*) im Unterschied zu anderen Arten der gleichen Gattung (z. B. *Lepus timidus* = Schneehase). Ein dritter Namensteil kann angefügt werden, um eine Unterart oder »geografische Rasse« zu kennzeichnen (z. B. *Lepus timidus timidus* = Nordischer Schneehase; *Lepus timidus varronis* = Alpenschneehase).

In der wissenschaftlichen Literatur wird noch der Name des Forschers angefügt, der die Art zuerst beschrieben hat und das Jahr der Veröffentlichung, z. B. Feldhase (*Lepus europaeus* PALLAS, 1778) und Schneehase (*Lepus timidus* LINNE, 1758). Die Abkürzungen bedeuten:

O.	= Ordnung	G.	= Gattung
U. O.	= Unterordnung	A.	= Art
F.	= Familie	U. A.	= Unterart
U. F.	= Unterfamilie	R.	= Rasse.

(Die große Zahl der in der folgenden Übersicht mit aufgeführten Arten, die *nicht* dem Jagdrecht unterliegen, erklärt sich daraus, daß die meisten von ihnen bis 1977 als »jagdbar« allerdings meist mit ganzjähriger Schonzeit – dem Jagdrecht unterstanden haben und erst später in das Naturschutzrecht überführt wurden; vgl. Bundes-Artenschutzverordnung, S. 355).

Klasse der Säugetiere (Mammalia)

Die Namen der Arten, die dem Jagdrecht unterliegen, sind **fett** gedruckt.

O. **Hasenartige** *(Lagomorpha)*: nagetierähnliches Gebiß (Eckzähne fehlen, je ein Paar Nagezähne oben und unten, weite Lücken zwischen Schneide- und Backenzähnen; hinter den beiden oberen Nagezähnen je ein kleiner sog. Stiftzahn); lange Löffel, kurze, hochgestellte Blume, lange Hinterläufe.

F. Hasen *(Leporidae)*	A. **Feldhase,** *Lepus europaeus*
	A. **Schneehase,** *Lepus timidus*
	A. **Wildkaninchen,** *Oryctolagus cuniculus*

O. **Nagetiere** *(Rodentia):* Nagetiergebiß ähnlich wie bei den Hasenartigen, jedoch ohne Stiftzähne.

F. Hörnchen *(Sciuridae)*	A. **Murmeltier,** *Marmota marmota*
	A. Eichhörnchen, *Sciurus vulgaris*
F. Biber *(Castoridae)*	A. Biber, *Castor fiber*
F. Nutria *(Myocastoridae)*	A. Nutria, *Myocastor coypus*
F. Wühlmäuse *(Microtidae)*	A. Bisam, *Ondatra zibethicus*
F. Hamster *(Cricetidae)*	A. Feldhamster, *Cricetus cricetus*

O. **Raubtiere** *(Carnivora):* Raubtiergebiß bestehend aus drei meißelförmigen Schneidezähnen, einem langen und starken Eckzahn, 4–7 Backenzähnen je Kieferhälfte darunter je ein Reißzahn.

F. Hundeartige *(Canidae)*	A. Wolf, *Canis lupus*
	A. **Fuchs,** *Vulpes vulpes*
	A. Marderhund, *Nyctereutes procyonoides*
F. Kleinbären *(Procyonidae)*	A. Waschbär, *Procyon lotor*
F. Großbären *(Ursidae)*	A. Braunbär, *Ursus arctos*
F. Marder *(Mustelidae)* »echte Marder«	A. **Baummarder,** *Martes martes*
	A. **Steinmarder,** *Martes foina*
	A. **Fischotter,** *Lutra lutra*
	A. **Dachs,** *Meles meles*
»Stinkmarder«	A. **Iltis,** *Mustela putorius*
	A. Nerz, *Mustela lutreola*
	A. Mink (nordamerik. Nerz), *M. l. vision*
	A. **Hermelin,** *Mustela erminae*
	A. **Mauswiesel,** *Mustela nivalis*
F. Katzen *(Felidae)*	A. **Wildkatze,** *Felis silvestris*
	A. **Luchs,** *Lynx lynx*

O. **Robben** *(Pinnipedia):* Wasserbewohnende Raubtiere mit zu Flossen umgewandelten Gliedmaßen und vereinfachtem Gebiß.

F. Seehunde *(Phocidae)*	A. **Seehund,** *Phoca vitulina*
	A. Kegelrobbe, *Halichoerus grypus*
	A. Ringelrobbe, *Phoca hispida*

O. **Paarhufer** *(Artiodactyla)*. Paarige Zehenzahl (2 oder 4), Mittelhand- und -fußknochen der 3. und 4. Zehe zu einem »Kanonenbein« vereinigt (nicht bei den Schweinen), Ellenbogen und Knie meist in Höhe des Rumpfes.

U. O. Nichtwiederkäuer *(A. non-ruminantia)*: Eckzähne sehr stark entwickelt, Magen einfach, Gallenblase vorhanden.

F. Schweine *(Suidae)*	A. **Wildschwein,** *Sus scrofa*

U. O. Wiederkäuer *(A. ruminantia)*: Untere Eckzähne schneidezahnförmig, an die Schneidezähne herangerückt, große Lücke zwischen Eck- und Backenzähnen; Mahlzähne mit sichelförmigen Schmelzfalten, Magen vierteilig gegliedert (Pansen, Netzmagen, Blättermagen, Labmagen).

F. Hirsche *(Cervidae)*: Geweihträger (in der Regel die männlichen Tiere; nur beim Rentier haben beide Geschlechter Geweihe), Geweihe werden jährlich abgeworfen und neu gebildet; ohne Gallenblase.

U. F. Echte Hirsche *(Cervinae)*	A. **Rothirsch,** *Cervus elaphus*
	A. **Damhirsch,** *Cervus dama*
	A. **Sikahirsch,** *Cervus nippon*
U. F. Trughirsche *(Odocoileinae)*	A. **Reh,** *Capreolus capreolus*
U. F. Elche *(Alcinae)*	A. **Elch,** *Alces alces*
U. F. Rentiere *(Rangiferinae)*	A. Ren, *Rangifer tarandus*

F. Hornträger *(Bovidae)*: Mit Hörnern, die auf knöchernen Zapfen (Hornzapfen) aufsitzen und ständig weiterwachsen; Gallenblase vorhanden.

	A. **Gemse,** *Rupicapra rupicapra*
	A. **Steinbock,** *Capra ibex*
	A. **Wisent,** *Bison bonasus*
	A. **Mufflon,** *Ovis ammon musimon*

Klasse der Vögel (Aves)

(Die **fett** gedruckten Arten unterliegen dem Jagdrecht; die nur als Gäste und Durchzügler vorkommenden Arten sind in der Regel nicht aufgeführt.)

O. **Seetaucher** *(Gaviiformes)*: Volle Schwimmhäute zwischen den Vorderzehen.

	A. Prachttaucher, *Gavia artica*
	A. Eistaucher, *Gavia immer*
	A. Sterntaucher, *Gavia stellata*

O. **Lappentaucher** *(Podicipediformes)*: Spaltschwimmfüße: Vorderzehen mit großen, an der Wurzel verbundenen Schwimmlappen versehen, Schwanz reduziert.

	A. **Haubentaucher,** *Podiceps cristatus*
	A. Rothalstaucher, *Podiceps griseigena*
	A. Ohrentaucher, *Podiceps auritus*
	A. Schwarzhalstaucher, *Podiceps nigricollis*
	A. Zwergtaucher, *Podiceps ruficollis*

O. **Gänsevögel** *(Anseriformes)*: Vorwiegend Wasservögel mit breiten Schwimmhäuten zwischen den drei Vorderzehen; Schnabel weichhäutig, an der Spitze harte Hornplatte – der Nagel. Ober- und Unterschnabel mit Hornlamellen besetzt, die im Verein mit der Zunge den Seihapparat zur Nahrungsaufnahme bilden. Bei den Sägern ist die äußere Lamellenreihe durch Hornzähne ersetzt, die zum Festhalten der Beute (Fische) dienen. Die Begattung findet auf dem Wasser statt.

F. Entenvögel *(Anatidae)*
U. F. Schwäne und Gänse
    (Anserinae)   Schwäne

- A. **Höckerschwan,** *Cygnus olor*
- A. **Singschwan,** *Cygnus cygnus*
- A. **Zwergschwan,** *Cygnus bewickii*

»Graue« Gänse

- A. **Graugans,** *Anser anser*
- A. **Saatgans,** *Anser fabilis*
- A. **Zwerggans,** *Anser erythropus*
- A. **Bleßgans,** *Anser albifrons*
- A. **Kurzschnabelgans,** *Anser brachyrhynchus*

»Bunte« Gänse

- A. **Weißwangen- oder Nonnengans,** *Branta leucopsis*
- A. **Ringelgans,** *Branta bernicla*
- A. **Kanadagans,** *Branta canadensis*
- A. **Brandgans,** *Tadorna tadorna*

U. F. Enten *(Anatinae)*

Schwimmenten

- A. **Stockente,** *Anas platyrhynchos*
- A. **Löffelente,** *Anas clypeata*
- A. **Spießente,** *Anas acuta*
- A. **Pfeifente,** *Anas penelope*
- A. **Schnatterente,** *Anas strepera*
- A. **Krickente,** *Anas crecca*
- A. **Knäkente,** *Anas querquedula*

Tauchenten

- A. **Kolbenente,** *Netta rufina*
- A. **Tafelente,** *Aythya ferina*
- A. **Moorente,** *Aythya nyroca*
- A. **Reiherente,** *Aythya fuligula*
- A. **Bergente,** *Aythya marila*
- A. **Schellente,** *Bucephala clangula*

Meerenten

- A. **Eiderente,** *Somateria mollissima*
- A. **Eisente,** *Clangula hyemalis*
- A. **Trauerente,** *Melanitta nigra*
- A. **Samtente,** *Melanitta fusca*

Säger

- A. **Gänsesäger,** *Mergus merganser*
- A. **Mittelsäger,** *Mergus serrator*
- A. **Zwergsäger,** *Mergus albellus*

O. **Ruderfüßler** *(Pelecaniformes):*
Schwimmhäute zwischen allen Zehen, Nesthocker.

F. Kormorane *Phalacrocoracidae)*

- A. Kormoran, *Phalacrocorax carbo*
- A. Zwergscharbe, *Phalacrocorax pygmaeus*
- A. Krähenscharbe, *Phalacrocorax aristotelis*

O. **Stelzvögel** *(Ciconiiformes)*: Langer spitzer Schnabel, lange Beine mit gut entwickelter Hinterzehe

F. Reiher *(Ardeidae)*

Reiher
- A. **Graureiher,** *Ardea cinerea*
- A. Purpurreiher, *Ardea purpurea*
- A. Silberreiher, *Casmerodius albus*
- A. Seidenreiher, *Egretta garzetta*
- A. Nachtreiher, *Nycticorax nycticorax*
- A. Rallenreiher, *Ardeola ralloides*

Dommeln
- A. Große Rohrdommel, *Botaurus stellaris*
- A. Kleine Rohrdommel (Zwergdommel) *Ixobrychus minutus*

F. Störche *(Ciconiidae)*
- A. Weißstorch, *Ciconia ciconia*
- A. Schwarzstorch, *Ciconia nigra*

F. Ibisse *(Threskiornithidae)*
- A. Löffler, *Platalea leucorodia*
- A. Sichler, *Eudveimus falcinellus*

O. **Greifvögel** *(Falconiformes)*: Gekrümmter Oberschnabel, starke Fänge, Jugendkleid weicht meist vom Alterskleid erheblich ab. Männchen stets kleiner als Weibchen.

F. Habichtsvögel*(Accipitridae)*
U. F. Wespenbussarde *(Perninae)*
- A. **Wespenbussard,** *Pernis apivorus*

U. F. Milane *(Milvinae)*
- A. **Roter Milan,** *Milvus milvus*
- A. **Schwarzer Milan,** *Milvus migrans*

U. F. Adler und Habichte *(Accipitrinae)*

Habichte *(Accipiter)*
- A. **Habicht,** *Accipiter gentilis*
- A. **Sperber,** *Accipiter nisus*

Bussarde *(Buteo)*
- A. **Mäusebussard,** *Buteo buteo*
- A. **Rauhfußbussard,** *Buteo lagopus*

Adler *(Aquila)*
- A. **Schelladler,** *Aquila clanga*
- A. **Schreiadler,** *Aquila pomarina*
- A. **Steinadler,** *Aquila chrysaetos*

U. F. Seeadler *(Haliaëtinae)*
- A. **Seeadler,** *Haliaetus albicilla*

U. F. Altweltgeier *(Aegypiinae)*
- A. **Gänsegeier,** *Gyps fulvus*
- A. **Bartgeier,** *Gypaetus barbatus*

U. F. Weihen *(Circinae)*
- A. **Rohrweihe,** *Circus aeruginosus*
- A. **Kornweihe,** *Circus cyaneus*
- A. **Steppenweihe,** *Circus macrourus*
- A. **Wiesenweihe,** *Circus pygargus*

U. F. Schlangenadler *(Circaetinae)*
- A. **Schlangenadler,** *Circaetus gallicus*

U. F. Fischadler *(Pandioninae)*
- A. **Fischadler,** *Pandion haliaetus*

F. Falken *(Falconidae)*	A. **Baumfalke,** *Falco subbuteo*
	A. **Wanderfalke,** *Falco peregrinus*
	A. **Merlin,** *Falco columbarius*
	A. **Rotfußfalke,** *Falco vespertinus*
	A. **Turmfalke,** *Falco tinnunculus*
	A. **Würgfalke,** *Falco cherrug*
	A. **Gerfalke,** *Falco rusticolus*

O. **Hühnervögel** *(Galliformes)*: Mehr oder minder plumpe Bodenvögel mit kräftigen Laufbeinen zum Scharren. Hinterzehe höher als Vorderzehen. Kräftiger Hackschnabel. Muskelmagen mit Reibeplatten und Mahlsteinchen. Nehmen Staub-, keine Wasserbäder.

F. Fasanenvögel *(Phasianidae)*

U. F. Rauhfußhühner	A. **Auerhuhn,** *Tetrao urogallus*
(Tetraoninae)	A. **Birkhuhn,** *Lyrurus tetrix*
	A. **Haselhuhn,** *Tetrastes bonasia*
	A. **Alpenschneehuhn,** *Lagopus mutus*
	A. Moorschneehuhn, *Lagopus lagopus*
U. F. Feldhühner	A. **Rebhuhn,** *Perdix perdix*
(Perdicinae)	A. **Wachtel,** *Coturnix coturnix*
	A. Rothuhn, *Alectoris rufa*
	A. Steinhuhn, *Alectoris graeca*
U. F. Fasanen	A. **Jagdfasan,** *Phasianus colchicus*
(Phasianinae)	in verschiedenen Rassen
	A. Königsfasan, *Syrmaticus reevesii*
U. F. Truthühner *(Meleagridinae)*	A. **Wildtruthuhn,** *Meleagris gallopavo*

O. **Tauben** *(Columbiformes)*: Schnabel an der Wurzel weichhäutig, kappenartige, feste Spitzen. Klatschender Flügelschlag beim Abstreichen.

F. Tauben *(Columbidae)*	A. **Ringeltaube,** *Columba palumbus*
	A. **Hohltaube,** *Columba oenas*
	A. **Turteltaube,** *Streptopelia turtur*
	A. **Türkentaube,** *Streptopelia decaocto*

O. **Kranichvögel** *(Gruiformes)*

F. Kraniche *(Gruidae)*	A. Kranich, *Grus grus*
F. Rallen *(Rallidae)*	A. **Bleßhuhn,** *Fulica atra*
	A. Teichhuhn, *Gallinula chloropus*
	A. Wasserralle, *Rallus aquaticus*
	A. Wachtelkönig, *Crex crex*
	A. Tüpfel-Sumpfhuhn, *Porzana porzana*
	A. Kleines Sumpfhuhn, *Porzana parva*
	A. Zwergsumpfhuhn, *Porzana pusilla*
F. Trappen *(Otididae)*	A. **Großtrappe,** *Otis tarda*
	A. Zwergtrappe, *Tetrax tetrax*

O. **Watvögel und Möwenvögel** *(Charadriiformes)*: Die Ordnung enthält sehr verschiedenartige Familien, die mehr oder minder verbindende Merkmale aufweisen.

U. O. Regenpfeiferartige: Lange Läufe (Renn- o. Stelzbeine), Lebensraum offenes Gelände.

F. Triele *(Burhinidae)*	A. Triel, *Burhinus oedicnemus*
F. Austernfischer *(Haematopodidae)*	A. Austernfischer, *Haematopus ostralegus*
F. Regenpfeifer *(Charadriidae)*	A. Kiebitz, *Vanellus vanellus* A. Goldregenpfeifer, *Pluvialis apricaria* A. Kiebitzregenpfeifer, *Pluvialis squatarola* A. Sandregenpfeifer, *Charadrius hiaticula* A. Flußregenpfeifer, *Charadrius dubius* A. Seeregenpfeifer, *Charadrius alexandrinus*
F. Schnepfenvögel *(Scolopacidae)*	A. Großer Brachvogel, *Numenius arquata* A. Uferschnepfe, *Limosa limosa* A. Pfuhlschnepfe, *Limosa lapponica* A. Rotschenkel, *Tringa totanus* A. Bruchwasserläufer, *Tringa glareola* A. Waldwasserläufer, *Tringa ochropus* A. Flußuferläufer, *Tringa hypoleucos* A. Dunkler Wasserläufer, *Tringa erythropus* A. Kampfläufer, *Philomachus pugnax* A. Grünschenkel, *Tringa nebularia* A. Alpenstrandläufer, *Calidris alpina* A. **Waldschnepfe,** *Scolopax rusticola* A. Bekassine, *Gallinago gallinago* A. Doppelschnepfe, *Gallinago media* A. Zwergschnepfe, *Lymnocryptes minimus*
F. Säbelschnäbler *(Recurvirostridae)*	A. Säbelschnäbler, *Recurvirostra avosetta*
F. Wassertreter *(Phalaropodidae)*	A. Thorshühnchen, *Phalaropus fulicarius* A. Odinshühnchen, *Phalaropus lobatus*

U. O. Möwenartige

F. Möwen *(Laridae)*	A. **Mantelmöwe,** *Larus marinus* A. **Heringsmöwe,** *Larus fuscus* A. **Silbermöwe,** *Larus argentatus* A. **Sturmmöwe,** *Larus canus* A. **Lachmöwe,** *Larus ridibundus* A. **Zwergmöwe,** *Larus minutus* A. **Dreizehenmöwe,** *Rissa tridactyla*
F. Seeschwalben *(Sternidae)*	A. Trauerseeschwalbe, *Chlidonias niger* A. Flußseeschwalbe, *Sterna hirundo* A. Küstenseeschwalbe, *Sterna paradisaea* A. Brandseeschwalbe, *Sterna sandvicensis*
F. Raubmöwen *(Stercorariidae)*	A. Spatelraubmöwe, *Stercorarius pomarinus*
F. Alken *(Alcidae)*	A. Trottellumme, *Uria aalge* A. Tordalk, *Alca torda*

O. **Eulen** *(Strigiformes)*: An nächtliche Jagdweise angepaßte, meist Kleinsäuger schlagende Vögel. Augen nach vorne gerichtet, abgeplattetes Gesicht kranzförmig mit Federn umrahmt (»Schleier«), geräuschloser Flug durch besondere Federfahnen.

F. Schleiereulen *(Tytonidae)*: Schleier vollständig, dreieckig herzförmig. Zehen nicht befiedert. Ohne Ohrbüschel.

A. Schleiereule, *Tyto alba*

F. Kauzeulen *(Strigidae)*:
Schleier vollständig;
Zehen meist befiedert.

Ohreulen

A. Uhu, *Bubo bubo*
A. Waldohreule, *Asio otus*
A. Sumpfohreule, *Asio flammeus*

Käuze

A. Sperlingskauz, *Glaucidium passerinum*
A. Steinkauz, *Athene noctua*
A. Waldkauz, *Strix aluco*
A. Ural- oder Habichtskauz, *Strix uralensis*
A. Rauhfußkauz, *Aegolius funereus*

O. **Sperlingsvögel** *(Passeriformes)*: Kennzeichnend ist das Sperren der Jungvögel mit ihrem Schnabel und dem farbigen Rachen (rot, gelb, orangerot); Nesthocker.

F. Drosseln *(Turdidae)*

A. Misteldrossel, *Turdus viscivorus*
A. Wacholderdrossel, *Turdus pilaris*
A. Singdrossel, *Turdus philomelos*
A. Rot- oder Weindrossel, *Turdus iliacus*
A. Ringdrossel, *Turdus torquatus*
A. Amsel, *Turdus merula*

F. Rabenvögel *(Corvidae)*

A. Saatkrähe, *Corvus frugilegus*
A. Rabenkrähe, *Corvus corone corone**
A. Nebelkrähe, *Corvus corone cornix**
A. **Kolkrabe,** *Corvus corax*
A. Elster, *Pica pica*
A. Eichelhäher, *Garrulus glandarius*
A. Tannenhäher, *Nucifraga caryocatactes*
A. Dohle, *Corvus monedula*
A. Alpenkrähe, *Pyrrhocorax pyrrhocorax*
A. Alpendohle, *Pyrrhocorax graculus*

* Unterarten der Aaskrähe *(Corvus corone)*, die sich äußerlich deutlich unterscheiden.

Die einzelnen Wildtierarten

Die einzelnen Wildtierarten sind hier in der Reihenfolge aufgeführt, die dem »Artenkatalog« des Bundesjagdgesetzes (§ 2) entspricht.

Neben dem Wild, das dem Jagdrecht unterliegt, sind einige andere Arten behandelt, die für den Jäger bedeutsam sind, obwohl sie nicht (oder nicht in allen Bundesländern) dem Jagdrecht unterliegen.

Die Angaben über die Jagdzeiten entsprechen der Bundesverordnung. In einzelnen Bundesländern gibt es Abweichungen (s. Übersicht Seite 36 und 37).

DAS HAARWILD

Der Wisent

Der Wisent, ein großes, wuchtiges (bis 900 kg schweres) Wildrind, vorwiegend Waldbewohner, Laub- und Zweigfresser, mit einfarbig brauner Decke und kurzen gedrungenen Holmen (Hörnern), kommt noch in zahlreichen europäischen Gatterrevieren, in einigen Reservaten, insbesondere im Urwald Bialowies (Polen), und Tiergärten in etwa 2000 Stück vor. In Deutschland ist die reinrassige Herde im Saupark Springe zu erwähnen. Nur besonderer Schutz und Pflege werden dieses seltene Wild für die Zukunft erhalten.
Jagdzeit – Keine (ganzjährig geschont).

Der Elch

Der Elch bewohnt große Wälder und Moorgebiete. Er ist die größte Hirschart (starker Hirsch bis zu 400 kg) und wird über 2 m hoch. Seine Nahrung besteht in der Hauptsache aus Zweigen, Blättern und Rinde. Sein Vorderkörper ist hochgestellt, der Hals kurz, das breite Geäse behaart. Die Farbe ist im Sommer bräunlich, im Winter graubraun; Flanken und Läufe sind grauweiß. Die auf dem Träger stehende kurze Mähne heißt *Schopf*, der behaarte Kehlsack heißt *Bart;* sonst sind die Waidmannsausdrücke wie beim Rotwild.

Das fast waagrecht abstehende Geweih hat keine Augsprossen. Vom 4. Jahr an bildet es bei den meisten Hirschen immer breiter werdende Schaufeln mit vielen unregelmäßigen Enden; andere bleiben ohne Schaufelbildung (sog. *Stangenelche*). Das Geweih wird Ende Oktober bis Anfang November abgeworfen und im August gefegt. Die Brunft fällt in den September. Der Hirsch brunftet (wie der Rehbock) in der Regel nur mit einem Stück Kahlwild. Die nähere zoologische Verwandtschaft mit dem Reh zeigt sich auch im Sozialverhalten (Einzelgänger bzw. kleine Familiengruppen, keine Rudelbildung). Die Kälber (1–2) werden im Mai gesetzt. Die Zahnformel entspricht der des Rehwildes.

Wisent

Elchschaufler

Rotwild: Brunftrudel

Elche sind in ganz Skandinavien verbreitet sowie von Rußland über das Baltikum bis nach Polen und Ostpreußen. In den letzten Jahren hat es sich auch bis in die neuen Bundesländer hinein verbreitet. Von dort gelangen einzelne Wanderelche gelegentlich westwärts bis nach Schleswig-Holstein, Niedersachsen, Westfalen und Bayern. Die Jahresstrecke beträgt in Schweden etwa 145 000, in Finnland 55 000 und in Norwegen 25 000 Stück.

Jagdzeit – Keine (ganzjährig geschont).

Das Rotwild

Vorkommen – Das Rotwild kommt in der Bundesrepublik vornehmlich in den Wäldern der Mittel- und der Hochgebirge sowie der Norddeutschen Tiefebene vor (mit Ausnahme des Gebietes westlich der Linie Hannover–Hamburg). Größere Rotwildbestände finden wir in der Lüneburger Heide, im Harz, Sauerland, Weserbergland, in der Eifel, im Hunsrück, im Hessischen Bergland, Taunus, Pfälzerwald, in Teilen des Schwarzwaldes, im Spessart, in der Rhön, im Fichtelgebirge, Bayerischen Wald und in den Alpen. Wenig Rotwild haben Schleswig-Holstein, weite Teile Bayerns und Baden-Württembergs. Im Verhältnis zur Jagdfläche

sind die stärksten Bestände in Hessen, Rheinland-Pfalz und Bayern. Stark verbreitet ist Rotwild auch in den neuen Bundesländern, besonders in Mecklenburg-Vorpommern, in allen ost- und südosteuropäischen Ländern, in den Alpenländern sowie in Spanien. In geringer Zahl lebt es auch in Frankreich, Belgien und Skandinavien, wo es gegenwärtig in nördlicher Richtung vordringt. Die zahlenmäßig größten Vorkommen sind im nördlichen Großbritannien, vor allem in Schottland, wo beinahe 300 000 Stück vermutet werden. Der Gesamtbestand in ganz Europa beträgt etwa 1 Million. Außerhalb Europas gibt es nah verwandte Formen in Asien (Maral) und Nordamerika (Wapiti), ferner eingebürgertes Rotwild in Neuseeland und Südamerika (Argentinien) sowie den selten gewordenen Atlashirsch in Nordafrika.

Jahresstrecke – Im Jagdjahr 2000/2001 erreichte die Strecke in der Bundesrepublik 53 241 Stück. Sie liegt damit im mittleren Bereich zwischen dem Maximum von 63 550 (1990/91) und dem Minimum von 46 313 (1984/85) während der letzten 20 Jahre. Trotz ihrer geringeren Gesamtfläche war der Abschuß in den neuen Bundesländern etwa ebenso hoch wie in den alten. Während in den alten Bundesländern in den vergangenen Jahren die

Kahlwildrudel im Sommer mit Schmalspießer im Bast

Strecken nur geringfügig von Jahr zu Jahr schwankten (meist unter 10%), verzeichnen die neuen Bundesländer nach der Wende eine dramatische Zunahme der Strecken um das Dreifache. Der Bestand kann auf rund 160–170 000 Stück veranschlagt werden. Streckenbeispiele aus anderen Ländern: Österreich 43 500, Ungarn und Tschechoslowakei je 30 000, Norwegen 10 000, Schweiz 5000, Dänemark 2000.

Lebensweise – Das Rotwild ist durch die Landeskultur auf wenige große Waldgebiete zurückgedrängt worden. Es lebt gesellig. Ausgehend von der Grundsozialform der »Mutterfamilie« (Alttier – Kalb – Schmaltier) vereinigen sich Kahlwild und geringe Hirsche unter zeitweiliger Führung eines Leittieres zu Rudeln. Stärkere Hirsche stehen dagegen in kleineren Trupps getrennt von den Kahlwildrudeln. Sehr alte Hische leben häufig als Einsiedler oder mit einem *Beihirsch*. Nur in der Brunft treten sie zum Kahlwild. Rotwild hält sich gewöhnlich tagsüber in den Einständen auf, meist niedergetan in seinem »Bett«. Mehrmals am Tage äst es im Einstand oder in seiner Nähe. Abends tritt es aus, zieht auf die Schläge, Kulturen, Lichtungen, Felder und wechselt frühmorgens wieder ein. Vor allem bei warmer Witterung sowie in der Brunft suhlt es sich. Rotwild beansprucht großen Lebensraum und unternimmt weite jahreszeitliche Wanderungen (Sommer- und Wintereinstände; die Hirsche zu den Brunftplätzen). Seine der Natur entsprechende zeitliche und räumliche Verteilung sowie die nötige Ruhe vor Störungen (ungestörter täglicher Äsungsrhythmus) sind in unserer moder-

nen Kulturlandschaft erheblich eingeschränkt, woraus sich viele Probleme für die Rotwildhege ergeben. Der tägliche Nahrungsbedarf eines erwachsenen Stückes beträgt etwa 10–12 kg Grünäsung.

Größe und Gewicht – Der erwachsene Hirsch hat eine durchschnittliche Länge (Kopfrumpflänge) von etwa 2 m und eine Schulterhöhe von 1,2 m; der Wedel mißt etwa 15 cm. Ein jagdbarer Hirsch wiegt im Durchschnitt etwa 110 kg (starker Hirsch bis zu 150 kg), ein Alttier etwa 65 kg, ein Schmaltier 45 kg, ein Kalb 33 kg aufgebrochen. Die Körperentwicklung ist beim Hirsch etwa mit dem 7. Lebensjahr, beim Tier etwa mit dem 5. Lebensjahr abgeschlossen.

Das Gewicht nimmt von NO nach SW hin ab und ist im Gebirge geringer als in der Ebene – eine Regel, die für alle Säugetiere gilt.

Sinne – Bei allem Haarwild steht der Geruchssinn mit Abstand an erster Stelle bei der Orientierung in der Umwelt, besonders auch bei der »Feindvermeidung«, gefolgt vom Gehörsinn, während der Gesichtssinn meist weniger gut entwickelt ist. Wenn Rotwild mit aufgeworfenem Haupt *sichert*, holt es sich gleichzeitig mit dem *Windfang* (der Nase) Wind – es *windet* – und *vernimmt* (hört) durch seine großen, als Schalltrichter beweglichen *Lauscher* (Ohren). Es *äugt* (sieht) auch verhältnismäßig gut, vor allem Bewegungen, während es unbewegte Gegenstände (auch den bei gutem Wind still stehenden Menschen) schlecht erkennt. Der gegenseitigen geruchlichen Orientierung dienen Duftstoffe, die aus *Duftdrüsen* abgegeben werden. Das sind die

»Laufbürsten« unterhalb der Sprunggelenke der Hinterläufe, die stark ausgebildete Wedeldrüse sowie die »Tränengrube« oder Voraugendrüse.

Lautäußerungen sind das *Schrecken* (ein rauher, bellender Warnlaut), das bei unerkannter Gefahr allerdings nicht sehr oft ausgestoßen wird, ferner das *Mahnen* (ein leiser Lockruf, besonders zwischen Tier und Kalb) und das seltene *Klagen*. Dazu kommt noch der *Brunftruf* des Hirsches.

Waidmannsausdrücke – *Hirsch* (männliches Stück), *Tier*, auch *Stuck* (weibliches Stück), *Schmaltier* (weibliches Stück im 2. Lebensjahr), *Kalb* (Junges im 1. Lebensjahr); *Grind* oder *Haupt* (Kopf), unterhalb der *Lichter* (Augen) die *Tränengrube* (Vertiefung), die die *Hirschträne* ausscheidet, *Lecker* (Zunge), *Träger* (Hals), *Kragen* (Mähne, aus der der Hirschbart – Hutschmuck – entnommen wird), *Stich* (Brust unter dem Träger), *Rumpf, Vorschlag* (Vorderteil des Rumpfes, die Blätter und die drei ersten Rippen umfassend), *Ziemer* (Rücken), *Flanken*, auch *Dünnungen* (Bauchseiten), *Kammer* (Brusthöhle), *Geräusch* (Herz, Lunge, Milz, Leber, Nieren), *Gescheide* (*großes Gescheide:* Magen; *kleines Gescheide:* Gedärm), *Aufbruch* (Geräusch und Gescheide), *Pansen* (Magen), *Haken* oder *Grandeln* (Eckzähne im Oberkiefer, als Schmuck verarbeitet), *Federn* (Rippen, auch Dornfortsätze der Rückenwirbel), *Blatt* (im engeren Sinn: Schulterblatt; im weiteren Sinn: Körperregion, die zwischen Schulterblättern und Zwerchfell liegt, also den Brustkorb (Kammer) mit Herz und Lunge mit den größten Blutgefäßen, umfaßt, vgl. Blattschuß, Seite 211), *Keulen* oder *Schlegel* (Oberschenkel), *Weidloch* (After), *Läufe* (Beine), *Oberrücken* oder *Geäfter* (rückwärts am Lauf oberhalb der Schalen angesetztes kleines Schalenpaar), *Hessen* (Sehnen an der Vorderseite des Vorderlaufes oder an der Hinterseite des Hinterlaufes, durch welche die Läufe erlegten Wildes verbunden, »geheßt« werden) *Äser* (Maul), *Lauscher* (Ohren), *Windfang* (Nase), *Wedel* (Schwanz), *Schalen* (Hufe), *Kurzwildbret* (Rute und Hoden), *Brunftrute*, das Haarbüschel daran *Pinsel*, *Brunftkugeln* (Hoden), *Tracht* (Gebärmutter), *Feuchtblatt* (weiblicher Geschlechtsteil), *Spiegel* (lichter gefärbte Haare um das Weidloch), *Gesäuge* oder *Spinne* (Euter), *Decke* (Fell), *Schweiß* (Blut), *Brunft* (Begattungszeit), *Beschlagen* (Begatten), *Brunftfleck* oder *-brand* (dunkler Fleck um den Pinsel während der Brunftzeit), *Feist* oder *Unschlitt* (Fett), *Losung* (Kot), ein Stück *zieht* oder *wechselt* (wenn es sich langsam bewegt), es *trollt* (wenn es trabt) und *flüchtet* (wenn es galoppiert), es *überfällt* oder *überflieht* Hindernisse (wenn es darüber wegspringt), es *sitzt* (wenn es im *Bett* ruht), es *wird hoch* (wenn es aufsteht) oder wird *aufgemüdet* (aus dem Wundbett aufgescheucht) und *rinnt* (wenn es schwimmt). Ein *Gelttier* ist ein vorübergehend oder – was selten ist – dauernd nicht führendes Tier. Ein *Schmaltier*, das in der Brunft nicht aufgenommen hat, ist *übergehend* oder *übergangen*.

Äsung – Das Rotwild äst Gräser, Kräuter, Knospen, junge Triebe, Feldfrüchte, Obst, Eicheln, Bucheln und Kastanien. Es schlägt Hackfrüchte aus und verbeißt die Forstpflanzen und schält die Rinde von Waldbäumen. Es verursacht dadurch besonders in Gebieten hochentwickelter Landwirtschaft sowie in den Waldungen oft großen Schaden. Die ihm von der Natur angebotene Äsung ist, was die Menge und die Zusammensetzung anlangt, im Jahresablauf sehr verschieden und erfordert eine beachtliche Anpassungsfähigkeit.

Brunft – Die Brunft beginnt im September. Die während der Feistzeit zusammenstehenden Hirsche trennen sich voneinander und ziehen nach den Brunftplätzen; das sind in der Regel sichtige Flächen (Kahlflächen, Wiesen usw.) und Althölzer in der Nähe der Einstände des Kahlwildes. Je nach der Höhe des Bestandes, dem Geschlechterverhältnis und dem Reviercharakter vermag ein starker Hirsch (Platzhirsch) mehrere Alt- und Schmaltiere zu einem Brunftrudel zusammenzutreiben, oder nur mit wenigen oder einem einzelnen Stück Kahlwild zu brunften. Geringe Hirsche werden abgeschlagen. Die Hirsche schreien oder röhren (o u ah, ö-ö, ö), trenzen und knören. Während der Brunft ist das Rotwild sehr unruhig und zieht auch tagsüber. Die Hirsche nehmen stark an Wildbret

Geweihkampf

Alttier mit Kalb im Sommer

1

2

ab, nachdem sie in der Feistzeit (August bis zur Brunft) viel Feist angesetzt haben. Nach der Brunft muß das Wild den Gewichtsverlust vor dem Winter wieder aufholen können.

Setzzeit* – Das Kalb wird im Mai/Juni gesetzt (Zwillinge kommen nur selten vor). Es hat zunächst eine wollige Behaarung, auf lichtbraunem Grund gelbe Tupfen, die sich bis zum Herbst verlieren. Die Kälber (auch die von anderen Hirscharten einschließlich der Rehkitze) *legen sich* in den ersten Lebenstagen *ab*, d. h. sie drücken sich reglos an den Boden und sind so vor Feinden ziemlich sicher. Das Muttertier sucht sie regelmäßig zum Säugen und

Zwei Basthirsche mit fast fertig vereckten Geweihen drohen sich an (Juni/Juli).

zur Körperpflege (Belecken) auf. Wie bei allen Huftieren, sind die Kälber aller Schalenwildarten »Laufjunge«, die voll behaart und mit voll entwickelten Sinnesorganen geboren werden.

Junge Kälber, die sich noch drücken, kann man mit Wildmarken** zeichnen.

Haarwechsel – Erwachsenes Rotwild *verfärbt* (wechselt das Haar) im April/Mai und im September/Oktober. Junge Stücke verfärben früher als alte, gesunde früher als kümmernde. Das Sommerhaar ist rotbraun; das Winterhaar hat dunkelbraune bis graue Farbe; es steht dichter und das einzelne Haar ist länger und dicker als das Sommerhaar. Auffallend ist der rotgelbe Spiegel um Wedel

---

* Paarungs-, Trag- und Setzzeit, Zahl der Jungen, Aufzuchtdauer siehe Anhang S. 407.
** Kennzeichnung mit Ohrmarken o. ä. zum Zwecke der wissenschaftlichen Auswertung (Wildmarkenforschung) wird vom Institut für Wildbiologie und Jagdkunde in Göttingen geleitet. An dieses sollen sich Interessenten für die Mitarbeit wenden.

3

4

5

Seite 88/89 Geweihentwicklung
1 Kurz nach dem Abwerfen beginnt die Neubildung (Vorfrühling).
2 Aug- und Eissprossen werden erkennbar.
3 Die Stangenenden (Aug-, Eis-, Mittelsprosse) sind geschoben, die Krone deutet sich an (etwa Mai).
4 Geweih fertig vereckt, noch im Bast (Juni/Juli).
5 Geweih frisch verfegt (Juli/August).

und Weidloch. Der Hirsch hat im Winterhaar einen Brunftkragen (lange Haare am Träger), aus dem der Hirschbart gebunden wird.

Geweihbildung – Beim Hirschkalb bilden sich in der Regel im letzten Viertel des 1. Lebensjahres die *Rosenstöcke*. Zu Anfang des 2. Lebensjahres beginnt das Wachstum des Geweihes. Es fällt also – im Gegensatz zum Rehbock – in die äsungsreiche Zeit. Das 1. Geweih, das gewöhnlich bis zum September fertig ist und dann gefegt wird, besteht meist aus *Spießen ohne Rosen*. Es wird im darauffolgenden Frühjahr abgeworfen. Dann (3. Sommer) bildet sich die *Rose* an der Basis der Stange, und es erscheint zumindest die *Augsprosse*, meist

auch schon die *Mittelsprosse*. Die Endenzahl nimmt nun gewöhnlich von Jahr zu Jahr zu: Zwischen Aug- und Mittelsprosse erscheint die *Eissprosse* (die manchen Hirschen auch fehlt), und das Stangenende teilt sich in zwei *(Gabel)* und mehr Enden *(Krone)*. Die Krone ist einfach, wenn ihre Enden etwa in gleicher Höhe liegen; sie ist doppelt, wenn die Enden sozusagen in zwei Etagen liegen. Die Endenzahl eines Geweihes wird durch Verdoppelung der Endenzahl der endenreichsten Stange ausgedrückt. Haben beide Stangen gleich viele Enden, spricht man von *geraden*, andernfalls von *ungeraden* Geweihen (z. B. gerader bzw. ungerader 14-Ender).

Die einzelnen *Geweihstufen* (Spießer, Gabler, Sechser, Achter, Zehner usw.) folgen nicht gleichmäßig aufeinander, indem jedes Jahr ein neues Ende an jeder Geweihstange gebildet wird. Vielmehr werden je nach Veranlagung und Lebensbedingungen Stufen überschlagen oder gar nicht erreicht. Im allgemeinen gehört zu jüngerem Alter eine niedrigere Endenzahl, zu höherem Alter eine höhere. Der Rothirsch erreicht kaum vor dem 12. Lebensjahr das stärkste Geweih. Geweihe mit einem Gewicht über 6 kg und einer Stangenlänge über 100 cm liegen an der oberen Grenze des in Deutschland etwa Erreichbaren. Ältere Hirsche *setzen zurück*, d. h. Endenzahl und Stangenstärke nehmen ab. Ein Hirsch, der kein Geweih schiebt, heißt *Mönch* oder *Plattkopf*.

Das Geweih ist während des Wachstums mit einer behaarten Haut *(Bast)* überzogen *(Kolbenhirsch)* und empfindlich gegen Verletzung. Das Geweih hat in Längsrichtung flachere oder tiefere Rillen, in denen die das wachsende Gebilde versorgenden Blutgefäße liegen, dazwischen mehr oder weniger ausgeprägte Erhebungen, *Perlen* genannt. Im Juli/ August beginnt der Bast einzutrocknen und wird an Sträuchern und Bäumen abgerieben, der Hirsch *fegt*. Das Geweih erhält durch die Rückstände von Blut und die Pflanzensäfte seine Farbtöne. Im Februar/April wirft der Rothirsch ab. Je älter der Hirsch, um so früher wirft er in der Regel ab, um so früher schiebt er erneut.

Ein – im 2. Lebensjahr stehender – Hirsch mit dem 1. Geweih wird als *Hirsch vom 1. Kopf* bezeichnet. Sinngemäß werden alle weiteren Entwicklungsstufen eingereiht, so daß z. B. ein – im 6. Lebensjahr

stehender, also vollendete 5 Jahre zählender – Hirsch mit dem 5. Geweih ein *Hirsch vom 5. Kopf* ist.

Einerlei, ob man das Geweih als Kampf-, Signaloder Imponierorgan betrachtet, jedenfalls bedarf es, um als Blickfang zu gelten, gewisser Ausformung. Das jagdliche Ziel, ausgereifte, starke Trophäen zu erreichen, entspricht daher primär auch biologischen Forderungen. Doch ist eben die »Trophäe« nicht Selbstzweck der Hege, sondern Ausdruck für die Gesundheit und das Wohlbefinden, die gute Verfassung des Wildbestandes in Anpassung an seinen Lebensraum.

Altersschätzung – Die natürliche durchschnittliche Altersgrenze liegt bei 18–20 Jahren. Das Alter wird nach der Stärke des Stückes, nach der Körperform und nach dem Verhalten, nach Zahnbildung und Abnutzung des Gebisses, beim Hirsch außerdem behelfsmäßig nach dem Geweih veranschlagt.

Gebiß und Zahnwechsel – Die *Zahnformel* gibt jeweils die Zahl der vorhandenen Zähne im Oberund im Unterkiefer einer Kieferhälfte an (s. Seite 67). In der Übersicht sind die einzelnen Zähne im Verlauf des Zahnwechsels aufgeführt. Zähne des Milchgebisses sind mit arabischen, Zähne des Dauergebisses mit römischen Ziffern

Zahnbildung und Zahnwechsel

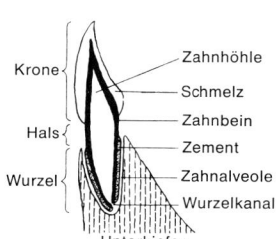

Längsschnitt durch den
Schneidezahn eines Cerviden

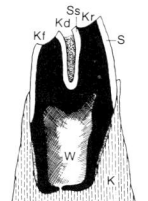

Längsschnitt durch den
Backenzahn eines Cerviden

K = Kiefer
W = Wurzel
S = Schmelz
Ss = Schmelzschlingen
Kr = Kaurand
Kf = Kaufläche
Kd = Kunden

Lebensjahr		Zähne und Zahnwechsel		
		Schneidezähne (I)	Eckzähne (C)	Backenzähne** (P u. M)
1 (Sommer)	oben	———	1	1 2 3
	unten	1 2 3	1*	1 2 3 (3 ist dreiteilig)
1 (Winter)	oben	———	1	1 2 3 IV
	unten	1 2 3	1*	1 2 3 IV
2 (Sommer)	oben	———	I	1 2 3 IV V
	unten	I II 3	1*	1 2 3 IV V
3 (Sommer)	oben	———	I	1 2 3 IV V VI
	unten	I II III	I*	1 2 3 IV V VI
3 (Herbst)	oben	———	I	I II III IV V VI
	unten	I II III	I*	I II III IV V VI (III ist zweiteilig)

Die arabischen Ziffern bedeuten die Milchzähne, die römischen Ziffern die Dauerzähne.

Fertiges Dauergebiß: $I \frac{0}{3} C \frac{1}{1} P \frac{3}{3} M \frac{3}{3}$ oder abgekürzt $\frac{0\ 1\ 3\ 3}{3\ 1\ 3\ 3}$ (insgesamt 34 Zähne).

* Bei den Wiederkäuern ist der untere Eckzahn nach vorne hinter den 3. Schneidezahn gerückt und diesem nach Form und Funktion ähnlich.
** Die ersten drei sind Prämolaren, die anschließenden sind Molaren.

Brunftrudel in trollender Gangart

bezeichnet. (Die allgemeine Zahnformel für das Dauergebiß wird in arabischen Ziffern geschrieben.)

Wie alle Wiederkäuer, hat das Rotwild im Oberkiefer keine Schneidezähne. Die Eckzähne sind im Oberkiefer zu *Grandeln (Haken)* zurückgebildet, im Unterkiefer haben sie sich funktionell den Schneidezähnen angeglichen. Von den 6 Backenzähnen in jeder Kieferhälfte sind die 3 vorderen (Prämolaren) schon im Milchgebiß vorhanden, die 3 hinteren (Molaren) erscheinen erst im Dauergebiß.

Die Altersschätzung nach dem Grad der Abnutzung läßt sich im Anhalt an Kiefersammlungen und unter Verwendung der hierüber vom Deutschen Jagdschutzverband herausgegebenen Merkblätter durchführen.

Zur Anwendung der *Merkblätter* über Rotwildalter und Rehwildalter sei auch auf die »Zoologische Einführung« (Seite 64) sowie auf die Abbildung, Altersschätzung nach Entwicklung und Abnutzung, Seite 100, verwiesen.

Bestätigen des Rotwildes – Da das Rotwild sehr *heimlich* (scheu) ist, kommt viel darauf an, daß der Jäger es *bestätigen* kann. Hierzu dienen insbesondere auch die sog. *hirschgerechten Zeichen*, z. B. Fährten, Fegestellen, Losung. Diese ist beeren- oder eichelförmig, im Sommer klumpig. Die Kotbeeren, etwa 2 cm lang, halb so dick, haben beim Hirsch auf der einen Seite eine Spitze (Zäpfchen), auf der andere eine Delle (Näpfchen). Die Losungsbeeren des Kahlwildes sind schlanker als die der Hirsche.

Fährte – Hirsche und Tiere unterscheiden sich in der Fährte vor allem durch die Stärke. Beim Auf-

treten drückt das Rotwild Schalen und Ballen ab, in weichem Boden auch das Geäfter. Der Eindruck heißt, wenn er vollständig ist, *Trittsiegel*. In der Regel wird der Hinterlauf genau in das Trittsiegel des Vorderlaufes gesetzt (der Hirsch macht den *Schluß*). Die Spitzen der Schalen heißt man *Stümpfe*. Die Stümpfe sind beim Hirsch abgerundeter als beim Tier. Den äußeren Schalenrand bezeichnet man als *Schalenwand* oder *Sensel*. Die im Tritt liegende, emporgepreßte Erde heißt der *Burgstall* oder das *Grimmen*. Die zwischen den

Rothirschgeweih. Die rechte Stange (im Bild links) zeigt von unten (über die Rose) nach oben Augsprosse, Eissprosse, Mittelsprosse und sechsendige Krone; die linke Stange (im Bild rechts) Augsprosse, Eissprosse, Mittelsprosse und fünfendige Krone. Es handelt sich also um einen ungeraden Achtzehnender.

Schalenspitzen hochstehende Erde heißt das *Näs-lein*, die Verlängerung das *Fädlein*. Wenn der Hirsch mit dem Hinterlauf über das Trittsiegel des Vorderlaufes hinwegtritt, spricht man von *Über-eilen*, bleibt er damit zurück, vom *Zurückbleiben* oder *Hinterlassen*. Stehen beide Tritte seitwärts nebeneinander, so entsteht der *Beitritt*, stehen sie seitwärts übereinander, der *Kreuztritt*. Die Tritte des rechten und linken Laufes stehen nie auf einer Linie (der Körpermittellinie oder einer gedachten Mittellinie) hintereinander, sondern weichen nach rechts und links ab. Dieses Abweichen heißt man *schränken* oder den *Schrank*. Verbindet man die Tritte der rechten Körperseite durch eine Linie und die der linken in gleicher Weise, so bildet der Abstand der beiden Linien den *Schrank* (vgl. Seite 192). Je größer der Schrank, desto stärker ist der Hirsch. Als Maßstab diene, daß das Trittsiegel eines starken Hirsches etwa 9 cm lang und etwa 8 cm breit ist. Der Schrank eines starken Hirsches beträgt bis zu 20 cm, besonders in der Feiste. Kahl-wild schränkt wesentlich weniger – am meisten die hochbeschlagenen Alttiere.

Jagdzeit – Hirsche und Alttiere vom 1. August bis 31. Januar; Schmaltiere vom 1. Juni bis 31. Januar; Schmalspießer vom 1. Juni bis 28. Februar; Kälber vom 1. August bis 28. Februar.

Jagd – Ansitz, Pirsch, Anfahren; Riegel- oder Drückjagden. Die Krone der Jagd auf den Hirsch ist bei uns die Jagd in der Brunft unter Anwendung des Hirschrufes.

Bewertung des Geweihes – Man bewertet das Hirschgeweih einfacherweise nach der Endenzahl, besser nach dem Gewicht (normal gekappt, frisch abgekocht), genau mit formelmäßiger Bewertung. Dadurch wird sowohl die Stärke des einzelnen Geweihes ermittelt als auch eine Vergleichsmög-lichkeit der Geweihbildung für verschiedene Rot-wildvorkommen geschaffen (Anhang S. 407).

Das Damwild

Vorkommen – Das Damwild kommt in der Bun-desrepublik in freier Wildbahn in ebenem und hü-geligem Gelände hauptsächlich in Schleswig-Hol-stein, Niedersachsen und Mecklenburg-Vorpom-mern vor. Häufig wird es in Gatterrevieren und Gehegen gehalten. Es ist auch in anderen Ländern Europas verbreitet, z. B. in Großbritannien, Tschechoslowakei, Österreich, Ungarn und Spa-nien.

Aus dem Vorderen Orient stammend, ist es in geschichtlicher Zeit über Südosteuropa und Eng-land nach Mitteleuropa eingeführt worden. Wegen seiner Anpassungsfähigkeit, seiner Krankheitsfe-stigkeit und des geringeren Schadens, den es verur-sacht, nimmt die Weiterverbreitung auch durch Aussetzen zu.

Jahresstrecke – Die Strecke betrug im Jagdjahr 2000/01 in der Bundesrepublik Deutschland 45 609 Stück, von denen mehr als die Hälfte in den neuen Bundesländern erlegt wurden. Sie ist ständig gestiegen und hat sich in den letzten 20 Jahren nahezu verdoppelt. Der Bestand in Deutschland mag jetzt etwa 140 000 betragen. (Jahresstrecken in Ungarn und Tschechoslowakei je 4000, Däne-mark 2000).

Lebensweise – Waldungen mit ausreichend angren-zenden Feld- und Wiesenflächen sind der Lebens-raum für das gesellig lebende Damwild. Man kann es mehr bei Tage beobachten als das Rotwild. Es

Brunftrudel mit starkem Schaufler

windet und vernimmt sehr gut und übertrifft das Rotwild im Eräugen und Erkennen. Es beansprucht keine so großen Lebensräume und ist weniger empfindlich gegen Störungen; es kann deshalb noch in Revieren gehegt werden, wo Rotwild nicht mehr leben kann. Eigenartig muten die emporschnellenden »Orientierungssprünge« während der Flucht und der ständig in Bewegung befindliche lange Wedel an. Nur bei sehr großer Wilddichte (Parke) wird es zu vertraut, während sonst die Jagd recht mühsam ist. Das Damwild suhlt nicht.

Die Äsung ähnelt der des Rotwildes, allerdings sind die Schälschäden geringer.

Die Körperlänge des Hirsches beträgt etwa 1,4 m, die Schulterhöhe etwa 1 m, die Länge des Wedels knapp 20 cm.

Die Fährte ist kleiner und spitzer als beim Rotwild; die Unterschiede zwischen den Geschlechtern sind weniger ausgeprägt.

Das Gewicht starker Hirsche liegt bei 60–70 kg; das der Alttiere bei 32–36 kg. Das Damwild hat nur ausnahmsweise Grandeln; sonst entspricht sein Gebiß dem des Rotwildes. Der Zahnwechsel ist zu Beginn des 3. Lebensjahres (28–30 Monate) beendet. Die Losung ist ähnlich der des Rotwildes, jedoch etwas kleiner und nicht nach Geschlechtern verschieden.

Waidmannsausdrücke – Wie beim Rotwild; ausgenommen die Geweihbildung.

Brunft – Sie beginnt etwa Ende Oktober und spielt sich den ganzen Tag über ab. Der Brunftschrei des Hirsches ist höher und eintöniger (o u, ō ū, ō ū, o u) als der des Rothirsches.

Der Damhirsch schlägt während der Brunft sog. Brunftkuhlen, das sind freigeschlagene Bodenstellen, in denen er sich immer wieder niedertut. Um ihn findet sich das Kahlwild ein.

Setzzeit und Verfärbung – Das Kalb wird im Juni gesetzt. Zwillingskälber treten häufiger auf als beim Rotwild. Die Färbezeit ist im Juni und Oktober. Im Sommer ist die Decke hellrot-braun, mit weißen Flecken, auch bei den erwachsenen Stücken, die Unterseite weißlich; im Winter ist sie dunkelgrau-braun. Es gibt auch schwarzes (sehr schwach geflecktes) und weißes Damwild.

Geweihbildung – Das Hirschkalb setzt in dem auf die Geburt folgenden Frühjahr Spieße (ohne Rosen) auf (*Damspießer*). Die nächste Stufe (als *Knieper* bezeichnet) enthält Rose, Augsproß, Mittelsproß und meist eine Gabel am Stangenende. Danach folgt eine beginnende Verbreiterung zur Schaufelbildung (zunächst *Löffler*, dann *Halbschaufler*), die durch weitere Ausbildung der Schaufel bis zum *Vollschaufler* führen kann. Die

Schaufel ist auf der Rückseite gezackt; der unterste Zacken heißt *Sporn*, *Schaufelhaken* oder *Dorn*, ein oberer heißt *Winkelsproß*, wenn er senkrecht zur Schaufelebene nach innen gebogen ist. Geweihe mit über 70 cm Stangenlänge, 40 cm Länge und 20 cm Breite der Schaufeln gehören etwa zu den Spitzenleistungen. Die Kulmination der Geweihentwicklung liegt beim Alter von 9–12 Jahren. Die Geweihe werden im April abgeworfen; Ende August bis Anfang September werden die neuen Geweihe gefegt.

Jagdzeit – Hirsche und Alttiere 1. September bis 31. Januar; Schmaltiere 1. Juli bis 31. Januar; Schmalspießer 1. Juli bis 28. Februar; Kälber 1. September bis 28. Februar.

Jagd – Ansitz und Pirsch, vor allem in der Brunftzeit, auch Drückjagd.

Damwildfarmen – In den letzten Jahren hat die Gehegehaltung von Damwild in der Hauptsache auf Brachland zur Gewinnung von »Wildfleisch« zugenommen (Damwildfarmen). Für diese Form landwirtschaftlicher Wildhaltung eignet sich Damwild besonders gut, weil es in den Jahrhunderten seiner Einbürgerungsgeschichte in Mitteleuropa schon immer viel in Gehegen und Wildparken gehalten wurde. Wie auch seine zahlreichen Farbabweichungen zeigen, hat es dadurch ein Anfangsstadium der Domestikation erreicht. Das Damwild in landwirtschaftlichen Zuchtgehegen stellt sowohl in rechtlicher wie biologischer Hinsicht einen Übergang vom Wildtier zum Haustier dar. Daraus ergeben sich erhebliche jagd-, tierschutz-, naturschutz- und lebensmittelrechtliche Probleme, die zumeist noch nicht ausreichend geklärt sind.

Damtier mit saugendem Kalb

Das Sikawild

Das Sikawild stammt aus Ostasien. Bei uns wird es bisweilen in Parken gehalten. Im Sauerland, im Weserbergland, in Schleswig-Holstein und in Südbaden kommt es in kleinen Beständen auch in freier Wildbahn vor. Die dem Rotwild verwandte Hirschart kommt in Größe und Gewicht etwa an das Damwild heran. (Das bei uns eingebürgerte Sikawild geht auf verschiedene, teilweise auch miteinander vermischte Ursprungsrassen zurück. Die kleinste Form stammt von den japanischen Inseln – »Japan-« oder »Insel-Sika« –, die größte aus der Mandschurei – »Festlands-Sika« oder »Dybowski-hirsch«.) Die Decke ist im Sommer auffällig hell gefleckt, im Winter nahezu schwarz mit großem, hellem Spiegel. Das Geweih ist gering, oft von heller Farbe, und entwickelt sich in der Regel nur bis zur Achterstufe. Der Brunftschrei des Hirsches ist ein hoher, schriller Pfeifton. Die *Zahnformel* ist die gleiche wie beim Rotwild.

Kreuzungen zwischen Sika- und Rotwild kommen vor. Eine weitere Verbreitung des Sikawildes erscheint wenig sinnvoll, da überall dort, wo Rotwild nicht mehr gehegt werden kann, das Damwild einen besseren »Ersatz« bietet.

Jahresstrecke – Die Strecke betrug im Jagdjahr 2000/01 in der Bundesrepublik 850 Stück.

Jagdzeit – wie Damwild.

Das Rehwild

Vorkommen – Das Rehwild ist in Europa fast überall verbreitet. Bei uns ist es vor allem auf landwirtschaftlich genutzten Flächen oft die einzige Hirschart und genießt daher das besondere Interesse der meisten Jäger. Durch Hege und infolge einer ungenügenden Bejagung nimmt der Bestand seit Jahrzehnten ständig zu. Auch in Skandinavien dringt es immer weiter nach Norden vor. Im Osten grenzt sein Verbreitungsgebiet an das des erheblich größeren Sibirischen Rehwildes.

Jahresstrecke – Die Strecke betrug im Jagdjahr 2000/01 in Deutschland 1 065 236 Stück. Während der vergangenen 25 Jahre hat sie in den alten Bundesländern um rund die Hälfte zugenommen, in den neuen beinahe um das Doppelte. Der Bestand kann auf mindestens $2\frac{1}{2}$ Millionen Stück veranschlagt werden. (Jahresstrecken in Österreich 257 000, Tschechoslowakei 100 000, Ungarn und Schweiz je 45 000, Schweden 125 000).

Lebensweise und Sinne – Der Lebensraum des Rehwildes ist der strauchreiche Mischwald, am

Sikawild (Hirsch und Tier)

liebsten im Gemenge mit Feld. Infolge seiner hohen Anpassungsfähigkeit besiedelt es auch weniger günstige Lebensräume. Im Sommer lebt es meist einzeln (die erwachsenen Böcke ausgesprochen territorial, die Ricken zusammen mit ihren Kitzen), im Winter vereinigen sich die Rehe oft zu größeren Sprüngen. Tagsüber hält sich das Rehwild im Walde – in Dickungen, Lichtungen und Schlägen –, bei hoher Frucht auch im Felde auf. In weiten, deckungsarmen Feldfluren kommen Feldrehe vor, deren Verhalten diesem Lebensraum angepaßt ist. Zur Äsung bevorzugt es die frühen Morgenstunden, die Zeit vor Mittag und die Abenddämmerung; es hat einen sechsstündigen Äsungsrhythmus.

Das Rehwild äugt mäßig, bemerkt Bewegungen aber gut; es vernimmt und windet sehr gut. Bei Beunruhigungen stößt es einen heiseren »bö«- oder »bäh«-Laut (Schrecklaut) hervor und springt meistens ab. Den gleichen Laut kennen wir als Standmarkierung *(Schmälen)*. Kontaktlaut, vor allem zwischen Ricke und Kitz, in der Brunft auch zwischen den Geschlechtspartnern, ist ein feines *Fiepen*, bei starker Brunfterregung das zweitönige (»pijäh«) *Sprengfiepen* (Geschreilaut). Den gleichen Ton, dann *Angstfiepen* genannt, hören wir in Angststimmung. In höchster Not stößt Rehwild durchdringende Klagetöne aus.

Der geruchlichen Verständigung dienen *Duftdrü-*

sen: Bei der Fortbewegung werden Duftstoffe aus den »Laufbürsten« der Hinterläufe (wie bei allen Cerviden) am Bodenbewuchs abgestreift. Außerdem hat Rehwild besondere Duftorgane zwischen den Schalen der Hinterläufe (Zwischenzehendrüse). Die Böcke haben eine Duftdrüse auf der Stirn vor den Rosenstöcken, deren Sekret sie zur Markierung ihres Territoriums an Ästen und Halmen verreiben. Rehwild suhlt nicht.

Das Reh ist ein *Kurzflüchter,* der in der Flucht schon nach kurzer Zeit nachläßt. Vor Störungen oder Verfolgern drückt es sich lieber in dichte Deckung oder macht auf engem Raum viele Wiedergänge, anstatt über weite Strecken zu flüchten. Das entspricht seinem Verhalten und seinem Körperbau, angepaßt an dichtes Buschwerk als bevorzugten Lebensraum.

Vom Rot- und Damwild unterscheidet sich das Rehwild weitgehend, besonders was sein Sozialverhalten und seine Ernährung betrifft. Seine nächsten Verwandten sind die »Neuwelthirsche« Amerikas, besonders der Weißwedelhirsch.

Die *Losung* besteht aus Kotbeeren (1,5 cm lang und halb so dick) und ist bei saftreicher Äsung unregelmäßiger geformt.

Das *Trittsiegel* ist etwa 4 cm lang, 2,7 cm breit. Die Geschlechter sind an der Fährte nicht zu unterscheiden.

Waidmannsausdrücke – Wie beim Rotwild, jedoch: das Geweih des Rehbockes wird auch *Gehörn* oder *Krone* (im Süden auch *Gewichtl*) genannt; je nach Gehörnentwicklung *Knopf-, Spieß-, Gabel-, Sechserbock; Ricke* oder *Geiß* (weibl. Altreh), *Schmalreh* (weibl. Stück im 2. Lebensjahr), *Bockkitz* oder *Kitzbock* (das männl. Junge), *Geißkitz* oder *Rickenkitz* (das weibl. Junge). *Schürze* (das Haarbüschel am Feuchtblatt). Das Reh hat einen kurzen, meist in der Behaarung verschwindenden *Wedel,* der nur deutlicher sichtbar wird, wenn ihn das Stück beim Lösen anhebt.

Größe und Gewicht – Die Körperlänge beträgt 0,95–1,35 m, die Schulterhöhe 0,65–0,75 m, die Länge des Wedels 2–3 cm. Das Gewicht nimmt im allgemeinen mit dem Steigen der Durchschnittstemperatur ab, also von Nordosten nach Südwesten und vom Gebirge in die Tieflage. Die Güte des Standortes wirkt sich außerdem sehr stark auf das Körpergewicht aus. Im Osten beträgt das Durchschnittsgewicht des Rehbockes 17 kg, im Westen Deutschlands etwa 14 kg. Ricken sind etwa um 10% leichter.

Äsung – Rehwild weidet nicht, wie die großen Wiederkäuer, Grünflächen ab, sondern pflückt auswählend einzelne Blätter und Knospen, Gräser

Rehbock im Sommer

und Kräuter, so daß der Eindruck der Naschhaftigkeit entsteht (»Konzentrat-Selektierer«: bevorzugte Auswahl von nährstoffreichen Pflanzenteilen). Die Äsung wechselt nach der Jahreszeit. Im Frühjahr und Sommer sind es Gräser und Kräuter, junges Getreide, Klee, zarte Triebe und Blätter von Sträuchern und Bäumen. Im Herbst werden auch Früchte – wie Beeren und Pilze, Eicheln und Buchen, Wildobst und Kastanien – aufgenommen. Im Winter schlägt das Rehwild das überwinternde Getreide unter dem Schnee heraus, wie es auch

»Feldrehe« im Frühjahr: rechts ein älterer (bereits verfegt), links ein junger Rehbock (Bastgehörn)

Ein Sprung Rehwild im Vorfrühling (März): Alle drei Stücke sind noch im Winterhaar. Der starke Bock (rechts) hat sein Bastgehörn fast fertig geschoben. Das Bockkitz (Mitte) beginnt erst mit dem Schieben des Jährlingsgehörns, nachdem es vorher sein Erstlingsgehörn (»Kitzknöpfe«) abgeworfen hat. Wenn am 1. April aus dem Bockkitz ein Jährlingsbock wird (Übergang in die nächsthöhere Altersklasse), wird der starke Bock bereits verfegt haben; der Jährlingsbock verfegt dagegen selten vor Ende Mai, da er ja auch viel später zu schieben begonnen hat. – Deutlich erkennbar ist hier auch der Unterschied in der Form des Spiegels bei männlichem und weiblichem Rehwild im Winterhaar: vergleiche das weibliche Stück (links) mit »kleeblattförmigem« Spiegel und Schürze und das männliche Stück (Mitte) mit »nierenförmigem« Spiegel ohne Schürze! Dieses Merkmal ist schon bei den Kitzen deutlich ausgeprägt, sobald sie das volle Winterhaar tragen (ab Ende Sept./Anfang Okt.).

Knospen, Triebe, Rinde von Weichhölzern, Heide, Beerkraut, Brombeer- und Himbeerlaub, ja Flechten, äst. Wo es in zu großer Zahl vorkommt, richtet es durch Äsen der Keimlinge und Verbeißen der Triebe der Forstpflanzen oft erheblichen Schaden *(Verbiß)* an. Der tägliche Nahrungsbedarf beträgt etwa 4–5 kg Grünäsung.

Brunft – Die Brunft wird auch *Blattzeit* genannt. Sie dauert von Mitte Juli bis Mitte August. Der Bock brunftet jeweils mit einer Ricke, er treibt und beschlägt sie. Das weibliche Stück gibt in der Brunft einen Fiepruf von sich; bei getriebenen Stücken hört man auch das Angstgeschrei, während der Bock *keucht.* Nach der Blattzeit zeigen die Böcke nicht mehr so ausgeprägt ihr unverträgliches Territorialverhalten (Abgrenzen und Verteidigen ihres Einstandes gegen Artgenossen). Neben dieser normalen Brunft kommt es bisweilen im November zu einer Nachbrunft (bei der dann die Keimruhe entfällt).

Setzzeit – Das Reh hat eine verlängerte Tragzeit, da die Entwicklung des im August befruchteten Eis bis zum Dezember nahezu völlig ruht *(Keimruhe).* Die Kitze (1–3) werden im Mai/Juni gesetzt. In der ersten Lebenswoche drücken sie sich und bleiben unbeweglich liegen, um sich vor Feinden zu schützen. Diese Eigenart ermöglicht in dieser Zeit ihr Zeichnen mit Wildmarken, zweckmäßig im Zusammenhang mit den Bemühungen, in Wiesen gesetzte Kitze vor dem Ausmähen zu retten. Derart still liegende Kitze sind nie »verwaist«! Sie werden regelmäßig von der Mutter betreut und auch gegen Feinde (z. B. Fuchs) energisch verteidigt.

Die Kitze werden etwa 6 Monate gesäugt, etwa von der 3. Lebenswoche ab nehmen sie Grünäsung regelmäßig auf.

Es kommt immer wieder vor, daß Rehkitze beim Mähen von Wiesen oder Grünfutterschlägen verletzt werden. Als wirksamstes Vorbeugungsmittel hat sich bewährt, daß man am Tage vor dem Schnitt solche Flächen absucht und Ricke und Kitz verjagt. Sofort aufgestellte Scheuchen halten das Wild wenige Tage ab, die Flächen aufzusuchen, so daß der Schnitt inzwischen durchgeführt werden kann.

Haarwechsel – Die Kitze haben weißliche Flecken auf der Decke, die sich bis August verlieren. Die Sommerdecke (ab Juni) ist rotbraun, die Winterdecke (ab Oktober) graubraun mit auffälligem wei-

Blattzeit: der Rehbock treibt eine brunftige Geiß.

Ein frisch gesetztes Kitz wurde mit einer Wildmarke am rechten Lauscher versehen.

ßen Spiegel. Im Nordwesten Deutschlands gibt es verbreitet schwarze Rehe. Der Haarwechsel vollzieht sich im Frühjahr meist büschelweise, im Herbst unauffällig. Verspätetes und langanhaltendes Verfärben ist Zeichen schlechter Verfassung (Krankheit, schlechter Ernährungszustand, hohes Alter) und gibt gute Hinweise für das Ansprechen im Zusammenhang mit anderen Merkmalen.

Gehörnbildung* – Das Bockkitz schiebt im August die *Rosenstöcke.* Meist bildet sich daran anschließend ein *Erstlingsgehörn,* das sind Knöpfe oder kleine Spieße ohne Rosen, die bis zum kommenden

---

* Obwohl die Stirnwaffen des Rehbockes tatsächlich ein Geweih sind, wie bei allen Cerviden, wollen wir hier den Ausdruck »Gehörn« beibehalten, der sich weitgehend in die Jägersprache eingebürgert hat.

Saugendes Rehkitz (Geiß im Verfärben)

Plätzender Rehbock

97

Februar wieder abgeworfen werden. Anschließend schiebt der nun nahezu einjährige Bock das *Jährlingsgehörn:* Spieße mit Rosen, häufig auch *Gabeln,* bisweilen auch schon ein *Sechsergehörn.* Dieses, mit drei Enden an jeder Stange, ist bereits die Endstufe im normalen Aufbau des Rehgehörns. Mehrendige Gehörne (»Achter-«, »Zehnerböcke« usw.) entstehen durch regelwidrige Gabelung von Enden, oft auch infolge von Bastverletzungen. Der einjährige Bock fegt meist erst im Mai (bis Anfang Juni) und wirft im November/Dezember ab. Die folgenden, meist an Stärke zunehmenden Gehörne sind bis März/April fertig gebildet.

Manche Jährlingsböcke schieben infolge schlechter Jugendentwicklung (bei der die Bildung eines Erstlingsgehörns im Kitzalter unterbleiben kann) ein »verspätetes« Erstlingsgehörn bzw. ein Gehörn, das nicht viel stärker als ein normales Erstlingsgehörn ist. Derart unterdurchschnittlich entwickelte Jährlingsböcke nennen wir »Knopfböcke« oder »Knopfer«.

Da das Wachstum des Gehörns in die äsungsarme Winterszeit fällt, hängt seine Ausbildung sehr von den jeweiligen Äsungs- und Witterungsbedingungen ab und schwankt daher von Jahr zu Jahr oft erheblich. Allgemein sind die die »Stärke« ausmachenden Eigenschaften (Höhe, Gewicht und Volumen des Gehörns, Auslage, Perlung und Ausbildung der Rosen) bedingt durch die Veranlagung, die Äsungsverhältnisse während des Hauptwachstums des Gehörns (Dezember bis Februar) und die Standortgüte des Lebensraumes. Im allgemeinen

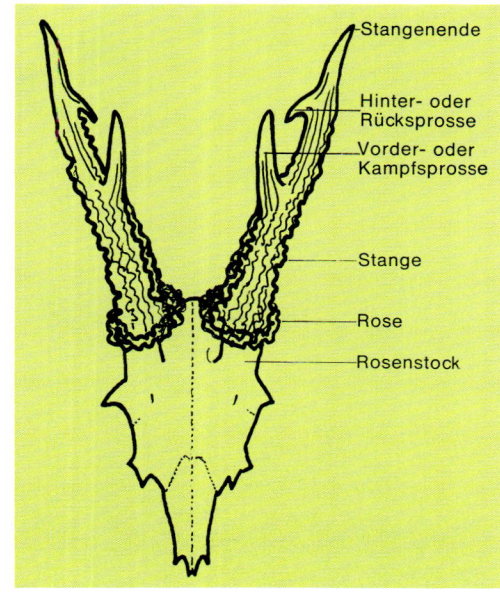

Als »Sechserbock« hat der Rehbock die arttypische Geweihform erreicht.

fällt der Höhepunkt der Gehörnentwicklung in das 4.–6. Lebensjahr, Gehörne mit einem Gewicht über 450 g und einer Länge von 24 cm liegen an der oberen Grenze des in Deutschland Erreichbaren. Verletzungen des Kurzwildbrets führen zu Wucherungen des Gehörns *(Perückengehörn),* an denen der Bock in der Regel nach einiger Zeit (1–2 Jahren) zugrunde geht.

Gehörnentwicklung beim Rehbock (nach dem Abwerfen im Frühwinter, linke Seite, bis zum Verfegen im März/April, rechte Seite)

Zahnbildung und Zahnwechsel

Lebensjahr		Zähne und Zahnwechsel		
		Schneidezähne (I)	Eckzähne (C)	Backenzähne** (P u. M)
1 (bis August)	oben	‾‾‾‾‾	0	1 2 3
	unten	1 2 3	1*	1 2 3
1 (bis Dezember)	oben	‾‾‾‾‾	0	1 2 3 IV V
	unten	1 2 3	1*	1 2 3 IV V
2 (bis Mai)	oben	‾‾‾‾‾	0	1 2 3 IV V
	unten	I II III	1*	1 2 3 IV V (3 ist dreiteilig)
2 (bis Juni)	oben	‾‾‾‾‾	0	I II III IV V VI
	unten	I II III	I*	I II III IV V VI (III ist zweiteilig)

Fertiges Dauergebiß: $I \frac{0}{3} C \frac{0}{1} P \frac{3}{3} M \frac{3}{3}$ oder abgekürzt $\frac{0\ 0\ 3\ 3}{3\ 1\ 3\ 3}$ (insgesamt 32 Zähne).

* Bei den Wiederkäuern ist der untere Eckzahn nach vorne hinter den 3. Schneidezahn gerückt und diesem nach Form und Funktion ähnlich. Obere Eckzähne (Grandeln) sind selten.
** Die ersten drei sind Prämolaren, die anschließenden sind Molaren.

Altersschätzung und Zahnwechsel – Das Alter des lebenden Bocks wird durch Beachtung verschiedener Merkmale, wie Zeitpunkt des Fegens und Verfärbens, Färbung des Sommerhauptes (Muffelfleck, Stirnlocke, Brille), nach Körperform und Verhalten u. a., das der Geiß auch nach der Stärke geschätzt. Das Gehörn ist nur bedingt für die Altersschätzung verwertbar.

Zur genaueren Altersbestimmung am erlegten Stück werden die Ausmaße der Rosenstöcke, die Verwachsung der Schädelnaht und besonders die Zahnbildung und die Abnutzung des Gebisses herangezogen.

Nur bis zur Beendigung des Zahnwechsels zum Beginn des 2. Lebensjahres (mit 12–14 Monaten) läßt sich das Alter zweifelsfrei bestimmen. (Im

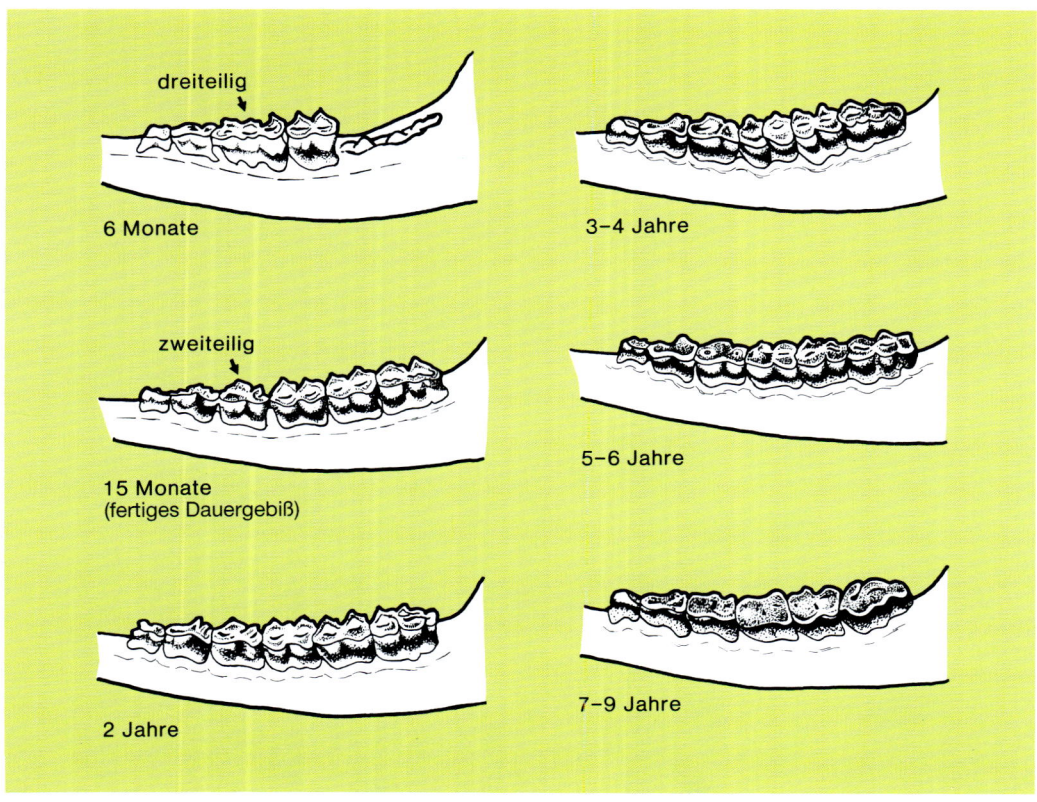

dreiteilig

6 Monate

3–4 Jahre

zweiteilig

15 Monate
(fertiges Dauergebiß)

5–6 Jahre

2 Jahre

7–9 Jahre

Altersschätzung beim Rehwild nach Entwicklung und Abnutzung der Backenzähne im Unterkiefer.

Milchgebiß ist der 3. untere Backenzahn dreiteilig, im Dauergebiß zweiteilig.) Danach bietet der Grad der Abnützung der Backenzähne nur einen ungefähren Anhalt, um ein Stück Rehwild als jung, mittelalt oder alt bzw. sehr alt einzuordnen.

Jagdzeit – Böcke 1. Mai bis 15. Oktober; Ricken 1. September bis 31. Januar; Schmalrehe 1. Mai bis 31. Januar, Kitze 1. September bis 28. Februar.

Jagd – Als Jagdarten werden vor allem Ansitz oder Pirsch ausgeübt. Eine besondere Art ist die Blattjagd (s. S. 205), wobei durch Nachahmen der Fieplaute die Böcke zum Zustehen veranlaßt werden. Der Bock soll im allgemeinen – wenn die Erfüllung des Abschusses nichts anderes erfordert – erst erlegt werden, wenn er rot und voll verwertungsfähig ist, der gute Bock möglichst erst während oder nach der Blattzeit. Mit dem Abschuß der weiblichen Stücke und der Kitze soll, sobald es die Jagdzeit erlaubt, begonnen werden, weil häufig früh einsetzender Winter die Erfüllung des Abschusses verhindert und Wild eingeht, das besser erlegt (und verwertet) worden wäre. Die Drückjagd auf Rehwild kann zur Erfüllung des Abschusses zweckmäßig sein, besonders wenn in deckungsreichen und stark beunruhigten Waldrevieren die Einzeljagd zu wenig Jagderfolg bringt. Die Erfordernis des richtigen Ansprechens und sicheren Schießens verlangt Umsicht, gute Revierkenntnis und Selbstbeherrschung, wie auch bei Drückjagden auf Hochwild.

Das Gamswild

Vorkommen – Das Gamswild ist ein Bewohner des Hochgebirges (seiner oberen Waldregion und darüber); sein Hauptvorkommen ist deshalb in Deutschland auf den Alpenraum beschränkt; Einbürgerungen in die Hochlagen des Schwarzwaldes (auch in den Vogesen) hatten Erfolg. Außerdem lebt es in den Hochgebirgen Südosteuropas, aller Alpen- und Pyrenäenländer und im Apennin; außerhalb Europas eingebürgert auf Neuseeland. Die nächsten Verwandten des Gamswildes leben in

Hochgebirgen Nordamerikas (Schneegemse) und Ostasiens (Serau, Goral).

Jahresstrecke – Die Strecke betrug im Jagdjahr 2000/01 in Deutschland 4097 Stück. Der Bestand kann auf 13 000 Stück veranschlagt werden. (Jahresstrecken in Österreich 25 000, in der Schweiz 16 000).

Lebensweise – Gewöhnlich lebt das Scharwild (Geißen und Jungwild) in Rudeln zusammen. Die Böcke leben zur Feistzeit oft in lockeren Trupps, die älteren gewöhnlich abgesondert. Das Rudel wird von einer seiner führenden Geißen – nicht immer von der gleichen – geleitet. Während der Setzzeit lösen sich die Rudel meist für einige Wochen auf. Die Geißen tun sich abseits und hakeln den sie bisher begleitenden Nachwuchs, die Kitze des Vorjahres und ältere Stücke, von sich weg.

Das Gamswild vermag sich mit seinen kräftigen scharfrandigen Schalen, die weit gespreizt werden können, und mittels der gut haftenden weichen Ballen in steilen Felspartien zu bewegen.

Die Schalen sind zugespitzt, etwa 5 cm lang, halb so breit, in der Bewegung fast immer erheblich gespreizt; kennzeichnend sind die scharfen Schalenränder. Im Winter sucht das Gamswild oft tieferlie-gende Einstände auf und steht dann mitunter weit unterhalb der Baumgrenze im Bergwald; ebenso verhalten sich manchmal alte, einzelgehende Böcke während der Feistzeit im Sommer (»Laubböcke«). Die Winterverluste, insbesondere bei den Kitzen, sind oft sehr hoch.

Lautäußerungen sind meist ein Meckern in unterschiedlichen Tonhöhen, der brunftige Bock *blädert*. In großer Not *klagt* es (lautes Blöken). Das *Pfeifen* (Ausstoßen der Luft durch den Windfang) ist ein Zeichen der Erregung oder Unsicherheit und gilt auch als Warnsignal. Gamswild windet hervorragend; es nimmt auch auf große Entfernung Bewegungen wahr, erkennt aber schlecht. Ein Organ zur geruchlichen Markierung ist eine Duftdrüse am Oberkopf (hinter der Krucke), die sog. *Brunftfeige*, die bei den Böcken zur Brunftzeit besonders aktiv ist. Tagsüber gehen die Gams – ausgesprochene Tagtiere – ihrer Äsung nach, während der Nacht tun sie sich – gern in Latschenfeldern – nieder. »Haberlmachen« nennt man das oftmalige Verhoffen und Sichern der flüchtigen Gams.

Der zunehmende Sommer- und Wintertourismus in den Bergen, besonders auch im Winter in den offenen Hochlagen, bedeuten eine schädigende

Gamsrudel (Scharwild) an einem Geröllfeld

Zahnbildung und Zahnwechsel

Alter in Monaten		Schneidezähne (I)	Eckzähne (C)	Backenzähne** (P und M)
2	oben	——	0	1 2 3
	unten	1 2 3	1*	1 2 3
6–14	oben	——	0	1 2 3 IV
	unten	1 2 3	1*	1 2 3 IV
18–26	oben	——	0	1 2 3 IV V
	unten	1 2 3	1*	1 2 3 IV V
28	oben	——	0	1 2 3 IV V
	unten	I II 3	1*	1 2 III IV V VI
32–38	oben	——	0	I II III IV V VI
	unten	I II III	1*	I II III IV V VI
	oben	——	0	I II III IV V VI
	unten	I II III	I*	I II III IV V VI

Fertiges Dauergebiß: $I\,\dfrac{0}{3}\,C\,\dfrac{0}{1}\,P\,\dfrac{3}{3}\,M\,\dfrac{3}{3}$ oder abgekürzt $\dfrac{0\,0\,3\,3}{3\,1\,3\,3}$ (insgesamt 32 Zähne).

* Bei den Wiederkäuern ist der untere Eckzahn nach vorne hinter den 3. Schneidezahn gerückt und diesem nach Form und Funktion ähnlich.

** Die ersten drei sind Prämolaren, die anschließenden Molaren.

Beunruhigung dieser sonst hervorragend an die harten Lebensbedingungen des Hochgebirges angepaßten Wildart.

Waidmannsausdrücke – *Bock* (männl. Stück), *Geiß* (weibl. Stück), *Krucke, Krickel* (Hörner), *Schlauch* (einzelnes Horn), *Gamsbart* (Rückenhaare) mit *Reif* oder *Pfreim* (weiße Spitzen), *Grind* (Kopf), *Zügel* (dunkler Wangenstreifen der Gesichtszeichnung), *Gamskugeln* (Magensteine, s. S. 66), *Scharwild, Faselzeug* oder *Geraffel* (in Rudeln zusammenlebende Geißen, junge Böcke und Kitze), *Hakeln* (Abwehr mit der Krucke); sonst wie beim übrigen Schalenwild.

Größe und Gewicht – Die Körperlänge beträgt etwa 1,1–1,3 m, die Höhe 0,7–0,8 m, die Länge des Wedels 3–4 cm. Das Gewicht des Gamsbockes beträgt etwa 22–25 kg. Das Gewicht der Geiß ist um 15–20% geringer. Das Wildbret – man beachte, daß die Gallenblase ausgelöst wird – ist im Geschmack strenger als anderes Wildbret; das von Brunftböcken nicht besonders wohlschmeckend. Bei längerer Tiefkühlung verliert sich auch hier der Brunftgeschmack des Wildbrets.

Äsung – Die Äsung besteht aus Alpenkräutern, Gräsern und Zwergsträuchern, im Winter mehr aus Flechten, Moosen, Knospen und Nadeln besonders der Latschen. Salzlecken werden gerne angenommen. Wo Gams in Waldgebieten häufig sind, verursachen sie ähnlichen *Verbiß* wie Rehwild.

Brunft – Die Brunft ist Ende November bis Mitte Dezember. In der Regel wird erst im 3. Lebensjahr die Fortpflanzungsfähigkeit erreicht. Die Böcke sind während der Brunft sehr erregt und viel auf den Läufen. Ihr Meckern während dieser Zeit heißt man »Blädern«. Es gibt Verfolgungsjagden der Rivalen und bisweilen heftige Kämpfe. Da das kräftezehrende Brunftverhalten in den Beginn des Winters fällt, haben es die Böcke schwerer als die Geißen, strenge Winter zu überleben. In strengen Wintern sind Verluste unter den mittelalten, besonders brunftaktiven Böcken (5- bis 10jährig) oft hoch. Die durchschnittliche Lebenserwartung ist daher bei den Böcken geringer als bei den Geißen (Böcke erreichen selten über 12, Geißen öfter 16–18 Jahre).

Setzzeit und Verfärbung – Die Kitze (1, selten 2) werden im Mai gesetzt. Die Decke der Gams ist im Sommer fahlgelb bis bräunlich, mit dunklem »Aalstrich« am Rücken, im Winter dunkelbraun bis schwarz; mit gelblichweißem Fleck am Bauch, am Spiegel, an der Kehle und am Kopf. Der über den Rücken hinziehende Streifen längerer Haare ist bei den Böcken im Winterhaar besonders lang und liefert den Gamsbart. Gegendweise kommen schwarze Stücke (Kohlgams) vor. Über die Backe läuft ein schwarzer Streifen *(Zügel)*, der mit den Jahren verblaßt.

Kruckenbildung – Beide Geschlechter tragen

Gamsgeiß im Sommer

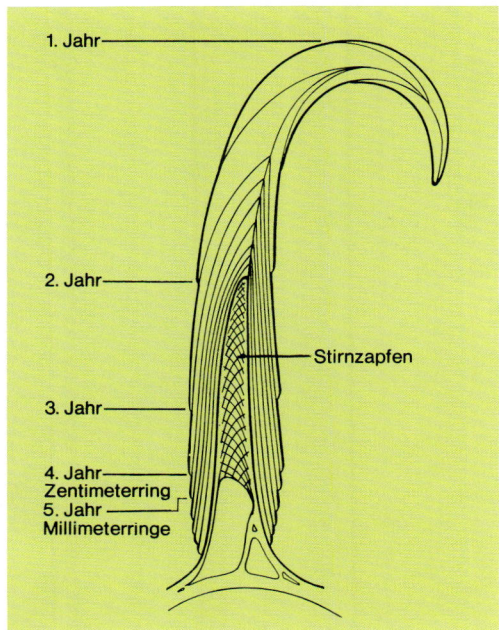

Längsschnitt durch eine Gamskrucke.
Die »Jahresringe« sind gut zu erkennen.

Zur Brunftzeit: blädernder Bock (links) und Geiß mit
sehr hoher Krucke

hohle, schwarze Hörner, die Krucken. Sie haben
im 4. Jahr ihr Hauptwachstum beendet und werden
von da ab nur mehr wenig höher und stärker. Die
des Bockes sind kräftiger und stärker *gehakelt* (gekrümmt), im Schlauchquerschnitt beim Bock rund,
bei den Geißen oval. Das Alter wird bestimmt nach
der Zahl der *Jahrringe* (entstehend durch das ge-
drosselte Wachstum während der Wintermonate)
an jedem Schlauch. Krucken über 18 cm Höhe
liegen an der Obergrenze des in deutschen Revieren Erreichbaren.
»Hauthörner« sind gelegentlich vorkommende

Mißbildungen, wobei die behaarte Haut an beliebi-
gen Körperstellen – meist an Nacken, Hals oder
Blattregion – hornförmige Gebilde hervorbringt.
Jagdzeit – 1. August bis 15. Dezember.
Jagd – Pirsch und Ansitz, besonders in der Brunftzeit. Riegler sind (früher häufig ausgeübte) Treibjagden auf Gamswild, die – wenn sie nicht nach
mehrjähriger Jagdruhe durchgeführt werden – den
Bestand zu sehr beunruhigen. Bei richtiger Durchführung können sie aber günstiger sein als ständig
intensiv ausgeübte Einzeljagd.

Das Steinwild

Das Steinwild, nach seiner fast vollständigen Ausrottung im auslaufenden Mittelalter heute wieder
in den Westalpen Norditaliens (Nationalpark Gran
Paradiso) mit 4000 Stück heimisch und im Alpenraum mit bestem Erfolg (Bestand allein in der
Schweiz 10 000 Stück) eingebürgert, kommt in der
Bundesrepublik vereinzelt bei Berchtesgaden, im
Inntal und auf der Benediktenwand vor.
Das Steinwild lebt in den Felshochlagen der Alpen
und ist dort der gewandteste Kletterer. Seine Farbe
ist fahlbraun, im Sommer gegen rotbraun, im Winter gegen graubraun (daher die Bezeichnung *Fahl-
wild*). Seine Sinne sind gut entwickelt, besonders

103

Ein Trupp Steinböcke im Sommer

äugt es scharf. Böcke und Geißen tragen ein säbelförmig nach rückwärts gebogenes Gehörn. Es ist beim Bock bis 75 cm, im Querschnitt dreieckig und hat starke Hornwülste, bei der Geiß ist es schwächer und im Querschnitt mehr rundlich. Die Brunft der mit 2½ Jahren fortpflanzungsfähigen Stücke währt von November bis Januar. Im Juni wird ein Kitz (selten 2) gesetzt. Der Bock wird 80–120 kg schwer; Geißen sind erheblich geringer.

Dem Alpensteinbock nah verwandte Formen leben in den Hochgebirgen Spaniens (Iberischer Steinbock), Asiens (Sibirischer Steinbock) und Nordafrikas (Nubischer Steinbock). Auch die wilde Stammform der Hausziege, die Bezoarziege, steht dem Steinwild nahe. Kreuzungen zwischen Steinwild und Hausziegen sind möglich.

Jagdzeit – Keine (ganzjährig geschont).

Das Muffelwild

Vorkommen – Das Muffelwild ist urprünglich in den Bergen von Korsika und Sardinien beheimatet. (Als Rest eines voreiszeitlichen Vorkommens im Mittelmeerraum und Kleinasiens; möglicherweise ein früh wieder verwildertes Hausschaf; der Ur-

sprung ist nicht eindeutig geklärt.) Es ist die kleinste Form der zahlreich über die Hochgebirge der nördlichen Erdhälfte verbreiteten Wildschafe (z. B. Argali in Asien, Dickhornschaf in Nordamerika). Seit Anfang dieses Jahrhunderts wurde es in Deutschland eingeführt und kommt heute in zahlreichen Revieren, vor allem in Mittelgebirgen vor. Die Verbreitung schreitet durch Einbürgerungen fort. Das gilt auch für andere europäische Länder, besonders die Tschechoslowakei, wohin es schon zu Beginn des 18. Jahrhunderts gebracht worden war. Muffelwild kreuzt sich mit anderen Wildschafen und mit Hausschafen.

Jahresstrecke – Die Strecke betrug im Jagdjahr 2000/01 in Deutschland 5869 Stück. Der Bestand kann auf 18 000 Stück veranschlagt werden. (Jahresstrecken in der Tschechoslowakei 6000, in Ungarn 1700, in Österreich 1800).

Lebensweise – Reinblütiges Muffelwild ist ein Waldschaf und lebt gesellig, manchmal in recht großen Rudeln. Ältere Widder stehen auch in Trupps zusammen oder sind Einzelgänger. Am Tage zieht es gern äsend durch ruhige Revierteile, ohne aber den Wald zu verlassen. Am Abend und zeitigen Morgen kommt es auf Waldwiesen, selten auf das Feld. Muffelwild windet und äugt sehr gut.

Schafe und Lämmer lassen öfter einen leisen, mekkernden Ton vernehmen, weniger oft hört man ein hausschafähnliches Blöken; beim Widder ist dies selten. Bei Gefahr stoßen die Muffel einen zischenden Pfiff aus, springen ab, verhoffen bald und werden dann flüchtig. Hindernisse bis zu 2 m werden mühelos überfallen; Wasserläufe meidet das Wild.

Die *Fährte* gleicht etwa der des Damwildes, die *Losung* der des Rehwildes. In größerem Ausmaß als bei anderen Schalenwildarten tritt beim Muffelwild das *Auswachsen der Schalen* auf. Die Ursache kann in ungenügender Abnutzung auf weichem Boden oder in entzündlichen Vorgängen liegen. Flachlandreviere mit weichen Böden sind deshalb für das Muffelwild wenig geeignet.

Waidmannsausdrücke – Soweit sie von den beim anderen Schalenwild üblichen abweichen: *Widder* (männl. Stück), *Schaf* (weibl. Stück), *Lamm* (Junge im 1. Lebensjahr); *Schnecke* (Hörner beim Widder); *Stümpfe* (Hörner beim Schaf, nicht immer vorhanden); *Schlauch* (Horn); *Schabracke* oder *Sattelfleck* nennt man die lichte Färbung der Decke des Widders in den Flanken.

Äsung – Muffelwild ist sehr genügsam. Es äst Gräser und Kräuter, Brennesseln und Ginster, Waldfrüchte, aber auch Laub- und Nadelholztriebe. Lei-

der schält es mitunter auch an Waldbäumen. Inwiefern die »Schälsucht« mit früheren Einkreuzungen von Hausschafen zusammenhängt, ist ungeklärt. In schneereichen Wintern nimmt es Fütterungen an. Salzlecken nimmt es stets gern an. Nicht reinblütiges Muffelwild zieht oft auf die Felder, wo es in stärkeren Rudeln, nach Art von Hausschafen flächenweise weidend, empfindlichen Schaden anrichten kann.

Größe und Gewicht – Die Körperlänge beträgt etwa 1,2 m. Bei einer Widerristhöhe von 70 cm wiegt der Widder 35–40 kg, das Schaf etwas weniger.

Zahnformel – Sie ist die gleiche wie beim Gamswild.

Brunft und Setzzeit – Die Brunft fällt in die Monate November und Dezember. Starke Widder dulden nur geringe Widder beim Rudel. Zwischen älteren Widdern kommt es zu meist lang anhaltenden Kämpfen. Das Schaf setzt in der 2. Aprilhälfte oder im Mai ein Lamm (selten zwei), das der Mutter gleich folgt. Verliert das Schaf sein junges Lamm, so kommt es oft zu einer Nachbrunft; das Schaf setzt dann abermals im Herbst. Ausnahmsweise können Schaflämmer bereits im 1. Lebensjahr brunften und dann als Schmalschafe (2. Lebensjahr) setzen.

Muffelwildrudel (links starker, rechts junger Widder; einige Schafe mit »Stümpfen«)

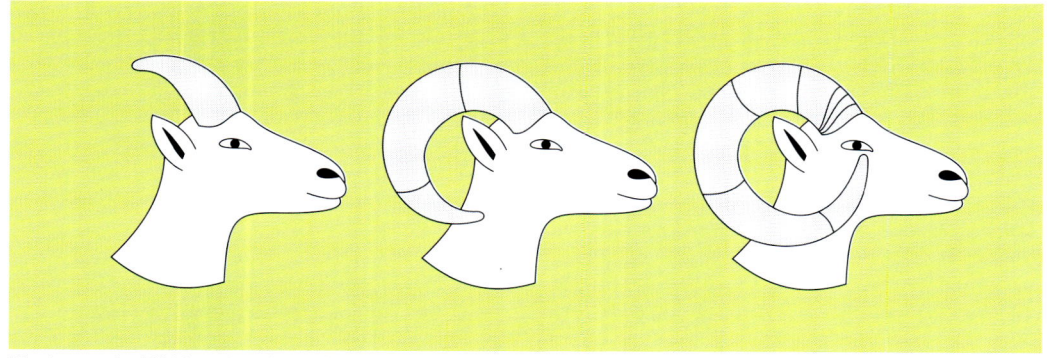

Wachstum der Widderschnecken mit Jahresringen

Verfärbung – Im Sommer ist die Decke der Widder hellrötlichbraun, Äser, Bauch, die Innenseite der Läufe und deren untere Hälfte sowie Spiegel, Sattelfleck und Wedel sind hell bis weiß. Schaf und Lamm sind schlichter gefärbt; im Sommer gelblichbraun. Im Herbst verfärbt das Wild: die Decke ist beim Widder braun bis schwarz-braun mit den erwähnten hellen Partien, beim weiblichen Wild grau-braun.

Schneckenbildung – Das Widderlamm beginnt im Alter von 3–4 Monaten mit dem Schieben der Schläuche. Es bilden sich an den zunächst zweischneidigen, dann im Querschnitt dreieckigen, im Laufe des Wachstums kreisförmig seitlich des Kopfes gewundenen Hornschläuchen dem jahreszeitlichen Wechsel entsprechende Abschnitte stärkeren und geringeren Wachstums, sog. Altersringe. Der Umfang der Schläuche an der Basis nimmt bis zum 5. Lebensjahr zu, bleibt bis zum 7. Lebensjahr etwa gleich und geht von da ab etwas zurück. Die Längsentwicklung läßt bei über 6–8jährigen Widdern erheblich nach. Der geringe weitere Zuwachs wird durch das Abwetzen der Spitzen ausgeglichen. Vom zweiten Jahr ab bilden sich an den Schläuchen Rillen (Schmuckwülste, etwa 12 je Jahresabschnitt), mit zunehmendem Alter dichter und feiner werdend. Diese Rillen haben mit den Altersringen nichts zu tun. Über 80 cm lange Schnecken mit einem Basisumfang über 35 cm bilden etwa den Höhepunkt der Entwicklung.

Bei manchen Widdern krümmen sich die Schläuche zu nahe an den Träger und wachsen im Laufe der Zeit in die Halsdecke ein (»Einwachser«). Solche Widder sollten rechtzeitig erlegt werden.

Das Schaf ist meist ungehörnt; gelegentlich vorkommende, bis etwa 10 cm lange Hörner nennt man Stümpfe.

Jagdzeit – 1. August bis 31. Januar.

Jagd – Am erfolgreichsten ist die Pirsch oder das Anfahren im Jagdwagen. Der Ansitz ist weniger lohnend, da das Wild sehr unstet umherzieht und Wechsel nicht einhält.

Das Schwarzwild

Vorkommen – Das Schwarzwild, ursprünglich in allen Laubwaldgebieten (Buche, Eiche) weit verbreitet, wegen seiner Schäden in der Landwirtschaft aber stark zurückgedrängt, hat sich in und nach dem 2. Weltkrieg, begünstigt durch ungenügenden Abschuß, stark vermehrt und weite Teile Deutschlands erneut besiedelt. Durch intensive Bejagung sind die Bestände fast überall wieder auf ein erträgliches Maß gebracht worden; Zahl und Verbreitung sind heute aber bedeutend größer als vor 1940. Die veränderte Situation der Landwirtschaft (Überschußproduktion) sowie die von Jagdpächtern aufgewandten Mittel für Wildschadenersatz und Fütterung haben zu größerer Duldung von Schwarzwild geführt.

Abgesehen von dem nordwestlichen Niedersachsen und Teilen Bayerns kommt das Schwarzwild heute in allen Bundesländern in mehr oder weniger starker Verbreitung vor. Die stärksten Bestände (im Verhältnis zur Jagdfläche) findet man in Rheinland-Pfalz, Hessen, Niedersachsen, Brandenburg und Mecklenburg-Vorpommern. Schwarzwild kommt ferner in fast allen Ländern West-, Südost- und Osteuropas vor; es fehlt in England und Skandinavien, ist aber von Osten her in Finnland vereinzelt bis an den Polarkreis vorgedrungen. Im allgemeinen ist sein Vorkommen an die Verbreitung der Buche (und Eiche) gebunden, deren Mast die Hauptnahrungsgrundlage der Sauen im Winter ist. In den Hochlagen der Gebirge kann Schwarzwild daher nicht dauernd leben. Landwirtschaftliche

Nahrungsquellen (Feldfrüchte) ermöglichen aber sein Vordringen auch in reine Nadelwaldgebiete.

Außerhalb Europas kommt unser Schwarzwild in weiten Teilen Asiens sowie in Nordafrika vor; eingebürgert auch in Nordamerika und Neuseeland (teilweise mit verwilderten Hausschweinen vermischt). Das Schwarzwild ist die wilde Stammform unserer Hausschweine.

Jahresstrecke – Die Strecke betrug im Jagdjahr 2000/01 in Deutschland 350 976 Stück, von denen mehr als die Hälfte in den neuen Bundesländern erlegt wurde. Der Bestand kann auf 400 000 Stück veranschlagt werden. (Jahresstrecken in der Tschechoslowakei 50 000, in Ungarn 36 000, Österreich 25 000, Schweiz 600).

Lebensweise – Das Schwarzwild – Bachen, Überläufer und Frischlinge – lebt gesellig in *Rotten*. Erwachsene Keiler dagegen sind Einzelgänger, die sich nur in der *Rauschzeit* zu der Rotte gesellen. Tagsüber stecken die Sauen im Dickicht, im Schilf und Farn. Ihr kräftiger Bau, der hohe Widerrist, der starke keilförmige Kopf und die mit starren Borsten bedeckte Schwarte befähigen sie, das stärkste Dickicht zu durchbrechen. Im Einstand schieben sich die Einzelstücke in ihr *Lager*, als Rotten in den sog. *Kessel* ein. Spät abends wechselt das Wild durch die Althölzer, zur *Suhle* und auf die Felder aus. Nach dem Suhlen reibt es sich gerne an Stämmen *(Malbäume)*. Mit dem kräftigen Gebrech wühlt es den Boden auf (sie *brechen*). Auf der Suche nach *Fraß* wechselt das Schwarzwild viel und weit. Im Sommer verläßt es tagsüber oft die Getreideschläge nicht. Die Losung besteht aus unregelmäßig geformten, zu Würsten zusammengesetzten Kotkugeln.

Sauen winden und vernehmen sehr gut, äugen dagegen schlecht. An Lautäußerungen bemerkt man das Grunzen der vertraut brechenden Sauen und das Quietschen der Frischlinge. Erregte Sauen schnaufen oder *blasen* oder *kreischen* vernehmlich und werden mit einem deutlichen »Uff« (Warnlaut) flüchtig. »*Wetzen*« nennt man das Aufeinanderklappen des Gewaffs eines erregten Keilers. Von Hunden gepackte oder krankgeschossene Sauen *klagen* laut. Schwarzwild ist wehrhaft und verteidigt sich mit seinem kräftigen Gebiß wirkungsvoll gegen Angreifer.

Um die Jagd auf Schwarzwild nicht missen zu müssen, gleichwohl Schäden am Landbau zu vermeiden, wird Schwarzwild seit Jahrhunderten in Gatterrevieren (und dann meist in hoher Wilddichte) gehalten. Die Eigenart des Schwarzwildes, solche Haltung bei entsprechender Hege zu ertragen, erleichtert dies. (Daß es zum Hausschwein domestiziert werden konnte, beweist seine Anpassungsfähigkeit.)

Zwei Bachen (noch im Winterhaar) mit ihren Frischlingen

Waidmannausdrücke – *Schwarzwild,* auch *Sauen, Frischlinge* (Ferkel), *Überläufer* (im 2. Lebensjahr), *Bache* (weibl. Stück), *Keiler* (männl. Stück), *angehender Keiler* (3–4 Jahre), *hauendes Schwein* (5–6 Jahre), *Hauptschwein* oder *grobes Schwein* (über 6 Jahre), auch *Basse* (männl. Stück je nach Alter und Stärke), *Gewaff* oder *Waffen* (Eckzähne im Ober- und Unterkiefer des Keilers), *Gewehre* oder *Hauer* (untere Eckzähne beim Keiler), *Haderer* (obere Eckzähne beim Keiler), *Haken* (obere und untere Eckzähne bei der Bache), *Schild* oder *Panzer* (dicke Kruste auf den Blättern), *Wurf* (Vorderkopf), *Gebrech* (Rüssel), *Teller* (Ohren), *Schwarte* (Haut), *Borsten* (Haare), *Federn* (Rückenborsten, oben etwas gespalten, aus denen der »Saubart« – Hutschmuck – gewonnen wird), *Pürzel* (Schwanz mit Quaste), *Weiß* (Fett), *Hamer* (Keule), *Weidsack* (Magen), *Gebräch* (aufgewühlter Boden); sonst wie beim Rotwild.

Nahrung – Die Sauen sind Allesfresser. Sie bevorzugen Eicheln, Bucheln, sowie die sog. Erdmast (Wurzeln, Insekten, Würmer). Sie fressen, besonders gerne im Frühjahr, frisches Gras und Kräuter, auch Mäuse, Larven, Jungwild und nehmen Luder an. Großen Schaden verursachen sie auf Wiese und Feld durch Aufwühlen des Bodens und Aufnehmen von Feldfrüchten. Forstlich sind sie – wegen der Bodenauflockerung, der Insekten- und Mäusevertilgung – überwiegend nützlich.

Fortpflanzung – Der Eintritt der Geschlechtsreife, der Beginn und die Dauer der *Rauschzeit* (Begattungszeit) und die Jungenzahl sind sehr abhängig vom Wetter und von der Mast der Waldbäume und starken Schwankungen unterworfen. Die Bache wird normalerweise im 2. Lebensjahr geschlechts-

reif; bei guten Lebensbedingungen können jedoch viele Frischlingsbachen schon vor Ende des 1. Lebensjahres beschlagen werden. (Sie frischen und führen dann bereits als Überläufer.) Die Rauschzeit (gewöhnlich im November und Dezember) beginnt so je nach Umständen schon Ende Oktober oder endet erst im März. Die Tragzeit beträgt 18 Wochen (4½ Monate). Vor dem Frischen baut die Bache ein regelrechtes »Nest«, den *Frischkessel,* in dem sie dürres Gras und Reisig zusammenträgt. Hier verborgen ruhen die Frischlinge in den ersten Lebenstagen. Die Anzahl der anfangs braun und gelb gestreiften Frischlinge liegt bei 3–9 Stück. Nach Vollmasten kommt es teilweise zu zweimaligem Rauschen innerhalb von 12 Monaten, so daß dem 1. Wurf im Spätwinter der 2. – mit weniger Frischlingen – im Hochsommer folgt.

Haarwechsel – Das gestreifte Jugendkleid der Frischlinge wird im Herbst von längeren rostbraungrauen Winterborsten abgelöst, die noch eine angedeutete Längsstreifung erkennen lassen. Erwachsene Sauen sind im Sommer graubraun bis schiefergrau, im Winter braunschwarz bis schwarzgrau. Die Winterborsten sind wesentlich gröber und länger mit dichter Unterwolle. Führende Bachen verfärben spät und tragen oft noch im Sommer lange schwarze Kammborsten.

Größe und Gewicht – Beide schwanken sehr, auch abhängig von den Lebensbedingungen; Kopfrumpflänge beim Keiler bis zu 1,80 m, Schulterhöhe bis zu 1,10 m, Länge des Pürzels bis 20 cm. Das Gewicht beträgt bis zu 200 kg, bei Bachen bis zu 100 kg (in Osteuropa noch mehr).

Altersschätzung – Die Altersschätzung ist beim Schwarzwild erschwert. Körpergewicht und Stärke der Waffen des Keilers können nur ein grobes Hilfsmittel sein. Sauen können rund 20 Jahre alt werden. Der *Zahnwechsel* ist nach 2 Jahren beendet. Die Abnutzung der Zähne nimmt wohl mit den Jahren zu, vollzieht sich jedoch nicht so folgemäßig wie bei den Wiederkäuern. Die Eckzähne sind wurzellos und haben unbegrenztes Wachstum. Zuverlässiger als die abgeschliffene Fläche an der Spitze der Keilergewehre (Faustregel: 1 cm Abschliff entspricht ungefähr einem Lebensjahr) ermöglicht die Abnutzung der Backenzähne eine gewisse Altersschätzung. In höherem Alter (etwa über 8 Jahre) beginnt sich die weit offene Basis der Eckzähne zunehmend zu verengen.

Schwarzwild hat das vollständige Säugetiergebiß als ein Zeichen ursprünglich bewahrter Vielseitigkeit: Es ist im Laufe der Artentwicklung noch kein Zahn infolge Spezialisierung auf bestimmte Ernährungsweisen verlorengegangen. Im Vergleich mit

Auseinandersetzung zweier Keiler zur Rauschzeit

Gemischte Rotte (Bachen, Frischlinge, Überläufer)

den Wiederkäuern wird deutlich, daß Wildschweine noch wenig spezialisierte, vielseitig anpassungsfähige Paarhufer sind.

Die Waffen des Keilers und die Haken der Bache sind die **Trophäen.** Gewehre über 20 cm Länge und über 25 mm Breite sind an der oberen Grenze des Möglichen.

Die **Fährte** ist der des Rotwildes ähnlich, doch zeigen die Tritte stets die Abdrücke des seitlich rückwärts überstehenden Geäfters; die Schalenhälften sind meist ungleich (die äußere etwas größer als die innere) und je nach der Körpergröße etwas kleiner, der Schritt kürzer und der Schrank enger als beim Rotwild.

Jagdzeit – 16. Juni bis 31. Januar; Überläufer und Frischlinge das ganze Jahr. Doch dürfen die zur Aufzucht notwendigen Elterntiere (hier also die Bache) bis zum Selbständigwerden der Jungen nicht erlegt werden.

Jagd – Ansitz (auch beim Mondschein) und Pirsch;

Frischlinge erwärmen sich an den ersten Sonnenstrahlen im Frühling.

Beim lebenden Keiler wird das Gewaff weitgehend durch die Lefzen verdeckt. So deutlich ist es selten sichtbar.

Ausgehen der Fährte oder Suchen (Stöbern) mit Hunden und Anspirschen der von ihnen gestellten und verbellten Sau, Drück- und Treibjagden besonders bei Schnee, wenn Sauen eingekreist sind; außerdem Jagd mit der Hundemeute.

Der Feldhase

Vorkommen – Der Feldhase (gewöhnlich Hase genannt) bevorzugt als ursprüngliches Steppentier besonders die waldarme, fruchtbare landwirtschaftlich genutzte Ebene. Hecken und Feldgehölze bieten ihm genügend Schutz. Größere zusammenhängende Waldungen besiedelt er spärlich. Das Vorkommen in den Mittel- und Hochgebirgen bis etwa 1600 m ist gering.

Jahresstrecke – Die Strecke betrug im Jagdjahr 2000/01 in Deutschland 442 127 Stück. Sie ist seit 30 Jahren stark rückläufig, vor allem in den neuen Bundesländern, was vor allem auf die Lebensraumzerstörung in der Feldflur durch die Agrarindustrie zurückzuführen ist. Der Besatz ist im gleichen Zeitraum auf weniger als die Hälfte gesunken und liegt jetzt deutlich unter 1 Million für das gesamte Bundesgebiet. (Jahresstrecken Tschechoslowakei 300 000, Österreich 194 000, Ungarn 220 000, Dänemark 200 000, Schweden 70 000).

Lebensweise – Der Hase ist vorwiegend bei Nacht und in der Dämmerung aktiv, doch auch häufig tags zu sehen. Er lebt mehr einzeln als in Gesellschaft mit seinesgleichen. In den Ruhezeiten liegt er in der Sasse (gescharrte Mulde) oder sitzt im Lager hingedrückt an Hecken oder Bodenwellen. Er ist sehr standorttreu, kehrt aufgejagt in nicht zu langer Zeit in die Nähe seines Lagers zurück. Zur Wahrnehmung der Gefahr dient vornehmlich der Gehörsinn. Die seitlich stehenden Seher ermöglichen ein weites Gesichtsfeld. Der Hase läßt bisweilen ein leises Murren vernehmen. Der Angstlaut (Klagen) ist ein wiederholter, langgezogener o-ä-Laut. Die typische Sicherungsstellung ist der Kegel, also das Aufrichten des Körpers auf den Fersen. Gegen Abend hoppelt der Hase zur Äsung. Er liebt Getreidesaat, Rüben- und Kohlpflanzen, nimmt aber auch Gras, Kräuter und, besonders bei Schnee, zarte Rinde, Knospen und Triebe von Obstbäumen und Laubhölzern. Die Losung wird in fast runde Kugeln geformt abgegeben, während ein weicher vitaminreicher Kot (Vitaminkot) wieder aufgenommen wird – ebenso wie beim Kaninchen (sog. Coecophagie).

Die Spur zeigt beim Hoppeln (ein verlangsamter Galopp) die ganze Sohle der Hinterläufe. Bei der Flucht sind nur die Zehen abgedrückt. Bei Fluchtgalopp kann der Hase eine Geschwindigkeit bis 50 km in der Stunde erreichen. Der Hase ist anfällig gegen Krankheiten und Parasiten. Groß ist die Zahl seiner natürlichen Feinde.

Waidmannsausdrücke – *Rammler* (männl. Tier), *Häsin* (weibl. Tier), *Löffel* (Ohren), *Seher* (Augen), *Geäse* (Maul), *Balg* (Fell), *Läufe, Sprünge* (Hinterläufe), *Blume* (Schwanz); der Hase *macht eine Spur,* er *hoppelt, steht auf, macht Männchen*

Junghase

Rivalenkämpfe unter Rammlern werden während der Rammelzeit durch Vorderlaufschläge ausgetragen.

Die Untergrundangleichung macht das sich Drücken zum wirksamen Feindvermeidungsverhalten.

Zum »Putzritus« des Feldhasen gehört das Belecken des Hinterlaufes.

oder *Kegel, schlägt Haken, rückt zu Felde* oder *zu Holze,* er hat eine *Sasse* oder ein *Lager.*

Größe und Gewicht – Die Körperlänge beträgt etwa 50–75 cm; die Schulterhöhe bis zu 15 cm; die Länge der Löffel und der Blume etwa 10 cm. Das Gewicht des ausgewachsenen Hasen schwankt zwischen 2.5 und 7 kg; im Osten gelegentlich noch schwerer.

Fortpflanzung – Die Rammelzeit beginnt bei günstiger (milder) Witterung schon bei Jahresende und wiederholt sich periodisch bis zum Oktober. Die erste Rammelzeit im Frühjahr ist besonders lebhaft (»Hasenhochzeit« mit gegenseitigem Treiben, oft viele Hasen gemeinsam). Dabei bilden sich Paare, die das Jahr über (mit gelegentlichem Partnerwechsel) zusammenhalten. Die folgenden Paarungen im Sommer spielen sich dann weniger auffällig ab. Eine Eigenart der Trächtigkeit ist, daß die Häsin vom 38. Trächtigkeitstag – also vor dem Setzen – erneut gedeckt oder trächtig werden kann (sog. Superfötation oder Überschwängerung). Drei-, seltener viermal setzt die Häsin, nachdem sie 42–44 Tage innegehabt hat, 2–4 Junge. Diese sind von Geburt an behaart, ihre Seher gleich offen. Bis zum Alter von etwa 5 Wochen werden die Häschen gesäugt, in der 2. Lebenswoche beginnen sie schon zartes Grün dazuzuäsen. Im Frühjahr gesetzte Hasen setzen im gleichen Jahr nicht.

Harte Winter und Regennässe während des Jahres verträgt der Hase – ebenso wie das Rebhuhn – am schlechtesten. Infolge der Abhängigkeit von der Witterung schwanken die Jahresstrecken sehr. Wegen der meist erheblichen Jugendverluste kann man nur damit rechnen, daß von den von einer Häsin im Laufe einer Setzzeit gebrachten 9–12 Jungen höchstens drei in die Jagdzeit kommen. Normalerweise sind zu Beginn der Jagdzeit etwa 70% der Hasen unter einem Jahr alt und 30% darüber.

Altersschätzung – Junghasen nennt man *Quarthasen* (etwa 1 Monat), später *Halbhasen* (2 Monate) und schließlich *Dreiläufer* (3–4 Monate), nach etwa 9 Monaten sind sie erwachsen. Junghasen unter-

»Strohsches Zeichen«: Junghasen weisen bis zum Alter von etwa 7–8 Monaten oberhalb des Fußwurzelgelenkes am Vorderlauf eine knotenartige Verdickung der Elle auf (a), die beim Abtasten fühlbar ist. Oben: Unterarmbein eines Junghasen mit »Strohschem Zeichen«. Mitte: Unterarmbein eines älteren Hasen ohne dieses Zeichen. Unten: Lage des »Strohschen Zeichens« am Hasenlauf (a).

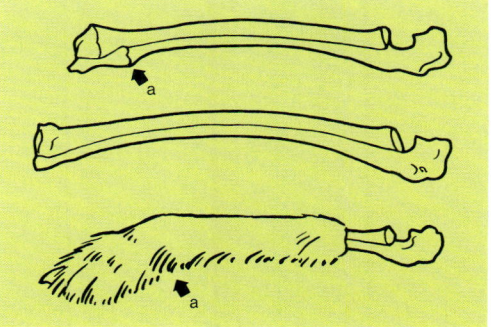

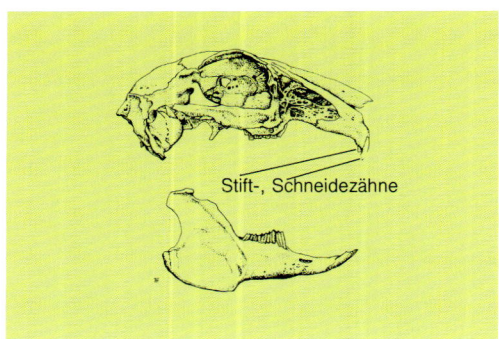

Schädel eines Feldhasen. Typisch für die Lagomorphen sind die Stiftzähne hinter den Schneidezähnen.

scheiden sich von älteren durch die Größe, das Gewicht und die leichter einreißbaren Löffel. Beim Junghasen lassen sich durch einen Griff mit Zeigefinger und Daumen in die Augenwinkel die Augendorne leicht eindrücken. Schließlich haben junge Hasen ein Knötchen an der Außenseite des Vorderlaufes, etwa 1 cm oberhalb des Fußwurzelgelenkes, das beim Abtasten durch den Balg zu fühlen ist (sog. Strohsches Zeichen). Auch das Gewicht der Augenlinsen ist Maßstab für die Altersbestimmung.

Gebiß – Das Dauergebiß des Hasen hat die

Zahnformel $\frac{2\ 0\ 3\ 3}{1\ 0\ 2\ 3}$ (insgesamt 28 Zähne).

Auffällig sind die zu mächtigen Nagezähnen entwickelten Schneidezähne, deren Zahl dafür vermindert ist: in jeder Kieferhälfte sitzt nur noch 1 Schneidezahn. (Im Oberkiefer noch ein zweiter als rückgebildeter *Stiftzahn hinter* dem Nagezahn.) Diese Nagezähne haben offene Wurzeln und wachsen zeitlebens zum Ausgleich der starken Abnutzung. Eckzähne fehlen; die Backenzähne sind mit quergestellten Schmelzfalten zum Zerraspeln der Nahrung eingerichtet.

Jagdzeit – 1. Oktober bis 15. Januar.

Jagd – Bei geringem Besatz, vor allem im Wald, wird der Hase auf der Einzeljagd bejagt (Suche, Stöbern, Brackieren, Ansitz) oder gelegentlich gemeinschaftlicher Jagden auf mehrere Wildarten mitbejagt. Bei ausreichendem Besatz werden Treibjagden abgehalten. Die pfleglichste Jagdart ist das Standtreiben; im Felde wird vielfach auch das Kesseltreiben angewendet. Nur bei großen Jagdflächen kommt die Böhmische Streife in Betracht. Unwaidmännisch ist es, den Hasen in der Sasse zu schießen.

Der Schneehase

Der Schneehase, in den Alpen in dünner Verbreitung, im deutschen Teil vereinzelt in Höhen über 1200 m vorkommend, ist kleiner als der Feldhase, seine Löffel sind kürzer, die Hinterläufe länger und kräftiger als bei jenem. Der Sommerbalg ist oberseits einheitlich graubraun, in der Regel grauer als beim Feldhasen, unterseits weißlich, die Winterfärbung reinweiß mit schwarzen Löffelspitzen. Die Vermehrung ist geringer als beim Feldhasen. Berühren sich die Verbreitungsgebiete beider Arten, so wird der Schneehase verdrängt. Kreuzungen kommen vor; Bastarde sind offenbar unfruchtbar. Scheehasen kommen außer in den Alpen (Alpenschneehase) auch in Skandinavien und in Schottland vor (Nordischer Schneehase).

Schneehase im Übergangskleid

Jagdzeit – Keine (ganzjährig geschont)

Jahresstrecke – Der bei uns ganzjährig geschonte Alpenschneehase wird in anderen Alpenländern bejagt. In der Schweiz wurden 1992 1380 erlegt. In Skandinavien werden jährlich rund 400 000 Nordische Schneehasen erlegt (Schweden rund 200 000 gegenüber nur rund 68 000 Feldhasen).

Das Wildkaninchen

Das Kaninchen stammt ursprünglich aus den Mittelmeerländern. Es ist kleiner als der Hase: Körperlänge 35–50 cm; Gewicht 1,3 bis 2,2 kg. Die Löffel haben keine schwarzen Spitzen, sie sind kürzer als der Kopf, während sie beim Hasen so lang wie der Kopf sind. Die Unterwolle ist grau (beim Hasen weißlich). Die Hinterläufe sind im Verhältnis zur Körpergröße kürzer als beim Hasen (weniger »überbaut«).

Lebensweise und Vorkommen – Das Kaninchen lebt gesellig, meist in Kolonien mit ausgeprägter sozialer Rangordnung, unterirdisch in selbst gegrabenen Bauen und bevorzugt sandige Böden (nicht über 500 m Meereshöhe) und nicht zu rauhes Klima. Es ist mehr Dämmerungstier, doch auch tags und nachts tätig. In der Bundesrepublik kommt es bevorzugt in der ganzen Rheinebene, in der Norddeutschen Tiefebene und in Schleswig-Holstein vor. Es tritt kolonienweise auf und richtet oft großen Schaden an. Die Zahnformel gleicht der des Feldhasen. In der Not stößt es einen quicksendpfeifenden Ton aus. Als Warnsignal dient Klopfen mit den Hinterläufen auf die Erde.

Fortpflanzung – Die Vermehrung ist sprichwörtlich. Die Häsin setzt nach einer Tragzeit von 28–31 Tagen in eigenen Setzröhren jährlich 4- bis 6mal 5–12 Junge. Diese sind anfangs nackt und blind (»Nestjunge«). Sie werden 3 Wochen gesäugt, dann siedeln sie in Großbaue über. Der erste Satz setzt vereinzelt noch im gleichen Jahr. Infolge der unterirdischen Lebensweise ist das Kaninchen besser geschützt gegen Feinde als der Hase. Doch wird durch Seuchen, besonders bei feuchter Witterung, seiner Vermehrung Einhalt geboten. Besonders die Myxomatose dezimiert die Besätze immer wie-

Nestjunge Wildkaninchen: nackt und blind

Wildkaninchen vor dem Bau

der. So schwanken Besatz und Strecken von Jahr zu Jahr oft erheblich.

Jagdzeit – Das ganze Jahr, jedoch dürfen die für die Aufzucht notwendigen Elterntiere (säugende Häsin) bis zum Selbständigwerden der Jungen nicht erlegt werden.

Jagd – Kaninchen werden beim Ansitz, vor dem Hund bei der Suche und beim Buschieren sowie bei Waldtreibjagden erlegt. Eine spezielle Jagdart ist die Baujagd mit Hilfe des Frettchens (Frettieren, s. Seite 205), wobei die aus dem Bau springenden Kaninchen geschossen oder in Decknetzen gefangen werden.

Jahresstrecke – Die Strecke betrug im Jagdjahr 2000/01 in Deutschland nur noch 188 172 Stück, sie ist seit 10 Jahren sehr stark rückläufig. (Jahresstrecken in Schweden 60 000, Österreich 15 000, Dänemark 8000).

Das Murmeltier

Vorkommen, Lebensweise – Das Murmeltier, auch Mankei, Murmandl, Murmel genannt, kommt in den Alpen, in der Hohen Tatra und in den Pyrenäen vor (in den Karpaten und im Hochschwarzwald ist es ausgesetzt worden). Nah verwandte Formen gibt es in Asien und Nordamerika, auch im Flachland (Steppenmurmeltiere). Es lebt gesellig (Familiensippen) oberhalb der Waldgrenze in Bauen, deren Zugangsröhren es zu Beginn des Winterschlafes, der meist von Oktober bis April dauert, mit Heu verstopft. Die Ranzzeit ist im April und Mai. Nach 5 Wochen bringt das Weibchen (*»Katze«*) 2–6 nackte und blinde Junge (*»Af-*

113

Murmeltier

Das Eichhörnchen

Das Eichhörnchen unterliegt nicht dem Jagdrecht und genießt den »besonderen Schutz« der Artenschutzverordnung. (Es darf also – im Gegensatz zu früher – *nicht* bejagt werden!) Es kommt in ganz Europa vor; lebt in Wäldern, vorwiegend im Flachland und Mittelgebirge. Es ist mittelgroß (ca. 20 cm) mit ebenso langem buschigem Schwanz, meist rotbraun, zuweilen schwarz oder braunschwarz. Die Zahnformel gleicht der des Murmeltieres.

Es ist nahezu reines Tagestier; ein gewandter Springer und Kletterer; baut kugelförmige Nester *(Kobel)* in Baumkronen. Die Lautäußerungen be-

Eichhörnchen

fen«) zur Welt, die erst im 2. Jahr ausgewachsen sind (wenig über 50 cm lang, Schwanzlänge etwa 15 cm). Der ältere *»Bär«* (Männchen) wiegt vor dem Winterschlaf bis zu 8 kg. Murmeltiere äugen vortrefflich, auch vernehmen sie gut. Der Balg hat eine erdig-gelbbraune Farbe. Der Warnlaut ist ein heller, pfeifender Schrei. Das Murmeltier nährt sich von Alpengräsern, -kräutern und Wurzeln. Es ist ein häufiges Beutetier des Steinadlers.

Zahnformel $\dfrac{1\ 0\ 2\ 3}{1\ 0\ 1\ 3}$

Ein typisches Nagetiergebiß. Je ein starker Schneidezahn (Nagezahn) in jeder Kieferhälfte, keine Eckzähne, die Zahl der Backenzähne verringert, insgesamt 22 Zähne.

Jagd – Wo es bejagt wird (Österreich, Schweiz), geschieht das durch Ansitz am Bau. Der Kugelschuß auf den Kopf ist angebracht, da nicht tödlich getroffene Tiere oft noch in den Bau einfahren. Wegen seines Fettes (zur Massage verwendet) und Balges ist das Murmeltier sehr geschätzt. Als Trophäe dienen die langen, braunroten, oberen Schneidezähne. Im deutschen Alpenraum leben etwa 4000 Murmeltiere, seit 1977 ganzjährig geschont. (Der Einbürgerungsversuch im Hochschwarzwald ist gescheitert.) In anderen Alpenländern wird das Murmeltier nach wie vor bejagt. So werden in Österreich und in der Schweiz jährlich mehrere tausend Stück erlegt.

Jagdzeit – Keine (ganzjährig geschont).

stehen in lautem Keckern und Quieken. Das Eichhörnchen lebt von Knospen, Samen, Nüssen; ist bisweilen Nesträuber; es sammelt Vorräte in Verstecken.

Es ist ein Hauptbeutetier für Baummarder und Habicht.

Der Biber

Der Biber unterliegt nicht dem Jagdrecht, sondern steht unter Naturschutz (»besonderer Schutz« der Artenschutzverordnung).

Der Biber, das größte europäische Nagetier, findet sich in freier Wildbahn in Deutschland nur in geringer Zahl noch an der Elbe, zwischen Torgau und Magdeburg, und in Mecklenburg (insgesamt etwa 800 Stück). In letzter Zeit ist eine Wiedereinbürge-

Biber; gut erkennbar die »Kelle«

Seine Nahrung, die er mit seinem Nagetiergebiß in kleine Stücke zerschrotet, besteht aus Schilfstengeln, Baumrinde, weichen Zweigen und Trieben. Er vermag Bäume von beträchtlicher Stärke anzunagen und zum Umstürzen zu bringen, um die Äste zu gewinnen. Die Begattungszeit ist im Februar und März. Nach 14 Wochen werden 2–3 (–4) Junge gesetzt, die leicht mit der Bisamratte verwechselt werden können. Erwachsene Biber haben eine Körperlänge von etwa 80–100 cm (der Schwanz mißt um 35 cm) und wiegen im Durchschnitt etwa 25 kg. Die Farbe des Balges ist braun.

Die Geilsäcke (2 Drüsen am After) sondern das *Bibergeil* ab, das als Volksheilmittel Verwendung fand.

rung an einigen Stellen in Bayern und in Niedersachsen eingeleitet worden. Sonst gibt es freilebende Biber in Europa im Mündungsgebiet der Rhone, in Skandinavien, Polen und Rußland. In Nordamerika ist der Kanadische Biber verbreitet. Auf dem Lande ist er unbeholfen, im Wasser sehr gewandt. Seinen breiten, abgeplatteten muskulösen Schwanz *(Kelle)* verwendet der Biber als Stütze und als Ruder.

Er lebt in Kolonien in Bauen an Uferböschungen; er fertigt auch in sumpfigem Gelände oder flachem Wasser Burgen aus Reisig, Schilf und Schlick und staut Wasserläufe durch Dämme, die er aus Ästen errichtet. Er taucht bis zu 15 Minuten.

Die Nutria

Sie unterliegt nicht dem Jagdrecht. (Soweit einzelne Bundesländer sie dem Jagdrecht unterstellt haben, hat sie ganzjährige Jagdzeit; ansonsten steht sie auch nach dem Naturschutzrecht nicht unter Schutz.)

Die aus Südamerika stammende, zu den Nagern gehörige (bis 9 kg schwere) Nutria (Länge des Körpers bis zu 60 cm, des Schwanzes bis zu 45 cm) ist nach Kriegsende in der Rheinpfalz aus Farmen in die freie Wildbahn entkommen und hat sich dort vermehrt. Sie ist an Gewässer gebunden und ähnelt in ihrer Lebensweise der folgenden Art, dem Bisam. Sehr strengen Wintern ist sie nicht gewachsen. Gelegentlich wird sie fälschlicherweise auch als *Sumpfbiber* oder *Biberratte* bezeichnet.

Biberburg

Nutria

Der Bisam

Der Bisam unterliegt weder dem Jagdrecht noch dem Schutz des Naturschutzrechtes; als Schädling darf ihm jedermann nachstellen. Ob ihn der Jäger auch mit der Schußwaffe erlegen darf, ist aus waffenrechtlichen Gründen strittig. (Da der Bisam kein »Wild« im jagdrechtlichen Sinn ist und als reiner Pflanzenfresser auch nicht unter den Jagdschutz fällt, wäre gegebenenfalls eine besondere Schießerlaubnis erforderlich.)

Der Bisam (Körperlänge 35 cm, Schwanzlänge 25 cm), zu den Wühlmäusen gehörend, ist an dem langen, nur etwas seitlich zusammengedrückten Schwanz leicht erkenntlich. (Der Biber hat dagegen die unverkennbare abgeplattete »Kelle«, die Nutria einen völlig runden langen Schwanz.) Er ist fast reiner Pflanzenfresser und kommt an schilfreichen Gewässern vor. Zu Beginn des Jahrhunderts wurde er wegen seines Pelzes aus Nordamerika eingeführt, jedoch hat sich das Pelzwerk in Europa nicht in der gleichen Güte erhalten. Wegen der großen Schäden, die er beim Bau seiner Röhren an Dämmen und Böschungen anrichtet, sind die Hege, das Halten und der Versand sowie die Ein- und Durchfuhr lebender Bisams verboten (Gesetz v. 1. Juli 1938).

Er hat sich in ganz Mitteleuropa verbreitet. Wo er auftritt, muß er bekämpft werden. Verpflichtet hierzu sind insbesondere die Grundeigentümer und die Fischereiausübungsberechtigten. Es werden auch besondere Bisamfänger angestellt, denen die Bekämpfung des Bisams für bestimmte Bezirke übertragen wird. Überwiegend wird der Fang mit Fallen betrieben.

Bisam

Wanderratten auf einem Futterfloß

Die Wanderratte

Die Wanderratte unterliegt nicht dem Schutz des Naturschutzrechts und gilt jagdlich als »Raubzeug«, das im Rahmen des Jagdschutzes erbeutet werden darf.

Sie ist die weitaus größte Form unter den langschwänzigen »echten Mäusen« und gleicht einer riesigen Hausmaus (Kopfrumpflänge bis 27 cm, Schwanzlänge bis 22 cm). Wanderratten leben meist in größeren Familienverbänden mit ausgeprägtem Sozialverhalten, bevorzugt als Begleiter des Menschen in Kellern, Lagerräumen, Ställen, an Müllkippen, Kanälen und Bächen, im Sommer auch im Freiland, gern am Wasser. Ausgesprochener Schädling durch Verzehren von Vorräten sowie durch Unterwühlen und Nagen an Gebäuden. Als Allesfresser mit Vorliebe für tierische Nahrung wird die Wanderratte auch zum gefährlichen »Raubzeug« an den Gelegen und Küken der Bodenbrüter (vor allem des Wasserwildes), überträgt außerdem Krankheiten und Parasiten. Sie schwimmt sehr gut und wird deshalb als »Wasserratte« oft mit dem Bisam verwechselt. Sicheres Kennzeichen sind die größeren Ohren und der lange, dünne, runde, fast unbehaarte Schwanz.

Der Feldhamster

Der Hamster unterliegt nicht dem Jagdrecht; er genießt den »besonderen Schutz« des Naturschutzrechts (Artenschutzverordnung).

Feldhamster

Unsere Wildkatze ist nicht die wilde Stammform der Hauskatze (das ist die orientalische Falbkatze), doch kommen Kreuzungen mit Hauskatzen öfter vor (sog. Blendlinge).

Wildkatzen leben vereinzelt in großen zusammenhängenden Waldungen und gehen bevorzugt nachts auf Raub aus. Hierbei erbeuten sie hauptsächlich Mäuse, daneben auch gelegentlich Jungwild und Vögel. In strengen Wintern reguliert oft Nahrungsmangel den Bestand; ebenso naßkaltes Wetter zur Aufzuchtzeit. Die Ranzeit ist im Februar/März. Man hört in dieser Zeit den Schrei des Kuders. 9 (–10) Wochen geht die Katze dick und bringt dann 2–4 zunächst blinde Junge. Die Lautäußerungen ähneln denen der Hauskatze sehr. Die Spur ist etwas stärker. Katzen können ihre Krallen einziehen, die sich deshalb im Trittsiegel nicht abdrücken (sie »nageln« nicht).

Zahnformel $\frac{3\ 1\ 3\ 1}{3\ 1\ 2\ 1}$ (insgesamt 30 Zähne),

das typische Gebiß eines vorwiegend fleischfressenden Raubtieres mit starken Eckzähnen (Fangzähnen) und spitzen Backenzähnen. Die Zahl der Backenzähne ist bei den Katzen geringer als bei anderen Raubtieren.

Jagdzeit – Keine (ganzjährig geschont).

Er ist Nagetier der Steppe und Kultursteppe, vorwiegend im kontinentalen Klima Ost- und Südosteuropas, gegen Mitteleuropa abnehmend verbreitet. Seine Körperlänge ist 20 bis 30 cm, der Schwanz kurz, die Gestalt plump, die Oberseite bunt braun-gelblich, die Unterseite schwarz. Er ist ein Dämmerungs- und Nachttier, gräbt Baue mit Vorratskammern; hält Winterruhe. Der Balg wurde früher zu Pelzwerk verarbeitet.

Die Wildkatze

Die Wildkatze ist in Deutschland selten geworden. Sicher kommt sie noch vor im Harz, im Taunus, in der Eifel, im Hunsrück und der Pfalz, aber auch aus dem Vogelsberg, dem nordhessischen Bergland und Thüringen mehren sich die Bestätigungen vereinzelten Vorkommens. Im Bayer. Wald und Steigerwald ist sie in letzter Zeit wiedereingebürgert.

Die Wildkatze hat eine gelbgraue Grundfärbung mit schwacher Streifung. Erwachsene Stücke sind wesentlich stärker (45–68 cm lang, 35–40 cm hoch, 5–8 kg schwer) als der stärkste Hauskater und haben eine buschige Rute, die vor dem schwarzen Endstück 3 deutlich schwarze Ringe und einige weniger deutlich ausgeprägte aufweist. Der schwarze Sohlfleck hinter dem Ballen ist kleiner als bei der Hauskatze. Bei jungen Wildkatzen ist die Rute bis zum Ende nicht gleich stark behaart und auch wegen der geringen Stärke ist die Gefahr der Verwechslung mit der Hauskatze gegeben.

Wildkatze

Der Luchs

Der Luchs (Gesamtlänge etwa 80–130 cm) ist von fahlgelb-rötlich-brauner Farbe, etwas dunkler und heller gefleckt. Hohe Läufe, kurze Rute, Ohrpinsel geben ihm ein unverwechselbares Aussehen. Er ist Pirsch- und Anstandjäger, der die Beute (alle Wirbeltiere, die er bewältigen kann) in weitem Satz anspringt, selten und dann nur kurze Strecken hetzt.

In Deutschland ist ein Einbürgerungsversuch im Harz vorerst erfolgreich verlaufen. Weitere Möglichkeiten zur Wiedereinbürgerung in geeigneten großen Bergwaldgebieten werden geprüft, ausgehend von erfolgreichen Beispielen in Jugoslawien, der Schweiz und Österreich (Steiermark/Kärnten). Auch in Frankreich (Vogesen) wurden bereits Luchse eingebürgert. In Südwest-, Südost-, Nord- und Osteuropa ist er Standwild mit zunehmender Verbreitung.

Zahnformel $\frac{3\ 1\ 2\ 1}{3\ 1\ 2\ 1}$ (insgesamt 28 Zähne),

ein typisches Katzengebiß, dem im Vergleich zur Wildkatze ein weiterer Backenzahn im Oberkiefer fehlt.

Jagdzeit – Keine (ganzjährig geschont).

Der Fuchs

Vorkommen – Der Fuchs ist in ganz Europa verbreitet. Er bevorzugt Gebiete, in denen größere Waldungen mit Feld- und Wiesenflächen aneinander grenzen. Seine Baue befinden sich in Waldungen mit Unterwuchs und verklüfteten Felspartien häufiger als in Dickungen und dichten Stangenhölzern. Im Wohnbau ist an der tiefsten Stelle der Kessel angelegt, zu dem mehrere Röhren führen. Außerdem findet man in Wald und Feld Not- und Wurfbaue, die meist nur eine kurze Röhre haben und in einem kleineren Kessel enden.

Jahresstrecke – Die Strecke betrug im Jagdjahr 2000/01 in Deutschland 606 456 Stück und ist damit in Europa bei weitem am höchsten (Jahresstrecken in Schweden 45 000, Österreich 58 000, Finnland 30 000, Schweiz 11 000).

Lebensweise, Nahrung – Im Bau (Röhrensystem mit Wohnkessel) »steckt« der Fuchs in der Regel nur bei anhaltendem Regen, an stürmischen Tagen, während des herbstlichen Laubfalles, auch nach dem ersten Schnee und zur Ranzzeit. Gern halten sich die Füchse tagsüber schlafend in den Dickungen oder sich sonnend in lichten Althölzern auf. Gegen Abend laufen sie auf Raub aus. Der Rüde und die Fähe leben – außer in der Ranzzeit und während der Aufzuchtzeit – meist allein. Die Fähe bleibt im Sommer bis in den Herbst mit den Jungfüchsen zusammen. Der Fuchs bellt; er kekkert in der Erregung (Ranz) oder in Not, er klagt bei starkem Schmerz.

Die *Spur* des Fuchses ist verschieden nach der Gangart. Der Fuchs schnürt, trabt und flüchtet. Wenn er flüchtet, schränkt er und setzt (wie der Hase) sehr flüchtig die Vorderläufe übereilend vor

Luchs

Schnürender Fuchs mit Beute im Fang

Fuchsfähe mit ihrem Geheck vor dem Bau

die Hinterläufe. Der Tritt ähnelt dem des Dackels, ist jedoch länger und schmäler. Das Trittsiegel ist länglich oval, weil die Zehenballen auseinandergezogen sind. Beim Hund dagegen schieben sich die Mittelballen zwischen die Seitenballen; deswegen wirkt der Hundetritt rundlicher (s. Seite 193).

Die Sinne des Fuchses sind außerordentlich gut entwickelt. Hinzu kommt ein rasches Reaktionsvermögen.

Der Fuchs ist Fleischfresser, der jedoch daneben während der Vegetationszeit bis zur Hälfte pflanzliche Nahrung aufnimmt. Er fängt und reißt, was er an Kleintieren findet, von der Maus bis zum Rehkitz, vom Singvogel bis zur Auerhenne, und nimmt Insekten, Eidechsen, Krabben, Würmer, Obst, Beeren und Gras auf. Er ist auch Aasfresser und beseitigt so Fallwild. Den Hauptteil der Nahrung während des ganzen Jahres bilden die Mäuse (über 40%), bis zu 20% Niederwild, 8% Insekten, 20% Pflanzen. Nicht selten trennt er von gerissenem (oder gefallenem) Rehwild den Kopf ab und verschleppt ihn. Die *Losung* hat die Form einer einseitig spitzen, kleinfingerdicken Wurst, die mit Haaren und Insektenpanzern, auch Obstkernen und Beerenresten durchsetzt ist. Sie wird gerne auf Stubben, Steinbrocken oder Erdhaufen zur Markierung abgesetzt.

Die Anfälligkeit des Fuchses gegen Tollwut, die hauptsächlich durch ihn über weite Strecken verbreitet wird, ist eine ernste Gefahr (s. Seite 251).

Waidmannsausdrücke – *Rüde* (männl. Tier), *Fähe* (weibl. Tier), *Geheck* (Wurf, Junge), *Welpe* (Jun-

Beutesprung (Mausen)

Im Spätherbst wird der Fuchsbalg »reif« (als Pelzwerk brauchbar).

ges), *Läufe* mit *Pranten* (Pfoten), *Seher* (Augen), *Gehöre* (Ohren), *Fänge* (lange Eckzähne), *Balg* (Fell), *Lunte* oder *Standarte* mit *Blume* (Schwanz mit heller Spitze), *Ranzzeit* (Begattungszeit), *Schnalle* (weiblicher Geschlechtsteil), *Rute* mit *Geschröt* (männlicher Geschlechtsteil), *Kern* (abgebalgter Körper), *Viole* (Duftdrüse auf der Schwanzwurzel).

Größe und Gewicht – Die Körperlänge beträgt 60–70 cm, dazu die Länge der Lunte um 32–48 cm; Schulterhöhe um 38 cm. Das Gewicht beträgt 6–10 kg.

Fortpflanzung – Die Ranzzeit erstreckt sich über die Monate Januar bis März. Zu dieser Zeit sind die Füchse auch tagsüber mehr an den Läufen, sie bellen besonders häufig; die hitzige Fähe »rennt«, oft von mehreren Rüden verfolgt. Den Deckakt selbst beobachtet man selten. Die Füchse hängen lange. Die Fähe geht 7½ Wochen dick und wölft (oder wirft) 3–8 Welpen. Diese sind anfangs blind; 2 Wochen leben sie nur von Muttermilch und werden dann an zusätzliche feste Nahrung gewöhnt, die von der Fähe sowie oft auch vom Rüden zugetragen wird. Auf und um den Heckbau liegen dann viele Beutereste. Die ersten Jagdzüge führt die Fähe mit dem etwa vierteljährigen Geheck gemeinsam aus. Die sich schnell weiterentwickelnden Welpen werden dann bald selbständig. Nur 5% der Füchse werden öfter als 3 Jahre alt.

Kreuzungen mit Hunden sind nicht möglich. Bastarde gibt es mit dem nordamerikanischen Silberfuchs, der mitunter aus Pelztierfarmen entweicht und verwildert.

Haarkleid – Jungfüchse sind wollig behaart. Altfüchse haben am Rücken die bekannte »fuchsrote« Färbung (in verschiedenen helleren und dunkleren Farbtönen), oft verwischt durch weißspitzige Grannenhaare. Die Unterseite von Kopf, Hals und Rumpf ist hellweißlich, die Vorderseite der Läufe und die Außenseite der Gehöre schwarz. Das Sommerhaar ist kurz und struppig, das Winterhaar lang und glatt. Die dichtere und volle Behaarung macht den Winterbalg wertvoller.

Da die Färbung sehr schwankt, gibt es dementsprechend die Bezeichnungen: Birk-, auch Goldfuchs (heller gefärbt mit weißer Kehle und Blume), Brand- oder Kohlfuchs (dunkler gefärbt mit schwärzlicher Kehle und Bauchseite und dunkler Blume), Kreuzfuchs (dunkler Streifen vom Scheitel bis zur Lunte und quer über die Schultern).

120

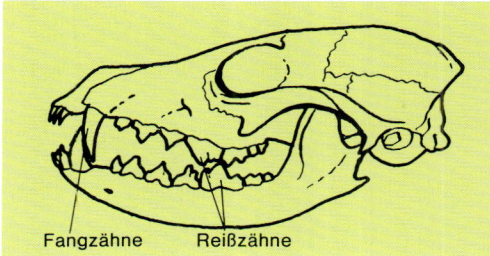

Fangzähne   Reißzähne

Fuchsschädel

Zahnformel $\frac{3\ 1\ 4\ 2}{3\ 1\ 4\ 3}$ (insg. 42 Zähne),

das typische Gebiß der Caniden, wie auch bei Wolf und Haushund, mit spitzen Fangzähnen (Eckzähnen) und kräftigen Reißzähnen (siehe Abbildung oben). Der 4. obere Backenzahn (4. Prämolar) und der 5. untere Backenzahn (1. Molar) sind die *Reißzähne*, die, als Quetschzangen wirkend, Muskelfleisch und Knochen zerkleinern können.

Der Grad der Abnutzung der Unterkieferschneidezähne und des 1. Backenzahnes geben einen Anhalt für eine Altersschätzung.

Jagdzeit – Das ganze Jahr; doch dürfen die zur Aufzucht notwendigen Elterntiere bis zum Selbständigwerden der Jungen nicht erlegt werden.

Jagd – Im Bau wird der Fuchs mit Erdhunden bejagt (gesprengt oder gegraben). Über der Erde wird der Ansitz am Bau, am Waldrand in mondhellen Nächten (Reizen durch Nachahmen der Hasenklage oder des Mäuselns) und am Luderplatz ausgeübt. Reizvoll ist die Drückjagd, auch mit Hilfe von Lappen, wenn man den Fuchspaß genau kennt.

Der Fuchs gilt als hauptsächlicher Verbreiter der Tollwut und soll deshalb möglichst »kurzgehalten« werden. Wie sich die Bejagung (je nach Intensität und Revierverhältnissen) auf das Tollwutgeschehen auswirkt, ist noch nicht völlig geklärt.

Der Wolf

Der Wolf unterliegt nicht dem Jagdrecht; er genießt neuerdings den »besonderen Schutz« der Artenschutzverordnung.

Regelmäßig kommt der Wolf in Europa noch in Spanien, auf dem Balkan, im östlichen Polen und angrenzenden Rußland vor; in geringer Zahl in Italien, Südfrankreich und in Skandinavien; in Deutschland nur in einzelnen aus dem Osten vordringenden und hier erlegten Stücken (nach dem 2. Weltkrieg in der Bundesrepublik 27 Stück).

Wölfe

Erstmals seit 150 Jahren hat sich derzeit ein Wolfsrudel (8 Tiere) in Sachsen eingestellt und dort Junge bekommen.

Durch seine Größe (bis 1,40 m lang, bis 0,80 m hoch, Gewicht bis 50 kg) ist er ein starkes Raubwild. Er lebt gesellig und bildet Rudel, in denen er besonders im Winter auch stärkeres Schalenwild ausdauernd jagt. Der Wolf ist die Stammform des Haushundes.

Daß der Wolf nicht dem Jagdrecht unterliegt und bis vor kurzem völlig ungeschützt war, beruht auf der überholten Meinung über seine Gefährlichkeit für den Menschen. Heute besteht kein Grund, den Wolf nicht ebenso unter das Jagdgesetz zu stellen, wie das teils aus praktischen, teils aus historischen Erwägungen beim Luchs sowie bei Elch und Wisent geschehen ist.

Der Marderhund

In den Bundesländern, die ihn dem Jagdrecht unterstellt haben, hat er ganzjährige Jagdzeit. Ansonsten unterliegt er im Naturschutzrecht keinem »besonderen Schutz«, darf also im Rahmen des Jagdschutzes jederzeit erlegt werden.

Der Marderhund ist ein aus Ostasien stammendes, als Pelztier in der UdSSR eingebürgertes, hier weit verbreitetes und stark vermehrtes hundeartiges Raubtier, das nach dem Westen vordringt und in großer Zahl auch die Bundesrepublik erreicht hat. Die Farbe des Balges ist schwarz-silbergrau bis

Marderhund

dunkelbraun-gelblich meliert. In der Größe zwischen Katze und Fuchs, wird er leicht mit dem Waschbären verwechselt. Er ist ein anpassungsfähiger Allesfresser, vorwiegend nachtaktiv und hält Winterruhe. In Deutschland wurden 2000/01 bereits 7161 Marderhunde erlegt, die Jahresstrecken haben eine stark steigende Tendenz.

Der Waschbär

Rechtliche Stellung: wie Marderhund (s. oben). Der aus Nordamerikas stammende, zu den Kleinbären gehörende Waschbär (50–70 cm lang, Schwanz 20–25 cm, Höhe 30–35 cm, Gewicht

Waschbär

5–6 kg) ist erstmals um 1935 durch Aussetzen und Entweichen aus Farmen in die freie Wildbahn gekommen. Er hat sich vor allem auch deswegen, weil er keine Feinde hat, sehr stark vermehrt und ist heute fast über die ganze Bundesrepublik verbreitet, mit Schwerpunkt im nördlichen Hessen und südlichen Niedersachsen. Als ausgesprochenes Waldtier, das ausgezeichnet klettert und nachtaktiv lebt, ist der Waschbär ein Allesfresser von Früchten, Obst bis zu Eiern und Jungtieren (Nesträuber). Seine Einbürgerung ist kein Gewinn für die heimische Lebensgemeinschaft; man sollte daher seine Verbreitung möglichst eindämmen.

Jahresstrecke – Die Strecke betrug im Jagdjahr 2000/01 in der Bundesrepublik 9064 Stück, sie hat sich in den letzten Jahren um etwa das Vierfache erhöht. Am wirksamsten ist der Fang in Fallen. Mit der Schußwaffe werden Waschbären meist nur gelegentlich erlegt; eine systematische Bejagung ist wegen seiner nächtlichen Lebensweise schwierig. (Die in Amerika übliche Nachtjagd mit Scheinwerfer vor der Hundemeute ist bei uns nicht erlaubt.)

Die Marder
Baum- und Steinmarder

Vorkommen, Lebensweise – Die bei uns vorkommenden Arten sind der *Baummarder* (Edelmarder) und der *Steinmarder* (Hausmarder).

Der **Baummarder** liebt geschlossene Waldungen und ist auf Schlupfwinkel in hohlen Bäumen, Holzstößen u. ä. angewiesen, er meidet die Nähe menschlicher Siedlungen; man kann ihn öfter einmal bei Tag beobachten.

Der **Steinmarder** findet Unterschlupf in Scheunen, Dachböden, Schutt- und Steinhalden, auch in Karnickelbauen; er stört sich nicht an der Nähe der Menschen, ist ziemlich standorttreu, aber ein ausgesprochenes Nachttier. Die Nahrung beider ist ähnlich. Der Baummarder bevorzugt im Wald lebende Kleinsäuger (Mäuse, Bilche, Eichhörnchen), im Frühsommer vor allem Jungvögel; daneben auch häufig Insekten. Der Steinmarder jagt vorwiegend auf Mäuse, Ratten, Kaninchen, bodenbrütende Vögel (auch Hausgeflügel, Tauben). Der Anteil pflanzlicher Nahrung (Früchte verschiedener Art: Äpfel, Birnen, Zwetschgen, Kirschen, Waldbeeren) nimmt bei beiden Arten einen erheblichen Anteil der Nahrung ein. In Ortschaften lebende Steinmarder nutzen auch regelmäßig Abfälle (Komposthaufen, Müllkippen).

Die Marder bewegen sich hüpfend. Die Springspur zeigt meist nebeneinanderliegende Tritte (Paartritt). Die Körperlänge beträgt 42–50 cm, die Länge des Schwanzes um 25 cm, das Gewicht etwa 1,3–2 kg.

Als Lautäußerungen (vor allem bei Erregung) kennen wir keckernde, fauchende und kreischende Laute.

Zahnformel $\frac{3\ 1\ 4\ 1}{3\ 1\ 4\ 2}$ (insgesamt 38 Zähne).

Unterscheidungsmerkmale – Der Baummarder hat bei kakaofarbenen Grannenhaaren gelblichere Unterwolle, einen gelben, unten abgerundeten Kehlfleck und einen gestreckten Kopf, die Sohlen der Branten sind behaart. Der dritte obere Backenzahn ist häufig eingebuchtet, der fünfte obere Bakkenzahn ist stets vorgewölbt. Der Steinmarder ist etwas plumper und schwerer als der Baummarder, er trägt einen weißen Kehlfleck, der sich – gegabelt – bis auf die Vorderläufe erstreckt; der 3. obere Backenzahn ist häufig vorgewölbt, der 5. obere Backenzahn ist stets eingebuchtet; die Brantensohle ist nackt. Abweichungen von den angeführten Kehlfleckzeichnungen kommen vor. Trotz der nahen Verwandtschaft und großen äußerlichen Ähnlichkeit sind Kreuzungen zwischen beiden Marderarten nicht bekannt.

Jahresstrecke – Die Strecke betrug im Jagdjahr 2000/01 in der Bundesrepublik 4243 Baummarder, 47 587 Steinmarder. Während der Baummarder seltener wird (und in manchen Gebieten bereits als im Bestand gefährdet gelten kann), hat der Steinmarder in den letzten 30 Jahren stark zugenommen und sich besonders auch in Ortschaften und Städten verbreitet. In Waldrandbereichen überschneiden sich die Verbreitungsgebiete beider Arten.

Baummarder in einer Baumhöhle

Der Steinmarder dringt auch tiefer in geschlossene Wälder vor.

Fortpflanzung – Die Ranz ist im Juli/August. Die Fähe wirft infolge verlängerter Tragzeit (Keimruhe ähnlich wie beim Rehwild!) im März/April 2–5 hellgraue Junge. Das Geheck bleibt meist bis zum Herbst zusammen.

Jagdzeit – 16. Oktober bis 28. Februar.

Jagd – Den größten Erfolg hat der Fang mit Kasten- und Prügelfallen sowie das »Ausneuen« (Ausgehen der Spur bei Neuschnee bis zum Tagesversteck). Aber auch auf das Mäuseln steht der Marder dann und wann zu und nimmt Luderplätze an.

Unterscheidungsmerkmale zwischen Stein- und Baummarder am Gebiß des Oberkiefers (Form des hintersten Backenzahns)

Steinmarder auf einem Scheunenbalken

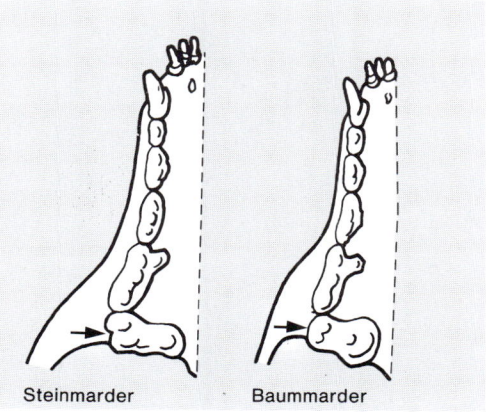

Steinmarder   Baummarder

Der Iltis

Vorkommen, Lebensweise – Der Iltis lebt in der Nähe von Gehöften, in alten Erdbauen, hohlen Bäumen, an Uferböschungen, unter Holzstößen u. a.

Die Anwesenheit des ausgesprochenen Nachtraubtieres verrät sich durch eine stark riechende Losung (Stinkdrüsen am Weidloch). In der Gestalt ist der Iltis etwas plumper als die Marder, auch kürzer (31–45 cm), besonders die Rute (um 15 cm). Der Balg ist durch die lichtstehenden, braunen Grannenhaare, die die gelbliche Unterwolle stark durchscheinen lassen gekennzeichnet. Die Unterseite des Körpers ist dunkler behaart (die selten vorkommende »Verkehrtfärbung« wie bei Dachs und Hamster). Kennzeichnend ist ferner die helle Gesichtsmaske.

Die Nahrung besteht hauptsächlich aus Kleinsäugetieren (bis Kaninchen, die der Iltis in ihre Baue verfolgt), Reptilien, Lurchen, Insekten, aber auch Fischen und Obst; auch Vogelgelege nimmt er aus. Im Winter rückt er in Stallungen, Scheunen und Dachböden. Im Gegensatz zum Steinmarder geht der Iltis in letzter Zeit zurück, wohl infolge Flurbereinigung und moderner Bauweisen (Mangel an Schlupfwinkeln).

Iltis in seinem Versteck

Die Ranzzeit ist im zeitigen Frühjahr (Februar/März–April). Nach 6 Wochen wirft die Fähe 3–7 Junge, die mit 30–36 Tagen die Augen öffnen.

Zahnformel $\dfrac{3\ 1\ 3\ 1}{3\ 1\ 3\ 2}$ (insgesamt 34 Zähne),

das Gebiß hat also 1 Prämolar weniger als das der beiden Marder.

Die Spur ähnelt der des Marders, ist jedoch kleiner.

Jahresstrecke – Die Zahl kann nur geschätzt werden, da der Iltis in der Jagdstatistik zusammen mit den Wieseln erfaßt wird. In der Bundesrepublik dürften von der Gesamtzahl von rund 60 600 Wiesel und Iltisse (1992/93) etwa 4 000 auf Iltisse entfallen. In manchen Gebieten ist der Iltis bereits im Bestand gefährdet und sollte nicht mehr bejagt werden.

Eine domestizierte Form des Iltisses (ursprünglich nordafrikanischer bzw. südosteuropäischer Steppeniltisse) ist das **Frettchen.** Es kommt als Albino vor (gelblich weiß mit roten Sehern) sowie als mehr wildfarbiges »Iltisfrettchen« (Einkreuzung wilder Iltisse) und wird abgerichtet zur Kaninchenjagd verwendet (»Frettieren«, siehe Seite 204).

Jagdzeit – 1. August bis 28. Februar. Die Jagd wird meist mit Fallen ausgeübt.

Der Nerz (Sumpfotter)

Der Nerz unterliegt nicht dem Jagdrecht; er genießt den »besonderen Schutz« der Artenschutzverordnung.

Der *Europäische Nerz* ist in Deutschland ausgestorben, in Osteuropa noch vorhanden. In seinem Erscheinungsbild ähnelt er dem Iltis. Der Balg ist kurz behaart, in der Farbe hellbraun, das Kinn weiß, die Oberlippe trägt einen weißen Fleck, die Gehöre sind schwarz. Zwischen den Zehen sind Schwimmhäute angedeutet. In Lebensweise und Nahrung ist er an das Wasser gebunden.

Die zur Pelzgewinnung in Farmen gezüchteten *Amerikanischen Nerze* (Mink) sind den einheimischen zum Verwechseln ähnlich, sie haben aber keinen weißen Fleck an der Oberlippe. Wiederholt in die freie Wildbahn gelangt, haben sie sich stellenweise vermehrt.

1 Baummarder, 2 Steinmarder, 3 Großwiesel (Hermelin) im Sommer, 4 Großwiesel (Hermelin) im Winter, 5 Mauswiesel, 6 Iltis, 7 Fischotter ▷

Hermelin im Sommerhaar

Hermelin im Winterhaar

Die Wiesel
Hermelin, Mauswiesel

Vorkommen, Lebensweise – Wiesel sind die kleinsten, äußerst lebhaften Raubtiere. Lebensraum der Wiesel ist die offene Landschaft mit deckungsreichen Unterbrechungen wie Hecken oder Gehölzen, ferner Waldränder, auch die Nähe von Gebäuden mit ihrem Umgriff.

Das **Hermelin** (Großwiesel) ist 22–29 cm lang, dazu die Länge des mit einer Spitze von schwarzen Haaren versehenen Schwanzes 8–12 cm.

Das **Mauswiesel** (Kleinwiesel) ist 16–23 cm, einschließlich Schwanz 20–29 cm lang.

Beide Arten kommen in fast ganz Europa vor; das Hermelin fehlt in Südeuropa (Spanien, Portugal, Italien, Griechenland), das Mauswiesel in Irland. Das Hermelin ist mehr Nacht- als Tagestier, das Mauswiesel mehr Tages- als Nachttier.

Die **Unterscheidung** beider Arten ist nicht immer leicht, da die Größe schwankt und Überschneidun-

gen vorkommen, zumal bei beiden Arten die Rüden deutlich größer sind als die Fähen. Das Hermelin vermag verhältnismäßig große Beutetiere zu bewältigen (bis zum Feldhasen), weshalb es im Gegensatz zum Mauswiesel nicht auf Mäuse und bodenbrütende Kleinvögel beschränkt ist und in Niederwildrevieren Verluste verursachen kann. Das Hermelin ist im Winter weiß, bis auf die schwarze Luntenspitze, das Mauswiesel verfärbt in Mitteleuropa nicht und hat stets eine braune Lunte ohne schwarze Spitze.

Die *Tragzeit* kann 2, aber auch 8 Monate (dann mit Eiruhe) dauern; dementsprechend ist die Ranz im Spätwinter oder auch Sommer. Die Jungen, 3–7, sind lange blind und wachsen langsam heran.

Die *Zahnformel* entspricht der des Iltisses.

In der älteren Literatur ist als 3. Wieselart noch das **Zwergwiesel** genannt. Dieses wird heute als eine besondere kleine Erscheinungsform des Mauswiesels betrachtet und nicht mehr als eigene Art abgetrennt.

Jagdzeit – 1. August bis 28. Februar.

Zur **Jagd** benutzt man kleine Kastenfallen, die Wippbrettfalle.

Jahresstrecke – Die Strecke betrug im Jagdjahr 2000/01 in der Bundesrepublik etwa 29 000 Stück.

Der Dachs

Vorkommen, Lebensweise – Der Dachs kommt vereinzelt in fast allen Waldgegenden Europas vor. Durch Seuchen (Lungenwurm, Tollwut) ist sein

Dachs verläßt den Bau.

126

Jungdachse vor ihrem Bau

Bestand dann und wann stark dezimiert worden, durch Vergasung der Baue zur Tollwutbekämpfung gegendweise gefährdet. Der spitze Kopf mit Schwarz-Weiß-Streifung, die hellgraue Ober- und schwärzliche Unterseite (»Verkehrtfärbung«) sind kennzeichnend. Er windet und vernimmt gut, aber äugt schlecht.

Der Dachs verbringt meistens den Tag in selbstgegrabenen geräumigen Erdbauen. In der Dämmerung verläßt er den Bau, um die Nacht über auf die *Weide* zu gehen (der Nahrungssuche nachzugehen). Mäuse und Schnecken, Würmer und Insekten (besonders Mistkäfer) nimmt er auf, auch Vogelgelege. Dazu sticht er nach der Erdmast und wühlt den Boden um. Im Herbst sucht er gern Weinberge und Obstgärten auf. Er ist Allesfresser,

Dachsschädel. Der Knochenkamm über dem Scheitelbein ist bei älteren Rüden stark ausgeprägt. Der Unterkiefer ist – anders als bei anderen Tieren – in der Gelenkpfanne des Schädels fest verankert und nur mit Gewalt von ihr zu trennen.

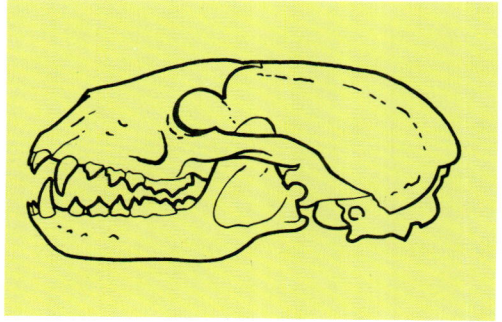

mit sehr kräftigem, aber im Vergleich zu den mehr fleischfressenden Verwandten stumpfem Gebiß.

Zahnformel $\frac{3\ 1\ 4\ 1}{3\ 1\ 4\ 2}$ (38 Zähne, wie Baum- und Steinmarder).

Im Spätherbst verläßt der feiste Dachs immer seltener den Bau, um den Winter dort – je nach dessen Strenge – ruhend, von wenigen Ausgängen unterbrochen, zu verbringen. Diese *Winterruhe* ist jedoch kein richtiger Winterschlaf. Im Spätherbst trägt er Laub und Moos in den Bau ein, um damit den Kessel auszupolstern. Die dabei entstehenden Schleppbahnen *(Geschleife)* sind das Zeichen, daß ein Bau befahren ist. Dachse sind nicht die »griesgrämigen Einzelgänger«, für die sie lange gehalten wurden, sondern führen ein recht geselliges Familienleben mit Kontakten zu benachbarten Sippen. Der Dachs löst sich nicht im Bau, sondern abseits in kleinen Gruben (»Dachsabtritten«). Sein *Tritt* zeigt deutlich Ballen und fünf Zehen mit langen *Nägeln* (Krallen). Seine Körperlänge beträgt um 70 cm, die Schulterhöhe um 30 cm, die Schwanzlänge um 17 cm. Das Gewicht liegt etwa bei 10 kg, vor der Winterruhe steigt es auf 15 kg und mehr. Das Fett wird als Schmiermittel verwendet; die Rückenhaare zu Pinseln gebunden.

Jahresstrecke – Die Strecke betrug im Jagdjahr 2000/01 in Deutschland 38 419 Stück und nimmt damit stetig zu. Längst hat sich der Dachs von den starken Einbußen durch die Tollwutbekämpfung seit Einstellung der Baubegasung wieder erholt. (Jagdstrecken in Österreich 8000, Schweiz 1000, Schweden 30 000, Dänemark 1500).

Fortpflanzung – Die Ranz ist im Juli/August; Dachse sind dann auch tagsüber unterwegs und stoßen bisweilen einen lauten, gellenden Schrei aus. Nach neuen Forschungen betrifft die Sommer-ranz vorwiegend junge Dächsinnen (2jährig, Beginn der Geschlechtsreife). Ältere Dächsinnen werden meist bald nach dem Werfen im März/April wieder gedeckt. Tragzeit (mit einer Keimruhe wie beim Reh und bei den Mardern) 7–8 Monate. Im Februar/März bringt die Dächsin 2–5 erst wenig entwickelte Jungdachse, die 3–4 Wochen blind sind und etwa 2 Monate gesäugt werden.

Waidmannsausdrücke – Wie beim Fuchs, aber *Schwarte* (Fell), *Pürzel* (Schwanz), *Bart* (Rückenhaare, die zu Hutschmuck, aber auch zu Rasierpinseln gebunden werden).

Jagdzeit – 1. August bis 31. Oktober.

Jagd – Ansitz abends und morgens am Bau; Baujagd (Dachsgraben).

Der Fischotter

Der Bestand des Fischotters ist in diesem Jahrhundert europaweit stark zurückgegangen; er wird in der Bundesrepublik auf höchstens 1200 Tiere geschätzt, davon in Niedersachsen und Schleswig-Holstein 300; ein inselartiges Restvorkommen besteht in Nordhessen, ebenso im Bayerischen Wald. In größerem Vorkommen mit noch gut reproduzierenden Teilbeständen findet sich der Fischotter östlich der Elbe in der mecklenburgischen Seenplatte, in Südbrandenburg und im Teichgebiet der Lausitz mit Anschluß an die polnische Population. Gute Bestände finden sich noch in England, Irland, Skandinavien, Portugal und Südosteuropa. Der Fi-

Fischotter

schotter ist an das Leben im Wasser angepaßt, er schwimmt und taucht vorzüglich (Schwimmhäute), macht aber auch weite Wege über Land (auf dem Weg zwischen den Gewässern). Ernährt sich von Fischen, Krebsen, kleinem Wassergeflügel, Amphibien, Mollusken, Insekten, er schlägt Kleinsäuger wie Mäuse, Wanderratte oder Bisam bis Feldhase und nimmt gelegentlich auch pflanzliche Kost auf. Seine Beute verzehrt er im Wasser oder auf dem Lande. In der Losung finden sich Fischgräten und Schuppen. Bei Tage ist der heimlich lebende Fischotter nicht oft zu beobachten. Das Gewässer verläßt er meist an bestimmten Aus-/Einstiegen. Als Baue dienen verlassene, gegebenenfalls erweiterte, Erdhöhlen anderer Tiere (z. B. auch Biber) oder selbstgegrabene, auch hohle Bäume, Uferhöhlungen zwischen Baumwurzeln u. a. Der stromlinienförmige Körper des Otters ist um 70 cm lang, der kräftige, runde und spitz auslaufende Schwanz um 45 cm. Das Gewicht liegt bei durchschnittlich 12 kg. Das Haarkleid ist lichtbraun, der dicht-kurzhaarige, wasserabweisende Balg ist oberseits glänzend dunkelbraun, unterseits heller gefärbt und unterliegt keinem zeitlich begrenzten Haarwechsel.

Eine feste Ranzzeit gibt es nicht. Oft findet die Ranz zwar im Februar statt, jedoch werden während des ganzen Jahres junge Otter angetroffen. Nach neunwöchiger Tragzeit bringt die Otterin 2–4 Junge, die im 2. oder 3. Jahr ausgewachsen sind.

Zahnformel $\frac{3\ 1\ 4\ 1}{3\ 1\ 3\ 2}$ (36 Zähne).

Jagdzeit – Keine (ganzjährig geschont).

Der Seehund

Der Seehund (Gesamtlänge 1,45–1,95 cm, Gewicht 50–100 kg), kommt in der Nordsee und westlichen Ostsee vor. Er lebt in der Nähe sandigen Strandes oder vor Sandbänken im Wattenmeer, meist in Gruppen zusammen. Seine Nahrung (Fische, Weichtiere und Krebse) verschlingt er unzerkaut. Geruch und Gehör sind gut entwickelt. Die Brunft fällt in die Monate Juli bis August. Die Hündin wirft nach 11 Monaten – auf dem Trockenen (Sandbank) – 1 Junges (selten 2), welches 4–6 Wochen gesäugt wird. Junge Seehunde (»Heuler«) werden oft nur zeitweise von der Mutter verlassen, sind also nicht in jedem Fall hilflos.

Zahnformel $\frac{3\ 1\ 4\ 1}{2\ 1\ 4\ 1}$ (insgesamt 34 Zähne).

Bei der Jagd – wo sie ausgeübt werden darf – nutzt man häufig die Neugier der Tiere aus, indem der

Seehunde ruhen auf einer Sandbank im Wattenmeer.

Jäger, auf einer Sandbank liegend, die Bewegungen des Seehundes nachahmt, um die im Wasser schwimmenden Tiere anzulocken. Die Jagd ist nur in Begleitung eines zugelassenen Führers erlaubt. Der Schuß vom Boot oder auf schwimmende Seehunde ist verboten.

Jagdzeit – 1. September bis 31. Oktober.

Die kritische Lage der Seehundbestände, die durch die Verschmutzung der küstennahen Meeresteile, durch Industrieansiedlung an den Küsten und durch den Tourismus im Wattenmeer gefährdet sind, erlaubt z. Z. keine Bejagung an den deutschen Küsten mehr. Niedersachsen hat deshalb ganzjährige Schonung verfügt; die in Schleswig-Holstein noch bestehende Jagdzeit betrifft nur Hegeabschüsse (kranke, verletzte Tiere) durch amtliche Seehundjäger.

Die übrigen teilweise auch in unseren Küstengewässern der Nord- und Ostsee vorkommenden Robbenarten unterliegen nicht dem Jagdrecht. In der östlichen Ostsee tritt an die Stelle des Seehundes die kleinere *Ringelrobbe*. Sie brunftet im Juni und wirft im März. In der Ostsee (aber auch in den Küstengebieten der Nordsee) findet sich auch die *Kegelrobbe*, die stärkste der drei vorkommenden Arten. Als Irrgäste tauchen mitunter auch andere Robbenarten aus nördlichen Meeren auf.

DAS FEDERWILD

(Paarungs-, Brut- und Aufzuchtzeit des Federwildes siehe Übersicht auf Seite 414).

Das Rebhuhn

Vorkommen, Lebensweise – In der Bundesrepublik finden wir die (im Verhältnis zur Jagdfläche) stärksten Besätze in Nordrhein-Westfalen, Schleswig-Holstein, Niedersachsen, im übrigen in der Rheinebene. Es bewohnt die meist landwirtschaftlich genutzten Flächen der Ebene und des Hügellandes. Die deckungs- und unkrautfreie landwirtschaftliche Großflächenwirtschaft ist der Hauptgrund für den steten Rückgang des Besatzes. Hier geraten die Hühner vor allem bei Harsch und gefrierendem Regen in Not, leiden aber auch schon zur Paarungs- und Brutzeit unter Deckungsmangel. Sie ernähren sich größtenteils von Unkrautsamen und Insekten. Rebhühner sind Standvögel, streichen weder weit noch viel; sie können nicht aufbaumen; die Jungen verlassen selten den Raum ihrer Geburt. Die Hühner leben in Familien (Ketten) zusammen. Tagsüber gehen sie der Äsung nach; sie hudern gern. Vor Gefahren aus der Luft (Greifvögel) drücken sie sich, vor Feinden auf der Erde laufen sie und stehen erst in einiger Entfernung auf. Abends und mit Tagesgrauen ruft sich das Volk zusammen (»kirreck«), dabei kann man »die Hühner verhören«. Nachts liegen sie zusammengeduckt in Deckung.

Jahresstrecke – Die Strecke betrug im Jagdjahr 2000/01 in der Bundesrepublik nur noch 11 092 Stück (1977/78 noch 244 000!). Das Rebhuhn ist am stärksten von allen Niederwildarten von den Auswirkungen der technisierten Landwirtschaft betroffen und weithin in seinem Bestand bedroht. Die Jäger verzichten deshalb weitgehend auch dort auf Bejagung, wo noch kleine Strecken möglich wären. (Jagdstrecken (1992/93) in Österreich 9000, Dänemark 77 000, Tschechoslowakei 1975 noch 32 000, 1983: 320, 1985: keine!)

Waidmannsausdrücke – *Ständer* (Beine), *Stoß* (Schwanzfedern), *Schwingen* (Flügel), *Schild* (hufeisenförmiger brauner Fleck im Brustgefieder), *liegen* (sitzen), *aufstehen* (auffliegen), *streichen* (fliegen), *einfallen* (landen), *weiden* (äsen), *hudern* oder *stäuben* (im Staub, Sand baden), *Kette* oder *Volk* (Familie); *Geläuf* (Spur), *Gestüber* (Losung), die Hühner *paaren sich; Gesperre* (die Jungen eines Paares); sie *halten* (sie drücken sich); die Kette ist *gesprengt* (die Hühner streichen in verschiedenen Richtungen); ein Huhn ist *geständert* (Ständer zerschossen) oder *geflügelt* (Flügel verletzt) oder *himmelt* (steigt steil in die Luft, um tot herunterzufallen), *Schütte* oder *Schüttung* (Futterstelle).

Fortpflanzung – Gegen Winterende, nach der Schneeschmelze, lösen sich die Ketten auf; die

Eine Kette Rebhühner

Hühner paaren sich und beziehen ihre Brutreviere (Territorien). Sie leben oft für mehrere Jahre in Einehe. Anfang Mai beginnend, legt die Henne in eine Bodenvertiefung täglich ein Ei. 15 blaßgraubraune Eier hat das Gelege durchschnittlich. Wird es zerstört, so legt die Henne abermals – aber weniger Eier *(Nachgelege)*. Es kann sogar zu einem dritten Gelege kommen. Die Henne brütet 24–26 Tage, während dieser Zeit ist der Hahn in ihrer Nähe und warnt vor Gefahren. Die Küken sind Nestflüchter, mit 3 Wochen flügge. Mit etwa 4 Wochen schildern die jungen Hähne, d. h. die Brustfedern verfärben sich – in Hufeisenform – braun-rot. Henne und Hahn *führen* (betreuen) gemeinsam das Gesperre. Die Kette bleibt bis zum Winterende beisammen.

Altersmerkmale – Erwachsene Rebhühner sind etwa 30 cm lang und wiegen 300–400 g. Zwischen Hahn und Henne gibt es keinen deutlichen Größenunterschied.

Junge Hühner sind heller gefärbt als die alten, ihre Ständer gelb-grau, bei den alten schiefergrau. Die äußeren beiden Handschwingen sind bei jungen Hühnern (bis gegen Mitte des zweiten Lebensjahres) zugespitzt, bei älteren abgerundet. Hahn und Henne (beide sehr ähnlich mit hell rostfarbenem Kopf, grauem Hals und grauer Unterseite, Oberseite braun bis rostbraun, die Flanken gebändert, Oberflügeldecken heller gestreift) unterscheiden sich durch die Oberflügeldecken: Beim Hahn weisen die Federn nur einen hellen Mittelstrich auf, bei der Henne dagegen finden sich Mittelstrich und helle Querzeichnung. Der Schild (rostbraune Farbe auf der Brust) ist kein zuverlässiges Unterscheidungsmerkmal, da er auch bei alten Hennen vorkommt. Der Hahn hat eine kleine rote »Rose« am oberen Augenrand.

Jagdzeit – 1. September bis 15. Dezember.

Jagd – Die Jagd wird bei uns fast ausschließlich durch Suche mit dem Vorstehhund ausgeübt. Ältere Hühner stehen meist zuerst auf und sollten möglichst geschont werden, solange die Jungen der Führung bedürfen.

Der Fasan

Vorkommen – Die heute bei uns mehr oder weniger stark verbreiteten Fasanen sind Kreuzungen verschiedener Formen aus dem sich vom Schwarzen Meer durch ganz Asien bis nach Japan erstreckenden natürlichen Verbreitungsgebiet. Meist ist der schon seit dem Mittelalter in Deutschland gehaltene ringlose *Kupferfasan* (sog. Böhmische

Im Winter schließen sich die einzelnen Familienverbände (Ketten) unseres Rebhuhns oft zu größeren Völkern zusammen. Gemeinsame Wachsamkeit vor Feinden, gemeinsame Äsungssuche und gegenseitige Erwärmung beim dichtgedrängten Ruhen während der Nacht oder bei Schneesturm erleichtern das Überleben der Notzeit. Die Verluste erreichen bei unzureichenden Hegemaßnahmen und harten Wintern dennoch bis zu 80 Prozent des Herbstbesatzes.

Jagdfasan), der aus den Auwäldern des Schwarzen Meeres stammt, mit dem mongolischen Fasan *(Ringfasan)* und dem farbenfrohen chinesischen Ringfasan gekreuzt worden. Je nach dem Anteil der Ursprungsrassen sind Gestalt, Färbung und Verhalten unwesentlich verschieden. Die Hähne sind ganzjährig auffallend bunt, mit glänzend dunkelgrünem Kopf, Rosen über dem Auge, kurzen Ohrenbüscheln, rotbraun gesprenkeltem Gefieder, häufig weißem Halsring, langem, spitzen Stoß. Die Henne ist schlicht bräunlich gefleckt mit kürzerem Stoß. Die Siedlungsdichte ist weitgehend durch Hegemaßnahmen wie Schutz vor Beunruhigung durch Mensch und Raubwild, Schutz der Gelege vor dem Ausmähen sowie ständige und ausreichende Winterfütterung bedingt und sehr beeinflußbar. In der Bundesrepublik sind die stärksten Besätze (im Verhältnis zur Jagdfläche) in Nordrhein-Westfalen, Schleswig-Holstein, Niedersachsen, ferner in der Rheinebene.

Übersicht über die wichtigsten Formen des Jagdfasans

Die ursprünglichen Rassen aus verschiedenen asiatischen Vorkommensgebieten sind durch die Zucht vermischt. Es können aber nach dem Aussehen unterschiedliche Typen festgestellt werden.

Typ	Bezeichnung	Merkmale	Eignung
»Colchicus« (Phasianus colchicus colchicus)	Kupferfasan, Böhmischer Jagdfasan	ringlos, Gefieder kupferrot; Hennen kräftig braungrau	früher häufigster Jagdfasan, bevorzugt Wald, baumt auf, winterhart
»Tenebrosus« (Phasianus colchicus colchicus var. tenebrosus)	Dunkelfasan (schwarze Spielart des Böhmischen Jagdfasans)	ringlos, Gefieder schwarzblau; Hennen sehr dunkel schwarzgrau	wie »Colchicus« beliebter »Waldfasan«
»Torquatus« (Phasianus colchicus torquatus)	heller Ringfasan, Chinesischer Reisfasan, Feldfasan	schmaler weißer Halsring, Gefieder hell rotbraun, Schwingen hell graugelb; Hennen hell graubraun	klimatisch mildere Feldebenen (Getreide, Mais), Schilfbestände, Hecken, Feldgehölze, baumt nicht immer auf
»Mongolicus« (Phasianus colchicus mongolicus)	dunkler Ringfasan	breiter weißer Halsring, Gefieder dunkel rotbraun, Schwingen heller, am Rücken grünlich schimmernd; Hennen braungrau	gemischte Feld-Wald-Reviere, beliebter Zuchtvogel in Fasanerien, Verhalten oft wenig vorsichtig
»Versicolor« (Phasianus colchicus versicolor)	Japanischer Buntfasan	ringloser, kleiner Fasan, Gefieder blaugrün, Schwingen rotbraun; Hennen blaugrau	»Waldfasan«, scheues Verhalten, liebt dichte Deckung, schwierig zu züchten

Fasanen zur Balzzeit im Frühjahr

Alle bei uns als »Jagdfasan« eingebürgerten Fasanen sind aus verschiedenen Rassen der Art *Phasianus colchicus* hervorgegangen. Andere Fasanenarten (Silberfasan, Goldfasan, Königsfasan u. a.), die gelegentlich aus Ziergeflügelhaltung entkommen oder auch absichtlich ausgesetzt werden, sind kein Jagdwild (vgl. Artenkatalog § 2 BJG, Seite 26).

Lebensweise – Der Fasan ist bevorzugt Bewohner weiter Feldfluren, die von Gehölzen und Wasserläufen unterbrochen werden. Besonders günstig sind Gebiete unter 400 m Meereshöhe, Flußauen, Brüche, Schilfgürtel an Seen und Flüssen. Tagsüber geht der Fasan der Äsung nach; die Nacht verbringt er meist aufgebaumt in Feldgehölzen oder in Waldrandnähe. Seine Nahrung besteht aus Körnern – von Getreidearten, Wildkräutern u. ä. –, Beeren und Früchten, Kräutern und zarten Gräsern, Hackfrüchten, auch – besonders bei den Küken – aus Insekten, Spinnen, Weichtieren und Würmern. Als echter Wildvogel kann sich der Fasan nur unter günstigen Lebensbedingungen (z. B. Auwald) und in geringer Dichte selbständig halten. Intensive Fasanenhege aus jagdwirtschaftlichen Gründen bedingt vom Spätsommer bis zum Frühjahr ausgiebige Fütterung (Schüttung) mit Druschabfall, Getreide, Rüben u. dgl.

Jahresstrecke – Die Strecke betrug im Jagdjahr 2000/01 in der Bundesrepublik etwa 336 900 Stück. (Jagdstrecken in anderen europäischen Ländern: Österreich 190 000, Tschechoslowakei 600 000, Ungarn 650 000, Dänemark 772 000.)

Waidmannsausdrücke – *Spiel* oder *Stoß* (Schwanz), *Federohren* oder *Hörner* (Federbüschel am Kopf), *Rose* (rote Haut um das Auge des Hahnes), *Sporn* (dornartige Hornspitze an der Rückseite der Ständer beim Hahn), *Bukett* (miteinander aufstehende Fasanen); sonst wie beim Rebhuhn.

Fortpflanzung – Der Fasan lebt nicht in Ehe. Die Balz beginnt im März. Der Hahn balzt auf bestimmten Balzplätzen, wobei er mit gesträubtem Gefieder und abgespreizten Schwingen umherstolziert. »Kokóck« ist der Balzruf, dem meistens ein schwirrender Flügelschlag folgt. Heftig verteidigt der ältere Hahn den Platz und tritt abwechselnd mehrere Hennen. Beim geräuschvollen Aufstehen läßt der Hahn einen »gok-gock« klingenden Ruf ertönen: die Stimme der Fasanhenne ist ein feines Pfeifen.

In ein einfaches, aber gut gedecktes Bodennest legt die Henne ab Anfang Mai in 1- bis 2tägigem Abstand 6–18 grau-grüne Eier. 23–25 Tage werden diese bebrütet. Gelege auf Grünland sind durch Ausmähen gefährdet. Die Entwicklung der Küken schreitet rasch voran. Die Henne führt das Ge-

Mit Schwingenwirbel und Balzruf behauptet der Fasanenhahn sein Revier.

sperre zur Äsung. Nahrung – in den ersten Wochen meist nur animalisch – suchen die Jungen sich selbst. Nach 3 Wochen können sie schon aufbaumen. Wird das Gelege vernichtet oder die Henne zu Beginn der Brut verjagt, so werden bis zu 2 Nachgelege gemacht. Gegen Ende der Brutzeit aufgestörte Hennen kehren meist wieder zum Gelege zurück. Jungvögel gleichen im Herbst nach der Herbstmauser, wenn die Gesperre auseinanderfallen, schon den Alten in Größe und Färbung. Ältere Hähne sind durch die deutlich längeren Sporne gekennzeichnet.

Da sich der Fasan in Gefangenschaft gut hält, wird er in *Fasanerien* (Zuchtgehegen) mit Erfolg gezüchtet. In Volieren gehaltene Hennen legen bis zu 50 Eier, wenn ihnen diese laufend weggenommen werden. Die Eier läßt man sowohl in Brutmaschinen als auch von Puten oder Haushühnern, wie von den Hennen selbst ausbrüten. Aus den Fasanerien

Fasanengelege

werden Eier verkauft, Jungfasanen und erwachsene Tiere in die freie Wildbahn abgegeben. Als Geschlechterverhältnis strebt man für einen Hahn etwa 5–6 Hennen an.

Größe, Gewicht – Die Länge beträgt von der Schnabelspitze zum Schwanzende beim Hahn um 80 cm, bei der Henne um 60 cm. Ein erwachsener Hahn wiegt 1,25–1,5 kg, Junge und Hennen weniger.

Jagdzeit – 1. Oktober bis 15. Januar.

Jagd – Suche oder Buschieren mit dem Vorstehhund, meist aber Stöbern oder Treibjagd. Müssen Hennen erlegt werden, dann zuerst ältere, *hahnenfederige* (deren Gefieder dunkler und bunter, ähnlich den Hähnen, gefärbt ist).

Die Wachtel

Die Wachtel ist unter unseren Hühnervögeln der einzige *Zugvogel*. Sie trifft zur Paarungszeit im April/Mai bei uns ein und zieht Ende September wieder nach Süden (Mittelmeerländer, Nordafrika). Die Wachtel ist wesentlich kleiner als das ihr sonst ähnliche Rebhuhn (knapp 100 g schwer), lebt ebenfalls paar- bzw. familienweise meist in Einehe. Sie fliegt, wie alle Hühnervögel, schnell, aber meist niedrig und wenig wendig. Sie bevorzugt Brachland, Weiden und Getreidefelder und nährt sich in Insekten und Sämereien. Noch empfindlicher als das Rebhuhn gegen die Folgen der technisierten Landwirtschaft, ist ihr Vorkommen bei uns recht spärlich geworden. Der früher sprichwörtlich bekannte *Wachtelschlag* »bickwerick« ist in unseren Feldfluren kaum noch zu hören.

Jagdzeit – Keine (ganzjährig geschont).

In größerer Zahl werden Wachteln nur noch in Südeuropa während des Zuges erbeutet. (Die als Delikatesse bekannten Wachteleier stammen von amerikanischen und asiatischen Wachtelarten, die in Gefangenschaft gezüchtet werden.)

Das Steinhuhn

Bei uns unterliegt das Steinhuhn nicht mehr dem Jagdrecht und steht unter Naturschutz.

Das etwas mehr als rebhuhngroße, lebhaft gefärbte Steinhuhn (Stirn aschgrau, weißer Kehlfleck nach rückwärts durch schwarzen Streifen begrenzt, Oberseite graubraun, rote Ständer) lebt als Standvogel im Hochgebirge in der Region zwischen Baum- und Schneegrenze, besonders an warmen Sonnenhängen, in den deutschen Alpen kommt es nur vereinzelt um den Königssee vor; in den Gebirgen SO-Europas ist es häufig. In SW-Europa (Frankreich, Spanien) und S-England kommt – auch im Flachland – das nah verwandte *Rothuhn* vor.

Die Nahrung besteht aus Knospen, Blättern und Sämereien, dazu Insekten.

Das Auerwild

Vorkommen, Lebensweise – Das Auerwild bevorzugt als Standwild ruhige, ungestörte Lagen großer, geschlossener Waldungen. Bei uns nur noch einzelne Vorkommen in Bergwäldern der Alpen und mancher Mittelgebirge (Schwarzwald, Bayerischer Wald). Sonst hauptsächlich in Ost- und Nordeuropa, auch in den Pyrenäen und in Schottland. Das Auerwild hat in Deutschland im Laufe der letzten Jahrzehnte sehr an Zahl abgenommen und an Verbreitungsgebiet eingebüßt, so daß sein Bestand sehr gefährdet ist. Die Gründe dafür sind sicher viele: Änderungen im Klima, aufeinanderfolgende Jahre mit kühler und nasser Witterung zur Schlupfzeit, der steigende Verkehr in den Waldungen, die Zunahme zusammenhängender, an Beer-

Wachtel am Gelege

Hühnervögel: 1 Ringloser Jagdfasan (colchicus), ▷
2 Fasanenhenne, 3 Ringfasan (torquatus),
4 Rebhuhn (Hahn), 5 Rebhuhn (Henne),
6 Wachtel, 7 Steinhuhn

kraut armer Fichtenbestände, das Eindringen der Großtechnik in den Forstbetrieb und damit verbunden die Nutzung bisher unberührter Waldteile vor allem in Gebirgslagen, aber sicher noch andere bis jetzt unbekannte Umweltschäden – man denke z. B. nur an möglicherweise schädliche Pflanzenschutzmittel und an die Belastung der Luft (und des Bodens) durch Fremdstoffe.

Während des Tages geht das Auerwild seiner Äsung nach, die sich aus Knospen, jungen Nadeln (besonders der Kiefer), Laub, Farnkraut, Sämereien, Beerkraut und besonders allen Beerenfrüchten, aber auch Insekten, Schnecken und Würmern zusammensetzt. Wie alle Hühnervögel braucht das Auerwild zum Zermahlen der Nahrung im Magen kleine Steinchen (Weidkorn). Die Losung hat, wie bei dem übrigen Federwild die Form von kleinen Würstchen; daneben wird täglich meist in den Morgenstunden eine aus dem Blinddarm stammende breiige Losung (Falzpech) abgestoßen. Zur Nachtruhe schwingt sich das Auerwild auf Bäumen ein.

Waidmannsausdrücke – Der Auerhahn, auch *Urhahn* oder *Großer Hahn* genannt, gehört zu der Hohen Jagd, deshalb sind manche für das Hochwild gebräuchliche Ausdrücke für ihn zutreffend *(Losung, Fährte)*. Außerdem gelten: *Schild* (stahlblaufarbige Brustfedern) *Schwingen* (Flügel), *Stingel* (Hals), *Läufe* oder *Füße* oder *Ständer* (Beine), *Zehen mit Nägeln und Zehenstiften* (»Balzstifte« genannte Federrudimente), *Augen, Rosen* (rote Haut über den Augen), *Schnabel; Weidkorn* (Magensteine); *Falzpech* (Blinddarmlosung); Lautäußerungen siehe unter Balz.

Balz – Die Balz dauert von Mitte März bis Ende Mai. In der Regel handelt es sich um eine Gesellschaftsbalz, wobei der »Platzhahn« (oder auch mehrere in gewissem Abstand voneinander) von jüngeren »Beihähnen« umgeben ist. Bei geringem Bestand balzen auch einzelne Hähne. Die Hennen lassen sich bevorzugt vom Platzhahn treten, der Nebenbuhler meist heftig abschlägt (»Raufer« – für die Fortpflanzung notwendig!). Beliebte Balzplätze sind Althölzer mit größeren und kleineren Bestandslücken oder Schlagränder, Ost- und Südosthänge.

Abends nach Sonnenuntergang schwingt sich der Hahn auf seinen Balzbaum ein, überstellt sich einige Male, *worgt* öfters und nächtigt. Man kann seinen Einstand *verhören* (das Worgen wahrnehmen). Noch vor Tagesgrauen beginnt der Balzgesang; der Hahn fängt an zu *knappen*, allmählich wird das Knappen (einem Schnalzlaut gleichend) schneller, steigert sich zum *Triller*, wird gefolgt vom *Hauptschlag* (klingt wie das Herausziehen ei-

nes Flaschenkorkens), und mit dem *Schleifen* (dem Wetzen einer Sense ähnelnd) klingt die Strophe aus. Während des Schleifens reckt der Hahn den Kopf nach oben, fächert die Stoßfedern und senkt die Schwingen. Dieses Gehabe, während er auf dem Balzast hin- und hertrippelt, wiederholt sich bis zum Hellwerden.

Nur während des Schleifens vernimmt der Hahn nichts. Der Jäger *springt* ihn dann *an*. Sonst vernimmt der Hahn vorzüglich und *reitet* beim geringsten verdächtigen Geräusch *ab*. Wenn es hell wird, äugt der Hahn scharf und nimmt jede Bewegung wahr. Je mehr sich die Balz dem Höhepunkt nähert, desto häufiger wird die Balzstrophe wiederholt. Gegen Morgen fallen auch die Hennen ein und locken durch *Gocken* den Hahn. Dieser streicht dazu, balzt noch einige Zeit auf dem Baum, dann am Boden und tritt, meist während der Bodenbalz, die sich anbietenden Hennen. Beim Auerwild – ebenso beim Birkwild – gibt es keine eheliche Bindung; nach der Balz hat der Hahn keinen Kontakt mehr mit den Hennen; diese besorgen die Brutpflege allein.

Brut, Entwicklung, Mauser – In eine Erdmulde, geschützt durch Unterholz oder Wurzelstöcke, legt die Henne 4–10 gelbweiße, rotgefleckte Eier. Nach 26–28 Tagen fallen die Jungen aus. Sie sind Nestflüchter, nach 3 Wochen schon soweit beflogen, daß sie aufbaumen können. Das Gesperre bleibt bis in den Spätherbst zusammen. Die jungen Hahner haben die gleiche Farbe wie die Hennen: braun, etwas gelb, weiß und schwarz gesprenkelt. Im Herbst mausern sie und bekommen eine dunkelbraune, an Rücken und Brust schwarzgrünlich schillernde Farbe; über dem Auge erscheint ein scharlachroter Hautwulst *(Rose)*, der bei den Hennen wesentlich schwächer bleibt; die Unterseite und der Stoß sind schwarz mit weißer Sprenkelung. Der Stoß ist abgerundet, 18–20 Stoßfedern *(Schaufeln)*. Die älteren Vögel mausern im Mai/Juli. Bei der Mauser werden auch die Hornscheiden des Schnabels sowie die Zehenstifte (»Balzstifte«) gewechselt.

Größe und Gewicht – Ein alter Hahn erreicht eine Flügelspanne von 1,20–1,40 m, eine Länge bis zu fast 90 cm und ein Gewicht von 4 (–6) kg. Hennen spannen 95 bis 105 cm, sind bis zu 60 cm lang und bedeutend leichter.

Altersschätzung – Auf das Alter eines Hahnes lassen Farbe und Form des Schnabels schließen. Der Schnabel des jungen Vogels ist blau-grau, der Oberschnabel glatt und wenig gekrümmt. Mit zunehmendem Alter wird die Schnabelfarbe gelbgrün, der Oberschnabel zeigt zwei deutliche Längs-

Auerhahn

Auerhenne

furchen und seine Spitze ist lang und hakig gebogen. Die Stoßfedern (Schaufeln) sind bei älteren Hahnen breiter als bei jungen. Auerwild wird bis zu 20 Jahre alt.

Jahresstrecke – In der Bundesrepublik werden z. Z. keine Auerhähne erlegt, da die Bundesländer alle Restvorkommen ganzjährig geschont haben. 2000/01 wurden in Österreich noch 361 Auerhähne erlegt, dagegen jährlich in Finnland rund 40 000, in Norwegen 7000, in Schweden (1989) 28 000 Stück Auerwild (Hähne und Hennen).

Jagdzeit – Nur Hähne vom 1. Mai bis 31. Mai; jedoch z. Z. in allen Bundesländern völlig geschont.

Die **Jagd** wurde bei uns während der Balzzeit ausgeübt. Der balzende Hahn wird während des Schleifens angesprungen und dann am Balzbaum – selten bei der Bodenbalz – erlegt. In den nordischen Ländern wird das Auerwild ebenso wie die anderen Waldhühner im Herbst meist vor dem Hund auf der Suche, beim Buschieren oder vor dem »Vogelhund« (Verbeller) geschossen.

Das Birkwild

Vorkommen, Lebensweise – Der lückige, buntgemischte Wald, das weite Moor mit Heide, Beerkraut, Ginster- und Farnbestand, Kahlflächen, im Hochgebirge Latschenfelder, überhaupt das Gebiet der Waldgrenze ist der Lebensraum des Birkwildes. Wie alle Waldhühner, so wird auch das Birkwild durch die fortschreitende Kultivierung dieser Landschaftsteile, insbesondere durch Moorkultivierungen immer mehr verdrängt. Restliche Vorkommen gibt es in Deutschland nur noch in den Alpen, in den Hochlagen weniger Mittelgebirge (Bayerischer Wald, Rhön) und in Mooren und Heiden der Norddeutschen Tiefebene. Sonst hauptsächlich in Ost- und Nordeuropa und Schottland.

Tagsüber geht das Birkwild seiner Äsung auf offener Fläche nach. Die Äsung ähnelt der des Auerwildes, besteht für die Küken vorwiegend aus Insekten und Weichtieren, später mit Vorliebe aus Beeren aller Art, aber auch Knospen, Blüten, Samen und Blättern mehr von Laub- als von Nadelbäumen. Mit Eintritt der Dämmerung streicht das Birkwild zur Nachtruhe in Baumgruppen ein. Es nächtigt meistens auf Bäumen, seltener auch unter

Buschwerk. Im Winter läßt es sich oft einschneien und scharrt Gänge unter dem Schnee.

Waidmannsausdrücke – Wie beim Auerwild, aber: *Kleiner Hahn, Spielhahn; Ständer* statt Läufe, *Geläuf* statt Fährte, *Gestüber* statt Losung (weil nicht zum Hochwild gehörend); *Spiel, Leier* oder *Schar* (Schere) für den Stoß.

Balz – Die Balz beginnt Ende März und dauert bis Anfang Juni. Der Spielhahn wählt als Balzplatz freie Flächen in Mooren und Heiden (meistens in Gruppenbalz) oder auf Bergkämmen und Almweiden. Auf dem Balzplatz fällt er schon vor Morgengrauen ein. Zunächst sichert er nach allen Seiten. Dann beginnt er zu balzen. Er *bläst* (zischt) ein paarmal, dann *kullert* er trippelnd mit vorgestrecktem geblähtem Hals, gespreizten Schwingen und aufgestelltem Spiel. Plötzlich bleibt er stehen und bläst wieder (tsiusch, tschiusch, tschiuschui; ruck, ruck, ruck, ruck, tschin). Es kommt, wenn mehrere Hähne zusammen balzen, zu heftigen Standortkämpfen. Die sog. »alten Raufer« sind die, die ihren Rang am lebhaftesten verteidigen (»Platzhähne«). Sie kommen am ehesten zum Treten, wenn gegen Morgen die Hennen erscheinen, die sich dann gewöhnlich dem stärksten Hahn zuwenden, um sich von ihm treten zu lassen. Mit Sonnenaufgang setzt der Hahn mit der Balz aus, er hält die »Morgenandacht«, und beginnt später, oft auf Bäumen, erneut *(Sonnenbalz)*. Ebenso wie beim Auer-

Hühnervögel: 1 Auerhahn, 2 Auerhenne, 3 Birkhahn, 4 Birkhenne, 5 Haselhuhn (Hahn), 6 Haselhuhn (Henne), 7 Alpenschneehuhn (Winterkleid), 8 Alpenschneehuhn (Sommerkleid) ▷

wild, kommt es auch beim Birkwild zu keiner ehelichen Bindung.

Brut, Entwicklung – Ohne ein eigentliches Nest zu richten, legt die Henne 6–10 Eier, kleiner, aber ähnlich jenen des Auerwildes, in eine gescharrte Mulde, ausgelegt mit Laub und Halmen. Nach 4 Wochen fallen die Jungen aus, die anfangs alle der Henne ähnlich sind. Sie sind Nestflüchter und gehen gleich auf Nahrungssuche. Nach 14 Tagen können sie fliegen, werden aber meist bis in den Herbst geführt. Im September bekommen die jungen Hähne die dunkle stahlblaue Farbe mit dem leierförmig ausgebildeten Stoß (Spiel) und weißen Unterstoßfedern, die Hennen das erdfarben gesprenkelte Alterskleid. Gegen Herbst vereinigen sie sich zu Flügen. Im März sondern sich erst die Hähne ab, dann verteilen sich die Flüge.

Fortpflanzungsfähig ist das Birkwild im 2. Jahr. Die erwachsenen Hähne haben eine Gesamtlänge von etwa 55 cm, die Hennen von 40 cm.

Jahresstrecke – Bei uns sind alle Restvorkommen ganzjährig geschont. 2000/01 wurden in Österreich 2059 Hähne erlegt, in der Schweiz rund 840. Dage-

Birkhähne am Balzplatz

1

2

3

4

5

7

6

8

gen werden durchschnittlich jährlich in Finnland 130 000, in Norwegen 17 000, in Schweden 18 000 Stück Birkwild erlegt (Hähne und Hennen).

Jagdzeit – Nur Hähne vom 1. Mai bis 31. Mai; jedoch z. Z. in allen Bundesländern völlig geschont.

Jagd – Die Jagd wurde bei uns nur in der Balzzeit, meist vom Schirm aus, ausgeübt. Der Birkhahn steht auf das *Reizen* (Nachahmen der Balzlaute) häufig zu, äugt jedoch sehr scharf, nimmt die geringste verdächtige Bewegung wahr und streicht dann sofort ab. In Skandinavien wird Birkwild bei Suche und Buschieren vor dem Hund geschossen.

Das Rackelwild

Als Rackelwild bezeichnet man die nicht häufigen Kreuzungen von Auer- und Birkwild. Die Kreuzungsformen sind fortpflanzungsfähig mit Auer- und Birkwild, möglicherweise auch unter sich und somit die Variationsmöglichkeiten sehr mannigfaltig.

In der Stärke ist Rackelwild dem Birkwild überlegen. Der Balzgesang der Hähne ist eine unartikulierte Mischung der Töne der Elternteile. Erlegt

Erlegter Rackelhahn: Er vereinigt Merkmale von beiden Ursprungsarten.

wird der Rackelhahn nur zufällig bei der Jagd auf den Großen oder Kleinen Hahn.

Jagdzeit – Nur Hähne vom 1. Mai bis 31. Mai; z. Z. in allen Bundesländern völlig geschont.

Das Haselwild

Vorkommen, Lebensweise – Das Haselwild lebt bevorzugt in großen, unterholzreichen, ungepflegten Mischwaldungen. Durch die allerorts intensiv betriebene Forstwirtschaft hat es deshalb in den letzten Jahrzehnten einen starken Rückgang zu verzeichnen. Gesicherte Vorkommen gibt es nur noch in den Haubergen (Eichenschälwaldungen) des Siegerlandes und Taunus, in der Eifel, im Schwarzwald, im Bayerischen Wald, in den Alpen, vereinzelt in den übrigen Mittelgebirgen. Der sehr dünne Besatz in der Bundesrepublik erlaubt keine Jagd. Häufig ist das Haselhuhn hingegen in den baltischen und skandinavischen Ländern und in Südosteuropa.

Haselhühner sind oben gräulich bis rotbraun, schwarz und braun gefleckt, unten heller. Hahn mit schwarzem Kehlfleck, der weiß begrenzt ist, Henne mit weißlicher Kehle; kleine Kopfhaube. Man bekommt das Haselwild selten zu Gesicht. Seine Äsung besteht in der Jugend meist aus Ameisenpuppen, später aus feinen Blättchen, Knospen, allerlei Beeren, Sämereien und Farnen. Zur Verdauung im Magen sind genügend Steinchen (Weidkorn) erforderlich. Haselhühner hudern gern im Sand (an Wegrändern).

Balz und Brut – Die Haselhühner leben in Einehe. Schon im Herbst schließen sich Hahn und Henne zusammen, und zwar wird bei der Herbstbalz (im September/Oktober) das Einstandsrevier (Territorium) besetzt und vom Hahn gegen Nebenbuhler verteidigt. Die Frühjahrsbalz (März) ist das Vorspiel zur Begattung. *Spissen* nennt man den Balzlaut (tsi, tsi, tsi) des Hahnes, der zugleich der Markierung des Wohngebietes dient. Der Hahn schreitet dabei mit gesträubtem Kopf- und Halsgefieder einher. Die Henne »bistet« (lockt). Fremde zustreichende Hähne oder Hennen werden vertrieben. Bis zu 10 Eier werden in einem einfachen Bodennest in 21–25 Tagen ausgebrütet. Die Jungen sind Nestflüchter und baumen bereits nach etwa 3 Wochen auf. Sie werden bereits im Spätsommer selbständig. Der Hahn beteiligt sich nicht an der Brutpflege. Die Größe des erwachsenen Haselhuhnes beträgt etwa 35 cm; Hahn und Henne sind ungefähr gleich groß.

Jagdzeit – Keine (ganzjährig geschont).

Jagd – In den Ländern, in denen das Haselwild bejagt werden darf, ist die Lockjagd im Herbst üblich. Mit einem Pfeifchen (Pfeiferl) wird das sehr feine Spissen (Reviergesang) des Hahnes und mit einem anderen Pfeifchen (Wusperl) das Bisten der Henne nachgeahmt. Die Hähne stehen gern zu. Oftmals kommen sie brausend herangestrichen, oftmals vorsichtig gelaufen. Auch gelegentlich von Treib- oder Stöberjagden kommen sie zur Strecke. Das Wildbret des Haselhuhnes ist ein besonderer Leckerbissen. – (Die Strecke betrug 1980 in Österreich 240 Stück; 1991/92 in Finnland 86 000, in Norwegen 8000, in Schweden 1989 23 00 Stück.)

Die Schneehühner

Das **Alpenschneehuhn** unterliegt dem Jagdrecht (ganzjährig geschont); das **Moorschneehuhn** – soweit es bei uns vorkommt – steht unter Naturschutz.

Es gibt zwei Arten, das *Alpenschneehuhn* – ein Hochgebirgsvogel, der über der Baumgrenze lebt – und das in Nord- und Nordosteuropa vorkommende *Moorschneehuhn*. Sie sind etwa so groß wie das Rebhuhn. Das Alpenschneehuhn hat stets schwarze Backenstreifen, sog. Zügel, rote Rosen und im Sommerkleid eine weiße Unterseite und weiße Handschwingen. Sonst sind beide Arten im Sommer rostfarben bis grau, im Winter weiß. Läufe und Zehen sind dicht befiedert.

Lebensweise, Äsung und Fortpflanzung sind ähnlich wie beim Haselwild. Sie meiden jedoch den Wald und bevorzugen offenes Gelände in Mooren, Heiden bzw. (Alpenschneehuhn) Bergmatten und Geröllhalden; sie übernachten auf dem Boden; im Winter in Schneehöhlen.

Eine Unterart des Moorschneehuhnes ist das *Schottische Moorhuhn* (Grouse), das im Hohen Venn ohne besonderen Erfolg eingeführt wurde. Es wird im Winter nicht weiß und hat stets schwarzbraune Schwungfedern.

Jagdstrecke – Erlegt wurden in der Schweiz 1992 rund 827 Stück; in Finnland 76 000, in Norwegen 500 000, 1989 in Schweden 39 000 Stück.

Das Wildtruthuhn

Das aus Nordamerika stammende Wildtruthuhn (Bronzeputer) ähnelt der mehr dunkelgraue Deckfedern aufweisenden Hauspute, deren wilde Stammform in Mexiko lebt. Es wurde in letzter

Alpenschneehuhn während der Mauser ins weiße Winterkleid

Zeit in einigen wenigen westdeutschen Revieren ausgesetzt; frühere Einbürgerungsversuche, auch in Österreich, waren wenig erfolgreich.

Jagdzeit – Hähne: 15. März bis 15. Mai und 1. Oktober bis 15. Januar; Hennen: 1. Oktober bis 15. Januar.

Die Wildtauben

Vorkommen, Lebensweise – Es gibt 4 Arten von Wildtauben in Deutschland. Sie sind Stand-, Strich- und Zugvögel, je nach Art und Gegend. Wo sie als Zugvögel vorkommen, treffen zuerst (Februar/März) Hohl- und Ringeltaube ein, denen später (April) die Turteltaube, die Sommervogel ist, nachfolgt; die Türkentaube ist Jahresvogel (Standvogel).

Die Tauben leben in Jahresehe. Das Gelege aus meist 2 weißen Eiern wird von beiden Eltern bebrütet und fällt nach 15–18 Tagen aus. Die Eltern füttern die Jungvögel gemeinsam. Die Erstlingsnahrung der Nestjungen – die etwa 4 Wochen Nesthocker sind und deren Augen sich erst nach mehreren Tagen öffnen – ist die *Kropfmilch* der Altvögel, die die Jungen direkt aus deren Schnabel aufnehmen. Die Tauben ernähren sich von Sämereien bis

Ringeltaube an einer Tränke

Turteltauben

Eichelgröße, von Getreide, Hülsenfrüchten, Beeren, Klee-, Raps- und Kohlblättchen, dazu Würmern und Insekten (besonders deren Entwicklungsstadien). Sicher erfolgen 2, manchmal 3–4 Bruten von April bis Juli bzw. August/September, bei der Türkentaube bis zu 6 Bruten.

Von den bei uns vorkommenden Tauben hat nur die größte und häufigste Art, die **Ringeltaube,** jagdliche Bedeutung.

Ringeltauber im Balzflug

Sie ist über ganz Europa verbreitet, ausgenommen der Norden von Skandinavien. Erwachsene Ringeltauben sind an dem schieferblauen Gefieder, dem breiten, weißen Halsfleck und dem breiten, weißen Band der Flügeloberseite kenntlich. Sie werden 400–500 g schwer. Bei Jungtauben ist im Herbst der weiße Halsfleck noch nicht vorhanden. Die Ringeltaube ist beim Abstreichen an dem klatschenden Flügelschlag erkenntlich. Der Balzruf des Taubers hat 5 Laute: ku küh ku ku ku. Als Lebensraum bevorzugt sie lichtere Mischwaldungen, waldrandnahe Lagen, besiedelt aber auch Parkanlagen und Gärten nahe von Dörfern und Städten; z. T. verstädternd. Sie hat in den letzten Jahrzehnten sehr zugenommen (Strecke 1960: 200 000, 1980: 800 000 Stück) und verursacht in Gärten, Gemüseanlagen und reifen Getreideschlägen oft große Schäden, vor allem in den Überwinterungsgebieten (Niederrhein, Holland, England).

Jahresstrecke – Die Strecke (fast ausschließlich Ringeltauben) betrug im Jagdjahr 2000/01 in der Bundesrepublik etwa 750 000 Stück. (Jagdstrecken in anderen europäischen Ländern 1992: Österreich 20 000, Schweden 99 000, Dänemark 240 000.)

Die **Hohltaube** ist ein selten gewordener Bewohner von Altholzbeständen in Laub- und Mischwäldern. Sie ist merklich kleiner als die Ringeltaube, nur 250–300 g schwer, und hat keinen weißen Halsfleck, dunkle Flügelbinden und einen reißenderen Flug. In der Lebensweise ähnelt sie der nah verwandten Ringeltaube. Sie ist jedoch *Höhlenbrüter* und hauptsächlich auf verlassene Schwarzspecht-

Türkentaube

Hohltaube

höhlen angewiesen; nimmt auch entsprechende Nistkästen an. Ihre Verbreitung in Europa entspricht etwa der der Ringeltaube. Ihr Ruf ist ein monotones »hu ru . . .«

Die Hohltaube ähnelt am meisten von allen unseren Wildtauben der wilden Stammform unserer Haustauben, der Felsentaube, die in Südeuropa (Mittelmeerländer) sowie Nordengland lebt und in Felsnischen brütet.

Die **Turteltaube,** auch Wegtaube genannt, ist klein, etwa 160 g schwer, bei uns ein *Sommervogel* in klimatisch milden Gegenden. Sie ist überwiegend grau gefärbt, am Rücken mit rostbräunlichem Gefieder; an den Halsseiten hat sie schwarz-weiß getupfte Flecken, der Stoß ist weiß eingefaßt. Vorwiegend lebt sie in lichten Mischwäldern, Feldgehölzen u. ä. Lebenswseise und Äsung wie bei der Ringeltaube. Ihr Ruf ist »turr turr turr«.

Feldernde Türkentauben

Ringeltaubengelege

143

Singschwäne

Höckerschwäne am Futterplatz im Winter

Seit 30–40 Jahren kommt die **Türkentaube** als Jahresvogel in Deutschland vor, die aus Südosteuropa eingewandert ist und bereits Großbritannien erreicht hat. Sie ist so groß wie die Turteltaube, durchwegs auch unterseits grau gefärbt mit rötlichem Schimmer, an ihrem längeren Stoß ist die untere Endhälfte weiß; am Hals (im Genick) trägt sie einen grau eingefaßten, schwarzen Halbring. Sie besiedelt in zunehmender Zahl Städte und Dörfer, nistet an Gebäuden und auf Bäumen. Ihre Stimme ist »kukuh ku, ku kuh ku«.

Jagdzeit – Ringel- und Türkentaube 1. Juli bis 30. April. Das Sammeln von Eiern der Ringel- und Türkentaube ist zeitlich begrenzt. Hohl- und Turteltaube ganzjährig geschont.

Jagd – Man bejagt die Wildtauben (Ringel- und Türkentaube) durch Anpirschen, beim Ansitz an der Tränke, an Äsungsplätzen (Getreidefelder, masttragende Eichen) oder an den Schlafbäumen oder auch durch Anlocken mit dem Balzruf.

Anmerkung:

Haustauben dürfen in den meisten Ländern zur Saatzeit (Frühjahr und Herbst), wenn sie auf den Feldern das Saatgut auflesen, erlegt werden. Solche »feldernden«, teilweise auch verwilderten Haustauben (»Stadttauben«) sind jedoch nicht mit meist recht wertvollen *Brieftauben* zu verwechseln, die unbedingt zu schonen sind.

Die Wildschwäne

In Deutschland kommen drei Arten von Wildschwänen vor. Der im Laufe der letzten Jahrzehnte vom Norden nach dem Süden vorgedrungene und

Balzende Höckerschwäne

bis zum Rande der Alpen Brutvogel gewordene **Höckerschwan** hat sich stark vermehrt. Er hat orangeroten Schnabel mit schwarzem Stirnhöcker und schwarze Ruder. Die erwachsenen Vögel sind weiß, die jungen grau mit dunklem Schnabel. Die pfeifenden Fluggeräusche sind weit zu hören. Die Länge eines starken Schwans beträgt 150 cm, die Flügelspanne 230 cm, das Gewicht 9–12 kg. Das Paar hat ein großes Brutrevier, innerhalb dessen es unverträglich ist, baut sein Nest im Schilf oder an stiller Stelle am Ufer. Unsere Höckerschwäne sind verwilderte Nachkommen von halbzahm gehaltenen Parkschwänen und werden oft sehr vertraut. Die Fütterung, besonders im Winter, hat ihre Vermehrung und Verbreitung noch mehr begünstigt, so daß er gegendweise nicht mehr Zugvogel, sondern Teilzieher ist. Der Höckerschwan wird bis zu 40 Jahre alt. Schwäne leben in vieljähriger, auch in Dauer-Ehe.

Der in der Bundesrepublik nur als Wintergast auftretende, in Nordskandinavien brütende **Singschwan** hat schwarzen Schnabel mit gelber Wurzel, eine trompetenartige Stimme, geringes Fluggeräusch. Der arktische **Zwergschwan** (ähnlich dem Singschwan, aber mit kleinerer gelber Schnabelwurzel) kommt ebenfalls nur als Wintergast an die deutschen Küsten. Beide Arten stehen unter Naturschutz.

Nur der **Höckerschwan** unterliegt dem Jagdrecht. Seine Häufigkeit ermöglicht angemessene Jagdnutzung.

Jagdzeit – 1. September bis 15. Januar.

Die Wildgänse

Vorkommen, Lebensweise – In Deutschland sind von Bedeutung: Die **Graugans** (Stammform der Hausgans) mit gelb-rotem Schnabel ohne schwarze Zeichnung und die **Saatgans** mit schwarzem Schnabel, der eine gelbe Binde hinter dem schwarzen Nagel (Schnabelspitze) hat. Beide Arten sind etwa 60 cm lang. Die Geschlechter sind gleichgefärbt. Gänse leben in Dauerehe. Die Saatgans nistet im nörlichsten Europa, ist ein recht häufiger Wintergast in Mitteleuropa. Die Graugans brütet im mittleren und südöstlichen Europa, in letzter Zeit aus halbzahmen Zuchtbeständen verstärkt bei uns wiedereingebürgert. Beide fallen während der Herbst- und Frühjahrszüge auf Feldern, nahe bei Gewässern ein. Sie fliegen in Keilen von ungleicher Seitenlänge. Die Graugänse machen sie durch ihr lautes mehrsilbiges, die Saatgänse durch ihr kurzsilbiges Geschrei bemerkbar.

Saatgänse

Bläß- und **Zwerggans** kommen als weniger zahlreiche Wintergäste zu uns, ebenso gelegentlich noch andere Arten, die hochnordische Brutvögel sind (siehe Übersicht Seite 78 f.).

Die aus Nordamerika zunächst als Parkvogel bei uns eingeführte **Kanadagans** (etwa 100 cm lang) verwildert in zunehmender Zahl und ist als Brutvogel Standwild geworden (Jahresvogel).

Als ausgesprochene Vögel der Meeresküsten kommen **Ringelgans** und **Nonnengans** (Weißwangengans) im Binnenland nicht vor. Es sind kleine, vorwiegend dunkel gefärbte Gänse mit weißen Abzeichen (Halsring bzw. Wangenflecken).

Kanadagans im Flug

145

Graugans

Wildgänse sind ausgesprochene »Weidevögel«, die nur zur Rast, zum Übernachten sowie zur Brutzeit ans Wasser gebunden sind, jedoch ihre Nahrung größtenteils auf Gründland (Wiesen, Saatäcker) suchen, wobei die überwinternden Schwärme auch Wildschäden verursachen. Zur Brutzeit leben die Paare einzeln in ungestörten Brutrevieren (Moore, Schilfgürtel von Gewässern), wo sie bis zur herbstlichen Zugzeit ihre Jungen aufziehen.

Jahresstrecke – Die Strecke betrug im Jagdjahr 2000/01 in der Bundesrepublik Deutschland 29720 Stück.

Jagdzeit – Graugans: 1. August bis 31. August und 1. November bis 15. Januar; Bläß-, Saat-, Ringel- und Kanadagans: 1. November bis 15. Januar; sonstige Arten ganzjährig geschont.

Jagd – Anstand zur Zeit des Durchzugs (Schrotschuß auf die streichende, Schrot- oder Kugelschuß auf die stehende (Gans).

Die Wildenten

Vorkommen, Lebensweise – Es gibt bei uns rund zwanzig Entenarten. Viele, besonders die nordischen Arten, halten sich als Zugvögel bei uns nur vorübergehend auf (Durchzügler, Wintergäste). Der Lieblingsaufenthalt der Enten sind Flußauen, Seen und Teiche mit viel Röhricht. Enten sind – das gilt vor allem für die heimische Stockente – für Hege sehr dankbar. Hierbei kommen in Betracht: Schonung von Schilfgürteln, Fernhalten von Störungen, Schaffung von Nistgelegenheiten (Reisig-

haufen im Schilf, Körbe, schwimmende Nistkästen), Bekämpfung der Ratten, Winterfütterung an offenen Gewässerstellen. Wo die Gewässer nicht zufrieren, bleiben sie auch im Winter. Im Herbst vereinigen sie sich zu großen Flügen, streichen weit und fallen auf eisfreien Gewässern ein.

Zählungen im Winter zeigten, daß sich der Gesamtbestand der Wildenten in Deutschland etwa folgendermaßen aufteilt: 70% Stock-, 7% Tafel-, 6% Reiher-, 5% Krick-, 4% Pfeifenten, je 2% Brand- und Schellenten sowie Gänsesäger. Dabei gibt es aber große Unterschiede zwischen den Beständen entlang der Meeresküste und im Binnenland.

Die jagdlich bedeutendste, häufigste und allgemein verbreitete Art ist die Stockente (in manchen Bundesländern darf allein sie bejagt werden). An zweiter Stelle der jagdlichen Bedeutung steht (gegendweise) die Krickente, im Küstengebiet auch die Pfeifente. Unter den Tauchenten sind Tafel- und Reiherente als einheimische Brutvögel am häufigsten; als Jagdbeute sind Tauchenten allgemein weniger verwertbar und beliebt als Schwimmenten.

Umriß einer Tauch- (links) und einer Schwimmente

Beim Auffliegen lassen sich Tauch- und Schwimmenten auch nach ihrem Verhalten gut unterscheiden.

Die *Schwimm-* oder *Gründelenten* haben längeren Hals, den Schwanz schräg nach oben gerichtet, beim Schwimmen ist etwa ein Drittel des Körpers unter Wasser. Die *Tauchenten* sind gedrungener, liegen tiefer im Wasser, den Schwanz nach unten gerichtet. Schwimmenten stehen fast senkrecht auf, Tauchenten laufen erst eine Strecke auf dem Wasser.

Entenvögel: 1 Stockerpel, 2 Stockente, 3 Knäkente, 4 Krickente, 5 Spießente, 6 Löffelente (mit Ausnahme der Stockente sind nur die Erpel abgebildet) ▷

146

1

2

3

4

5

6

H. Tiller.

Abstreichendes Stockentenpaar

Tagsüber halten sich die Schwimmenten in seichtem Wasser auf oder im Schilf verborgen, die Tauchenten auf dem offenen Wasser. Enten können wegen der kurzen, weit hinten eingelenkten *Ruder* (das sind der Lauf und Fuß; die Zehen sind mit Schwimmhäuten verbunden) nur unbeholfen laufen; sie streichen, schwimmen und tauchen aber sehr gut. Die Männchen (Erpel oder Entvogel) sind im Prachtkleid (nach der Kleingefiedermauser vom Herbst bis ins Frühjahr) wesentlich bunter gefärbt; im Schlichtkleid (Sommer) ähneln sie den ganzjährig unscheinbareren, meist bräunlich gesprenkelten Weibchen (Enten). Das Großgefieder wird einmal gewechselt: Erpel (dann Rauherpel genannt) im Juni/Juli, Enten im August; während dieser

Stockentengelege

Wochen geht die Flugfähigkeit nahezu verloren. Zur Unterscheidung der Arten dient auch der *Spiegel* auf den Flügeldecken (verschieden, jedoch bei beiden Geschlechtern einer Art gleich gefärbtes Federnfeld).

Nahrung – Die Enten sind Allesfresser, allerdings überwiegt die pflanzliche Nahrung. Die Schwimmenten suchen in Schlamm und seichtem Wasser nach Wasserlinsen, Grasspitzen, Sumpfpflanzen, ferner nach Insekten und deren Larven, Würmern, Schnecken, Laich, kleinen Fischen und Fröschen. Im Herbst fallen besonders Stockenten gern auf abgeerntete Äcker ein, wo sie Körner aufnehmen. Die Tauchenten holen bis auf mehrere Meter Nahrung vom Grund der Gewässer.

Fortpflanzung – Die Wildenten leben in Einehe. Die Balz beginnt schon im Herbst, wenn sich die Paare zusammenschließen (Verlobungszeit). Die eigentliche Paarungszeit – »Reihzeit« genannt – ist Februar/März. Die Stockenten sind dabei sehr lebhaft und laut. In ein Nest am Boden, im schilfreichen Ufer, auf Baumstümpfen, Kopfweiden, in Baumhöhlen, sogar in alte Krähennester auf Bäumen legt die Ente 8–14 blaßgrüne Eier, die sie in etwa 28 Tagen ausbrütet. Andere Entenarten sind, wie in der Ernährung, so auch in der Wahl des Nistplatzes nicht so vielseitig wie die Stockente. Die Erpel beteiligen sich nicht an der Brutpflege; sie suchen bereits während der Brut- und Aufzuchtzeit die Mauserplätze auf. Die Küken werden von der Mutterente alsbald ins Wasser geführt und bleiben mit ihr als »Schof« beisammen. Es erfolgt eine Brut im Jahr, nach deren Verlust eine Nachbrut. Zu den üblichen natürlichen Feinden der Küken des Federwildes kommen auf dem Wasser noch die Wanderratte sowie größere Hechte.

Jahresstrecke – Die Strecke betrug im Jagdjahr 2000/01 in Deutschland 516 868 Stück. (Jagdstrecken in Dänemark und Finnland je 900 000, Schweden 200 000, etwa zur Hälfte Stockenten).

Jagd – Stöbern mit dem Hund, Durchtreiben der schilfreichen Ufer, Ansitz am Entenzug oder -einfall in Schirmen aus Schilf oder im Kahn.

Stockente – Sie ist die Stammform der Hausente, um 58 cm lang. Sie ist sehr anpassungsfähig an die Umgebung. Der Erpel hat im Stoß kleine aufgerollte Federchen (*Haken* oder *Locken*). Das Gefieder ist bunt schillernd; der Spiegel dunkelblau,

Entenvögel: 1 Kolbenente, 2 Pfeifente, 3 Schellente, ▷
4 Brandgans, 5 Eiderente, 6 Reiherente (es sind nur
die Erpel abgebildet).

Schnatterentenpaar

Tafelentenpaar

oben und unten weiß. Die Ente ist braun gefleckt. Am häufigsten vorkommende, über ganz Europa verbreitete und jagdlich bedeutendste Art. Sie hat helles Fluggeräusch. Die Stimme des Erpels ist ein gedämpftes »räb«, die der Ente ein lautes »gnak«. Ein Teil überwintert hier, ein anderer in Italien, Südfrankreich und Spanien (Teilzieher).

Krickente – Sie ist ⅔ so groß wie die Stockente, auch Halbente genannt; über Europa ohne Spanien und Südosteuropa verbreitet. Der Erpel hat schwarzen Schnabel mit feinen weißen Streifen zu den Augen, kastanienbraunen Kopf mit bogenförmigem grünem Augenfleck, waagerechten weißen Streifen auf den Schultern. Ruder grau, Spiegel metallisch leuchtend grün, oben gelblich, unten weiß besäumt. Teilzieher.

Schellentenpaar

Knäkente – Sie ist so groß wie die Krickente; über Mittel- und Osteuropa verbreitet. Der Erpel hat bräunlich-grauen Schnabel und über den Augen weißen Streifen, der zum Nacken hinzieht. Spiegel mattgrün, weiß besäumt. Überwintert meist im tropischen Afrika.

Löffelente – Sie ist etwas kleiner als die Stockente; im Südwesten der Bundesrepublik nicht brütend. Der Schnabel ist löffelförmig, das Gefieder bunt. Teilzieher.

Pfeifente – Sie ist so groß wie die Löffelente, bei uns Wintergast; Brutvogel in Nord- und Nordosteuropa. Die Gestalt ist gedrungen, der Spiegel dunkelgrün und weiß eingefaßt. Weißbäuchig. Der pfeifende Ruf (huik) des Erpels ist charakteristisch; helles Fluggeräusch.

Spießente – Sie ist von schlanker Figur, am spitzen Stoß erkenntlich (daher auch Fasanenente genannt). Der Erpel ist oberseitig grau, unterseitig weiß, der Kopf dunkelbraun; die Ente der Stockente ähnlich. In Deutschland entlang der Küsten brütend, sonst in Nord- und Osteuropa. Überwiegend Teilzieher.

Schnatterente – Sie ist etwas kleiner als die Stockente, gräulich mit auffallenden kastanienbraunen Flügeldecken; der kleine Schwingenspiegel ist weiß. Lokal an der Nord- und Ostseeküste sowie in Südbayern brütend, kommt sie sonst in Ost- und Südosteuropa vor und ist Teilzieher (bis Zentralafrika).

Tafelente – Sie ist deutlich kleiner als die Stockente. Erpel mit rostrotem Kopf; Bauch weiß. Die häufigste in Mitteleuropa brütende Tauchente. Überwinterungsgebiet sind meistens die Mittelmeerländer und Nordafrika.

Reiherente – Noch etwas kleiner als die Tafelente (um 40 cm lang). Der Erpel ist im Prachtkleid oben schwarz, der Bauch weiß, schwarzer Federschopf am Hinterkopf. Im Schlichtkleid ähnelt er dem Weibchen, das bräunlich gefärbt ist. Breitet sich von Norden und Osten her aus; brütet lokal in Nord-, Mittel- und Süddeutschland. Neben der Tafelente unsere häufigste Tauchente. Teilzieher.

Moorente – Sie ist so groß wie die Krickente. Die Färbung ist überwiegend kastanienbraun. Brutvogel in Ost- und Südeuropa, westlich der Elbe selten.

Schellente – Der Name kommt von dem klingenden Fluggeräusch. Der Erpel hat weißen Hals und Bauch, sonst schwarz-grün; kennzeichnend ist ein weißer Fleck zwischen Schnabel und Auge. Die Ente ist weißlich-braun, hat braunen Kopf. Brutvogel in Nord- und Nordosteuropa, brütet in Baumhöhlen; bei uns Wintergast und auf dem Durchzug in den Mittelmeerraum.

Kolbenente – Von der Größe der Tafelente. Erpel im Prachtkleid mit rostroter Kopfhaube, sonst wie die Ente mit bräunlichem Kopf. Lokal in Mitteleuropa (z. B. Nord- und Ostseeküste, Bodensee, Ismaninger Teichgebiet bei München), sonst Küstengebiete Südeuropas (Spanien, Südfrankreich, Sizilien), vorwiegend auf schilfreichen Binnenseen. Teilzieher.

Eiderente – Sie ist die größte Ente, bis 60 cm lang. Der Erpel ist oben weiß, unten braun; die Ente braun. Sie ist streng an das Meer gebunden und an

den Küsten Nordeuropas (bis England, Dänemark, deutsche Küsten) Jahresvogel. Infolge langjähriger Schonung hat sie in letzter Zeit wieder erheblich an Zahl zugenommen.

Als nordische, nur im Winter an die deutschen Küsten kommende Arten seien **Berg-, Eis-, Samt-** und **Trauerente** erwähnt.

Die *Bergente* sieht der Schellente ähnlich (ohne den weißen Wangenfleck), das Weibchen mit auffälligem weißen Ring an der Schnabelwurzel. Sie brütet in Nordskandinavien und Island. – Das gleiche Brutgebiet hat die im Prachtkleid sehr hell gefärbte *Eisente* (mit langen, spitzen Stoßfedern). – Die sehr dunkel gefärbten Arten (Erpel im Prachtkleid schwarz) *Samt-* und *Trauerente* stehen als »Meerenten« der Eiderente nahe und sind als Wintergäste auf die Atlantik-, Nord- und Ostseeküsten Europas beschränkt.

Eine Zwischenform zwischen Gänsen und Enten ist die **Brandgans** (Brandente). Sie hat die Größe der Stockente. Die Grundfarbe ist weiß, Kopf und Hals schwarz, um die Brust roter Ring; Geschlechter gleichfarbig. An der Nord- und westlichen Ostseeküste vorkommend; Teilzieher. Brütet in Erdhöhlen, manchmal auch in Fuchsbauen. Bekannt ist das Zusammentreffen von vielen Tausenden von Mausererpeln auf der Watteninsel Knechtsand vor der Elbemündung.

Jagdzeit – Stockente: 1. September bis 15. Januar; alle übrigen Wildenten 1. Oktober bis 15. Januar. *Ganzjährig geschont* sind z. Z. Brand-, Eider-, Eis-, Kolben-, Löffel-, Moor-, Schell- und Schnatterente, in einigen Bundesländern noch weitere Arten.

Die Säger

Von den 3 Sägerarten (Gänse-, Mittel-, Zwergsäger), deren seitlich zusammengedrückter Schnabel mit spitzen Hornzähnen und scharfkantigem Nagel versehen ist, kommen in Deutschland als Brutvogel **Gänse-** und **Mittelsäger** vor, der Zwergsäger als Wintergast. Der erstere ist von schnittiger Gestalt, etwas größer als die Stockente, hat roten Schnabel und rote Ruder, Brust und Bauch weiß, Kopf dunkel. Er brütet bei uns an großen Seen Norddeutschlands und Südbayerns (Alpenseen), sonst in Nord- und Nordosteuropa, in hohlen Bäumen oder unter Felsen. Seine Nahrung besteht fast nur aus Fischen, die in Unterwasserjagd erbeutet werden. Seltener ist der Mittelsäger, dessen Erpel mit bräunlicher Brustbinde und Federschopf gekennzeichnet ist. Er kommt an der Ostseeküste vor, ansonsten ebenfalls in Nord- und Nordosteuropa.

Bergente (Erpel)

Mittelsäger (Erpel)

Gänsesäger (zwei Erpel, ein Weibchen)

Zwergsäger (zwei Erpel)

Beim **Zwergsäger** ist der Erpel einheitlich weiß mit schwarzem Augenfleck, das Weibchen hellgrauer. Gänse- und Mittelsäger sind Teilzieher, der Zwergsäger nordischer Zugvogel.

Als Wintergäste können alle drei Arten an Binnenseen und auf größeren Flüssen erscheinen. In Lebensweise und Verhalten zeigen sie viel Gemeinsames mit den Enten; in ihrer Ernährung haben sie sich jedoch als Tauchjäger auf den Fischfang spezialisiert.

Jagdzeit – Keine (ganzjährig geschont).

Die Waldschnepfe

Vorkommen, Lebensweise – Als einziger Vertreter ihrer artenreichen Verwandtschaft unterliegt nur noch die Waldschnepfe dem Jagdrecht. Sie brütet in Waldgebieten ganz Mittel-, Ost- und Nordeuropas (ausgenommen der hohe Norden) sowie in England. Ihre Winterquartiere liegen im Mittelmeerraum und Kleinasien bis Nordafrika. Auf dem Zug im Frühjahr und Herbst überfliegt ein Großteil der nördlichen Brutschnepfen Deutschland (Teilzieher). Manche bleiben in milden Wintern bei uns (*»Lagerschnepfen«*), viele brüten im Sommer in unseren Wäldern (*»Standschnepfen«*). Der Frühjahrszug ist Anfang März bis Mitte April; der Herbstzug dauert von September bis November. Auf dem Zuge, der meistens in die Nachtzeit fällt, ist die Schnepfe gewöhnlich stumm.

Die Nahrung der erdfarben gesprenkelten (auf der Unterseite gelblich fein, auf Scheitel und Nacken quer schwarz gebändert) Schnepfen sind Würmer, Larven, Insekten u. ä., die sie mit dem langen *Stecher* (Schnabel) aus dem Boden hervorholen. Dazu wird der an der Spitze tastempfindliche

Schnabel in den Boden gesteckt, sein Oberteil leicht angehoben und die Nahrung durch den sonst geschlossenen Schnabel aufgesogen. Sie stehen aufgescheucht mit klatschendem Geräusch auf.

Die Gesamtkörperlänge beträgt etwa 34 cm, das Gewicht schwankt zwischen 210 und 380 g.

Fortpflanzung – Mit dem Frühjahrszug beginnt die Balzzeit. Abends und morgens in der Dämmerung streichen die Schnepfen über breite Flächen oder an Altholzrändern entlang. Die Männchen *quorren* (quorr, quorr) und *puitzen* (psiwik, psiwik). Die Weibchen streichen stumm. Oft locken sie am Boden mit weichen Puitztönen. Bei ihnen eingefallene Männchen führen eine Bodenbalz – mit gefächertem Stoß und hängenden Schwingen – durch.

Schnepfen leben nicht in Ehe. Soweit die Waldschnepfe bei uns brütet, sucht sie sich hierzu Althölzer und Stangenhölzer mit feuchtem, womöglich laubbedecktem Boden. In ein kunstloses Nest werden in der Regel 4 (ausnahmsweise 3 oder 5) schmutzig braunpunktierte Eier gelegt. Das allein brütende Weibchen sitzt in einer Art »Brutstarre« sehr fest darauf.

Die Brutzeit beträgt 20–23 Tage. Die Jungen sind Nestflüchter. Nicht selten ist eine 2. Balz und Brut im Juni und Juli.

Jahresstrecke – Die Strecke betrug in der Bundesrepublik im Jagdjahr 2000/01 8578 Stück (vor dem Verbot der Frühjahrsjagd, 1977, wurden rund 25 000 Waldschnepfen erlegt). – Jagdstrecke in an-

Waldschnepfe

deren Ländern: in Norwegen 10 000, Schweden 30 000, Dänemark 20 000; am höchsten sind die Strecken in Westeuropa, für Frankreich schätzungsweise jährlich um 1 Million.

Jagd – Im Frühjahr war bei uns nur die Einzeljagd auf dem »Schnepfenstrich« erlaubt, die Suchjagd verboten. Jetzt ist die Jagdzeit ausschließlich auf den Herbst und Winter beschränkt: gelegentlich der Treibjagden oder beim Suchen und Buschieren vor dem Hund. Die verkümmerten 1. Handschwingenfedern *(Malerfedern)* sind wie der »Bart«, ein Federbüschel an der Bürzeldrüse, Jagdtrophäen.

Die Meinungsverschiedenheiten über die Jagd auf die Waldschnepfe wollen nicht verstummen. Wenn überhaupt ein Rückgang der mitteleuropäischen Brutvorkommen zu verzeichnen sein sollte, so ist er in der Verschlechterung der Umweltverhältnisse (vor allem durch Entwässerung und Trockenlegung) begründet. Es ließ sich im übrigen bisher nicht nachweisen, daß die Bejagung in der bei uns üblichen Form einen erkennbaren negativen Einfluß auf die Höhe der Population ausüben könnte.

Jagdzeit – 16. Oktober bis 15. Januar.

Andere Schnepfenvögel

Alle Arten unterliegen dem Naturschutzrecht mit »besonderem Schutz« (Artenschutzverordnung). Der Waldschnepfe nächst verwandt sind die **Sumpfschnepfen,** von denen besonders die Bekassine früher ein beliebtes Jagdwild war.

Waldschnepfe am Gelege. Wie bei allen Schnepfenvögeln besteht das Gelege meist aus 4 Eiern.

Die Bekassine

Die Bekassine ist nur halb so groß wie die Waldschnepfe, der sie sonst ähnelt. Sie kommt ebenfalls in Mittel-, Ost- und Nordeuropa vor, ist aber kein Waldvogel, sondern brütet in Mooren, Feuchtwiesen, auch in Heide. Beim Frühjahrsstrich (sie kommt bereits Ende Februar aus dem Süden) kann man sie im sumpfigen Wiesengrund hören: Im Sturzflug bringt das Männchen zitternde, dem Meckern der Ziege ähnelnde Laute (hu hu hu hu) hervor, die durch das Vorbeistreifen der Luft an den gespreizten Stoßfedern hervorgerufen werden. (Daher der Volksname »Himmelsziege«.) Auch findet eine Bodenbalz statt. Das Weibchen brütet vereinzelt in zusagenden Biotopen, noch verhältnismäßig häufig in Norddeutschland. Ihr Bestand leidet unter Trockenlegungen und Entwässerungen. Von August bis November ziehen die Bekassinen südwärts, manche überwintern auch bei uns (Teilzieher).

In Ländern, in denen die Bekassine jagdbar ist, wird sie vor dem Hund bei Streifen durch nasse Wiesen, Moore oder abgelassene Teiche geschossen; sie halten lange aus; stehen mit einem kratzenden »Rätschen« auf. Da sie schnell und im Zickzack streichen, ist der Schuß schwierig.

Die Doppel-(oder Mittel-)Schnepfe

Sie ist kleiner als die Waldschnepfe, von der Bekassine zu unterscheiden an den äußeren Stoßfedern, die bei der Doppelschnepfe fast weiß sind. Sie liebt

Bekassine

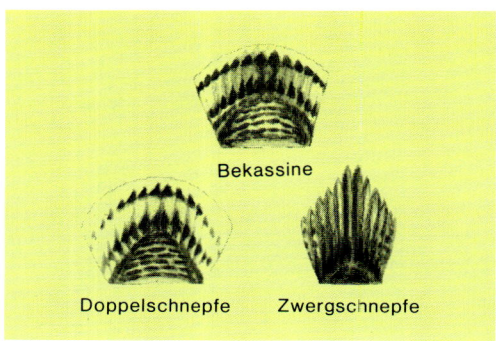

Arttypische Schwanzzeichnungen von Bekassine, Doppelschnepfe und Zwergschnepfe

nicht zu feuchte Wiesen und Moorgegenden. Ihr Frühjahrszug ist erst im April/Mai, der Herbstzug Ende September. Die Doppelschnepfe führt keinen Balzflug durch, sondern die Männchen finden sich an Balzplätzen zur Gesellschaftsbalz zusammen. Dabei lassen sie piepsende Laute und ein Knappen mit dem Schnabel vernehmen. Ihr Brutgebiet liegt in NW-Skandinavien, in NO-Europa und W-Sibirien. Kommt bei uns nur als Durchzügler vor und überwintert außerhalb Europas.

Die Zwergschnepfe

Eine weitere Sumpfschnepfenart ist die Zwergschnepfe, die nur starengroß ist. Sie ist ein nordischer Brutvogel und kommt als Durchzügler zu uns (Zugvogel, Winterquartiere in West- und Südeuropa). Sie steht stumm auf und streicht nicht wie die Bekassine im Zickzack.

Brachvögel, Uferschnepfen, Wasser- und Strandläufer, Regenpfeifer

Es sind meist Zugvögel, die im April aus den Überwinterungsgebieten, die bei manchen bis ins südliche Afrika reichen, gegen Norden, im September gegen Süden ziehen, aber auch häufig bei uns übersommern. Einzelne Vögel bleiben in milden Wintern in Deutschland. Sie sind alle mehr oder weniger an Wasser und Feuchtgebiete gebunden, wo sie ihre Nahrung meist in Tümpeln und flachem Uferwasser watend (»Watvögel«) suchen; viele auch in den Wattgebieten der Meeresküste. Alle sind Bodenbrüter in mehr offenem Gelände (Moore, Heiden, Feuchtwiesen), nur wenige haben sich an die Kulturlandschaft (Wiesen, Äcker) angepaßt, wie z. B. der Kiebitz. Da die Nahrungsund Brutbiotope, die ihnen zusagen, infolge zuneh-

Großer Brachvogel

Säbelschnäbler

Flußregenpfeifer

mender Landeskultur immer mehr eingeengt oder durch Verbauungen und den steigenden Verkehr ungeeignet werden, verdienen sie besonderen Schutz. Aus der großen Artenvielfalt dieser Gruppe können hier nur einige der wichtigsten beispielhaft genannt werden. Zum genaueren Kennenlernen ist ein gutes Vogelbestimmungsbuch unentbehrlich.

Die **Strandläufer** sind drosselgroße Vögel mit langem Schnabel, z. B. Alpenstrandläufer; ebenso die **Uferläufer** und **Wasserläufer.** Sie bevorzugen Schlammflächen (Watt), sumpfige Wiesen und Moore, z. B. Flußuferläufer, Rotschenkel, Kampfläufer.

Die **Brachvögel** sind langbeinige Vögel mit langem, abwärts gebogenem Schnabel; die bekannteste, ca.

Alpenstrandläufer

Kiebitz

Uferschnepfe

und Wasserpflanzen, beim Bläßhuhn auch lappige Schwimmhäute an den einzelnen Zehen, die Flügel sind verhältnismäßig kurz und rund. Sie leben paarweise, brüten versteckt im Uferbewuchs, beide Eltern besorgen die Brutpflege. Die wichtigsten Arten sind über ganz Europa mit Ausnahme des nördlichen Skandinavien verbreitet und Teilzieher oder Sommervögel.

Dem Jagdrecht unterliegt nur das **Bläßhuhn** (die Bläßralle). – Jagdzeit: 1. September bis 15. Januar (wie die Stockente). – Es ist die größte einheimische Rallenart, ganz schwarz mit auffällig hellem Schnabel und weißer Stirnplatte (»Blässe«), an größeren, schilfreichen Gewässern fast überall häufig, im Winter in großen Scharen auf offenen Wasserflächen, wo es seine Nahrung vorwiegend tauchend vom Grund holt.

Die übrigen, sämtlich unter Naturschutz stehenden Rallen sind weniger an das offene Wasser angepaßt; sie bewohnen die dicht bewachsenen Uferregionen, kommen auch an Kleingewässern (Tümpeln usw.) vor, und treten nur paarweise oder einzeln, auch im Winter nie in größeren Gruppen auf. Infolge ihrer versteckten Lebensweise selten zu beobachten.

Das (»grünfüßige«) **Teichhuhn** (die Teichralle) ist nächst dem Bläßhuhn die größte und häufigste Art; grüne Ständer, roter Schnabel mit roter Stirnplatte, Gefieder bräunlich-grau. – In abnehmender Größenfolge sind die **Wasserralle** (mit relativ langem Schnabel!), das **Tüpfelsumpfhuhn, Kleine Sumpfhuhn** und **Zwergsumpfhuhn** seltenere Rallenarten mit versteckter Lebensweise im Unterwuchs von Gewässern. – Im Gegensatz dazu gar nicht an Gewässer gebunden ist die **Wiesenralle,** die sich an

55 cm lange Art (unser größter einheimischer Schnepfenvogel) ist der Große Brachvogel (Kronschnepfe). In Ost-, Nord- und Mitteleuropa brütet er in Mooren und Feuchtwiesen; sein flötender Balzruf (trü-trü-trü) kennzeichnet ihn.

Die ebenfalls langbeinigen **Pfuhl-** und **Uferschnepfen** haben gerade Schnäbel und kommen hauptsächlich als Wintergäste zu uns. (Die Uferschnepfe ist Brutvogel in Norddeutschland.) Eine auffallende Erscheinung ist der auf die Küstengebiete beschränkte, schwarz-weiß gezeichnete **Säbelschnäbler** mit *aufwärts* gebogenem Schnabel.

Die **Regenpfeifer** ähneln den übrigen Schnepfenvögeln am wenigsten. Sie sind von gedrungener Gestalt mit relativ kurzen Ständern und Schnäbeln, auch weniger ans Wasser gebunden. Neben selten gewordenen Arten wie Gold- und Flußregenpfeifer ist am bekanntesten die größte und wichtigste Art, der **Kiebitz,** der seinen »gaukelnden« Balzflug mit seinem typischen Ruf »Kie-wit« über Äckern und Wiesen zeigt. Er fehlt nur im Süden und im hohen Norden Europas.

Die Rallen

Die Rallen sind zumeist Sumpf- und Wasservögel mit dunklem (bräunlich gefleckt bis schwarz) Gefieder, beide Geschlechter gleich gefärbt; sie erinnern in ihrer Gestalt etwas an Hühnervögel (daher der frühere Name »Wasserhühner«), mit denen sie aber nicht näher verwandt sind. Ihre Ständer haben besonders lange Zehen zum Laufen über Schlamm

Teichhuhn

Bläßhühner überwintern oft in großen Scharen.

Wiesen und Felder angepaßt hat, also den Lebensraum von Rebhuhn und Wachtel bevorzugt und wegen ihrer Ähnlichkeit mit der letzteren auch »Wachtelkönig« genannt wird.

Die Taucher

Taucher sind extrem an das Leben im Wasser angepaßte Schwimmvögel, die kaum mehr an Land gehen. Ihre kurzen, weit hinten stehenden Ruder

(»Steißfüße«) taugen nicht mehr zum Laufen. Ihre Nahrung sind Fische und größere Wasserinsekten, die sie tauchend verfolgen. Unter Wasser dienen auch die kurzen, schmalen Flügel zur Fortbewegung, mit denen sie auch schnell, aber wenig wendig fliegen können. Beide Geschlechter sind gleich gefärbt und besorgen gemeinsam die Brutpflege. Das Nest liegt auf schwimmenden Pflanzeninseln am Schilfrand größerer Gewässer, die nestflüchtenden Jungen werden oft im Rückengefieder der Eltern transportiert.

Die gänsegroßen **Seetaucher** sind hochnordische

Prachttaucher (Seetaucher)

Zwergtaucher

Haubentaucher im Brutkleid

Brutvögel, die gelegentlich als Wintergäste erscheinen, besonders an der Küste. Gefieder schwärzlich bis grau, hell gefleckt, Ruder mit vollkommenen Schwimmhäuten. Drei Arten: **Eistaucher, Prachttaucher, Sterntaucher,** die nicht dem Jagdrecht unterliegen.

Die kleineren **Lappentaucher** dagegen bewohnen Binnengewässer vorwiegend in Mittel-, West- und Südeuropa, sie haben lappige Schwimmhäute an den Zehen.

Dem Jagdrecht unterliegt nur die größte und relativ noch häufigste Art: der **Haubentaucher** (ganz-

jährig geschont). Im Prachtkleid an der rostroten Halskrause und schwarzbraunen »Federohren« kenntlich. Über ganz Europa verbreitet (ausgenommen Nordskandinavien, Portugal, Griechenland), Teilzieher. Früher als »Fischereischädling« verfolgt, heute wegen der Beengung des Lebensraumes (ungestörte Brutmöglichkeiten!) ganzjährig geschont.

Kleiner als der Haubentaucher und hauptsächlich an der Farbzeichnung von Hals und Kopf zu unterscheiden sind der **Rothalstaucher** (Brutvogel vorwiegend östlich der Elbe, im Winter an Nord-/ Ostsee- und Adriaküsten), der **Schwarzhalstaucher** (Mittel- und Südeuropa, Teilzieher), der **Ohrentaucher** (Nordosteuropa, bei uns Wintergast). Die weitaus kleinste Art, der **Zwergtaucher,** ist über ganz Europa verbreitet (ausgenommen Skandinavien) und erscheint, wie der Haubentaucher, im Winter oft in kleineren Gruppen auf offenen Gewässern.

Die Möwen

Die Möwen kommen in zahlreichen Arten oft in großen Mengen an der Meeresküste vor, wo sie kolonienweise nisten. Sie sind ausgezeichnete Schwimmer und Flieger, laufen etwas watschelnd auch gut am Land. In ihrer Ernährung vielseitig anpassungsfähige Allesfresser, neigen manche Arten zur Massenvermehrung und verdrängen an-

Rothalstaucher auf seinem Nest

Lachmöwen hinter einem Bodenbearbeitungsgerät

Lachmöwen im Flug (Brutkleid)

Silbermöwen mit braun gefiederten Jungvögeln

Jagdzeit – Lachmöwe: 16. Juli bis 30. April; Sturm-, Silber-, Mantel- und Heringsmöwe: 16. August bis 30. April. Das Sammeln von Eiern der Silber- und Lachmöwe unterliegt dem Jagdrecht ohne zeitlicher Beschränkung. Die übrigen, selteneren Arten sind ganzjährig geschont.

Die Großtrappe

Die **Großtrappe** ist aus der norddeutschen Tiefebene weitgehend verschwunden. Nur weniger als 400 Vögel finden sich derzeit noch in Mecklenburg-

Trapphahn

dere, empfindlichere Vogelarten. Im Winter kommen die großen Seemöwen aus den Küstengebieten, besonders Silber- und Mantelmöwe, auch ins Binnenland. Sonst ist an Binnengewässern Mittel- und Osteuropas nur die **Lachmöwe** Brutvogel (ca. 40 cm lang, Schnabel und Ruder rot, im Prachtkleid dunkelbrauner Kopf). Sie geht scharenweise hinter dem Pflug und hinter der Mähmaschine auf Äckern und Wiesen, um (wie die Krähen) Insekten und Würmer aufzulesen. Im Winter futterbettelnd auch in Städten.

Wo sich Möwen stark vermehren (z. B. gegendweise in großen Schwärmen Lach- und Silbermöwe), kann die Jagd auf sie ausgeübt werden, ebenso wie das Sammeln von Eiern.

Vorpommern/Brandenburg. Abnehmende Bestände gibt es noch in den Ebenen des östlichen Österreich, Ungarns, Rumäniens, in den südosteuropäischen Steppen und Türkei. Ein isoliertes Vorkommen besteht noch im südwestlichen Spanien/Portugal. In schneereichen Wintern verstreichen Trappen in mildere Nachbargebiete. In der Balz (April) zeigt der Hahn das umgestülpte Gefieder (Oberseite rotbräunlich mit schwarzer Bänderung, Unterseite weiß mit brauner Brust), ein sehr auffälliges Balzverhalten. 2(–3) Eier legt die wesentlich kleinere Henne in eine einfache Bodenmulde und brütet 27–30 Tage. Sie führt die Jungen bis zum Herbst; flugfähig sind diese aber schon nach 2 Monaten. Trappen leben unehig, der Hahn kümmert sich weder um das Gelege noch um die Aufzucht der Jungen. Die vielfältige Nahrung bilden grüne Pflanzenteile, vor allem Kräuter, Sämereien, Insekten, Regenwürmer und andere Bodentiere bis zu Mäusen. – Die Trappen sind sehr scheu. Sie laufen schnell, streichen aber schwerfällig ab. Mit einem Gewicht der Hennen von 4–6 kg, der Hähne (Körperlänge etwa 1 m) von 11–13 kg, sind sie die schwersten flugfähigen Vögel.

Jagd – Heute sind alle Restvorkommen in Mittel- und Osteuropa geschont.

Jagdzeit – Keine (ganzjährig geschont).

Die viel kleinere **Zwergtrappe** unterliegt nicht dem Jagdrecht. Sie brütet in Ebenen West- und Südosteuropas (Frankreich, Spanien, Türkei) und kommt nur selten als Irrgast zu uns.

Der Kranich

Kraniche sind über 1 Meter große, storchenähnliche Vögel mit langen Ständern, die kaum aufbaumen können. Sie sind gekennzeichnet durch graue Farbe, schwarzes Gesicht und Hals mit weißen Kopfstreifen sowie langen herabhängenden Armschwingen. In den alten Bundesländern letzte Brutvorkommen mit kaum 20 Brutpaaren in Mooren Niedersachsens und Schleswig-Holsteins, nahezu stabilisierter, auf ca. 700 Paare geschätzter Brutbestand in Mecklenburg-Vorpommern über die Linie Magdeburg-Halle-Leipzig bis zur Oberlausitz. Durch Moorkultivierung stark gefährdet.

Im April kommen die Kraniche, laut trompetend, in keilförmigem Flugverband oder Linienformation aus dem Süden. Beim Flug sind Hals und Ständer gestreckt, während beim Reiher nur die Ständer gestreckt sind, der Hals aber eingezogen ist.

Kraniche leben in Einehe, zur Balz führen sie »Tänze« auf. Die einzeln liegenden Nistplätze fin-

Kraniche

den sich in ruhigen Moorwäldern und Schilfgebieten. Es werden bei derzeit erkennbarer Brutzunahme auch kleinere Feuchtgebiete besetzt; die Paare bleiben dort aber meist ohne Bruterfolg.

Das Gelege aus 2 Eiern wird von beiden Eltern 4 Wochen bebrütet. Die Jungen sind Nestflüchter und werden bis zum Herbst von den Eltern betreut. Die Nahrung besteht überwiegend aus Grünäsung, sowie Unkrautsamen, Getreidekörnern, saftigen Wurzeln (Kartoffeln, Zuckerrüben) und anderen Feldfrüchten, Insekten, Würmern, kleinen Wirbeltieren.

Ab September/Oktober bis Dezember ziehen Kraniche in großen Keilformationen zu den Winterquartieren in Spanien, Nordafrika oder Ostafrika bis Äthiopien.

Der Zug dieser großen Vögel mit ihren auffälligen Stimmen hat die Menschen seit jeher beeindruckt (siehe Schiller: »Die Kraniche des Ibykus«). Als Jagdwild war der Kranich – wie der Reiher – vor allem bei der fürstlichen Falkenbeize begehrt. Heute unterliegt er nicht mehr dem Jagdrecht.

Die Reiher

Nur der **Graureiher** (Fischreiher) unterliegt dem Jagdrecht (ganzjährig geschont; z. T. Sondererlaubnis zum Abschuß an Fischzuchtanlagen).

Bei den Reihern unterscheidet man dünnhalsige Arten, die *eigentlichen Reiher*, und dickhalsige, die *Rohrdommeln*. Zu ersteren gehören neben dem

Seidenreiher

Graureiher am Horst

über fast ganz Europa verbreiteten *Graureiher* die wesentlich selteneren und auf engere Brutgebiete in Süd-, Südwest- und Südosteuropa beschränkten *Purpurreiher, Nachtreiher, Rallenreiher, Silberreiher* und *Seidenreiher;* zu letzteren die *Große Rohrdommel* und die *Kleine Rohrdommel* (oder *Zwergrohrdommel*).

Flugbild des Graureihers: Im Flug unterscheiden sich alle Reiherarten auf den ersten Blick durch den S-förmig gekrümmten Hals von allen ähnlichen Großvögeln (Störchen, Kranichen, Trappen, Wildgänsen), die den Hals geradegestreckt tragen.

Rohrdommel in Pfahlstellung

Purpurreiher

Die **Reiher** horsten kolonienweise teils im Schilf oder – wie der Graureiher – auf Bäumen. Sie leben in Jahresehe. Die Brutzeit des Graureihers ist im April. In dem flachen, aus dürrem Reisig bestehenden Horst werden 3–5 längliche, lichtblau-grüne Eier von beiden Eltern abwechselnd in 25–26 Tagen erbrütet. Die Jungen werden gefüttert, indem die Eltern das Futter aus dem Kehlsack hervorwürgen; nach 8–9 Wochen sind sie gut beflogen und gehen selbst ihrer Nahrung nach. Alle Reiher streichen mit S-förmig gebogenem Hals, der natürlichen Ruhestellung.

Der **Graureiher** (Gesamtlänge rund 90 cm; Kopf und Hals weiß, schwarzer Strich vom Auge bis zum Hinterkopf mit langen Schmuckfedern, Unterseite weißlich, hellgrau, Oberseite grau) kommt bevorzugt in Flußtälern und Seengebieten vor. Als Teilzieher überwintert er zahlreich im Mittelmeerraum. Er lebt an fischreichen Gewässern, seine Nahrung besteht aus Fischen, Fröschen und Reptilien, aber auch Mäusen und Insekten. Der Reiher steht ruhig beobachtend im seichten Wasser und stößt mit dem Schnabel blitzschnell zu, um seine Beute zu ergreifen. Er rastet gern auf erhöhten Stellen (Bäume, Pfähle) und übernachtet auf Schlafbäumen.

Jagd – Obwohl grundsätzlich völlig geschont, dürfen Graureiher mitunter mit Sondergenehmigung bejagt werden, wenn sie erhebliche Schäden in der Fischzucht verursachen. (Unterschiedliche Regelungen in den Bundesländern.)

Die **Rohrdommeln** (Kleine bis 150 g, Große bis 1100 g schwer) leben in den Schilfgürteln meist größerer Gewässer, sie brüten einzeln, nicht in Kolonien, und sind mit Ausnahme von Skandinavien und England über fast ganz Europa verbreitet (Große Rohrdommel Teilzieher, Zwergrohrdommel Sommervogel). Typisch die »Pfahlstellung« bei drohender Gefahr. Wegen ihrer dumpfen Stimme heißt die Große Rohrdommel auch Moorkuh oder Wasserochse.

Die Störche

Die 2 Arten, die in Deutschland vorkommen, sind der *Weißstorch* und der *Schwarzstorch*. Sie unterliegen nicht dem Jagdrecht.

Beide Arten sind Zugvögel, die im Frühjahr aus den Winterquartieren in Südafrika zurückkehren und bei Herbstbeginn dorthin ziehen – die östlich der Weser beheimateten Vögel über Kleinasien, Ägypten, die westlich der Weser über Frankreich, Spanien – und zwar die Jungstörche einige Tage vor den Alten.

Die Störche sind langbeinige Schreitvögel mit langem, spitzem Schnabel. Das Gewicht beträgt beim Weißstorch 3,5–4 kg, beim Schwarzstorch 3 kg; die Gesamthöhe der beiden Arten ca. 100 cm, die Spannweite der Flügel 200 cm. Ständer und Schnabel beim erwachsenen Weißstorch rot, beim Schwarzstorch braun. Das Klappern der Störche – besonders beim Weißstorch häufig – ist keine Stimmäußerung, sondern das Aufeinanderschlagen der Schnabelhälften. Ihre Nahrung besteht aus Fröschen, Mäusen, Schnecken, Insekten usw., in den Winterquartieren meist aus Wanderheuschrecken. Sie leben in Einehe (Jahresehe), die Geschlechter sind gleich gefärbt und besorgen gemeinsam die Brutpflege in großen Reisighorsten. Die Jungen sind Nesthocker.

Der **Weißstorch** bewohnt offenes Gelände mit hohem Anteil von Grünland, insbesondere feuchten Wiesen, in der norddeutschen Tiefebene, sonst in den größeren Flußtälern. Horstet ursprünglich auf Stämmen abgebrochener dicker Bäume, in der Kulturlandschaft auf Gebäuden (Dächer, Schornsteine), Leitungsmasten.

Der **Schwarzstorch** trägt ein schwarzbraunes, grünlich-violett schillerndes Gefieder. Brust, Bauchseite und Schwanzdecken sind weiß, Ständer und Schnabel zur Brutzeit leuchtend rot, sonst braun,

Weißstorch im Flug

Schwarzstorch

bei Jungvögeln graugrün. Er ist ein scheuer, störungsempfindlicher Vogel urwüchsiger Wälder mit Sümpfen, Gewässern und Feuchtwiesen, der zum Horsten große Baumkronen oder auch Felsvorsprünge oder -nischen benötigt. Jungenzahl bis 5 Stück, Familien bleiben bis etwa Mitte August am Horst zum Schlafen und Füttern zusammen. Die von Paaren besetzten Brutplätze werden in Abhängigkeit vom Nahrungsangebot jährlich gewechselt, jedoch besteht eine große Ortstreue. Nahrung hauptsächlich Fische, Amphibien, Wasserinsekten und gelegentlich Kleinsäuger. Ehemals von Ostasien her über ganz Mittel- bis Südeuropa verbreitet, kommt der Schwarzstorch heute inselartig in Südspanien und Portugal vor. In Mecklenburg-Vorpommern und Brandenburg kam der langjährige Bestandesrückgang zum Stillstand; in Niedersachsen, Hessen, Nordbayern und angrenzenden Gebieten wird seit den 70er Jahren eine allmähliche Wiederbesiedlung beobachtet, so auch zuvor in Österreich und Böhmen. Schwarzstörche überwintern in Afrika, meist nördlich des Äquators, wohin sie wie der Weißstorch, aber kaum mit diesem vergesellschaftet, auf der »Ost- oder Westroute« ab September (bis Dezember) ziehen und ab April zurückkehren. Alte Greifvogelhorste werden oft als Horstunterlage angenommen, ebenso auch

künstliche Nisthilfen; flache »Nahrungsteiche« mit Besatz aus Kleinfischen, Wasserinsekten und Amphibien können die Ansiedlung des Schwarzstorchs fördern. Besonders an Horsten ist er aber gegen Störungen durch Forstwirtschaft, Jagdausübung, Tourismus sehr empfindlich.

Die Kormorane (Scharben)

Von den weltweit 30 Arten kommen 3 in Europa vor: der **Kormoran**, die **Krähenscharbe** und die **Zwergscharbe**. Ganzjährig lebt davon in Deutschland nur der Kormoran. Er war einst in allen seenreichen Gebieten Nord- und Nordostdeutschlands bis nach Ostpreußen verbreitet. Als Fischereischädling wurde er aber so stark bekämpft, daß er bis vor Kurzem bei uns als bedroht betrachtet und dann geschont werden mußte. Durch diesen Schutz haben sich seine Bestände inzwischen soweit erholt, daß er heute nicht nur in Küstennähe, sondern auch weit südlich im Binnenland horstet. Als Wintergast ist er an fast allen Seen und Flüssen zu beobachten. Die Zunahme dieses nicht dem Jagdrecht unterliegenden Vogels führt erneut zu Konflikten mit der Fischerei.

Kormorane

Der Kormoran ist knapp gänsegroß, aber mit schlankerem Körper. Sein Gefieder ist dunkelbraun bis schwarz mit blaugrünem und bronzefarbenem Schimmer, bei männlichen Kormoranen im Prachtkleid auch metallisch leuchtend. Kehle und Wangen haben je nach Jahreszeit einen mehr oder weniger hellen bis weißen Fleck. Jungvögel sind auf der Unterseite weiß, jedoch in stark unterschiedlichem Ausmaß. Typisch für alle Kormorane ist, ähnlich wie für die Säger, der hakenförmige Schnabel. Im Flug bilden Körper, Hals und Flügel die Form eines Kreuzes. Schwimmende Kormorane liegen mit ihrem Körper tief im Wasser, aber der Hals wird steif hochgereckt, der Schnabel deutlich aufgerichtet.

Schwimmend fangen sie Fische, wobei sie den Kopf bis über die Augen ins Wasser stecken. Zum Tauchen setzen sie oft mit einem kleinen Luftsprung an und gleiten metertief ins Wasser. Anders als z. B. bei Enten weist das Gefieder der Kormorane das Wasser nicht ab, weshalb sie sich nach längeren Tauchgängen trocknen müssen. Dann sitzen sie mit ausgebreiteten Flügeln auf Ästen, Pfählen, Felsen oder Kainmauern.

Die geselligen Vögel brüten in Kolonien, die sie gerne in bereits bestehenden Reiherkolonien begründen. Neue Kolonien können sprunghaft anwachsen, in einem belegten Fall in 6 Jahren um das Dreißigfache von 30 auf 900 Horste. Große Bäume können mit mehr als hundert Horsten belegt sein. Für sie ist dies tödlich, da sie durch Abreißen von Blättern und Zweigen für den Nestbau sowie durch

Kotspritzer im Verlauf von rund 5 Jahren regelmäßig absterben. Daher sind Kormorane gezwungen, alle paar Jahre mit ihrer Kolonie umzuziehen. In baumlosen Gebieten können sie auch auf Felsen nisten. Im Winter verlassen viele Kormorane ihre Brutplätze und ziehen nach Süden bis zum Mittelmeer und bis nach Nordafrika.

Die Drosseln

Die Drosseln gehören – nächst den Rabenvögeln – zu den größten Singvogelarten. Sie unterlagen früher dem Jagdrecht, weil sie als Jagdbeute beim Vogelfang (Vogelherd, Dohnenstieg) sowie teilweise auch bei der Jagd mit der Flinte von Bedeutung waren. Jetzt stehen alle Arten unter dem »besonderen Schutz« des Naturschutzrechts.

Ihr Gefieder ist zumeist bräunlich, unterseits dunkelgefleckt; beide Geschlechter sind gleich gefärbt (Ausnahme: Amsel), die Eltern beteiligen sich beide an der Brutpflege (Brut- bzw. Jahresehe); sie sind Baum- und Gebüschbrüter; die Männchen singen zur Balzzeit im Frühjahr mit melodischer Stimme (besonders Amsel, Singdrossel), ihre Nahrung sind Insekten und Regenwürmer, die sie am Boden hüpfend erbeuten, im Spätsommer auch Beeren und Obst; die Amsel ist teilweise auch »Nesträuber« bei kleineren Singvögeln.

Am häufigsten ist die **Amsel** (Schwarzdrossel): erwachsene Männchen schwarz, im Brutkleid mit leuchtend orangegelbem Schnabel und Augenring;

Wacholderdrossel

Im Herbst zieht die Wacholderdrossel oft in größeren Schwärmen umher.

verbreiteter Waldvogel, weitgehend auch »verstädtert« in Gärten, Parken und Anlagen; über ganz Europa (ausgenommen den hohen Norden) verbreitet, bei uns meist Standvogel.

Ähnlich weit verbreitet und häufig, aber weniger »verstädtert« und meist im Süden überwinternd, sind **Singdrossel** und **Misteldrossel** (unsere größte Drosselart). – Die **Wacholderdrossel** – mit auffällig braunem Rückengefieder und hellgrauem Kopf und Bürzel – dringt als Brutvogel vom Nordosten her immer weiter vor und kommt auch als Wintergast in größeren Schwärmen zu uns. (Sie ist die früher als »Krammetsvogel« am meisten erbeutete Drossel.) – Am seltensten kommt bei uns (als Wintergast) die in Nordeuropa brütende **Rotdrossel** (Weindrossel) vor; sie ist unsere kleinste Drosselart. – Bei uns auf die Bergwälder der Alpen und

Amselgelege

höheren Mittelgebirge beschränkt ist die **Ringdrossel** (der Amsel ähnlich, mit weißem Halsring), die sonst auch in Skandinavien, Nordengland, in den Karpaten und am Balkan vorkommt.

Die Rabenvögel

Die hier mit neun Arten vertretenen Rabenvögel *(Raben, Krähen, Dohlen, Elstern, Häher)* stellen die größten Vertreter der Singvögel Mitteleuropas dar. Sie zeichnen sich durch soziale Organisation, große Anpassungsfähigkeit und hohes Lernvermögen aus. Auf Grund dessen vermögen sie sich auf die vom Menschen bewirkten Umweltbedingungen einzustellen, sie in opportunistischer Lebensweise zu ihren Gunsten zu nutzen und, bei unterlassener Verfolgung, in enge Nachbarschaft zum Menschen und seinem Siedlungsbereich zu treten.

Das Gefieder der Raben ist matt- oder bläulich schillernd-schwarz, bei Dohlen mehr grau, das der Elstern kontrastreich schwarz-weiß, das der Häher sehr farbig; die Geschlechter sind bei allen Arten einander sehr ähnlich gefärbt, Männchen sind oft etwas größer. *Rabenvögel* leben in *Einehe*, oft in mehrjähriger oder beim Kolkraben in lebenslanger Partnerbindung. Geht ein Partner verloren, kann aber rasch eine neue Bindung eingegangen werden. Paare besetzten Brutreviere, außer bei den in Kolonien brütenden Dohlen und Saatkrähen. Es erfolgt allgemein eine Jahresbrut, bei Gelegeverlust kann aber nachgelegt werden. Das Weibchen brütet alleine, wird aber vom Männchen mit Nahrung versorgt. Die Nester werden überwiegend hoch in

1

2

3

5

4

6

7

8

9

H. DILLER

Baumwipfel, Hecken oder Halbhöhlen gebaut (Dohlen, Alpenkrähe: in Baumhöhlen bzw. Felsspalten und -höhlungen, auch Gebäuderuinen). Sie sind aus Reisig gefertigt und z. T. mit Lehm ausgekleidet; es werden (Elster) außer dem Aufzuchtnest auch unvollständige (Spiel- oder Schlafnester) angelegt. Die Jungen kommen unbefiedert und mit geschlossenen Augen zur Welt, sie bleiben relativ lange im Nest. Die Familie hält nach dem Ausfliegen der Jungen meist noch einige Wochen zusammen. Noch nicht geschlechtsreife oder unverpaarte Tier bilden Junggesellentrupps oder -schwärme.

Alle Rabenvögel sind an die Verwertung vielseitiger *Nahrung* angepaßt, wobei grüne Pflanzenteile, Sämereien und Früchte überwiegen, das Spektrum tierischer Kost reicht von Würmern, Schnecken, Insekten und deren Larven, bis zu kleinen Wirbeltieren, Eier und Jungvögel werden aus Nestern – auch der eigenen Art – genommen sowie Aas und Fallwild. In einzelnen Fällen werden auch kleinere Tiere in Beutegreiferverhalten angegriffen und getötet.

Saatkrähe und *Dohle* haben in den letzten Jahrzehnten infolge der Intensivierung der Landnutzung und Siedlungsentwicklung eine deutliche Verringerung ihrer Bestände erfahren. Trotz der z. T. starken und ständigen, mit vielerlei Mitteln (Abschuß, Massenfänge in Fallen, Ausschießen besetzter Nester, Vergiftung) geführten Bekämpfung und Bejagung haben aber *Rabenkrähe, Elster* und *Eichelhäher* bestehen können. Beim *Kolkraben* ist es aus seinem zu Anfang der 40er Jahre erreichten Bestandestief (mit Restbeständen in Schleswig-Holstein, Ostpolen, Alpenraum) zu einer Erholung und Wiederverbreitung gekommen. Die im Einzelfall durchaus zu verzeichnende Schadenstätigkeit von *Rabenvögeln* infolge Fraß an Feldfrüchten, gelegentlichen Übergriffen auf Hausgeflügel (Küken), auf Niederwild (Gelege, Federwildküken, Junghase) oder sonstige Kleinvogelgelege und -bruten hat in übertriebener Verallgemeinerung eine sachlich nicht gerechtfertigte Antipathie gegen das »Gelichter«, »Gesinde« und »Raubzeug« erzeugt. Daß den Rabenvögeln vielfältige positive Funktionen in der Lebensgemeinschaft zukommen, wird dabei bis heute zumeist noch übersehen. Gleichermaßen können sich die »schädlichen« Rabenvögel als außerordentlich »nützlich« erweisen, wenn sie etwa auf landwirtschaftlichen Kulturen massenhaft Drahtwürmer, Käfer oder andere Parasiten der Kulturpflanzen verzehren. Ganz zu schweigen von dem maßgeblichen Beitrag, den vor allem Eichelhäher und Tannenhäher in der Verbreitung von Früchten der Waldbäume Eiche und Buche leisten (»Hähersaat«).

Dem *Jagdrecht* unterliegt bei uns nur der **Kolkrabe,** mit ganzjähriger Schonzeit nach der Bundes-VO. Im Bundesgebiet dürften derzeit, mit Verbreitungsschwerpunkt im mecklenburgischen Raum, wieder über 4000 Brutpaare leben. Der im glänzenden Gefieder tiefschwarze Vogel mit ebenfalls schwarzem, starkem Schnabel und keilförmig erscheinendem Stoß erreicht ein Gewicht von etwa 1200 g, bei 65 cm Länge und einer Spannweite von 120 cm. Besonders an dem tiefklingenden Ruf »raab«, »klonk« ist der Kolkrabe zu erkennen, typisch sind auch die Sturzflugphasen beim Balzflug. Erst im 3. Jahr geschlechtsreif, werden Kolkraben bis zu 40 Jahre alt. Das 3 Wochen lang bebrütete Gelege umfaßt 3–7 Eier, die Jungen verlassen nach etwa 40 Tagen das Nest, das später von Eulen und Greifvögeln benutzt wird.

Schon früher durch Naturschutzrecht geschützt waren fünf Arten: Die über ganz Europa (ausgenommen den Norden Skandinaviens) verbreitete **Dohle** (Turmdohle) – schwarz mit grauem Nacken und grauer Unterseite, gesellig lebender, kolonieweise in Felsnischen (auch an Gebäuden, Ruinen usw.) oder Baumhöhlen brütender Höhlenbrüter. – Ferner die auf das Hochgebirge beschränkte **Alpendohle** (Bergdohle) – glänzend schwarz mit roten Ständern und gelbem Schnabel, die in den gesamten Alpen (dazu in den Pyrenäen, Karpaten, Balkan) vorkommt, und die **Alpenkrähe** mit längerem, leicht gebogenem rotem Schnabel (nur in den Westalpen, Spanien, Süditalien, Griechenland, dazu nordenglische Küsten). – Dazu der **Tannenhäher** (Zirbenkratscher, auch Nußhäher) – auffällig kaffeebraun und mit weißen Flecken übersät, ein typischer Vogel höherer Bergwälder der Alpen und Mittelgebirge, im Winter auch in den Tälern. Seine östliche Form (Sibirischer Tannenhäher) tritt bei uns in manchen Jahren invasionsartig auch im Flachland auf. – Ferner unterliegt dem »besonderen« Artenschutz auch die **Saatkrähe**. Sie ist schlanker als die Rabenkrähe, mit blau-violettem Schimmer des schwarzen Gefieders, die erwachsenen Vögel mit hellem, schorfig nackter Schnabelwurzel, die bei einjährigen Jungvögeln noch schwarz befiedert ist; Koloniebrüter in Reisighorsten auf Bäumen, vorwiegend in Osteuropa, bei uns als Brutvogel selten, jedoch als Wintergast in großen Schwärmen, auch bis in die Städte vordringend.

◁ Rabenvögel: 1 Elster, 2 Eichelhäher, 3 Tannenhäher, 4 Rabenkrähe, 5 Nebelkrähe, 6 Saatkrähe, 7 Kolkrabe, 8 Alpenkrähe, 9 Dohle

Nicht geschützt waren in der Vergangenheit die drei verbleibenden Arten, die *Rabenkrähe* (= Aaskrähe), mit ihrer östlich der Elbe nach Südosteuropa verbreiteten Unterart Nebelkrähe, die *Elster* und der *Eichelhäher*. Diese Arten unterliegen, wie die zuvor genannten, dem Naturschutzrecht und genießen nach der Bundes-Artenschutzverordnung grundsätzlich den »besonderen Schutz«. Der Bundesrepublik Deutschland ist eingeräumt worden, diese Rabenvogelarten nachträglich in die Reihe der jagdbaren Tiere gemäß § 2 BJagdG aufzunehmen, was die Gesetzesänderung erfordert. Vorläufig sind Eingriffe in die Bestände der geschützten Vogelarten nur im Rahmen von Ausnahmegenehmigungen zulässig, wenn der »Schutz der heimischen Tierwelt« oder die »Abwendung erheblicher landwirtschaftlicher Schäden« dieses erfordert.

Die **Rabenkrähe** ähnelt dem Kolkraben, ist aber mit 47 cm Länge deutlich kleiner mit ebenfalls völlig schwarzem, glänzendem Gefieder, schwarzem kräftigem Schnabel, dessen Grund auch bei Erwachsenen dicht befiedert ist. Von der jungen Saatkrähe durch kräftigeren, weniger spitzen, aber höheren Schnabel unterschieden. Paarweise in ihren Revieren lebend, sind Rabenkrähen vielfach erst im 3. oder 4. Jahr brutreif. Das Gelege umfaßt 2 bis 7 Eier, die ca. 20 Tage bebrütet werden (bei Verlust auch Nachgelege), mit 5 Wochen verlassen die Jungen das Nest. In der Ernährung vielseitig und opportunistisch, können Rabenkrähen am ehesten bei stärkerem Auftreten einzelfallweise unliebsam werden. Hingegen ist gerade die Rabenkrähe ein bedeutsamer »Nestlieferant« für zahlreiche andere Vogelarten.

Östlich der Elbe sowie in Nord-, Süd- und Südosteuropa tritt anstelle der Rabenkrähe die **Nebelkrähe,** mit grau befiedertem Körper, nur Kopf, Flügel und Stoß schwarz. Sie kommt als Wintergast auch nach Westen. Raben- und Nebelkrähe sind zwei »geografische Rassen« derselben Art, gemeinsam als **Aaskrähe** bezeichnet; im Grenzgebiet entlang der Elbe gibt es Mischformen. Ein kleinerer Rabenvogel ist die **Elster** – auffällig schwarzweiß gezeichnet, mit langem, grünlich schillerndem Stoß; paarweise in Feldgehölzen, an Waldrändern, auf Parkbäumen in großen Kugelnestern aus Reisig brütend, im Herbst und Winter truppweise umherstreifend. Typisch »schackernder« Ruf, vielseitige Nahrungswahl aus pflanzlicher und tierischer Kost.

Der am lebhaftesten gefärbte Rabenvogel ist der gut 34 cm lange **Eichelhäher** mit rötlichbraunem Rumpfgefieder, weißem, vom schwarzen Schwanz abstechendem Bürzel, weißem Flügelfleck und blau-schwarz gebänderten Flügeldecken, schwarz-

Elster

weiß gestreiften Scheitelfedern, die zur »Holle«
aufgerichtet werden können. Der Eichelhäher ist
ein ausgesprochener Waldvogel. Oft bilden die
Vögel, vor allem im Winterhalbjahr, kleine, lär-
mende Gruppen, die sich durch ihre typischen Rufe
mit heiserem »rätsch, rätsch«, häufig im Chor,
leicht erkennen lassen, aber auch verschiedene andere gluckende, miauende oder knackende Laute
äußern. Die meist sehr versteckt liegenden Nester
mit 4–8 Eiern werden gewöhnlich in gut geschlossenen Nadel- oder Laubwaldungen angelegt. Charakteristisch beim Nahrungserwerb, der sich wie
bei den übrigen Rabenvogelarten ebenfalls vielseitig auf Pflanzliches und Tierliches stützt, ist (wie
beim Tannenhäher) das Verschleppen von Eicheln
und Bucheckern, die im Kropf gesammelt und an
einem entfernt liegenden Platz einzeln ausgewürgt
und als Nahrungsvorrat in den Boden gesteckt werden. Die dabei später vergessenen Samen können auf-
keimen und so den Wald bereichern. Eine Vielzahl
von Insekten (»Forstschädlinge«) zählen zum Nah-
rungsspektrum so wie auch Gelege oder Junge der
häufigen Waldvogelarten, deren Anteil an der Ge-
samtnahrung landläufig weit überschätzt wird. Wie
alle Rabenvögel beobachtet der lernfähige Eichelhäher seine Umgebung sehr genau und warnt mit
seinen Rufen bei Störungen auch Tiere anderer
Arten.

Im Gegensatz zur Rabenkrähe horstet die Saatkrähe in
Kolonien. Ihre wenigen Brutstätten in Deutschland verdienen vollen Schutz.

Tannenhäher

Eichelhäher

169

Die Greifvögel

Allgemeines – Sie sind mit wenigen Ausnahmen bei uns selten geworden. Viele Arten kommen nur auf dem Durchzug vor. Zu hoher Abschuß aus Gründen vermeintlicher Jagdhege, meist aber Unkenntnis, auch manche Pflanzenschutzmittel haben zu starker Abnahme mehrerer Arten beigetragen. Es ist daher i. allg. nicht mehr gerechtfertigt, sie zu bejagen. Für die Greifvögel – diese Bezeichnung ist zutreffender als der ältere Name Raubvögel – ist daher eine *ganzjährige Schonzeit* festgesetzt. Für Habicht und Mäusebussard werden in einigen Bundesländern in Einzelfällen Ausnahmegenehmigungen für Lebendfang, seltener auch für Abschuß auf begründeten Antrag erteilt. Die Bundes-Wildschutzverordnung hat besondere Bestimmungen über den *Schutz der Greifvögel* getroffen, die sich mit der Haltung, dem Erwerb und der Verwendung zur Falknerei befassen (siehe S. 206).

Zum Ansprechen der Greifvögel beim Flug dienen Gefiedermuster, Größe und Flugbild sowie das arttypische Verhalten beim Beuteerwerb. Zum Ansprechen der Arten aus der Nähe sind besonders Farbe und Zeichnung des Gefieders und die Farbe der Augen maßgebend, wobei zu berücksichtigen ist, daß bei vielen Arten deutliche Unterschiede sowohl zwischen den Geschlechtern als auch zwischen jungen und alten Vögeln (Jugend- und Alterskleid) bestehen. Die folgenden Merkmale dienen nur zum Ansprechen der Gattung:

Adler – Großer Hakenschnabel, stets länger als die Hälfte des Kopfes; im Nacken starre, spitze Federn.

Bussarde – Schnabel kürzer als Hälfte des Kopfes; Schwingen angelegt fast so lang wie der Stoß (»lange Schwingen – kurzer Stoß«).

Habicht/Sperber – Schwingen in Ruhestellung schneiden mit der Hälfte des Stoßes ab (»kurze Schwingen – langer Stoß«); helle Augen.

Milane – Stoß gegabelt.

Weihen – Um die Augen kleine Federbüschel; unter der Kehle schleierähnlicher Haarkranz; lange, dünne Ständer, lange Schwingen.

Falken – Am Oberschnabel ein stark hervortretender »Zahn«, der Falkenzahn; zweite Schwungfeder stets am längsten; dunkle Augen, oft dunkle Wangenstreifen.

Alle Greifvögel haben bewehrte Fänge und einen Hakenschnabel. Dieser dient nicht zum »Hacken«, sondern nur zum Zerteilen (Rupfen, Zerreißen, Zerschneiden), bei den Falken auch zum Töten (Beißen) der Beutetiere. *Rupfungen* durch Greifvögel erkennt man daran, daß die Federn des Beutevogels samt dem unversehrt bleibenden Kiel herausgerissen werden. Unverdaute Nahrungsreste (Federn, Haare, Knochen, Insektenpanzer) speien sie als *Gewölle* wieder aus (s. Seite 191). Das Weibchen ist oft beträchtlich größer als der Terzel (v. a. bei Sperber, Habicht, Wanderfalke).

Die Siedlungsdichte der Greifvögel ist gering. Man unterscheidet ein gegen Nachbarreviere abgegrenztes *Brutrevier*, das vom Brutpaar für sich allein beansprucht wird und worin es keine anderen Artgenossen duldet, und ein sehr viel größeres *Jagdrevier*, in dem auch andere Vögel Beute machen. Meist brütet nur das Weibchen, manchmal auch gemeinsam mit dem Männchen; oft *atzt* (füttert) das Männchen das brütende Weibchen. Die Jungen sind Nesthocker; das Weibchen atzt sie, während das Männchen die Beute an den Horst bringt.

In der **Waidmannssprache** heißen die männlichen Greifvögel *Terzel*, die weiblichen *Weib;* beide Altvögel versorgen gemeinsam ihre *Brut* im *Horst;* sie *atzen* (füttern) die Jungen, solange sie als *Nestlinge* im Horst bleiben und auch noch als *Ästlinge* außerhalb des Horstes, bevor sie ganz flügge sind. Die bewehrten Ständer heißen *Fänge*, mit ihnen *schlägt* der Greifvogel seine Beute, *rupft* sie dann mit dem Schnabel und *kröpft* (frißt). Die Losung heißt *Geschmeiß* oder *Schmelz* (sie ist kalkweiß und dünn-

Turmfalke mit Beute

Greifvögel: 1 Seeadler, 2 Rauhfußbussard, 3 Steinadler, ▷
4 Mäusebussard, 5 Habicht (Alterskleid), 6 Habicht (Jugendkleid), 7 Fischadler, 8 Wespenbussard.

1

2

3

4

5

6

7

8

Gänsegeier

flüssig). Die Bettelrufe der Jungvögel heißen *Lahnen*. Greifvögel *streichen* (fliegen), *haken* oder *blocken* auf einem Ast usw. *auf* und *streichen ab* (fliegen weg).

In der **Falknerei** ist noch eine große Zahl weiterer Fachausdrücke üblich, die über die Waidmannssprache hinausgehen oder z. T. auch von ihr abweichen (so z. B. *Sprinz* für den männlichen Sperber; *Füße* statt Fänge beim Habicht, *Hände* bei den Falken). Besonders die Kunst des *Abtragens* (Abrichtens) zur Beizjagd und die Geräte und Hilfsmittel dazu haben viele spezielle Ausdrücke hervorgebracht (z. B. *Geschüh* (lederne Fußfessel; *Bell* – Glöckchen daran; *Federspiel* – Beuteattrappe zum Heranlocken; *Block* und *Sprenkel* – Sitzgelegenheiten, *Brente* – Badegefäß).

Die Geier

Von den sonst bei uns nicht mehr heimischen Geiern kommen selten aus dem Südosten bis an die salzburg-bayerische Gebirgsgrenze **Gänsegeier** (Kopf und Hals weiß; weiße, bei den Jungen braune Halskrause). Bei uns ausgerottet ist der **Bartgeier,** der noch auf dem Balkan und in den Gebirgen Spaniens vorkommt. Seine Wiedereinbürgerung in den Alpen ist im Gange. Geier sind spezialisierte Aasfresser, die tote Tiere aus hohem Suchflug auf weite Entfernung wahrnehmen. **Jagdzeit** – Keine (ganzjährig geschont).

Die Adler

Der in Deutschland früher fast ausgerottete **Steinadler** kommt in wieder erholten Beständen in den Alpen in Süd- und Südosteuropa und in Skandinavien vor. In den Alpen etwa 400 Brutpaare. Einfarbig dunkel mit goldgelber Tönung an Kopf und Nacken; Stoß ist schwarz mit aschgrauer Stoßwurzel und unvollständigen Querbändern; die Ständer sind befiedert, die Fänge goldgelb. Länge des Vogels bis 90 cm, die Flügelspanne kann 2–2,30 m betragen. Er horstet in Felsnischen, seltener auf Bäumen; ein Paar hat meist mehrere Horste in dem recht großen Brutrevier; 1–2 Eier werden etwa

Greifvögel: 1 Sperber (Weibchen), 2 Sperber (Terzel), 3 Turmfalke (Terzel), 4 Baumfalke (Lerchenfalke), 5 Wanderfalke, 6 Schwarzer Milan, 7 Roter Milan (Gabelweihe), 8 Rohrweihe, 9 Wiesenweihe

173

Steinadler (rechts Jungvogel)

Fischadler

43–44 Tage bebrütet; in der Regel wird nur 1 Junges groß, das die Eltern aus dem bis 200 km² großen Jagdgebiet mit Atzung versorgen. Der Steinadler schlägt Bodentiere aller Art, bevorzugt Murmeltiere, Hasen, Füchse, auch Gams- und Rehkitze; er ist auch Aasfresser, vor allem im Winter.

Der **Schreiadler,** der als Sommervogel östlich der Elbe in großen, wasserreichen Laub- und Mischwäldern horstet, hat die Größe eines Mäusebussards, um 65 cm; dunkel purpurbraun. Der Stoß ist schwarzbraun gebändert, die Ständer sind befiedert. Die Fänge hellgelb. Horst auf Bäumen; als Nahrung Fische, Lurche, kleinere Vögel und Säugetiere. Zugvogel. Vorkommen in Nordostdeutschland etwa 90 Paare, sonst Ost- und nordöstl. Mitteleuropa. In Dauerehe lebend halten sie oft jahrelang am Brutrevier fest.
Namensgebend sind die lauten »juck«-Rufe.

Der **Schelladler,** um 70 cm lang, hat sein Hauptverbreitungsgebiet in Nordosteuropa und Asien. Im nordöstl. Polen (ca. 30 Paare) und östl. Ungarn liegen seine westlichsten Brutplätze. Größer als der Schreiadler, aber sonst wegen der ähnlichen Färbung leicht mit ihm zu verwechseln. Horst auf Bäumen; Nahrung: Mäuse und besonders Reptilien, selten kleinere Säugetiere; Zugvogel.

Der **Seeadler,** unser größter Adler (bis 90 cm lang, Flügelspanne 2,40 m) kommt im Winter etwas häufiger an den norddeutschen Küsten und vereinzelt im Binnenland vor. In Schleswig-Holstein nur noch 3–4 Brutpaare; Mecklenburg-Vorpommern bis Lausitz etwa 110 Brutpaare, in Polen ca. 70. Im Winter tauchen vereinzelt Tiere aus Nord- und Nordosteuropa auch im westlichen Mitteleuropa auf. Der kurze, keilförmige Stoß ist in der Jugend schwarzbraun mit weißen Flecken, im Alter weiß. Die Ständer sind zur Hälfte befiedert, Fänge hellgelb. Horst auf Bäumen, wird mehrjährig benutzt; meist hat ein Paar mehrere ausgebaute Horste. Nahrung: Wasservögel, seltener Fische, kleine Landsäugetiere, oft auch Aas; Teilzieher. Seeadler können von der Wasserfläche auffliegen.

Erläuterungen zu den Flugbildern

Geier	sehr lange, breite Schwingen, weit ausgespreizte Handschwingen, kurzer Stoß, Segelflieger.
Adler	breite, lange Schwingen, meist ausgespreizte Handschwingen, großer, breiter Stoß, Segelflieger.
Falken Habicht, Sperber	spitze Schwingen, langer Stoß, rascher Verfolgungsflug über freiem Gelände. kurze, runde Schwingen, langer Stoß, wendiger Flug im Wald.
Bussarde	breite Schwingen, breiter Stoß, Segelflieger, »Rütteln«.
Weihen	lange Schwingen, langer Stoß, langsamer »Gaukelflug«.
Milane	lange Schwingen, langer gekerbter oder gegabelter Stoß, Segelflieger.

Gänsegeier

Steinadler

Seeadler

Fischadler

Schwarzer Milan

Wiesenweihe

Wanderfalk

Baumfalk

Turmfalk

Sperber

Habicht

Mäusebussard

Wespenbussard

Falke

Milan

Sperber

Weihe

Bussard

Flugbilder und Umrißzeichnungen einheimischer Greifvögel

Mäusebussard

Rauhfußbussard

Der **Fischadler,** um 55 cm lang, kommt zur Zugzeit an größeren offenen Gewässern vor. Brutgebiete sind Nord- und Osteuropa, auch Küstengebiete des Mittelmeeres. In Westdeutschland als Brutvogel ausgestorben, aber noch regelmäßiger Durchzugsgast mit derzeit vereinzelt wieder Brutverdacht westl. der Elbe. In einigen Ländern leichte Bestandserhöhung, großer Brutbestand Mitteleuropas im Bereich Mecklenburg-Vorpommern bis Lausitz mit über 90 Brutpaaren und 30–40 Paaren in Polen. Der Stoß ist braun mit dunklen Bändern,

Mäusebussarde an einem Luderplatz. Links ein besonders hell gefiedertes Exemplar.

die Körperunterseite weiß, die Ständer unbefiedert, die Fänge blaugrau bis hellbraun; helle Kopfhaube. Das Flugbild weist auffallend gewinkelte Schwingen vor. Horst auf Bäumen. Nahrung vorwiegend (teils recht große) Fische: »Wendezehe« als spezielle Anpassung an den Fischfang als Stoßtaucher; rüttelt über dem Wasser, dann tiefes Eintauchen im Sturzflug. Zugvogel.

Jagdzeit – Keine (ganzjährig geschont).

Die Bussarde

Weitaus am häufigsten ist der *Mäusebussard*, seltener der *Rauhfußbussard* (Wintergast). Die Hauptbeute der Bussarde sind Kleinsäuger, vor allem Mäuse, daneben auch Jungvögel, Reptilien, Lurche und Insekten. In der Winternot schlägt besonders der stärkere Rauhfußbussard aber auch Rebhühner. Sie horsten auf Bäumen. Es werden 2–3 (–4) Junge ausgebrütet; die Brutzeit dauert ca. 5 Wochen. Die Jungen sind nach etwa 6 Wochen flügge. Eine Sonderstellung nimmt der *Wespenbussard* als insektenfressender Zugvogel ein.

Die **Mäusebussarde,** 51–56 cm lang, können sehr verschieden gefärbt sein. Die Farbe variiert zwischen weißgrau und dunkelbraun, oben dunkel, unten hell gefleckt. Das Flugbild ist gekennzeichnet durch die breiten Schwingen und den breiten gefächerten Stoß. Das Jagdgebiet (4–800 ha) ist die offene Landschaft, über die der Vogel abwechselnd mit Ruderschlag und Schwebeflug kreist und auch

Wespenbussard mit Jungvogel im Horst

Habicht

rüttelt oder wo er auf einer Ansitzwarte (Pfahl, Randbaum) auf Beute lauert. Als Aasfresser halten sich zahlreiche Mäusebussarde an Verkehrsstraßen auf und kröpfen von überfahrenen Tieren. Er kann die Beute nur am Boden schlagen. Neben dem Turmfalken ist der Mäusebussard unser häufigster Greifvogel und ist infolge seiner Lebensweise im offenen Gelände auch leicht zu beobachten. Besonders auffällig sind seine hohen Schwebeflüge zur Balzzeit sowie ähnliche Flugspiele der flüggen Jungbussarde im Sommer. Er ist Teilzieher, d. h. er weicht innerhalb seines gesamteuropäischen Verbreitungsgebietes strengen Wintern nach Westen bzw. Süden aus. Hohe Schneelagen, bei denen er keine Mäuse erbeuten kann, bringen den Mäusebussard in Not.

Der **Rauhfußbussard** ist ähnlich gefärbt wie der Mäusebussard, der Stoß an der Wurzel stets weiß mit dunkler Endbinde. Die Ständer sind befiedert; sonst gleicht er weitgehend dem Mäusebussard. Er ist Zugvogel, der im nordwestlichen Skandinavien brütet, im Winter südlich zieht und bei uns nur als Wintergast auftritt.

Der **Wespenbussard** unterscheidet sich vom Mäusebussard durch schmalere Schwingen, den längeren Stoß und den schlankeren Kopf. Stoß und Kopf mit vorgestrecktem Schnabel sind kennzeichnend für das Flugbild. Jungvögel haben eine gelbe Wachshaut und graubraune Iris, Altvögel eine schwarze Wachshaut und orangefarbene Iris (Mäusebussard: braune Iris!), und der ganze Kopf, auch um Schnabel und Augen, ist zum Schutz gegen Insektenstiche dicht befiedert. Er lebt fast ausschließlich von Wespen, Hummeln und deren Brut, die er aus den Erdnestern scharrt, daneben nimmt er, besonders zur Aufzuchtzeit, auch Kleinsäuger, Jungvögel, Lurche u. ä. Er ist Zugvogel, der spät (April/Mai) bei uns erscheint, bis Ende Juni brütet (begrünter Horst) und ab Mitte August/Oktober ins Urwaldgebiet des tropischen und südlichen Afrika zieht.

Jagdzeit – Keine (ganzjährig geschont).

Habicht und Sperber

Der **Habicht,** 50–60 cm lang, Weib viel größer als der Terzel, horstet hoch auf Bäumen, bevorzugt ausgedehnte Waldungen. Balz ab Ende Februar, Brut März bis Mai; 3–4 grünlich-weiße, ungefleckte Eier werden in 36–41 Tagen meist vom Weib ausgebrütet. Die jungen Nesthocker werden vom Weib geatzt, während der Terzel die gerupfte Beute zuträgt. Nach 5–6 Wochen sind sie flügge.

Das Jugendkleid ist oberseits bräunlich, unten ockerfarben mit dunkelbraunen Schaftflecken. Erst gegen Ende des zweiten Lebensjahres mausert der Habicht ins Alterskleid, das oben braungrau, unten hell-dunkelgrau, fein quergebändert (»gesperbert«) ist. Die Fänge sind gelb, die Ständer unbefiedert.

Das Flugbild ist gekennzeichnet durch die breit angesetzten, zugespitzten Schwingen und den nach hinten gleich breit bleibenden, langen Stoß. Das

177

Habicht im Jugendkleid (»Rothabicht«) mantelt ein erbeutetes Kaninchen

Jagdgebiet (3000–5000 ha) ist die gedeckte Waldlandschaft. Brut- und Beuterevier eines Habichtpaares sind streng getrennt. Beim Jagdflug streicht er sehr flach, äußerst gewandt, jede Deckung nutzend. Er tötet nur durch Kopf- und Halsgriff, ohne den Schnabel zu verwenden (»Grifftöter«). Er schlägt im Überraschungsangriff gleich geschickt in der Luft und am Boden. Seine Hauptbeute sind Wildtauben, Häher, Drosseln, Eichhörnchen, Ka-

Sperberweib mit Nestlingen

ninchen. Daneben alle Tiere, die er als Beute überwältigen kann (das starke Habichtsweib Säugetiere bis zum erwachsenen Feldhasen, Vögel bis zum Auerwild und Bussard). Die Vielseitigkeit seiner Beute ermöglicht es dem Habicht, auch im Winter als Standvogel (Jahresvogel) im Brutgebiet auszuhalten. Er ist über ganz Europa mit Ausnahme der Britischen Inseln verbreitet.

Der **Sperber,** 28–38 cm lang, sozusagen die »verkleinerte Ausgabe« des Habichts, horstet ebenfalls in Wäldern, aber auch in kleineren Waldungen im offenen Gelände. Fortpflanzung ähnlich wie beim Habicht (Brut aber im Mai, 4–6 Eier). Das Jugendkleid ist oben graubraun, unten weiß mit Längsflecken an Kehle und Hals sowie Querbänderung an Schenkeln und Bauch. Das Alterskleid ist ähnlich dem des Habichts, aber der Terzel (»Sprinz«) unterseits rotbraun, das Weib grau gebändert (»gesperbert«). Das Weib ist viel größer als der Terzel. Die Fänge sind gelb, die Ständer unbefiedert. Das Flugbild gleicht nahezu dem des Habichts. Sein Jagdgebiet (700–1200 ha) sind der Waldrand und die offene Parklandschaft. Der Sperber streicht sehr hastig, rüttelt selten. Seine Hauptbeute sind Kleinvögel bis zu Drosselgröße. Das stärkere Weib schlägt auch Häher und Wildtauben. Als Teilzieher weicht der Sperber in strengen Wintern von Osten und Norden nach milderen Gebieten seines Verbreitungsgebietes (ganz Europa einschließlich England) aus.

Jagdzeit – Keine (ganzjährig geschont).

Die Milane

Hierzu gehören der bussardgroße **Schwarze Milan,** um 55 cm lang, mit dunkelbraunem Federkleid, und der größere rostfarbene **Roter Milan,** bis über 60 cm lang. Beide sind im allgemeinen Zugvögel, der Rotmilan örtlich auch Jahresvogel. Sie bevorzugen klimatisch mildere Gegenden (Flußniederungen, Seengebiete) und fehlen in Nordeuropa. Sie horsten auf Bäumen. Der Horst ist häufig mit Lumpen, Papier und dgl. ausgelegt. Das Flugbild ist gekennzeichnet durch den beim Roten Milan tiefer gegabelten, beim Schwarzen Milan flacher eingebuchteten Stoß (daher wird der Rote Milan auch Gabelweihe genannt). Beide Milan-Arten kreisen häufig im Suchflug über offenem Gelände, gern in der Nähe größerer Gewässer. Sie sind vornehmlich Aasfresser, lesen kranke und tote Fische von der Wasseroberfläche und vom Ufer auf, auch jagen sie anderen Greifvögeln die Beute ab. Nur

Schwarzmilane am Horst

Wiesenweihe (Terzel)

kleinere Bodentiere (Lurche, Reptilien, Jungvögel) schlagen sie selbst.

Der Bestand der beiden Arten gilt gegendweise als gefährdet.

Jagdzeit – Keine (ganzjährig geschont).

Die Weihen

Von den zahlreichen Arten brüten bei uns nur *Kornweihe, Wiesenweihe* und *Rohrweihe.* Weihen sind Zugvögel, die Kornweihe überwintert bisweilen bei uns. Alle Weihen sind Bodenbrüter. Sie sind in ihrem Bestand sehr gefährdet.

Die **Kornweihe,** 43–51 cm lang, als sehr seltener Brutvogel nur noch in Norddeutschland, liebt offenes Gelände. Sie horstet am Boden in Getreidefeldern. Ihre Nahrung besteht aus Vögeln, Mäusen, Reptilien. Der Flug, wie der aller Weihen, ist langsam wiegend und schaukelnd. Beim Flugspiel überschlägt sich der Terzel häufig. Der Terzel ist grau gefiedert, das Weib bräunlich; schlanker Körper, lange Schwingen und langer Stoß.

Die **Wiesenweihe,** 41–45 cm lang, ist als Brutvogel außerordentlich selten. Der Terzel ist blaugrau, das Weib bräunlich gefärbt (sehr ähnlich der Kornweihe). Sie horstet bevorzugt in feuchten Streuwiesen oder in Mooren. Das Flugbild ist gekennzeichnet durch sehr lange spitze Schwingen und den geschlossenen Stoß. Nahrung wie die der Kornweihe.

Die **Rohrweihe,** 48–55 cm lang, kommt in feuchten Niederungen vor. Terzel braun-grau, Weib dunkelbraun; etwas breitere Schwingen als die anderen Weihen. Der Horst findet sich häufig im Rohrdikkicht etwas über dem Boden. Der Flug ist gaukelnd und niedrig. Der Terzel vollführt hohe Balzflüge, bei denen er sich oft überschlägt. Aus dem niedrigen, langsamen Suchflug heraus schlägt die Rohrweihe vor allem Wasservögel bis zur Größe des Bleßhuhns.

Jagdzeit – Keine (ganzjährig geschont).

Rohrweihe mit Nestlingen

179

Turmfalke atzt seine Nestlinge.

Baumfalken: Als Insekten- und Kleinvogeljäger ziehen sie im Herbst südwärts. Sie erreichen die höchste Fluggeschwindigkeit von allen einheimischen Vögeln.

Die Falken

Es gibt zahlreiche Arten. Alle nisten auf Bäumen, in Felsnischen oder Gemäuer, bauen aber keine eigenen Horste, sondern sind – soweit Baumbrüter – auf verlassene Nester von Krähen, Elstern oder anderen Greifvögeln angewiesen. Die Falken schlagen meist fliegende Beute in reißendem Verfolgungsflug (Ausnahme Turmfalke). Das Flugbild zeigt spitze Schwingen und einen keilförmig zusammengezogenen Stoß (Turmfalkenstoß gleich breit). Manche Falkenarten rütteln häufiger als andere Greifvögel. Der Schnabel der Falken ist gekennzeichnet durch den »Falkenzahn«, das ist ein spitzer Vorsprung an beiden Rändern des Oberschnabels. Er hilft beim Töten der Beutetiere mittels Schnabelbiß ins Genick. (Falken sind »Bißtöter«; ihre relativ schwachen Fänge »binden« die Beute meist nur, ohne sie unmittelbar zu töten.)

Der **Turmfalke** (35 cm groß, 140–225 g schwer) kommt fast überall als Stand- oder Strichvogel vor. Er ist – nächst dem Mäusebussard – unser häufigster Greifvogel. Das Gefieder ist rotbraun mit dunkler Fleckenzeichnung, die erwachsenen Terzel mit blaugrauem Kopf und Stoß. Brütet in Ruinen, Gebäuden, Kirchtürmen, auch Baumhöhlen und Nistkästen. Die Eier (4–6) sind gelbweiß mit rotbraunen Flecken. Sein Jagdgebiet sind offene Landschaften; er erbeutet vorwiegend Mäuse, aber auch andere Kleinsäuger, ferner Kleinvögel und Insekten. Das Rütteln ist für ihn kennzeichnend (»Rüttelfalke«).

Der **Wanderfalke** (bis zu 50 cm groß, Terzel etwa 600 g, Weib 900 g schwer), kommt in sehr geringer Siedlungsdichte in ganz Europa vor, ist aber in vielen Gegenden bereits ausgerottet. Deshalb bedürfen die letzten Brutpaare besondere Hege und Schutz. In einigen Gebieten wurden in Gefangenschaft gezüchtete Wanderfalken erfolgreich ausgewildert. Das Jugendkleid ist oben dunkelbraun, unten gelbweiß mit braunen Längsflecken. Das Alterskleid ist oben aschgrau mit dunklen Querbinden; Unterseite und Kehle sind hell. Die Fänge sind gelb, die Ständer unbefiedert. Besondere Merkmale sind: lange, schmale Schwingen, kurzer Stoß, reißender Flug über offenem Gelände, oft Sturzflug aus großer Höhe; schlägt die Beute – fast ausschließlich Vögel bis zur Entengröße – von oben im Flug, wobei die Fänge oft bis in die Lungen durchdringen. Die Eier (2–4) sind hellgelb mit braunroten Flecken. Das Jagdgebiet – offene Landschaft – ist sehr groß (4–6000 ha).

Der **Baumfalke** (Lerchenfalke) ist etwas kleiner als der Turmfalke, 30–36 cm lang. Er ist Zugvogel, kommt Ende April aus Afrika zu uns, horstet meist in alten Krähennestern. Er ist das kleinere Ebenbild der Wanderfalken. Sein Flugbild ähnelt dem des Turmfalken, doch ist sein Stoß viel kürzer. Er lebt überwiegend von Kleinvögeln und fliegenden Insekten (Libellen). Er erreicht die höchste Fluggeschwindigkeit unter den einheimischen Vögeln und schlägt sogar Schwalben und Mauersegler. Er rüttelt nicht. Auch sein Bestand gilt als gefährdet. **Merlin-, Rotfuß-, Würg- und Gerfalke** sind bei usn Durchzügler bzw. Irrgäste. Doch brütet als Sommergast der Rotfußfalke gelegentlich in Süddeutschland.

Jagdzeit – Keine (ganzjährig geschont).

Die Eulen

Alle Eulen stehen unter dem »besonderen Schutz« der Artenschutzverordnung. Sie unterliegen nicht dem Jagdrecht.

Die Eulen weisen infolge ihres ähnlichen Nahrungserwerbs einige äußere Gemeinsamkeiten mit den Greifvögeln auf; sie stehen jedoch in keiner näheren Verwandtschaft zu ihnen. Deshalb ist die früher übliche Bezeichnung »Nachtgreifvögel« unzutreffend. Sie sind im Gegensatz zu den meisten anderen Vögeln weitgehend bei Nacht aktiv und haben verschiedene Anpassungen an diese ungewöhnliche Lebensweise entwickelt (weiches Gefieder, lautloser Flug, große, parallel stehende Augen, Federschleier als Schalltrichter für die sehr empfindlichen Ohren, extreme Drehbarkeit des Kopfes). Mit Ausnahme der beiden noch häufigen und weit verbreiteten Arten Waldkauz und Waldohreule sind alle heimischen Eulen mehr oder weniger in ihrem Bestand gefährdet.

Eulen haben kein Nestbauverhalten. Die Eier sind weiß und rundlich. Die Jungen haben ein wolliges Daunenkleid und sind Nesthocker. Die Geschlechter sind gewöhnlich gleich. Die Eulen töten die mit den Fängen festgehaltene Beute durch einen Schnabelbiß in den Hinterkopf. Eulengewölle (s. Seite 191) sehen äußerlich den Gewöllen von Greifvögeln sehr ähnlich (z. B. Waldkauz – Mäusebussard); sie bestehen ebenfalls größtenteils aus Mäusehaaren, dazu teilweise Insektenpanzern. Jedoch sind in Eulengewöllen auch feinste Knochen von Kleintieren (z. B. Schädel und Rippen von Mäusen) unversehrt enthalten, während Greifvögel Knochen weitgehend verdauen.

Die einheimischen Eulen teilen wir ein in die Gruppen der **Käuze**, der **Ohreulen** (zu denen wir seinem Aussehen nach auch den **Uhu** stellen können) und – als einzigen Vertreter ihrer Gruppe – die **Schleiereule.**

Waldkauz

Die Käuze

Unter den Käuzen ist der **Waldkautz** unsere am weitesten verbreitete und häufigste Eule. Er ist fast bussardgroß und über ganz Europa, ausgenommen den hohen Norden, verbreitet. Er kommt in einer braun und in einer grau gefiederten Form vor, hat tief dunkle Augen und den für alle Käuze charakteristischen »dicken« Kopf. Er nistet bevorzugt in Wäldern in Baumhöhlen, nimmt auch genügend große Nistkästen an, ist aber so anpassungsfähig, daß er gelegentlich auch in alten Krähen- und

Sperlingskauz

Zwei Waldohreulen. Sie brüten hauptsächlich in
verlassenen Krähen- oder Greifvogelhorsten.

Bussardhorsten, am Boden neben Wurzelstöcken,
auch in Erdhöhlen (Kaninchenbauen) oder Felsnischen brütet. In Ortschaften nimmt er Mauerlö-
cher, Dachböden u. dgl. als Nistplatz an. Die Balz
beginnt schon im Winter (Januar) mit dem eintönig
anhaltenden »Reviergesang« der Männchen (»hu –
hu – hu – hu«). Die Nestjungen werden vom Eltern-
paar energisch verteidigt, auch gegen Menschen.
Die Beute besteht vorwiegend aus Kleinnagern
(Mäusen), aber auch – besonders im Winter – aus
Kleinvögeln; dadurch leidet der robuste Waldkauz
weniger unter strengen Wintern als andere, mehr
auf Mäuse spezialisierte Arten.
Der wesentlich kleinere (etwa hähergroße) **Steinkauz** (»Käuzchen«) hat einen flacheren Kopf mit
gelben Augen. Da er neben Mäusen auch größere
Insekten jagt, ist er oft auch bei Tag aktiv. Sein als
«Komm mit!» gedeuteter Lockruf »kuwitt« vor
nachts erleuchteten Fenstern (wo er Nachtinsekten
jagt) ließ ihn im Aberglauben zum »Totenvogel«
werden. Er nistet als Höhlenbrüter vorwiegend in

Baumhöhlen offener Parklandschaften (Obstgär-
ten, Friedhöfe, Kopfweiden), auch in Mauerlö-
chern von Gebäuden oder in Erdhöhlen. Verbreitet ist er über ganz Europa mit Ausnahme von
Skandinavien und Nordengland.
Etwas größer und lebhafter braun gezeichnet als
Der Steinkauz ist der **Rauhfußkauz** (»dickerer«
Kopf, ebenfalls gelbe Augen), Höhlenbrüter (vorwiegend in Spechthöhlen) in Nadelwäldern der
Gebirge in Nord-, Mittel- und Südosteuropa, nur
im Winter auch in den Tälern und im Flachland.
Unsere kleinste Eule ist der **Sperlingskauz,** knapp
starengroß, mit kleinen gelben Augen. Höhlenbrüter in Gebirgswäldern in Nord- und Osteuropa,
entlang der Alpen westwärts bis Frankreich.
Schlägt vorwiegend Kleinvögel (Meisen u. a.) und
größere Insekten und ist daher viel am Tag aktiv.

Die Ohreulen

Unter den Ohreulen ist die **Waldohreule** die nächst
dem Waldkauz häufigste Eule in unseren Wäldern.
Sie ist kleiner, schlanker und zierlicher als der
Waldkauz, hat einen schmäleren Kopf mit auffälligen »Federohren« (Schmuckfedern, die mit dem
Gehör nicht zu tun haben) und orangegelben Augen. Ihre Beute sind vorwiegend Mäuse. Als Freibrüter ist sie auf alte Nester anderer Arten (Krähen, Elster, Bussard) angewiesen; brütet ausnahmsweise auch am Boden. Die Bettelrufe der
halbflüggen Jungen (Ästlinge) im Sommer ähneln
dem Fiepen der Rehe. Im Winter streichen Waldohreulen gern in kleinen Gesellschaften umher
und kommen dann auch in Parkanlagen der Städte.
Verbreitet ist sie in Nadel- und Mischwäldern ganz
Europas, ausgenommen der hohe Norden.
Die etwas größere und gedrungenere **Sumpfohreule** unterscheidet sich von der Waldohreule
hauptsächlich durch den runden Kopf mit ganz
kurzen, schlecht erkennbaren »Federohren« und
allgemein hellere, gelblich-braune Färbung. Sie ist
Bodenbrüter in offenem Moor- und Heidegelände,
jagt oft auch am Tag und meidet Wälder. Bei uns
nur noch selten Brutvogel, aber als Durchzügler
bzw. Wintergast, meist in kleineren Gesellschaften, in der Feldflur; rastet u. a. in Kartoffel- und
Rübenfeldern am Boden und wird dort bei der
Suchjagd auf Rebhühner angetroffen.
Unsere weitaus größte Eule ist der **Uhu** (etwa

Eulenvögel: 1 Uhu, 2 Schleiereule, 3 Waldohreule, ▷
4 Sperlingskauz, 5 Waldkauz, 6 Steinkauz, 7 Rauhfußkauz.

1

2

3

4

5

6

7

dreimal so groß wie die Waldohreule, deutlich größer als der Waldkauz). Mit seinen langen »Federohren« und großen, orangeroten Augen gleicht er einer riesenhaften Waldohreule. Einst über ganz Europa verbreitet (ausgenommen der hohe Norden, die Britischen Inseln und die Tiefebene entlang der Nordseeküste), ist er heute in der Kulturlandschaft selten geworden. Bei uns sind die Restbestände teilweise durch Ausbürgerung von gezüchteten Uhus wieder aufgestockt worden. Brütet gern in Felsnischen im Bergwald, auch in Baumhöhlen oder in alten Greifvogelhorsten, in Steppengebieten auch unter Gebüsch am Boden. Er erbeutet Säugetiere bis zu Hasengröße (vorwiegend Mäuse, Ratten, Igel, Kaninchen) und Vögel bis zum Auerhahn (vorwiegend Tauben, Krähen, Bläßhühner, Enten, auch Bussarde und alle kleineren Eulenarten).

Die Eigenart aller Greifvögel, Rabenvögel und kleiner Singvögel, auf Eulen zu »hassen« (d. h. sie unter Warngeschrei anzugreifen, um sie zu vertreiben), wurde früher zu einer besonderen Jagdart benützt: der »Hüttenjagd« aus der »Krähenhütte«, vor welcher ein gezähmter Uhu (»Auf«) auf einem Holzpflock (»Jule«) angebunden war. Die auf ihn »hassenden« Greif- und Krähenvögel wurden aus der Luft oder vom »Fallbaum« geschossen. Mit der ganzjährigen Schonung aller Greifvögel und dem Verbot, lebende Eulen zu halten, hat die Hüttenjagd keine Bedeutung mehr. In Südeuropa werden in ähnlicher Weise kleine Eulenarten (Steinkauz u. a.) für den Singvogelfang verwendet.

Schleiereule

Die Schleiereule ist besonders eng an menschliche Siedlungen gebunden. Sie brütet als Nischen- und Höhlenbrüter in hohlen Bäumen in Ortsnähe, auf Dachböden und in Kirchtürmen und jagt vorwiegend auf Mäuse und Ratten. »Eulenlöcher« in Kirchtürmen und Scheunengiebeln sollen ihr solche Brutplätze zugänglich machen; sie nimmt auch Nistkästen an. Ihr Name kommt von besonders stark ausgeprägten »Gesichtsschleier« (besonders strukturierter Federkranz, der herzförmige das Gesicht umrahmt und als Schalltrichter zum Orten von Geräuschen beim nächtlichen Jagdflug dient). Ihre schnarchende und kreischende Stimme war Anlaß zu manchem Aberglauben. Mit ihrem hellen, weiß, goldgelb und schiefergrau fein gezeichneten Gefieder und den großen dunklen Augen ist sie die nach unseren Begriffen »schönste« Eule. In strengen Wintern erleidet sie oft starke Verluste und ist besonders auch durch die moderne Bauweise von Gebäuden (Mangel an Brutplätzen) gefährdet.

Einige weitere Eulenarten können gelegentlich als Irrgäste oder seltene Wintergäste bei uns auftreten: Die winzige **Zwergohreule** aus Südeuropa ebenso wie verschiedene nordische Zugvögel, so die uhugroße, weiße **Schnee-Eule** aus der Arktis (die gewöhnlich in Norwegen überwintert), die in Nordeuropa beheimatete *Sperbereule* oder der **Habichtskauz,** der erheblich größer ist als der Waldkauz und von Nordosten her seine westlichsten Brutvorkommen vereinzelt im Böhmerwald hat.

Jagdbetrieb

Die praktische Jagdausübung beruht auf der genauen Kenntnis des Wildes und seiner Lebensgewohnheiten sowie auf der Beherrschung des Jagdhandwerks. Dabei sind die gesetzlichen Vorschriften und die Grundsätze der Waidgerechtigkeit stets zu beachten.

In diesem Buch kann nur ein allgemeiner Überblick gegeben werden. Vieles muß der Erlernung während der praktischen Jagdausübung, der mündlichen Unterweisung und dem Selbststudium der Jagdliteratur überlassen werden.

Der waidgerechte Jäger

Unter Waidgerechtigkeit versteht man die disziplinierte und sittlich begründete Einstellung des Jägers

- zum *Wild*, indem er die Grundkenntnisse der Jagdkunde beherrscht und die Hege und angemessene Erhaltung des Wildes voranstellt,
- zum *Jagen*, indem er ur beherrschtes Töten vermeidet, dem Wild Qualen erspart und die Beute sachgerecht behandelt, das jagdliche Kulturgut wahrt und überlieferter Brauch sinnvoll pflegt,
- zum *Mitjäger,* indem er ihm kameradschaftlich und hilfsbereit gegenübersteht und
- zur *Gesellschaft,* indem er ihr aufgeschlossen begegnet und seine jagdliche Tätigkeit in den Rahmen zeitgerechter Erfordernisse stellt. (Dazu gehört heute immer stärker die Ausrichtung nach den Belangen des Naturschutzes auf der Grundlage ökologischer Erkenntnisse; siehe Seite 26.)

Hieraus ergeben sich die in § 1 BJG erwähnten allgemein anerkannten Grundsätze der Waidgerechtigkeit, von denen einige am Schluß dieses Kapitels aufgeführt sind.

Diese Grundeinstellung kennzeichnet den nach unseren Begriffen waidgerechten Jäger auch dann, wenn er in Gebieten außerhalb unseres Kulturkreises jagt, wozu dann auch die Rücksicht auf dort übliche, uns vielleicht nicht geläufige Regeln kommt.

Man hält heute dem Jäger oft aus humanitären Gründen vor, daß er aus Lust am Töten das Wild erlege, und fordert, daß das Jagen deshalb grundsätzlich abzulehnen sei. Der Mensch jagt aber nicht, weil er töten will, sondern er jagt, weil er zunächst – als eine ursprüngliche Selbstverständlichkeit – auch Wildtiere als »Frucht des Bodens« für seinen Lebensunterhalt nutzen will. Die Lust am *Jagen* (nicht am bloßen Töten!) hat später vielfach diese ursprüngliche Lebensnotwendigkeit überdeckt und zu manchen Auswüchsen geführt, ohne jedoch die wirtschaftliche Bedeutung der Jagd zu schmälern. So betrachten wir heute die Jagd als ein historisch gewachsenes Kulturgut, wobei ethische Normen (Tierschutz, Naturschutz) und die Einsicht in biologische Zusammenhänge (ökologisches Denken) zunehmende Bedeutung erlangt haben und sowohl der rein wirtschaftlichen Betrachtung wie der bloßen »Jagdlust« Grenzen setzen.

Hier seien einige maßgebliche Forderungen angegeben:

- Bedenke, daß dir als Jäger ein wertvolles Naturgut anvertraut ist. Du sollst das Wild nicht nach eigenem Gutdünken und deines Gewinnes halber jagen, sondern mußt es als treuer Anwalt der Gesellschaft hegen und im Rahmen der Nachhaltigkeit nutzen.
- Habe Achtung vor der Natur und ihren Geschöpfen. Dazu gehört, daß das Wohl des Ganzen (gesunder Wildbestand) als harmonischer Teil der Lebensgemeinschaft über dem Schicksal des einzelnen Tieres steht.
- Bedenke aber auch dem einzelnen Tier gegenüber stets die Forderung des Tierschutzes nach Vermeidung unnötiger Schmerzen und Leiden.
- Halte gute Kameradschaft mit deinen Jagdnachbarn!
- Mache dich frei vom Jagd- und Schußneid! Freue dich vielmehr mit jedem, der wie du Freude an der Jagd haben darf, und über jedes jagdliche Erlebnis, das dein Gefährte hat.
- Sieh nicht in jedem stillen Wanderer, der durch dein Revier kommt, einen Störenfried! Auch er freut sich über Wild, das er sieht.
- Treib keinen übertriebenen Trophäenkult! Der beste Jäger ist nicht immer der, der die beste Trophäe erbeutet.
- Übe größte Vorsicht im Gebrauch der Schußwaffe und vermeide jede Gefährdung von Mensch und Tier!
- Schieße erst, wenn du das Wild, dem dein Schuß gilt, genau angesprochen hast!
- Schieße nur auf Entfernungen, bei denen gute Treffsicherheit und eine ebensogute Wirkung des Schusses gewiß ist!

- Ist Wild krankgeschossen, muß mit allen zweckdienlichen Mitteln die Nachsuche durchgeführt werden, bis es zur Strecke gebracht ist oder Gewißheit besteht, daß es ohne Schaden geblieben ist. Dazu ist ein brauchbarer Jagdhund unentbehrlich.
- Hege das Wild, das das ganze Jahr Schonzeit hat, genauso wie das, das du erlegen darfst, und kümmere dich um alle freilebenden Tiere in deinem Revier.

Jagdliches Brauchtum

Das jagdliche Brauchtum umfaßt einen Kreis von Sitten und Bräuchen, wie sie zum Teil seit langer Zeit, wenig verändert oder dem Wandel angepaßt, zum Teil neu entstehend beim Jagen üblich sind. Manche Brauchtumsregeln entsprechen »zünftigen« Handwerksbräuchen (z. B. beim Versorgen erlegten Wildes); andere sollen Achtung und Wertschätzung des Wildes ausdrücken (z. B. Streckelegen) oder dienen dem Zusammenhalt der Jägerei (z. B. Waidmannssprache). Bräuche, die ihren praktischen Sinn und kulturellen Wert bewahrt haben, sollen wir auch heute noch als schlichte Selbstverständlichkeit pflegen. Übertriebene, gekünstelt oder angeberisch wirkende »Brauchtümelei« bringt den echten Jägerbrauch ebenso in Mißkredit wie geschmacklose Auswüchse, die ursprüngliches Brauchtum verzerren.

Bruchzeichen

Sie haben ihren Ursprung in dem Bedürfnis der Jäger, sich gegenseitig unauffällig, ohne daß es Unberufene merken, zu verständigen. Dazu kommt die alte Sitte, das gestreckte Wild und sich selbst mit einem Bruch zu schmücken. Die Brüche werden gebrochen, nicht geschnitten; nur in einigen Fällen wird die Rinde teilweise mit dem Waidmesser entfernt oder der Bruch gespitzt. Man unterscheidet fünf »gerechte Holzarten«, die als Bruch in Betracht kommen: Eiche, Kiefer (auch Latsche und Zirbe), Fichte, Weißtanne und Erle (im Hochgebirge auch Lärche, Alpenrose, Wacholder). Es gibt neun Brüche:

Hauptbruch – Er ist armlang; die Rinde wird abgeschabt (»befegt«). Der Hauptbruch wird auf den Boden gelegt oder aufgehängt (z. B. an einem Baum, an einem Gatter). Er bedeutet »Achtung!«

Leitbruch – Er ist halb so lang wie der Hauptbruch und wird ebenso wie dieser blank befegt. Der Leitbruch deutet auf etwas hin, z. B. auf einen Anschuß oder zu einem gestreckten Stück Wild; er fordert also stets zum Folgen auf. Seine gewachsene Spitze zeigt die Richtung, in der zu folgen ist. Die Leitbrüche sind so zu legen, daß man von einem zum anderen sehen kann, auf einem Weg liegt der nächste dort, wo man vom Weg abbiegen muß.

Anschußbruch – Er wird senkrecht in den Boden gesteckt und bezeichnet die Stelle des Anschusses. Er ist mindestens so lang wie der Leitbruch.

Fährtenbruch – Dieser etwa halbarmlange Bruch wird mit dem Waidmesser angespitzt. Findet man am Anschuß die Fährte, die Eingriffe (die Stelle, wo das Wild am Boden eingegriffen hat) oder den Ausriß (das ist ein sehr tiefer Eingriff der Schalen, der von plötzlich flüchtig werdendem Wild verursacht wird), so legt man in diese den Fährtenbruch. War das beschossene Stück männlich, z. B. ein Rehbock, so wird das angespitzte Ende in die Fluchtrichtung gelegt; bei einem weiblichen Stück zeigt die gewachsene Spitze in die Fluchtrichtung. Zur Vervollständigung wird der Fährtenbruch *geäftert*, d. h. ein kleiner Querbruch wird hinter ihn gelegt. Ist die Fluchtrichtung unbekannt, wird der Fährtenbruch doppelt geäftert.

Standplatzbruch – Er besteht aus einem Hauptbruch und einem Standbruch. Der Standbruch hat die Größe des Hauptbruches, dessen untere Grünäste entfernt werden (halbkahler Bruch); er wird senkrecht in die Erde gesteckt. Der Hauptbruch wird so gelegt, daß die gewachsene Spitze in die Richtung der Folge zeigt.

Wartebruch – Zwei ungefegte Brüche von Armlänge werden gekreuzt hingelegt; sie bedeuten: warten! Haben sich Jäger an einem bestimmten Platz zusammenbestellt und mußte der zuerst eingetroffene den Platz vor Eintreffen der anderen verlassen in der Absicht, wieder zurückzukehren, so legt er einen Wartebruch. Gibt der andere das Warten auf, dann macht er die Brüche kahl (entfernt die Seitenzweige oder Blätter) und legt sie wieder gekreuzt hin, und zwar derart, daß die gewachsenen Spitzen in die Richtung zeigen, in die er sich entfernt hat.

Warnbruch – Der Warnbruch ist ein kahler Bruch, bei dem Zweige und Rinde mit dem Waidmesser abgefegt sind, so daß das weiße Holz sichtbar ist; nur an der Spitze bleiben Nadeln oder Laub am Bruch. Er wird rund zusammengebogen und so aufgehängt.

Wildbruch (Inbesitznahme- oder Streckenbruch) – Er zeigt an, daß der Schütze ein erlegtes Stück Wild in Besitz genommen hat. Nur Schalenwild wird verbrochen. Das erlegte Stück wird auf die rechte Seite gelegt; auf die linke Seite wird ein Bruch derart gelegt, daß beim männlichen Wild das abgebrochene Ende, beim weiblichen Wild die gewachsene Spitze nach dem Haupt zeigt. Das männliche Stück erhält dazu einen Bruch quer durch den Äser, den sog. »letzten Bissen«.

Erlegerbruch (Schützen- oder Hutbruch) – Der Erleger eines Stückes Schalenwild (auch eines Fuchses, eines Auerhahnes, Birkhahnes und eines Murmeltieres) erhält einen Bruch. Der Bruch wird bei Treibjagden vom Jagdherrn oder vom Jagdleiter, bei der Pirsch vom Führenden, bei der Nachsuche vom Hundeführer dem Erleger überreicht. Der Bruch wird mit dem Schweiß des erlegten Stückes benetzt, auf den blanken Hirschfänger, das Waidblatt oder auf den abgenommenen Hut gelegt und dem Erleger mit »Waidmannsheil« übergeben. Der Erleger nimmt den Bruch, steckt ihn (meist rechts) auf seinen Hut und dankt mit »Waidmannsdank« und Händedruck. Bei erfolgter Nachsuche bricht der Erleger einen Zweig von dem Bruch ab und gibt ihn dem Hundeführer, der seinem Hund diesen Bruch in die Halsung steckt. Bei Gesellschaftsjagden wird vor oder nach dem Verblasen der Strecke jedem Erleger ein Bruch (nicht für jedes Stück einer) überreicht.

Von diesen allgemeinen Regeln über die Anwendung der Brüche gibt es z. T. örtliche Abweichungen. So geben in manchen Gebieten nach altem Herkommen Richtungsbrüche nicht mit der gewachsenen Spitze, sondern mit dem gebrochenen

Ende die Richtung an, werden Fährten- und Streckenbruch bei weiblichem Wild »gewendet« (mit der Unterseite nach oben gelegt) oder der Schützenbruch links auf den Hut gesteckt. Auch solche örtlichen Traditionen sollen erhalten bleiben. Bräuche sind historisch gewachsen und können nicht »angeordnet« werden.

Jagdhornblasen

Wie die Bruchzeichen dienen auch die Hornsignale zunächst zur Verständigung der Jäger untereinander. Das gilt vor allem für die Verständigungssignale (Leitsignale) bei Gesellschaftsjagden, die heute noch ihren praktischen Sinn für den planmäßigen und sicheren Ablauf solcher Jagden haben. Auch die »Totsignale« (Verblasen erlegten Wildes) gehen auf den Sinn einer Verständigung über den Jagderfolg zurück, vereint mit einer Achtungsbezeugung vor dem erlegten Wild.

Das gebräuchlichste Jagdhorn ist das »Fürst-Pleß-Horn in B«, im Sauerland ist auch der »Sauerländer Halbmond« in Gebrauch. Die im Anhang abgedruckten wichtigsten Jagdsignale geben die Tonsetzung und die Bedeutung im einzelnen wieder. Weniger für den Jagdbetrieb als vielmehr für Veranstaltungen und Wettbewerbe ist in letzter Zeit auch das Blasen auf Parforcehörnern zunehmend beliebt geworden, wie überhaupt das Jagdhornblasen als selbständige Liebhaberei eine Ausweitung zur »Jagdmusik« erfahren hat.

Jägersprache und Jägerlied

Jägersprache und Jägerlied sind nicht nur ein Zeichen der Zusammengehörigkeit, sondern sie sind eine echte Bereicherung der Vielfalt der Sprache und des Liedes. Die Jägersprache ist die umfangreichste und am eingehendsten erforschte Fachsprache im deutschen Sprachgut. Keiner, der sich mit Volkstum und Mundart, mit Sprachentwicklung und Sprachgebrauch befaßt, kann an ihr vorübergehen. Die Jäger erhalten daher, wenn sie die Jägersprache und das Jägerlied pflegen, nicht nur einen sie selbst einenden Brauch, sondern sie leisten auch echte Kulturpflege.

Die einzelnen waidmännischen Ausdrücke sind sowohl in dem Abschnitt »Wildkunde« wie in den folgenden Abschnitten enthalten.

Beim Anblasen eines Treibens

Bruchzeichen

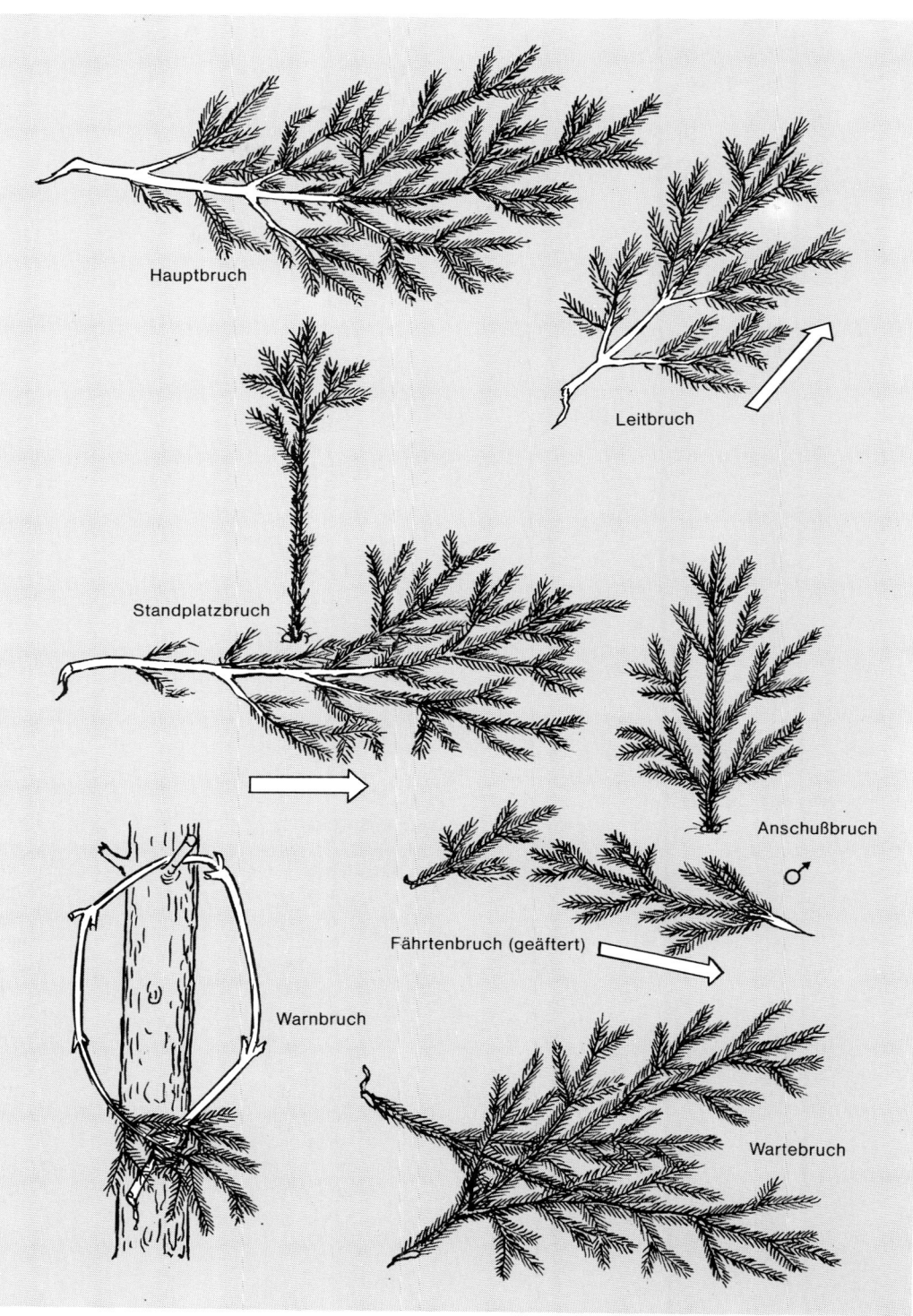

Hauptbruch

Leitbruch

Standplatzbruch

Anschußbruch

Fährtenbruch (geäftert)

Warnbruch

Wartebruch

189

Verblasen einer Strecke

Strecke und Streckelegen

Nach dem Aufbrechen wird das Wild *gestreckt* (zur Strecke gelegt). Je nach den Umständen kann am Erlegungsort oder sonst an einer geeigneten Stelle (vor allem bei Treib- und Drückjagden) Strecke gelegt werden.

Bei jedem Streckelegen wird alles Wild auf die rechte Seite gelegt. Bei männlichem Schalenwild wird das Haupt durch einen Ast aufrechtgestellt, um den Kopfschmuck hervorzuheben. Schalenwild erhält den Wildbruch, männliches dazu den letzten Bissen in den Äser.

Nach Beendigung einer Treib- oder Drückjagd wird folgendermaßen Strecke gelegt: Wild der Hohen Jagd kommt stets vor Wild der Niederen Jagd. In die erste Reihe kommt das Rotwild, und zwar zuerst Hirsche (das stärkste Stück an den rechten Flügel), dann Kahlwild und Kälber, in die zweite Reihe Damwild bzw. Gams- oder Muffelwild, dann Schwarzwild, Rehwild, Füchse, Hasen, Kaninchen, Fasanen und anderes Federwild. Wenn von einer Wildart nur wenige Stücke erlegt sind, so schließt man die nachfolgende Wildart in der gleichen Reihe an. Raubwild liegt jedoch stets in einer Reihe für sich. Jedes zehnte Stück einer Wildart wird eine halbe Wildlänge vorgezogen. Mehr als 100 Stück kommen nicht in eine Reihe.

Der Revierinhaber bzw. Jagdleiter und die Schützen stehen vor der Strecke, gegenüber stehen am rechten Flügel die Bläser, hinter ihnen in zwei Gliedern die Treiber, links anschließend die Hundeführer. Der Jagdleiter gibt das Gesamtergebnis bekannt. Hierauf wird jeder auf der Strecke liegenden Wildart – in der Reihenfolge wie die Strecke liegt – das Tot-Signal gewidmet, dem »Jagd vorbei« und »Halali« folgen. Während des Verblasens stehen die Schützen mit geschultertem Gewehr und die Treiber in ruhiger Haltung. Bei »Halali« – auch am Grabe eines Jägers – nehmen die Jäger den Hut ab. Jäger in Dienstkleidung erweisen in entsprechender Form den Gruß.

Andere jagdliche Bräuche

- Tritt nicht über ein erlegtes Stück oder über die Strecke!
- Jedes erlegte Wild wird mit dem Haupt nach vorn geschleppt, getragen oder gefahren.
- Als Erleger gilt nach altem Brauch bei Kugelschüssen der, der die erste Kugel so angebracht hat, daß das Wild im Feuer liegt oder bei einer Nachsuche erfahrungsgemäß zur Strecke gekommen wäre. Bei Schrotschüssen gilt der letzte Schuß, wenn er nicht als Fangschuß zu werten ist. In Zweifelsfällen entscheidet der Revierinhaber bzw. Jagdleiter.
- Der Revierinhaber überläßt für gewöhnlich die *Trophäe* des erlegten Wildes dem Erleger.
- Das *Jägerrecht* (das Geräusch, das beim Abschlagen des Kopfschmuckes freigelegte Hirn, in diesem Fall auch den Lecker) erhält ebenso in der Regel der Erleger, wenn er das Stück aufbricht; sonst der, der das tut.

St. Hubertus

Am 3. November ist der Tag des heiligen Hubertus. Er war vor 1300 Jahren Missionar der Ardennen, Bischof von Maastricht und Lüttich (geboren um 655, gestorben 727). Schon im 11. Jahrhundert wurde er als Patron der Jäger verehrt. Auch heute treffen sich die Jäger um den 3. November zu gemeinsamen Jagden und zu Hubertusfeiern. Der Brauch, am Hubertustag Jägermessen abzuhalten, hat in neuerer Zeit zugenommen. Die Kunde, daß Hubertus auf der Jagd zum Christentum bekehrt und zur Achtung vor der Kreatur angehalten worden sei, indem ihm ein Hirsch mit einem strahlenden Kreuz zwischen den Geweihstangen erschienen sei, ist wohl aus der Legende über den heiligen Eustachius auf ihn übertragen worden. – Vor und neben der christlichen Hubertusverehrung wurde auch die römische Göttin Diana als Schutzherrin der Jagd angesehen.

Bestätigen des Wildes

Mit offenen Augen und Ohren im Revier weilen und pirschen, Boden und Bewuchs betrachten, jede Veränderung der Umgebung erkennen, seine Beobachtungsgabe immer wieder prüfen und schärfen: Das sind die Anforderungen, die ein guter Jäger erfüllen muß, wenn er mit Erfolg ein Bild über den Wildstand gewinnen will. Das Wild selbst gibt zahlreiche Merkmale seines Aufenthaltes. Sie sollen nachstehend kurz im Zusammenhang aufgeführt werden, wobei im einzelnen auf den Abschnitt »Wildkunde« hingewiesen wird.

Die wichtigsten Zeichen, die das Wild hinterläßt, sind seine *Fährten* (Trittsiegel des Schalenwildes) bzw. seine *Spuren* (Trittsiegel des anderen Haarwildes). Schalenwild *zieht*, wenn es geht, es *trollt*, wenn es trabt, und es *flüchtet*, wenn es galoppiert. Die Größe des *Trittes* (des einzelnen Abdruckes) lassen auf das Alter, zum Teil auf das Geschlecht (z. B. beim Rotwild) schließen; die Länge des Schrittes, ebenso der *Schrank* verraten oft Geschlecht und Stärke. Gespreizte Schalen lassen Flucht, geschlossene ruhiges Ziehen erkennen. Für die Spur des Fuchses, der den Trab bevorzugt, ist das *Schnüren* typisch, den Dachs erkennt man ohne Schwierigkeiten an den starken Ballen und den weit vorstehenden Nägeln (Krallen). Die Marder bevorzugen die hüpfende Gangart, die Sprungspur; dabei entsteht gewöhnlich der *Paartritt*. Der Hase kennt als langsame Fortbewegung nur das *Hoppeln*, sonst die Flucht; die Vorderläufe werden hintereinander, die Hinterläufe nebeneinander und vor die Vorderläufe gesetzt.

Die *Geläufe* des Federwildes zeigen je nach Wildart ebenfalls typische Größe und Form (z. B. Schwimmhäute bei Enten).

Die *Losung* (beim eßbaren Federwild der Niederjagd *Gestüber*, bei den Greifvögeln und Reihern *Geschmeiß*) ist für die einzelnen Wildarten typisch. Für den Hasen und das Kaninchen ist die kugelige Form bekannt, wurstförmige Losung haben Schwarzwild und das Raubwild, beerenförmig ist sie beim wiederkäuenden Schalenwild. Gestüber bzw. Geschmeiß von Federwild hat einen kalkig weißen Überzug, der dem Harn des Haarwildes entspricht (der bei Vögeln zusammen mit dem Kot ausgeschieden wird).

Die Greifvögel und Eulen würgen den unverdaulichen Teil der Nahrung (Federn, Haare, Krallen, Knochen, Insektenpanzer), der im Magen zu Ballen geformt wird, durch den Schnabel aus. Das *Gewölle* der Eulen enthält vollständige Knochen, während Greifvögel diese weitgehend verdauen.

Das Finden und Kontrollieren der regelmäßigen Wege des Wildes in Wald und Flur (*Wechsel* beim Schalenwild, *Paß* beim übrigen Haarwild) ist das wichtigste Mittel, um herauszubekommen, wo das Wild seinen Einstand hat und wohin es zieht. Man passe besonders auf, wo ein Wechsel einen Weg, Steig oder Graben überquert. An den *Suhlen* verraten sich Schwarz- und Rotwild.

»Einfahrt« eines Fuchsbaues

Sau in der Suhle

Fährten und Spuren

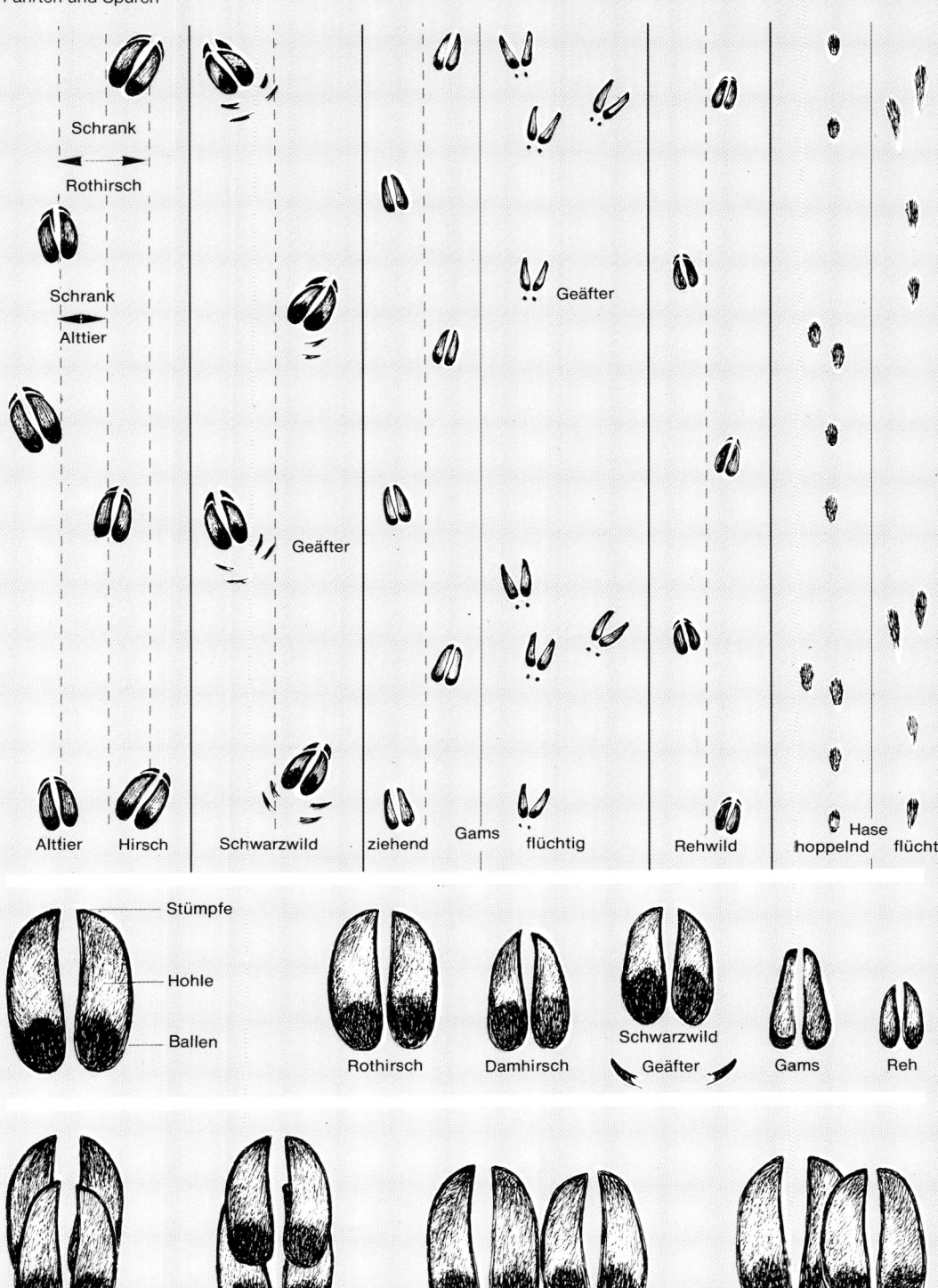

Schrank

Rothirsch

Schrank

Alttier

Geäfter

Geäfter

Alttier   Hirsch   Schwarzwild   ziehend   Gams   flüchtig   Rehwild   Hase
hoppelnd   flüchtig

Stümpfe

Hohle

Ballen

Rothirsch   Damhirsch   Schwarzwild   Gams   Reh
Geäfter

Zurückbleiben   Übereilen   Beitritt   Kreuztritt

Fährtenzeichen beim Rothirsch

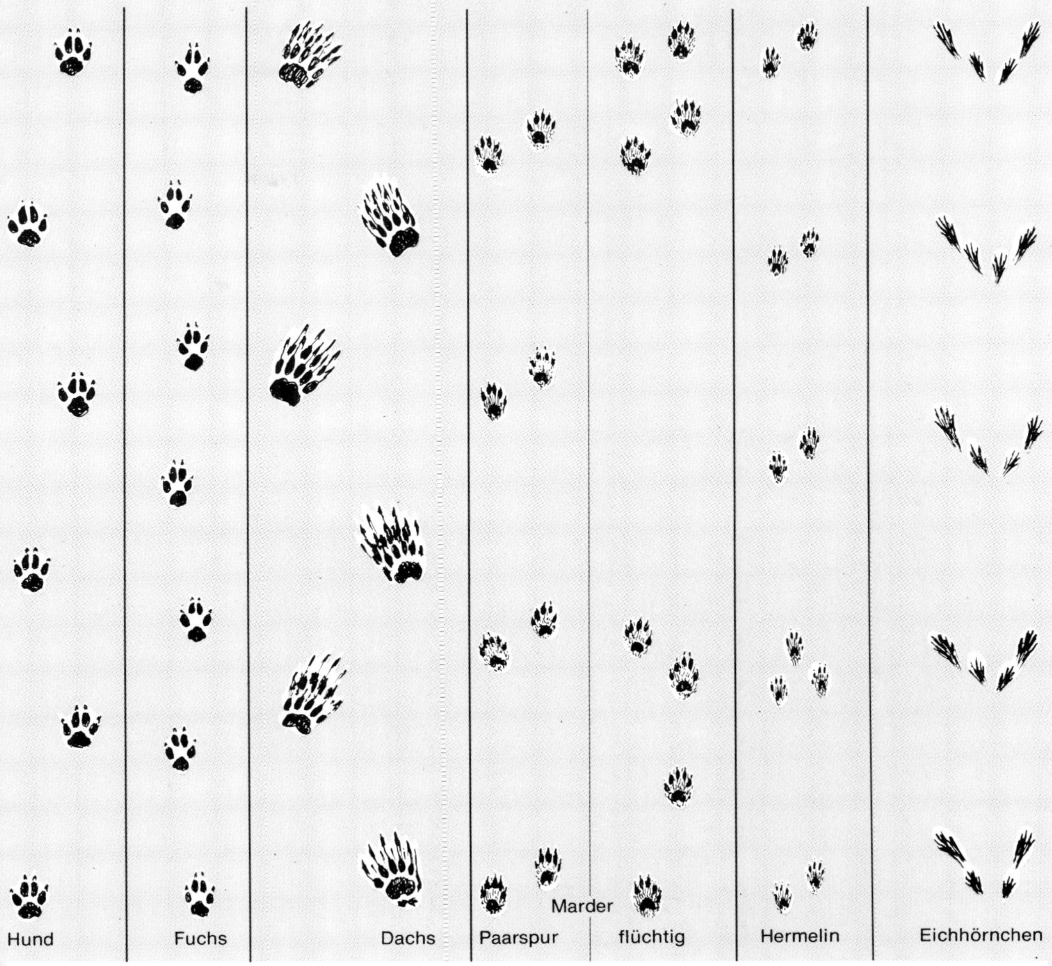

Hund   Fuchs   Dachs   Paarspur   Marder   flüchtig   Hermelin   Eichhörnchen

Hund

Fuchs

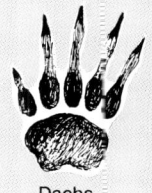
Dachs

Waschbär

Vorder-
brante

Hinter-
brante

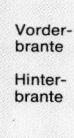
Steinmarder

Baummarder

Auerhahn

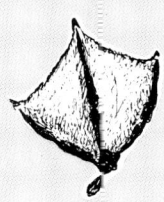
Ente

Fasan

Rebhuhn

Losungen, Gestüber und Gewölle

Rothirsch

Alttier

Rotwild (Sommerlosung)

Rehwild

Schwarzwild (Winterlosung)

Gams (Winterlosung)

Fuchs

Iltis

194

Baummarder

Feldhase

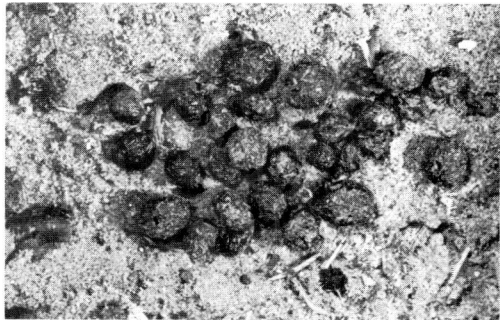

Wildkaninchen

Rebhuhn

Fasan

Auerhahn

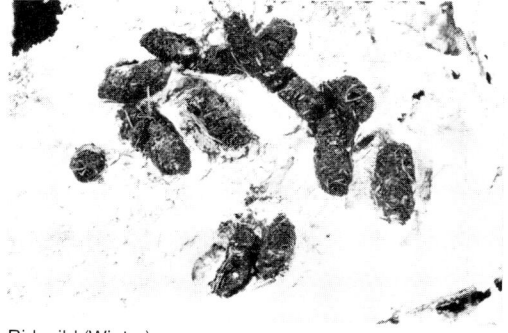

Birkwild (Winter)

Bussardgewölle

Schwarzwild an einem Malbaum

Das Wild, das *Baue* bewohnt (Fischotter, Fuchs, Dachs, Kaninchen, Murmeltier), läßt sich an diesen leicht kontrollieren. Ausgescharrtes Erdreich, frische Tritte und Spuren einerseits, querliegende Äste oder Spinngewebe andererseits zeigen an, ob ein Bau befahren ist oder nicht bewohnt wird.
Baum-, Boden-, Höhlen- und Felsennester – in

Gewölle eines Greifvogels

Gewölle einer Eule

vielseitiger Weise und Gestalt angelegt – verraten die Nistplätze von Federwild. Hühnervögel hinterlassen bei ihren Staubbädern *Huderpfannen* an trockenen Bodenstellen.

Hirsche und Rehböcke verraten sich durch ihre *Fege-* und *Schlagstellen* und durch das *Plätzen*. Die ausgeschlagenen *Betten* (Ruhelager) zeigen, wo Schalenwild niedergetan war, ebenso die *Sassen* des Hasen.

Abgeäste Saaten, der Grad des *Verbisses* des Weidenröschens oder der Salweide im Rotwildrevier, verbissene Forstpflanzen, geschälte Waldbäume, das *Gebräch* des Schwarzwildes, die *Rißstellen* des Raubwildes und *Rupfungen* der Greifvögel müssen ebenso beachtet werden wie Suhlen und Tränken. Auch bei dem *Haarwechsel* bzw. der *Mauser* ausgefallenen Haare bzw. Federn geben Hinweis.

Manches Wild verrät sich durch seinen auch vom Menschen wahrnehmbaren *Geruch* (z. B. der Brunfthirsch, das Schwarzwild, der Fuchs). Besondere Beachtung verdienen die *Lautäußerungen* der einzelnen Wildarten: Die Locklaute der Muttertiere und ihrer Jungen (z. B. das Fiepen beim Rehwildes, das Blasen der Sauen), die Angstlaute (z. B. das Klagen des Hasen), die Brunft- und Balzlaute (z. B. das Röhren des Rothirsches, das Rucksen des Taubers).

Diese wenigen Hinweise zeigen, wie vielgestaltig die Merkmale sind, die der Jäger zur Bestätigung des Wildes heranziehen kann. Der Jäger führe ein Reviertagebuch, in das er laufend das Bemerkenswerte, das er beim Bestätigen des Wildes beobachtet, einträgt. Er zeichne auch Skizzen von Geweihen und Gehörnen beobachteter Stücke ein und notiere besondere Begegnungen und Ereignisse.

Rupfung eines Greifvogels (Sperber)

Grundsätzlich unterscheiden wir die *Einzeljagd* (meist Pirsch oder Ansitz), die vom einzelnen Jäger allein oder mit einem revierkundigen Führer ausgeübt wird, und *Gesellschaftsjagden* (Treib-, Drückjagden), bei denen mehrere Jäger (und Treiber) zusammenwirken, oft nach den Anweisungen eines Jagdleiters.

In rechtlicher Sicht (§ 16 Abs. 3 BJG) gilt eine Jagd als Gesellschaftsjagd, wenn mehr als 4 Personen (Jäger und/oder Treiber) teilnehmen. Die Landesjagdgesetze enthalten z. T. weitergehende Definitionen. Inhabers von Jugendjagdscheinen ist die Teilnahme an Gesellschaftsjagden verboten.

Ansitz, Anstand

Der Ansitz bzw. Anstand auf Haarwild setzt genaue Kenntnis der Wildwechsel und Wildgewohnheiten und der Windverhältnisse voraus. Nur dann besteht Aussicht auf Erfolg. Morgens und abends setzt man sich möglichst am Wildwechsel mit gutem Wind (d. h. der Wind zieht aus der Richtung, aus der das Wild ankommt, dem Beobachter entgegen) und in guter Deckung, am besten auf Hochsitzen, an.

Hochsitze werden entweder als verstellbare Leitern oder ortsgebundene Kanzeln gebaut. Der Aufstellungsort ist mit Rücksicht auf guten Wind, gute Deckung, unbemerkte Hin- und Wegkommen zu wählen. Zuerst fertigt man die Leiter, möglichst aus dürren Stangen (kein Harzen); vor dem Aufnageln der Sprossen – 30 cm Abstand voneinander –

sind die Holme etwas einzukerben, damit die Sprossen sicheren Halt bekommen.

Bei *Leiterhochsitzen* wird sodann der Sitz hergestellt. Dafür und für die Rückenlehne sind möglichst Bretter zu verwenden, damit man ruhiger sitzt. Der Sitz ist mit der Leiter durch Streben so zu verbinden, daß er senkrecht zu den Holmen steht (natürliche Beinhaltung). Die Leiterhochsitze werden zweckmäßig zwischen zwei Stützbäume gestellt, die unter Verwendung von starkem Draht in entsprechender Höhe mit einer Querstange zum Anlehnen der Leiter verbunden werden. Auch der Hochsitz selber wird an der Querstange zweckmäßig mit Draht befestigt, da sich das Annageln an einem Baum nicht bewährt hat; die Nägel lockern sich und rosten ab.

Bei den *Kanzeln* stellt man erst die senkrechten Stützstangen und deren Verstrebung auf. Dann fertigt man die eigentliche Kanzel, ihren Boden aus 5–10 cm starken Rundlingen und die Wände aus schwachen Stangen, Reisig oder Ginster und dergleichen. Die Oberkante der Wände sollte ca. 110 cm über dem Boden sein, damit sie gut als Auflage beim Schießen benützt werden kann. Mit verstellbaren Auflagen lassen sich unterschiedliche Körpergrößen berücksichtigen. Ein Dach ist zweckmäßig zum Schutz gegen Regen. Geschlossene Kanzeln haben den Nachteil, daß man darin die Vorgänge außerhalb schlecht hört. Der Einstieg muß stets an der gedeckten, d. h. der Beobachtungsfläche abgekehrten Seite sein. Das Annageln an Bäume (zur Ersparung von Stützstangen) ist auch hier unzweckmäßig. Außerdem knarren mit Bäumen fest verbundene Teile bei Wind.

Wegen der Beeinträchtigung des Landschaftsbildes sollten auffällige große Kanzeln, aber auch Leitersitze, sparsam und überlegt aufgestellt werden. Soweit das Gelände Höhenunterschiede aufweist, kann mitunter auf Hochsitze zugunsten von Erdsitzen verzichtet werden. Alle Ansitze sollten naturnah gestaltet und sowohl für die Wildbeobachtung

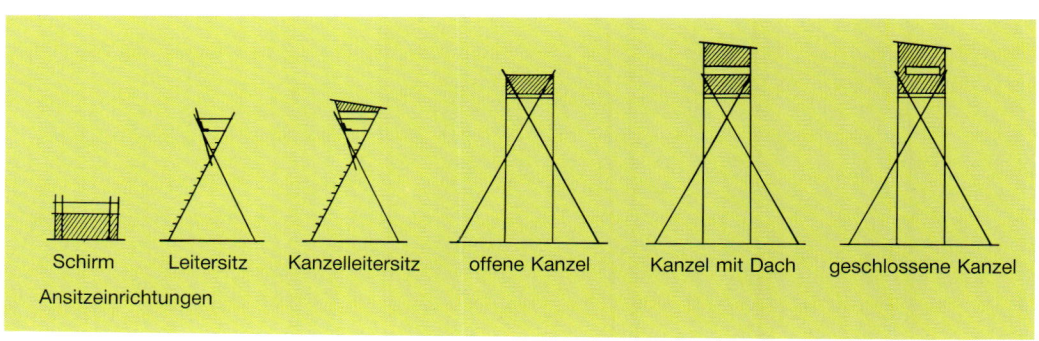

Schirm — Leitersitz — Kanzelleitersitz — offene Kanzel — Kanzel mit Dach — geschlossene Kanzel

Ansitzeinrichtungen

Kanzel

Offener Leitersitz

und den Schuß geeignet sein. So ergeben z. B. Armauflagen einer sehr sicheren Anschlag.

Beziehen der Hochsitze: Der Hochsitz ist von der gedeckten Seite her auf einem dazu angelegten Pirschweg auszugehen, mit dem entladenen Gewehr geräuschlos zu besteigen und ebenso zu verlassen. Vor dem Besteigen ist der Hochsitz auf seinen Halt zu prüfen. Darüber hinaus sind alle Hochsitze jährlich mehrmals auf ihre Haltbarkeit nachzusehen. Brüchige Hochsitze sind gründlich zu reparieren oder unbrauchbar zu machen. Besonders an Fuchsbauen sollten Ansitzleitern nicht fehlen. Sie bieten eine der wirksamsten Möglichkeiten der Bejagung, sowohl im Winter als auch zur Jungfuchsreduzierung.

Den Anstand am *Entenzug* und *-einfall* übt man in guter Deckung aus, an den ins Schilf geschnittenen Gassen oder in einfachen Jagdschirmen aus, die nach allen Seiten freies Schußfeld haben. Auch vom Kahn aus ist er möglich; hier ist jedoch wegen des Schaukelns große Vorsicht geboten (siehe die »Unfallverhütungsvorschriften«, Seite 408). Der Ansitz an Taubentränken, unter masttragenden Bäumen, an frisch bestellten Getreidefeldern und unter den Schlafbäumen ist eine erfolgverspre-

chende Jagdart auf *Wildtauben.* Es gibt tragbare, mit Stroh verblendete Drahtschirme, ferner Pfahlschirme aus etwa 2 m langen Pfählen, die im Verband 2×2 m in den Boden eingegraben, mit Querhölzern verbunden und unter Belassung von Schußlücken mit Zweigen oder Ginster verkleidet werden. Man gräbt dazu auch Ansitzlöcher etwa 1,40 m tief in die Erde und verblendet sie mit Buschwerk nach oben.

Pirsch

Die Pirsch findet Anwendung vor allem auf Schalenwild und setzt genaue Kenntnis der Revierverhältnisse und der Lebensgewohnheiten des Wildes voraus. Beste Pirschzeit ist der Morgen und der Spätnachmittag; ferner die Zeit bald nach heftigen Regengüssen. Man pirscht möglichst gegen den Wind. Der Jäger muß jede Deckung ausnutzen, jedes Geräusch vermeiden, darf nicht auf knakkende Zweige, raschelndes Laub, knirschende Steine treten; muß öfters, besonders vor Eröffnung neuer Ausblicke, verharren und das Gelände mit dem Jagdglas absuchen. Es kommt alles darauf an, das Wild zu erspähen, bevor es den Jäger wahrge-

198

nommen hat. Man pirsche nie mit entsicherter Büchse! Der Schuß darf erst abgegeben werden, wenn das Wild genau angesprochen ist; aber dann führt oft auch nur ein schneller Entschluß zum Erfolg. Die stets wechselnde Situation ist der Reiz dieser Jagdart.

Geharkte Pfade erleichtern die Pirsch. Diese erst in gewissem Abstand von Fahr- und Gehwegen beginnen lassen, um Fremdbenützung zu vermeiden.

Bei der Pirsch kann sich gelegentlich (bei Neuschnee) die Möglichkeit bieten, der Spur bzw. Fährte von Wild (besonders Marder, Hase, auch Fuchs und Schwarzwild) zu folgen und es so in seinem Versteck, Lager oder Einstand aufzuspüren und zu überraschen. Dieses *Ausgehen* der Spur bzw. Fährte leitet zur Drückjagd (siehe unten) über, wenn sich ein oder mehrere andere Jäger als Schützen vorstellen und sich das aufgespürte Wild zudrücken lassen. – Ein Sonderfall davon ist das heute kaum noch übliche *Lancieren*, d. h. das Ausarbeiten einer Fährte (meist des Rothirsches) mit dem Hund am langen Riemen. (Auf diese frühere »Leithundarbeit« baut die Einarbeitung unserer Schweißhunde auf der kalten Gesundfährte von Hochwild auf.)

Suche, Buschieren, Stöbern

Diese drei Jagdarten setzen die Verwendung entsprechend geeigneter Jagdhunde voraus; sie stellen den Hauptteil der Hundearbeit »vor den Schuß«, also des Aufsuchens von Wild durch den Hund, um es dem Jäger zu Schuß zu bringen (s. Seite 268).

Die **Suche** ist die »klassische« Arbeit mit dem *Vorstehhund* im *offenen Gelände* (Feld). Sie wird hauptsächlich auf Rebhuhn, Fasan, Hase, auch Kaninchen ausgeübt. Dabei *sucht* der Vorstehhund unter Ausnutzung des Windes das Gelände *weiträumig*, aber stets in *Sichtverbindung* mit seinem Führer ab. Gefundenes Wild, das sich vor ihm drückt (Kette Hühner, Fasan, Hase in der Sasse) zeigt der Hund durch sein *Vorstehen* (festes Verharren vor dem Wild) an; er muß »durchstehen«, bis der Jäger herankommt und das Wild heraustritt und beschießt. Er darf aufstehendem, auch beschossenem Wild nicht »nachprellen«, sondern muß in Ruhe das Kommando zum anschließenden Verlorenbringen abwarten. Vorzeitig ablaufendem Wild soll der Vorstehhund vorsichtig »nachziehend« folgen, um es wieder »festzumachen«.

In weniger übersichtlichem, buschartig bewachsenem Gelände (Forstkulturen, Hecken, Heide) leitet die Suche zum **Buschieren** über. Da der Jäger den suchenden Hund nicht weit sehen kann, muß dieser »kurz«, »unter der Flinte« suchen, d. h. im Schrotschußbereich von 20–40 m vor dem Hundeführer, damit aufstehendes Wild sofort beschossen werden kann. Dazu ist nicht unbedingt ein Vorstehhund nötig; auch mit Stöberhunden, Teckeln und Terriern kann buschiert werden, wenn sie sich nur gehorsam »kurzhalten« lassen. Buschiert wird, dem Gelände entsprechend, vorwiegend auf Hase, Kaninchen, Fasan, Waldschnepfe, auch Wasserwild. Mit Nicht-Vorstehunden kann in gleicher Weise auch im Feld (Kartoffel-, Rübenfelder) auf Rebhühner buschiert werden.

Suche (schematische Darstellung)

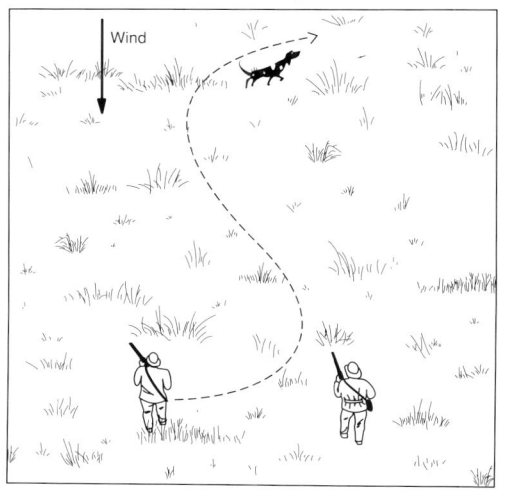

Buschieren (schematische Darstellung)

Treiberwehr mit signalfarbener Warnkleidung

In völlig unübersichtlichen *dicht bewachsenem* Gelände, wo der Jäger dem suchenden Hund nicht mehr folgen und aufstehendes Wild nicht sehen und beschießen kann (Dickungen, dichtes Schilf, Maisfelder u. dgl.) leitet das Buschieren zum **Stöbern** über. Dabei muß der Hund die Deckung selbständig mehr oder weniger *weiträumig* und *ohne Sichtverbindung* zu seinem Führer absuchen und gefundenes Wild aus der Deckung herausjagen. An die Stelle der Sichtverbindung tritt das akustische Signal des *Spurlautes*, der verrät, ob und wo der Hund gefunden hat und wohin sich die Jagd wendet, oft auch (an der Klangfarbe des Lautes), welches Wild der Hund anjagt (Hase, Fuchs, Sau). Das Stöbern kann sowohl als Einzeljagd betrieben werden (und leitet dann zum Brackieren über; siehe unten) wie auch als Gesellschaftsjagd nach Art eines Standtreibens im Wald, wobei der stöbernde Hund (auch mehrere Hunde zugleich) die Treiber ersetzen oder unterstützen kann.

Der erfahrene Stöberhund soll »bogenrein« stöbern, d. h. die zu durchsuchende Deckung bzw. den von Schützen umstellten Bogen nicht verlassen und auch hinter gesundem Wild nicht »überjagen«. auch soll er »rehrein« sein, d. h. nicht an Rehwild jagen, sondern hauptsächlich an Hase, Fuchs und

Schwarzwild, sowie Federwild (Fasan, Schnepfe, Enten) herausstoßen. Das Einarbeiten guter Stöberhunde ist eine hohe jagdliche Kunst und mit dem bloßen Laufenlassen von Hunden im Treiben nicht zu verwechseln. Neben den eigentlichen Stöberhunden eignen sich bei entsprechender Einarbeitung auch Vorstehhunde sowie Teckel und Terrier für diese Jagdart. Ein Sonderfall ist das Jagen auf Schwarzwild mit der *Saumeute.* Auch die *Baujagd* (siehe unten) ist eigentlich ein Stöbern »unter der Erde«.

Brackieren

Das Stöbern leitet über zum **Brackieren,** wenn der Hund nicht mehr »bogenrein« eine begrenzte Deckung absucht, sondern dem gefundenen und »gestochenen« (aufgejagten) Wild (Hase, Fuchs) ausdauernd auf der Spur folgt, mit zähem Spurwillen und erfahrener Spursicherheit alle Schleifen, Absprünge und Wiedergänge des gejagten Wildes ausarbeitet, bis dieses wieder in die Nähe seines Einstandes bzw. Lagers zurückkehrt, wo es vom Jäger erwartet wird.

Das Brackieren ist also eine sehr weiträumige Jagd (und deshalb nur auf Flächen von mindestens

1000 ha erlaubt), besonders in gebirgigen Waldrevieren mit wenig Niederwild, bei uns nur noch auf Fuchs und Hase, im Ausland auch z. T. auf Reh- und Hochwild üblich. Es beruht darauf, daß das anhaltend gejagte Wild seinen vertrauten Wohnbezirk (Territorium) nicht verläßt und nach einiger Zeit zurückkehrt. Der Jäger muß gut revierkundig sein (wissen, »wie der Hase läuft«!) und sich entsprechend an den bekannten Pässen vorstellen.

Neben den eigentlichen Brackenrassen eignen sich auch entsprechend veranlagte »weitjagende« und besonders spurwillige Stöberhunde (besonders der Deutsche Wachtelhund) sowie Teckel. Sie müsen, wie auch beim Stöbern, unbedingt *spurlaut* jagen. Die beim Stöbern und Brackieren auf der Spur bzw. Fährte von gesundem Wild erforderliche Arbeitsweise des Hundes ist auch Voraussetzung für die **Nachsuche** nach angeschweißtem Wild, wenn es zur *Hetze* kommt (feinnasiges, sicheres Halten der Spur, zäher Spurwille und Spurlaut). Von *Hetze* oder *Hatz* sprechen wir nur, wenn der Hund das Wild »sichtig«, also in unmittelbarer Sichtverbindung, verfolgt. Das ist auf der Wundspur bzw. Schweißfährte zumindest im letzten Stadium der Nachsuche, vor dem Niederziehen bzw. Stellen, der Fall. Verfolgt der Hund die gesunde Spur bzw. Fährte mit der *Nase*, so sprechen wir grundsätzlich vom *Jagen* (daher auch »jagende Hunde« = Bracken). Die eigentliche *Hetzjagd*, nämlich mit Windhunden, ist bei uns verboten.

Treibjagd, Drückjagd

Im folgenden sind die Jagdarten nach jagdbetrieblichen Gesichtspunkten erläutert. In rechtlicher Sicht werden sie z. T. nach der Zahl der teilnehmenden Personen bestimmt (z. B. Baden-Württemberg mehr als 4 Schützen, mehr als 4 Treiber; im Walde auf Schalenwild bis zu 8 Schützen; in Bayern: neben den Schützen mehr als 4 Personen als Treiber oder Abwehrer). Im Gegensatz dazu findet sich in der Rechtsprechung auch die Meinung, eine Treibjagd liege dann vor, wenn Wild überhaupt getrieben wird; d. h. also, sie könne schon bei der Teilnahme von 2 Personen vorliegen.

Die *Treibjagd* ist die Jagdart, bei der das Wild mit einer stärkeren Beunruhigung durch eine Anzahl von Treibern (mit oder ohne freijagende Hunde) aufgescheucht und den Schützen zugetrieben wird.

Drückjagd ist die Jagdart, bei der das Wild durch wenige Treiber ohne besondere Beunruhigung rege gemacht und veranlaßt wird, ohne Hast den Einstand zu verlassen und den Schützen zuzuwechseln.

Eine Drückjagd bezeichnet man auch als *Riegeljagd* (Riegel = Wechsel oder Paß), wenn man hauptsächlich nur an Wechseln (Zwangswechsel, u. a. im Gebirge) Schützen anstellt.

Um in größeren Waldgebieten das Hochwild durch das Durchtreiben nicht zu sehr zu beunruhigen und das Wild vertrauter vor die Schützen zu bringen, empfiehlt es sich, die Schützen verstreut im und um das Treiben auf Ständen zu plazieren und das Treiben ohne Eile und Lärm hin und her durchgehen zu lassen (kombinierte »Ansitz-Drückjagd«).

Treibjagden werden bevorzugt auf Hasen und Kaninchen, Fasanen und Enten abgehalten, Drückjagden auf Schalenwild und Füchse. Geeignete Hunde sind unentbehrlich. Der Jagdleiter gibt vor Beginn der Jagd präzise an, welches Wild erlegt werden darf. Nicht freigegebenes darf auf keinen Fall beschossen werden. Die Zeit dieser Jagden ist der Herbst und Winter, wenn das Laub gefallen ist und die Felder abgeerntet sind. Bestes Jagdwetter ist an windstillen, nicht zu kalten, aber auch nicht zu warmen Tagen und bei leichter, trockener Schneelage. Die Rücksichtnahme auf Treiber und Schützen verbietet die Treibjagd bei großer Nässe und dichtem Nebel.

Jeder solchen Jagd hat ein wohldurchdachter Plan zugrunde zu liegen, der zuvor mit den anstellenden Schützen und dem kundigen Obertreiber durchgesprochen werden muß. Es ist zweckmäßig, die einzelnen Treiben (Triebe, auch Bogen oder im Hochgebirge Riegler genannt), Folge und Stände auf eine an die Schützen zu übergebende Kartenskizze einzuzeichnen, die Grenzen der Treiben einige Tage vor der Jagd abzugehen, die Stände zu bezeichnen (siehe auch Bruchzeichen Seite 187) und bei Standtreiben in den Dickungen rechtzeitig Sicht- oder Schußschneisen (»Krähenfüße«) auszuschneiden, wenn die Schützen nicht entfernt von der Dickung in günstigerem Schußfeld angestellt werden können.

Der Treib- oder Drückjagd auf Sauen bei Schneelage soll am gleichen Tag ein *Kreisen* vorhergehen. Die frühmorgens auslaufenden Kreiser gehen lautlos die um die Dickungen führenden Wege ab (nicht Dickungsrand!) und stellen nach den Fährten fest, wo und wie viele Sauen sich gesteckt haben.

Welche Hunde bei einer Treibjagd angemessen sind, richtet sich nach der Größe der Treiben, ihrer Gestaltung, dem Bewuchs und nach den Wildarten. Davon hängt es auch ab, wie die Hunde eingesetzt werden. Bei Feldtreibjagden sind freijagende

Hunde nicht am Platze, dagegen braucht man Hunde zur Nachsuche (Verlorenbringer). Nach Waldtreiben ist vor allem der Hund erforderlich, der auf der Schweißfährte zur Nachsuche zuverlässig ist. Freijagende Hunde werden bei stillen Drückjagden kaum eingesetzt. Anders ist es, wenn Sauen zu erwarten sind. Hier sind Hunde, die die Sauen finden, aus dem Kessel sprengen und auf der Fährte verfolgen, nicht zu entbehren.

Für jede solcher Jagdveranstaltungen muß ein *Jagdleiter* bestellt und den Teilnehmern bekannt sein. Dessen Anordnungen, die bei Beginn bekanntgegeben werden, sowie den Signalen während der Jagd ist strikte Folge zu leisten. Der Jagdleiter ist von allen Teilnehmern bei seiner verantwortungsvollen Aufgabe zu unterstützen. Die folgenden Regeln sind genau zu beachten.

Treiberregeln – Die Treiber sollen mit gutem Schuhwerk und derber Kleidung, bei Kälte mit Fäustlingen, versehen sein; bei feuchtem Wetter sind Kapuzen und Umhänge zu benutzen.

Die Unfallverhütungsvorschriften (siehe S. 408) schreiben für Treiber auffällige *Warnkleidung* vor (bewährt sind grellfarbige Plastikjacken oder rot-weißgestreifte Jacken und Mützen, wie sie aus Sicherheitsgründen auch von Straßenarbeitern verwendet werden). Das gilt auch für Schützen, die mit der Treiberwehr gehen oder die zeitweilig als Treiber eingesetzt werden. Nicht ausdrücklich vorgeschrieben, aber der Sicherheit förderlich ist es, wenn bei Waldtreibjagden auch die vorgestellten Schützen ein warnfarbiges Hutband tragen.

Die Treiber unterstehen den Anordnungen des revierkundigen und jagderfahrenen Obertreibers.

Schematische Darstellung verschiedener Arten von Treibjagden

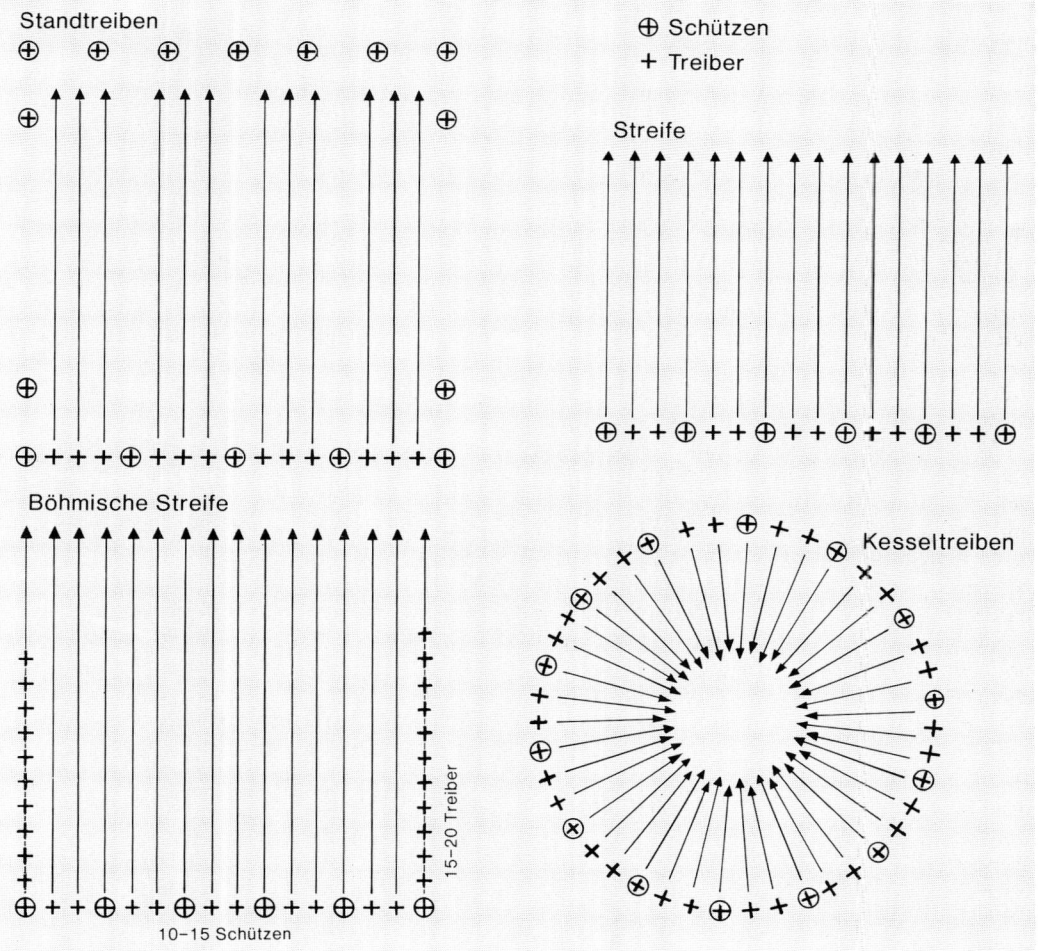

Wenige, aber zuverlässige Treiber, die sich nicht scheuen, auch sehr dichte – vom Wild beliebte – Dickungsteile durchzudrücken, sind besser als eine große ungezügelte Horde. Unter Vermeidung jeden Geräusches in einer Linie aufgestellt, gehen die Treiber auf Signal vor, sich gegenseitig zurufend, um gleiche Front und gleichen Zwischenraum zu wahren. Von Zeit zu Zeit ist zu halten, um Seitenrichtung aufzunehmen (z. B. beim Überschreiten von Schneisen). Hunde dürfen nur geschnallt werden, wenn dies angeordnet wurde. Ist durchgetrieben, so warten die Treiber am Dickungsrand und treten erst aus, wenn abgeblasen (»Hahn in Ruh«) wird, oder sie treiben auf Signal zurück.

Schützenregeln – Der Anstellende weist den Schützen auf seinen Stand ein und sagt ihm, in welcher Richtung getrieben wird, wo seine Nachbarn stehen, wo der Hauptwechsel verläuft, wann das Treiben beginnt und wie lange es etwa dauert, bittet, die Anschüsse zu verbrechen und sagt die Folge der Abholung nach dem Treiben an. Der Schütze hat genau den Platz einzunehmen, auf dem er angestellt worden ist. Er darf diesen Platz unter keinen Umständen vor dem Ende des Treibens (Abblasen) verlassen. Er hat sich sofort mit den Nachbarschützen zu verständigen. Erst auf dem Stand ist das Gewehr zu laden. Wenn nichts anderes angesagt wird, darf vor Beginn des Treibens nicht geschossen werden. Wenn alle Schützen angestellt sind, beginnt das Treiben – nach Signal oder Uhrzeit. In das Treiben hinein darf mit der Kugel nur geschossen werden, wenn dies vom Jagdleiter ausdrücklich erlaubt ist. Mit Schrot schießt man nur solange in das Treiben, wie die Treiber weit genug entfernt sind. Das Durchziehen mit angeschlagenem Gewehr durch die Schützenlinie ist gefährlich und streng verboten; statt dessen ist das Gewehr abzusetzen und außerhalb der Schützenlinie wieder in Anschlag zu bringen.

Nie darf ein Schuß abgegeben werden, bevor man das Wild genau angesprochen hat. Bei beschossenem, nicht im Feuer gebliebenem Schalenwild ist nach Ende des Treibens der Anschuß zu verbrechen. Wild darf während des Treibens vom Schützen nicht aufgenommen werden, doch hat er dafür Sorge zu tragen, daß dies nachher geschieht. Hunde hält der Schütze an der Leine. Erst nach dem Treiben darf er sie zur Nachsuche ansetzen, wenn der Jagdleiter die Nachsuche nicht auf andere Weise regelt.

Nach Beendigung des Treibens wird abgeblasen, dann darf – außer Fangschüssen – nicht mehr geschossen werden. Vor dem Verlassen des Standes

Drückjagdkanzel

ist zu entladen. Nach Beendigung des Treibens – insbesondere bei Waldtreiben – werden die Schützen gewöhnlich von einem ortskundigen Teilnehmer abgeholt. Trifft dies nicht zu, sollen sich die Schützen verständigen und soll keiner ohne seinen Nachbarn weggehen, damit niemand zurückgelassen wird, der das Abblasen nicht vernehmen konnte. Am Sammelpunkt meldet der Schütze dem Jagdleiter seine Strecke und von ihm beschossenes Wild.

Nach Beendigung der Jagd wird das Wild aufgebrochen bzw. ausgeworfen, wenn dies nicht schon während der Jagd geschehen ist.

Nach jeder Jagd – je nach Umständen erst am nächsten Tag – wird Nachsuche gehalten. Für den Erfolg sind das sachgerechte Verbrechen der Anschüsse und das Bereithalten guter Schweißhunde (für Schalenwild) sowie sicherer Verlorenbringer (für Niederwild) Bedingung.

Im *Wald* hält man Standtreiben, seltener Streifen, im *Feld* Standtreiben, Kesseltreiben und Streifen ab.

Treibjagden im Wald – Bei den *Standtreiben* (Vorstehtreiben) auf *Niederwild* werden die Schützen entweder rings um das Treiben (den Trieb) aufgestellt, oder nur an der Stirnseite, während die Flanken freibleiben oder verlappt werden. Jeder Schütze soll beiderseits mindestens 30 m Schußfeld haben. Bei engen Schneisen empfiehlt es sich, die Schützen anzuweisen, nur nach einer (anzugebenden) Seite zu schießen (in der Regel nach links). Bei Dickungstreiben stehen die Schützen hart am Rand des Treibens, bei Fasanentreiben einige

Schritte abseits vom Treiben. Die Treiber gehen mit Klappern oder Stöcken durch den Trieb. Mit den Stöcken ist auf Büsche, bei Kaninchentreiben auf den Boden zu schlagen.

Um sich gegenüber dem Standnachbarn besser sichtbar zu machen, sind wenigstens signalfarbene Hutbänder zu tragen. Selbst größere orangerote Kleidungsstücke, wie Mützen o. ä., haben auf das Wild keine abschreckende Wirkung, erhöhen jedoch die Sicherheit auf Gesellschaftsjagden.

Bei Standtreiben auf *Hochwild* werden die Schützen möglichst einen Büchsenschuß vom Treiben entfernt aufgestellt. Mit Rücksicht auf den Kugelschuß ist auf freies Schußfeld (Gefahrenbereich) zu achten. Die Treiberwehr geht ruhig durch den Trieb. Bricht das Wild nach rückwärts durch, um in derselben Dickung wieder zu verhoffen. so treiben die Treiber noch einmal zurück. Es ist günstig für den Jagderfolg, die Rotte Sauen zu *sprengen,* was sich mit Hilfe von Hunden erreichen läßt. Standtreiben auf Hochwild – auch auf den Fuchs – werden meistens in Form von Drückjagden durchgeführt.

Bei der *Drückjagd* handelt es sich darum, das Wild mit wenigen Treibern den Schützen zuzudrücken. Die Schützen werden mit gutem Wind an Hauptwechseln angestellt, möglichst in Büchsenschußentfernung vom Treiben. Die Treiber gehen leise durch den Trieb, wobei sie hin und wieder husten oder einen Ast knicken, die Hunde, je nach der Situation, an der Leine oder geschnallt. Das Wild wird dadurch genügend rege und kommt den Schützen vertraut.

Die *Waldstreife* auf Niederwild wird mit kurz suchenden (buschierenden) Hunden ausgeübt. Die Schützen und Treiber rücken in sichtigem Holz in einer Linie vor, immer wieder sich ausrichtend.

Treibjagden im Feld – Bei den *Standtreiben* im Feld auf Hasen wird gewöhnlich nur die Stirnseite des Treibens besetzt. Die Stände, mit etwa 60 Schritt Abstand, sind möglichst an kleine Deckungen (Sträucher u. dgl.) zu legen. Die Treiber sind rasch aufzustellen; getrieben wird jedoch langsam; häufig werden die beiden Flügel der Treiberwehr vorgezogen. Verendete Hasen sind von den Treibern aufzunehmen, krankgeschossene abzuschlagen, dann auszudrücken. Sonst gelten für Schützen und Treiber die gleichen Regeln wie bei der Waldtreibjagd.

Bei den *Kesseltreiben* treffen sich Schützen und Treiber gemeinsam am Sammelplatz. Vom Sammelpaltz aus laufen abwechselnd Treiber und Schützen aus; an der Spitze geht beiderseits ein Spitzenführer, der die Grenze des Treibens genau

kennen muß. Aus dem Umfang des Kessels und der Zahl der Schützen und Treiber ergibt sich, in welchem Abstand zu gehen ist. Beim Abgehen hat jeder Teilnehmer sich an die Fußspuren des Vorgängers zu halten, damit keine Einbuchtungen entstehen. Beim Auslaufen des Treibens darf nur dann geladen und auf aufstehendes Wild geschossen werden, wenn es der Jagdleiter ausdrücklich erlaubt hat. Ist der Kessel geschlossen, so erfolgt nach vorheriger Korrektur der Abstände und Wendung der Teilnehmer zur Kesselmitte das Signal zum Beginn des Treibens. Schützen und Treiberwehr gehen in Richtung auf die Mitte gleichzeitig vor, wobei darauf zu achten ist, daß keine »Säcke« entstehen. Die auf die Wehr zuflüchtenden oder sie durchbrechenden Hasen werden beschossen, die in den Kessel flüchtenden nicht. Wenn die Schützen bis auf etwa 300 m (Durchmesser des Kessels) zusammengekommen sind, ertönt das Hornsignal »Das Ganze halt«. Dann darf nicht mehr in das Treiben hineingeschossen werden. Auf das Signal »Treiber 'rein« gehen die Treiber bis in die Mitte des Kessels. Die Schützen bleiben stehen, wenden sich nach außen, und schießen nur nach außen auf durchbrechendes Wild. Haben die Treiber die Mitte erreicht, so wird »Hahn in Ruh« geblasen. Es darf nicht mehr geschossen werden, man entlädt.

Feldstreifen (sog. Böhmische Streifen) werden meist dann durchgeführt, wenn das Jagdgelände für Kesseltreiben zu lang und zu schmal ist. Die Schützen und einige Treiber stellen sich in einer Linie auf. Der größere Teil der Treiber wird an den Flügeln weiter vorgezogen. Vor dieser so vorrückenden Schützen- und Treiberwehr flüchten die Hasen zunächst nach vorn, haben aber bald schon das Bestreben, an den Ort ihrer Sasse zurückzukehren; sie versuchen dann erfahrungsgemäß nach hinten durchzubrechen. Der nachfolgende Wildwagen nimmt das erlegte Wild auf.

Baujagd

Man wendet sie an auf Fuchs, Dachs und Kaninchen. Das *Sprengen* von Fuchs (besonders im Winter) gelingt nur mit scharfen Teckeln oder Terriern. Der Dachs »springt« nur selten und muß meist vor dem »vorliegenden« (verbellenden) Hund ausgegraben werden. Auch Jungfüchse werden aus dem Heckbau gegraben. Der eingelassene Hund stellt das Wild im Bau und liegt lautgebend vor. In Richtung auf den Laut des Hundes wird der *Einschlag* gegraben. Das Wild wird mit der »Dachszange« lebend geholt oder mit der Pistole erlegt. Hunde, die gute Fuchssprenger werden sollen, dür-

Teckel schlieft aus einem Fuchsbau

Beim Frettieren: Das Frettchen wird vor der Einfahrt des Kaninchenbaues angesetzt.

fen von vornherein nicht am Dachs eingearbeitet werden.

Die Baujagd ist eine der wirksamsten Möglichkeiten, den Fuchs mit jagdlichen Mitteln kurzzuhalten, was besonders zur vorbeugenden Bekämpfung der Tollwut wichtig ist.

Natürlich müssen die zur Baujagd verwendeten Hunde gegen Tollwut schutzgeimpft sein (jährliche Wiederholung der Impfung!). Obwohl bei ordnungsgemäßer Tollwut-Schutzimpfung sowohl eine Infektion des Hundes wie auch eine indirekte Gefährdung des Menschen über den Hund so gut wie ausgeschlossen ist, sollte in Tollwutverseuchten Gebieten (Tollwut-Sperrgebiete) die Baujagd nicht ausgeübt werden.

Beim *Frettieren* sprengt das Frettchen die Karnickel aus dem Bau. Dabei werden die Karnickel mit der Flinte erlegt oder in Karnickelhauben (Netzen, die über die Röhren gelegt werden) gefangen. Das Frettchen wird in einem Kasten – gegen Kälte und Nässe geschützt – an die Baue gebracht. Man frettiert erfolgreich nur im Winter, da zu anderer Zeit die Frettchen Jungkaninchen reißen und anschließend gesättigt, oft schlafend, im Bau bleiben. Um das zu verhindern, versieht man das Frettchen gern vor dem Einschliefen mit einem Maulkorb oder einem Schellenhalsband.

Hüttenjagd

Sie wurde früher häufiger ausgeübt; heute wird sie nur selten auf Krähen und Elstern angewendet (soweit gesetzlich erlaubt, siehe S. 168) und nutzt

deren Gewohnheit aus, auf den Uhu zu hassen. Zu diesem Zweck wurde an geeigneter Stelle in der Feldflur eine gut getarnte Ansitzhütte (»Krähenhütte«) errichtet, vor der der Uhu (»Auf«) auf einem Sitzpfahl (»Jule«) angepflockt (mit Fußfessel angebunden) wurde. Ein Baum in guter Schrotschußentfernung, auf dem Krähen und Elstern aufhaken können (»Fallbaum« oder »Hakbaum«), ist günstig. Außer von der festen Krähenhütte aus läßt sich diese Jagdart auch aus sonstiger Deckung (Dickungsrand, Maisfeld u. dgl.) betreiben. Einen Uhu zu halten ist heute aufgrund der Artenschutzbestimmungen praktisch nicht mehr möglich. Künstliche Uhu-Attrappen (aus Hasenbalg und Hühnerfedern o. dgl.) erreichen fast die Wirkung des lebenden »Auf«.

Lockjagd

Die Lockjagd ist eine der reizvollsten Jagdarten. Sie besteht darin, daß der Jäger Laute des Wildes oder seiner Beutetiere nachahmt, um es zum Zustehen zu veranlassen.

Am bekanntesten ist die *Blattjagd* auf den Rehbock während der Brunft. Mit einem Buchen- oder ähnlichen Blatt oder mit einem künstlichen Blattinstrument wird der Fieplaut der brunftigen Rehgeiß nachgeahmt, auf den oft der Bock »springt«.

Mit dem *Hirschruf* (Muschel, Herakleumrohr, Ochsenhorn u. a.) wird der Ruf des Hirsches in der Brunft nachgeahmt, auf den häufig Hirsche zustehen. Je nach der gegebenen Lage arbeitet man bald mit dem Ruf eines suchenden, schwächeren Hirsches, bald mit dem Sprengruf eines treibenden Hirsches. Auch das nachgeahmte Mahnen des brunftigen Tieres veranlaßt den Hirsch bisweilen zum Zustehen oder zum Verhoffen. Die Jagd mit dem Ruf ist die spannendste Jagdart auf den Rothirsch.

Auch auf den Birkhahn und den Haselhahn, ebenso den Tauber, wird (bzw. wurde) die Lockjagd durch Nachahmen des Balzlautes ausgeübt. Auch Krähen, Elstern, Eichelhäher sowie Wildenten lassen sich durch Nachahmen der Stimmen von Artgenossen anlocken.

Mit nachgeahmten Lautäußerungen von Beutetieren (Hasen- oder Kaninchenklage, Vogelangstruf, Mauspfiff) wird Raubwilde angelockt (»gereizt«), vor allem der Fuchs (»Fuchsreizen«), aber auch Marder, wildernde Hunde und Katzen.

Die Lockjagd durch Nachahmen von Lauten täuscht also dem Wild entweder zur Paarungszeit einen Geschlechtspartner oder einen Nebenbuhler vor, oder sie zielt allgemein auf den Geselligkeitstrieb (Kontaktlaute zu Artgenossen) oder aber sie ahmt ein Beutetier nach.

Neben den akustischen Lockmitteln gibt es *optische*, die dazu dienen, Federwild dadurch anzulocken, daß man die Anwesenheit von Artgenossen vortäuscht. Vor allem Wildenten, Wildgänse und Tauben, aber auch Krähenvögel können durch Lockenten, Locktauben, Lockkrähen usw. veranlaßt werden, an bestimmten Plätzen (vor einem Ansitzschirm) einzufallen. Die Lockvögel sind entweder künstlich (aus Holz, Plastik) nachgebildet oder es werden bereits erlegte Vögel mit Hilfe von Zweigen naturgetreu aufgestellt. Lebende (gezähmte) Vögel als Lockvögel beim Fang oder Erlegen von Federwild zu verwenden ist erlaubt (außer in Baden-Württemberg, wo auch die Verwendung von – künstlichen – Lockenten-Attrappen verboten ist), sofern sie nicht geblendet oder verstümmelt sind (Tierschutzgesetz beachten!).

Schließlich kann auch das Anlegen von *Luderplätzen* für Raubwild und von *Kirrungen* als eine Art Lockjagd betrachtet werden.

Beizjagd oder Falknerei

Unter Beizjagd versteht man das Jagen mit abgetragenen (gezähmten und abgerichteten) Greifvögeln, vor allem Falken und Habichten, auch Adlern. Je nach der Jagdart der verwendeten Greifvögel wird sie »Jagd mit dem niederen Flug« (also zur Erbeutung von Bodentieren oder nieder fliegendem Wild) oder als »Jagd mit dem hohen Flug«

Falkner mit Rothabicht

(also auch hochfliegende Vögel, z. B. Krähen, Enten) betrieben. Als letztere Art war besonders die »Reiherbeize« im Mittelalter (siehe Kaiser Friedrich II: »Über die Kunst, mit Vögeln zu jagen«) an den Höfen der Könige und Fürsten beliebt. Heute wird die Beizjagd hauptsächlich mit dem Habicht (auf Kaninchen, Fasanen, Tauben, Häher) von Liebhabern ausgeübt.

Die im *Deutschen Falkenorden* (DFO) und anderen falknerischen Organisationen zusammengeschlossenen Falkner haben sich zu geordneter Ausübung der Beizjagd, zum Schutz der Greifvögel, besonders des Wanderfalken, verpflichtet und entsprechende Beschränkungen ihrer Tätigkeit auch beim Erwerb von Beizvögeln auferlegt. In Mißkredit geriet in letzter Zeit die Falknerei durch Greifvogelhaltungen, die bloßer Zurschaustellung (teilweise mit Vorführung falknerischer Traditionen) dienen, sowie durch gesetzwidrige Aushorstungen von Greifvögeln im In- und Ausland. Seriöse Falkner und ihre Organisationen distanzieren sich von solchen Mißständen (siehe die Vorschriften zur Falknerprüfung, Seite 32, und die Bestimmungen über Gefangenhaltung von Greifvögeln in der Bundes-Wildschutzverordnung, Seite 42).

Fangjagd (Fallenjagd)

Die Jagd mit Fallen hat im Wandel der Zeit sowohl dem Tier- und Artenschutz als auch den Sicherheitsbelangen Rechnung getragen. Dadurch wurden alte Fangtechniken, z. B. mit dem Tellereisen, aufgegeben. Dennoch steht die Fallenjagd auch heute in einer anhaltlichen Kritik, die sachgerechte Änderungen erforderlich macht. Allein im Hinblick auf die weitreichenden Vorschriften aus dem Tier- und Naturschutzrecht, aber auch wegen der hohen Inanspruchnahme der freien Landschaft durch die Bevölkerung dürfen die mit der Verwendung von Fanggeräten verbundenen Risiken für Tiere und Menschen, die ungewollt durch Fanggeräte in Mitleidenschaft gezogen werden, nicht unbeachtet bleiben. Vielfach ergibt sich allein aus der rechtlichen Situation eine maßgebliche Begrenzung für diese Jagdmethoden. Insofern sollte die Jagd mit Fallen nur soweit ausgeübt werden, wie nicht gewollte Auswirkungen ausgeschlossen werden können und andere Jagdarten auf Raubwild oder Jagdschutzmaßnahmen nicht den erwünschten Erfolg erbringen können.

Dieser Jagdart sind vor allem deswegen Grenzen gesetzt, weil es nicht zu verhindern ist, daß sich auch geschonte oder geschützte Tiere in den Fallen fangen. Im Rahmen der allgemeinen Jagdausübung, beim Ansitz, bei Stöber-, Treib- und Drückjagden oder beim Ausneuen und dem Sprengen mit dem Erdhund findet sich zumeist hinreichend Gelegenheit zur Bejagung des Raubwildes. Wird aber die Fangjagd ausgeübt, für die beim Raubwild nur die Wintermonate in Betracht kommen, so sind an ihre Durchführung hohe Anforderungen zu stellen. So muß eine Gewähr bestehen hinsichtlich der gerätetypischen Funktionsfähigkeit zur Wahrung aller Erfordernisse des Tierschutzes (Vermeiden von Schmerzen und Leiden beim eingefangenen Tier, insbesondere auch die Berücksichtigung der unterschiedlichen Körpergrößen der Tiere, sowohl der Individuen einer Art wie auch von verschiedenen Wildarten). Die Standortswahl und Aufstellung des Fanggerätes müssen die Belange des Artenschutzes (bei Vorkommen geschonter oder geschützter Arten) sowie der allgemeinen Sicherheit (Vermeidung des ungewollten Fanges von Haustieren, keine Gefährdung von Menschen) wahren.

Darum sind u. a. folgende Punkte zu beachten:

- Es dürfen nur solche Fallen verwendet werden (§ 19 Abs. 1, 9., BJagdG), die das Wild entweder unversehrt fangen (z. B. Kastenfallen, Saufang, Entenkoje) oder aber nach dem Konstruktionsprinzip das eingefangene Tier sofort töten (Abzugseisen oder andere »Totschlagfallen«). Dabei ist streng auf die Wirksamkeit des Fanggerätes zu achten. Drahtgitterfallen bergen z. B. ein hohes Risiko der Verletzung der darin festgehaltenen Tiere, weil diese viel mehr Befreiungsversuche unternehmen als solche in dunklen Kastenfallen mit glatten Wänden. Zu schwache oder erlahmte Schlagfedern an Schlageisen verfügen nicht über die zur sofortigen Tötung nötige Energie und quetschen gefangene Tiere eher qualvoll zu Tode, gleichermaßen führen falsch dimensionierte Schlagfallen nicht zur sofortigen Tötung.

- Jede gestellte Falle ist täglich (morgens) mindestens einmal, Lebendfallen unbedingt mehrmals täglich nachzusehen.

- Die Unfallverhütungsvorschriften der Landwirtschaftlichen Berufsgenossenschaften (bei denen alle Revierinhaber wegen Unfällen im Jagdbetrieb zwangsversichert sind) schreiben vor, daß sich Sichern und Entsichern von Fangeisen nur mit einem geeigneten Gegenstand (z. B. Astgabeln, eingekerbte Hölzer oder aufgesägte, abgewinkelte Rohrstücke) vorgenommen werden darf. Die Verwendung von Spannhebeln zum Spannen der Eisen ist vorgeschrieben, auf die Verkehrssicherungspflicht beim Aufstellen von Totschlagfallen wird hingewiesen. Diese sind so aufzustellen (verblendete Fangbunker, Fallenkästen, Fangburgen), daß Dritte sich nicht verletzen können.

Die Bundesländer haben derzeit einschränkende Bestimmungen über die Art der Fallen und ihre

Große Kastenfalle für den Lebendfang der Generalisten: Fuchs, Steinmarder, Waschbär und verwilderte Hauskatze. Bei täglich zweimaliger Fallenkontrolle ist der tier- und artenschutzgerechte d. h. selektive Fang gewährleistet.

Für den erfolgreichen, unversehrten Fang im Fuchs- und Steinmarder-Lebensraum Feld, kann in vorhandenen, trockenen Betonrohrdurchlässen die »Gestängefalle Fangsystem Grahnert« u. a. eingesetzt werden (für Lehrzwecke Schnittmodell im Betonrohrfangraum).

Die Betonrohrfalle »Fangsystem Arenshorst« für den Lebendfang hier eingebaut. Die vordere Fangklappe steht auf Durchlauf, die getrennte, hintere Fangklappe ist verschlossen.

Verwendung in Vorbereitung oder unlängst erlassen. Die bisher am weitesten gehende Regelung findet sich im § 19 des Hessischen Landesjagdgesetz (v. 19. Okt. 1994), wonach die Jagd mit Fanggeräten nur zulässig ist, wenn dies erforderlich ist, einen Bestand an jagdbaren Tieren auf ein Maß zu reduzieren, das mit den Zielen des Gesetzes vereinbar ist. Die Jagdausübungsberechtigten haben der Hegegemeinschaft rechtzeitig die zu fangenden Wildarten und die Art der Fanggeräte mitzuteilen, so daß diese eine Festlegung nach den von ihr aufgestellten Bejagungsgrundsätzen treffen kann. Aus der Gruppe der nach dem BJagdG zulässigen Fanggeräte dürfen dann ferner nur solche verwendet werden, für die eine Bauartzulassung der obersten Jagdbehörde vorliegt. Schließlich darf nach diesem Landesrecht nur derjenige die Fallenjagd ausüben, der an einem anerkannten Ausbildungslehrgang für die Fangjagd teilgenommen hat. Die jüngste Änderung des Landesjagdgesetzes Nordrhein-Westfalen (v. 17. Mai 1994) sieht eine Ermächtigung des zuständigen Ministeriums vor, durch Rechtsverordnung die Verwendung bestimmter Fanggeräte zu verbieten und Methoden der Fallenjagd zu bestimmen. Gemäß der sogen. »Berner Konvention« geht die Forderung dahin, daß ein selektiver Fang (jeweils nur ganz bestimmter Tiere) gewährleistet ist und diese entweder sofort getötet werden oder gänzlich unversehrt bleiben.

Insgesamt sollte zur waidgerechten, ordnungsgemäßen Jagdausübung auf Fangjagd heute weitestgehend verzichtet werden. Neben entsprechenden Spezialkenntnissen muß der fallenstellende Jäger auch über die Zeit in ausreichendem Maße verfügen, um die unabdingbare, regelmäßige und genügend häufige Kontrolle der fängisch gestellten Fallen zu gewährleisten. Wenn menschliche Nachlässigkeit und technische Mängel weitgehend ausgeschlossen sind, kann den Bedenken gegen die Fallenjagd begegnet werden.

Das Fängischstellen einer Falle und das Töten von darin gefangenem Wild zählt zu den Handlungen der Jagdausübung und darf nur von jagdberechtigten Jagdscheininhabern durchgeführt werden. Für die bloße Kontrolle einer fängisch stehenden Falle ist kein Jagdschein erforderlich. Das Herausnehmen eines Wildes aus der vom Jagdausübungsberechtigten oder einem Beauftragten aufgestellten Falle ist keine Jagdhandlung, bedarf folglich nicht eines Jagdscheines, da der Jagdausübungsberechtigte an dem Wild schon in dem Augenblick Eigentum erlangt hat, in dem es gefangen wurde, somit ist es nicht mehr herrenlos. (Anders aber, wenn die Falle etwa von einem Wilderer gestellt wurde oder das gefangene Wild mit dem Fanggerät flüchtet, da es in diesen Fällen noch herrenlos und Gegenstand der Jagdausübung ist.)

Von den zulässigen Fanggeräten wird der **Schwanenhals** fast ausnahmslos zum Fang des Fuchses

Die Arenshorster-Fallklappe, mit oben liegender Stellung, im Schnittmodell: links geöffnet, rechts geschlossen.

verwendet. Es gibt verschiedene Bauarten. Beim Spannen ist mit größter Vorsicht zu verfahren. Die gebräuchlichsten sind das »Berliner Eisen« und der »Deutsche Schwanenhals«. Beide werden dadurch ausgelöst, daß an einem mit dem Abzug verbundenen Faden bei Abnahme des Köders gezerrt wird und dadurch die Bügel zuschlagen. Schwanenhälse stellt man an Luderplätzen oder auf Pässe. Der Bodenüberzug wird nach der Falle passend beseitigt. Die Falle wird gespannt und gesichert auf eine Steinunterlage gelegt, beködert, mit Bodenstreu verblendet und entsichert.

Beim Zusammenschlagen springt sie hoch und erfaßt den Körper. Innerhalb weniger Sekunden tötend ist nur der Schlag der Bügel auf den Brustkorb hinter den Schultern (»Schocktod«); fassen die Bügel den Hals (eines für die Eisendimension zu großen Tieres), ist der sofortige Tod keinesfalls zu erwarten, er tritt zumeist erst nach wenigen Minuten ein. Ist der Wildkörper zu klein für die Bügelweite, wird er weit hinten im Rumpfbereich (Lendenregion) erfaßt, wodurch das Wild schwer verletzt wird und allenfalls erst einem qualvollen Tod erliegt.

Kleinere Abzugseisen entsprechen dem Grundprinzip des Schwanenhalses. Sie dienen dem Fang des kleineren Raubwildes (z. B. Ei-Abzugseisen für Marder und Iltis). Auch diese Abzugseisen werden durch Zug an dem an der Stellvorrichtung befestigten Köder ausgelöst und fassen mit ihren Schlagbü-

geln das Raubwild ebenfalls sofort tödlich nur um den Brustkorb.

Hingegen wurden die **verbotenen** Tellereisen durch Tritt auf den »Teller« der Stellvorrichtung ausgelöst; die Bügel faßten das Tier nur am Lauf und hielten es lebend fest, was wegen der damit verbundenen Schmerzen und auftretenden Verletzungen eine Tierquälerei darstellt.

Soweit irgend möglich, grundsätzlich aber wenn sonst Menschen oder Haustiere oder nicht zu fangende Wildtiere gefährdet werden könnten, sind die Abzugseisen zwecks Erhöhung der Sicherheit nur in einer Abdeckung eines *Fangbunkers* oder einer Fangkiste aufzustellen (in Bayern geregelt in § 29a BayJG).

Der **Greifvogelfang** (Habichtskorb) besteht im Grundprinzip aus einem mit einer lebenden Taube beköderten Drahtkorb, über dem zwei Schlagbügel angebracht sind, von denen der Greifvogel bei dem Versuch erfaßt wird, die Taube zu greifen. Als Lebendfalle arbeitet er, wenn er mit großen Schlagbügeln bestückt ist, die mit Netzwerk bespannt sind, in dem der Greif eingefangen wird oder wenn ein mit Draht oder Netz bespannter Deckel über einen Fangraum fällt. Beim Zuschlagen der Falle wird ggf. eine Klappe des Taubenraumes geöffnet. Mit der ganzjährigen Schonung aller Greifvögel hat dieses früher weit verbreitete Fanggerät seine Bedeutung eingebüßt. Es kann noch verwendet werden, wo aufgrund von Sondergenehmigungen einzelne Greifvögel (Habicht, Bussard) lebend gefangen werden dürfen. In einigen Bundesländern ist der Habichtskorb zum verbotenen Fanggerät erklärt.

Die **Kastenfallen** bestehen aus einem länglichen Kasten, der an den schmalen Seiten offen und mit Falltüren versehen ist. Sie werden an Fallensteigen (Zwangspässen, auf denen mit Wildaufbruch und dgl. geködert wird) aufgestellt. Eine besondere Form der Kastenfalle ist die **Wippbrettfalle** zum Fang von Wieseln. Bei Überqueren des Drehpunktes der Wippe senkt sich diese nach innen ab und verschließt mit ihrem äußeren, dann durch einen Sperrstift arretierten Ende den Falleneingang. Zwar werden die Wiesel in dieser Falle unversehrt eingefangen. Die Mehrzahl der Tiere stirbt allerdings innerhalb weniger Stunden an einem Adrenalinschock oder Herzversagen, nachdem sie zunehmend unruhig werden, Befreiungsversuche unternehmen und sich dabei auch Verletzungen zuziehen. Daher sind diese Fallen sehr kritisch zu bewerten. Ebenfalls nach dem Prinzip der Kastenfalle funktionieren die großen **Käfigfallen,** in denen wildernde Hunde, aber auch Fuchs und Waschbär lebend gefangen werden.

Die tägliche mehrmalige Kontrolle aller lebend fangenden Fallen ist aus Gründen des Tierschutzes unerläßlich. Der klare Vorteil dieser Fanggeräte liegt darin, daß fälschlich eingefangene Tiere bei der Kontrolle sogleich wieder freigelassen werden. Bei zu langer Verweildauer der Tiere in der Falle geraten diese aber zunehmend in Unruhe und Unwohlsein, was zum Leiden der Tiere führen kann. Deshalb ist aus tierschutzrechtlichen Gründen die Verwendung der Lebendfallen unabdingbar nur bei erheblichem Zeitaufwand für die Kontrollen vertretbar.

Die aus Holz gefertigten **Prügel- oder Knüppelfallen** bestehen aus einer Unterlage aus Balken oder Knüppeln, über die eine gleich gestaltete aufklappbare, mit Steinen beschwerte Decke im Winkel von etwa 30° zur Unterlage angebracht und durch eine Stellvorrichtung festgehalten wird. Zerrt das zu fangende Raubwild an dem an der Stellung befestigten Köder, fällt das Stellholz (oder ein Fangschloß löst aus), die Deckklappe erschlägt das darunter befindliche Tier.

Bei den nach gleichem Prinzip funktionierenden **Quetsch- oder Scherenfallen** wirken anstelle der herabfallenden Decke zwei Längsholme, die mit den Holmen der Unterlage scherenartig schließen. Erhebliche Funktionsstörungen infolge Quellens oder Austrocknens des Holzes dieser Fallen sind häufig, weshalb die zu fangenden Tiere eher schwer verletzt als sofort getötet werden. Daher sind diese Fallen besonders sorgfältig auf ihre Funktionstüchtigkeit hin zu überprüfen.

Einfänge ermöglichen den unversehrten Lebendfang von Schalenwild, z. B. für den Verkauf zwecks Aussetzung oder für wissenschaftliche Zwecke. Dazu wird ein Kreis von 5–10 m Durchmesser eingeplankt. An der einen Seite ist der Eingang mit einer Falltür, gegenüber befindet sich eine Tür, die in einen geplankten Laufgang führt, an dessen Ende der Transportkasten steht. Die Falltür wird entweder durch das eingewechselte Wild oder eine gedeckt ansitzende Person geschlossen. Die Errichtung von *Saufängen*, die eine hervorragende Möglichkeit zur Verringerung eines hohen Schwarzwildbestandes vor allem durch Fang von Frischlingen bieten (zur Vermeidung von Wildschäden in Getreide-, Mais- und Kartoffelkulturen oder wegen drohender Schweinepest), bedarf der Erlaubnis der Jagdbehörde.

Die Verwendung von *Stellnetzen*, mit denen große Flächen zum Lebendfang z. B. von Hasen eingezäunt werden, ist bei uns nicht mehr üblich, wird in Osteuropa aber noch gehandhabt.

Vorwiegend zu wissenschaftlichen Zwecken sind *Narkosegewehre* entwickelt worden, mit denen ein in der Regel mit einem Lähmungs-(nicht Betäubungs-)mittel gefüllter Bolzen verschossen wird. Die Verwendung in der freien Wildbahn erfordert Sachkenntnis und größte Vorsicht, weil die Schußentfernung gering, die Treffsicherheit ungenau und die Wirkung auf die Wildarten und das einzelne Stück sehr unterschiedlich sind. Im übrigen ist zu beachten, daß der Bezug und die Verwendung der Medikamente dem Arzneimittelgesetz unterliegen. Die Verwendung solcher Mittel bei der Jagdausübung ist grundsätzlich verboten.

Bei und nach dem Schuß

Schußzeichen – Pirschzeichen

Für den Jäger ist es sehr wichtig zu wissen, ob und wie er das Wild getroffen hat, wenn es nicht im Feuer liegenbleibt. Das getroffene Wild *zeichnet* auf den Schuß in der Regel in ganz bestimmter Weise und ist daher im Feuer (während des Schusses) genau zu beobachten. Bei größeren Schußweiten ist oftmals der Kugelschlag zu vernehmen. Werden sehr leichte Geschosse verwendet, sowie auch solche mit hoher Fluggeschwindigkeit ist das Zeichnen oft wenig typisch und ungenau. Aus dem am Anschuß sich findenden Schweiß, aus Schnitthaaren und Knochensplittern (Pirschzeichen) kann von sachkundigen Jägern oft geschlossen werden, wo der Schuß sitzt. Anscheinend gesundes Abspringen entbindet nicht von einer genauen Untersuchung des Anschusses und von einer Kontrollnachsuche. Über die Wirkung des Schusses auf den Wildkörper und das Zeichnen des Wildes ist folgendes bekannt:

Schalenwild – Der *Blattschuß*, als der wirksamste Schuß, trifft Herz oder Lunge oder beide Organe. Das Wild bricht nach vorne zusammen oder macht eine hohe Flucht, rast mit tiefem Haupt davon, teils geradeaus, teils Haken schlagend, und stürzt nieder. Beim Tiefblattschuß kann es noch mehrere hundert Meter weit flüchten. Herzschuß liefert dunkelroten, Lungenschuß hellroten, blasigen Schweiß.

Beim *Leber-* und *Milzschuß* zeichnet das Wild zunächst wie beim Blattschuß durch Zusammenrukken, schlägt dann oft mit den Hinterläufen aus und wird noch kurze Strecken flüchtig. Der Schweiß ist dunkelrotbraun, faßt sich bei Leberschuß fettig an. Das Wild verendet bei erheblicher Zerstörung der Leber rasch.

Der *Trägerschuß* mit Verletzung der Wirbelsäule und des Rückenmarks läßt das Stück durch vollständige Lähmung blitzartig zusammenbrechen. Ist die Schlagader allein getroffen, so wird das Wild des öfteren noch flüchtig; es findet sich hellroter Schweiß. Das Wild tut sich bald nieder. Ist nur Wildbret verletzt, so liegt dunkelroter Schweiß vor der Fährte. Das flüchtende Stück wird in diesem Falle nur schwer zur Strecke gebracht werden können.

Beim *Weidwundschuß* zeichnet das Wild meistens durch Ausschlagen mit den Hinterläufen und zieht oder flüchtet mit gekrümmtem Rücken ab. Ist das kleine Gescheide verletzt, so findet sich trübroter Schweiß, vermischt mit verdauter Nahrung. Wurde dagegen das große Gescheide verletzt, so mischen sich grüne Äsungsreste in den dunkeln Schweiß. In beiden Fällen tut sich das Wild bald nieder. Nicht angerührt, verendet es nach einiger Zeit; hochgemacht, geht es oft noch weit.

Beim *Keulenschuß* (Schlegelschuß) knickt das Wild zunächst nach der getroffenen Seite zusammen, geht jedoch oft weit flüchtig. Nur ein Schuß, der beide Keulenknochen verletzt hat, bringt das Wild am Anschuß zur Strecke. Beim Keulenschuß finden sich Knochensplitter und Schweiß seitlich der Fährte.

Der *Laufschuß* hat ähnliche Wirkung. Das verletzte Glied hängt schlenkernd herunter. Knochensplitter und Schweiß finden sich dicht an der Fährte. Das Wild kommt ohne guten Hund selten zur Strecke.

Krell- und *Federschüsse* treffen die Fortsätze der Rücken- oder Halswirbel. Das Wild bricht im Feuer zusammen, kommt aber bald zu sich und wird flüchtig. Solche Schüsse heilen meist aus. *Kopfschüsse*, die das Gehirn verletzen, lassen das Wild im Feuer zusammenbrechen. Bei einem *Äserschuß* flüchtet das Wild meist weit und verendet nach langen Qualen.

Das Zeichnen von Flugwild
a) gut getroffenes Huhn; fällt verendet zu Boden
b) geflügeltes Huhn: kommt flatternd zu Boden
c) geständertes Huhn: der verletzte Ständer hängt ab
d) himmelndes Huhn: steigt steil hoch infolge Atemnot (Lungentreffer) oder Betäubung (Kopftreffer), stürzt schließlich verendet herab.

Schweißhund am langen Riemen auf der Wundfährte

Anderes Haarwild – Am auffallendsten zeichnet das Haarwild der niederen Jagd auf *Kopfschüsse:* es rolliert (Hase). Auf *Weidwundschuß* oder bei einem Einzelschrottreffer in Herz oder Lunge folgt zunächst noch eine rasche Flucht, die aber nachläßt. *Keulenschüsse* haben eine nachhaltigere Wirkung als beim Schalenwild. Ohne guten Hund bringt man aber auch in diesem Falle das Wild selten zur Strecke.

Flugwild – Bei *Kopf-* und *Halsschuß* fällt das Flugwild sofort ab. *Brustschuß* wirkt ebenfalls bald tödlich, nachdem sich der Flug auffallend verlangsamt hat. Nach *Weidwundschüssen* werden die Ständer angezogen; die Flügelhaltung wird steif, der Flug langsamer; schließlich fällt das Wild ab. Verletzte Ständer sinken herunter. Schwere *Flügelverletzungen* führen zu einem jähen Sturz unter wiederholtem Überschlagen. Bei leichten Flügelverletzungen gleitet das Wild allmählich zu Boden und sucht sich durch Laufen zu retten. Bei *Schuß ins Kreuz* hängen die Ständer abwärts; das Wild gleitet nieder. Beim *Schuß durch das Auge* und bei *Lungenschüssen* »himmelt« das Wild, d. h. es steigt senkrecht auf und fällt dann zu Boden.

Nachsuche

Selbst wenn alle Anzeichen für einen Fehlschuß sprechen, muß der Anschuß von Haarwild, insbesondere beim Kugelschuß, genau auf Schweiß, Schnitthaare und Knochensplitter (sog. Pirschzeichen) untersucht werden. Dem flüchtenden Schalenwild sofort nachzustellen wäre falsch. Das Wild muß erst Zeit bekommen, sich niederzutun und krank zu werden (Wundbett). Nur wenn das Wild im Feuer liegen bleibt, ist darauf zuzugehen und nötigenfalls der Fangschuß anzubringen. Sonst hat sich der Schütze zunächst den Stand, von dem aus der Schuß erfolgte, sowie die Anschußstelle genau zu merken und mit einem Bruch zu bezeichnen. Alsdann ist der Anschuß zu untersuchen, wobei man sich hüten muß, Pirschzeichen zu zertreten. Besteht die Möglichkeit, daß das angeschweißte Wild sich noch in der Nähe befindet und den Jäger wahrnehmen kann, hat jede Annäherung an den Anschuß oder die Fluchtfährte zunächst zu unterbleiben. Hat man auf dem Anschuß Lungenschweiß gefunden, darf man die Nachsuche eine Stunde nach dem Schuß aufnehmen, sonst nicht vor zwei, bei Weidwundschüssen nicht vor drei Stunden nach dem Schuß. Bei eintretender Dunkelheit ist die Nachsuche auf den nächsten Tag zu verschieben. Nur bei einwandfreiem Laufschuß darf der Hund sofort nach dem Schuß geschnallt werden (vorausgesetzt, es handelt sich um einen erfahrenen, sicher und scharf hetzenden Hund). Auch wenn keine Pirschzeichen am Anschuß gefunden werden, darf eine Nachsuche nur unterbleiben, wenn einwandfrei feststeht, daß das Stück nicht verletzt worden ist.

Das Zeichnen von Schalenwild. Das getroffene Stück zeichnet durch charakteristische Bewegungen, woraus auf den Sitz der Kugel geschlossen werden kann. Geringe Stücke (Rehwild, Rotwildkälber u. dgl.) zeichnen oft in untypischer Weise.
a) Blattschuß: tiefe Flucht; Zusammenbrechen je nach Art der Herz- und Gefäßverletzung entweder sofort oder nach längerer besinnungsloser Flucht
b) hoher Blattschuß (oberer Lungenrand); besonders hohe Flucht, sonst wie Abb. a)
c) Vorderlaufschuß: Einknicken des getroffenen Laufes, Flucht auf drei Läufen, Schlenkern des abgeschossenen Laufteiles
d) Hinterlaufschuß: wie Abb. c)
e) Krellschuß: blitzschnelles Zusammenbrechen (schlagartige Betäubung); das Stück kommt aber in kurzer Zeit wieder zu sich, schlegelt, wird hoch und flüchtig; gleiches Zeichnen bei Streifschüssen am Kopf und bei Schüssen auf das Geweih
f) Leberschuß: gekrümmter Rücken; weitere Flucht meist langsam und unbeholfen
g) Weidwundschuß: Ausschlagen mit den Hinterläufen beim Schuß durch das kleine Gescheide. Beim Schuß durch das große Gescheide (Pansen) oft gleichzeitig gekrümmter Rücken wie in Abb. f)
h) Nierenschuß: krummer Rücken und Nachgeben der Hinterhand, unbeholfene Flucht wie in Abb. f)

a

c

b

d

e

g

f

h

X = Sitz der Kugel

213

Eine erfolgreiche Nachsuche auf Schalenwild kann nur mit einem gut auf Schweiß arbeitenden Hund durchgeführt werden. Zu Beginn setzt man den Hund am Anschuß auf die erkaltete Schweißfährte und läßt ihn am Riemen arbeiten. Bei jedem im Fährtenverlauf gefundenen Schweiß oder anderen Pirschzeichen legt man einen Bruch, damit bei etwa nachfolgender Fehlsuche an dieser Stelle erneut begonnen werden kann. Kommt man an eine Dickung, so verbricht man den Einwechsel und umschlägt die Dickung, um Zeit zu sparen sowie um dort stehendes Wild nicht unnütz zu beunruhigen. Steckt das angeschweißte Wild darin, so muß man sich mit dem Hund am Riemen durch die Dickung arbeiten. Oft ist es sachdienlich, die Dickung nach Art eines Vorstehtreibens mit einigen, treffsicheren Schützen zu umstellen, bevor der Hundeführer in die Dickung eindringt. Dabei sind bekannte Wechsel besonders zu beachten und auszunutzen. Wird das Wild hoch, so schnallt man den Hund am »warmen« Wundbett und verbricht das Wundbett. Ist der Hund schnell und scharf, so wird er das Wild stellen, so daß der Hundeführer den Fangschuß anbringen kann. Geringes Wild (Rehwild) wird von großen Hunden meist niedergezogen und abgewürgt. Der Hund wird, bevor das Stück aufgebrochen wird, abseits abgelegt. Nehmen mehrere Jäger an der Nachsuche teil, so gilt grundsätzlich, daß *Fangschüsse* vor dem stellenden Hund *nur vom Hundeführer* abgegeben werden dürfen. Insbesondere dürfen vorgestellte Schützen auf gar keinen Fall ihren Stand verlassen!

Auf Niederwild wird die Nachsuche alsbald nach dem Schuß aufgenommen. Hier ist das Mitführen eines gut verlorensuchenden und bringsicheren Gebrauchshundes unerläßlich.

Töten kranken Wildes

Schwerkrankes *Schalenwild*, das nicht mehr hochkommt und das sich noch lange bis zum Verenden quälen würde, sollte, wenn irgend möglich, aus der Distanz heraus mit einem Fangschuß auf Blatt oder Träger erlöst werden. Nur in Ausnahmefällen, wenn ein Schuß unter keinen Umständen angebracht werden kann – z. B. wenn der stellende Hund gefährdet werden würde –, kommt das früher oft angewendete *Abfangen* in Betracht. Es muß vor seiner Anwendung bei bereits verendetem Wild gründlich erlernt sein. Man benutzt dazu beim Hochwild einen scharfen Hirschfänger oder ein Waidblatt. Der Hirschfänger wird beim Rot- oder Damwild hinter dem Blatt schräg nach vorn in den Brustkorb gestoßen. Dann führt man mit der Klinge eine leichte Drehung aus, um Luft in den Brustraum einströmen zu lassen, wodurch die Lunge zusammenfällt und das Tier schockartig erstickt. Dabei darf der Jäger nicht in den Bereich der Läufe kommen. Bei geringem Kahlwild stößt man den Hirschfänger auch von vorn in die Brusthöhle (sog. Kälberfang). Das »Abnicken« von Rehwild, bei dem man durch einen Stich zwischen das Hinterhauptbein und den ersten Halswirbel das Rückenmark durchtrennt, führt meist zu Qualen für das Wild und gefährlichen Verletzungen für den Jäger. Dieser grobe Unfug sollte unterlassen und durch einen Fangschuß oder den Fangstoß in den Brustkorb ersetzt werden. Bei Sauen wird auch die Saufeder an Stelle des Hirschfängers benutzt. Wer mit dem Abfangen nicht zuverlässig umgehen kann, unterlasse es. Der Fangschuß mit genügend wirksamen Kurzwaffen ist nach § 19 (1) 2 d BJG zulässig, wenn die Mündungsenergie des Geschosses mindestens 200 Joule beträgt (s. S. 329).

Auch bei Niederwild sollte grundsätzlich der Fangschuß nicht gespart werden. Die schnelle Beendigung der Leiden des Wildes hat Vorrang vor der Sorge um eine Entwertung von Wildbret oder Balg. Wenn ein Fangschuß nicht möglich ist (z. B. weil der Hund das Wild bereits gegriffen hat oder wenn man beim Aufnehmen des vermeintlich verendeten Wildes noch Lebenszeichen bemerkt), führen die folgenden Tötungsmethoden so schnell und schmerzlos wie möglich zum Erfolg.

Hasen hebt man an den Hinterläufen hoch und schlägt ihnen mit der Handkante oder mit einem Stock hinter die Löffel (sofortiger Tod durch Genickbruch). Beim *Haarraubwild* genügt ein kräftiger Stockhieb über den Nasenansatz und – danach auf den Drosselknopf (sofortige Betäubung vor Erstickungstod). *Federwild* wird durch Schlag mit einem harten Gegenstand auf den Kopf oder durch Durchtrennen der Halswirbel im Genick mit dem Waidmesser getötet. Das *Abfedern*, das ist das Einstechen des Kiels einer Schwungfeder in das Kleinhirn, ist als quälerisch abzulehnen.

Behandlung des erlegten Wildes (Versorgen)

Aufbrechen, Ausweiden

Wildtiere sind unmittelbar nach dem Erlegen aufzubrechen (Ausnahmen: »Hasen und ähnliches Niederwild spätestens bei der Anlieferung in den Betrieben« [Fleischhygieneverordnung], Schalenwild bei Drückjagden aus Sicherheitsgründen erst, aber dann unmittelbar nach Beendigung der Jagd).

214

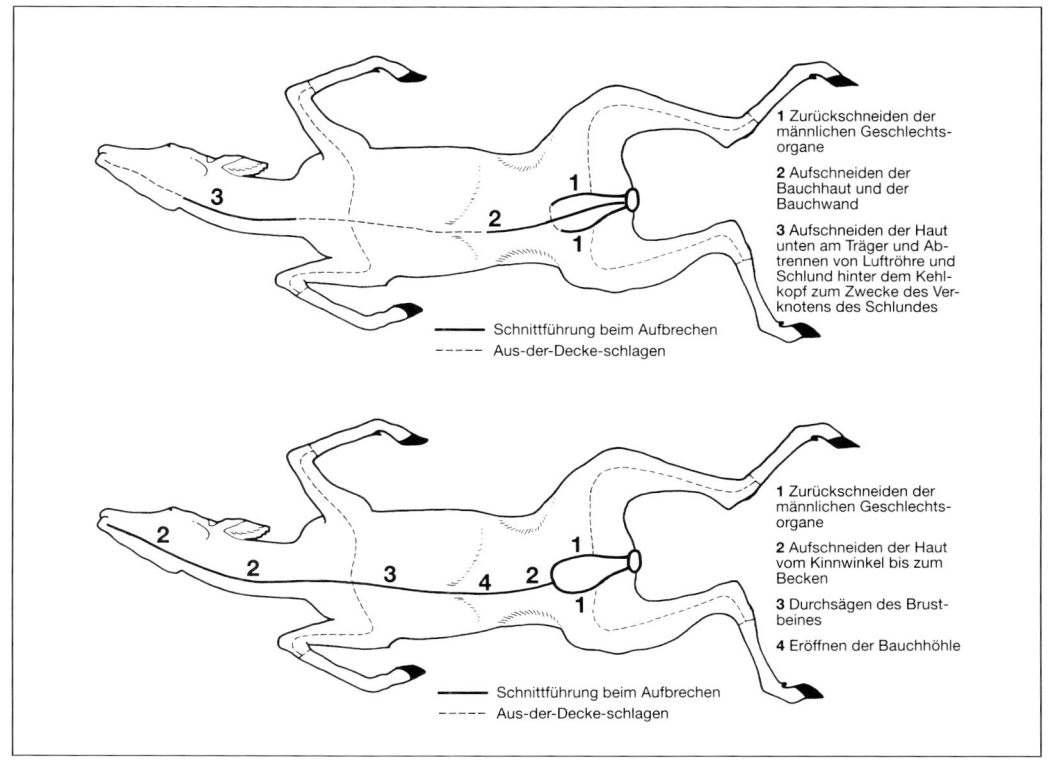

1 Zurückschneiden der männlichen Geschlechtsorgane

2 Aufschneiden der Bauchhaut und der Bauchwand

3 Aufschneiden der Haut unten am Träger und Abtrennen von Luftröhre und Schlund hinter dem Kehlkopf zum Zwecke des Verknotens des Schlundes

—— Schnittführung beim Aufbrechen
- - - - Aus-der-Decke-schlagen

1 Zurückschneiden der männlichen Geschlechtsorgane

2 Aufschneiden der Haut vom Kinnwinkel bis zum Becken

3 Durchsägen des Brustbeines

4 Eröffnen der Bauchhöhle

—— Schnittführung beim Aufbrechen
- - - - Aus-der-Decke-schlagen

Aufbrechen nach der herkömmlichen (oben) und der osteuropäisch-skandinavischen Methode (unten).

Das Vorgehen beim Aufbrechen richtet sich nach der Trefferlage des Schusses und nach den durch das Projektil verursachten Organverletzungen, worüber bei jedem erlegten Stück gesondert entschieden werden muß. Einen ordentlichen Kammerschuß vorausgesetzt, gibt es beim wiederkäuenden Schalenwild im wesentlichen zwei unterschiedliche Methoden des Aufbrechens, die hier geschildert werden:

1. Herkömmliche Methode: Man legt das Wild auf den Rücken und schärft zunächst die Decke und das darunter liegende Unterhautgewebe vom Stich bis zum Drosselknopf auf. Dann zieht man Drossel und Schlund heraus, schärft die Drossel vor dem Drosselknopf ab und trennt den Schlund völlig von der Drossel. Der Schlund wird verknotet, damit aus ihm kein Panseninhalt (bei Wiederkäuern) austritt. Um dem unbeabsichtigten Lösen des Knotens vorzubeugen, ist in der Mitte des abgelösten Schlundes die Muskulatur über mehrere Zentimeter abzuschaben, so daß nur mehr ein häutiger Schlauch übrig bleibt, in dessen Bereich nun verknotet wird. Beim Schwarzwild genügt es, den Schlund zu durchschärfen.

Danach umschneidet man bei männlichen Tieren die Decke um Pinsel und Brunftkugeln bis zum hinteren Schloßrand ab, ohne die Harnröhre zu verletzen oder durchzutrennen. Bei weiblichen Tieren empfiehlt sich das vollständige Abtrennen der Spinne. Die weitere Vorgehensweise ist bei männlichen wie weiblichen Tieren gleich: Die Decke wird bis zum Brustbein, anschließend die muskulöse Bauchwand vom vorderen Schloßrand bis an das Brustbein aufgeschärft. Eine Verletzung des Gescheides wird dadurch vermieden, daß die Messerspitze zwischen Zeige- und Mittelfinger geführt wird.

Dann werden die Keulen durch einen Schnitt genau in ihrer Trennungshaut bis zum Schloß durchtrennt. Die ertastbare Schloßnaht wird mit dem Weidmesser aufgeschlagen oder mit der Säge oder einer Knochenzange durchtrennt, wobei darauf zu achten ist, daß die dem inneren Schloßboden angeheftete Harnröhre und die davor liegende Harnblase nicht verletzt werden. Von der Bauchhöhle her fasst man dann mit beiden Händen in das Schloß und bricht es auseinander. Die Entnahme der Bauchhöhlenorgane beginnt mit dem Ertasten des Schlundes vor dem Weidsack an seinem Durchtritt durch das Zwerchfell. Man zieht ihn vorsichtig, aber mit festem Zug durch die Brusthöhle in die Bauchhöhle. Dann greift man den Weidsack mit beiden Händen und zieht das Gescheide unter Zurückschieben der Leber nach einer Seite heraus. Die Milz wird anschließend vom Pansen abgelöst. Danach werden Weiddarm und Harnröhre aus dem Schloß herausgetrennt und Brunftkugeln und Brunftrute von der Decke abgeschärft. Das Gescheide kann nun völlig aus der Bauchhöhle herausgenommen werden. Zuletzt werden die beiderseits dem vorderen Schloßrand innen anliegenden Brandadern zum gründlichen Ausschweißen aufgeschärft. In der Bauchhöhle befin-

den sich jetzt nur noch Leber und Nieren mit dem Nierenfeist.

Zum Herausnehmen des Geräusches schärft man als erstes das Zwerchfell von den Wänden ab. Dann faßt man in die Brusthöhle, zieht die Drossel durch den Brusteingang und mit Herz und Lunge aus der Brusthöhle heraus, löst die Verbindung des Herzens mit dem Brustbein und trennt die großen Blutgefäße von der inneren Rückenmuskulatur ab, wobei Leber und Nieren mit entnommen werden.

2. Sogenannte osteuropäisch-skandinavische Methode: Rückenlage wie bei 1. Die Geschlechtsorgane werden in gleicher Weise wie bei 1. vorsichtig abpräpariert und zurückgelegt. Weiddarm und Harn- bzw. Geschlechtsorgane werden umschnitten und ihre innere Verbindung mit dem Becken durchtrennt, so daß sie weitgehend gelockert sind. Das Schloß und die Verbindung zwischen den Schlegeln bleiben hierbei unverletzt. Nun wird die Decke vom Bauch bis zum Kinnwinkel und die Bauchwand bis zum Brustbein der Länge nach aufgeschärft, das Brustbein in der Mitte längs durchgesägt oder, bei jungen Tieren, etwas neben der Mittellinie in den knorpeligen Anteilen mit dem Weidmesser durchgeschärft. So sind jetzt Brust- und Bauchhöhle eröffnet. Sodann löst man den Lecker aus dem Kinnwinkel, durchtrennt die Zungenbeine in ihren Gelenken oder schärft sie an ihrer Anheftung vom Schädel ab. Unter Zug werden die Halsorgane von ihrer Anheftung an der Wirbelsäule und am Stich teils stumpf, teils mit dem Messer abgetrennt und an ihnen Lunge und Herz aus der Brusthöhle herausgezogen, das Zwerchfell von den Wänden abgeschärft und die Bauchhöhlenorgane im Zusammenhang von ihrer Anheftung am Rücken abgelöst und aus der Bauchhöhle herausgenommen, wobei Weiddarm, Harnblase und Geschlechtsorgane aus dem Becken nach vorne gezogen und mit entnommen werden.

Besonderheiten bei verschiedenen Wildarten:

Gamswild: Bei Böcken sind, namentlich in der Brunft, unverzüglich nach dem Aneignen des erlegten Stückes die paarig hinter den Krucken befindlichen Brunftfeigen zu entfernen.

Schwarzwild: Im Prinzip geht man wie bei 2. vor. Allerdings empfiehlt sich zwecks besserer Auskühlung das Auseinandertrennen der Schlegel und das Aufbrechen des Schlosses. Ferner erweist sich das teilweise Abtrennen der Schultern für die Auskühlung als förderlich. Besondere Vorsicht ist beim Abtrennen der Brunftrute wegen der dem Pinsel beidseits anliegenden Präputialbeutel geboten, weil diese ein übelriechendes Sekret enthalten, das nicht an das Wildbret gelangen darf.

Schnittführung beim Ausweiden und Abbalgen von Hase und Kaninchen sowie beim Ausnehmen von Federwild

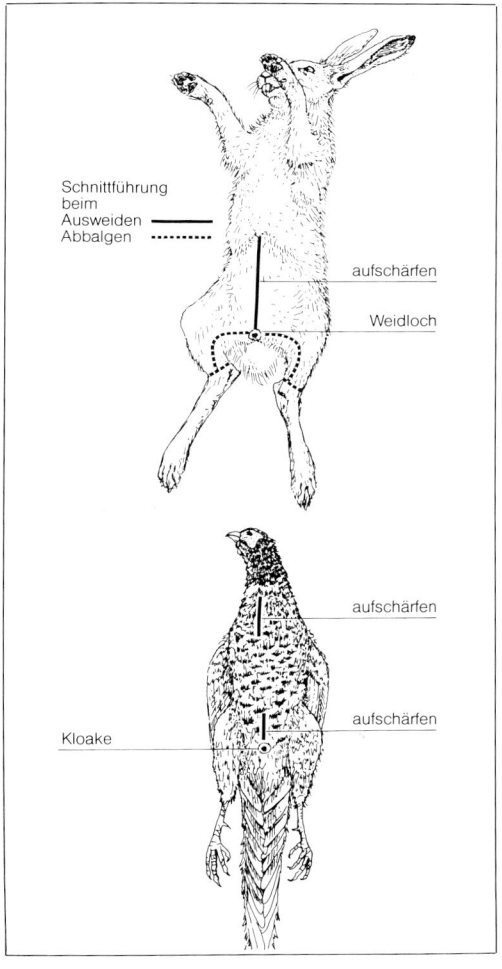

Schnittführung beim
Ausweiden ———
Abbalgen ·········

aufschärfen

Weidloch

aufschärfen

aufschärfen

Kloake

Hasen und Kaninchen: Nach dem Aufnehmen läßt man sie »nässen«, wozu man sie an den Vorderläufen hochnimmt, den Körper mit dem Rücken an den Oberschenkel legt und mit der Hand gegen den Bauch nach unten drückt, so daß der Harn herausgepreßt wird. Trotz der durch die Fleischhygieneverordnung eingeräumten Zeitspanne für das Versorgen (<spätestens bei der Anlieferung in den Betrieben>) sollten auch Hasen ohne Verzögerung aufgebrochen werden, um die Organe der Bauch-, Becken- und Brusthöhle zu entnehmen und die Körperhöhlen auf Verschmutzungen (beispielsweise durch die Schrotkugeln und die durch sie in den Körper hineingebrachten Hautteile) zu untersuchen und davon zu säubern. Die Organe der Brusthöhle können nach Abschärfen des Zwerchfells von der Bauchhöhle aus erfolgen, wobei Drossel und Schlund in der Brusthöhle direkt hinter dem Brustspitz zu durchtrennen sind. Neben dem Weidloch bzw. an der Schenkelinnenfläche sind die beiderseits befindlichen Drüsentaschen wegen ihres fettigen, stark riechenden Sekrets zu entfernen. Das früher mancherorts übliche »Auswerfen« von Magen und Darm genügt heute nicht mehr den Anforderungen an eine ordnungsgemäße Wildbrethygiene.

Federwild: Zunächst ist zu entscheiden, ob der Vogel sofort oder erst nach der Fleischreifung gerupft oder ob er komplett enthäutet werden soll. Wildbrethygienisch ist die alsbaldige Rupfung oder (wegen möglicher Agrochemikalien) die sofortige Enthäutung von Vorteil. Die Leibeshöhle ist durch einen Schnitt vom Brustbein bis zur Kloake mit Umschneiden derselben zu eröffnen. Erforderlichenfalls ist diese Region zur besseren Übersicht vorher vom Gefieder zu befreien. Die Organe, vor allem Leber, Magen und Darm, sind vorsichtig herauszunehmen. Das früher übliche »Aushakeln« entspricht nicht mehr den heutigen Anforderungen der Wildbrethygiene, weil dabei nicht kontrollierbar ist, ob schußbedingte Magen- oder Darmverletzungen mit Austritt von Inhalt der Verdauungsorgane in die Leibeshöhle vorliegen. Vor allem bei Tauben und Hühnervögeln ist unverzüglich der Kropf zu entfernen, was durch ein Freilegen mittels Rupfung des Gefieders erleichtert wird. Die Eingeweide der Waldschnepfe werden zumeist bis zur Verarbeitung in der Leibeshöhle belassen und als Speise (»Schnepfendreck«) zubereitet.

Allgemein gilt Folgendes: Unabhängig von der Aufbrechmethode und der Tierart wird der Wildkörper zum Ausschweißen aufgehängt, womit eine erste Auskühlung beginnt. Bei warmer Witterung sind Brust- und Bauchhöhle mit einem Stab aus-

Beim Versorgen der Federwildstrecke

einander zu spreizen (»Lüften«). Das Verbringen in eine Kühlkammer soll erst nach Eintritt der Totenstarre erfolgen, ein schockartiges Herabkühlen gleich nach dem Aufbrechen ist zu unterlassen, damit das Wildbrets nicht zäh wird.

Es ist unerläßlich, daß die Organe nach der Herausnahme aus den Körperhöhlen voneinander getrennt und gewissenhaft auf krankhafte Veränderungen untersucht werden. Sofern die Leber verzehrt werden soll, ist bei Stein-, Gams-, Muffel- und Schwarzwild, bei den Hasenartigen sowie beim Federwild die Gallenblase baldmöglichst und vorsichtig von der Leber abzutrennen (fehlt – mit sehr seltenen Ausnahmen – bei Reh- und Hirscharten und bei Tauben).

Verschmutzungen, beispielsweise durch Magen- oder Darminhalt, müssen am warmen Stück mit Wasser von Trinkwasserqualität abgespült werden. Am bereits erkalteten Stück (Nachsuche im Winter!) ist statt der Verwendung von Wasser das Ausschneiden verschmutzter Partien zu empfehlen. Das gilt auch für die durch den Schuß verursachten Verletzungen, in deren Umgebung Teile von Haut, Haaren und Projektilen eingedrungen sind.

Bringung des Wildes

Rotwild und Sauen werden in der Regel mit dem Wildwagen gebracht. Bei Schnee werden die Sauen auch geschleift. Im Hochgebirge oder in sonst schwierigem Gelände muß stärkeres Wild oft längere Strecken geschleift werden, bis es auf ein Fahrzeug geladen werden kann. Dazu verwendet man auch ein- oder zweirädrige »Hirschkarren« oder aus Stangen und Zweigen gefertigte Schleppen. In extremen Fällen muß Wild an Ort und

Stelle zerwirkt und stückweise herausgetragen werden.

Reh- und Gamswild wird, wenn es nicht im Fahrzeug befördert werden kann, im Rucksack gebracht. Dazu wird an den Vorderläufen vom Handwurzelgelenk bis Ellbogengelenk die Decke aufgetrennt und die Sehne freigelegt (geheßt); die Hinterläufe werden kreuzweise durch die Hessen der Vorderläufe durchgezogen; das Haupt wird zwischen die Vorderläufe gesteckt. Die Läufe können auch mit einer Schnur zusammengebunden werden. Danach wird das Stück im Rucksack verstaut. Im Hochgebirge wird zum Heimtragen des Gamswildes häufig der Gamsträger (Tragriemen) verwendet.

Hasen werden an den geheßten Hinterläufen oder im Rucksack getragen; Großfederwild und Fuchs über dem Rucksack, Kleinfederwild mit dem Kopf am Galgen (Schnur- oder Lederschlingen). Bei Treibjagden werden Wildwagen verwendet: Die Hasen werden an den Hinterläufen, die Fasanen an einer durch die Nasenöffnung gezogenen Schnur auf Querleisten des Wagens aufgehängt. Es ist darauf zu achten, daß sie nicht zu dicht hängen, um eine gute Auskühlung zu ermöglichen.

Nach Hause gebracht, ist alles Wild in möglichst kühlen, luftigen Räumen aufzuhängen.

Zerwirken und Zerlegen

Beim Aufbrechen, Enthäuten und Zerwirken ist der Jäger zu größter Sorgfalt und Sauberkeit verpflichtet. Seine Einrichtung und seine Gerätschaften müssen die Gewähr dafür bieten, daß an das Wildbret keine schädlichen Stoffe oder Krankheitserreger gelangen können. Aufhängeeinrichtungen, Tischplatten, Schragen, Aufbrechzange, Säge, Messer und Wetzstahl sollten aus sterilisierbarem Material bestehen, wie es auch Metzger benutzen,

Zerlegeschlüssel

Von einem ganzen Stück Schalenwild (ohne Aufbruch und Haupt) beträgt bei a = Schalenwild ohne Schwarzwild, b = Schwarzwild		
der Wildbretteil	% des Gewichtes (a + b)	% des Wertes
		a	b
Rücken	17	28	27
Schlegel (2)	33	46	46
Blätter (2)	17	15	14
Kochwildbret	17	6	8
Decke, Läufe	18	5	5

am besten eignen sich Edelstahlgeräte, wobei auf eine hochwertige Qualität der Werkstoffe zu achten ist.

Das Enthäuten des Wildes wird beim wiederkäuenden Schalenwild *Aus-der-Decke-Schlagen*, beim Schwarzwild und Dachs Abschwarten, bei den Hasenartigen, beim Raubwild und Federwild *Abbalgen* genannt. Beim Schalenwild gibt es für das Enthäuten zwei Methoden:

1. Man beginnt an einem Vorderlauf. Oberhalb des Geäfters wird die Decke ringsum durchgeschärft; der Schnitt führt dann auf der Innenseite des Laufes bis zum Brustbein. Die Decke wird durch Drücken mit Daumen und Faust unter Zuhilfenahme des Waidmessers zunächst zum Haupt hin, dann vom Schulterblatt nach den Keulen zu abgetrennt. Wenn die Decke bis zum Ansatz der Keulen abgezogen ist, wird eine Keule in Angriff genommen. Nachdem die Decke oberhalb des Geäfters rundum abgetrennt wurde, verläuft der Schnitt auf der Innenseite der Keule in Richtung Schloß. Dann tritt man auf die andere Seite und verfährt in gleicher Weise.

2. Man beginnt, das Stück Wild vom Haupt her aus der Decke zu schlagen, was von vielen Jägern als einfacher bezeichnet wird. Diese Methode empfiehlt sich vor allem dann, wenn man die Organe von Äser, Träger, Brust-, Bauch- und Beckenhöhle bereits in einem Stück entnommen hat. Das Tier wird mit einem Fleischhaken oder mit einem festen Seil am Haupt aufgehängt. Der Hautschnitt an den Vorder- und Hinterläufen ist in gleicher Weise durchzuführen wie unter 1. Die unteren Teile der Läufe werden vorne im Vorderfußwurzelgelenk, hinten im Sprunggelenk abgesetzt und verbleiben somit im Zusammenhang mit der Decke.

Die Sauschwarte und die Dachsschwarte lassen sich nur mit dem Messer ablösen. Das bei Hausschweinen übliche Brühen verbietet sich bei bereits aufgebrochenem Wild.

Wird das Wild im Liegen aus der Decke geschlagen bzw. abgeschwartet, kann es zum Zerwirken gleich auf der Decke liegen bleiben, damit das Wildbret nicht beschmutzt wird. Das Zerlegen beginnt mit dem Abtrennen der Blätter gleichlaufend mit der Trennhaut. Dann schlägt man das Brustbein mit dem Waidblatt auf und biegt die Rippen zurück. Vier Finger breit von der Wirbelsäule entfernt werden die Rippen in gerader Linie angeritzt, hier gebrochen (oder mit Hilfe einer Baumschere durchtrennt). In dieser Linie wird das verbindende Wildbret durchschnitten, so daß die Wände völlig abgetrennt sind. Die beiden Keulen werden so, wie sie durch Ausbiegen auseinanderfallen, von der Wirbelsäule abgetrennt. Das Haupt wird im Wirbelgelenk zwischen Hinterhauptbein und dem ersten Halswirbel abgelöst, der Hals im allgemeinen zwischen dem letzten Halswirbel und dem ersten Brust- und Rückenwirbel. Bei starkem Schalenwild werden Ziemer (Herzziemer, Wedelziemer, Ziemerstücke), Blätter (Bug) und Keulen (Schlegel) noch weiter zerlegt.

Die vorstehende Tabelle gibt an, welchen Anteil die einzelnen Wildbretteile am Gewicht und Wert eines Stückes Schalenwild haben.

Den Fuchsbalg soll man wegen Tollwutgefahr und zum Schutz vor der Infektion mit dem Fuchsbandwurm nur mit Schutzhandschuhen streifen. Auf der Innenseite aller vier Läufe schärft man den Balg, von den Ballen beginnend, auf (bei den Hinterläufen bis zum Weidloch, bei den Vorderläufen bis zur Brust), zieht ihn ringsum vollständig ab und trennt hierauf den Laufknochen am ersten Zehengelenk durch, so daß die Krallen am Balg verbleiben. Alsdann wird das Wild an den Hinterläufen aufgehängt; die Lunte wird auf der Unterseite zur Hälfte der Länge aufgeschärft und die Rübe (Schwanzwirbelsäule) ausgelöst, danach der ganze Balg einschließlich der Nase abgestreift. Die Gehörknorpel sind auszulösen.

Hasen und Kaninchen werden in ähnlicher Weise gestreift; nur wird der Balg fingerbreit unterhalb des Sprunggelenks rings um den Lauf sowie um den Hals abgeschärft. (Auf diese vereinfachte Weise kann auch Raubwild gestreift werden, sofern Pranten (-krallen) und Kopf nicht am Balg bleiben sollen, z. B. wenn Fuchsbälge zu einer Sofadecke verarbeitet werden sollen.)

Behandlung der Decken, Schwarten, Bälge

Die Decken und Schwarten werden, Innenseite nach außen, auf einer Holzwand oder einem Brett ausgespannt aufgenagelt und getrocknet. Man kann sie auch der Länge nach über eine Stange hängen, nachdem man die Ränder mit Zeitungspapier ausgeklebt hat, damit sie sich nicht einrollen. Das Trocknen soll luftig im Schatten geschehen (nicht in Sonnen- und Ofenhitze).

Die Bälge von Raubwild müssen ebenfalls mit der Innenseite nach außen auf Spannbretter aufgespannt werden. Die Nase muß über den Brettrand übergreifen und ist anzuheften. Lunte, Pranten, Gehöre und Lefzen sind innen mit Papier zu bekleben. Nach eintägigem Trocknen wird der Balg gewendet und langsam zu Ende getrocknet.

Behandlung der Trophäen

Beim Schalenwild wurde früher der Kopfschmuck mit Hilfe eines Waidblattes sehr kurz abgeschlagen. Heute verwendet man dazu eine Knochensäge und läßt mehr Schädel (mit Nasenbein) an der Trophäe. Der Schnitt verläuft möglichst weit hinter den Rosenstöcken, kurz vor den Lauschern vorbei, durch die Lichter zum Windfang. Nun nimmt man das dabei freigelegte Hirn heraus. Die Decke des Schädels und anhaftendes Wildbret werden abgeschärft.

Bei dem Stirnwaffen tragenden Wild wird der von der Decke entblößte Schädel 1–2 Tage gewässert. Nach etwa ½- bis 1stündigem Kochen und nochmaligem Wässern wird er vollständig gesäubert. Danach wird er in der Sonne gebleicht; dies kann durch ein Bleichmittel (Wasserstoffsuperoxyd) ergänzt werden. Das Bleichen kann beim zweiten Abkochen nach der vollständigen Säuberung auch durch Zusatz von Waschmittel erreicht werden.

Die Trophäe soll man sauber und ordentlich zurechtmachen. Geweihe und Gehörne, Krucken und Schnecken werden gewöhnlich auf Holzplatten aufgesetzt, die Waffen und Haken des Schwarzwildes (durch Ausgießen mit Paraffin vor dem Zerreißen geschützt) auf einer Unterlage befestigt. Auf die Hirnschale oder auf die Rückseite der Holzplatte schreibe man Erlegungsort und -zeit. Vielfach wird der Unterkiefer in der Rückseite der Holzplatte verwahrt. Hirsch-, Sau- und Gamsbart dienen als Hutschmuck, ebenso die Malerfedern und Bärte der Schnepfen und die Erpelfedern. Grandeln werden zu Schmuck (Ringe, Anstecknadeln) verarbeitet.

Über diese allgemeine Übersicht hinaus wird kleineres Haar- und Federwild oft als ganzes Tier präpariert, entweder in möglichst naturgetreuer Haltung oder (vor allem Federwild) als »Stilleben« hängend. Vom Schalenwild (vor allem Muffelwidder, Gams, auch Rehbock) werden mitunter Haupt mit Hals und Vorschlag präpariert.

Die Läufe mit den Schalen können zu Kleiderhaken, Messergriffen u. dgl. verarbeitet werden. Federn von Federwild werden in vielfältiger Weise als Hutschmuck verwertet; vom Jäger als Trophäe in erster Linie die »Malerfedern« (kleine Daumenschwinge am Flügelbug). Nicht nur von Schnepfe und Auerhahn, sondern auch von allen anderen Vögeln kann diese Feder genommen werden.

Besonders vom Raubwild, aber auch von anderen Wildarten, lohnt sich das Anlegen einer kleinen Sammlung der sauber skelettierten und gebleichten Schädel, die neben einem gewissen Trophäenwert

Verwertung der Jagdbeute

Wildart	Wildbret	Decke – Balg	Trophäe
Rotwild, Damwild, Sikawild, Rehwild	Eßbarer Aufbruch (Herz, Lunge, Leber, Milz, Nieren), auch Hirn – Hals, Bug und Wände als Kochwildbret (Ragout) – Ziemer und Keulen als Bratwildbret	gegerbt ohne Haare als Wildleder – gegerbt mit Haaren (die leicht brüchig werden) als Vorleger	Geweih, Grandeln vom Rotwild, Bart vom Rothirsch
Gamswild	wie vor	wie vor	Krucke, Bart (von Bock und Geiß)
Muffelwild	wie vor	gegerbt mit Haaren als Vorleger oder Wandbehang	Schnecke des Widders
Schwarzwild	wie vor (Trichinenbeschau!)	Schwarte mit Borsten gegerbt als Vorleger	Keilerwaffen, Kammborsten als Bart gebunden
Hase	Hals, Bug und Wände als Ragout – Rücken und Keulen als Bratwildbret	Haare zu Velour-Filz verarbeitet (für Hüte)	Schnurrhaare als »Bart« gebunden
Murmeltier	Fett als Heilmittel	Balg mit Haaren gegerbt als kleiner Tischvorleger	Nagezähne als Anhänger
Fuchs (u. a. Raubwild)	–	Winterbalg mit Haaren gegerbt als Pelzwerk	Fangzähne als Anhänger
Dachs	Keulen bisweilen geräuchert – Fett als Schmiermittel	Schwarte mit Haaren gegerbt als Vorleger	Haare als Bart (für den Hut) und zu feinen Pinseln gebunden
Rebhuhn, Fasan	Wildbret gebraten	–	–
Waldschnepfe	wie vor Eingeweide als »Schnepfendreck« zubereitet	–	Malerfedern, »Bart«
Wildgänse	Wildbret gebraten	Daunen zur Füllung von Kissen	–
Wildenten	wie vor	wie vor	Erpelhaken vom Stockerpel
Möwen	Eier	–	–
Wildtauben	Wildbret gebraten gekocht	–	–

auch lehrreiches Anschauungsmaterial bieten, ebenso wie die zur Altersschätzung gesammelten Unterkiefer von Schalenwild.

Wildhege

Dem Kapitel über Wildhege sei der Wortlaut aus § 1 (2) BJG vorangestellt: *»Die Hege hat zum Ziel die Erhaltung eines den landschaftlichen und landeskulturellen Verhältnissen angepaßten, artenreichen und gesunden Wildbestandes sowie die Pflege und Sicherung seiner Lebensgrundlagen. ... Die Hege muß so durchgeführt werden, daß Beeinträchtigungen einer ordnungsgemäßen land-, forst- und fischereiwirtschaftlichen Nutzung, insbesondere Wildschäden, möglichst vermieden werden.«*
Damit sind das Ziel, aber auch die Grenzen der Wildhege klar umrissen.

Wenn im folgenden Hegemaßnahmen vorwiegend im herkömmlichen jagdrechtlichen Sinn für die Hauptwildarten beschrieben sind (einschließlich der Gesichtspunkte zur Wildschadenverhütung), so darf doch nicht vergessen werden, daß uns das Gesetz die Hegepflicht für einen *artenreichen* Wildbestand auferlegt; damit sind auch alle die Wildarten gemeint, die in ihrem Bestand gefährdet und deshalb ganzjährig zu schonen sind. Gerade an ihrem Beispiel (z. B. Fischotter, Birkwild) wird deutlich, daß es vor allem darauf ankommt, die Lebensgrundlagen zu sichern, also Lebensräume (Biotope) und einzelne Lebensstätten (Habitate) in einem Zustand zu erhalten bzw. wiederherzustellen, der solchen empfindlichen Arten das Überleben ermöglicht. Damit trifft sich die Wildhege unmittelbar mit den Belangen des Artenschutzes im Naturschutz (vgl. Seite 354).

Die Wildhege – auch für die häufigen, jagdlich genutzten Arten – befaßt sich daher vorwiegend mit *»Biotop-Hege«*, das heißt möglichster Verbesserung der Lebensbedingungen für das Wild in der Kulturlandschaft. Solche Maßnahmen der »Revierverbesserung« oder »Reviergestaltung« (wobei das Jagdrevier als Teil der Landschaft mit ihren verschiedenen Biotopen gesehen wird) laufen für die Hauptwildarten hauptsächlich auf »Äsung und Deckung« hinaus. Die hier teilweise auch mit »künstlichen« Maßnahmen (Wildäcker, Fütterung) erreichten Erfolge dürfen nicht darüber hinwegtäuschen, daß Hilfe für bedrohte Wildarten vielfach schwieriger zu verwirklichen ist (z. B. Erhaltung von Feuchtgebieten, Mooren, Heiden, Einfluß auf waldbauliche und landwirtschaftliche Maßnahmen, Flurbereinigung).

Äsung und Deckung

Viele Wildarten leiden unter verschlechterten Lebensbedingungen. Es sei nur auf folgende Umstände hingewiesen: Die landwirtschaftliche Großflächenwirtschaft hat die unkraut- und deckungslose Weite gebracht; die Frühnutzung der Wiesen und Futterschläge birgt die Gefahr des Ausmähens; die heutige Forstwirtschaft bietet in den Reinbeständen wohl gute Einstände für das Wild, zeigt aber eine Verarmung der Bodenflora; Flußregulierungen und Meliorationen nehmen dem Wasserwild Lebensraum; der stark zunehmende Verkehr bringt Wildverluste in großem Ausmaß; der gesteigerte Strom der Bevölkerung in die Natur bewirkt eine starke Beunruhigung des Wildes; unsachgemäß angewendete Pflanzenschutzmittel und die Abgase der Industrien verursachen noch unerfaßte Schäden.

Andererseits wird die Strukturänderung der Landwirtschaft nicht ohne günstige Einwirkung auf die Reviere sein, indem Flächen aus der landwirtschaftlichen Bewirtschaftung ausscheiden (Grenzertragsböden) und anderen Nutzungsformen – etwa dem Walde – zugeführt werden oder ungenutzt liegen.

Diese Umstände führen notgedrungen dahin, den eingetretenen Verschlechterungen zu begegnen und sich anbietende Verbesserungen zu nutzen. So wichtig Einzelmaßnahmen sind und auch durchgeführt werden sollen, tritt immer mehr die Notwendigkeit in den Vordergrund, die Aufmerksamkeit auf eine dauernd wirksame *Gestaltung der Jagdbe-*

Lupinen am Waldrand

Nackte Produktionssteppe, die vom Wild nur zeitweise während der Vegetationszeit aufgesucht wird, die sonst weder hinreichend Äsung noch Deckung bietet.

Ideal gegliederte Kulturlandschaft: die Verzahnung von Wald, Feld und Hecken bietet allen bodenständigen Tierarten Lebensmöglichkeit, schützt den Boden vor Austrocknung, Abschwemmung und Abwehung und wirkt ausgleichend auf das örtliche Klima. Die Erhaltung und Gestaltung solcher harmonischer Landschaftsbilder ist die wirksamste Maßnahme zur Niederwildhege.

zirke im Sinne einer »Biotop-Hege« zu richten. Der Schutz der Natur und der Landschaft, die Bestrebungen der zahlreichen darauf abzielenden Vereinigungen und Verbände, die Planung und Durchführung der Landschaftspflege, liegen in der gleichen Richtung. Es ist daher wichtig, daß der Jäger ebenso wie die Jagdgenossenschaften und Eigenjagdbesitzer stets mit ihnen Fühlung halten. Dabei ist jedoch zu beachten, daß alle Maßnahmen beim Schalenwild den Zweck haben, dem angemessenen Wildstand bessere Lebensbedingungen zu schaffen und nicht dazu dienen sollten, noch höhere Wildbestände zu konzentrieren!

In **Waldrevieren** dient der Äsungsverbesserung die allgemein in vermehrtem Umfang geplante Mischwaldbegründung. Im speziellen kommen dazu Anlage von Wildwiesen und Wildäckern, Einbringung und Erhaltung von Fruchtbäumen und Weichhölzern (wie Aspe, Salweide, Vogelbeere, Holunder, Wildobst), nicht nur an Wegen und Schneisen, sondern auch innerhalb von Jungwüchsen und Waldrändern, das Werfen von Proßholz im Winter, die Planung von Hieben in der Notzeit und dgl. mehr. Es ist wichtig, daß in die langfristige Planung (Forsteinrichtung) und in die jährliche Planung (Kultur-, Wegebau- und Einschlagsplanung) solche Berücksichtigungen einbezogen werden.

Für die Erhaltung von bedrohten Wildarten wie Auerwild und Haselwild ist es entscheidend, daß die waldbauliche Gestaltung ihren Lebensansprüchen gerecht wird. Diese waldbauliche Gestaltung darf unter keinen Umständen an überhöhten Schadenwildbeständen scheitern! Eine weitere Maßnahme zur Biotopgestaltung, die sich im Wald oft ohne großen Aufwand durchführen läßt, ist die Erhaltung und Neuanlage von Feuchtgebieten durch Ausheben kleiner Tümpel, Aufstauen von Gräben, Erhaltung von feuchten Bruchwäldern u. dgl. Neben vielen nicht jagdbaren Wildtieren (von Lurchen und Wasserinsekten bis zu so kostbaren Seltenheiten wie Kranich und Schwarzstorch) profitieren davon Wildenten und Graureiher; als Tränke und Suhle dienen sie auch dem Schalenwild.

In **Feldrevieren** dienen der Deckung und Äsungsverbesserung: Erhaltung von Gebüsch und Strauchwerk entlang der Raine, Wege und Gräben, Anlage von Wildremisen, Hegebüschen und Hecken sowie von Feuchtgebieten.

Die großflächig intensiv, mit Maschinen und chemischen Schädlingsvernichtungsmitteln (Pestiziden) betriebene Landwirtschaft ist hauptschuldig am »Artenschwund« von Wildpflanzen und Wildtieren. Deshalb sind alle Maßnahmen zu begrüßen

und von der Jägerschaft – auch politisch – zu unterstützen, die dazu beitragen, es den Landwirten zu ermöglichen, naturschonend zu wirtschaften. Diesem Ziel dienen in letzter Zeit sowohl ein Umdenken in der Flurbereinigung (Erhaltung und Gestaltung von Biotopen) als auch verschiedene staatliche Programme, die den Landwirt dafür finanziell entschädigen, daß er teilweise auf Pestizideinsatz, Umbruch und Entwässerung von Grünland und Feuchtwiesen verzichtet oder Felder zeitweise brachliegen läßt (Ackerrandstreifen-, Feuchtwiesen-, Wiesenbrüter-, Grünbracheprogramm u. dgl. in verschiedenen Bundesländern). Eine Chance für den Naturschutz und damit auch für die Niederwildhege liegt darin, daß die Agrarpolitik nach Auswegen aus der verfahrenen Situation der EG-Überproduktion suchen muß. Gemeinsame Interessen sind die Erhaltung bäuerlicher Familienbetriebe und die nachhaltig pflegliche Bewirtschaftung des Bodens einschließlich der Pflege des Landschaftsbildes und der Lebensgrundlagen für eine naturnahe Vielfalt von Pflanzen und Tieren.

Ödland ist Wildland – Als »Ödland« wurden früher solche Grundstücke bezeichnet, die infolge ihrer Lage oder Beschaffenheit nicht nutzbringend land- oder forstwirtschaftlich bewirtschaftet werden konnten (Wege- und Grabenböschungen, alte Kies- und Sandgruben, Steinbrüche, Leitungstrassen, zeitweilig nicht benutzte Waldschneisen und Holzlagerplätze, aufgegebene landwirtschaftliche Grenzertragsböden – sog. »Sozialbrache« u. dgl.). Solche Flächen, die dauernd oder zeitweise nicht bewirtschaftet werden, sind wertvolle Rückzugsge-

Zwischen Acker- und Waldrand findet der Hase oft noch seine Äsung.

Eine naturnahe Kulturlandschaft (Wacholderheide), die dem Wild abwechslungsreiche Äsung bietet.

biete für viele Tiere und Pflanzen. Auch auf nährstoffarmen und trockener Böden stellen sich bald »Pionierpflanzen« ein (Brombeere, Ginster, Salweide, Eberesche u. a.). Solche Flächen sich selbst (der natürlichen Sukzession = stufenweisen Entwicklung) zu überlassen, ist in vielen Fällen zu empfehlen. In anderen Fällen kann das »Ödland« durch standortgerechte Bepflanzung gestaltet werden (z. B. Renaturierung von ausgebeuteten Kiesgruben). Wegrandstreifen und Böschungen im Wald bieten sich zur Wiederherstellung natürlicher Waldränder an; Brachflächen im Feld können für Schutzgehölze (Remisen) und Wildäcker genutzt werden.

In den meisten Bundesländern gibt es besondere Vereinigungen, die sich speziell mit Ankauf bzw. Pacht, Gestaltung und Nutzung solcher Flächen im Interesse von Landschaftspflege, Naturschutz und Wildhege befassen (Wild-land- oder Naturlandstiftungen). Die Initiativen dazu sind sowohl von der Jägerschaft als auch von Naturschutzverbänden ausgegangen, oft unter Beteiligung von Gemeinden und Jagdgenossenschaften. Über seinen Landesjagdverband kann jeder Jäger mit einschlägigen Fachleuten Verbindung aufnehmen; auch Forst- und Landwirtschaftsämter erteilen Auskunft. Wichtig ist, das jeweilige »Ödland« nach seinen Standortfaktoren und der vorhandenen bzw. ange-

strebten Lebensgemeinschaft zu beurteilen. Intensive Äsungsverbesserung für Hauptwildarten darf nicht im Vordergrund stehen!

Äsungsstreifen – Für Äsungsstreifen an Wegrändern und auf Waldschneisen eignen sich besonders die folgenden Pflanzen:

Äsungsstreifen auf einer Waldschneise

Waldstaudenroggen, auch Johannisroggen genannt, gedeiht auf den meisten (nicht tonigen) Böden. Er gibt reichlich Grünäsung im ersten Jahr und bietet im zeitigen Frühjahr dem Niederwild gute Deckung. Fruchternte im Juli/August des zweiten Jahres.

Weißklee ist sehr genügsam und eignet sich besonders für Wegränder, auf denen er nach entsprechender Düngung eingesät wird.

Ausdauernde Lupine wird wegen ihres Bitterstoffgehaltes nur an jungen Trieben verbissen, bietet aber Deckung und günstige Wuchsbedingungen für andere Kräuter und Stauden.

Wildwiesen – Wildwiesen sind solche Flächen, die in erster Linie zur Ernte von Heu und Grummet für die Winterfütterung dienen, also nicht zum dauernden Abäsen. Deshalb müssen sie (bei starkem Hochwildbestand) abgezäunt sein und dürfen erst nach der Ernte bis zum Frühjahr dem Wild geöffnet werden.

Viele Wiesen sind oft in einem schlechten Zustand. Bei Vernässung muß für ausreichende Entwässerung gesorgt werden (ständiges Freihalten der Gräben). Im Frühjahr wird zur Verhinderung von Moosbildung und zur Einebnung scharf geeggt. Meist fehlen auf den versäuerten, nährstoffarmen Wiesen Süßgräser und Kräuter. Man gibt deshalb erstmalig je ha gleichzeitig 40 dt Hüttenkalk, 10 dt Thomasmehl und 6 dt Kali. Die Kalkdüngung wird alle 3 Jahre, Thomasmehl und Kali jährlich, etwa mit der Hälfte der Menge, wiederholt.

Dauergrünland-Äsungsflächen – Das sind solche Flächen, die in erster Linie zur dauernden Abäsung offenstehen, bei denen die Aberntung also nicht im Vordergrund steht.

Solche Dauergrünland-Äsungsflächen können sowohl in größerer Ausdehnung *(Wildweiden)* vorhanden sein, als auch in kleinem Ausmaß innerhalb des Waldes angelegt werden *(Äsungsflächen)*.

Wildweiden: Für die Pflege gilt das bei den »Wildwiesen« Gesagte. Sie müssen mindestens einmal im Jahr gemäht (möglichst zur Blütezeit der Gräser) und das angefallene, vom Wild verschmähte Gras beiseite geräumt werden.

Äsungsflächen: Es hat sich erwiesen, daß in größeren Waldjagdbezirken die Anlage von Äsungsflächen (etwa 0,2–0,5 ha groß, etwa 1 bis 2 ha je 100 ha Waldfläche je nach Wald- und Wildverhältnissen) das beste Mittel ist, um insbesondere dem Rotwild auch tagsüber Äsung zu bieten und es vom Verbeißen und Schälen abzuhalten. Solche Äsungsflächen werden vornehmlich in die Tageseinstände gelegt. In Neukulturen soll schon Raum für spätere Äsungsflächen ausgespart werden. Nach Entfernung des Bewuchses wird, ohne daß es einer totalen Rodung der Stöcke bedarf, der Boden mit Grubber und Egge gelockert, gedüngt und mit einem Kleegrasgemisch eingesät. Wenn das Wild den Wuchs nicht kurz hält, muß zur rechten Zeit gemäht werden. Jährliche Nachdüngung ist notwendig.

Wildäcker – Wildäcker sind solche Flächen, die in landwirtschaftlicher Bearbeitung mit Feldfrüchten bestellt werden, die – je nach Wildart – besonders als Äsung und/oder Deckung geeignet sind. Das Schwergewicht liegt dabei meist auf winterharten Äsungspflanzen für die winterliche Notzeit, in der die kahle Feldflur auch auf hochwüchsigen Pflanzen als Deckung für Niederwild.

Wildäcker in *Hochwildrevieren* müssen mit verstellbarem Gatter (Hordengatter) versehen sein. Die Fläche wird mit Zwischenräumen in 2 oder 3 Abteilungen aufgegliedert und mit verschiedenen Futterpflanzen bestellt. Öffnet man die Teilstücke zu verschiedenen Zeiten, so kann das Wild fortlaufend Äsung finden und der Acker wieder versperrt werden, ehe er allzu großen Schaden erleidet. Wildäcker werden erst dann geöffnet, wenn die Futterpflanzen ihren größten Nährwert haben oder die winterliche Not einsetzt.

Bei der Anlage des Wildackers wird der meist sehr saure Waldboden stark gekalkt. Die erforderlichen Mengen (30–40 dt Branntkalk und 30–40 dt Hüttenkalk je ha) werden in 2–3 Gaben gegeben, teilweise untergepflügt; die Kalkung wird 3 Jahre mit 10–15 dt Hüttenkalk wiederholt. Als Phosphorsäure-Düngung gibt man 2–3 Jahre lang 10 dt je ha

Rotwild auf Äsungsfläche zwischen Einstandsdickungen

Auf Äsungsflächen soll das Wild nicht gestört werden.

Thomasmehl, Kali 4–6 dt 40% iges Salz. In den folgenden Jahren reichen meist die halben Mengen jährlich.

Als Futterpflanzen für den Sommer und Herbst kommen in Frage: Hafer, Buchweizen, Johannisroggen, Gemengesaat, Luzerne, Esparsette, Grünmais, Sonnenblume. Als Futtermittel für den Vorwinter und Winter dienen: Kohl, Kartoffeln, Topinambur, Helianthus; Johannisroggen, Serradella, Lupine, Raps und Rübsen, Ackerbohnen, Mais. Frühzeitig im Herbst gesätes Wintergetreide kann den Winter über dem Wild zum Abäsen freigegeben werden; im Frühjahr eingegattert, liefert es noch Kornertrag.

Gemengesaaten, Hafer mit Roggen, Wiesenklee, Timothee-Gras oder Lupine, Sommerroggen, Hafer werden gern vom Wild angenommen. Aussaat im Frühjahr. Im Sämereihandel werden verschiedene fertige Mischsaaten für Wildäcker angeboten (»Wildacker-Eintopf« u. a.).

Klee gedeiht als Reihensaat nur auf hinreichend guten Böden. Verwendet werden einjährige Sorten (Rotklee, Inkarnatklee) oder mehrjährige (Luzerne, Esparsette, Serradella). Erstere gedeihen auf kräftigen Böden mit geringem Kalkgehalt; Luzerne und Esparsette verlangen schwere, tief-

gründige, kalkreiche Böden; Serradella ist der Klee kalkarmer Sande.

Süßlupine ist eine der besten Wildäsungspflanzen. Sie gedeiht auf mittleren und leichten schwachsauren Böden. Vor der Bestellung ist mit Thomasmehl (3–4 dt/ha) und 40% igem Kalisalz 2 dt/ha zu düngen; nach der Aussaat werden 2 dt/ha Kalkammonsalpeter gegeben. Die Saat (160–200 kg) erfolgt Ende März/April; möglichst Drilsaat (Rillenabstand 25 cm, Rillentiefe 1–4 cm). Den Acker (oder das Saatgut) impft man vor der erstmaligen Bestellung mit Erde guter Lupineböden oder mit speziellen Bakterienreinkulturen. Gleichzeitig mit der Bestellung ist zu zäunen, da die auflaufende Saat sofort vom Wild angenommen wird. Ab Juni kann der Acker dem Wild geöffnet werden; die abgeästen Stengel wachsen nach. Kraut und Schoten bilden im Herbst und Winter eine wertvolle Kraftäsung. Bei geringen Kältegraden erfriert die Süßlupine. Beisaat von Sojabohnen und Serradella bieten dem Wild wünschenswerte Abwechslung.

Winterharte Kohlsorten werden von vielem Wild, auch Federwild, angenommen. Es ist nicht nötig, große Flächen anzubauen. Die Pflänzlinge werden im Garten gezogen und im Juni möglichst bei feuchtem Wetter im Abstand von etwa 50 cm ausgepflanzt. Auch ist auf gut zu bearbeitenden Böden

Wildacker im Winter

226

Drillsaat und späteres Vereinzeln möglich. Hacken (zweimal) und Kopfdüngung (10 dt je ha Volldünger) sind erforderlich. Günstig ist der vorjährige Anbau von Lupine oder anderen Schmetterlingsblütlern. Verwendet werden Markstammkohl, Schafkohl, auch Rosenkohl und Grünkohl, Westfälischer Furchenkohl.

Topinambur und *Helianthus* (beide Sonnenblumenarten) gedeihen auf geringen bis mittleren, nicht zu schweren Böden. Mit ihren Blättern im Sommer und mit ihren Stengeln und Knollen im Winter können sie jahrelang ausdauernd gute Äsung bieten. Wie Kartoffeln werden die Knollen in 0,5-m-Quadratverband ausgebracht, gehäufelt und gehackt. Düngung je ha mit 6 dt Thomasmehl und 6 dt 40%iges Kali vor der Ackerbestellung sowie 4 dt Kalkammonsalpeter beim Legen der Knollen.

In *Niederwildrevieren* werden Wildäcker meist in der Feldflur, auf von Landwirten angepachteten Ackerstücken, angelegt. Hier sollen sie vor allem im Winter sowohl Äsung als auch Deckung bieten. Bevorzugt werden daher winterharte Kohlsorten (Markstammkohl u. a.), Sonnenblumen, Topinambur, Mais (besonders für Fasanen), als Winteräsung für Rehwild und Hasen auch Winterraps und Rübsen angebaut.

Die Bestellung von eigenen Wildäckern kann der Jagdpächter u. U. sparen, wenn er stattdessen auf geeigneten Ackerflächen dem Bauern einen Teil der Feldfrüchte abkauft und bis in den Winter stehen läßt (vor allem Mais, Hafer, auch Rüben), oder wenn er dem Bauern das Saatgut für den Raps-Zwischenbau zahlt unter der Bedingung, daß der Raps erst im Frühjahr untergepflügt wird.

Besonders für Rebhühner, aber auch für Hasen ist es oft günstig, nicht alle verfügbaren Wildackerflächen nach landwirtschaftlichen Grundsätzen zu bestellen, sondern teilweise einfach brach liegenzulassen, damit sich Ackerwildkräuter einfinden (oder durch zusätzliche Aussaat von »Wildland-Saatmischung« eingebracht werden).

Futteräcker – werden angelegt, um die zur Winterfütterung benötigten Früchte heranzuziehen, falls man diese nicht besser ankauft. Man bestellt die Äcker mit Kartoffeln, Runkelrüben, Stoppelrüben, Mohrrüben u. a., die geerntet und bis zum Winter eingemietet werden.

Strauchgärten – Der Bedarf der Cerviden an Zweig- und Knospenäsung ist groß. Er sollte viel mehr als bisher durch Anlage von Weiden-, Pappel-, Robinie- und Sträucheranpflanzungen, die dem Wild im Winter zugänglich sind, gedeckt werden. Auch eigens ausgeschiedene Stockausschlag-

flächen eignen sich dafür. Es ist zu beachten, daß die Anpflanzungen, bevor das Wild an sie herankommt, sich so kräftig entwickelt haben, daß sie sich regenerieren können, wenn sie verbissen werden. Strauchgärten dienen nicht nur der Äsungsverbesserung, sondern auch zur Ablenkung vom Verbeißen der Forstkulturen.

Salzlecken – bieten dem Wild, besonders dem Schalenwild, eine die Verdauung anregende Würze. Lecksteine werden in einem passenden Trog auf etwa 50–60 cm hohen Stubben oder in Bodenvertiefungen dargeboten. Zu Stocksulzen werden Natursalzsteine (aus Berchtesgaden) verwendet, die in etwas verrottete Stubben eingefügt oder in gespaltene Baumstümpfe eingeklemmt werden. In diesem Fall Vorkehrungen gegen Verunreinigung durch Fuchslosung treffen. Salz verursacht einen höheren Wasserbedarf; deshalb sollen seine Gaben bei der Winterfütterung eingeschränkt werden.

Wildremisen – werden in Feldrevieren angelegt, in denen das Niederwild, besonders Fasanen und Hühner, nicht hinreichend Deckung findet. Geeignete Örtlichkeiten sind aufgelassene Sandgruben und Steinbrüche, aber auch geringwüchsige Äcker. Dauerremisen im Feld werden durch gruppenweise Pflanzung von Nadelhölzern angelegt, mit einem Ring von Heckenpflanzen (Weiß- und Schwarzdorn usw.) sowie einem weiteren Ring ausdauernder Bodenpflanzen (Brombeere, Himbeere) umgeben.

In dem entstehenden Schutzgehölz wird man vor allem Äsungspflanzen anbauen. Vorübergehende

Salzlecke vor Regen geschützt

Remisen können durch kleinflächigen Anbau von Mais, Hirse, Lupine usw. erzielt werden. Am Waldrand genügt oft die wiederholte Ausbreitung von Hiebsreisig, um erst Sträucher, dann ein Schutzgehölz aufkommen zu lassen.

Wildschutzgebiete und Ruhezonen

Das allgemeine Betretungsrecht in Wald und Flur und die zunehmenden Freizeitaktivitäten der Bevölkerung haben zu erheblichen Störungen der freilebenden Tiere geführt. Solche Störungen bewirken auch Erschwernisse für den Jagdbetrieb und verstärken die Gefährdung von Forstkulturen durch Wildschäden. Besonders im Winter können wiederholte Störungen direkt lebensbedrohend für manches Wild sein (besonders Auerwild, Birkwild, auch Wasservögel, Gamswild im Hochgebirge), da durch die Flucht übermäßig viel Energie verbraucht wird.

Nach Landesrecht kann daher die – auch zeitlich befristete – Errichtung von Wildschutzgebieten verfügt werden, in denen das Betretungsrecht eingeschränkt ist (Wegegebote, Betretungsverbote), besonders zur Brut- und Aufzuchtzeit und im Winter (Fütterungsbereiche, Wintereinstände).

Neben dieser jagdrechtlichen Möglichkeit können Ruhezonen mit eingeschränktem Betretungsrecht auch nach dem Naturschutzrecht eingerichtet werden, insbesondere in Naturschutzgebieten. Örtlicher und zeitlicher Umfang solcher Maßnahmen richtet sich nach dem jeweiligen Schutzzweck.

Selbstverständlich sollte sein, daß auch der Jäger in solchen Gebieten die durch Jagdbetrieb bedingten Störungen auf das unbedingt nötige Maß beschränkt. Wildschutzgebiete könnten sonst leicht von der Bevölkerung, die von den Verboten betroffen ist, als »Jagdreservate« mißverstanden werden. Diese Gefahr besteht vor allem bei temporären beschilderten Wildschutzgebieten, die in der Hirschbrunft eingerichtet werden, wo Jagdgäste zu Schuß gebracht werden.

Kennzeichen von Wildschutzgebieten (laut AVBayJG)

Wildfütterung

Allgemeines

Zum Inhalt des Jagdschutzes (§ 23 BJG) zählt auch der Schutz des Wildes vor Futternot, wobei sich für Jagdausübungsberechtigte die Verpflichtung ergibt, in *Notzeiten* auch für eine angemessene Wildfütterung zu sorgen. Vorrangig ist zunächst, im Rahmen der Biotophege ein Angebot an natürlicher Äsung für einen den landschaftlichen und landeskulturellen Verhältnissen angepaßten Wildbestand (§ 1 BJG) zu sichern. Unter Wildfütterung wird die zusätzliche Darreichung von Futtermitteln verstanden. Wildäsungsflächen gelten nicht als Fütterung.

Als Fütterung zu verstehen sind auch alle übrigen Maßnahmen, die dazu dienen, daß Wild mittels ausgelegter Futtermitteln anzulocken. Eine solche Kirrung oder Ablenkfütterung ist stets eine Wildfütterung.

In Hessen ist nach Vorschrift des § 30 Hess. LJG vom 19. Oktober 1994 die Fütterung von Schalenwild in der freien Wildbahn nicht zulässig, außer die Fütterung mit Rauhfutter. Nach dieser Landesvorschrift ist lediglich mit Genehmigung der Jagdbehörde bei starken Wildschäden die Lockfütterung zur Ablenkung und Bejagung des Schwarzwildes zulässig. Das Lockfutter ist so auszubringen, daß es von anderem Wild nicht aufgenommen werden kann. Für länderübergreifende Rotwildgebiete kann die obere Jagdbehörde besondere Regelungen zur Wildfütterung vereinbaren.

Situationen einer *Notzeit* im Sinne des Bundesjagdgesetzes treten nur äußerst selten auf. Die natürliche Äsungsverknappung während des Winterhalbjahres erfordert nicht die Wildfütterung, weil das Wild sich in seinem Verhalten, Stoffwechsel und Nahrungsbedarf entsprechend anpaßt. Unsachgemäße und übertriebene Fütterung kann in dieser Hinsicht eher schädlich wirken, indem sie diese Winteranpassung verhindert. Allenfalls ist bei akuter Äsungsknappheit eine Fütterung zur Versorgung des Wildes mit einem Nahrungsminimum zur Sicherung seines Erhaltungsfutters geboten.

Jede Fütterung muß die *spezifischen Nahrungsbedürfnisse* der einzelnen Wildarten berücksichtigen. Die Zusammensetzung des Futters muß den unterschiedlichen Ernährungstypen gerecht werden, um Futterschädlichkeit in Form von Verdauungsstörungen bis hin zu tödlichem Ausgang zu vermeiden. Kraftfuttergaben im Winter stellen ein unnatürliches und für das Wild eher gefährliches Angebot dar. Insbesondere führt reines Körnerfutter wie Mais oder Weizen oftmals zum Überfressen und infolge des Quellens der spelzenlosen Körner im Pansen zu schweren Schäden und sogar zu qualvollem Tod der Tiere. Auch pelliertes Fertigfutter ist in mehrfacher Hinsicht nicht unproblematisch (z. B. Schimmeln bei Feuchtwerden aber auch wegen Magen- und Darmentzündungen bei übermäßiger Aufnahme). Daher muß sich die Wildfütterung generell auf Rauh- und Saftfutter sowie faserreiches Material beschränken.

Vorsicht ist auch geboten bei der Darreichung von Silage, insbesondere Zuckerrübenblattsilage, weil sie schwere Verdauungsstörungen hervorrufen kann.

Gängige Futtermittel

- Man bezeichnet mit *Erhaltungsfuttermitteln* diejenigen Futtermittel, mit denen man unter einfachen, bescheidenen Verhältnissen dem Wild über die Entbehrungen des Winters hinweghelfen kann; solche sind in der Hauptsache *Rauhfutter*, also Heu, Grummet, auch Laubheu, bei Federwild Getreiderückstände.
- Als *Saftfuttermittel* bezeichnet man solche, die neben den Nährstoffen eine genügende Menge Wasser enthalten, auf das besonders die Wiederkäuer angewiesen sind; dazu gehören Kartoffeln, Rüben aller Art, Obst und Obstrückstände (Trester) und Silage.

Silage (Silofutter) findet immer mehr Verwendung. Man kann vielerlei, auch im Wald anfallende Grünpflanzen (Wiesengras, Weideröschen, junges Himbeerkraut), aber auch Blattmasse der Wildackerpflanzen (junges Hülsenfrucht-Getreide-Gemenge, junger Klee, Sonnenblumen, Mais, Rübenblatt u. ä.) in einem Holz- oder Stahldrahtsilo einsäuern. Voraussetzungen für gutes Futter: Schnitt des Grünfutters kurz vor dem Heuschnitt, abwelken lassen, Überhitzung vermeiden, an kühlen Tageszeiten dicht einfüllen (evtl. häckseln) und festtreten, Sicherheitszusätze wie Melasse oder Silosalz beifügen (20 cm hoch schichten, dann überstreuen), ¼ über dem Rand aufhäufeln, da die Füllung zusammensackt, luftdicht mit Brettern und 30 cm Erdschicht abdecken. Für Abzug der Feuchtigkeit ist zu sorgen. Die Gärzeit beträgt etwa 6 Wochen.

- Zu den *Kraftfuttermitteln* gehören Eicheln und Kastanien (vor dem Aufbewahren nicht trocknen!), Mais, Hafer, Zuckerrübenschnitzel, Sesamschrot sowie eigens für einzelne Wildarten hergestellte Mischkraftfuttermittel. Solche

Trockenfuttermittel sollten sparsam und nur bei reichlicher Saftfutterzugabe verabreicht werden. Für Federwild kommen Druschabfall, Hinterkorn, Mais, geschnittene Rüben, Gemüseabfälle dazu.

Man vermeide daher unnötige Gaben, da sie zu Verdauungsstörungen führen können (das gilt besonders für Kraftfuttermittel, wie für Zuckerlecksteine und Preßkörper bei übermäßiger Darreichung), eine Verschwendung von Nährstoffen bedeuten und das Wild von seinem natürlichen Verhalten ablenken. Dann ist es richtiger, die Mittel für Äsungsverbesserung aufzuwenden. Wirksam ist das Werfen von Proßholz und das Freimachen der Bodendecke (besonders der Heide) mit dem Schneepflug.

Futterstellen

Bei der Fütterung des Schalenwildes sind folgende *Hauptgrundsätze* zu beachten:

Die Grafik verdeutlicht die Überlegungen, die der Entscheidung zugrunde liegen, ob ein Wildbestand gefüttert werden soll oder nicht.

Die Entscheidung wird umso eher für eine angemessene (Winter-) Fütterung ausfallen, je weniger der Rahmen der (verbliebenen) natürlichen Lebensmöglichkeiten ausreicht, einen Wildbestand überhaupt zu erhalten. Das ist z. B. der Fall bei Rotwild im Hochgebirge, dem die natürlichen Wintereinstände im Vorland nicht mehr verfügbar sind (nach W. Schröder, Mitteilungen aus der Wildforschung 49/1984).

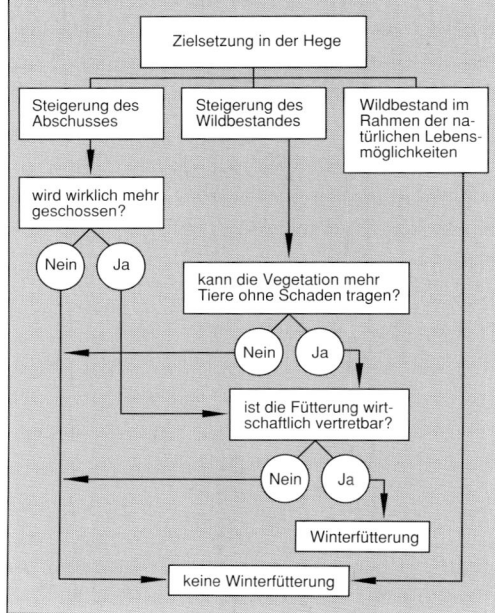

Wintergatter im Hochgebirge

■ Die Futterstellen sind an Orten anzulegen, an denen das Wild wenig beunruhigt wird, die windgeschützt und sonnseitig sind, aber möglichst nicht in schäl- und verbißgefährdeten Waldteilen.

Rehwild lebt auch im Winter wenig gesellig (im Wald meist nur kleine »Sprünge« von 3–5 Stück beisammen), wechselt nicht gern weit von seinen Einständen zum Futterplatz, so daß ihm die Fütterung in entsprechender Zahl und Verteilung an und in die Einstände gebracht werden muß. (Die früher gelegentlich vertretene Ansicht, man solle dem Wild durch größere Entfernung zu den Fütterungen »Bewegung verschaffen«, ist falsch. Jede überflüssige Bewegung bedeutet im Winter zusätzlichen Energieverbrauch.) Man kann im Rehwildrevier als groben Anhalt etwa eine Fütterung je 50 ha Waldfläche rechnen.

Anders ist es beim Rotwild und anderen gesellig lebenden Wildarten. Hier bilden sich größere Winterrudel und beziehen gemeinsam geeignete Wintereinstände. Die ursprünglichen, weiten Wanderungen der Rudel aus den Bergwäldern in die Flußauen und Moore der Niederungen sind heute durch Landeskultur, Siedlung und Verkehr größtenteils unterbunden. Die verlorenen, äsungsreichen Wintereinstände müssen daher durch intensive Fütterung in den tieferen Berglagen ersetzt werden. Hier sind Großfütterungen möglich und zweckmäßig, die jedoch so geräumig angelegt sein müssen, daß alle Stücke des Rudels an den Raufen und einzeln verteilten Trögen ihren Platz finden.

Im Gebirge ist man vereinzelt dazu übergegangen, eine Futterstelle, die von einem größeren Rudel Rotwild mehrere Monate angenommen

wird, samt einem Umgriff von 30–50 ha einzuzäunen und das Wild darin bis nach dem Ausbruch der Vegetation zu halten *(Wintergatter)*.

■ An jeder größeren Futterstelle soll die Lagerung von Futtermitteln möglich sein (Futterstadel, Heuschober, Miete, Silo). Das Futter muß vor Verderben geschützt sein und darf nur in nicht zu großer Menge auf einmal ausgelegt werden. Wo mehr Wild zusammenkommt, muß die sich häufende Losung von Zeit zu Zeit und nach Abschluß der Fütterungsperiode beseitigt werden.

■ Die Futterplätze für Niederwild legt man in Feldgehölzen, Remisen, Windschutzstreifen an, nicht dagegen unter einzelnen Bäumen. Eine gedeckte Futterschütte soll etwa 5–6 qm groß sein, mit schrägem Dach (die eine Seite 100 cm, die andere 50 cm über dem Boden), um Niederschläge abzuhalten. Die Sicht des Federwildes nach allen Seiten muß jedoch frei sein.

Rebhuhnschütte, die das Aufblocken von Greifvögeln (mittels eines Spanndrahtes) verhindert.

Jagdliche Behandlung der Wildbestände

Allgemeines

Man kann 3 Ordnungsprinzipien für die Behandlung der Wildbestände voraussstellen
1. Die Sicherung des arteigenen Verhaltens und des Wohlbefindens,
2. die Bemessung einer angemessenen Wilddichte,
3. die Herbeiführung einer möglichst natürlichen Struktur der Bestände.

Die Gründe, die in erster Linie die Behandlung der Wildbestände beeinflussen, sind *biologischer* Art, d. h. sie ergeben sich aus den arteigenen Eigenschaften der einzelnen Wildarten. Hier sind zu berücksichtigen: der Lebensraum, den das einzelne Stück benötigt, die soziale Bindung, die Aufzucht der Jungen, die Anpassungsfähigkeit an die Landeskultur, die natürlichen Feinde, die Anfälligkeit gegen Krankheiten, der jahreszeitliche Nahrungsbedarf, die Abhängigkeit der Körperentwicklung von Nahrung und Bestandsdichte.

Die Gründe, die auf Hege und Abschuß Einfluß haben, sind außerdem *ökologischer* Art, d. h. sie liegen in den Umweltverhältnissen und in der ihnen entsprechenden Wilddichte. Unter völlig ursprünglichen Verhältnissen würde ein natürlicher Ausgleich erfolgen können. Allein schon der Ausfall der großen Raubtiere hat eine Verschiebung (besonders beim Schalenwild) gebracht, indem es stark zunahm. Auch in seinem Gesundheitszustand und in seinem Verhalten erleidet das Wild trotz aller Anpassungsfähigkeit Störungen. Je mehr die Verhältnisse durch den Menschen aus dem ursprünglichen Gleichgewichtszustand gebracht wurden – dies trifft jedenfalls für Mitteleuropa zu –, desto mehr Anlaß besteht für regulierende Eingriffe (deren Notwendigkeit aber sorgsam zu prüfen ist).

Die Grenze der Hege muß die Rücksicht auf die Bedürfnisse der Landeskultur, vor allem der Landwirtschaft und der Forstwirtschaft, sein. Um dieser Grundregel gerecht zu werden, müssen die Maßnahmen zur Behandlung der einzelnen Wildarten geplant werden. Am vordringlichsten ist dies bei den größeren Pflanzenfressern. Diesem Ziel dienen die *Abschußpläne,* die den Abschuß beim Schalenwild festsetzen; zum anderen ist es Sache des *Abschusses* selbst, daß entsprechend den *Abschußrichtlinien* neben der vorrangigen zahlenmäßigen Regulierung des Gesamtwildstandes auch eine zweckmäßige Gliederung nach Geschlechterverhältnis und Altersaufbau (also auch der Sozialstruktur) erreicht wird.

Es hieße unsere Einwirkungsmöglichkeiten durch die Jagd allerdings überschätzen, wenn wir annehmen würden, wir könnten die *genetische* Grundlage verbessern. Dazu sind schon die Zeiträume unserer Einwirkung zu kurz. Was wir aber tun können und müssen, ist, dem Wild dazu zu helfen, daß es seine genetischen Eigenschaften günstig entwickelt, indem wir seine Umwelt und seinen Einbau in diese bestmöglich beeinflussen.

Als Folge einer solchen Behandlung, die den natürlichen Lebensbedürfnissen des Wildes entgegenkommt, eine gute körperliche Entwicklung und allgemeines Wohlbefinden ermöglicht, werden die männlichen Stücke der »trophäentragenden« Wildarten auch in der Lage sein, ihre Stirnwaffen optimal zu entwickeln, so daß der Jäger in diesen Trophäen den erstrebten »Lohn der Hege« findet.

Die Bestandsermittlung

In einem geordneten Jagdbetrieb ist es selbstverständlich, daß der *Bestand* der einzelnen Wildarten möglichst genau ermittelt und laufend kontrolliert wird. Dies ist nicht nur notwendig, weil bei den Wildarten, für die ein Abschußplan aufgestellt werden muß, der Bestand die Ausgangsposition für den zu genehmigenden Abschuß ist, sondern weil auch die Nutzung der übrigen Wildarten in einem rechten Verhältnis zum Bestand stehen muß. Auch für die Bemessung der Äsungsmöglichkeiten und der Fütterung und für die Gesundheitsüberwachung ist die Bestandsaufnahme und Kontrolle wichtig.

So schwierig die Bestandsermittlung auch ist, muß der Jäger das *ganze Jagdjahr über* alle Beobachtungen getrennt nach Geschlecht und Alter (vor allem auch das Jungwild, das den Zuwachs verdeutlicht), Körper- und Geweihentwicklung, besondere Merkmale und Beobachtungen, Zeit- und Ortsangabe sorgfältig sammeln und nicht etwa nur einmalig »Zählungen« an den Winterfütterungen vornehmen. *Fütterungszählungen* sind nur dann sinnvoll, wenn nach längerer Schneelage das Wild die Fütterungen täglich annimmt, nach dem diese mit gutem und ausreichendem Futter beschickt wurden.

Zuverlässige Ergebnisse setzen allerdings eine gute Organisation gemeinschaftlicher Zählungen der gesamten Hegegemeinschaft voraus, die gleichzeitig, also am selben Tag und zur selben Zeit, geplant und verabredet werden. Dann müssen alle Fütterungen mit Beobachtern besetzt werden, die das Wild genau ansprechen können. Diese müssen die genaue Zusammensetzung der Rudel oder Sprünge notieren bzw. Einzeltiere präzise ansprechen. Insbesondere Geweihstufen und -merkmale und individuell unterscheidbare Tiere müssen notiert und beschrieben werden. Um Doppelzählungen zu eliminieren, müssen auch Uhrzeit und Richtung des Aufsuchens und des Verlassens der Fütterung festgehalten werden. Die Organisation und die Auswertung der Zählung werden am besten von einem sachkundigen Arbeitsteam vorgenommen. Das Ergebnis kann verbessert werden, wenn mindestens noch eine weitere Zählung an einem späteren Stichtag durchgeführt wird, die vielleicht solche Tiere erfaßt, die am ersten Stichtag nicht beobachtet werden konnten.

Bei dem in Gemeinschaft lebenden Wild, z. B. beim Rotwild, gibt das soziale Verhalten innerhalb des Verbandes eine Hilfe. Beim Rehwild liegt die Schwierigkeit oft darin, daß es bei großräumiger landwirtschaftlicher Kultur im Sommer zum Teil auch hier Einstand nimmt, nach der Ernte jedoch die kahlen Flächen verläßt und sich im Wald einstellt.

Im großen Durchschnitt zeigt sich immer wieder, daß selbst sorgfältig ermittelte Bestandserhebungen eher zu geringe Daten ergeben. Dies muß bei der Verwertung der Daten berücksichtigt werden. Die Schwierigkeiten in der Praxis liegen darin, daß Abschußplanung nur dann zum erstrebten Ergebnis führt, wenn sie von richtigen Grundlagen ausgeht. Die Grundlagen – Bestandsermittlung und Feststellung des jährlichen Zuwachses – sind jedoch bestenfalls Annäherungswerte, vielfach (wie gerade bei Rehwild in deckungsreichen Waldrevieren) auch nicht annähernd zu ermitteln. Rechnerische »Fortschreibungen« von unsicheren Ausgangszahlen müssen zu falschen Ergebnissen führen. Um Fehler in den Berechnungen zu erkennen, ist die »Rückrechnung« hilfreich, die von den jährlichen Streckenzahlen ausgeht und berechnet, wie hoch ein Bestand mindestens gewesen sein muß, um eine gewisse Streckenzahl zu ergeben. Voraussetzung hierzu ist die Richtigkeit und Vollständigkeit der Abschußmeldungen; auch hier gibt es Fehlerquellen. In Revieren mit ausreichender Schneelage können sachgerecht organisierte Fährtenzählungen zu einem guten Überblick führen. Auch

hier sind gleichzeitige Zählungen an Stichtagen für ein zusammenhängendes Gebiet zu verabreden. Alle Beteiligten müssen dabei ihren Zählabschnitt soweit untergliedern, daß sie alle Wildtiere darin erfassen können. Als Anhalt mag dienen, daß die umrundete Einzelfläche beim Rotwild nicht größer als 20–25 Hektar sein sollte, beim Rehwild 5–10 Hektar. Dabei darf das Wild aber nicht so stark beunruhigt werden, daß es die Einstände verläßt und anderswo ein zweites Mal erfaßt wird. Im Durchschnitt kann ein geübter Fährtenleser etwa 300–500 Hektar im Laufe eines kurzen Wintertages gründlich untersuchen. Auch hier sollte ein erfahrenes Organisationsteam die simultane Zählung verabreden, am besten ein bis zwei Tage nach Neuschnee, die Vorgehensweise erläutern und abstimmen und die Ergebnisse gemeinsam auswerten. Eine Wiederholung an einem zweiten Stichtag kann ebenfalls zu ergänzenden Zahlen führen und ist zu empfehlen, falls der Aufwand getragen werden kann.

Stehen genügend Helfer zur Verfügung, so bringt ein gut organisiertes *Zähltreiben* recht schnell brauchbare Ergebnisse auf ausgewählten Teilflächen. Im Prinzip wird bei dieser Methode alles Wild aus einer Probefläche verjagt, die flüchtenden Tiere werden dabei aber gezählt, da die Fläche durch Zähler und Treiber lückenlos umstellt ist. Man weiß dann, wieviel Wild auf der Probefläche vorhanden war und hat somit dort die Wilddichte ermittelt. Durch mehrere Zähltreiben kann man kleinere Reviere vollständig erfassen, auf größeren ist dies dann möglich, wenn die Revierverhältnisse einigermaßen homogen sind und die Probeflächen repräsentativ ausgewählt werden. Im einfachsten Fall hat eine Probefläche eine rechteckige Form. An der Frontseite und an den Flanken stehen Zähler, an der Rückseite Treiber. Alle stehen mit dem Gesicht zum Treiben. Nun wird eine einheitliche Richtung vereinbart, z. B. jeder zählt jene Tiere, die zwischen ihm selbst und seinem rechten Nachbarn aus dem Treiben herauslaufen. Alle müssen so dicht stehen, daß kein Tier das Treiben ungesehen verlassen oder aufsuchen kann. Jeder hat ein numeriertes Karteikärtchen, auf das er seinen Namen, das angesprochene Wild, seine Bewegungsrichtung und die jeweilige Uhrzeit eintragen soll. Das Treiben beginnt, indem die Treiberwehr von der Rückseite her in den Bestand vorrückt. Kommt sie bis zur Höhe der Flankenzähler, so reihen sich diese jeweils von rechts und links in die Treiberwehr ein. Diese wird auf diese Weise fortlaufend verstärkt, bis sie gegen Ende des Treibens auf die Zähler in der Frontseite stößt. Bei disziplinierter Durchführung bringt das Zähltreiben die genauesten Ergebnisse in kürzester Zeit. Schwierigkeiten bedeutet der hohe Personalaufwand von mindestens 80–100 Helfern für Probeflächen zwischen 60 und 80 Hektar in geschlossenen, unübersichtlichen Waldbeständen.

Bei Wiederkäuern, die sich ja durch regelmäßige, tägliche Nahrungsmengen auszeichnen, sind logischerweise auch regelmäßige Losungsmengen zu erwarten. Ist die tägliche Anzahl der Losungshaufen bekannt, so kann man auf bestimmten Flächen die *Losung zählen* und auf die dort vorhandene Individuenzahl schließen. Diese Methode, zuerst vornehmlich von Wissenschaftlern in Amerika als »pellet groups counts« bekannt, eignet sich grundsätzlich bei Pflanzenfressern weltweit. Sie wird seit einigen Jahren auch in Deutschland ange-

wandt, wenn es um eine fachlich solide Ermittlung von Schalenwilddichten geht. Sie hat zur Zeit jedoch noch den Charakter einer Pilotmaßnahme und setzt spezielle Kenntnisse der Durchführenden voraus, weshalb sie an dieser Stelle nicht näher beschrieben werden soll.

Um den praktischen Bedürfnissen gerecht zu werden, stützt man die Abschußplanung nicht nur auf Berechnungen, sondern berücksichtigt unmittelbar sowohl die Verfassung des Wildes selbst (Gesundheitszustand, Gewicht, Stärke) als auch vor allem den (vom Wildbestand beeinflußten) Zustand der Waldvegetation. Hierbei ist, unabhängig von der tatsächlichen Anzahl an Wild, am besten zu erkennen, ob ein Wildbestand den Umweltbedingungen angemessen ist oder nicht.

Bei der vielfach geringen Größe der einzelnen

Es gelten folgende Bezeichnungen für die Altersklassen

Lebensjahr		weiblich	männlich
1. Lebensjahr			
Rotwild (Damwild, Sikawild)	Kalb	Tierkalb, Wildkalb	Hirschkalb
Rehwild	Kitz	Rickenkitz, Geißkitz	Bockkitz
Gamswild	Kitz	Geißkitz	Bockkitz
Muffelwild	Lamm	Schaflamm	Widderlamm
Schwarzwild	Frischling	Frischlingsbache	Frischlingskeiler
2. Lebensjahr			
Rotwild (Damwild, Sikawild)	–	Schmaltier, Schmalstuck	Schmalspießer (Hirsch vom 1. Kopf)
Rehwild	–	Schmalreh, Schmalgeiß	Jährlingsbock
Gamswild	Jahrling	Jahrlingsgeiß (Geißjahrling)	Jahrlingsbock (Bockjahrling)
Muffelwild	–	Schmalschaf	Jährlingswidder
Schwarzwild	Überläufer	Überläuferbache	Überläuferkeiler
3. Lebensjahr			
Rotwild (Damwild, Sikawild)	–	Tier, Stuck (2jährig)	Hirsch (vom 2. Kopf)
Rehwild	–	Ricke, Geiß (2jährig)	Bock (2jährig)
Gamswild	–	Geiß (2jährig)	Bock (2jährig)
Muffelwild	–	Schaf (2jährig)	Widder (2jährig)
Schwarzwild	–	Bache (2jährig)	Keiler (2jährig)

Am 1. April des folgenden Jahres werden aus den 2jährigen dann jeweils 3jährige Stücke usw.

Um eine einheitliche Einteilung zu erreichen, wird als *Stichtag für den Übergang in die nächste Altersklasse* für alle Schalenwildarten der *1. April* (Beginn des Jagdjahres) genommen – unabhängig davon, daß das Lebensjahr erst 12 Monate nach dem Setzen des Jungwildes, also meist im Mai/Juni, vollendet wäre. Das »rechnerische« Lebensjahr des Schalenwildes reicht also stets vom 1. April bis zum 31. März des folgenden Jahres.

Jagdbezirke haben oft mehrere an dem gleichen Wildbestand teil. In solchen Fällen wird die Hege und Abschußplanung erst sinnvoll, wenn sich die Beteiligten auf größerem Raum (z. B. *Hege-* und *Rotwildringe, Hegegemeinschaften*) verständigen und zu gemeinsamem Tun zusammenfinden.

Die Bestandsgliederung

Unter *Altersstufen* versteht man die Einteilung in Jungwild, einjähriges und erwachsenes Wild. Unter einer *Altersklasse* (Jahrgangsklasse) versteht man die Stücke, die im gleichen Lebensjahr stehen (also Altersklasse 1 = die im 1. Lebensjahr, Altersklasse 2 = die im 2. Lebensjahr).

Unter einer *Altersgruppe* versteht man die Zusammenfassung einiger Altersklassen.

Bei allem männlichen Schalenwild (ausgenommen Schwarzwild, das nicht der Abschußplanung unterliegt) unterscheidet man zwei *Stärkeklassen*, und zwar »jagdbare« (Klasse I) und »geringe« (Klasse II) Stücke. Neuerdings werden die jüngsten Altersklassen (z. B. Rehwild: Jährlinge; Rothirsch: 1.–3. Kopf) als eigene Klasse III abgetrennt. Die Grenze zwischen den Stärkeklassen (bzw. Altersstufen) wird im wesentlichen durch das Lebensalter (jung, mittelalt, alt), bei den Geweihträgern teilweise in Verbindung mit der Geweihentwicklung bestimmt. Einzelheiten sind in den Ausführungsverordnungen zu den Landesjagdgesetzen und in den jeweiligen behördlichen Hegerichtlinien geregelt.

Innerhalb der Stärkeklassen werden z. T. noch jeweils »Güteklassen« unterschieden, nämlich solche (männliche) Stücke, deren Geweih (Gehörn, Schnecke oder Krucke) *gut* oder *fehlerfrei* (a) ist und solche, deren Geweih *fehlerhaft* ist (b). Man spricht dann z. B. von einem I a-, I b-, II a- oder II b-Hirsch.

Sowohl diese Einteilungen als auch die Richtlinien im einzelnen, die bestimmen, welche Merkmale für die Einordnung des Wildes in die einzelnen Klassen maßgebend sind, unterscheiden sich in den Bundesländern und werden von Zeit zu Zeit geändert. Es können hier deshalb nur die Grundsätze erläutert werden. In der Praxis muß sich jeder Jäger danach orientieren, welche Richtlinien gerade für sein Revier und das von ihm bejagte Wild gelten. Die Revierinhaber werden davon durch die Hegeringe, Rotwildringe, Hegegemeinschaften usw. sowie durch die Jagdbehörden unterrichtet.

Es hat sich – um beim Beispiel Rotwild zu bleiben – der Sprachgebrauch entwickelt, daß man als *Abschußhirsche* diejenigen Hirsche bezeichnet, die für ihr Alter eine unterdurchschnittliche bzw. »unerwünschte« Geweihbildung zeigen, als *Zukunftshirsche* solche, die bei guter Geweihbildung das Reifealter noch nicht erreicht haben, als *Erntehirsche* solche starken Hirsche, die das Zielalter erreicht haben. In der untersten Altersstufe (III) wird z. T. auf die Einteilung nach Güteklassen verzichtet, doch gilt auch hier der Grundsatz, daß unterdurchschnittlich entwickeltes Wild bevorzugt zu erlegen ist. Weibliches Wild wird nach Altersstufen (z. B. Kälber, Schmaltiere, Alttiere) eingeteilt.

Wilddichte und Geschlechterverhältnis

Unter *Wilddichte* versteht man die Stückzahl einer Wildart (Frühjahrsbestand) auf 100 ha ihres Lebensraumes. Es handelt sich dabei nur um annähernde Zahlenwerte, die mit den gleichen Unsicherheiten behaftet sind wie die Bestandsermittlung (siehe S. 232). Unter diesem Vorbehalt lassen sich mit dem Begriff der Wilddichte Tendenzen in der Bestandsentwicklung und Vergleiche zwischen verschiedenen Wildarten oder Einstandsgebieten ausdrücken.

Für die Ermittlung der *angemessenen* Wilddichte gibt es mehrere *Weiser*. Da sind zunächst biologische: um die Art zu erhalten, ist eine gewisse Mindestdichte erforderlich; um zu vermeiden, daß durch Überzahl die Körper- und Geweihentwicklung absinkt und gesundheitliche Schäden eintreten, darf die Wilddichte ein gewisses Maß nicht übersteigen. Auch ist zu berücksichtigen, ob eine Wildart allein vorhanden ist oder ob sie das Gebiet mit anderen teilt. Vereinfacht, wenngleich die Ansprüche der einzelnen Wildarten verschieden sind, kann man sagen, daß 1 Stück Rotwild etwa 2 Stück Damwild oder 4 Stück Rehwild entspricht. Beispielsweise kann – wenn es der gegebene Fall erlaubt – eine Wilddichte von 4 Stück Rotwild oder eine solche von 3 Stück Rotwild + 4 Stück Rehwild entsprechend sein.

Ein anderer Weiser sind die Umweltverhältnisse, der land- oder forstwirtschaftliche Anbau, das Nahrungsangebot und der Einfluß des Wildes auf die Umwelt. Die Rücksicht auf die Landeskultur erfordert, Wildschäden in der Land- und Fortwirtschaft möglichst zu vermeiden. Das andere Moment ist, die Landschaftsstruktur, zu der eine angemessene Zahl der heimischen Wildarten gehört, zu erhalten, notfalls zu verbessern. Dieser Gesichtspunkt ist bei der mehr und mehr erkannten Erholungsfunktion der Landschaft deutlich geworden. Dies alles gilt für freie Wildbahn. Für Gatterreviere können noch andere Erwägungen vorliegen.

Dem Revierinhaber, den Hegegemeinschaften und den Jagdbehörden obliegt die Aufgabe, unter Zusammenschau und Abwägung dieser Weiser die *angemessene Wilddichte* jeweils zu finden.

Das *Geschlechterverhältnis* ist das Verhältnis der Anzahl aller männlichen Stücke zur Anzahl der weiblichen Stücke im Frühjahrsbestand (ohne Jungwild). Die Abschußplanung geht von einem erwünschten Geschlechterverhältnis (GV) von 1:1 aus, zum Teil sogar von einem leichten Überwiegen des männlichen Geschlechts (etwa 1,2:1). Es liegt die Annahme zugrunde, daß Jungwild in der Regel in gleichmäßiger Geschlechtsverteilung gesetzt wird. In Wirklichkeit ist bereits das GV zum Zeitpunkt der Geburt durch Umwelteinflüsse wandelbar; z. B. mehr männliche Junge bei schlechten, mehr weibliche bei guten Lebensbedingungen u. dgl. Nach der Geburt können Verlustraten bei männlichen und weiblichen Jungtieren verschieden sein; Rivalenkämpfe, Paarungs- und Sozialverhalten wirken unterschiedlich ein, so daß sich – auch zeitlich und örtlich schwankend – erhebliche Abweichungen ergeben können.

Der Abschußplan und sein Vollzug

Dem Abschußplan liegt der ermittelte *Winterbestand*, d. h. der Stand zu Ende des Jagdjahres (31. März) zugrunde. Mit Beginn des neuen Jagdjahres (1. April) tritt eine Verschiebung in der Altersgliederung ein, indem die einzelnen Stücke in die jeweilige nächste Altersklasse aufrücken (vgl. hierzu auch die Erläuterung zur Übersicht auf der vorangegangenen Seite). Auch entsteht zu Anfang des Jagdjahres der neue Zuwachs an Jungwild. Durch die Verschiebung in der Gliederung und den Zuwachs entsteht der *Sommerbestand.*

Die folgende Berechnung (Tabelle unten) beruht auf den theoretischen Annahmen, daß

1. Bock- und Rickenkitze zu gleicher Zahl gesetzt werden,
2. von den geringen Böcken 20% zu den jagdbaren übergehen,
3. der Zuwachs unter Berücksichtigung der Jugendverluste 110% der Ricken und Schmalrehe beträgt,
4. Ab- und Zuwanderung sich gegenseitig ausgleichen,
5. der Abschuß dem Zuwachs entspricht,
6. das Geschlechterverhältnis 1:1 beträgt,

Beispielsweise ergibt sich folgendes Schema für **Rehwild:**

	Männliches Wild Böcke		Weibliches Wild Ricken u.	Kitze	Summe
	jagdbare	geringe	Schmalrehe		
Winterbestand (31. März)	6	32	38	24	100
Veränderungen: a) durch Übergang in andere Klassen	+6	+12 −6	+12	−24	
b) durch Zuwachs				+42	+42
c) durch Zu- und Abwanderung	−	−	−	−	−
Sommerbestand	12	38	50	42	142
Abschuß	−6	−6	−12	−18	−42
neuer Winterbestand (errechnet)	6	32	38	24	100

Es liegt auf der Hand, daß ein auf diese Weise berechneter Abschußplan mit so vielen Unsicherheiten behaftet ist, daß er nicht die tatsächliche Entwicklung eines Wildbestandes wiedergibt, sondern nur verdeutlicht, wie die einzelnen Einflüsse zusammenwirken. Die einzigen exakten Zahlen sind die Jagdstrecken – korrekte Streckmeldungen vorausgesetzt.

Dieses Schema eignet sich jedoch grundsätzlich zu mehrjährigen Voraus- und Rückwärtsberechnungen und hilft zu einem weiteren Einblick in die Entwicklungstendenzen eines Bestandes, wenn man es zu den Ergebnissen von Bestandsermittlungen und den Einflüssen des Wildes auf die Landeskultur und Vegetation in Beziehung setzt.

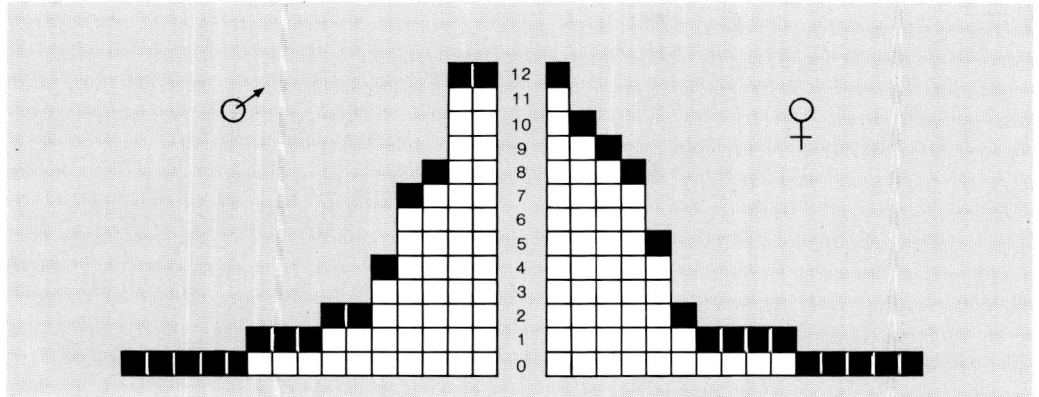

Darstellung eines Rotwildbestandes. Jedes Quadrat stellt 1 Stück Wild dar. Jede Reihe entspricht einer Altersstufe. Die schwarz ausgefüllten Kästchen bezeichnen den jährlichen Abschuß.
Umtriebszeit ist der Zeitraum, an dessen Ende ein Wildbestand etwa einmal umgesetzt (verjüngt) ist; hier 13 Jahre. Zielalter ist das Lebensalter, in dem etwa ein Hirsch das stärkste Geweih zu entwickeln vermag; hier 10 bis 12 Jahre. Sommerstand: 130 Stück. Geschlechterverhältnis: Sommerstand ohne Jungwild = 130 − 30 = 100 (50 ♂, 50 ♀), also 1:1

7. die Entwicklung des Wildbestandes völlig ungestört verläuft und nur durch die Jagd (ohne Fallwild) reguliert wird.

Man beachte, daß unter normalen Verhältnissen die Abschußziffer beim Rehwild zu ⅓ Kitze, ⅓ Ricken und Schmalrehe und ⅓ Böcke enthält.

Der Revierinhaber hat die Erlegung oder Auffindung (Fallwild) von Wild, für das ein Abschußplan vorgeschrieben ist, innerhalb bestimmter Frist der Jagdbehörde zu melden und/oder zum Ende des Jagdjahres eine Nachweisung über die Jagdstrecke – wobei das *Fallwild* einzubeziehen ist – und damit auch über den Vollzug des Abschußplanes der Jagdbehörde vorzulegen.

Ein wichtiges Mittel zur Beurteilung und Kontrolle des Abschusses ist die Hegeschau (Trophäenschau). Sie wird meistens jährlich hegegemeinschafts- oder kreisweise, auch für einzelne Hegeringe oder für ein größeres Gebiet, abgehalten. Die Hegeschau soll nicht nur dem Vorzeigen von »Trophäen« dienen, sondern Angaben über die gesamte Entwicklung der Wildbestände verdeutlichen sowie auch sonstige Hegemaßnahmen im Sinn einer Öffentlichkeitswerbung darstellen.

Eine vollständige Kontrolle über den Abschuß ermöglicht der »*körperliche Nachweis*« (das heißt Vorlage des erlegten Wildes oder eines unverwechselbaren Körperteiles – z. B. Haupt – frisch, unverzüglich nach der Erlegung bei behördlich beauftragter Stelle). Eine so weitgehende Kontrolle ist nicht allgemein eingeführt, kann aber (nach landesrechtlichen Bestimmungen) in einzelnen Zweifelsfällen von der Jagdbehörde angeordnet werden.

Die einzelnen Wildarten
(Abschußrichtlinien, Bejagungsrichtlinien)

Rotwild

Ziel der Rotwildhege ist die Erhaltung gesunden Wildes in entsprechend gegliederten und den Revierverhältnissen angemessenen Beständen.

Dies wird in der Regel bei einem zahlenmäßig geringen Wildbestand eher erreicht als in überbesetzten Revieren. Die richtige Bemessung der Wilddichte ist daher von grundlegender Bedeutung. Sie soll, von sehr günstig gelagerten Fällen abgesehen, im allgemeinen nicht höher als etwa 2−4 Stück je 100 ha sein und hängt von den Lebensbedingungen ab, die der Lebensraum dem Wild bietet. Das Geschlechterverhältnis soll im allgemeinen so geregelt sein, daß beim Sommerstand auf 1 Stück männliches Wild etwa 1 Stück weibliches Wild – ohne Berücksichtigung der Kälber – trifft.

Sorgfältige Auslese beim Abschuß soll vor allem einer naturgemäßen Altersgliederung des Bestandes dienen, nicht vorrangig der Jagd nach der besten Trophäe. Deshalb ist das richtige Ansprechen, insbesondere der Hirsche, so wichtig.

Die nachfolgenden Angaben sollen allgemeine Anhaltspunkte für das Ansprechen des Rotwildes geben.

Der Hirsch wird nach Körperbau, Haltung des Hauptes, Verhalten, sowohl als Einzelstück als auch im Rudel, und Geweih angesprochen. Erstere

Abwurfreihen vom 1. bis 13. Kopf (2. bis 14. Lebensjahr)

Gut veranlagter, endenfreudiger Hirsch.

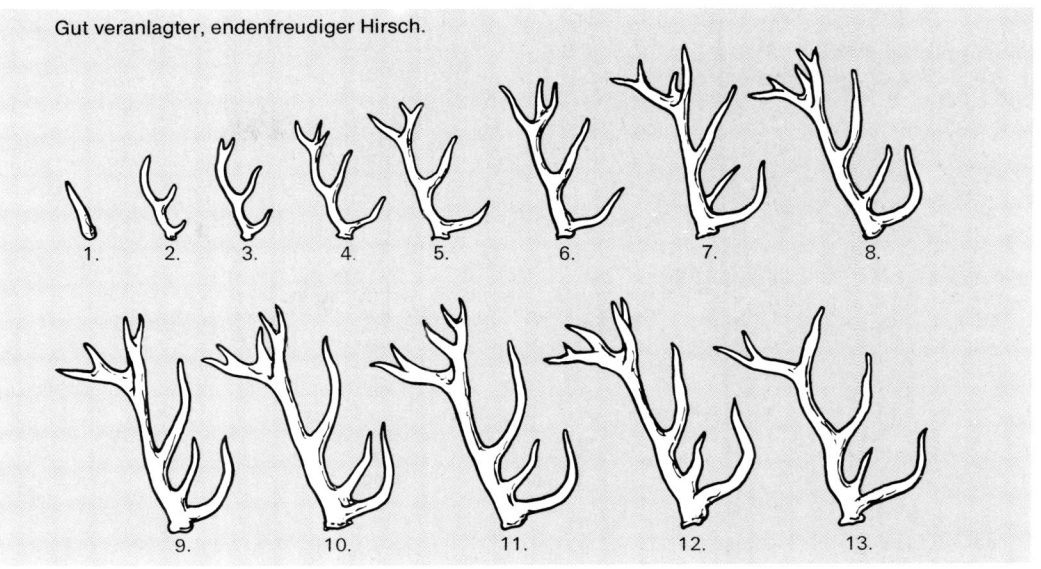

Unerwünschte Geweihentwicklung, mangelnde Endenfreudigkeit

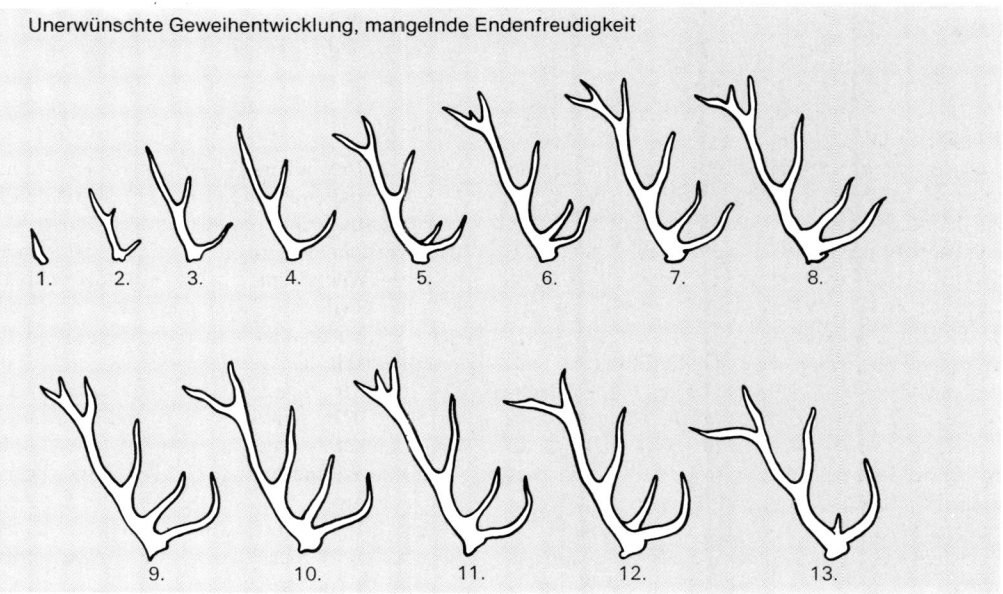

drei Merkmale lassen auf Entwicklung, Konstitution und Alter des Hirsches schließen; in Verbindung mit dem Ansprechen des Geweihs ergibt sich dann, ob der Hirsch schußbar ist oder nicht.

Die jungen (1- bis 3jährigen) Hirsche haben einen jugendlichen, schlanken Körperbau; der Rücken ist gerade; der Träger ist rank, mit schwachem Kragen. Das Haupt wird hoch getragen. Der Hirsch bewegt sich weniger vorsichtig. Die mittelalten (bis etwa 9jäh-

rigen) Hirsche haben einen gleichmäßig starken rundlichen Körperbau. Der Träger ist untersetzt. Der Hirsch bewegt sich vorsichtig. Der alte Hirsch wirkt wuchtig; Träger und Kragen sind gedrungen; die Masse des Körpers hat sich nach vorn verlagert; der Rücken ist meist gebogen und fällt etwas nach hinten ab. Das Haupt wird meist annähernd waagerecht oder noch tiefer getragen. In der Bewegung ist der alte Hirsch langsamer, im Benehmen äußerst vorsichtig. Bei den jungen Hirschen gelten als abschußnotwendig die einjährigen Spießer (also vom 1. Kopf) mit kurzen, nur fingerlangen Spießen; ferner die zweijährigen Spießer und Gabler (vom 2. Kopf) sowie die Sechser mit ganz kurzer Mittelsprosse. Als Zukunftshirsche gelten einjährige Spießer mit gleichmäßig starken, längeren Spießen; ferner vom 2. oder 3. Kopf Sechser und Achter mit gleichmäßig starken Stangen und Enden, bei denen der Mittelsproß hinreichend lang ist; besonders Achter mit angedeuteter Krone. Bei nötiger Bestandsverminderung ist besonders in die Jugendklasse (III) einzugreifen.

Bei den mittelalten Hirschen gelten als abschußnotwendig die sog. ewigen Sechser und Achter. Sie sind häufig erkenntlich an den nach oben in der Stärke erheblich abnehmenden Stangen und Enden. Ferner gelten als Abschußhirsche die Eissprossenachter und jene Eissprossenzehner, bei denen ebenfalls die Enden nach oben in der Stärke erheblich abnehmen. Als Zukunftshirsche gelten alle Kronenhirsche sowie Achter und Eissprossenzehner, die nach oben lange, gleichmäßige Enden tragen.

Bei den alten Hirschen gelten als abschußnotwendig alle Hirsche ohne Krone. Als Zukunftshirsche gelten die Kronenhirsche, die offensichtlich noch nicht auf der Höhe ihrer Entwicklung stehen, bei denen der obere Teil der Stangen jedoch an Masse nicht abfällt.

Abschußgründe für jede Altersstufe sind: Geweihlosigkeit (Mönche), ferner Einstangigkeit infolge schwerer, den Rosenstock erfassender Verletzung oder infolge ererbter Veranlagung.

Keine Abschußgründe für sich allein sind: Einstangigkeit als Folge eines Stangenbruches; ferner faule Enden (die sogar ein Zeichen für gute Geweihbildung sein können) bei jungen und mittelalten Hirschen sowie Ungeradheit in der Endenzahl bei Zukunftshirschen.

Die Jugendklasse (III) sowie die unterdurchschnittlich entwickelten Hirsche der Mittelklasse (II b) stehen in erster Linie zur Erfüllung des Abschusses zur Verfügung. Solange der Abschuß durch Erlegung eines unterdurchschnittlichen Hirsches durchgeführt werden kann, soll nicht in die gut entwickelten eingegriffen werden. Doch darf dieser Grundsatz nicht dazu führen, daß die Abschußziffer nicht erreicht wird. Müssen fehlerfreie Hirsche in den Abschuß einbezogen werden – was der Fall ist, wenn der nach Stand und Zuwachs notwendige Abschuß an geringen Hirschen sonst nicht erfüllt werden kann –, so ist in der Regel zunächst in die jüngsten Klassen einzugreifen.

Alt- und Schmaltiere werden nach Alter und Körperbau angesprochen. Man erlegt bevorzugt überalte, gelte Stücke und solche Stücke, die schwache Kälber führen (in diesem Fall erst das Kalb, dann möglichst anschließend das Tier erlegen). Das Ansprechen ist dadurch erleichtert, daß das Kahlwild meistens in Rudeln zusammensteht, die einzelnen

Erscheinungsbild des jungen, mittelalten und alten Hirsches

Stücke somit nach Körperbau und Alter untereinander verglichen werden können.

Kälber spricht man nach dem Körperbau an. Schwache Stücke sollen zuerst erlegt werden, soweit der Zwang zur zahlenmäßigen Abschußerfüllung (auch bei den Schmaltieren) eine Auslese zuläßt.

Als Faustzahl mag angegeben werden, daß ein normaler Rotwildbestand (Frühjahrsstand) folgende Zusammensetzung (altersgruppenorientierte Infrastruktur) haben soll: rund 20% Kälber (je zur Hälfte männliche und weibliche), rund 40% Alt- und Schmaltiere (wobei sich Alttiere zu Schmaltieren verhalten wie 10:3) und rund 40% Hirsche (davon 50% Altersgruppe der 1- und 2jährigen, 30% Altersgruppe der 3- bis 9jährigen und 20% der über 9jährigen).

Der gesamte Abschuß soll unter gewöhnlichen Verhältnissen den jährlichen Zuwachs nutzen. Als nutzbaren Zuwachs kann man etwa 90 bis 95% der am Ende des Jagdjahres vorhandenen Alttiere oder 70 bis 80% der Alt- und Schmaltiere annehmen (oder ¼ bis ⅓ des Gesamtbestandes). An der Abschußziffer sollen beteiligt sein: die Kälber mit 30% (davon ½ männlich, ½ weiblich), die Alt- und Schmaltiere mit 35% (davon ⅔ Alttiere und ⅓ Schmaltiere) und die Hirsche mit 35% (davon 50% Altersgruppe der 1- und 2jährigen, 30% Altersgruppe der 3- bis 9jährigen und 20% Altersgruppe der über 9jährigen).

Das obige Schaubild soll erkennen lassen, welche Zusammensetzung anzustreben ist. Es läßt vor allem erkennen, daß auch beim Abschuß der männlichen Stücke ein starker Eingriff in die jüngsten Altersklassen nötig ist, und in den mittleren zu-

Erscheinungsbild des jungen, mittelalten und alten Rehbockes. Körperbau und Verhalten sind maßgebend beim Ansprechen des Rehbockes auf sein Alter. Die jeweilige Gehörnbildung bietet dagegen meist nur unzuverlässige Anhaltspunkte.

rückgehalten werden muß, wenn man eine möglichst große Zahl alter, starker Hirsche heranwachsen lassen will.

Damwild

Die für das Rotwild genannten Grundsätze gelten sinngemäß auch für das Damwild. Die Wilddichte soll im allgemeinen nicht über 6 Stück je 100 ha liegen. Das Reifealter der Hirsche liegt mit 8–10 Jahren etwas niedriger als beim Rotwild. Die Geweihstärke drückt sich – neben dem Geweihgewicht – in starken, breiten und ebenmäßig geformten Schaufeln aus.

Gamswild

Das Ziel der Behandlung der Gamsbestände ist ein kräftiges, widerstandsfähiges Wild, das den Umwelt-(Revier-)verhältnissen zahlenmäßig angemessen ist. Die Feststellung des Bestandes erfordert besondere Sorgfalt, weil das Gamswild häufig die Äsungsplätze wechselt. Abgesehen von den Möglichkeiten, die sich im Laufe des Jahres für einen Einblick in den Bestand ergeben, ist es besonders wichtig, nach dem Schneeabgang den Bestand zu kontrollieren, um das Ausmaß der oft sehr hohen Winterverluste einschätzen zu können. Erst dann läßt sich der Abschußplan aufstellen. Die Bemessung der angemessenen Wilddichte wird hier nicht so sehr von landeskulturellen Rücksichten beeinflußt wie bei anderem Schalenwild, da sich das Gamswild überwiegend in einem Gelände aufhält, wo Schäden weniger ins Gewicht fallen und Äsung in der Vegetationszeit auf den Almen, sonst in den Latschenfeldern meist reichlich vorhanden ist.

Doch gilt auch hier eine biologische Grenze, die nicht überschritten werden darf. Als Anhalt mag eine Wilddichte von 6 bis 8 Stück je 100 ha gelten. Das Geschlechterverhältnis soll 1:5 nicht überschreiten.
Als erstrebenswerte Altersstruktur des Frühjahrsstandes mag gelten: 15% Kitze, 15% Jahrlinge, 20% 2- bis 3jährige, 40% 4 bis 10jährige, 10% über 10jährige.
Der bevorzugte Abschuß des unter dem Durchschnitt seiner Altersklasse bleibenden Stückes ist auch hier die Richtschnur. Nötiger Verminderungsabschuß soll vor allem die jüngeren Altersklassen (1–3jährige) treffen. Der Gamsbock wird nach Körperbau, Verhalten, Gesichtsmaske, Alter und Krucken angesprochen. Der junge und mittelalte Bock, unter 9 Jahre, ist schlank, der Zügel scharf abgegrenzt. Der junge Bock steht häufig auch im Sommer beim Scharwild.
Der alte Bock, über 9 Jahre, ist von gedrungener Gestalt, der Zügel ist an den Rändern verwaschen. Im Sommer, zur Feistzeit, steht der alte Bock allein; zur Brunftzeit beherrscht er das Rudel.
Bayern teilt die *Böcke* in *starke* (Klasse I, über 9 Jahre alt, Krucke mind. 90 Bewertungspunkte) und in *geringe* (Klasse II) ein. Die unterdurchschnittlichen Böcke (II b) stehen in erster Linie zur Erfüllung des Abschusses zur Verfügung. Starke Böcke (I) sollen nur dort erlegt werden, wo ein nachhaltiger Nachwuchs an solchen gesichert ist.
Der Abschuß von Geißen, Kitzen und Jahrlingen richtet sich nach Auslesemerkmalen am einzelnen

Stück (überaltete, kümmernde) vor allem aber danach, ob eine Regulierung oder sogar Verminderung des Bestandes notwendig ist. Maßgebend dafür sind die Lebensbedingungen in Wechselwirkung mit den jeweiligen, von Jahr zu Jahr oft recht unterschiedlichen Winterverlusten. Eine Reihe von milden Wintern bedingt höheren Geißen- und Jungwildabschuß. Eine solche Regulation ist erforderlich, wenn ein Anwachsen des Bestandes den Ausbruch der Gamsräude befürchten läßt oder wenn ein Gamsbestand in Waldlagen (Wirtschafts-, vor allem aber Schutzwald) erheblichen Verbiß verursacht. – Der Zuwachs kann normal mit 30% des weiblichen Frühjahrsbestandes angenommen werden.

Rehwild

Auch beim Rehwild ist durch Hege und Abschuß auf die Haltung gesunden Wildes in entsprechend gegliederten und den Revierverhältnissen angemessenen Beständen hinzuwirken.

Die angemessene Wilddichte schwankt innerhalb weiter, zahlenmäßig schwer faßbarer Grenzen, hängt auch vom Vorhandensein anderer Schalenwildarten ab und soll auch unter sehr günstigen Verhältnissen 12 Stück/100 ha nicht übersteigen. (Da sich das Wild jahreszeitlich unterschiedlich in

seinem Lebensraum verteilt, ist es auch dann, wenn auf der Gesamtfläche eines Reviers oder einer Hegegemeinschaft eine angemessene Wilddichte besteht, durchaus möglich, daß sich örtlich und zeitlich begrenzt wesentlich höhere Wilddichten ergeben. So vor allem, wenn sich im Winter das Wild in wenigen Waldeinständen konzentriert, wo dann mitunter Wilddichten von 50–80 Stück oder mehr je 100 ha Waldfläche entstehen können, während die angrenzenden Feldreviere fast rehleer sind. Deshalb ist es wichtig, Wilddichten großräumig zu ermitteln und nicht innerhalb enger Reviergrenzen.)

Sorgfalt beim Abschuß und die Regel, daß stets dem unter dem Durchschnitt seiner Altersklasse oder Altersgruppe bleibenden Stück bevorzugt die Kugel gebührt, gelten auch hier.

Kennen der einzelnen Stücke über Jahre hinweg erleichtert das richtige Ansprechen, ist aber gerade beim Rehwild nicht leicht möglich. Das Ansprechen des Rehbockes geschieht nach dem Körperbau, dem Haupt, dem Verhalten und dem Gehörn. Die ersten drei Merkmale dienen der Beurteilung von Entwicklung und Stärke und dem Erkennen des Gesundheitszustandes und des Alters; in Verbindung mit ihnen und dem Gehörn ergibt sich dann, ob der Bock schußbar ist oder nicht.

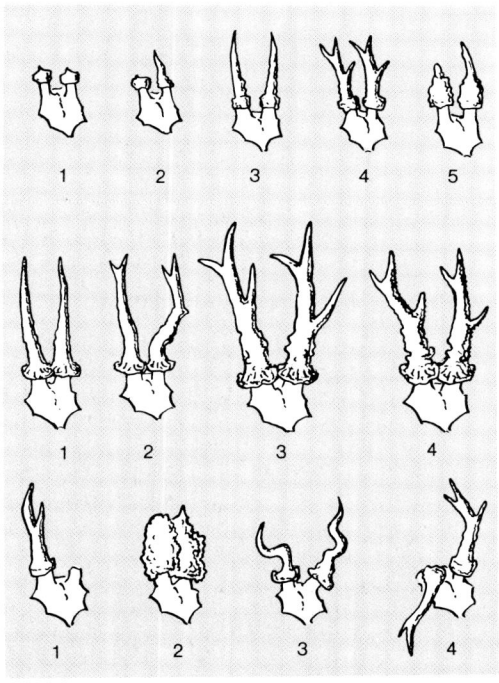

Beispiele für Gehörnbildung in verschiedenen Altersklassen

Jährlingsböcke: 1 und 2 schlechte, 3 normale, 4 sehr gute Gehörnbildung, 5 zeigt trotz der unregelmäßigen Stangenlänge eine beachtliche Stärke und ist daher als gut entwickelt zu schonen

Vier- bis sechsjährige Böcke: in dieser mittleren Altersklasse soll der Rehbock den Höhepunkt der Gehörnbildung erreichen. Hier kann dann auch im Rahmen des Abschußplanes der »Ernteabschuß« an Böcken mit ausgereiften, guten Trophäen vorgenommen werden. 1 und 2 schlechte, 3 und 4 gute Gehörnbildung

Regelwidrige (abnorme) Böcke: Sie können in allen Altersklassen auftreten und sollen in den meisten Fällen abgeschossen werden, da ein abnormes Gehörn stets auf irgendeine Schädigung seines Trägers hinweist (Krankheit, Verletzung).
1 Einstangengehörn (Fehlen einer Stange infolge mechanischer Verletzung, selten infolge Erbanlage), 2 Perückengehörn, 3 »Korkzieher«- oder Widdergehörn (mangelnde Kalkablagerung während des Schiebens; meist infolge Parasitenbefalls), 4 Rosenstockbruch

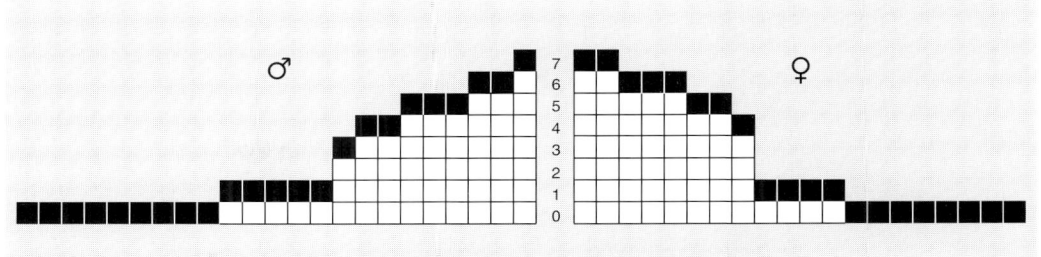

Darstellung eines Rehwildbestandes (Sommerstand). Jedes Feld = 1 Stück. Der Abschuß ist gekennzeichnet, indem das Feld schwarz gedruckt ist. Eine waagrechte Zeile ist eine Altersklasse: Umtriebszeit: hier 8 Jahre. Zielalter: hier 4–6 Jahre.

Ein zuverlässiger Anhaltspunkt für das Ansprechen auf Gesundheitszustand und Alter ist das Verfärben zu Beginn der Jagdzeit: junge Böcke verfärben eher als alte, gesunde eher als kümmernde gleichen Alters; dagegen verfegen junge Böcke in der Regel später als alte.

Man berücksichtige, daß der normal entwickelte Jährlingsbock ein etwa lauscherhohes Gehörn mit etwa fingerdicken Stangen haben soll, die in vielen Fällen bereits Gabel- oder Sechserstangen sein können.
Der junge Bock (1- bis 2jährig) hat einen schlanken Rumpf und einen dünnen Hals. Der Kopf ist jugendlich. Sie haben meist noch kein eigenes Einstandsrevier und leben in Furcht vor den erwachsenen Böcken. Sie werfen daher beim Äsen häufiger auf als das weibliche Wild; sie springen zwar bei der ersten Beunruhigung ab, bleiben aber nach kurzen Fluchten sichernd stehen; sie schrecken oft und langdauernd.
Die mittelalten Böcke (3- bis 5jährig) sind gedrungener und kantiger in Rumpf und Kopf. Der Hals wirkt kürzer und dicker. Die Böcke treten später zur Äsung aus, in der Regel erst dann, wenn bereits andere Rehe ausgetreten sind. Beim Äsen sind sie sehr wachsam, springen bei der ersten Beunruhigung ohne Verhoffen ab. Wenn sie schrecken, dann kurz und tief.
Die alten Böcke (etwa über 6jährig) sind knochig, langgestreckt; ihr Hals wirkt massig, in hohem Alter aber länger, geißenähnlich. Sie sind äußerst vorsichtig, treten zur Äsung fast nicht mehr auf freie Flächen aus, sondern halten sich am Wegrand, auf Bestandslücken usw. auf, ohne weit zu ziehen. Bei der geringsten Beunruhigung springen sie ab, meistens ohne zu schrecken.
Bei den jungen (1- und 2jährigen) Böcken gelten als abschußnotwendig, die nach Ablauf des Juni nicht verfärbt oder nicht gefegt haben; ferner die Kropfböcke. Als Zukunftsböcke gelten: normale, d. h. gute Konstitution zeigende 1jährige Spießböcke, 1- bis 2jährige Gabel- und Sechserböcke.

Bei den mittelalten Böcken (3- bis 5jährigen) gelten als abschußnotwendig alle, die schwachstangige, schlechtvereckte oder mißgebildete Gehörne tragen, deren Gehörn für die örtlichen Verhältnisse schlechte Vereckung aufweist oder nach Stärke und Höhe gering ist; dabei ist jedoch darauf zu achten, ob die mangelhafte Ausbildung nicht auf strengen Winter zurückzuführen ist. Als Zukunftsböcke gelten alle normalen Sechserböcke, die noch nicht auf der Höhe ihrer Entwicklung stehen; besonders solche mit guter Vereckung, Auslage und Perlung. Ob ein Bock auf der Höhe seiner Entwicklung steht oder nicht, beurteilt man nach der alten Jägerregel, daß oben dicke Gehörne auf Zukunft deuten, oben dünne und unten dicke auf hohes Alters. Auch berücksichtige man, daß frühreife Böcke oftmals schon im 3.–4. Lebensjahr ein sehr gutes Gehörn tragen, während das bei später reifen einige Jahre länger dauern kann. Das richtige Ansprechen bei dieser Altersklasse verlangt vom Jäger besondere Aufmerksamkeit. Während Jährlinge und meist auch noch 2jährige Böcke nach Körperbau und Verhalten recht gut anzusprechen sind, gibt es bei den mittelalten Böcken vom 4. Lebensjahr an (mit jetzt voll ausgebildetem Territorialverhalten) kaum zuverlässige Merkmale.

Alte Böcke (über 6jährig) sind stets abschußwürdig, sei es, daß sie auf der Höhe der Entwicklung stehen (die beim Rehwild je nach Wuchsgebiet mit dem 5. bis 7. Lebensjahr erreicht wird), sei es, daß sie überaltert sind, oder als übersehene Abschußböcke durchkommen. Wenn das Revier wenig gute Böcke aufweist, wird man gut entwickelte Böcke so lange wie möglich schonen.
Abschußgründe für jedes Alter sind: Gehörnlosigkeit und Perückenbildung; ferner ungewöhnlich schwache Stangen, was auf zu schwachen Rosenstock deutet; dann offensichtliche Schwächlinge bei jungen Böcken und offensichtlich kranke Bök-

241

ke bei älteren. Keine Abschußgründe für sich allein sind Stangenbrüche, die nicht den Rosenstock erfaßt haben, sowie ausheilende Verletzungen.

Der Frühjahrsstand kann als normal gelten, wenn 2/8 Kitze, 3/8 Ricken und Schmalrehe und 3/8 davon Böcke sind. Vom Sommerstand aller männlichen Stücke sind normalerweise 1/2 Bock-Kitze, 1/3 ein bis dreijährige Böcke und 1/6–1/4 über vierjährige Böcke.
Der Abschuß an Böcken ist in erster Linie durch Erlegung von Jährlingen und den geringsten zweijährigen Böcken zu erfüllen. Fehlerfreie geringe Böcke müssen in den Abschuß einbezogen werden, wenn es zur Erfüllung des Abschusses oder zur Verminderung des Wildstandes nötig ist. In diesem Fall ist in die jüngsten Altersklassen einzugreifen.
An guten Böcken dürfen höchstens so viele zum Abschuß vorgesehen werden, wie aus den jüngeren Altersklassen zugehen.
Ricken und Schmalrehe werden nach Alter und Körperbau angesprochen. Das herbstliche Verfärben (junge und gesunde Stücke verfärben zuerst) zu Beginn der Jagdzeit (September–Oktober) erleichtert das Ansprechen. Man erlegt bevorzugt geringe Schmalrehe, überalte und gelte Ricken. Die alten Ricken zeigen knochigen Körperbau. Kopf, Hals und Lauscher erscheinen sehr lang. Der Kopf ist häufig grau, die Decke stumpf in der Farbe und struppig. Einen guten Anhalt für die Beurteilung gibt der Nachwuchs, der bei ihnen steht. Unter normalen Verhältnissen sollen beim Abschuß des weiblichen Wildes 2/5 Geißkitze, höchstens 1/5 Schmalrehe und 2/5 Ricken sein.
Der Abschuß an Kitzen (je zur Hälfte männliche und weibliche) soll 1/3 ihres Bestandes betragen. Kitze werden nach ihrer Stärke angesprochen; die schwachen Stücke und die geringeren bei Zwillingen soll man vorweg erlegen.
Der Gesamtabschuß soll für gewöhnlich den Zuwachs nutzen. Als Zuwachs kann man etwa 100–200% der Ricken und Schmalrehe (setzfähige weibliche Stücke nach dem Frühjahrsstand) annehmen. Als ein anderer Anhalt kann dienen, daß unter günstigen Verhältnissen alljährlich ohne Gefährdung der Nachhaltigkeit etwa 40% des Frühjahrsbestandes zum Abschuß vorgesehen werden kann. Auf ihn ist das Fallwild anzurechnen.
Auch für das Rehwild gilt, daß der Abschuß der männlichen Stücke durch einen starken Eingriff in die Kitze und Jährlinge und Zurückhaltung in den mittleren Altersklassen durchgeführt werden muß, wenn man auch alte Böcke erlegen will.

Schwarzwild

Die Landeskultur gestattet eine planmäßige Hege des Schwarzwildes nicht überall. Die Beurteilung der Frage, ob und welcher Bestand an Schwarzwild in einem Jagdbezirk angemessen ist, hängt daher in erster Linie davon ab, ob der Schaden, den das Schwarzwild in den Feldfluren anrichtet, den Grundeigentümern zugemutet werden kann. Der Abschuß soll hierauf insofern Rücksicht nehmen, als die Bejagung in den Monaten, in denen der Wildschaden erfahrungsgemäß eintritt, verstärkt wird.
Das Ansprechen des erwachsenen Schwarzwildes ist erschwert, weil die Geschlechter nicht leicht zu unterscheiden sind. Wohl hat der Keiler mit zunehmendem Alter einen gedrungenen Kopf mit kürzerem Wurf als die Bache, läßt auch bisweilen die Gewehre besser hervortreten und den Pinsel immer erkennen.
Als Zuwachs kann man 6 Frischlinge je Bache annehmen, so daß sich ein normaler Bestand in einem Jahr etwa verdoppelt. Wo für die Bejagung ein gesicherter Bestand zur Verfügung steht, soll der Abschuß in der Höhe des Frühjahrsbestandes erfolgen, wenn der Bestand gleich bleiben soll.
Die weiträumige Lebensweise des Schwarzwildes bedingt ebenso – oder eher noch mehr – wie beim Rotwild den Zusammenschluß der einzelnen Reviere zu Hegegemeinschaften oder »Schwarzwildringen«, um die jagdliche Behandlung so sinnvoll zu gestalten, daß ein gut gegliederter Bestand erhalten wird, regelmäßig starke Keiler erlegt werden können, zugleich aber der Bestand zahlenmäßig in angemessenen Grenzen bleibt und Wildschäden möglichst vermieden werden.
Wenn eine Schwarzwild-Hegegemeinschaft gebildet werden kann, sollten für den Abschuß folgende Richtlinien aufgestellt werden:

- den Abschuß überwiegend in die Frischlinge und geringen Überläufer legen (70–80%);
- zur Unzeit frischende Bachen samt Nachwuchs erlegen;
- Stücke über etwa 50 kg schonen;
- Keiler erst, wenn sie mindestens 5 Jahre alt sind, erlegen;
- alle unter dem Durchschnitt ihrer Altersklassen liegenden Stücke bevorzugt erlegen. (In Rotten grundsätzlich eines der geringsten Stücke erlegen.)

Auerwild, Birkwild

Auer- und Birkwild, die vor der fortschreitenden Beeinträchtigung ihrer Lebensräume mehr und mehr zurückweichen, verdienen besondere Hege (Schutz vor Störung; Rücksicht bei der Behandlung des Waldes). Sie haben daher z. Z. in allen ihren restlichen Vorkommen bei uns ganzjährige Schonzeit.

Es bleibt abzuwarten, ob die Bemühungen, geeignete Lebensräume zu sichern, restliche Bestände zu erhalten und möglichst (z. T. auch durch künstliche Nachzucht und Aussetzen) wieder zu vermehren, in absehbarer Zeit vereinzelt wieder eine Bejagung ermöglichen werden. Sollte dies der Fall sein, so müßten folgende Grundregeln gelten, nach denen Auer- und Birkhahn früher bejagt wurden und heute noch z. T. in Österreich bejagt werden: Der Abschuß der Hähne darf nicht mehr als ⅙ ihres Bestandes betragen. Es ist notwendig, schon frühzeitig zu Beginn der Balz die balzenden Hähne zu bestätigen und während der Balzzeit den Überblick über deren Zahl zu vervollständigen. Mit dem Abschuß soll erst in der zweiten Hälfte der Balzzeit begonnen werden (nicht vor dem 1. Mai). An einem Balzplatz dürfen niemals alle Hähne erlegt werden, vor allem nicht die »alten Raufer«, die tatsächlich den Balzbetrieb nicht stören. Sie sind vielmehr die »Platzhähne«, von denen sich die Hennen bevorzugt treten lassen. Nach Abschuß eines »Platzhahns« wird der Balzplatz meistens von den Hennen verlassen.

Anderes Haar- und Federwild

Da der *Hasen*besatz infolge der Abhängigkeit von der Witterung sehr schwankt, ist es erforderlich, alljährlich die Bejagung darauf einzustellen. Man suche zu Beginn der Jagdzeit einige charakteristische Flächen des Reviers ab, die es erlauben, aus ihnen einen Schluß auf den Gesamtbesatz zu ziehen (das gilt natürlich nur für ausgesprochene Hasenreviere). Hasen sollen jährlich in einem Teil des Reviers nicht bejagt werden; vor allem ist es notwendig, daß ein genügender Teil (etwa ⅓ des Besatzes) in die nächste Jagdzeit übergeht. Ein Anhalt mag sein, daß die Jahresstrecke nicht viel höher sein sollte als der Besatz zu Wintersende – Frühlingsanfang. Die Bejagung sollte frühzeitig zum Beginn der Jagdzeit einsetzen, um mögliche Verluste durch Krankheiten (bei ungünstigem Herbst- und Winterwetter) vorwegzunehmen. Im Winter (etwa ab Mitte Dezember) sollte die Jagd dann eingestellt werden, damit die überlebenden Hasen den Winter ungestört überstehen können. (Bei günstigem Wetter beginnt Ende Dezember schon die Rammelzeit.)

Der Besatz von *Rebhühnern* wird durch Verhören während der Paarzeit und im Sommer ermittelt. Bei der Rebhuhnjagd ist es nötig, daß mindestens ⅓ des Besatzes zum nächsten Jahr übergeht. Der Abschuß sollte sich nicht gleichmäßig auf alle angetroffenen Ketten verteilen; es ist besser, einzelne (bevorzugt schwache) Ketten ganz abzuschießen und dafür andere (bevorzugt starke) Ketten völlig zu schonen. Starke Ketten haben bessere Aussichten, den Winter mit wenig Verlusten zu überstehen.

Alte Hühner, die aus der Kette in der Regel zuerst aufstehen, sind zu schonen.

Beim *Fasan* bedenke man, daß er in ihm zusagenden Landschaften die Federwildart ist, die auf Hegemaßnahmen am ehesten anspricht – was man allerdings nicht unbegrenzt ausnutzen sollte –, daß er aber in der vegetationslosen Zeit wie keine andere Wildart auf Fütterung angewiesen ist. Hennen sollte man weitgehend schonen. Notwendigen Hennenabschuß – um Überalterung zu verhindern – verlegt man abwechselnd in die verschiedenen Revierteile. Es ist darauf zu sehen, daß in gut besetzten Revieren die Zahl der überlebenden Hähne nicht zu groß ist, weil die unverträglichen Hähne sonst die Balz und das Brutgeschäft stören.

Wildenten schone man so lange, wie sie mit der Aufzucht und Führung ihres Nachwuchses beschäftigt sind, was gerade bei den *Tauchenten* auch noch in der ersten Septemberhälfte nicht selten vorkommt. Zu Beginn der Jagdzeit sollen daher die Brutgewässer noch in Ruhe gelassen werden (keine Treib- und Stöberjagden!); die Jagd soll sich auf die bereits voll flugfähigen Enten beschränken (abendlicher Enteneinfall, entweder auf Gewässern oder an Getreidefeldern). Die Jagdzeiten (Stockente ab 1. September, übrige Arten ab 1. Oktober) berücksichtigen diese Umstände bereits weitgehend. Aber auch im Herbst und Winter sollten Rastgewässer möglichst wenig beunruhigt werden und die Jagd sich hauptsächlich auf Enten erstrecken, die zur Äsung an Land streichen oder auf Kleingewässern einfallen. Übertriebenes Ankirren zum Zweck des Abschusses ist abzulehnen.

Die *Waldschnepfe* wird mehr zufällig während der herbstlichen Waldjagden erlegt; die Geschlechter können dabei nicht angesprochen werden. Diese Möglichkeit bestand nur bei der (jetzt nicht mehr erlaubten) Einzeljagd im Frühjahr auf dem Schnepfenstrich: Nur die Männchen lassen das dumpfe »Quorren« beim Streichen vernehmen und können so bevorzugt erlegt werden, wenn der Jäger alle stumm streichenden Schnepfen grundsätzlich schont.

Bei den *Wildtauben* (Ringel-, auch Türkentaube)

ist es bei der Balzjagd im Frühjahr leicht, nur die balzenden (rufenden) Tauber zu schießen. Im Sommer, während die Taubenpaare ihre 2. oder 3. Brut betreuen, sollten einzelne erwachsene Tauben geschont werden (beide Eltern sind zur Aufzucht unbedingt nötig!). Bis Ende August sollte sich die Jagd auf die bereits flüggen Jungtauben (noch ohne weißen Halsring) sowie nicht verpaarte Tauben beschränken, die in größeren Schwärmen auftreten.

Raubwild und Raubzeug

Man beachte, daß auch das Raubwild seinen Platz im Naturhaushalt hat und behalten muß. Die Jagd auf *Raubwild* ist daher in solchen Grenzen zu halten, daß einerseits übermäßige Schädigungen des Niederwildes und der Kleintierzucht (durch häufige Raubwildarten, insbesondere Fuchs und Steinmarder, örtlich auch Waschbär) verhütet, andererseits die Raubwildarten in angemessenem Bestand erhalten bleiben.

Stärkere Bejagung ist z. T. gerechtfertigt, wenn es die Bekämpfung der Tollwut erfordert oder wenn eingeschleppte fremde Arten (Waschbär, Marderhund) zurückgedrängt werden sollen. Im übrigen kann Raubwild, das eine Jagdzeit hat, nach den gleichen Grundsätzen wie das übrige Wild nachhaltig genutzt werden (Verwertung der Winterbälge).

Alle *Greifvögel* haben z. Z. ganzjährige Schonzeit. Nur in begründeten Einzelfällen werden (nach Landesrecht unterschiedlich) Sondergenehmigungen zum Abschuß oder zum Lebendfang von Mäusebussard und Habicht erteilt. (Beide Arten sind weit verbreitet und nicht in ihrem Bestand gefährdet. Sie örtlich zu regulieren kann zweckmäßig sein, wenn es darum geht, den »Feinddruck« auf gefährdete Beutetierarten – z. B. Rebhuhn, Birkwild – zu vermindern, bis eingeleitete Maßnahmen zur Lebensraumverbesserung wirksam werden.)

Das neue Bundesjagdgesetz kennt den Begriff »Raubzeug« überhaupt nicht mehr; doch dürfte er Bestandteil der Jägersprache bleiben, um mit einem Wort auszudrücken, was sonst umständlich umschrieben werden müßte: beutegreifende bzw. allesfressende Tiere, die zwar nicht dem Jagdrecht unterliegen, aber aus Gründen der Wildhege angemessen kurzgehalten werden sollen. Ebenso wie das Raubwild haben auch diese freilebenden Tiere ihre Daseinsberechtigung in der Natur. Nur wo sie im Übermaß auftreten und zu »Schädlingen« werden, sind Eingriffe nötig, um Schäden abzuwehren.

Das galt bis vor kurzem (1987) vor allem für Rabenkrähe. Elster und Eichelhäher. Durch die Bundes-Artenschutzverordnung unter Schutz gestellt, sind sie jetzt dem jagdlichen Eingriff entzogen (s. Seite 354). Es bleibt abzuwarten, ob der Schutz wieder gelockert bzw. diese Arten dem Jagdrecht unterstellt werden. Nach jetziger Rechtslage trifft die Bezeichnung »Raubzeug« unter den freilebenden Tieren nur noch auf die Wanderratte zu. (Diese läßt sich infolge ihrer Lebensweise weder durch Abschuß noch durch Fallenfang wirksam kurzhalten. Bei Massenauftreten kommt Vergiftung in Betracht.) Außerdem gelten Waschbär und Marderhund dort als »Raubzeug«, wo sie nicht nach Landesrecht als Raubwild dem Jagdrecht unterstellt sind (s. Seite 26).

Eine Sonderstellung nehmen streunende bzw. wildernde Hunde und Katzen ein. Als Haustiere gehören sie nicht zur freilebenden Tierwelt (auch wenn sie in Einzelfällen völlig verwildern können und dann herrenlos sind). Gegen sie bestehen besondere Jagdschutzbefugnisse in den Landesjagdgesetzen (s. Seite 52).

Schäden durch Wild und ihre Verhütung

Allgemeines

Es ist unvermeidlich, daß die freilebenden Tiere bei ihrer Nahrungsaufnahme und bei gewissen artbedingten Lebensäußerungen auch an landwirtschaftlichen Kulturpflanzen und Holzgewächsen oder Fischereianlagen gewisse Schäden verursache. Solange es freilebende Tiere gibt und die Gesetze sie vor der Ausrottung schützen, lassen sich solche Schäden nicht völlig vermeiden, und der Betroffene, meistens der Grundstückseigentümer, muß dies in zumutbarem Ausmaß aus seiner Verpflichtung gegenüber der Gesellschaft ertragen. Von echtem Schaden durch freilebende Tiere sollte man erst sprechen, wenn das Ausmaß unzumutbar

Verbissene Jungfichte

Schäden durch Wildkaninchen in einem Getreidefeld

ist oder – anders ausgedrückt – die Höhe des Wildstandes die Angemessenheit übersteigt. Die freilebende Tierwelt gehört ebenso zur Landschaft wie Baum und Strauch, Gras und Kraut, Wald und Feld, Berg und Tal. Die Elemente dieser Lebensgemeinschaft zu erhalten, ihre gemeinsamen Beziehungen zu pflegen, ihre widerstrebenden Belange auszugleichen, ist oft schwierig, aber immer notwendig. In diesem Rahmen muß auch das Problem Wildschaden gesehen werden.

Fegestelle eines Rehbockes an Jungkiefer

Das trifft auch für das Problem »Wald und Wild« zu, das in den letzten Jahren lebhaft erörtert wurde. Grundsätzlich ist dazu folgendes zu sagen:
Es sollen sich zu seiner sachlichen Beurteilung fähige, gutwillige Beteiligte zusammensetzen und jeweils den gegebenen Fall zu einer ausgeglichenen Lösung bringen. Das wäre wirkungsvoller, als die Probleme emotionell aufzuheizen, in unsachlicher Weise zu verallgemeinern und starre Fronten aufzubauen. Ich vermag hier nur zu wiederholen, was ich einmal (Fortschritte der Forstwirtschaft, BLV Verlagsges., 1960) geschrieben habe:
»Faßt man zusammen, so erkennt man das Problem Wald und Wild in seiner komplexen Art. Je nachdem man den einen oder anderen Faktor zur Ausgangslage der Betrachtung nimmt, wird die Beurtei-

Durch Schälen stark geschädigter Fichtenbestand

lung ausfallen. *Die Lösung des Problems erfordert naturgemäß komplexe Maßnahmen, sie liegt nicht in einseitigen Behelfen. Es ist keine große Kunst, Forstwirtschaft zu betreiben, wenn man den Faktor Wild ausschalten würde, und es ist nicht schwer, Jagdwirtschaft zu betreiben, wenn man auf den Wald keine Rücksicht zu nehmen braucht. Eine Kunst ist es aber, beide so zu betreiben, daß Wald und Wild zu ihrem Recht kommen. Diese Kunst zu üben, wird vom Gesetzgeber gefordert und ist zudem reizvoll.«*

Nach der Art des Erscheinungsbildes unterscheiden wir folgende Wildschäden:

- *Verbeißen* von landwirtschaftlichen und gärtnerischen Kulturpflanzen sowie von Knospen und Trieben der Holzgewächse durch pflanzenfressende Wildarten.
- *Schälen* der Rinde von Holzgewächsen durch Rot-, Dam- und Sikawild, gelegentlich auch durch Muffelwild.
- *Benagen* der Rinde einiger Holzarten durch Hasen und Kaninchen.
- *Fegen und Schlagen* an jungen Stämmchen durch männliches Rot-, Dam-, Sika- und Rehwild.
- *Äsen* von Früchten und Sämereien (z. B. Getreide, Mais, Kartoffeln, Eicheln, Bucheckern) sowie von Keimlingen jeder Art durch fast alle pflanzenfressenden Wildarten.
- *Umwühlen* besonders von Wiesen durch das Schwarzwild und Unterhöhlen des Bodens durch Kaninchen.
- Schaden an Nutztieren, z. B. von Raubwild an Hausgeflügel, vom Graureiher an Fischteichen u. a.
- ökologische Auswirkungen (s. Seite 249).
  Wildschäden können in der Landwirtschaft zur Verminderung, manchmals zur Vernichtung der Ernte führen. In der Forstwirtschaft bewirken sie Mißbildungen an Holzgewächsen und Zuwachsverluste, sekundär deren Befall durch pflanzliche (Pilze) und tierische Schädlinge (Insekten) oder ihr Absterben sowie eine Verminderung der Mast.
  Abwehrmittel gegen Wildschäden aller Art sollten grundsätzlich rechtzeitig vor Eintritt der Gefährdung angewandt werden. Eine sorgfältige Vorbereitung der notwendigen Maßnahmen sichert den Erfolg und spart Kosten. Wiederholte, eingehende Kontrolle während der Schutzdauer sollen die Wirksamkeit des Wildschadensverhütungsmittels überprüfen.

Vorbeugung

Zur Vorbeugung gegen Wildschäden hat der Jäger durch einen angemessenen Abschuß laufend den Wildstand zu regeln, damit die Wilddichte den örtlichen Verhältnissen angepaßt ist. Es darf nur soviel Wild gehalten werden, wie dafür ausreichende Äsung im Revier vorhanden ist. Der Jagdnutzungsberechtigte – und die Jagdbehörden – haben es weitgehend in der Hand, allein durch Abschuß Wildschäden größeren Ausmaßes zu verhindern. Weitere je nach Gegebenheit in Betracht kommende Maßnahmen sind die Verbesserung der vorhandenen und die Schaffung zusätzlicher Äsungsmöglichkeiten (siehe Seite 221) und von Ruhezonen (siehe Seite 228) sowie eine sachgemäße Wildfütterung (siehe Seite 228).

Abwehr

Die Abwehr von Wildschäden erstreckt sich auf den Schutz von Einzelpflanzen oder von ganzen Flächen. Die Mittel dazu können mechanischer, mechanisch-biologischer oder chemischer Art sein. Die Notwendigkeiten und Möglichkeiten der Verhütung sind in der Land- und Forstwirtschaft vielfach ähnlich.

Mechanische und mechanisch-biologische Abwehrmittel

Zum Schutze von einzelnen Pflanzen, besonders der eingesprengten Holzarten, die nicht zu den Hauptholzarten gehören, werden mechanische Abwehrmittel in großer Anzahl angeboten:

- *Gegen das Verbeißen* gibt es Knospenschützer, meist aus Metall oder Kunststoff, die an der Spitze des Terminaltriebes befestigt werden. Die Gefahren der Wachstumsbehinderung im Frühjahr und das leichte Abfallen haben diese Art des Einzelschutzes nur wenig Verbreitung finden lassen. Besser ist der Schutz von Terminaltrieb und -knospen durch Werg oder Chemiefasern zu bewerten. Diese Fasern eignen sich als Schutz für Nadelholzpflanzen und dürfen nur von oben auf den Trieb gestreift, nicht aber um ihn herumgelegt werden (Gefahr des Einwachsens).

- *Gegen das Schälen* der Baumrinde müssen Schutzmaßnahmen frühzeitig eingeleitet werden. Rotwild schält gern in noch nicht geschlossenen Dickungen, sobald die Stämmchen den für das Schälen notwendigen Druck entgegensetzen können.

Mechanisch kann der Stamm durch Grün- oder Trockeneinband geschützt werden. Der Grüneinband läßt sich bei Fichten, Tannen und Douglasien durchführen. Mit oder ohne sog. Einbindringe werden die grünen Zweige nach oben oder unten gebogen, möglichst fest um den Stamm gelegt und mit Draht zusammengebunden. Sollten noch Lücken im Einband verbleiben, müssen sie mit grünen Zweigen, die von Nachbarbäumen gewonnen werden, fest zugesteckt werden. Grün eingebundene Stämme müssen einige Jahre später kontrolliert werden, weil wegen der dann abgefallenen Nadeln Lücken entstehen könnten, durch die der Äser des Wildes an den Stamm gelangen kann. – Sobald im Dickungsalter die unteren Zweige der Bäume abgestorben und trocken sind, ist der Trockeneinband möglich. Meist nach vorausgegangener Ästung werden die angefallenen Äste ebenfalls lückenlos um den zu schützenden Stamm gelegt und zusammen festgebunden. Da das Verfahren sehr arbeitsaufwendig ist, ist seine Anwendung begrenzt.

Eine andere, wenn auch kostspielige Methode stellt der Schutz durch Umgeben des Stammes mit der Maschendrahthose oder mit dehnungsfähigem Kunststoffband dar.

Eine weitere Möglichkeit eines Schutzes gegen das Schälen, speziell an Fichtenstämmen, wird durch die vorsichtige Verletzung der Rinde erreicht, wodurch zuerst eine geringe Verharzung, schließlich aber ein vorzeitiges Verborken erreicht wird. Ein solches Verfahren bezeichnet man als *mechanisch biologisches* Abwehrmittel. Ein Gerät hierzu ist z. B. der Rindenhobel.

Schälschutzmittel müssen einen Stamm vom Wurzelhals an bis zu der Höhe hin schützen, die der Äser des Wildes erreichen kann (Schneehöhe beachten!), im allgemeinen bis zu 2 m.

- *Gegen das Fegen und Schlagen* an jungen Stämmchen gibt es viele verschiedenartige Abwehrmittel. Durch das Anhängen von Blechdosen und -ringen sowie von imprägniertem Garn und Stanniolstreifen kann das Wild abgeschreckt werden, sobald es metallische Laute oder einen Duftstoff wahrnimmt. Mit astigen Fichtenwipfeln, die umgekehrt dicht an der zu schützenden Pflanze in die Erde gesteckt werden, mit Holzpfählen, mit Fegeschutzpfählen aus Draht unterschiedlicher Ausführung und schließlich mit Maschendrahthosen, die an einem Pfahl befestigt werden, kann Fegen und Schlagen verhindert werden.

- Um eine *größere Fläche* vor dem Wild zu schützen, ist der Zaun ein mechanisch wirkendes Mit-

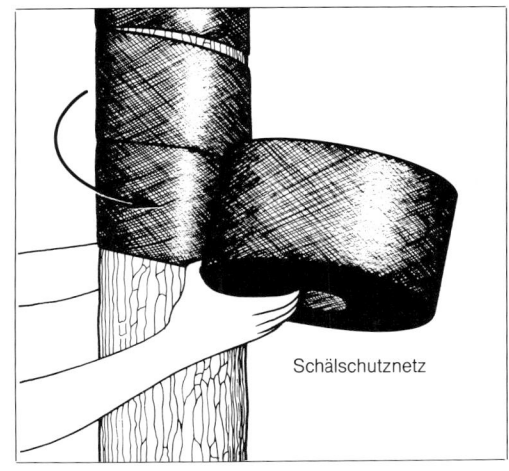

Schälschutznetz

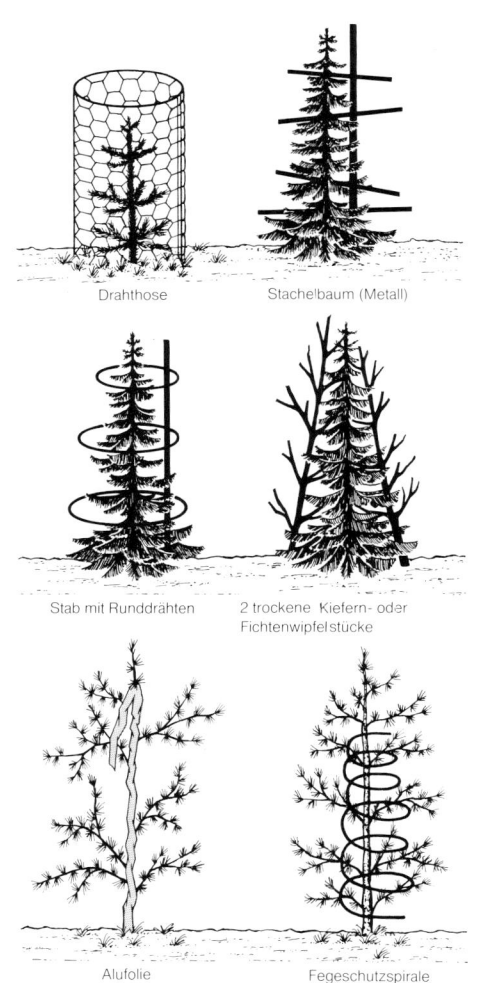

Drahthose   Stachelbaum (Metall)

Stab mit Runddrähten   2 trockene Kiefern- oder Fichtenwipfelstücke

Alufolie   Fegeschutzspirale

Einzelschutzmaßnahmen

247

Wildart	Zaunhöhe in m	Maschen-weite in cm	Draht-bzw. Latten-abstand in cm
Rotwild	1,80–2,50	–	15
Schwarzwild	1,30	–	mögl.
Rehwild	1,50	nicht über 6	gering 10
Hasen, Kaninchen	1,00	3–4	–

tel. Neben der richtigen Auswahl von Form und Größe der einzuzäunenden Fläche, um in der Anlage und Unterhaltung wirtschaftlich zu sein (nicht kleiner als 1 ha und nicht größer als 7 ha), sollte bedacht werden, daß eine ständige, gewissenhafte Kontrolle zum Freihalten der gegatterten Fläche von Wild notwendig ist. Schadhafte Stellen in der Umzäunung sind laufend und schnell zu beseitigen, eingewechseltes Wild ist herauszudrücken bzw. zu erlegen.

Für kleinere Flächen kann das früher übliche Holz-Hordengatter verwendet werden. 3–4 m lange Stangen oder Latten werden auf 1–2 m hohe, sogenannte Stiele genagelt, diese Horden aufgestellt, nach den Seiten abgestützt und in sich verstrebt. Höhe des Zaunes und Lattenabstand richten sich nach der abzuwehrenden Wildart. Auch die Hanglage und die Schneehöhe sind zu berücksichtigen. Die Übersicht oben gibt einen Anhalt.

Statt der Stangen oder Latten werden heute meist Drähte, Maschen- (Vier- oder Sechskantgeflecht) oder Knotendraht (Längsdrähte im Abstand von 10–20 cm, dazwischen im Abstand von 20–40 cm mit ihnen verknotete senkrechte Drähte) verwendet. So hergestellte Horden haben gegenüber der Holzhorde den Vorzug, besonders leicht zu sein.

Hordengatter haben, im Wald aufgestellt, den Vorteil, daß keine Pfähle tief eingegraben werden müssen, sie schnell zu öffnen sind und bei Schäden, z. B. durch daraufgefallene Windwurfstämme, nur die betroffenen Horden, nicht aber eine ganze Zaunflucht, ausgebessert werden müssen. Hordengatter lassen sich auch leichter umsetzen als andere Zäune.

Anders geartet sind ortsfeste Maschendraht- und Knotendrahtgatter. Zur Erstellung solcher Zäune sind im Abstand von 3–5 m Pfähle zu setzen. Eine Kombination von Maschen- und Knotendrahtgeflecht – wobei ersteres die untere Hälfte des Zaunes bildet – hat oft eine bessere Abwehrwirkung gegen Rehwild, Hasen und Kaninchen als bloßes Knotendrahtgatter, weil sich selbst Rehwild noch vielfach durch das Knotengeflecht hindurchzwängt. Zur Abwehr von Schwarzwild muß der Draht mehrfach zwischen den Pfählen im Boden befestigt werden, gegen Hasen und Kaninchen mindestens 30 cm in den Boden eingelassen werden. Vielfach hat es sich bewährt, die obere Kante eines Zaunes, z. B. durch eine »rauhe Stange« gut sichtbar zu machen.

Der *Stützenzaun* besteht darin, daß zwischen weiter auseinander stehenden festen Pfosten leichte Zwischenstützen, quer zum Drahtgeflecht, als Scheren eingebaut werden.

Jede Einzäunung wird mit mehreren Toren und Überstiegen versehen.

Die Gatterung zu schützender Flächen ist zwar das sicherste Mittel, Wildschäden abzuwehren, jedoch wird dem Wild dadurch ein Teil seines Lebensraumes und damit seiner Äsungsfläche genommen. Deshalb sollte nur in begrenztem Umfang und bei besonderer Notwendigkeit gezäunt werden.

Elektrozäune bringen im Walde kaum Erfolg, weil die Leitung hier zu häufig durch Äste, Sträucher und Gräser gestört wird. Dagegen werden sie – mehrere Drähte übereinander – an der Wald-Feld-Grenze und zum Schutz einzelner Felder, besonders gegen Schwarzwild, mit Erfolg angewendet.

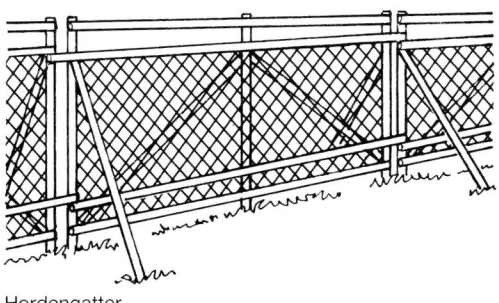

Hordengatter

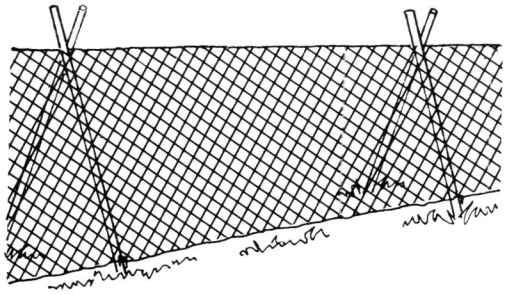

Stützenzaun

Das Aufstellen von *Scheuchen* und die Anwendung von *Lärmgeräten* im Felde haben gewöhnlich nur kurze Wirkung.

Zum Schutze von Hausgärten, die gerne von Rehen und Hasen aufgesucht werden, kann nur Einzäunung geraten werden.

Chemische Abwehrmittel

Einzelne Pflanzen werden mit chemischen Abwehrmitteln behandelt, indem die gefährdeten Teile angestrichen, eingetaucht, besprizt oder besprüht werden. Es ist vor Anwendung chemischer Mittel unbedingt notwendig, die Gebrauchsanweisungen eingehend durchzulesen und genau danach zu handeln. Die meisten dieser Mittel müssen frostfrei gelagert und können nur auf trockene Pflanzen aufgebracht werden, viele sind zum Gebrauch fertig und dürfen daher nicht verändert werden, z. B. durch Verdünnen mit Wasser, Vermischen mit anderen Lösungen, durch Erhitzen usw. Die Stärke des Schutzbelages ist ausschlaggebend für eine ausreichende Schutzwirkung.

Hier sind das Pflanzenschutzgesetz und die Verordnung über die Prüfung und Zulassung von Pflanzenschutz-(Schädlingsbekämpfungs-)mitteln zu erwähnen. Danach dürfen nur solche Pflanzenschutzmittel vertrieben werden, die von der Biologischen Bundesanstalt für Land- und Forstwirtschaft in Braunschweig zugelassen sind. Der Zulassung geht eine Prüfung voraus, die sich auf Wirksamkeit, Pflanzenunschädlichkeit, Wirkungsdauer und Ungefährlichkeit für Mensch und Tier erstreckt. Die zugelassenen Mittel tragen das hier abgebildete Zeichen.

Anerkennungszeichen für amtlich geprüfte und anerkannte Forstschutzmittel

- *Gegen das Verbeißen und das Nagen* werden der Terminaltrieb und mitunter auch die Seitenzweige der Pflanzen behandelt. Dabei finden unter Berücksichtigung der jeweiligen Gebrauchsanweisung verschiedene Arbeitsverfahren Anwendung: Soweit die Pflanze hoch genug ist, kann der zu erhaltende Mitteltrieb in das Verbißschutzmittel getaucht werden. Kleinere Pflanzen

und solche, die sich schlecht eintauchen lassen, können mit Hilfe verschiedener, dazu geeigneter Geräte angestrichen oder auch besprizt werden. Das Spritzverfahren empfiehlt sich besonders bei dicht stehenden Saaten und bei engerem Pflanzenverband, beispielsweise bei der Kiefer. Auch in Weinbergen ist es angebracht.

Altbewährt ist das sog. *»Hausmittel«*, welches vom Verbraucher selbst hergestellt wird. In 50 Liter Jauche werden 30 kg Malerkalk und 20 kg Kuhdung gegeben und gut verrührt. Die Konsistenz ist derart zu regeln, daß der Brei nur so flüssig ist, wie er für das gewählte Arbeitsverfahren gerade sein muß. Man achte darauf, daß der Belag nicht zu hart wird, da er sonst das Austreiben der Knospen verhindert. Zu dünner Brei fließt leicht vom Objekt ab.

Vom Handel wird außerdem eine große Anzahl von chemischen Verbißschutzmitteln angeboten, die »amtlich geprüft und anerkannt« sind.

- *Gegen das Schälen* von Baumrinden gibt es bisher nur wenige chemische Mittel, die den gestellten Anforderungen genügen. Während die oben erwähnten Verbißschutzmittel mindestens sechs Monate wirksam sein sollen, müssen es Schälschutzmittel mindestens fünf Jahre sein. Die lang anhaltende Haftfähigkeit und ausdauernde Wildabwehrkraft solcher Mittel sind von großer Wichtigkeit. Der Auftrag erfolgt im Streich- oder Spritzverfahren. Die Stämme sollen vom Wurzelansatz bis zu 2 m Höhe behandelt werden, zusätzlich möglichst auch die Wurzelanläufe, weil diese oft vom Wild freigeschlagen und geschält werden.

- Chemische Mittel *gegen das Fegen und Schlagen* junger Bäume durch Hirsche und Böcke werden ebenfalls nur in geringer Zahl angeboten. Die Höhe des Anstrichs richtet sich nach der Reichweite der vorkommenden Wildarten.

- Die Zunahme des *Anbaues von Mais* hat gegendweise zu erheblichen Schäden durch Fasanen geführt, die die Saat bis zum Aufgehen aufpikken. Das kann weitgehend verhindert werden, indem die Körner tief genug (7 cm) gedrillt werden. Dazu sind mehrere Beizmittel entwickelt worden (z. B. Mesurol), die eine ausreichende Abwehrwirkung haben, so daß die Fasanen die Maiskörner nicht aufnehmen.

- *Zum Schutze von Kulturpflanzen* auf dem Felde und im Garten und von Weinreben sind Spritzmittel (insbesondere die HT-Verbißschutzmittel) entwickelt worden, die, meist zweimal aufgebracht, Abhilfe schaffen.

- *Zum Schutz von Flächen* dienen Verwitterungsmittel, die durch den darin enthaltenen Duftstoff wirken. Um die zu schützende Fläche herum werden offene Gefäße, in die das Mittel gefüllt ist, aufgestellt oder es werden getränkte Lappen an Bäumen oder Pfählen ausgebracht. Bei der Anwendung solcher Mittel ist mit besonderer Vorsicht vorzugehen, damit nicht Unbefugte (Kinder) zu Schaden kommen; auch dürfen sie nicht auf Pflanzen gebracht werden, weil Ätzschäden entstehen können. Verwitterungsmittel haben oft begrenzte Wirkungsdauer und müssen dann erneuert werden. Sie sind für den vorübergehenden Schutz landwirtschaftlich genutzter, an Waldungen angrenzender Flächen, weniger innerhalb der Waldungen geeignet.

Ökologische Einflüsse

Die vorstehend geschilderten Schäden dürfen nicht nur am einzelnen Objekt betrachtet werden, sie müssen auch in Gesamtschau, das heißt das ökologische Gefüge betreffend, gesehen werden. Wohl bringt nicht jeder Einzelschaden dieses Gefüge auseinander, doch können die Schäden ausgeweitet ökologischen Charakter annehmen. Einige Beispiele seien angeführt:

Da ist das selektive Abäsen der Gras- und Krautflora in den Wäldern, das zu einer Verarmung dieser Flora führen kann, je größer die Zahl des abäsenden Wildes ist. Die Verarmung der Pflanzengesellschaft wirkt sich auf den Zustand des Bodens aus. Das führt zu einer Verarmung des Bodenlebens und entzieht vielen Kleintieren (besonders Insekten) die Lebensgrundlage.

Besonders auffallend ist der ökologische Schaden dort, wo Wild infolge Überzahl auf die Zusammensetzung der Wälder Einfluß nimmt, indem es die einen Forstpflanzen mit Vorliebe, die anderen nur im Notfalle abäst und dadurch zu einem Ausfall (z. B. der Tanne) oder zur Eintönigkeit (indem nur die widerstandsfähigste, z. B. die Fichte, überdauert) beiträgt.

Verhängnisvoll können solche Folgen dort sein, wo der Wald in Hochlagen der Gebirge Schutz gegen Erosion, Ausschwemmung und Lawinen bietet. Dort kann, wenn die Schutzeigenschaft durch Wild vermindert wird, indem es das Neuaufkommen von Bestockung verhindert, das Wild ein ökologischer Minusfaktor werden, so sehr es andererseits als echter Bestandteil dieses ökologischen Gefüges erhalten bleiben muß. Das Maß des Einflusses des Wildes ist einer der Weiser für das jagdliche Tun (s. S. 231).

In den letzten Jahren ist die Lage durch die Schädigung der Wälder durch Luftschadstoffe besonders kritisch geworden. Das »Waldsterben« bedroht zunehmend die Altbestände. Die Zukunft des Waldes (für die Zeit nach der erhofften Verbesserung der Schadstoffsituation) liegt in der möglichst schnellen und vielfältigen Verjüngung unter den geschädigten Altbäumen; teilweise auch im Aufkommen von schnellwüchsigen und widerstandsfähigen »Pionierbaumarten«, wie Eberesche, Weiden u. dgl., um den Boden zu decken und zu sichern. Übermäßiger Wildverbiß kann unter diesen Umständen vom Waldbesitzer kaum mehr ertragen werden, und eine Beeinträchtigung der Waldverjüngung nach Zahl und Zusammensetzung durch das Wild hätte weit über den wirtschaftlichen Schaden hinaus verhängnisvolle landeskulturelle und ökologische Auswirkungen.

In dieser Situation ist der Jäger aufgerufen, eigene Interessen hinter das Gemeinwohl zurückzustellen und die Wildbestände – vor allem Rot-, Reh- und Gamswild – im erforderlichen Ausmaß kurzzuhalten. Einbußen an jagdlichen und jagdwirtschaftlichen Möglichkeiten bedeuten keineswegs eine »Ausrottung« dieser häufigen und weit verbreiteten Wildarten. Gleiche Rücksicht und Einschränkung muß allerdings von allen Bevölkerungsgruppen verlangt werden, die ebenfalls Einfluß auf die Gestaltung des Waldes und das Verhalten des Wildes haben – z. B. Tourismus, Waldverluste durch Baumaßnahmen, Schädigungen durch Waldweide sowie allgemein alle Verursacher von Waldschäden durch Luftschadstoffe.

Gewiß hat auch die Forstwirtschaft selbst durch Maßnahmen und Richtlinien, die zeitbedingt angebracht schienen, die wir nach heutiger Kenntnis aber als Fehler erkennen, die Lebenskraft der Wälder teilweise beeinträchtigt. In der heutigen Notlage darf es aber nicht darum gehen, Fehler der Vergangenheit gegenseitig aufzurechnen, sondern gemeinsam das als nötig Erkannte zu tun. Dazu sind Waldbesitzer, Forstleute, Jäger, Naturschützer und letztlich die ganze Gesellschaft verpflichtet.

Die ökologische Wissenschaft hat das Verdienst, daß sie von der einseitig wirtschaftlichen Nutzen-Schaden-Betrachtung abgeht und das Umweltgefüge in seinen vielfältigen Wechselbeziehungen betrachtet und erforscht. Sie erweitert systematisch den Blick für die Zusammenhänge, lenkt die Aufmerksamkeit auch auf ökologische Einflüsse, die das Wild verursacht, und sucht nach Wegen des Ausgleichs. Dabei sollen die Jäger sie auch unterstützen.

Wildkrankheiten

Allgemeines

Die Kräftigung des Wildstandes durch Abschuß von kümmerndem Wild und durch Verbesserung der Lebensbedingungen, insbesondere der Äsungsgelegenheiten sowie eine angemessene Wilddichte sind naturgemäße Gegenmittel gegen Wildkrankheiten. Trotzdem können Krankheiten immer wieder auftreten; sie spielen als natürliche Regler im ökologischen Gefüge eine Rolle. Krankheitserreger sind in kleiner Zahl überall vorhanden. Ob sie sich so stark vermehren können, daß eine Krankheit zum Ausbruch kommt, hängt von den Wechselwirkungen mit den Widerstandskräften des befallenen Organismus ab. Die Krankheitserreger können sich umso eher durchsetzen, je mehr der Organismus bereits aus anderen Gründen geschwächt ist. Das gilt für ein erkranktes Einzelwesen ebenso wie für seuchenhaftes Auftreten von Krankheiten in den Wildbeständen. Verdächtige Anzeichen für Erkrankungen sind: Abmagern, beschmutzter Spiegel, Husten, struppiges Haar, verändertes Verhalten u. a.

Für den Jäger ist es wichtig, daß er sich ein Bild vom *gesunden* Wild macht, nicht nur von dessen äußerer Erscheinung, sondern auch vom Zustand, von der Farbe und dem Aussehen der Muskulatur sowie der Organe am erlegten Wild; erst dann ist er in der Lage, beim Versorgen erlegten Wildes Veränderungen zu erkennen.

Die Bekämpfung der Krankheiten ist bei freilebenden Tieren schwierig, weil die Tiere nicht behandelt und weil Medikamente nicht verabreicht, sondern nur angeboten werden können. Von den wenigen bei einzelnen Krankheiten angegebenen Möglichkeiten hierzu abgesehen, bleibt meist nur der verstärkte Abschuß der befallenen Stücke, um eine weitere Ansteckung zu verhindern. Auch ist zu bedenken, daß im Grundsatz bei Wildtieren die Verabreichung von Medikamenten in Grenzen bleiben soll, die durch die Erhaltung des natürlichen Freilebens gesetzt sind.

Besondere Beachtung fordern die Wildkrankheiten, die auch den Menschen und Haustiere befallen können.

Wenn man *Fallwild* findet, muß man sich über die Ursache des Eingehens Klarheit verschaffen. Wenn nicht äußere Verletzungen die Todesursache

sind, ist – falls der Verwesungsgrad nicht zu weit fortgeschritten ist – möglichst das ganze Stück zur *Untersuchung* an das nächstgelegene Veterinäruntersuchungsamt zu senden, am besten, sofern in der Nähe, direkt zu überbringen, um das Material so frisch wie möglich der Untersuchung zuzuführen. Dabei teilt man die Fundumstände und Beobachtungen mit. Bei Versand mit Bahnexpreß sind die jeweils aktuell gültigen Beförderungs-Vorschriften, insbesondere die erforderliche Kennzeichnung der Verpackung als Gefahrgut, zu beachten. Es versteht sich von selbst, daß die Verpackung so sorgfältig vorgenommen wird, daß keine schädlichen, infektiösen oder ekelerregenden Stoffe nach außen dringen können. Das gilt natürlich auch für den Versand per Postschnellpaket.

Treten *Wildseuchen* auf, so sind diese unverzüglich der zuständigen Veterinärbehörde anzuzeigen (§ 24 BJagdG). Eine Bekämpfung gelingt nur durch ein einheitliches Vorgehen der Jagdbehörden, beamteter Tierärzte und Jäger in den betroffenen Revieren. Alles Fallwild ist, wenn irgendwie möglich, tief einzugraben oder an die Tierkörperbeseitigungsanstalt abzuliefern. Alle kranken Stücke sind abzuschießen.

Krankheiten durch Viren

Viren sind winzige lebewesenähnliche, meist in den Zellen der Wirtstiere lebende Formen, die im Mikroskop nicht sichtbar sind und nur durch Übertragung auf Versuchstiere oder Zellkulturen und andere Nährböden, z. B. bebrütetes Hühnerei, sowie in manchen Fällen mit dem Elektronenmikroskop festgestellt werden können.

Die wichtigsten sind:

Tollwut, eine Viruserkrankung, die auf alle Säugetiere übertragbar ist. Verbreitet wird sie in Europa fast ausschließlich durch den Fuchs, selten durch anderes Raubwild, Katzen oder Hunde: Das Virus bleibt in verwesenden Tierkörpern bis zu 90 Tage infektiös, im kühlen Boden bis zu 5 Wochen, an Gras bei durchschnittlichen Temperaturen etwa 24 Stunden. Das Virus befindet sich im Speichel sowie im Gehirn und Rückenmark (Zentralnervensystem) der erkrankten Tiere. Die Infektion erfolgt normalerweise durch Biß, indem virushaltiger Speichel in die Blutbahn und über Nervenbahnen ins Zentralnervensystem gelangt.

Der Mensch kann sich auch infizieren, wenn er mit ungeschützten Händen mit dem Speichel, Gehirn oder Rückenmark erkrankter Tiere in Berührung kommt und dabei der Erreger über kleine frische Hautwunden zufällig in die Blutbahn eindringt. Dabei ist besonders zu beachten, daß Tiere, die zwar mit Tollwut infiziert sind, jedoch noch keine Anzeichen der Krankheit äußern (also während der Inkubationszeit), bereits infektiösen Speichel absondern können (beim Hund bereits 5 Tage vor Krankheitsausbruch). Die Inkubationszeit dauert gewöhnlich 2–8 Wochen, sogar bis zu einem halben Jahr.

Kennzeichen bei Ausbruch der Krankheit sind: Das Wild zeigt anomales Verhalten, verliert die Scheu vor dem Menschen, leckt und scheuert Bißwunden, ist angriffslustig; die Nahrungsaufnahme unterbleibt, Rehwild schreckt und klagt häufig heiser; schließlich Lähmungserscheinungen; der Krankheitsverlauf ist tödlich.

Tollwutverdächtiges Wild ist sofort zu töten. Hunde sollte man alle 12 Monate schutzimpfen lassen, dann brauchen sie nach Kontakt mit einem tollwütigen Tier nicht getötet zu werden (siehe Seite 281, Abschnitt Tollwut).

Tollwut bzw. der Verdacht ist unverzüglich bei den Ordnungsbehörden oder Amtstierärzten anzuzeigen, die auch die Versendung des Untersuchungsmaterials an die Veterinäruntersuchungsämter veranlassen. Diese sind für die Untersuchung allein zuständig.

Für Bekämpfungsmaßnahmen gegen die Tollwut sind die Veterinärämter zuständig. Ihnen haben die Jäger Hilfe zu leisten. Die Jäger müssen in den Befallsgebieten den Fuchs mit allen erlaubten Mitteln bejagen. Langjährige Versuche, Füchse durch Impfstoffe gegen Tollwut zu immunisieren und dadurch die Ansteckungskette großräumig zu unterbrechen, haben zu einer modernen Art der Tollwutbekämpfung geführt. Es werden in den Revieren planmäßig mit Impfstoff versehene Köderbrocken ausgebracht, die von den Füchsen aufgenommen werden (»Schluckimpfung«). Durch die Verdauung gelangt der Impfstoff ins Blut (und kann dort bei erlegten Füchsen nachgewiesen werden). Die Methode ist sehr effizient. Neuausbrüche erfolgen in aller Regel nur in Grenzgebieten zu Revieren oder Nachbarländern, in denen die Schluckimpfung nicht durchgeführt worden ist.

Es hat sich gezeigt, daß sich die Fuchspopulation durch den Wegfall der Wildseuche Tollwut insgesamt offenbar bedeutend erhöht hat. Das dadurch entstandene Ungleichgewicht innerhalb des Wildtiervorkommens mit Gefährdung von verschiedenen Niederwild- und geschützten Tierarten macht eine intensive Bejagung des Fuchses erforderlich.

Der Zweifel, daß dadurch kein wesentlicher Einfluß auf die Fuchspopulation genommen werden kann, berücksichtigt nicht, daß die Jagd in manchen Revieren nicht nachdrücklich genug ausgeübt wird. Wo eine intensive Raubwildjagd, auch mit der Falle, durchgeführt wird, stellen sich auch Erfolge ein. Sonst ist damit zu rechnen, daß sich andere Krankheiten seuchenartig ausbreiten, was beispielsweise für die Räude behauptet wird, wenngleich der wissenschaftliche Beweis dafür bisher nicht erbracht werden konnte.

Die Ansteckungsgefahr für den *Menschen* ist zwar nicht allzu groß, aber stets gegeben, wenn man sich am erkrankten Wild, etwa beim Versorgen oder Zerlegen oder sonstwie verletzt oder von erkrankten Tieren verletzt (gebissen) wird. Dann ist unter allen Umständen eine Impfung erforderlich. Baldigst nach der Infektion vorgenommen, bietet sie eine gute Sicherheit vor dem Krankheitsausbruch. Treten aber bereits Krankheitserscheinungen auf (Krämpfe, Lähmungen), so enden sie immer tödlich. Personen, die öfter in Ansteckungsgefahr geraten können (Tierärzte, Landwirte, Jäger), sollten sich daher vorbeugend gegen Tollwut schutzimpfen lassen. Jede Bißwunde soll man sofort gründlich auswaschen (mit Seifenlösung oder einem anderen Desinfektionsmittel oder mit klarem Wasser). In jedem Fall der tatsächlichen oder zu vermutenden Infektion suche man den Arzt auf.

Maul- und Klauenseuche (MKS). Es handelt sich um eine virusbedingte seuchenartig verlaufende Krankheit des Klauenviehs, welches auch beim wiederkäuenden Schalenwild und beim Schwarzwild auftreten kann. Der Mensch ist kaum gefährdet, in fieberhaft verlaufenden Einzelfällen bilden sich Bläschen am Mund oder zwischen den Fingern, die aber schnell abheilen. Das Auftreten der Seuche oder der Seuchenverdacht ist gemäß Tierseuchengesetz anzeigepflichtig. Die Infektionserreger werden durch Kontakt oder über Gerätschaften, Boden oder durch Menschen und Tiere übertragen. Speisereste, Abwässer, Mist, Jauche, Einstreu und Futter können Virus enthalten. Die Erstinfektion ist meist die Folge des Einschleppens aus infizierten Regionen, beispielsweise durch Tiertransporte oder Mitbringen von Nahrungsmitteln. Schalenwild spielt für die Übertragung auf Haustiere keine Rolle, eher umgekehrt, wenn Viehweiden auch für das Wild zugänglich sind. Erkrankungen gehen mit einer entzündlichen Blasenbildung der Schleimhaut im Äser, beim Schwarzwild auch am Wurf einher, was mit einem heftigen Speichelfluß verbunden ist, ferner entwickelt sich eine Entzündung oberhalb der Schalen

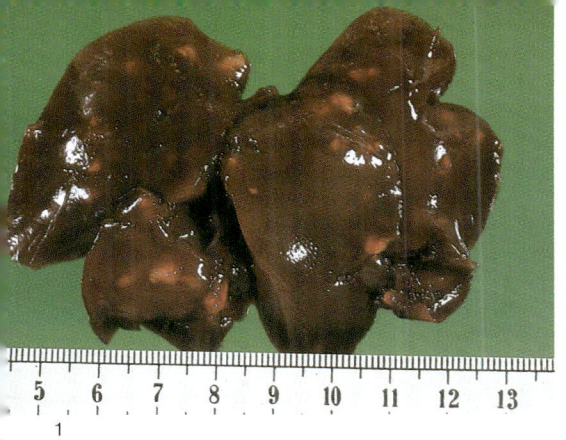

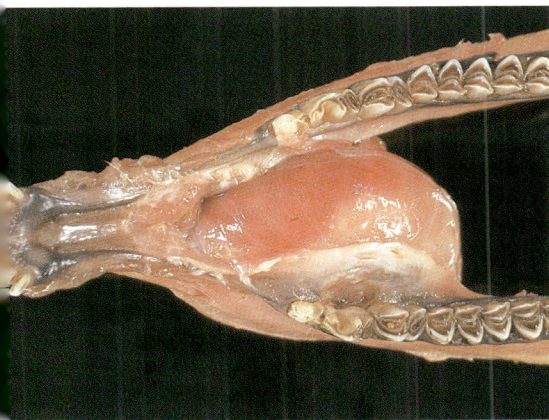

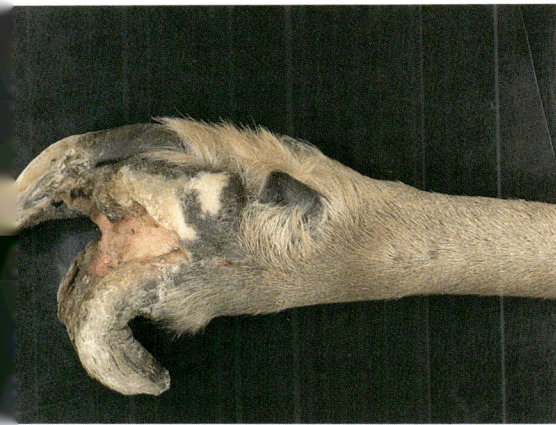

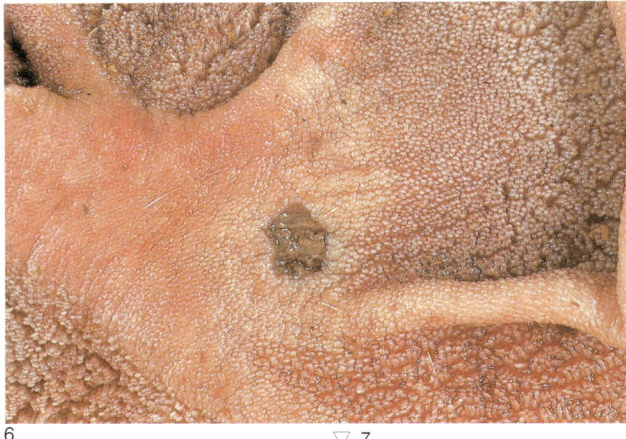

1 Mäßig ausgeprägte Gallengangskokzidiose in der
   Leber eines Wildkaninchens; in den weißen Knoten
   finden sich massenhaft mikroskopisch nachweisbare
   Kokzidienoozysten.

2 Perückenbildung beim Rehbock nach Verletzung des
   Kurzwildprets

3 Knotige Verdickung des linken Unterkieferastes
   bei Aktinomykose eines Rehes

4 Ausgewachsene Zähne infolge Stellungsanomalie
   bei einem Feldhasen

5 Krankhaftes Schalenwachstum nach Verletzung am
   Lauf beim Rotwild

6 Chronisches Magengeschwür im Weidsack von
   einem Rothirsch bei Verdauungsstörung

7 Anschwellung der Kopfhaut bei Myxomatose des
   Wildkaninchens (sogenannter Löwenkopf)

253

und am Geäfter. Die Tiere nehmen nur mehr wenig oder keine Äsung auf und lahmen, liegen viel und stehen nur zögernd auf. In den meisten Fällen kommt es innerhalb vierzehn Tagen zur Abheilung. Vereinzelt werden aber auch Todesfälle festgestellt, bevorzugt bei Jungtieren. Für die Wildbahn gibt es gegen die Seuche keine vorbeugenden Maßnahmen. Der Fundort erkrankter oder verendeter Wildtiere ist nach Anweisung des Amtstierarztes zu desinfizieren. An MKS gestorbene oder wegen des Seuchenverdachts erlegte Tiere sind unschädlich in einer Tierkörperbeseitigungsanstalt zu entsorgen. Für die Desinfektion der Trophäen von in Seuchensperrgebieten erlegten gesund erscheinenden Wildtieren gibt es Richtlinien der EU-Kommission, über die der Amtstierarzt Auskunft erteilt.

Myxomatose ist eine Viruserkrankung bei Kaninchen, die oft fast ganze Besätze hinrafft und zu wiederholtem Aufflackern neigt. Die Übertragung erfolgt durch den Stich blutsaugender Insekten, durch direkte Berührung gesunder mit kranken Tieren und durch Berühren der Losung kranker Tiere. Kennzeichen: Anschwellen am Kopf (Löwenkopf), der Augenlider, Nüstern und Geschlechtsteile; Torkeln, Verlust von Gesicht und Gehör. Nach etwa 10 bis 14 Tagen tritt der Tod ein. Nur wenige Tiere überstehen die Krankheit, zahlreich fallen sie dem Straßenverkehr zum Opfer.

Schweinepest tritt bei Wildschweinen oft im Zusammenhang mit der Erkrankung von Hausschweinen auf. Sie wird vor allem durch unzureichend durchgekochte Küchenabfälle, Speisereste und Schlachtabfälle am Luderplatz, an Campingplätzen und entlang von Straßen übertragen. Besonders gefährdet ist Gatterwild, das von Besuchern mit allem Möglichen gefüttert wird. Krankheitszeichen sind: gehäufte Todesfälle, Kümmern, Teilnahmslosigkeit, schwankender Gang, Verlust der Scheu. Eine besondere Gefahr bilden stumme Infektionen, wobei die infizierten Tiere Dauerausscheider der Viren sein können. Bei der Zerlegung gestorbener Tiere findet man in zahlreichen Organen flohstichartige oder flächenhafte Blutungen, es gibt aber auch Fälle ohne diese typischen Veränderungen. Die Seuche ist anzeigepflichtig, die Bekämpfung wird durch die Veterinärbehörde geregelt. Die Jäger sind zur Mithilfe verpflichtet und können zu einer verstärkten Bejagung verpflichtet werden. Befallene Bestände sollte man allerdings eher durch Fütterung am Ort halten als durch intensiviertes Bejagen auseinandertreiben. Dagegen müßte man die Bestände in weiterer Umgebung kräftig ausdünnen. In Saugattern wird bei Auftre-

ten der Schweinepest die Tötung aller Tiere angeordnet.

Aujeszkysche Krankheit, gehäuftes Auftreten seit 1979. Hauptträger: Hausschwein, Infektionsgefahr für alle Säugetiere. Virus im Zentralnervensystem, dazu im gesamten Fleisch, besonders in der Zunge. Übertragung auf Menschen nicht bekannt, jedoch für Hunde und Katzen häufig tödlich (unter ähnlichen Symptomen wie die Tollwut, daher auch als »Pseudowut« bezeichnet). Verbreitung durch Verzehr von virushaltigem Fleisch oder durch Ausscheidungen. Abwehr bei Hausschweinen durch Impfung möglich. An Hunde kein rohes Schweinefleisch (einschließlich Innereien) verfüttern!

Virale Leberentzündung der Hasen, auch *European Brown Hare Syndrome (EBHS)* genannt, eine seit 1986 in Deutschland und anderen europäischen Ländern auftretende Seuche durch eine Virusinfektion. Die Hasen werden geschwächt, mit Bewegungsstörungen, ohne Scheu oder tot aufgefunden und haben Gelbsucht sowie Leber- und Milzschwellung. Eine Bekämpfungsmöglichkeit ist derzeit außer durch Ausdünnen der Bestände nicht bekannt.

Außerdem kommen in Betracht:

Geflügelpest, die bei Fasanen vorkommt, wird durch ein Virus hervorgerufen. Befallene Fasanen zeigen hohe Sterblichkeit; man findet Blutungen in Organen. Verursacht oft erhebliche Verluste.

Taubenpocken werden durch das Taubenpockenvirus verursacht. Sie kommen bei Wildtauben sehr häufig vor, sind aber nicht mit den Hühnerpocken identisch. Die Krankheitserscheinungen treten in warzenförmigen Gebilden am Schnabelansatz, an den Ständern, in Hautauftreibungen und an den Flügelvorderrändern auf. Die Krankheit ist auf Menschen nicht übertragbar.

Gamsblindheit wird durch kleine, größenmäßig zwischen Viren und Bakterien einzuordnende Erreger (Mycoplasmen) verursacht, die erst eine Entzündung der Lidbindehäute, dann der Hornhaut hervorrufen, die schließlich zur Erblindung führt, von im übrigen starken Stücken aber ausgeheilt werden kann. Äußerlich erkennt man verkrusteten eitrigen Augenausfluß. Befallene Stücke zeigen unsichere Fortbewegung, manche stürzen im Berg ab. Die sehr gefährliche Krankheit tritt anfangs seuchenhaft auf, später spärlicher, weil die verbliebenen widerstandsfähigen Stücke die Krankheit eher ausheilen.

Krankheiten durch Bakterien

Bakterien sind Kleinlebewesen, die sich durch Spaltung vermehren, nur wenige $\frac{1}{1000}$ mm groß und im Mikroskop sichtbar sind. Sie sind stäbchen-, kugel- oder schraubenförmig. Einige bilden auch widerstandsfähige Dauerformen (Sporen), die außerhalb der Tiere jahrelang lebensfähig bleiben. Sie schädigen das befallene Tier hauptsächlich durch Ausscheiden von Giftstoffen (Toxine). Die wichtigsten bakteriell bedingten Krankheiten sind:

Pseudotuberkulose oder **Rodentiose**, auch als **Yersiniose** bezeichnet, ist eine durch ein Stäbchenbakterium verursachte Erkrankung der Hasen und Nagetiere, die auch bei vielen anderen Tieren und selten beim Menschen auftritt. Sie ist die bedeutendste bakterielle Hasenkrankheit. Sie verläuft entweder akut in Form einer Sepsis oder chronisch mit Bildung von gelben Knötchen in der Leber, der Lunge, der Milz (die stark vergrößert ist) und dem Darm. Der Verlauf der Krankheit ist oft tödlich. Die Diagnose wird durch die bakteriologische Untersuchung gesichert.

Brucellose oder **seuchenhaftes Verwerfen** ist eine bakterielle, für Mensch und Tier allgemein infektiöse Krankheit. Sie tritt durch Eiterherde in den Geschlechtsorganen, durch gelbe Knoten in der stark vergrößerten Milz, den Lungen und Nieren in Erscheinung. Ihr Nachweis gelingt durch bakteriologische Züchtung der Erreger.

Salmonellen sind eine Gruppe von Bakterien, die bei vielen Haus- und Wildsäugetieren und -vögeln (z. B. Tauben und Möwen) vorkommen. Sie verursachen Parathyphus, Geflügeltyphus oder Weiße Kükenruhr. Von den jagdbaren Tieren ist lediglich beim Fasan die »Weiße Kükenruhr« (nach dem weißen Durchfall benannt) von großer Bedeutung. In Fasanerien kommt es zu verheerenden Verlusten, während Tiere, die die Krankheit überstanden haben, noch lange Zeit auch in den Eiern lebende Bakterien ausscheiden. Der Mensch ist gegen Salmonellen anfällig; hier führen sie zu Parathyphus und ähnlichen Erkrankungen und sind die Ursache von Fleischvergiftungen.

Pasteurellose ist eine durch ein stäbchenförmiges Bakterium, das im Blut und in den Organen lebt, hervorgerufene Erkrankung, die nach kurzer oder auch längerer Krankheitsdauer als Sepsis (daher *haemorrhagische Septikämie* genannt) häufig tödlich verläuft. Sie ist meistens mit Lungen- und Herzbeutelentzündung, auch Magen- und Darmentzündung verbunden. Verklebungen im Brustraum, braune Färbung des Herzmuskels, vergrößerte Milz sind zu beobachten. Sie fordert zu Zei-

ten, in denen schlechte Lebensbedingungen für die Hasen durch Hunger oder Nässe herrschen, oft große Verluste. Ein Seuchenzug endet von allein, wenn die Lebensbedingungen sich gebessert haben. Auch beim Fasan kommt eine zur Pasteurellose gehörige Erkrankung vor *(Geflügelcholera)*. Bei Rot- und Damwild, selten bei Rehwild, tritt eine Pasteurellose (hier *Wild- und Rinderseuche* genannt) auf, die in freier Wildbahn seit Jahrzehnten offenbar erloschen ist.

Staphylokokken (Traubenkokken) befallen besonders Hasen, seltener Kaninchen. Der Erreger wird durch Kratzwunden oder mit der Äsung, seltener durch stechende Insekten übertragen. Kennzeichnend sind gelbweiße Eiterherde in der Haut oder in den inneren Organen, oder es kommt zur Sepsis (vergrößerte Milz). Die Übertragung auf den Menschen (z. B. beim Abbalgen) ist möglich.

Außerdem kommen in Betracht:

Nagerpest (Tularämie), eine besonders Hasen, Kaninchen, auch Eichhörnchen und Hamster befallende Erkrankung, die sich vor allem in Schwellungen des Lymphsystems äußert. Auf den Menschen leicht übertragbar.

Milzbrand bei allem Wild, v. a. bei Wiederkäuern, selten vorkommend, heute in Mitteleuropa bedeutungslos geworden. Die Krankheit tritt meist in heißen Sommern auf. Kennzeichen am verendeten Wild sind: teerschwarzes Blut, hochgradige Milzschwellung. – Die Erreger werden mit der Äsung aufgenommen; die Ansteckungsgefahr ist groß, auch für den Menschen, deshalb Anzeigepflicht!

Abgekommenes, an Durchfall leidendes Reh im Spätwinter.

255

Tuberkulose der Säugetiere kommt – höchstens in Einzelfällen – bei allen Wildarten vor. Ausgangspunkt der Infektion ist meistens der mit Tuberkelbakterien verseuchte Mensch oder das Haustier. Nach der Tilgung der Rindertuberkulose spielt in der freien Wildbahn nur noch die Geflügeltuberkulose eine Rolle. Sie wird gelegentlich von infizierten Hühnern oder Tauben auf Fasan oder Rebhuhn, vor allem in Fasanerien, vereinzelt auch auf Säugetiere und den Menschen übertragen.

Strahlenpilzerkrankung oder **Aktinomykose** wird durch ein Bakterium (also nicht durch einen Pilz) verursacht, das auf der Schleimhaut der Maulhöhle oder auf der Haut haftet. Neben Haustieren und Schalenwild wird auch der Mensch befallen. Die Infektion geschieht durch Verletzungen der Schleimhaut oder Haut. Das Krankheitsbild sind Eiterungen und Wucherungen meistens im Kieferknochen.

Krankheiten durch Parasiten

Parasiten sind Lebewesen, die sich auf oder in anderen Lebewesen vorübergehend oder dauernd aufhalten und ernähren.

Die meisten Parasiten sind an bestimmte Wirtstiere gebunden und stets an bestimmten Körperteilen (Organen) anzutreffen. Wir unterscheiden **Innenparasiten** (Endoparasiten), die in inneren Organen ihrer Wirtstiere schmarotzen, und **Außenparasiten** (Ektoparasiten), die das Haar- bzw. Federkleid und die Haut befallen.

Die Eingeweidewürmer können sich im befallenen Tier selbst nicht vermehren. Die meist mit der Losung ins Freie gelangte Wurmbrut (Eier oder Larven) reift erst hier aus bei genügender Feuchtigkeit und Wärme unter Luftzutritt oder nach Eindringen in einen Zwischenwirt. Oft wird die Brut mit dem Zwischenwirt aufgenommen (Entwicklungskreis).

Die Schadwirkungen der Parasiten entstehen durch Entzug von Nährstoffen, mechanische Einwirkungen (Juckreiz durch Hautparasiten, Darmverstopfung durch Wurmknäuel, Druck auf Gehirn durch Gehirnblasenwurm, Organverletzung durch Haft- und Mundwerkzeuge) und durch ihre giftig wirkenden Stoffwechselprodukte. Die für das Wild wichtigsten Parasitenarten sind in der Tabelle auf Seite 264 zusammengestellt. Im folgenden werden die Veränderungen dargestellt, die beim Aufbrechen an den inneren Organen auffallen können.

Die wichtigsten Innenparasiten sind:

Kokzidiose: Im glasig verdickten Dünndarm findet man trüben Schleim, in der Dünndarmwand weißliche Herde. Bei Kaninchen können sich auch in den Gallengängen Entzündungsherde in Form von weißen abszeßartigen Knötchen bis zu Erbsengröße entwickeln. Die Kokzidiose ist gegen Ende des Sommers und zu Beginn des Herbstes die gefährlichste Erkrankung der Junghasen, die in feuchten Jahren fast zum Ausfall eines Jahreszuwachses führen kann.

Großer Leberegel: Die Parasiten sind blattähnliche, bis 2 Zentimeter lange Gebilde, die in den Gallengängen sitzen und eine fingerstarke Ver-

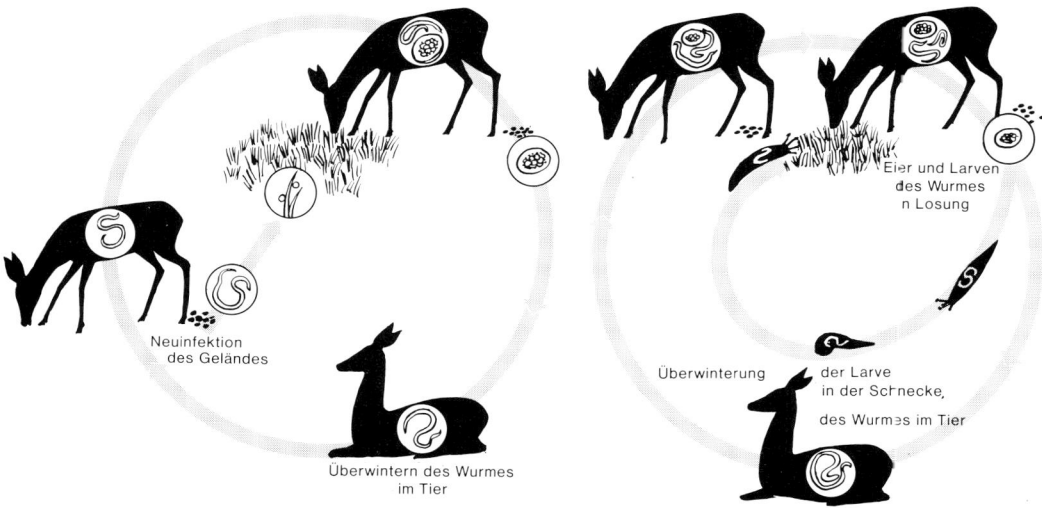

Neuinfektion des Geländes

Überwintern des Wurmes im Tier

Entwicklungskreislauf des Magenwurmes (Schema)

Eier und Larven des Wurmes n Losung

Überwinterung der Larve in der Schnecke, des Wurmes im Tier

Entwicklungskreislauf des Lungenwurmes (Schema)

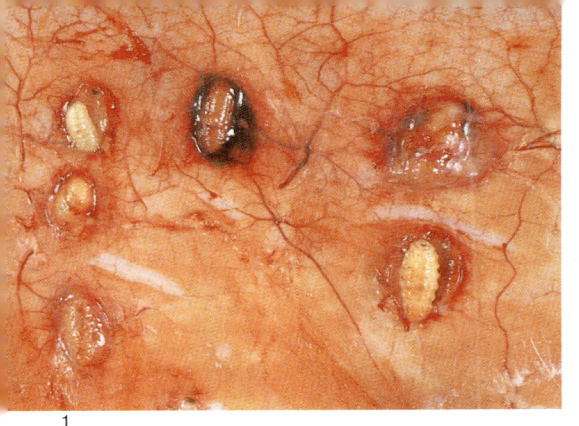

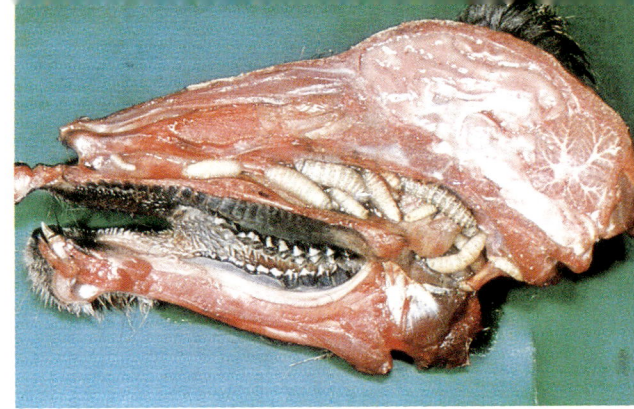

1

2

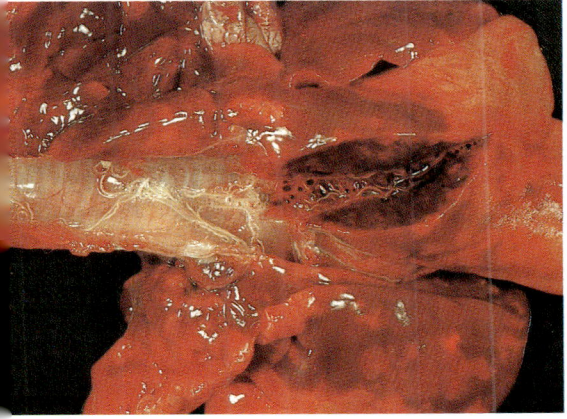

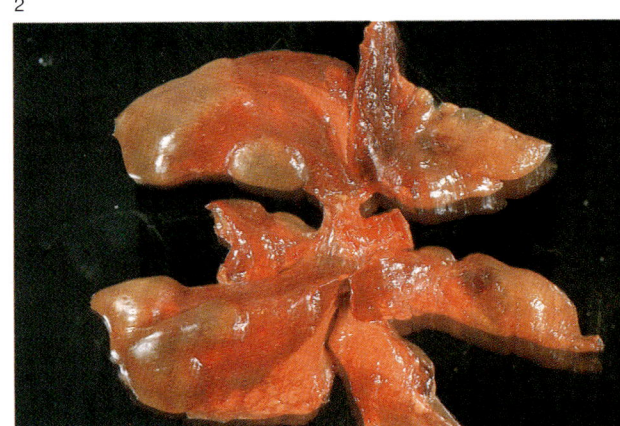

3

4

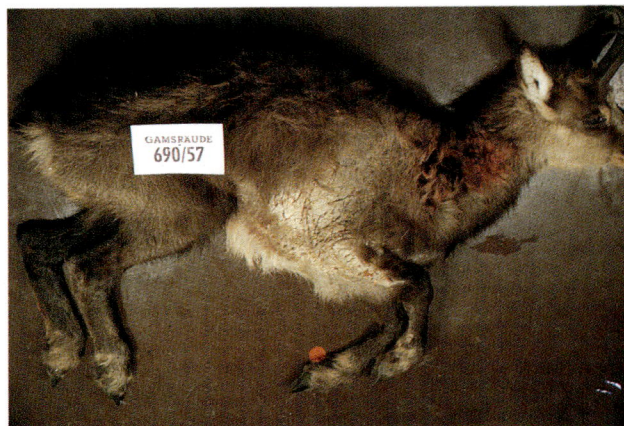

5

6   ▽ 7

1 Dassellarvenbefall unter der Rehdecke, Mitte März, mit erheblicher entzündlicher Gewebsreaktion
2 Rachendasseln beim Reh
3 Befall mit Lungenwürmern in der Luftröhre und in den Bronchien bei einem Reh
4 Befall der Lunge eines Hasen mit kleinen Lungenwürmern (sogenannte Brutknoten)
5 Hirschlausfliegenbefall beim Reh
6 Gamsräude mit ausgedehntem Haarverlust und Hautverdickung
7 Chronische Gallengangsentzündung infolge Befalls mit dem großen Leberegel beim Reh; auf der Schnittfläche sind die verdickten Gallengänge erkennbar.

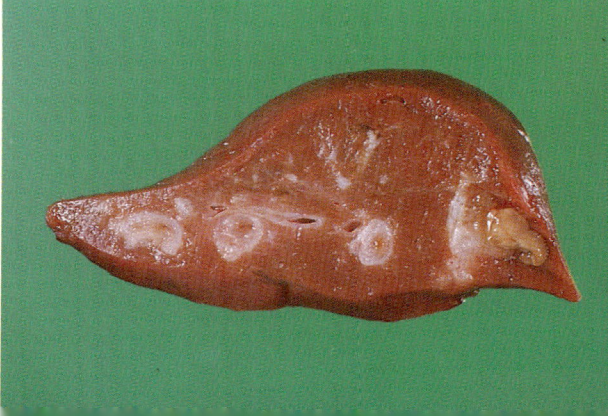

dickung und Verhärtung der Gallengänge und Schrumpfung der Leber bis zur Zirrhose verursachen. Die von den geschlechtsreifen Egeln ausgeschiedenen Eier kommen mit der Galle in den Darm und werden mit der Losung ausgeschieden. Die daraus schlüpfenden Larven entwickeln sich in Schnecken weiter, verlassen diese ab einem bestimmten Entwicklungsstadium, kapseln sich ein und haften an Gräsern, die als Äsung aufgenommen werden. Im Zwölffingerdarm durchbohren die wieder frei gewordenen Larven die Darmwand, dringen in die Leber ein und durchwandern diese über mehrere Wochen, bis sie in den Gallengängen geschlechtsreif werden.

Kleiner Leberegel: Die gleichfalls in den Gallengängen anzutreffenden Parasiten sind lanzettförmig und nur wenige Millimeter groß. Zwischenwirte sind Schnecken und Ameisen. Die Parasiten spielen als Krankheitserreger beim Wild keine Rolle.

Pansenegel: Bei gewissenhafter Untersuchung des geöffneten und vom Inhalt befreiten Pansens können die knopfförmig vorragenden rötlichen Parasiten zwischen den Pansenzotten entdeckt werden. Sie haben als Krankheitserreger nur bei hochgradigem Befall Bedeutung.

Bandwurmbefall: Bandwürmer führen im Wirtstier nur bei jungen Tieren mit hochgradigem Befall zur Abmagerung und zur Abwehrschwäche gegen Krankheitserreger. Für die Beurteilung des Wildbrets bedeutsam sind allerdings die Finnen (Larven, Dauerformen), die auch bei älteren Tieren in den Organen (Bauchfell, Leber, Wildbret, Herzmuskel, Gehirn) gefunden werden können. Es handelt sich um milchig weiße Blasen mit flüssigem Inhalt, die je nach der Art unterschiedlich von haferkorn- bis hühnereigroß sind.

Magendarmwürmer: Die Wand, vor allem die Schleimhaut des Magens und des Darmes ist nur bei stärkerem Befall als Ausdruck einer Entzündung gerötet und verdickt. Die Würmer können bei genauer Betrachtung schon mit bloßem Auge als feine weiße Fäden im Magenschleim beziehungsweise im Darminhalt erkannt werden. Der rote Magenfadenwurm, millimetergroß, erscheint korkenzieherartig gedreht, seine rote Färbung erhält er durch das aus der Schleimhaut stammende Blut. Ein hochgradiger Befall verursacht eine Blutarmut des Tieres.

Fadenwürmer (Filarien): Bedeutsam sind die Onchocercen, die sich je nach der Art namentlich beim Hirsch als geschlechtsreife Würmer in der Unterhaut, in der Bauchhöhle oder im Gehirn einnisten und im Herbst knotenförmige, weiche, weißlich-gelbe Entzündungsherde in einer Größe bis zu 3 Zentimeter hervorrufen (zu beachten: Dassellarvenknoten entwickeln sich erst im Frühjahr!). Die im Blut schwimmenden mikroskopisch kleinen Larven werden von blutsaugenden Insekten von Tier zu Tier übertragen.

Lungenwürmer: Ein hochgradiger Befall mit Großen Lungenwürmern führt zu Husten und Abmagerung. Die Schadwirkung besteht in einer Bronchitis und Lungenentzündung mit erhöhtem Wassergehalt und Überblähung der Lunge. Die Würmer sind als bis zu 5 Zentimeter lange weiße Fäden in der Drossel oder in den Bronchien erkennbar, manchmal zopfartig verwickelt. Die Larven wandern in den Kehlkopf, werden abgeschluckt und mit der Losung ausgeschieden. Die Dauerformen haften an der Äsung, die des Großen Lungenwurmes des Schwarzwildes sind in Regenwürmern enthalten. Die Kleinen Lungenwürmer, nur mikroskopisch sichtbare Parasiten, verursachen eine Lungenentzündung in Form teils abgegrenzter, teils zusammenfließender Herde von weißlicher, gelbliche oder grünlicher Färbung, vor allem an der oberen Wölbung und am Rand der Lunge. Ihre Larven nehmen den gleichen Weg wie die des Großen Lungenwurmes, ein Teil ihrer Weiterentwicklung erfolgt in Schnecken, die von den Wildtieren mit der Äsung aufgenommen werden, wodurch sich der Entwicklungs-Kreislauf schließt.

Luftröhrenwürmer: Sie werden auch als Rotwürmer bezeichnet, weil die meisten Arten Blutsauger sind und als 3 Zentimeter lange rote Würmer nicht übersehen werden können, wenn die Drossel aufgeschärft wird. Die Infektion erfolgt in der warmen Jahreszeit durch die Aufnahme der Larven mit der Äsung oder über den Verzehr der Stapelwirte, in denen die Larven bis zu mehreren Jahren infektionstüchtig bleiben. Es erkranken vornehmlich Jungvögel. In Fasanerien ist eine medikamentöse Behandlung möglich, vorbeugend ist höchste Sauberkeit anzuraten (siehe unten!).

Trichinen: Diese Parasiten leben im Darm zahlreicher Säugetiere. Ihre Larven wandern mit dem Blutstrom in die Muskulatur und verkapseln sich dort, wobei es zur Muskelentzündung kommt. Wird derart befallenes Fleisch von Tieren oder vom Menschen verzehrt, löst der Magensaft die Kapseln auf, so daß die Würmer sich im Darm zur Geschlechtsreife entwickeln können.

Die wichtigsten Außenparasiten sind:

Zecken, Läuse, Flöhe, Haarlinge, Federlinge: Die blutsaugenden Parasiten schädigen ihre Wirte nur bei hochgradigem Befall. Massenbefall bedingt eine Schwächung vor allem der Jungtiere, deren Widerstandskraft gegen andere Infektionserreger herabgesetzt wird. Überwiegend sind die Hautparasiten Lästlinge, welche die Wirtstiere beunruhigen, Juckreiz hervorrufen und dadurch zu Scheuerverletzungen Anlaß geben können.

Räudemilben: Die durch die Milben verursachte Räude kommt seuchenartig vor allem bei Gams und Fuchs vor. Die nur $\frac{1}{2}$ Millimeter großen Parasiten graben sich in die Haut und verursachen dadurch eine chronische Hautentzündung mit Schrunden, Haarverlust und Schorfbildung. Ausgehend von einem Anfangsherd, meist am Kopf, breitet sich die Krankheit über den ganzen Körper aus und führt so zum Tod des Wirtstieres.

Lausfliegen: Diese Parasiten können als Lästlinge bezeichnet werden. Ein hochgradiger Befall führt zur Schwächung befallener Tiere.

Hautdasseln: Die hummelartige Fliege schwärmt im Mai/Juni und heftet ihre Eier an die Haare bevorzugt der Läufe, die schlüpfenden Larven durchbohren die Haut und wandern in der Unterhaut zum Rücken, wo sie sich im Dezember einnisten, bis sie die für die Verpuppung erforderliche Größe erreicht haben. Um nach außen zu gelangen, hat sich die Haut über den Larven verdünnt. Die Parasiten verlassen den Wirt im März/April durch ein Schlupfloch, fallen auf den Boden und verpuppen sich dort. Nach vier bis sechs Wochen schlüpft die Fliege aus der Puppe, paart sich und sucht für die Eiablage die geeigneten Wirte auf. Die Schadwirkung beruht auf einer Irritation der Wirtstiere wegen des während der Larvenwanderung entstehenden Juckreizes, ferner auf der Durchlöcherung der Decke, die bei hochgradigem Befall für die Lederherstellung wertlos wird.

Nasen-Rachen-Dasseln: Die als Rachenbremse bezeichnete »Hummel«-Fliege schwärmt im Juni/Juli/August. Sie ist lebendgebärend und spritzt ihre Larven im Flug in den Windfang der Wirtstiere, vor allem der Jungtiere. Die Larven wandern auf der Nasenschleimhaut bis in den Rachenraum, wo sie sich festhaken. Ihre Größenentwicklung beginnt im Frühjahr. Die bis zu 2- bis 4 Zentimeter langen Larven werden im April bis Juni ausgehustet oder ausgeniest und verpuppen sich am Boden. Nach vier bis sechs Wochen schlüpft die Fliege. Eine Schadwirkung enwickelt sich bei hochgradigem Befall durch Verstopfung des Rachens oder der Nasengänge, mitunter durch Einatmen der sich lösenden Larven in die Bronchien.

Vorbeuge und Behandlung gegen Parasiten bei Wildtieren

Medikamente können den Wildtieren nur über die Äsung verabreicht werden. Eine Zuführung über die Fütterung ist allerdings problematisch. Solange es möglich war, während des Herbstes die Fütterungen zu beschicken, um das Wild an die Futterplätze zu gewöhnen, konnte mit geeigneten antiparasitären Beimischungen ein gewisser Erfolg erzielt werden. Nachdem aber gemäß Bundesjagdgesetz nur während der Notzeit gefüttert werden darf, in dieser Zeit aber die meisten Parasiten kaum beeinflußt werden können (sogenannte Winterruhe), ferner bei den pharmazeutischen Mitteln normalerweise Wartezeiten einzuhalten sind, steht gegen die Parasiten keine direkt wirksame Methode zur Verfügung. Indirekt ist eine Beeinflussung der Schadwirkung der Parasiten dennoch möglich, vor allem durch die Vermeidung einer Überhege, sprich durch eine konsequente Ausdünnung des Wildbestandes. Dies dient einerseits der Verminderung der sozialen Streß-Situationen bei der Sicherung und Verteidigung der Reviergrenzen, andererseits einer intensiveren Nutzung der Nahrungsgrundlage unter den im Lebensraum konkurrierenden Wildtieren, was die Widerstandskraft der einzelnen Tiere gegen alle Infektionserreger, auch gegen Parasiten erhöht.

Seltenere Krankheiten

Hier ist die **Glatzflechte** zu erwähnen, die durch einen Hautpilz verursacht wird. Sie kommt beim Rot-, Dam- und Elchwild selten, beim Rindvieh häufiger vor. Bevorzugt werden Kopf, Hals und Schulterblatt befallen, wo die Haare gänzlich ausfallen oder kurz über der Hautoberfläche abbrechen. Die Haut ist blau-grau und rauh.

Abschließend ist die **Kreuzlähme** des Rotwildes zu erwähnen. Als Ursache wurde bei etlichen Fällen eine Infektion mit Viren oder mit Parasiten beschrieben. Untersuchungen bei Gehegewild ergaben eine ursächliche Schadwirkung am Rückenmark durch Kupfermangel in der Äsung. Die Krankheitserscheinungen beginnen mit unsicherem Gang, zunehmender Schwäche der Hinterhand und schließlich Festliegen.

Geschwülste

Geschwülste sowohl bösartiger wie gutartiger Form finden sich beim Wild an allen Körperteilen: sie sind nicht allzu häufig, die meisten Fälle sind beim Reh beobachtet worden.

Ernährungskrankheiten

Sie entstehen vor allem bei den Wiederkäuern im Frühjahr nach strengen Wintern; durch den Übergang von der trockenen Winteräsung zur saftigen Frühjahrsäsung werden Durchfall, Blähungen und Lähmungen infolge Störung des Gleichgewichts der Darmbakterien verursacht. Eine nach der landwirtschaftlichen Einführung des bitterstoffarmen Doppel-Null-Rapses gehäuft aufgetretene Erkrankung des Rehwildes mit Todesfolge infolge ausschließlicher Aufnahme der neuen Rapssorte kommt nur mehr vereinzelt vor. Der akute Verlauf ist durch Aufblähung und Durchfall gekennzeichnet, der chronische Verlauf durch Bewegungsstörungen, Orientierungslosigkeit und Blindheit. Auch bei Gehegewild können solche Erscheinungen auftreten, verursacht durch unsachgemäße Fütterung.

Ausfälle beim Jungwild während der Setz- und Brutzeit sind häufig die Folge einer Unterkühlung bei windigem und regnerischem Wetter. Die Tiere sterben an einem Herzkreislaufversagen infolge Energiemangels. Der gleiche Mangel tritt bei den frisch geborenen Jungen von Säugetieren auf, wenn sie nicht ausreichend mit Milch versorgt werden.

Vergiftungen

Vergiftungen treten beim Wild in mannigfacher Form auf. Man muß zwischen solchen unterscheiden, die zum Eingehen führen, so daß unter Umständen Fallwild gefunden wird, und solchen, bei denen die giftigen Wirkungen schleichender, zunächst gar nicht erkennbarer Art sind.

Mineraldüngung verursacht – entgegen verbreiteter Meinung – im allgemeinen keine schädigende Wirkung, es sei denn, Wild – besonders junges Federwild – gerät an Flächen, die frisch behandelt wurden und pickt den Dünger auf.

Die *chemischen Pflanzenschutzmittel* und die Mittel zur Mäusebekämpfung müssen entsprechend ausgewählt und genau nach Gebrauchsanweisung angewendet werden, um tödliche Wirkungen auf Wild zu vermeiden. Solche sind bei großflächiger Anwendung und Überdosierung in zahlreichen Fällen festgestellt worden. Auch die auf hormonaler Grundlage entwickelten *Pflanzenschutzmittel* und die *Herbizide* bergen Gefahren für die freilebende Tierwelt in sich. Auch bedenke man, welche noch nicht erkannten Folgen durch die Emissionen von Industrieabfällen, Luftschadstoffen und Schwermetallen auf Boden, Pflanzen und Tiere möglicherweise noch entstehen können.

Die Feststellung, daß alle diese Gefährdungen nicht etwa verbreitet zu einem Rückgang des Wildbestandes überhaupt geführt haben, kann nicht das Unbehagen darüber zerstreuen, daß über schleichende Wirkungen noch wenig bekannt ist. Sicher ist aber, daß manche Stoffe erst im Laufe der Zeit Schädigungen herbeizuführen vermögen, indem sie im Tierkörper gespeichert werden, auf die Nachkommenschaft übergehen können oder vom Raubwild über die Beutetiere – auch vom Menschen über die Nahrung – aufgenommen werden (Schadstoffanreicherung über die Nahrungskette).

Verletzungen

Hier soll der Unterschied gezeigt werden, der zwischen Wunden vorliegt, die am lebenden Tier, und solchen, die nach dem Tod entstehen. Bei ersteren kommt es zu Blutungen – und zwar aus frischem dunkelrotem, später geronnenem Blut, das in den Bereich der Wunde und ihrer Umgebung ausgetreten ist. Bei letzteren können derartige Blutungen nicht erfolgen, weil das stillgelegte Herz kein Blut in das verletzte Gewebe mehr pumpen kann. Es kommt zu einer hellroten Färbung um den Wundbereich, die durch die Zerstäubung kleinster Blutteilchen bei der Gewalteinwirkung entsteht. Die Erkennung solchen Unterschiedes spielt eine Rolle, wenn es sich darum handelt, ob ein Schuß auf ein lebendes oder verendetes Stück Wild abgegeben wurde. Da sich nicht immer ein klares Bild ergibt, ist im Zweifelsfalle eine Untersuchung in einem tierpathologischen Institut einzuleiten.

Neben Schußverletzungen bei der Jagd (und vor allem bei Wilderei, wobei die Nachsuche nach angeschossenem Wild meist unterbleibt) kommen durch menschliche Einflüsse verursachte Verletzungen hauptsächlich bei Unfällen im Straßenverkehr und durch landwirtschaftliche Maschinen (vor allem Ausmähen von Jungwild) vor.

Verletzungen entstehen häufig auch durch technische Abfälle und Fremdkörper, indem sich Wild in Drahtresten, vor allem Stacheldraht, verhängt, sich Metall- oder Glassplitter in Schalen bzw. Branten tritt oder sich mit Äser bzw. Kopf in Blechbüchsen oder sonstige Gefäße verklemmt.

Im natürlichen Leben des Wildes können Verletzungen bei Rivalenkämpfen entstehen (Forkeln mit dem Geweih, Schlagen der Keiler, Bisse bei Raubwild) sowie bei Unfällen wie Abstürze und Steinschlag im Gebirge, durch Anfliehen an Hindernisse (vor allem Flugwild verunglückt oft an Drahtzäunen, Leitungsdrähten u. dgl.) oder Laufverletzungen, beispielsweise infolge Einklemmens in Erdspalten, zwischen Baumwurzeln, in Astgabeln, oder infolge Einbrechens in verharschten Schnee oder Eisplatten.

Sofern die Verletzungen nicht unmittelbar tödlich sind, haben sie oft längeres Siechtum zur Folge. Selbstverständlich sollen derart schwer behinderte Stücke bevorzugt erlegt werden, als »Notabschuß« auch während der Schonzeit (nachträglich Meldung an die Untere Jagdbehörde). Andererseits werden Verletzungen oft erstaunlich gut ausgeheilt, besonders von Jungwild, das noch in schnellem Körperwachstum begriffen ist. Das gilt bevorzugt für Laufverletzungen. Es werden manchmal Rehe erlegt, denen als Kitz ein Lauf oder sogar mehrere Schalen abgemäht worden waren, ohne daß sie sichtlich behindert erscheinen.

Abnorme Geweihbildung infolge Bruchs beider Rosenstöcke

Regelwidrigkeiten

Auch beim Wild kommen Regelwidrigkeiten und Mißbildungen vor. Die wichtigsten sind:

Fehler im Bauplan

Hierunter fallen Doppelbildungen ganzer Individuen oder größerer Körperteile, überzählige Bildungen (z. B. doppelte Gliedmaßen), Fehlen von Körperteilen (Stummelschwänzigkeit), Krümmung des Gesichtsschädels, Verkürzung des Gesichtsschädels (des Ober- oder Unterkiefers, meistens mit Fehlen einer Zahnanlage).

Andere Unregelmäßigkeiten

Dazu gehören Pigmentstörungen (unter Pigment versteht man Stoffe mit Eigenfarbe in den Geweben). Die teilweise oder völlige Hell- bis Weißfärbung (z. B. bei Reh- oder Damwild), ebenso die Schwarzfärbung (z. B. bei Rehwild oder Hasen) beruhen auf Pigmentmangel oder -überschuß. Fehlt die Pigmentbildung überhaupt, so läßt die farblose Regenbogenhaut des Auges rotes Blut durchscheinen (Albino). Ferner Hauthörner (bei der Gemse), Schalenauswachsen (siehe Muffelwild), Magensteinbildungen (sog. Bezoarstein) und Geschlechtsanomalien (vom Fehlen der Geschlechtsanlage bis zum doppelseitigen Zwittertum, d. h. Anlage von Hoden und Eierstöcken im gleichen Individuum).

Abnormitäten in der Geweihentwicklung

Bei den Geweihträgern (Cerviden) finden Regelwidrigkeiten der Geweihe viel Beachtung. Zu unterscheiden sind im wesentlichen folgende Ursachen: Häufig – vor allem bei Rehböcken – sind *mechanische Verletzungen* der Bastgeweihe (durch Anfliehen an Stämme, Zäune usw.). Sie führen zu Stangenbrüchen, Stangenteilungen, regelwidrig gebildeten zusätzlichen Enden, auch »Blasengeweihen« (wenn Fremdkörper aus dem Bastgewebe ausgeeitert sind).

Ebenfalls häufig, besonders bei Rehböcken, sind Mißbildungen infolge von *Stoffwechselstörungen* (z. B. durch Nahrungsmittel mit dadurch begünstigtem Parasitenbefall hervorgerufen): Während des Geweihschiebens ist die Verfestigung (Kalkeinlagerung) verzögert, so daß die Stangen zur Gänze oder Teile davon gekrümmte und gewundene Formen annehmen (»Widder-« oder »Korkziehergehörne«). Nach dem Abwurf der mißgebildeten Stangen wird im nächsten Jahr in der Regel wieder ein normales Geweih gebildet, wenn die Schädigung (Verletzung, Krankheit, Parasitenbefall) nur vorübergehend war.

Bleibende Mißbildungen entstehen bei Verletzung (Bruch, Spaltung) des Rosenstocks, bei anhaltender Störung des Stoffwechsels (z. B. infolge Altersschwäche) und bei Ausfall der hormonalen Steuerung des Geweihzyklus, etwa durch Kastration (»Perückengeweihe«). In den Bereich der hormonellen Störungen gehört auch die seltene Geweihbildung bei weiblichem Wild.

Wichtige Wildkrankheiten

Virusbedingte Krankheiten (Auswahl)

Krankheit (Feststellung ist gemäß Tierseuchengesetz anzeige- oder meldepflichtig)	Befallene Wildtierarten und wichtige Haustierarten als Infektionsquelle für Wildtiere	Krankheitserscheinungen	Organveränderungen
Tollwut 1. urbane Tollwut 2. silvatische Tollwut (anzeigepflichtig)	alle Säugetiere, Mensch 1. überwiegend Hunde, Katzen 2. Haarraubwild, Schalenwild	abnormes Verhalten, Verlust der Scheu, Aggressivität, Beißsucht, vermehrter Speichelfluß, Lähmungen, Herabhängen des Unterkiefers	Bißverletzungen, beim Schalenwild gelegentlich aufgescheuerte Decke am Haupt; mikroskopisch nachweisbare Gehirnentzündung
Schweinepest (anzeigepflichtig)	Schwarzwild, Hausschwein	bevorzugt Jungtiere mit struppigem Fell, Durchfall, Abmagerung, Durst, fehlende Äsungsaufnahme, Verlust der Scheu, Müdigkeit, Bewegungsunlust	Flohstichartige Blutungen in allen Organen, blutige Darmentzündung, gelegentlich Lungenentzündung, mikroskopisch nachweisbare Gehirnentzündung
Aujeszkysche Krankheit (anzeigepflichtig)	Schwarzwild, Haarraubwild, Hausschwein, Hund, Katze	Bewegungsstörungen, Kratzen, Benagen von Körperteilen, teilweise Selbstverstümmelung, Schwäche	Verletzungen durch Kratzen, Scheuern und Benagen; mikroskopisch nachweisbare Gehirnentzündung
Maul- und Klauenseuche (anzeigepflichtig)	Schalenwild, Klauentiere, selten Mensch in geringem Ausmaß	Bewegungsunlust, Lahmheit, hochgradiger Speichelfluß, fehlende Äsungsaufnahme, Abmagerung, selten sogenanntes Ausschuhen	Blasen mit wässrigem Inhalt in der Schleimhaut von Äser, Schlund und Pansen, beim Schwarzwild auch am Wurf, Entzündungserscheinungen an den Schalen, Herzmuskelentzündung
Enzootische Hämorrhagie der Hirsche (anzeigepflichtig)	Hirscharten (bisher nur auf dem nordamerikanischen Kontinent)	Fehlende Äsungsaufnahme, Verlust der Scheu, zunehmende Reaktionslosigkeit, Blutharnen	hochgradige Blutungen in allen Organen und Geweben, besonders im Herzmuskel, in den Schleimhäuten, im Gehirn
Papillomatose	Schalenwild, Hasenartige, Mensch	Warzenbildung, je nach Ausdehnung keine bis hochgradige gesundheitliche Beeinträchtigungen, Bewegungsstörungen, fehlende Äsungsaufnahme	Warzen an der Decke, am und im Äser, im Schlund, in den Vormägen
Virale Leberentzündung der Hasen (European Brown Hare Syndrome = EBHS)	Hasen	Schwäche, Bewegungsstörungen, Verlust der Scheu, vielfach nur Totfund	Gelbsucht, Leberschwellung, Blutungen in den Schleimhäuten, Darmentzündung
Myxomatose (anzeigepflichtig nur nach § 24 BJagdG)	Wild- und Hauskaninchen	Knotenbildung im Balg, Löwenkopf, Augenausfluß, fehlende Äsungsaufnahme, Schwäche, Abmagerung	Sulzige Knoten im Balg, Lidbindehautentzündung, Entzündung an Windfang u. Äser, auch am Weidloch-Bereich
Geflügelpest und Newcastle-Krankheit (anzeigepflichtig)	Hühnervögel, Tauben, Enten, Gänse, Raben	Müdigkeit, Bewegungsstörungen, Halsverdrehung, Lähmungen, Drehbewegungen, Durchfall, Entzündung im Kopfbereich, Niesen	Darmentzündung mit Blutungen, Leber- und Milzschwellung, trockene Herde in Milz, Leber, Herz, zäher Schleim an Augen und Schnabel
Vogelpocken (meldepflichtig)	Hühnervögel, Tauben, zahlreiche weitere Wildvogelarten	je nach Ausdehnung keine bis hochgradige gesundheitliche Störungen wie fehlende Äsungsaufnahme, Bewegungsstörungen	Pockenblasen an Schnabel und Ständern, oft verschorft

262

Bakteriell bedingte Krankheiten (Auswahl)

Krankheit (Feststellung ist gemäß Tierseuchengesetz anzeige- oder meldepflichtig)	Befallene Wildtierarten und wichtige Haustierarten als Infektionsquelle für Wildtiere und Mensch	Krankheitserscheinungen	Organveränderungen
Brucellose (anzeigepflichtig bei Rindern, Schweinen, Schafen und Ziegen, d. h. auch bei den Wildformen)	Grundsätzlich alles Schalenwild, besonders bedeutsam bei Schwarzwild und Hasen, Mensch	ein- oder beidseitig geschwollene Hoden, verringerte Äsungsaufnahme, klammer Gang	Entzündung der Brunftkugeln (Hoden) bzw. der Tracht mit trockenen Herden, Milzschwellung
Yersiniose (Rodentiose, Pseudotuberkulose)	Hasen, Nagetiere, gelegentlich auch Schalenwild	Fehlende Äsungsaufnahme, Schwäche, Durchfall, Atembeschwerden	Milz- und Leberschwellung, trockene Entzündungsherde in zahlreichen Organen, Darmentzündung
Tularämie (Hasenpest) (meldepflichtig)	Hasen, Kaninchen, Nagetiere, Mensch	Fehlende Äsungsaufnahme, Schwäche, häufig Totfund	Befunde wie bei Yersiniose
Staphylokokkose	Hasen, Kaninchen, selten Schalenwild	je nach Ausbreitung keine bis hochgradige gesundheitliche Störungen unterschiedlicher Art	Eiterherde (Abszesse) unter dem Balg, auch in inneren Organen
Pasteurellose	alle Wildtiere (unter anderem Wild- und Rinderseuche), auch Federwild (Geflügelcholera)	Atembeschwerden, fehlende Äsungsaufnahme, oft Totfund	Herz- und Lungenentzündung mit Verklebung der Organe, Brust- und Bauchfellentzündung
Salmonellose (anzeigepflichtig bei Rindern)	alle Wildtiere, auch Federwild (Fasanerien), Mensch	Durchfall, Schwäche, bei jungen Vögeln gehäufte Todesfälle	Darmentzündung, kotverklebtes Haar- oder Federkleid im Weidlochbereich
Aktinomykose (sogenannter Strahlenpilz)	Schalenwild, Hasen, Haustiere, Mensch	Anschwellung zumeist am Kopf, bevorzugt Unterkiefer	schwammartiger Umbau des entzündeten Knochens, seltener Knotenbildung in Weichgeweben, z. B. im Gesäuge
Tuberkulose (anzeigepflichtig bei Rindern, meldepflichtig bei Geflügel)	alle Wildarten, auch Federwild, Haustiere, Mensch	Atemnot, zunehmende Schwäche, Abmagerung	käsige Knoten in zahlreichen Organen, bevorzugt Lunge und Darmlymphknoten
Milzbrand (anzeigepflichtig)	alle Wildarten, besonders Schalenwild, Mensch	schneller Krankheitsverlauf, plötzliche Todesfälle	teerartiges Blut, hochgradige Milzschwellung, Blutungen

Wichtige Parasiten beim Wild (Auswahl)

Parasiten-Klasse	Parasiten-Familie, -Gattung oder -Art	Befallene Wildtier-arten und wichtige Haustierarten als Infektionsquelle für Wildtiere	Zwischenwirt mit Weiterentwicklung oder Dauerstadium des Parasiten	Befallene Organe / Krankheit bei hochgradigem Befall
Einzeller (Protozoen)	Kokzidien	Schalenwild, Hasenartige, Federwild	Dauerstadien im Freien	Darm; Durchfall, Rote Kückenruhr
Saugwürmer (Trematoden)	Großer Leberegel (Fasciola hepatica)	Schalenwild, Hasenartige	Larven in Schnecken	Gallengänge; Leberentzündung
	Pansenegel (Paramphistomum)	Wiederkäuendes Schalenwild	Larven in Schnecken	Darm, Pansen; Abmagerung
Bandwürmer (Zestoden)	Pansen-Bandwürmer (Moniezia)	Wiederkäuendes Schalenwild	Larven in Moosmilben	Würmer im Pansen; abgekommene Jungtiere
	Gesägter Bandwurm (Taenia pisiformis)	Hund, Katze, Fuchs, anderes Raubwild	Finnen in Nagern und Hasenartigen	erbsengroße Finnen in der Bauchhöhle, Abmagerung
	Rehfinnenbandwurm (Taenia cervi)	Hund, Fuchs	Finnen in Reh und Hirsch	weizenkorngroße Finnen in Herz und Wildbret
	geränderter Bandwurm (Taenia hydatigena)	Hund, Katze, Fuchs	Finnen in allen Wildtieren	dünnhalsige Finnen in Bauch- und Brustfell; Abmagerung
	Quesenbandwurm (Taenia multiceps)	Hund, Fuchs, Wolf	Finnen in Reh, Hirsch, Gams, selten in Hasenartigen	bis hühnereigroße Finnen in Gehirn und Rückenmark; Drehkrankheit
Rundwürmer (Nematoden)	Spulwürmer (Ascariden)	Schwarzwild, Fuchs, Wolf	Dauerstadien (Eier) im Freien	Dünndarm; Durchfall, Abmagerung
	Magendarmwürmer (z. B. der gedrehte rote Magenwurm Haemonchus cont.)	Wiederkäuendes Schalenwild, Hasenartige, Nager, Federwild	Dauerstadien (Eier) im Freien	Labmagen, Darm; Abmagerung, Durchfall, Blutarmut
	Fadenwürmer (Filarien), z. B. Onchocercen	Hirsch, Reh, Marderartige	Larven im Blut; blutsaugende Insekten	Unterhaut, Bauchhöhle, Gehirn; knotenförmige Entzündung
	Große Lungenwürmer (1. Dictyocaulus) (2. Metastrongylus)	1. wiederkäuendes Schalenwild, 2. Schwarzwild	1. Larven im Freien, 2. Larven im Regenwurm	Bronchien; Kümmern, Husten
	Kleine Lungenwürmer (Protostrongylus-Arten)	Wiederkäuendes Schalenwild, Hasenartige, Raubwild	Larven in Schnecken	Lungengewebe; Knotenförmige Entzündung
	Luftröhrenwürmer (Syngamus tracheae)	Hühnervögel, Wassergeflügel, Tauben, zahlreiche andere Vogelarten	Kein Zwischenwirt, Stapelwirte: Schnecken, Insekten, Regenwürmer	Luftröhre bis in die Nase; Atemnot, Husten, Niesen, Abmagerung
	Trichinen (Trichinella spiralis)	1. Schwarzwild, Haarraubwild, diverse Nagetiere	2. Larven in fleisch- und allesfressenden Tieren	1. Darm mit vorübergehender Darmentzündung 2. Muskulatur als Dauerstadium

264

Parasiten-Klasse	Parasiten-Familie, -Gattung oder -Art	Befallene Wildtier-arten und wichtige Haustierarten als Infektionsquelle für Wildtiere	Zwischenwirt mit Weiterentwicklung oder Dauerstadium des Parasiten	Befallene Organe / Krank-heit bei hochgradigem Befall
Gliedertiere (Arthropoden)	**1. Zecken** z. B. Holz-bock (Ixodes ricinus), **2. Flöhe** **3. Läuse, Haarlinge** **4. Federlinge**	1. u. 2. Alle Wildtiere 3. Säugetiere 4. Federwild	1. Entwicklung im Dreiwirte-Zyklus, Überwinterung im Freien 2. bis 4. Eiablage an Haut, Haaren und Federn	Haut; Überträger von Krank-heiten (z. B. Borreliose, Hirnhautentzündung FSME, Myxomatose, Staphylokokkose, Tularämie, Fadenwürmer)
	Räudemilben (z. B. Sarcoptes)	Alles Schalenwild, seuchenartig gelegent-lich bei Gamswild u. Fuchs	Vermehrung in den oberen Haut-schichten	Haut; Räude, Juckreiz, Abmagerung
	Hirschlausfliege (Lipoptena cervi) (Schaflausfliege)	Hirsch, Reh, Gams, Elch (Muffel)	Verpuppung im Boden oder auf der Haut	Fell; Juckreiz
	Hautdasseln (Hypoderma)	Larven in Hirscharten, Reh	Verpuppung im Boden	Unterhaut; Juckreiz, Knoten
	Nasen-Rachen-Dasseln (Cephenomyinae)	Larven bei Reh, Hirsch, Elch, Reh	Verpuppung im Boden	Nase, Rachen; Atemnot, Husten, Niesen

Selten sind *erbliche Mißbildungen* wie völlige Ge-weihlosigkeit (»Plattkopf«, »Mönch«) oder Ein-stangigkeit, wenn von Geburt an die Anlage zur Geweihbildung fehlt.

Noch nicht überzeugend geklärt ist die Ursache der *»Frostgehörne«* bei Rehböcken, bei denen das Wachstum abrupt gehemmt ist und die fertigen Stangen in einem porösen Stumpf enden. Hier scheint weniger unmittelbares Erfrieren des Bast-gewebes vorzuliegen als vielmehr ein Mangel an Aufbaustoffen zur Erhaltung des Lebens bei stren-gem Frost und Äsungsmangel, so daß für den Ge-weihaufbau nichts mehr übrig blieb, oder eine Kreislaufstörung.

Doppelkopf heißt eine seltene Abnormität, wenn eine Geweihstange ausnahmsweise nicht abgewor-fen wird und sich die neue Kolbenstange um und neben der alten Stange bildet, schließlich der Ro-senstock zwei Geweihjahrgänge gleichzeitig trägt.

Anzeige- und Meldepflicht bei Wildkrankheiten

Nach dem *Bundesjagdgesetz* hat der Jagdausübungsberechtigte Wildseuchen, das sind in größerer Zahl oder auf größerer Flächen auftretende Erkrankungen jeder Art bei Wild, der zuständigen Behörde oder dem Veterinäramt unverzüglich *anzuzeigen.*

Vom Jäger ist auch das *Tierseuchengesetz* zu beachten, in dem ebenfalls festgelegt ist, daß der Ausbruch einer bestimmten Seuche oder der Verdacht auf einen solchen Ausbruch unverzüglich der zuständigen Behörde anzuzeigen ist. Zur Anzeige verpflichtet ist der Besitzer von seuchenverdächtig erkrankten Tieren. Das trifft demgemäß auch für den Jagdausübungsberechtigten zu, wenn er sich erlegtes Wild oder Fallwild aneignet und daran Anzeichen für eine Seuche feststellt. Ein Verstoß gegen diese Anzeigepflicht wird mit hohen Geldbußen geahndet. In der Praxis wird die Anzeige allerdings zumeist von den Tierärzten erstattet, die in Staatlichen Untersuchungsinstituten oder Laboratorien am eingesandten Material die Diagnose gestellt haben.

Zu den zahlreichen Erkrankungen (auch bei einzelnen Tieren, ohne daß sie seuchenhaft auftreten), die in der Verordnung über anzeigepflichtige Tierseuchen aufgeführt sind, gehören folgende, auch beim Wild vorkommende Krankheiten: Tollwut, Schweinepest, Aujeszkysche Krankheit, Maul- und Klauenseuche, Milzbrand, Rauschbrand, ansteckende Schweinelähmung (Teschener Krankheit), Geflügelpest und Newcastle-Krankheit (beides beim Federwild sehr selten auftretend), Enzootische Hämorrhagie der Hirsche (= in begrenzten Gebieten gehäuft auftretende Blutungsneigung).

Die Bekämpfung der Seuche erfolgt auf Anweisung des amtlichen Tierarztes. Dieser kann bei wildlebenden Tieren die Tötung anordnen, wenn keine andere Möglichkeit zur Tilgung der Seuche besteht, allerdings darf dadurch nicht die Gefahr der Ausrottung bestehen. Der Jagdausübungsberechtigte ist zur Mitwirkung verpflichtet und hat »Angaben über Standorte der Tiere und die Lage von Bauen, Gehecken und Gelegen zu machen«. Die Bekämpfungsmaßnahmen hat er zu dulden und sie, soweit ihm das zuzumuten ist, auch durchzuführen (§ 24 Tierseuchengesetz). Es ist unter anderem damit zu rechnen, daß bei einem Seuchenausbruch in einem Gehege oder Gatter die Tötung aller Tiere angeordnet wird. Eine Entschädigung für die Verluste durch die Bekämpfungsmaßnah-men wird für Wild oder gefangen gehaltene Wildtiere nicht gewährt.

Tierkörper, Tierkörperteile und die flüssigen Abgänge (Losung, Harn, Blut, auch damit behaftetes Erdreich) von seuchenkranken oder seuchenverdächtigen Wildtieren sind unschädlich zu beseitigen. Am geeignetsten ist die Ablieferung in einer Tierkörperbeseitigungsanstalt.

Außer den anzeigepflichtigen kommt beim Wild eine Reihe *meldepflichtiger* Tierkrankheiten vor. Hierzu gehören Infektionskrankheiten, die auch auf den Menschen übertragbar sind. Die Meldung wird üblicherweise ebenfalls aus den Untersuchungsinstituten heraus erfolgen. Die Angaben dienen im wesentlichen dazu, »einen Überblick *über die Ausbreitung bestimmter, vom Staat nicht bekämpfter Infektionskrankheiten*« zu erhalten (Verordnung über meldepflichtige Tierkrankheiten). Im Einzelfall kann aber auch hier eine Bekämpfungsmaßnahme eingeleitet werden.

Es handelt sich um folgende Krankheiten: Lippengrind *(Ecthyma contagiosum,* Parapoxinfektion), ansteckende Luftröhrenentzündung des Geflügels (infektiöse Laryngotracheitis), ansteckende Gelbsucht durch Schraubenbakterien (Leptospirose), Listeriose, Papageienkrankheit (Ornithose), Säugerpocken (Orthopoxinfektion), Toxoplasmose, (Infektion mit Einzellern aus rohem Fleisch oder Katzenkot), virusbedingter ansteckender Durchfall der Schweine (Transmissible virale Gastroenteritis), Tuberkulose des Geflügels, Hasenpest (Tularämie), Vogelpocken (Avipoxinfektion).

Jagdhunde

Die Aufgaben des Jagdhundes

Der Wolf ist der Urahn aller unserer Hunde und die evolutionsbedingte Basis für viele physiologische wie psychologische Eigenschaften auch unserer Jagdhunde.

Die *Domestikation des Wolfes* wird in Europa etwa auf den Zeitraum um 8–10000 v. Chr. geschätzt. Zu dieser Zeit war der Wolf von Irland bis Spanien durch ganz Europa und Sibirien bis Japan verbreitet. Überall dort, wo der Mensch in seiner Lebensweise mit dem Wolf zusammentraf, kann die Domestikation zeitlich neben- und hintereinander stattgefunden haben. Die Verschiedenheiten der domestizierten Wildformen, der erblichen Domestikationserscheinungen und der vom Menschen durch Selektion ausgewerteten Mutationsschritte und Kreuzungen hat bereits um etwa 4000 v. Chr.

zu fünf Typengruppen – wahrscheinlich mit allen Übergängen – geführt:

- Spitzhundtyp
- Doggentyp
- Windhundtyp
- Jagdhundtyp
- Schäferhundtyp

Letztlich war schon damals die Mannigfaltigkeit der Formen ein Ergebnis der verschiedenen züchterischen Einflüsse des Menschen je nach der Konstitution, einer bestimmten Vorliebe, der verlangten Zweckdienlichkeit und dem Lebensstandard der Bevölkerung. Stets waren und sind *Jagdhunde* mit ihren besonderen Rassen ein Teil der Jagdkultur eines Landes. So sind auch gerade die deutschen Jagdhundrassen ein wesentlicher *Teil der deutschen Jagdgeschichte.* Schon früh – nachweisbar zur Zeit der ersten Stammesrechte um 500 n. Chr. – haben sie das deutsche Jagdwesen geprägt, und umgekehrt haben die Jagdarten und schließlich auch die Waffen die Auswahl der Hunde nach ihren Fähigkeiten und damit deren Zucht bestimmt. So ist es bemerkenswert, daß bereits in den Stammesrechten innerhalb der Rassengruppe der Jagdhundtypen (Brackenartige) die

Korrektes Bringen ...

... und Ausgeben

Leithunde – die direkte Ausgangsrasse der Hannoverschen Schweißhunde – besonders benannt werden, die für die Arbeit vor der eigentlichen Hetze mit Bracken (oder auch Windhunden) unerläßlich waren.

Besonders zu betonen ist, daß der Jagdhund immer in erster Linie ein *Helfer für die Jagd* und erst in zweiter Linie ein geselliger Begleiter und Jagdkumpan war. Dies ist insofern wichtig, als heute die Reihenfolge der Anforderungen bei manchen Jägern durcheinandergerät und damit der Leistungswert so mancher Hunderasse gefährdet wird. Modetrends, Geltungsbedürfnisse, finanzielle Überlegungen oder gar sportliche Ambitionen dürfen unsere Jagdhundrassen, ihren Leistungs- und Zuchtwert nicht bestimmen. Dazu verpflichtet nicht nur die Jagdkulturgeschichte sondern auch der Tierschutzgedanke, der als wesentlicher Pfeiler der Waidgerechtigkeit die schnellstmögliche Tötung von Wildtieren und Vermeidung jeglicher Qualen fordert.

Die Aufgaben eines Jagdhundes zerfallen im allgemeinen in die Arbeit *vor* und *nach* dem Schuß. Beide Schwerpunkte sind wichtig und in der Regel unterschiedlich spezialisierten Rassen zuzuordnen. Die gute Arbeit vor dem Schuß (Suche, Stöbern, Baujagd u. a., s. Seite 199 ff) ist oft Voraussetzung, um überhaupt Wild erlegen zu können. Die gute Arbeit nach dem Schuß (Nachsuche, s. Seite 212) ist Voraussetzung, entfernt verendetes oder krankes Wild überhaupt zu finden und dadurch Qualen zu beenden. Stets kann der begleitende Jagdhund auf vieles aufmerksam machen, was der Jäger sonst nicht wahrnimmt.

Es ist eine Forderung waidgerechten – d. h. tierschutzgerechten – Jagens, angeschossenes Wild sachgemäß nachzusuchen. Diese äußerst wichtige Bedingung kann in den meisten Fällen nur durch Einsatz eines brauchbaren Hundes erfüllt werden: Für das Verfolgen des kranken Wildes auf Geläuf, Spur oder Fährte, das Finden in dichter Deckung verendeten Wildes durch die unmittelbare Witterung sowie das Fangen oder Stellen noch lebenden kranken Wildes ist der Hund aufgrund seiner Wolfsabstammung auch von Natur aus geschaffen und durch jahrhundertelange Zucht speziell vervollkommnet.

Die Eigenschaften, die von einem brauchbaren Jagdhund überhaupt gefordert werden müssen, sind je nach Einsatzschwerpunkt unterschiedlich:

- gute *Nase*,
- die Befähigung, mit *hoher Nase* Wild gegen den Wind auf große Entfernung zu riechen und dies seinem Führer z. B. durch *Vorstehen* zu zeigen,

- die Befähigung, Wild entweder mit *hoher Nase* gegen den Wind oder mit *tiefer Nase* auf *gesunder Spur oder Fährte* zu finden und zur Flucht zu veranlassen,
- die Befähigung, die Nase auf Wundspur oder Schweißfährte anzuwenden, also *Spurwillen* und *Spursicherheit*, ohne die selbst der Hund mit bester Nase krankes Wild nicht finden kann, wenn es sich weit vom Anschuß entfernt hat,
- die Fähigkeit, seinen Herrn in den Besitz des gefundenen Wildes zu bringen. Dazu gehört einmal ausreichende *Schärfe*, um noch lebendes Wild entweder abzuwürgen oder – je nach Wildart – so anhaltend zu stellen, daß der Fangschuß angebracht werden kann; zweitens gehört hierher *Verlorenbringen* von verendetem Wild (soweit dies nach Wildart und Rasse des Hundes in Frage kommt) oder aber *Verbellen* oder *Verweisen*, ferner auf *Schalenwild* sichere Arbeit am Schweißriemen *(Riemenfestigkeit)*.
- *Erfahrung*, die nur durch relativ häufigen Einsatz gewonnen werden kann. Eine Verteilung von immer *weniger Arbeit* auf immer mehr Hunde führt unweigerlich zur Verzettelung, zu geringerer Erfahrung und damit im Durchschnitt zu *geringerer Leistung*, die letztlich auf Kosten des Tierschutzgedankens geht. Jungjäger sind gut beraten, diesen Verantwortung erfordernden Aspekt rechtzeitig und vor dem Erwerb bzw. Einsatz eines Jagdhundes zu bedenken.

Diese Eigenschaften – ebenso wie *Temperament, Konzentrationsfähigkeit, Wesensfestigkeit, Spurlaut, Wasserfreudigkeit, Leichtführigkeit* usw. – müssen zum Teil dem Hund als Erbanlagen angewölft sein, was vorrangige Aufgabe einer leistungsorientierten Zucht ist, teilweise werden sie aber auch durch richtige *Abrichtung* geweckt und durch ständige *Führung* weiterentwickelt.

Wenn auch die Rasse des Hundes dabei nicht vorrangig ist und unerfahrene Jäger manchmal dazu neigen, eigene »Zuchtkreationen« zu bevorzugen und Hunde aus nicht eingetragenen Verbindungen zu verbreiten – besser gesagt zu vermarkten –, so muß doch eindringlich betont werden, daß eine *strenge Leistungszucht* auf Dauer nur im Rahmen konsequent handelnder Spezialverbände gewährleistet werden kann. Jeder Jäger, der einen Jagdhund im praktischen Einsatz führt, hat hier eine Mitverantwortung für das Leistungsniveau künftiger Jagdhundgenerationen und damit für deren Erfüllung grundlegender Tierschutzforderungen. Die Wahrscheinlichkeit, einen brauchbaren Hund zu erhalten, ist am größten, wenn er einer Rasse angehört, die hinsichtlich Zuchtstandard und Aus-

Brandlbracke

Deutsche Bracke

wahl geeigneter Elterntiere, die frei von Erbkrankheiten (z. B. Nervenschwäche. Hüftgelenksanomalien u. a.) sind, für den gewünschten Verwendungszweck bestimmt ist. Maßgebend bleibt natürlich immer die individuelle Eignung des einzelnen Hundes für die geforderten Leistungen, die je nach Revierverhältnissen unterschiedlich sein können. Ohne entsprechende Abrichtung und Führung kann auch der bestveranlagte Hund nichts Brauchbares leisten. Weiterhin müssen wir »Spezialisten« in ihren jeweiligen Sondergebieten vorhalten und durch konzentrierten Einsatz entsprechende Erfahrungen sammeln lassen. Dies gilt insbesondere für »handverlesene Schweißhundgespanne«, auf die man sich auf Kreisebene verantwortungsbewußt konzentrieren sollte.

Rote (schwarz-rote) Alpenländische Dachsbracke

Unter durchschnittlichen Revierverhältnissen – also Niederwild einschließlich Rehwild, vielleicht noch Hochwild als Wechselwild – ist ein auf Vielseitigkeit gezüchteter und dann ebenso abgeführter *Gebrauchshund* am zweckmäßigsten. Das ist in der Regel entweder ein Vertreter der zahlreichen deutschen Vorstehundrassen oder, wenn die Feldjagd gegenüber Wald und Wasser zurücktritt, ein Stöberhund, vor allem der Deutsche Wachtelhund. Ins reine Hochwildrevier gehört der Schweißhund oder eine eigens auf Schweiß abgeführte Gebirgs- oder Dachsbracke. Ein guter Dachshund (Teckel) oder auch Jagdterrier ist zumindest als Ergänzung empfehlenswert, zumal er bei entsprechender Führung auch für sich allein vielseitig verwendbar ist. Die Landesjagdgesetze enthalten Vorschriften über den Einsatz brauchbarer Jagdhunde (siehe Seite 33).

Waidmannsausdrücke

Läufe (Beine), *Fang* (Maul), *Lefzen* (Lippen), *Nase* (Geruchssinn), *Behänge* (Ohren), *Rute* (Schwanz), *Rüde* (männlich), *Hündin* (weiblich), *Welpe* (Junges), die Welpen werden *gewölft* oder *geworfen* (geboren); der Vorstehhund steht *im 1. Feld*, der Schweißhund *im 1. Behang* (d. h. im 2. Lebensjahr) usw., er *fällt eine Fährte oder Spur an*, er *nimmt sie auf* und *arbeitet sie aus;* er jagt *spurlaut* oder *sichtlaut; waidlaut*, wenn er, ohne Wild zu sehen oder zu winden, bellend stöbert. Weitere Waidmannsausdrücke enthält der folgende Text.

Westfälische Dachsbracke

Beagle

Jagdhundrassen

Unsere Jagdhundrassen sind das Ergebnis jahrhundertelanger Züchtung. Ihrer Reinzucht widmen sich heute viele Zuchtverbände, die zusammen mit den Prüfungsvereinen (Jagdgebrauchshundvereinen) den Jagdgebrauchshundverband bilden. Die Zuchtverbände widmen sich der Zucht der einzelnen Hunderassen; sie führen Zucht- und Stammbücher, in die reinrassige Hunde mit ihren Ahnen eingetragen werden, und veranstalten ebenso wie die Prüfungsvereine Anlagen- und Gebrauchsprüfungen, deren Ergebnisse in die Zuchtbücher bzw. das Deutsche Gebrauchshundstammbuch eingetragen werden. Dies ermöglicht, die Weiterzucht zielstrebig fortzusetzen, unbrauchbare Hunde auszuschalten, den Züchter und den Interessenten zu beraten.

Jeder Jäger sollte auf der Jagd nur eingetragene Hunde verwenden und seinen Stolz darein setzen, seine Hunde auch ordentlich abzuführen und zu den einschlägigen Prüfungen zu bringen.

Nach den Landesjagdgesetzen sind die zur Jagd verwendeten Hunde auf ihre Eignung für die Jagd zu prüfen (*Jagdeignungs-* oder *Brauchbarkeitsprüfung*). Bei Hunden, deren Eignung durch eine Verbandsprüfung belegt ist, entfällt diese Brauchbarkeitsprüfung (s. auch Seite 288).

In Deutschland sind besonders folgende *Jagdhundrassen* gebräuchlich. (Über die mit Hunden ausgeübten Jagdarten s. Seite 199.)

Bracken
(Jagende Hunde, Laufhunde)

Die Bracken stellen neben den Windhunden die älteste, urtümlichste Jagdhundform dar. Ihre Aufgabe vor dem Schuß ist es, mit tiefer Nase auf der Fährte (der Brackenjäger spricht auch beim Niederwild von »Fährte« statt Spur) von Haarwild lauthals zu jagen und das Wild so den auf den Wechseln und Pässen vorstehenden Schützen zuzutreiben. Dieses eigentliche Brackieren wird heute bei uns nur mehr auf Fuchs und Hase ausgeübt und ist nur auf Flächen von über 1000 ha Größe zulässig. Früher wurde, wie teilweise heute noch im Ausland (Schweiz, Frankreich), auch auf Schalenwild brackiert. Unsere heutigen Bracken sollen, wie auch die Stöberhunde, »reh- und rotwildrein« abgerichtet werden (d. h. sie dürfen in der Regel nicht an gesundem Reh- oder Rotwild jagen). Infolge ihres Fährtenwillens eignen sich besonders die bodenständigen Gebirgsschläge auch für die Schweißarbeit *(Tiroler Bracke, Brandlbracke, Peintingerbracke, Alpenländische Dachsbracke)*, sofern sie dafür abgerichtet werden. Aber auch von den nur auf Niederwild verwendeten Hunden wird heute im Jagdgebrauch und auf Prüfungen Schweißarbeit am Riemen bzw. Verbellen oder Verweisen gefordert.

Die **Gebirgsbracken** sind schnittige, hochstehende Hunde von etwa 40–50 cm Höhe mit derbem Glatthaar (»Stockhaar«) – nur die *Peintingerbracke* ist rauhhaarig – und haben gelbe bis hirschrote Farbe mit oder ohne weiße Abzeichen und schwarzem »Sattel«. Die *Brandlbracke* ist schwarz mit roten Abzeichen (»Brand«). Die **Deutsche Bracke**

271

(Westfälische, Sauerländer oder Olper Bracke) ist etwas niedriger und zierlicher, meist dreifarbig und wird weniger als Schweißhund auf Schalenwild verwendet. **Dachsbracken** sind kurzläufig gezüchtete Bracken (»Niederlaufhunde«) und in Deutschland in zwei Formen vertreten: die *rote* (auch schwarzrote) *Alpenländische Dachsbracke* und die *dreifarbige Westfälische Dachsbracke.*

Vertreter der vielen ausländischen Brackenrassen werden bei uns nur ausnahmsweise jagdlich verwendet (*Schweizer Laufhunde* und *Niederlaufhunde, skandinavische Stövare, finnische Bracke* usw.). Nur der englische **Beagle** (kleine dreifarbige Hasenbracke) wird von einem Zuchtverein betreut, der dem Jagdgebrauchshundverband angehört. Außerdem werden einige Meuten englischer Meutehunde *(Beagles, Foxhounds),* zur sportlichen Reitjagd verwendet (Parforcejagd; bei uns hinter lebendem Wild verboten, sportlich auf künstlicher Witterungsschleppe durchgeführt).

Schweißhunde

Beide deutschen Schweißhundrassen sind vom Ursprung her – wie die meisten anderen Jagdhunde auch – Bracken, die vermutlich auf die sog. Segusier, die *Keltenbracken* zurückgehen. Aus der großen Rassengruppe der Bracken nahm man schon um die Zeit der Stammesrechte um 500 n. Chr. die ruhigsten, fährtensichersten und vermutlich schwersten Hunde, die mit tiefer Nase am »Hängeseil« zum dann zu hetzenden Wild »leiten« sollten. Diese Hunde nannte man dann nach ihrem Einsatzgebiet »Leithunde«. Wie aus den Stammesrechten zu entnehmen ist, waren sie außerordentlich wertvoll. Hohe Strafen standen auf ihren Diebstahl, wie zum Beispiel

  Lex Saliciorum (um 450 n Chr.): Dieses Gesetz nennt den Leithund »Segusius, magister canis« (Segusier, der Hunde-Lehrmeister)

  Lex Burgundiorum (um 500 n. Chr.): »Wer einen Segusier stiehlt, muß diesem vor allem Volke an der Landsgemeinde das Hinterteil küssen«

Nach dem *Lex Alemannorum* (um 625 n. Chr.) muß für die Entwendung eines Leithundes eine höhere Strafe gezahlt werden als für den Diebstahl eines Pferdes oder einer Kuh.

Schon zur Zeit Karls des Großen (Kaiserkrönung 800) war die Leithundführung ein Beruf, die Leistung eine Kunst, die die Jagdgesellschaften erst in die Lage versetzte, bestimmtes Hochwild (besonders Hirsche) in einem Waldstück zu bestätigen

Bayerischer Gebirgsschweißhund

bzw. direkt zum Hetzen zu finden. Praktisch das gesamte deutsche Hochwildjagdwesen ist bis zum Aufkommen der Feuerwaffen auf den vorherigen Einsatz von Leithunden abgestellt gewesen. Viele verschiedene Jagdarten sind in Abhängigkeit davon entwickelt worden (z. B. Bestätigungsjagden, Lappjagd, Parforcejagd, Lancieren u. a.). Der spätere »Schweißhund« bzw. »Deutsche Schweißhund« bzw. »Hannoversche Schweißhund« ist sowohl hinsichtlich Rasse als auch Führungsgewohnheiten (z. B. Arbeit am langen Riemen, Einarbeitung auf kalter Gesundfährte) praktisch unverändert aus den Leithunden hervorgegangen. Da früher die Namensgebung oft nach dem Beruf erfolgte, wurde der Leithund zu dem Zeitpunkt Schweißhund genannt, zu dem er zur Arbeit nach dem Schuß auf Schweiß eingesetzt wurde. Mit dem Aufkommen der Feuerwaffen hatte man sehr schnell gemerkt, daß dafür der besonders konzentriert arbeitende, fährtensichere und bei Hetzen auch scharfe Leithund hervorragend geeignet war. Bis gegen Ende des 19. Jahrhunderts hieß dann der ehemalige Leithund über mehrere Jahrhunderte »Schweißhund« oder »Deutscher Schweißhund«. Der Zuname *»Hannoverscher Schweißhund«* setzte sich erst Ende des 19. Jahrhunderts zur Unterscheidung gegenüber dem *Bayerischen Gebirgsschweißhund* durch, der in der zweiten Hälfte des 19. Jahrhunderts durch Kreuzung des bisherigen Schweißhundes mit Wildbodenhunden (Tiroler Bracken) entstanden war, um im Gebirge leichtere Hunde zu haben. Der Beiname »Hannoverscher« ist eine Verbeugung vor dem Königreich Hannover, das diese Rasse einschließlich der überlieferten Führungsmethode über die schwierigsten Zeiten der

Hannoverscher Schweißhund

Revolution (um 1848) unverändert gerettet hat. Das ändert jedoch nichts daran, daß diese Hunde vorher weit über 1000 Jahre in ganz Deutschland verbreitet waren. Die Arbeit auf der Gesundfährte spielt heute praktisch nur noch bei der Abführung (Abrichtung) bzw. beim »auffrischenden Training«, aber kaum mehr in der Jagdpraxis eine Rolle (wie z. B. früher beim Lancieren, dem Nachhängen mit dem Schweißhund auf der Fährte des Hirsches, um diesen einem auf dem Wechsel vorgestellten Schützen zuzudrücken). Der Schweißhund ist der größte »Hochwildspezialist«, der am Riemen auch schwierigste, bis zu über 40 Stunden alte Schweißfährten von Rot-, Dam- und Schwarzwild (die Rehwildfährte soll er nicht annehmen) ausarbeiten soll. Ist das Wild noch auf den Läufen, so soll er es zu Stande hetzen und verbellend stellen (Standlaut), bis der Hundeführer den Fangschuß geben kann. Generell gilt – besonders aus Tierschutzgründen –, daß die Schweißhunde alle drei Hauptfächer beherrschen müssen, die bei jeder Nachsuche unvorhersehbar intensiv gefordert sein können:
– Eine sichere, konzentrierte Riemenarbeit durch frische Verleitfährten hindurch
– Eine ausdauernde, schnelle, scharfe und laute Hetze
– Ein scharfes und ausdauerndes Stellen.
Umgekehrt bedeutet dies, daß alle Hunderassen, die diese Fächer nicht insgesamt beherrschen, für das Nachsuchenwesen ungeeignet sind. Andererseits ist auch für die Spezialisten zu betonen, daß sie erst nach häufigem Einsatz (etwa ab 100 Arbeiten!) aufgrund ihrer Erfahrung sicherste Spitzenleistungen gewährleisten können. Zweckmäßigerweise konzentriert sich deshalb eine größere Region

(z. B. Landkreis, Hegering) auf wenige Nachsuchengespanne.

Die Gepflogenheit, daß insbesondere jüngere und noch unerfahrene Schweißhunde möglichst kein Rehwild arbeiten sollen, beruht übrigens auf jahrhundertealter Erfahrung und gilt für alle Jagdhundrassen, die auf *Hochwild spezialisiert* werden sollen. Die Ursache ist bei der speziellen Zwischenzehendrüse des Rehwildes zu suchen, die eine frische Rehfährte für jeden Hund besonders verlockend werden läßt. Da mit kreuzenden frischen Rehfährten praktisch überall zu rechnen ist, besteht einfach die große Gefahr, daß ein unerfahrener Hund in dem Moment eine schwierige Hochwildfährte verläßt, wenn er eine frische Rehwildfährte kreuzt und vorher diese Wildart besonders »schätzen« gelernt hat. Eine schwierige Hochwildnachsuche findet dann schnell ihr Ende, obwohl sich das kranke Stück möglicherweise noch weiter quälen muß. Auch hier ist immer wieder zu betonen, daß jede Schweißarbeit, jede diesbezügliche Spezialisierung auch viel mit Verantwortungsbewußtsein zu tun hat.

Der **Hannoversche Schweißhund** ist ein mittelschwerer Hund von meist hirschroter Farbe (auch semmelgelb und dunkel gestromt), gedrungenem Kopf mit starken Lefzen und dunkler Maske, dadurch ernstem Gesichtsausdruck, und ruhigem Temperament. Das Haar ist dicht und derb (Stockhaar); Höhe um 50 cm. Er ist sehr anhänglich, seinem Führer gegenüber sensibel, Fremden und dem Wild gegenüber jedoch scharf. Er gehört nur in die Hand von »drahtigen« Spezialisten, die genügend Möglichkeiten zur Einarbeitung, Führung und zur möglichst jederzeitigen überörtlichen Einsetzbarkeit haben.

Die Einarbeitung und auch *Vorprüfung* der Hannoverschen Schweißhunde erfolgt auch heute noch nach alter Leithundmanier und Tradition des Hannoverschen Jägerhofes auf kalter, gesunder Einzelfährte der Hochwildarten, auf die diese Hunde spezialisiert werden. Er wird in ganz Deutschland (auch im Hochgebirge), daneben aber auch zunehmend im Ausland eingesetzt.

Der **Bayerische Gebirgsschweißhund** ist leichter und zierlicher als der »Hannoveraner«; er ist erst in der zweiten Hälfte des 19. Jahrhunderts aus diesem unter Einkreuzung von Gebirgsbracken hervorgegangen, um einen leichteren Schweißhund für das Hochgebirge zu erzielen. Der Bayerische Gebirgsschweißhund wird mitunter auch auf Rehwild sowie zum Brackieren auf Fuchs und Hase verwendet. Seine Einarbeitung erfolgt oft auf künstlichen Fährten, z. B. Tupffährten, Fährtenschuh u. a.

Deutscher Wachtelhund

Cockerspaniel

Stöberhunde

Die Stöberhunde sind mittelgroße, langhaarige Hunde, die von den Bracken zu den Vorstehhunden überleiten und für vielseitige Verwendung geeignet sind. Besonders der **Deutsche Wachtelhund** (DW) ist für Waldreviere der gegebene Gebrauchshund. Sein ausgeprägter, mit lockerem Spurlaut verbundener Spurwille (Brackenerbe!) befähigt ihn nicht nur zu ausdauerndem Stöbern und Jagen auf der Fuchs- und Hasenspur, sondern läßt ihn bei gerechter Führung auch zu einem guten Hund auf der Schweißfährte werden. Allerdings muß man stets bedenken, daß ein auf *Stöberjagd* spezialisierter Hund kaum für Spitzenleistungen bei der Schweißarbeit geeignet ist. Generell stellen daher Stöberjagd und Schweißarbeit spezielle Einsatzbereiche dar, die man nicht vermengen sollte. Daneben eignet er sich infolge hoher Bringfreudigkeit sehr gut zum Verlorenbringen von Niederwild bis zum Hasen (kräftigen Rüden über 50 cm Schulterhöhe bereitet auch das Bringen von Fuchs keine allzu großen Schwierigkeiten) und ist bei der Wasserarbeit besonders leistungsfähig. Raubzeugschärfe ist oft vorhanden, so daß also der Deutsche Wachtelhund sämtliche Gebrauchshundarbeit – mit Ausnahme des Vorstehens – leisten kann. Er wurde früher in zwei getrennten Schlägen gezüchtet: der Braune ist in der Regel mehr »Kurzjager« für Stöber- und Buschierarbeit, der Braunschimmel mehr »Langjager« mit verstärkter Neigung zu den Brackeneigenschaften. Heute sind diese Leistungsanlagen nicht mehr so klar nach Farbschlägen unterschieden.

Der **Spaniel** ist bei uns in zwei verschiedenen Rassen bekannt. Am meisten verbreitet ist der kleinere – 30–35 cm hohe – **Cockerspaniel.** Er ist ein lebhafter, eifriger Stöberer zu Land und im Wasser und auch auf Schweiß oftmals sehr brauchbar. Der Spurlaut ist im allgemeinen nicht so fest ausgeprägt wie beim Wachtelhund, und infolge seiner geringeren Körpergröße leistet er auch im Bringen nicht so viel. Er ist daher mehr für niederwildreiche Reviere (Wald-Feld-Lage, Buschwerk, Wasser) geeignet als für große Wald- und Bergreviere. Beim Cockerspaniel kommen alle Jagdhundfarben vor; am häufigsten sind sog. Blauschimmel, ferner Schwarz, Gelb oder Rot mit oder ohne weiße Abzeichen. Der weiß-braune **Springerspaniel** ist bei uns wenig verbreitet. Er entspricht in der Größe dem Wachtelhund und eignet sich daher mehr als Verlorenbringer. Stöbern und Buschieren in Busch und Schilf liegen auch ihm anlagemäßig mehr als Bracken- und Schweißhundarbeit.

Vorstehhunde

Die Vorstehhunde waren ursprünglich »Hühnerhunde« für die Feldjagd auf Niederwild, besonders Federwild. Infolge einer besonderen, durch Abrichtung noch zu vervollkommnenden Erbanlage sucht der Vorstehhund das Gelände mit »hoher Nase« unter Ausnutzung des Windes ab, und wenn er Wittrung von Wild bekommt, verfolgt er dieses nicht sofort, sondern verharrt aufmerksam vor ihm, *steht vor,* bis der Jäger auf Schußentfernung herankommt und das Wild (Kette Hühner, Fasan, Hase) entweder selbst heraustritt oder dem Hund den Befehl zum »Einspringen« gibt. Auf den Schuß hin soll sich der Hund ruhig verhalten (»Schuß-ruhe«) und erst auf Kommando das erlegte Nieder-wild verlorensuchen oder apportieren. Diese sog. »Feldarbeit« ist heute nur noch *eine* der vielfältigen Aufgaben des Vorstehhundes, der durch zielbe-wußte Züchtung zum vielseitigen *Gebrauchshund* geworden ist.

Das Ziel der Gebrauchshundzucht ist, einen Hund zu schaffen, der allen Anforderungen im durch-schnittlichen Jagdbetrieb gerecht werden kann. Mit wenigen Abweichungen erfüllen heute im all-gemeinen alle Schläge deutscher Vorstehhunde diese Bedingung, wobei sich einzelne Zuchtlinien herausgebildet haben, die wiederum auf diesem oder jenem Sondergebiet besonders brauchbar sind. Der deutsche Vorstehhund soll neben guter Vorsteharbeit im Feld sowie Stöber- und Buschier-arbeit in Wald und Wasser vor allem nach dem Schuß als Verlorenbringer von Niederwild sowie auf der Schweißfährte von Schalenwild verwendbar sein, angeschossenes geringes Schalenwild (vor al-lem Rehwild) an der Drossel niederziehen, totver-bellen oder totverweisen. Als »Universalhund« kann er jedoch den »Spezialisten« meist nicht erset-zen, besonders bei schwierigen Schweißarbeiten. Die Vorstehhunde sind mit 60–70 cm Schulterhöhe unsere größten Jagdhunde. Es sind folgende Ras-sen bei uns verbreitet:

Deutsch-Kurzhaar in Vorstehhaltung

kurzhaarige Vorstehhunde

Deutsch-Kurzhaar – Kurz, dicht und hart behaart, dadurch besonders muskulös erscheinend, Farbe und Zeichnung entweder einfarbig braun oder braun in verschiedener Verbindung mit weiß

Weimaraner

(Braunschimmel, Brauntiger), selten dreifarbig (»gebrandelt«, rotgelbe Abzeichen), auch Schwarzschimmel; hoch angesetzte, nicht zu kurz kupierte Rute, kräftiger, nicht spitzer Fang; seine Stärke ist die Feldarbeit.

Weimaraner – Entspricht in Form und Haar im großen ganzen dem Deutsch-Kurzhaar, die Farbe ist aber einheitlich silbergrau bis semmelgelb, das Auge hell (»Habichtsauge«). Der Weimaraner ist eine der ältesten Vorstehhundrassen; Raubwild- und Mannschärfe sind oft ausgeprägt; er eignet sich vielfach besonders für Schweißarbeit. Es gibt auch eine (seltene) langhaarige Form des Weimaraners.

langhaarige Vorstehhunde

Deutsch-Langhaar – Meist kräftige Hunde mit der-bem, leicht gewelltem Langhaar, »Fahnen« an den Läufen und der Rute (die bei allen langhaarigen Vorstehhunden nicht kupiert wird); Farbe braun mit oder ohne weiße Abzeichen, auch Braunschim-mel; Auge dunkel; meist gute Verlorenbringer und Wasserhunde.

Großer Münsterländer – Im Format dem Deutsch-Langhaar entsprechend, weiß mit schwarzem Kopf, schwarze Platten, auch verstreut schwarze Flecken (Schwarzschimmel).

Kleiner Münsterländer – Mittelgroßer, dem Deut-schen Wachtelhund ähnlicher Hund (gemeinsamer Ursprung der langhaarigen Vorstehhunde und der Stöberhunde!); Stöbern, Buschieren und Wasser-arbeit sind seine Stärke; er vereinigt die Eigen-schaften des Vorstehhundes mit denen eines kurz-jagenden Stöberhundes und gehört in dementspre-chendes, niederwildreiches Jagdgelände. Er ist

Kleiner Münsterländer

Die Rauhhaarschläge ähneln einander oft sehr. Hier die Haartypen »Stichelhaar« (oben), »Drahthaar« und »Griffon« (mitte u. unten).

meist Braunschimmel, auch Braunscheck (weiß mit braunen Platten) oder braun mit weißen Abzeichen. Trotz seiner geringen Größe ist der Kleine Münsterländer ein vollwertiger Gebrauchshund. Im allgemeinen leichtführig und leichter unterzubringen als größere Hunde, ist er gerade bei in der Stadt wohnenden Jägern immer beliebter geworden.

rauhhaarige Vorstehhunde

Es gibt verschiedene Schläge, die sich recht ähneln und miteinander im **Deutsch-Drahthaar** aufgegan-

Deutsch-Langhaar mit Junghund

gen sind, der meistverbreiteten deutschen Jagd-
hundrasse. Der Deutsch-Drahthaar, ein kräftiger
Hund, soll wetterfestes, derbes Drahthaar haben
(nicht zu lang und zu weich, dichte Unterwolle);
Farbe braun oder Braunschimmel, seltener
Schwarzschimmel; Rute kupiert; Augen braun;
dichte Brauen und »Bart« schützen Augen und
Lefzen vor Verletzungen im Schilf und Dornen;
Wesenshärte befähigt ihn zum Raubzeugwürger,
Verlorenbringer und zur Schweißarbeit.

Neben dem Deutsch-Drahthaar werden auch seine
Ausgangsformen für sich allein im Rauhhaar-Rein-
zucht-Verband weitergezüchtet. Es sind dies:

Deutsch-Stichelhaar – Dem DD sehr ähnlich; im
Haar noch etwas rauher und »borstiger«; älteste
rauhhaarige Vorstehhundrasse; nur noch selten anzutreffen (Zuchtzentrum Ostfriesland).

Griffon – Ursprünglich aus dem französisch-bel-
gisch-holländischen Raum stammend, ebenso wie
Deutsch-Stichelhaar eine der Ursprungsrassen des
Deutsch-Drahthaar; kennzeichnend das etwas weichere und längere Rauhhaar mit besonders starkem »Bart« und Augenbrauen; Rücken etwas länger als bei den übrigen, mehr »quadratisch« gebau-
ten Rassen; Braunschimmel mit gedeckter, graubraun oder »blaugrau« wirkender Färbung.

Pudelpointer – Eine um die Jahrhundertwende neu
entstandene Rasse aus den alten, besonders geleh-
rigen und wasserfreudigen Jagdpudeln und dem
englischen (kurzhaarigen) Pointer; meist knappes,
dichtes Rauhhaar, braun mit kleinen weißen Abzeichen, seltener schwarz.

In Aussehen und Leistung gleichen sich diese
Rauhhaarformen weitgehend.

Englische Vorstehhunde

Die englischen Vorstehhundrassen haben die Entwicklung zum vielseitigen Gebrauchshund nicht
mitgemacht und sind im allgemeinen Feldjagdspe-
zialisten geblieben. Die jagdlichen Züchter in
Deutschland bemühen sich jedoch ebenfalls um
größere Vielseitigkeit, als im Mutterland England
üblich ist. Man unterscheidet den kurzhaarigen
eleganten **Pointer,** der sämtliche Jagdhundfarben
haben kann (meist weiß mit mehr oder weniger
umfangreichen braunen, gelben, roten oder
schwarzen Abzeichen, auch einfarbig rot oder
schwarz) und die 3 langhaarigen Setterrassen: den
Englischen Setter (Laverack-Setter), meist braun-
oder Schwarzscheck, den **Irischen Setter,** rot mit
oder ohne weiße Abzeichen, und den **Schottischen
Setter** (Gordonsetter), schwarz mit gelbroten Abzeichen.

Gordonsetter

Andere ausländische Vorstehhunde

Von den übrigen Vorstehhundrassen der Länder
Europas haben nur zwei in letzter Zeit bei uns eine
gewisse Verbreitung erlangt (und werden von eigenen Zuchtvereinen betreut, die dem Jagdgebrauchshundverband angehören): Der **Ungarische
Vorstehhund** (Magyar Vizsla) – ein semmelfarbe-
ner bis hirschroter, ursprünglich kurzhaariger Vorstehhund (etwa vom Format des Weimaraners),
von dem es auch eine rauhhaarige Form gibt, und
der **Bretonische Vorstehhund** (Epagneul breton) –
ein besonders kleiner, langhaariger Vorstehhund
von heller Farbe (weiß mit orangeroten oder braunen Platten), am ehesten mit dem Kleinen Münsterländer zu vergleichen (jedoch mit manchmal
angeborener Stummelrute, sonst kupiert).

Ungarischer Vorstehhund (Drahthaar)

Bretonischer Vorstehhund (Epagneul breton)

Labrador Retriever

Golden Retriever

Neuerdings haben sich auch Freunde der übrigen, zahlreichen Formen französischer Vorstehhunde zu einem Zuchtverein zusammengeschlossen. Sie betreuen die – im wesentlichen unseren deutschen Vorstehhunden entsprechenden – Rassen: Die französische Bezeichnung für den kurzhaarigen Vorstehhund ist *Braque* (nicht zu verwechseln mit der deutschen »Bracke«!), für den langhaarigen Vorstehhund *Epagneul;* von beiden gibt es mehrere lokale Rassen in den Landschaften Frankreichs, dazu – neben dem Griffon – einen weiteren rauhhaarigen Vorstehhund, den *Barbet.*

Apportierhunde (Retriever)

Während die Entwicklung des Jagdhundwesens in Deutschland zum möglichst vielseitigen Gebrauchshund ging, der alle im normalen Jagdbetrieb anfallenden Arbeiten in Feld, Wald und Wasser, vor und nach dem Schuß zu leisten imstande sein soll, haben die Engländer weitgehend an ihren Spezialrassen für die einzelnen Arbeitsgebiete festgehalten. Neben den auf die Arbeit vor dem Schuß spezialisierten Vorstehhunden (Pointer, Setter), Buschier- und Stöberhunden (Spaniels) waren weitere Spezialisten für die Nachsuche auf Niederwild notwendig: die *Retriever* (Apportierhunde, Verlorenbringer). Das sind mittelgroße, kurz- oder langhaarige, robuste und wasserfreudige Hunde, von denen es in den angelsächsischen Ländern mehrere Rassen gibt.

Bei uns gebräuchlich (und neben ihrem eigentlichen Verwendungszweck auch als Stöberhunde und zur Schweißarbeit auf Schalenwild verwendet)

sind vereinzelt der langhaarige **Golden Retriever,** von semmelgelber bis goldbrauner Farbe, und der derb stockhaarige, schwarze, seltener gelbe oder braune **Labrador Retriever.**

Erdhunde

Ihre Kleinheit befähigt die Dachshunde (Teckel) und Terrier, dem Raubwild (Fuchs, Dachs) unter die Erde in die Baue zu folgen. Ihre Aufgabe bei dieser »Bauarbeit« ist es, das Raubwild entweder aus dem Bau zu jagen (zu »sprengen«), so daß es der draußen passende Jäger schießen kann, oder es im Bau zu stellen und zu verbellen (besonders den Dachs, der meist nicht vor dem Hund aus dem Bau springt), so daß der Bau aufgegraben und das Wild dann erlegt werden kann. Im Bau abgewürgtes

Rauhhaar-Teckel

Langhaar-Teckel

Wild (Jungfüchse) soll der Bauhund herausziehen. Raubwildschärfe ist also die Hauptforderung, die an einen Erdhund gestellt werden muß. Neben der Arbeit unter der Erde soll der Erdhund auch »über der Erde« möglichst vielseitig (z. B. Stöbern, Schweißarbeit) verwendbar sein.

Dachshunde (Dackel, Teckel) – In 3 Haarformen – Kurzhaar, Langhaar, Rauhhaar –, von denen heute der Rauhhaardackel als Jagdhund am häufigsten anzutreffen ist. Der Dachshund ist ursprünglich eine Zwergbracke, daher über der Erde zum Stöbern und spurlauten Jagen auf Fuchs und Hase sowie zur Schweißarbeit vortrefflich geeignet. Bei kurz- und langhaarigen Dachshunden kommen die Brackenfarben vor: meist Rot oder Schwarz als Grundfarbe mit oder ohne andersfarbigen (rot, schwarz, weiß) Abzeichen; beim Rauhhaardackel, der viel Terrierblut führt, überwiegt die schwarzgraue »Wildsaufarbe« oder die graubraune »Dürrlaubfarbe«.

Terrier – Auffälligstes Unterscheidungsmerkmal zu den anderen Jagdhundrassen ist das »Stehohr« oder »Kippohr« (im Gegensatz zum »Behang«). Durch die höheren Läufe ist der Terrier sowohl über als auch unter der Erde beweglicher und wendiger als der Dachshund, meist auch schärfer. Dafür sind Nase, Spurwillen und Spurlaut oft nicht so gut entwickelt, so daß bei den Terriern die Arbeit über der Erde, vor allem die Schweißarbeit, in der Regel eine geringere Rolle spielt. Der scheckige (schwarzweiße, auch dreifarbige) **Foxterrier** ist als Jagdhund nicht sehr oft anzutreffen. Der **Deutsche Jagdterrier** (schwarz-rot, seltener dürrlaubfarbig; rauh- oder glatthaarig) hat dagegen weite Verbreitung gefunden und zeigt im allgemei-

nen infolge der zielbewußten Zucht auf Vielseitigkeit auch über der Erde gute Leistungen (Schweißarbeit, Wasserarbeit, Bringen von schwächerem Niederwild). Seine Schärfe macht ihn auch für die Saujagd besonders geeignet. In der Regel gehören diese Hunde wegen ihrer Schärfe und ihres Temperaments in erfahrene Hundeführerhände.

Von den übrigen Terrier-Rassen (vor allem in England zahlreich) werden bei uns mitunter der *Welschterrier* und der *Irische Terrier* jagdlich geführt (beide ähnlich dem Deutschen Jagdterrier), sowie der *Bullterrier* gelegentlich als scharfer »Saupacker« in Saumeuten.

Deutscher Jagdterrier

Aufzucht, Haltung und Pflege

Fortpflanzung

Die Geschlechtsreife tritt beim Rüden mit etwa 12 Monaten ein, bei der Hündin mit 8 Monaten. Die Hitze der Hündin wiederholt sich im Frühjahr und Herbst und dauert bis zu 24 Tagen. Man soll erst bei der dritten Hitze die Hündin decken lassen, am besten im Frühjahr. Auch der Rüde soll voll entwickelt (zweijährig) sein, bevor er zum Decken kommt. Die Trächtigkeitsdauer beträgt 60–64 Tage. Die Hündin soll während der Tragzeit Bewegung haben, aber nicht angestrengt werden. Wichtig ist gute Ernährung: Milch, Fleisch mit Knochen, Reis und Haferflocken. Am ersten Tag nach dem Werfen soll man der Hündin Milch mit Haferflocken und vielleicht etwas Gehacktes geben. Einige Tage vor dem Wurf muß man an gut geschütztem Platz ein Lager herrichten, am besten eine niedrige Kiste. Das Werfen vollzieht sich in zwei Phasen, die vorbereitende dauert 3–10 Stunden, die Austreibungsphase je nach der Welpenzahl etwa ebenso lang. Die Nachgeburt wird von der Hündin gefressen.

Aufzucht der Jungen

Die Welpen sind anfänglich blind. Nach etwa zehn Tagen öffnen sich die Augen. Bis zur dritten Woche besteht die Nahrung ausschließlich aus Muttermilch, von da an beginnt die Umgewöhnung auf andere Nahrung (Milch, Gehacktes, Haferflocken, Welpenfutter). Anfangs sind die Welpen öfter zu füttern, später nur dreimal täglich. Wenn die ersten Zähne vollständig sind (nach sieben Wochen), läßt die Hündin die Jungen nur mehr ungern saugen. Der Zahnwechsel ist nach längstens einem dreiviertel Jahr vollendet (42 Zähne); dann sind die Hunde ziemlich ausgewachsen.

Nach dem Tierschutzgesetz (s. Seite 357) ist das Kürzen der Rute (Kupieren) nur bei unter 8 Tage alten Welpen erlaubt. Das Kupieren der Ohren ist verboten (kommt bei Jagdhunden nicht in Betracht).

Generell zeichnet sich heute zunehmend ein Trend ab, die überwiegend aus dem Ende des 19. Jh. stammende Forderung des Rutenkupierens in Rassestandards in Frage zu stellen, weil die Revierverhältnisse und geringe Einsatzhäufigkeit ein wundschlagen der Ruten heute weniger wahrscheinlich werden lassen und tatsächlich gefährdete Hunde auch später vom Tierarzt kupiert werden können. Man weiß heute, daß lange Ruten für Hunde durchaus physiologische wie psychologische Bedeutung haben.

Hundezwinger-Anlage

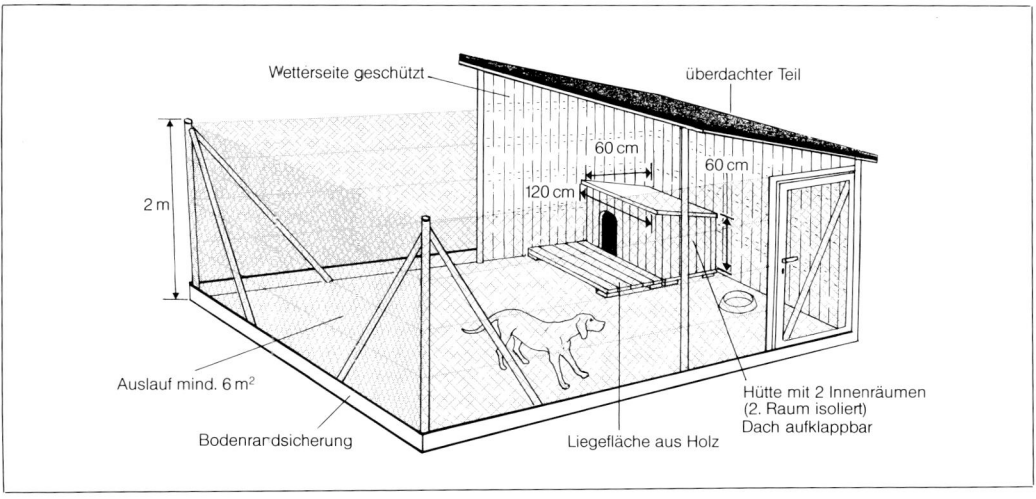

Wetterseite geschützt — überdachter Teil

2 m

60 cm
60 cm
120 cm

Auslauf mind. 6 m²

Bodenrandsicherung

Liegefläche aus Holz

Hütte mit 2 Innenräumen (2. Raum isoliert) Dach aufklappbar

Haltung und Pflege

Hunde benötigen viel Bewegung und Sauberkeit. Flöhe und Läuse können mit Kontaktinsektiziden bekämpft werden, dabei das Lager nicht vergessen. Die Hundehütte muß trocken und windgeschützt stehen. Im Sommer muß immer Schatten erreichbar sein. Die Halsung darf nicht zu eng anliegen; sie ist stets abzunehmen, sobald der Hund geschnallt wird (besonders bei Wasserarbeit, Stöbern, Hetzen, Bauarbeit), sowie im Zwinger. Schutzimpfungen soll man – wo sie in Betracht kommen (siehe im Folgenden) – rechtzeitig vornehmen lassen.

Bei genügend Auslauf können Jagdhunde in der Wohnung oder im Zwinger, bei milder Witterung auch wechselnd gehalten werden. Generell gilt, daß Hunde in der Wohnung mit engem Familienanschluß leichtführiger, anhänglicher und durch ständige Beobachtung aller Familienmitglieder umgänglicher sind. Hunde im Zwinger werden oft härter, schärfer und schwerer zu »bändigen«. Die Leistung in der Praxis wird durch die unterschiedlichen Haltungsformen nicht bestimmt.

Zwinger und Hütte müssen den tierschutzrechtlichen Bestimmungen entsprechen (s. Seite 357). Jedoch ist zu beachten, daß der Hund auch bei Zwingerhaltung möglichst viel Kontakt zu seinem Herrn und der Familie haben kann. Zwingerhunde sollen – auch wenn es nicht auf die Jagd geht – möglichst oft Gelegenheit zum Kontakt mit ihrem Herrn bekommen und auch ihren festen Platz für zeitweisen Aufenthalt im Haus haben. – Wird er in der Wohnung gehalten, soll sein Liegeplatz (Kiste oder Korb mit Liegedecke) an möglichst kühler Stelle sein, jedoch vor Zugluft geschützt.

Ernährung

Der Hund soll an gemischte Kost gewöhnt werden, Fleisch (Muskelfleisch und Innereien) ist jedoch Hauptnahrung. Das Fleisch kann roh (kein Schweinefleisch!) oder gekocht mit Knochen (jedoch keine Röhrenknochen und Geflügelknochen) gegeben werden. Als Nährmittel-Zusatz eignen sich am besten Getreideflocken (Haferflocken oder spezielle Hunde-Futterflocken) oder Futterreis. Als Vitaminspender soll ein roher Apfel oder eine Gelbe Rübe ins Futter geschabt werden. Manche Hunde fressen aus eigenem Antrieb gern Obst (wie auch das freilebende Raubwild!). Vermeiden soll man das Verfüttern von Brot, Kartoffeln, Süßigkeiten und gewürzten Küchenabfällen. Gute Fertigfuttermittel des Fachhandels haben sich heute als einfach zu handhabende und optimiert zusammengestellte Grundnahrung am besten bewährt.

Hundekuchen sind als abwechslungsreiche Zugabe geeignet. Die Tagesmenge des Futters richtet sich nach der Größe des Hundes. Junghunde sind dreimal, erwachsene Hunde einmal täglich zu regelmäßigen Zeiten zu füttern. Das Futter darf nicht zu heiß verabreicht werden (20° C). Nach dem Füttern ist der Freßnapf auszuwaschen und mit frischem Wasser zu füllen.

Hundekrankheiten

Hundestaupe ist eine ansteckende Viruskrankheit. Sie war früher (vor Einführung der Schutzimpfung) sehr häufig, vor allem bei jüngeren Hunden. Das Virus befällt und schädigt die Schleimhäute des Darmkanals, der Bronchien und des Auges und ebnet so anderen Krankheitserregern den Weg. Als schwere, meist unheilbare Staupeform tritt die nervöse Staupe mit Krampfanfällen auf. Verdächtige Anzeichen sind: Appetitlosigkeit, Augenausfluß, Durchfall, Husten, Mattigkeit, Fieber (40° C); bei den ersten Anzeichen suche man einen Tierarzt auf. Eine Staupeschutzimpfung schützt weitgehend vor dieser Erkrankung.

Ansteckende Leberentzündung (Hepatitis) der Hunde und sog. **Fuchsencephalitis** werden durch ein Virus verursacht. Anzeichen beim Hund sind sehr hohes Fieber, Mattigkeit, Schmerzempfindlichkeit in der Lebergegend, die durch die Leberentzündung verursacht wird. Gegen Leberentzündung und Staupe gibt es einen kombinierten Impfstoff, der im Alter von 6–9 Wochen angewendet wird.

Stuttgarter Hundeseuche (Leptospirose) und **Weilsche Krankheit** sind durch Leptospiren, Schraubenbakterien, verursachte Infektionskrankheiten. Sie haben oft tödlichen Ausgang; Anzeichen sind: große Mattigkeit, hohes Fieber (40° C), Durchfälle, Erbrechen und bei der Weilschen Krankheit Gelbsucht; Heilung ist fraglich. Schutzimpfung erfolgt gemeinsam wie gegen Staupe und Hepatitis (»Dreifachimpfung« SHL).

Tollwut ist eine für Mensch und Tier infektiöse Viruserkrankung des zentralen Nervensystems. Ihr Ausgang ist tödlich. Sie wird durch den Biß erkrankter Hunde und anderer Tiere übertragen. Bis zum Ausbruch vergehen meist 2–8 Wochen, manchmal bis zu 6 Monate. Die Krankheit beginnt mit verändertem Benehmen der Tiere, mit Beißsucht, Ängstlichkeit und Orientierungslosigkeit. Später treten Unterkieferlähmung und Speicheln auf, im Endstadium völlige Apathie und Lähmungen. Es besteht Anzeigepflicht. Tollwütige Hunde müssen getötet werden. Heilversuche sind verboten. Ein vorbeugender Schutz ist durch eine Impfung zu erzielen. Eine behördlich als wirksam anerkannte Impfung liegt vor, wenn die Erstimpfung mindestens 30 Tage und längstens 12 Monate und die Wiederholungsimpfung nicht länger als 12 Monate zurückliegt. Nach tatsächlich erfolgtem oder mutmaßlichem Kontakt mit einem tollwütigen Tier ist der Hund unverzüglich nachzuimpfen und unter Beobachung zu stellen.

Ähnliche äußere Symptome wie die Tollwut kennzeichnen die für Hunde innerhalb weniger Tage tödliche **Pseudowut** oder **Aujeszkysche Krankheit**, die hauptsächlich bei Schweinen verbreitet ist (s. Seite 254) und durch Verfüttern von rohem Schweinefleisch auf Hunde übertragbar ist.

Seit den achtziger Jahren des 20. Jh. tritt verstärkt die **Parvovirose** auf, eine Viruskrankheit im Magen-Darm-Bereich, die besonders bei Welpen und Junghunden tödlich verläuft. Symptome: Mattigkeit, Erbrechen, Durchfall. Eine Schutzimpfung ist möglich.

Tuberkulose ist keine spezifische Hundekrankheit; sie wird vom Menschen oder durch mit Tuberkulose verseuchtes Fleisch auch auf den Hund übertragen. Anzeichen können sein: Abmagerung, schnelles Ermüden, zeitweise Fieber, bei Lungen-Tbc. Husten, bei Darm-Tbc. oft Bauchwassersucht. Infektionsgefahr für den Menschen!

Räude wird durch verschiedene *Milbenarten* hervorgerufen. Bei den Erkrankungen treten Pusteln und haarlose, juckende, schuppende oder borkige Bezirke der Haut auf. Sie bedürfen der baldigen Behandlung durch den Tierarzt, da sie bei großer Ausbreitung unheilbar sein können. Außerdem stellen sie eine Gefahr für andere Hunde wegen der Infektionsmöglichkeit dar. Diagnose-Sicherung ist durch mikroskopischen Milbennachweis möglich.

Sarkoptesräude, verursacht durch mikroskopisch kleine Grabmilben, mit starkem Juckreiz, erscheint zuerst am Kopf, dann an Hals, Brust, Vordergliedmaßen, Bauch, Hintergliedmaßen und Rutenwurzel.

Demodikose, verursacht durch Haarbalgmilben, Juckreiz weniger stark, erscheint zuerst am Kopf. Vorkommen bevorzugt bei jungen und geschwächten Hunden.

Spulwürmer und Hakenwürmer sind vor allem bei Welpen (aufgetriebene Bäuche) sehr schädlich.

Vor einer Schutzimpfung sollen die Junghunde entwurmt werden.

Bandwürmer sind beim Hund sehr häufig. Man kann sie durch eine Wurmkur beseitigen, aber muß darauf achten, daß der Kopf des Wurmes mit abgeht. Die Glieder sind als weißliche, längliche, platte, mitunter kürbiskernförmige Gebilde im Kot zu erkennen. Zwischenträger sind der Hundefloh sowie Hasen- und Wildeingeweideteile, die mit Finnen besetzt sind. Von dem beim Hund vorkommenden Kleinen Bandwurm (Echinococcus) kann man die Glieder mit freiem Auge nicht erkennen. Dieser Bandwurm ist für den Menschen sehr gefährlich, weil der Mensch neben anderen Warmblütern Zwischenträger ist und die Finnen dieses Bandwurms lebensgefährlich werden können, wenn sie in der Leber oder anderen Organen heranwachsen.

Entzündung des äußeren Gehörganges (Ohrenzwang) zeigt sich durch Kopfschütteln und Kratzen an den Ohren. Sie ist recht häufig. Behandlung unbedingt durch den Tierarzt, da der Laie den Bau des Gehörganges nicht kennt und ihn darum nicht sauberhalten kann. Heilungsaussichten sind im Anfangsstadium günstig.

Knochenweiche, durch Störung im Stoffwechsel hervorgerufen, tritt oft bei Welpen auf. Die Krankheit (Rachitis) zeigt sich durch Knochenverbiegungen, O-Beinigkeit. Vitamin-D-Gabe und gutes Futter helfen dem Übel ab. Allerdings kann zuviel Vitamin D auch schaden, also Vorsicht bei der Dosierung!

Dackellähme kommt speziell beim Dackel häufig im mittleren Alter vor. Grund der Lähmungen, die in der Hinterhand auftreten, ist ein Bandscheibenschaden. Die Heilungsaussichten sind schlecht.

Ekzeme sind schuppende oder nässende Hauterkrankungen, die in der Mehrzahl der Fälle auf falsche Ernährung oder auf chronische Infekte zurückzuführen sind.

Angeborene Mißbildungen, die oft auch den Gebrauchswert des Hundes mindern, ihn jedenfalls von der Zucht ausschließen, sind angeborene **Zahnmängel** (fehlende Zähne), Mißbildungen des Unterkiefers: **Vorbiß** (Unterkiefer zu lang), **Rückbiß** (Unterkiefer zu kurz); mißbildete Augenlider: **Ektropium** (Augenlid ausgestülpt, »offenes Auge«, Triefauge), **Entropium** (Augenlid eingerollt, ständige Augenreizung durch Reibung); **Hodenfehler** (Monorchismus (nur ein Hoden sichtbar), Kryptorchismus (ein oder beide Hoden im Leistenspalt oder in der Bauchhöhle)) sowie **Hüftgelenks-Dysplasie** (krankhafte Verformung der Hüftgelenke, im Röntgenbild sichtbar).

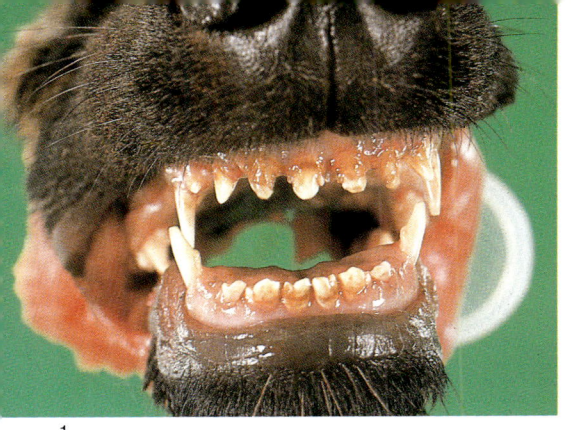

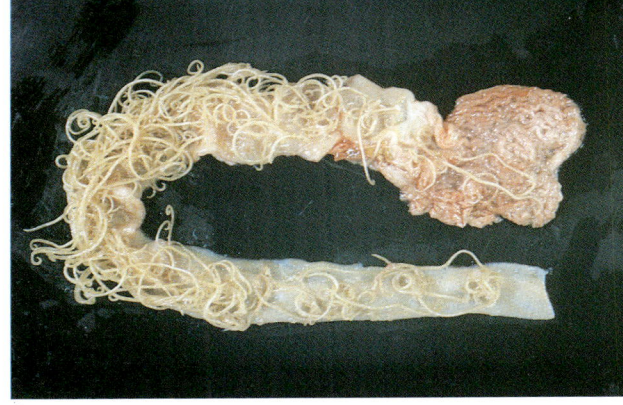

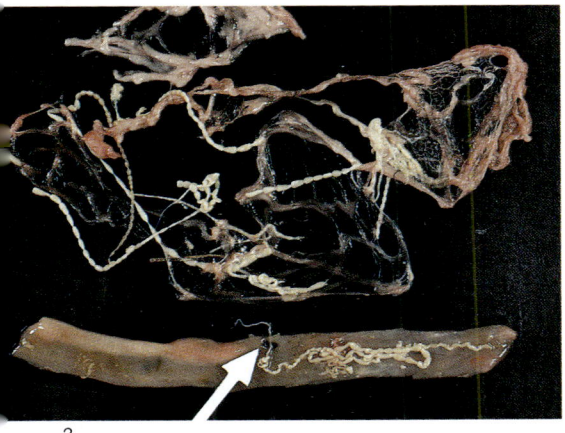

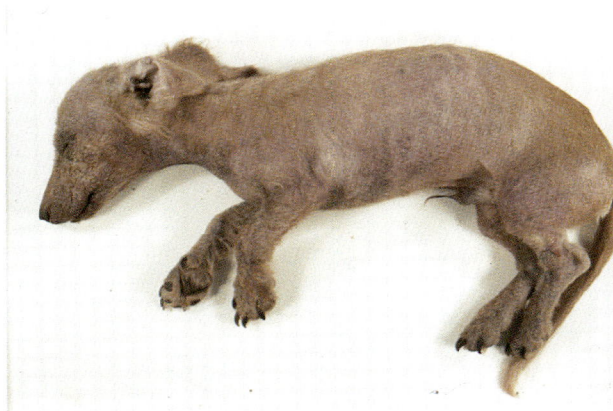

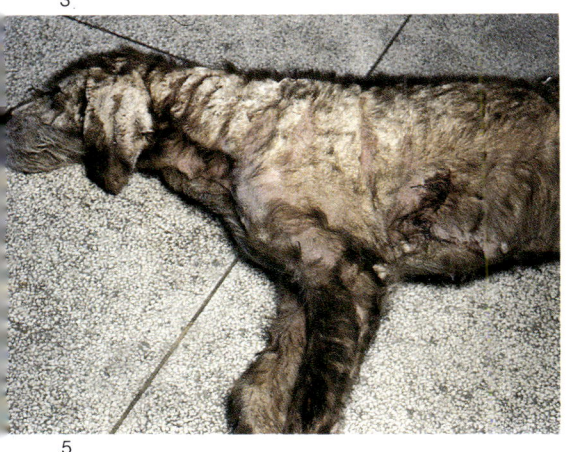

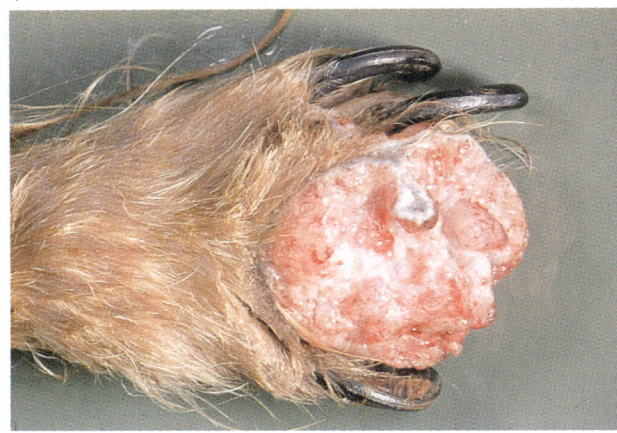

1 Ungleichmäßiges Wachstum des Gebisses bei einem Hund nach Staupeerkrankung
2 Hochgradiger Spulwurmbefall im Dünndarm eines Hundes
3 Befall mit dem kürbiskernförmigen Hundebandwurm mit Durchbruch der Darmwand und Auswanderung von Darmparasiten in die freie Bauchhöhle
4 Fortgeschrittener Haarausfall mit Verdickung der Haut bei der Haarbalgmilbenkrankheit eines Dackels
5 Ausgedehnte chronische Hautentzündung infolge Sarkoptesräude bei einem Jagdhund
6 Krebsige Entartung der Haut an einer Hundepfote
7 Doppelt angelegte Afterkrallen

Förderung, Erziehung, Ausbildung und Führung

DL-Hündin mit Welpen

Hier können auf beschränktem Raum nur die wichtigsten Grundzüge der Jagdhundausbildung angegeben werden. Dem Anfänger auf diesem umfangreichen Gebiet wird geraten, sich über die Einzelheiten an Hand der reichhaltigen Literatur, vor allem aber auch durch praktische Anschauung bei erfahrenen Jägern sowie auf den Prüfungsveranstaltungen und Lehrgängen der einschlägigen Vereine zu unterrichten.

Welpenerziehung

Wenn es die beruflichen und wohnungsmäßigen Verhältnisse erlauben, sollte ein Hund als Welpe angeschafft werden. Denn ein älterer Hund erreicht den Kontakt zu einem neuen Herrn schwerer als ein Hund, der von klein auf in der Familie aufgezogen wird. Nur so können früheste und alle weiteren Entwicklungsphasen des Hundes genutzt werden; denn Förderung und Erziehung beginnen schon im Welpenalter. Man wähle den Welpen aus einer anerkannten Leistungszucht, so daß von vornherein eine gewisse Garantie für seine anlagenmäßige Brauchbarkeit gegeben ist. Zu diesem Zweck erkundige man sich vorher bei dem Zuchtverein der gewünschten Rasse; es ist überhaupt zweckmäßig, als Hundeführer Mitglied eines solchen Vereins zu werden, der gerade dem noch unerfahrenen Hundeführer durch entsprechende Belehrung viele Fehler vermeiden hilft.

Wenn der Welpe im Alter von 8–10 Wochen vom Züchter in die Hand seines Besitzers kommt, muß von Anfang an durch Einfühlungsvermögen, frühzeitige, liebevolle Förderung, insbesondere durch Spiel, mit Geduld und Ausdauer, durch tägliches Üben und Wiederholen, also durch Gewöhnung, und konsequente Erziehung der Grund für die spätere Ausbildung und Führung gelegt werden. Gerade dem Welpen muß viel Zeit gewidmet werden. Nicht die Erbanlagen sind oft schuld am späteren Versagen so mancher Hunde, sondern häufig

die nicht *richtig genutzte Jugendzeit,* insbesondere die ersten 12–16 Wochen. Gerade in der Prägungs- (4.–7. Woche), Sozialisierungs- (8.–12. Woche) und Rangordnungsphase (13.–16. Woche) durchlebt der Welpe einen intensiven Reife- und Lernprozeß bei gleichzeitig schnellem Wachstum. Diese Entwicklungsvorgänge, insbesondere seine Lernbereitschaft, werden stark gefördert im Spiel mit etwa gleichaltrigen Artgenossen. Viele Hunde-Vereine bieten deshalb Welpenspieltage an, die man im Interesse des Welpen nutzen sollte. Besonders in diesem Alter muß man sich immer wieder vor Augen halten, daß die schnelle Entwicklungsphase in der Jugend beim Wolf (und damit auch beim Hund) überlebensnotwendig ist.

Stubenreinheit erzielt man, indem man den Welpen nach der Fütterung beobachtet oder in seinem Liegekorb durch einen Gitterdeckel einsperrt. Wird er unruhig (Umhertrippeln, Winseln), trägt man ihn unter Lob ins Freie. Da ein Hund normalerweise nicht gern Lager oder Wohnung beschmutzt, lernt er bald, sich rechtzeitig zu melden. Wenn man beobachtet, wo sich der Hund besonders gern löst (meist Gras, Kies), wird man eine Stubenreinheit relativ schnell erreichen können. Stets ist zu bedenken, daß die meisten Fehlentwicklungen von Hunden auf falsche Erziehung, »Vermenschlichungen«, ja grundlegende Fehler schon in der frühen Prägungs- und Sozialisierungsphase (also im Alter von 8–30 Wochen) zurückzuführen sind.

Genauso wichtig wie die richtige Fütterung und sonstige Pflege ist ein warmer, ruhiger *Liegeplatz,* wo der Welpe ungestört seinem großen Schlafbedürfnis nachkommen kann. (Hundewelpen sind

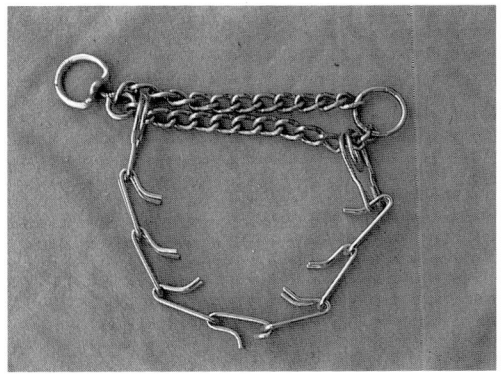

Dressurhalsung

Apportierböcke

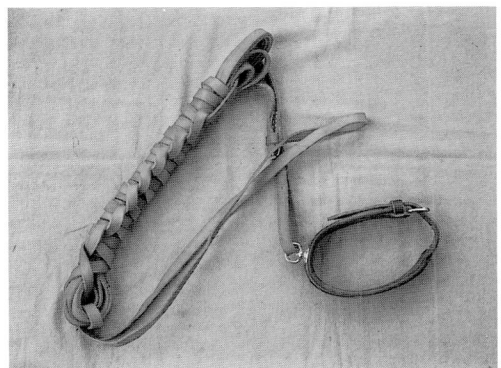

Aufgedockter Schweißriemen mit Halsung

Große, doppelseitige Hundepfeife

kein Kinderspielzeug!) Wenn dem Welpen dieser Platz (gepolsterter Korb oder Kiste in ruhiger, zugfreier Zimmer- oder Flurecke) zusagt, sucht er ihn gern auf. Will er sich an anderen Stellen zur Ruhe legen, vor allem auf Polstermöbeln usw., ist er stets zu verscheuchen und unter ruhigem, aber energischem Zuspruch »*Platz*« auf seinen Platz zu verweisen. Das ist bereits die Grundlage für die Ausbildung im Ablegen.

Im Zusammenhang mit der Fütterung lernt der Hund ebenfalls schon im Welpenalter seinen *Namen* und die Bedeutung des Hörzeichens »*Komm!*« kennen. Durch kurze »Futterschleppen« (das sind mit Milchtropfen, Hackfleischbrocken o. dgl. angelegte Duftbahnen bis zur Futterschüssel) kann man schon den Welpen zum zielstrebigen Gebrauch seiner Nase anleiten. Auch mit den Aufforderungen zum Lautgeben vor der Fütterung und mit der ersten Gewöhnung an Halsung und Leine kann schon früh begonnen werden. Überhaupt befasse man sich oft mit dem Welpen. Jedes Verwöhnen und Verzärteln ist dagegen streng zu vermeiden.

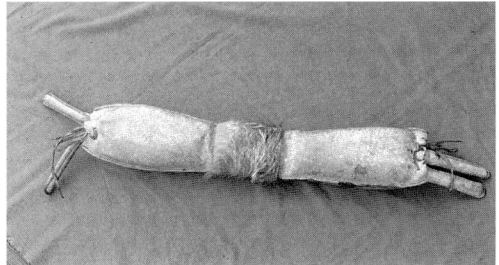

Apportiersack

Der Hund muß vor allem auch an Alleinbleiben im Haus, später auch im Zwinger und im Auto gewöhnt werden.

Mit strengem »*Pfui!*« und einem leichten Klaps (mit einer Gerte oder gerollten Zeitung: mit der Hand oder der Leine soll ein Hund nie gestraft werden) wird ihm alles verleidet, was uns unerwünscht ist: Zernagen von Schuhen, Tischbeinen usw., Aufenthalt an bestimmten Orten (Speisekammer, Schlafzimmer, Sofa, Zerwirkkammer,

285

Korrekte Haltlage – Erfolg eines guten Abrichtelehrganges (von links: Teckel, Deutscher Jagdterrier, Kleiner Münsterländer, Deutsch-Kurzhaar, Deutsch-Drahthaar, Weimaraner, Pudelpointer)

Gartenbeete usw.), Jagen von Hausgeflügel. Mit höchstem Lob ist er dagegen zu bedenken, wenn er ein *Hör- oder Sichtzeichen,* dessen Bedeutung er durch ständige Wiederholung bereits kennengelernt hat, befolgt.

Schon im Alter von etwa 4 Monaten kann der Junghund angeleint auf kurze Reviergänge mitgenommen werden (Überanstrengungen vermeiden) und wächst dann allmählich aus der »Kindererziehung« in die »Berufsausbildung«, die Abrichtung, hinein.

Ausbildungsgrundsätze

Für die *Ausbildung* gelten die gleichen Grundsätze: Der Hund kann weder wie der Mensch denken noch dessen Sprache verstehen. Er kann nur auf Grund seines Gedächtnisses Erfahrungen sammeln und sein Verhalten danach einrichten. Seinen Naturtrieben folgend, handelt der Hund, von seinem eigenen Standpunkt aus gesehen, immer »richtig«. Der Hund tut von selber alles das, was ihn freut. Nur ist eben dem Menschen als Hundeführer manches davon unerwünscht, und wieder andere Handlungen, die uns erwünscht wären, sind es dem Hund nicht. Die Kunst der Ausbildung besteht nun darin, durch zweckmäßige Einwirkungen dem Hund alles, was er für uns tun soll, erwünscht, und alles, was er unterlassen soll, unerwünscht zu gestalten. Auf diese Weise kann der Hund auf gedächtnismäßiger Grundlage sehr viel lernen (wobei es Unterschiede in der Auffassungsgabe gibt). Da er von Natur aus einen starken Unterordnungstrieb besitzt, führt er das Gelernte auch sicher und freudig durch, sofern er nur seinen Herrn als »Meuteführer« anerkennt.

Dem Hund sind menschliche Begriffe wie Pflichtgefühl, Gewissen, Stolz, Scham usw. fremd. Es wird daher nicht von Befehlen, Kommandos, Lob, Strafe usw. in der Hundeausbildung gesprochen, sondern von Hör- und Sicht*zeichen* (also z. B. Pfiff, Ruf, Wink) und anderen *Einwirkungen,* mit denen

wir uns dem Hund verständlich zu machen suchen.

Die Bedeutung der Hör- und Sichtzeichen lernt der Hund verhältnismäßig rasch durch ständige Wiederholung, durch Gewöhnung also, kennen. Schwieriger ist zu erreichen, daß er sie auch jederzeit unbedingt befolgt. Durch entsprechende Einwirkung (durch »Lob« und »Strafe« im jeweils nötigen Ausmaß) muß der Hund so beeinflußt werden, daß er bei Wahrnehmung eines Zeichens (»Kommandos«) seines Ausbilders sofort das erwünschte Verhalten damit »verknüpft«. Also z. B. auf Pfiff herbeikommt, auf Armhochheben »down« macht usw., und zwar auch dann, wenn »Verleitungsreize«, z. B. vorbeiflüchtendes Wild, gleichzeitig auf ihn einwirken.

Die Kunst der Ausbildung besteht einmal darin, dem Hund derartige »Verknüpfungen« beizubringen und sie ihm so angenehm (bzw. die Nichtbefolgung unangenehm) zu gestalten, daß sie auch bei starken Verleitungen wirksam bleiben, und zum anderen darin, uns unerwünschte »Verknüpfungen« zu vermeiden, wie sie leicht entstehen können, wenn wir an das Denken und Fühlen des Hundes menschliche Maßstäbe anlegen. Am Beispiel eines Hauptfehlers, der bei der Ausbildung leider oft begangen wird, ist das am besten zu verdeutlichen:

Ein Hund hat die Bedeutung des Pfiffes oder Rufes kennengelernt, mit dem sein Herbeikommen verlangt wird, und er »folgt« normalerweise auch, d. h. solange kein stärkerer Reiz auf ihn einwirkt. Nun steht ein Hase vor ihm auf, und er hetzt ihn lustig, ohne auf das Pfeifen und Rufen des Führers zu achten. Dieser gerät darüber in Zorn, und sobald der Hund von seiner Hetze zurückkommt, verprügelt er ihn zur »Strafe« für die »Pflichtverletzung«. Was ist die Folge? Der Hund kann nicht »wissen«: du wirst verhauen, weil du den Pfiff nicht beachtet und den Hasen gehetzt hast. Er »verknüpft« aber: Herbeikommen ist mit Prügel verbunden. Diese Prügel haben also keineswegs den Erfolg, dem

Hund weiteres Hasenhetzen zu verleiden. Sie erreichen vielmehr, daß er nach der nächsten Hetze zaghaft und ängstlich zurückkommt, weil er sich erinnert, daß es dabei Schläge setzt. Dieses ängstliche Verhalten braucht dann nur vom Führer als »schlechtes Gewissen« gedeutet zu werden, und nach wenigen Wiederholungen der Prozedur ist der Hund handscheu und bietet das traurige Bild eines »verschlagenen« Hundes, der kein Vertrauen zu seinem Herrn mehr hat.

Ein erfahrener Ausbilder wird in der gleichen Lage zunächst jedes weitere Pfeifen und Rufen unterlassen, wenn der Hund nicht gleich »gehorcht«. Denn jedes Hör- oder Sichtzeichen, dessen Befolgung nicht unmittelbar erzwungen werden kann, wird dem Hund höchstens die Erfahrung vermitteln, daß er es gar nicht zu beachten braucht. Man wird sich in Geduld fassen, bis der Hund zurückkommt, und ihn freundlich empfangen. Man wird dann den Schüler an die lange Leine, gegebenenfalls mit Dressurhalsband (Stachelhalsband) nehmen und, sobald dieser wieder einer Verleitung nachgibt (Hase, fremde Hunde usw.) und den Pfiff nicht beachtet, unmittelbar nach dem Pfiff durch heftigen Leinenruck schmerzhaft auf ihn einwirken. Nur so kann dem Hund beigebracht werden, daß »Weiterlaufen trotz Pfiff« Schmerz verursacht, daß es also stets das beste ist, auf den Pfiff herbeizukommen, wobei dann noch Annehmlichkeiten in Aussicht stehen (freundliche Worte, Streicheln, ein guter Brocken).

Wer sich auf diese Weise in das Wesen des Hundes hineinversetzt, wird gute Ausbildungserfolge erzielen können. Anleitungen in älteren »Dressurbüchern« sind stets nach diesen Gesichtspunkten kritisch auszuwerten. Die elektrischen »Dressurgeräte« (»Teletakt«) gehören nur in die Hand von erfahrenen und beherrschten Ausbildern; dem Anfänger seien sie nicht empfohlen.

Ausbildungsfächer

Aufbauend auf dem in der Erziehung des Welpen Erreichten, beginnt die eigentliche Ausbildung mit etwa 6 Monaten mit den grundlegenden *Unterordnungsübungen,* die jeder Jagdhund, gleich welcher Rasse (auch der Dachshund, der zu Unrecht als »schwer erziehbar« gilt) beherrschen muß: *Leinenführigkeit* (d. h. ruhiges Gehen an der linken Seite des Führers, ohne durch Vorprellen oder Zurückbleiben die Leine zu straffen, zu zerren, um Bäume zu wickeln usw.), *Setzen; Ablegen* (ruhiges Verharren am Platz, am besten beim Rucksack o. dgl., während sich der Führer entfernt) und Hereinkom-

men auf Ruf oder Pfiff, schließlich auch *Folgen frei bei Fuß.* Der Hund, der diese Übungen beherrscht, stört nirgends mehr und kann seinen Herrn auf jedem Reviergang begleiten. Stets ist der Hund zur *Wildruhe* anzuhalten, d. h. er muß beim Anblick von Wild ruhig bleiben. Er soll sich setzen, wenn der Führer stehenbleibt, um etwas zu beobachten. Anfänglich wird er ein paarmal Wild durch Winseln usw. vergrämen. Man verschaffe ihm deshalb so oft wie möglich den Anblick von Wild, so daß er bald nichts Aufregendes mehr daran findet. Wildbeobachtung an der Winterfütterung ist ein gutes Mittel dazu.

Es folgt für Vorsteh- und Stöberhunde die Ausbildung im *Bringen,* auf die besondere Sorgfalt zu legen ist, ebenso wie auf die anschließende Einarbeitung auf der künstlichen Schweißfährte. Grundbedingung für die Ausbildung zum *Verlorenbringer* und zur *Schweißarbeit* ist es, den Hund nur auf die Arbeit mit tiefer Nase auf Schleppe, Spur und Fährte einzustellen und nicht zu dulden, daß er das ausgelegte geschleppte Stück in freier Suche mit hoher Nase sucht oder Hasen auf Sicht hetzt. Man arbeite daher zunächst alle Schleppen und künstlichen Fährten und auch die gesunde Hasenspur grundsätzlich an der langen Suchleine, genauso wie der junge Schweißhund nur am Riemen auf der Rotwildfährte eingearbeitet wird. Es gibt inzwischen eine ganze Reihe guter Bücher, deren spezielle Eignung die einzelnen Zuchtverbände bestätigen können (»M. Baatz: »Der richtige Umgang mit dem Hund« und »Hundeausbildung für die Jagd«).

Der Vorstehhund muß im Frühjahr in die *Feldarbeit* eingeführt werden. Viele zeigen das Vorstehen aus Naturanlage. Es muß aber durch Ausbildung, insbesondere an Paarhühnern, gefestigt werden. Auch muß der junge Hund den »Gehorsam am Hasen« lernen; er soll Hasen bei der Suche ebenfalls vorstehen und muß auf Pfiff von der Hetze ablassen. Dazu muß der Gebrauchshund eine weitere Unterordnungsübung beherrschen: das *Halt*- oder *Downmachen* (schlagartiges Niederlegen) auf Trillerpfiff oder Armheben, und zwar auf jede Entfernung. Damit hat man den frei suchenden Hund (s. Suche, Seite 199) jederzeit fest in der Hand. Für Stöberhunde ist das »Down« (»Halt«) ebenfalls eine unentbehrliche Grundlage, um sie »bogenrein« sowie »rehrein« einzujagen. Auch wegen der Gefährdung im Straßenverkehr ist es sehr wichtig, auf diese Weise jederzeit auf den frei laufenden bzw. suchenden Hund zuverlässig einwirken zu können.

In der warmen Jahreszeit ist der junge Hund ferner

mit dem *Wasser* vertraut zu machen. Ängstliche Hunde darf man nicht ins Wasser werfen, sondern muß sie allmählich daran gewöhnen (mit dem Hund baden gehen). Hier kann man auch den Nachahmungstrieb des Welpen nutzen. Dieser Drang des Welpen, Verhaltensweisen der Eltern oder eines anderen, erfahrenen, dem Welpen vertrauten Hundes nachzuahmen, ermöglicht es ihm, bestimmte Verhaltensweisen zu übernehmen, ohne selbst erst die notwendigen Erfahrungen sammeln zu müssen. Dem Vorbild des älteren, ihm vertrauten Hundes folgend, wird er mit aller Selbstverständlichkeit und ohne Angst in das nasse Element gehen. So hat sich auch sehr häufig gezeigt, daß ein im Welpenalter an das Wasser herangeführter Hund zeitlebens ein wasserfreudiger, erfolgreicher Jagdhelfer sein wird.

Führung

Im Herbst kann dann erstmals Wild vor dem Hund geschossen werden. Wichtig ist, daß der Hund möglichst bei der ersten Arbeit auch einen Erfolg merkt; vor allem sollte die erste Nachsuche auf natürlicher Wundspur oder Schweißfährte und die erste Hetze an angeschossenem Wild unbedingt erfolgreich sein, ebenso wie die ersten Arbeiten an Raubzeug und Raubwild*. Andererseits ist zu vermeiden, daß der Hund »schußhitzig« wird, d. h. beim Knall bereits in freudiger Erwartung winselt, heult oder an der Leine zerrt. Der Hund muß beim Schuß angeleint oder frei ruhig sitzenbleiben. Der Schuß »geht ihn nichts an«! Wild, das in Sichtweite verendet ist, nimmt man selbst auf. Nie den jungen Hund auf Hasen usw. hetzen, die angeschossen vor seinen Augen zappeln! Nur nicht mehr sichtbares Wild darf man den Hund nach einiger Zeit suchen lassen, indem man ihn ruhig am Anschuß ansetzt, zunächst eine Strecke an langer Leine die Spur arbeiten läßt und erst schnallt, wenn er diese sicher hält (s. Nachsuche, Seite 312).

In der *Führung* des fertig ausgebildeten Hundes darf man keine Nachlässigkeiten einreißen lassen. Der Hund braucht ständig Übung und Erfahrung, um das Gelernte zu behalten. Deshalb soll man

auch beim älteren Hund in der jagdruhigen Zeit die Ausbildung auffrischen (Schleppen und künstliche Fährten arbeiten, Unterordnungsübungen und besondere Anforderungen wie z. B. Totverbellen, Totverweisen, Verlorenbringen ständig wiederholen). Nur so kann er seine durch gute Ausbildung erzielte Leistungshöhe beibehalten. In Haus und Zwinger verlernt er bald wieder. Deshalb soll der Hund seinen Herrn im Revier – und möglichst auch sonst – immer und überall begleiten.

Organisation und Prüfungen

Das Jagdgebrauchshundwesen in Deutschland hat eine umfangreiche Organisation entwickelt, die sich hauptsächlich mit der Zucht und mit den Prüfungen befaßt sowie auch mit der Ausbildung von Hundeführern und Prüfungsrichtern. Damit ist ein reichhaltiges spezielles Fachwissen verbunden, das den Anwärtern auf die Jägerprüfung erfahrungsgemäß Schwierigkeiten bereitet.

Es soll daher der wesentliche Inhalt eines Aufsatzes hier wiedergegeben werden, den W. Helemann in der Jagdzeitschrift »Die Pirsch« (1978, H. 4) veröffentlicht hat und der einen knappen, klaren Überblick über die wichtigsten Einzelheiten auf diesem Gebiet gibt.

Rassen und Vereine

Da sind zunächst die Kurzbezeichnungen für die wichtigsten Jagdhundrassen:

DK = *Deutsch-Kurzhaar*
DL = *Deutsch-Langhaar*
DD = *Deutsch-Drahthaar*
DSt = *Deutsch-Stichelhaar*
PP = *Pudelpointer*
Gr = *Griffon*
KlM = *Kleiner Münsterländer*
GrM oder **GM** = *Großer Münsterländer*
Weim. (oder auch einfach **W**) = *Weimaraner*

Das wären unsere deutschen Vorstehhunde. Natürlich haben auch die »Engländer« ihre Abkürzungen: **IS, ES** und **GS** bedeuten *Irischer Setter, Englischer Setter* und *Gordonsetter*. Für den *Poin-*

---

* So unentbehrlich die Schärfe des Hundes für seinen Einsatz gegen Raubwild und Raubzeug sowie bei der Nachsuche (Hetzen, Stellen, Niederziehen) ist, muß doch auf das Tierschutzgesetz verwiesen werden, nach dem es verboten ist, Hunde auf Schärfe an lebenden Tieren abzurichten oder zu prüfen und ein Tier auf ein anderes zu hetzen, soweit dies nicht die Grundsätze waidgerechter Jagdausübung erfordern (vgl. Seite 186).

ter wird einfach **P** gesetzt. Und **UV** (oder **MV**) ist der *Ungarische Vorstehhund (Magyar Vizsla)*.

Als Stöberhunde kennen wir den **DW** = *Deutscher Wachtelhund* und die Spaniels, von denen bei uns der **CSp.** oder **CoSp.** = *Cockerspaniel* am bekanntesten ist, aber auch der **SpSp.** = *Springerspaniel* vereinzelt geführt wird.

Als tüchtigen Erdhund schätzen wir den **DJT** = *Deutschen Jagdterrier*, der bei uns im Jagdgebrauch den **FT** = *Foxterrier* überflügelt hat. Und es gehört auch wenig Fantasie dazu, im **KT, LT** und **RT** den *Kurzhaar-, Langhaar-* und *Rauhhaarteckel* zu erkennen.

Bleiben noch unsere Schweißhunde, der **HS** = *Hannoversche Schweißhund* und der **BGS** = *Bayerische Gebirgsschweißhund*. Bei den Bracken kann **BrBr** nur die *Brandlbracke* bedeuten, während man bei **DBr** nicht weiß, soll es *Deutsche Bracke* oder *Dachsbracke* heißen – weshalb man in solchen Zweifelsfällen lieber auf Abkürzungen verzichten sollte.

Mit den angefügten Buchstaben **R** (oder Rd.) = *Rüde* und **H** (oder Hdn.) = *Hündin* wird dann gleich auch das Geschlecht bezeichnet.

In gleicher Weise werden die Abkürzungen für manche Zuchtvereine verständlich: **VDD** = *Verein Deutsch-Drahthaar;* **VPP** = *Verein Pudelpointer;* **VDW** = *Verein für Deutsche Wachtelhunde;* **DTK** = *Deutscher Teckelklub* (als Beispiele) genannt.

Neben den Zuchtvereinen gibt es noch die örtlichen »Prüfungsvereine«, die sich allen Jagdgebrauchshundrassen widmen, die *Jagdgebrauchshundvereine*, abgekürzt zum Beispiel »**JGV** Oberländer« oder »Süddeutscher **JGV** München«. Die Abkürzung **JGHV** steht für den deutschen *Jagdgebrauchshundverband*, unsere jagdkynologische Dachorganisation, die ihrerseits dem **VDH** = *Verband für das deutsche Hundewesen* und der **F.C.I.** = *Federation Cynologique Internationale*, der kynologischen Weltorganisation, angehört.

Prüfungen

Eine wesentliche Aufgabe dieser Vereine ist es, Erbwert, Anlagen und Leistungen der Hunde durch ein System von Prüfungen festzustellen. Die Prüfungslaufbahn eines Hundes besteht im allgemeinen aus drei Stufen: einer reinen Anlagenprüfung (im Frühjahr) für den Junghund, einer ausführlicheren Zuchtprüfung (meist im Herbst) für den Jährling, auf der man sehen will, wie sich die Anlagen unter dem Einfluß der beginnenden Ausbildung weiterentwickelt haben, und schließlich einer Gebrauchsprüfung als »Meisterprüfung« für

den fertig ausgebildeten Jagdgebrauchshund; dazu noch verschiedene Zusatzprüfungen für Spezialaufgaben.

Diese drei Prüfungsstufen haben wir für alle unsere Vorstehhunde in der **VJP** = *Verbands-Jugendprüfung*, der **HZP** = (Verbands-)*Herbstzuchtprüfung* und der **VGP** = *Verbands-Gebrauchsprüfung* vor uns. Das **V** (= *Verbands...*) kommt daher, weil es sich um einheitliche Prüfungen für alle Vorstehhundschläge nach den gemeinsamen *Prüfungsordnungen* **(PO)** des *Jagdgebrauchshundverbandes* **(JGHV)** handelt.

DK hat daneben sein eigenes »*Derby*« (abgekürzt **D**) als Frühjahrs- und sein »*Solms*« **(S)** als Herbstzuchtprüfung, daneben noch die **AZP** = *Alterszuchtprüfung*.

Nach dem gleichen System, doch mit anderen Bezeichnungen, prüfen auch die Zuchtvereine für Stöber- und Erdhunde ihre Hunde. So haben wir für DW und Spaniels sowie DJT die **JP** = *Jugendprüfung*, **EP** = *Eignungsprüfung* und **GP** = *Gebrauchsprüfung*. Der *Deutsche Teckelklub* kennt Sonderprüfungen in einzelnen Fächern wie **Sp** = *Spurlaut*, **St** = *Stöbern*, **SchwhK** und **SchwhN** = *Schweißprüfung* auf *Kunst-* bzw. *Naturfährte*, **BhF** und **BhD** = *Baueignungsnachweis* an *Fuchs* bzw. *Dachs* (ebenfalls mit dem Zusatz **K** = *Kunstbau* oder **N** = *Naturbau*) und **Vp** = *Vielseitigkeitsprüfung*.

Für die Schweißhundrassen gibt es *Vorprüfung* **VP** und *Hauptprüfung* **HP**.

Als Zusatzprüfungen für Hunde aller Rassen, soweit sie zu den geforderten Leistungen überhaupt in der Lage sind, gibt es (wiederum nach einheitlicher PO des JGHV) die *Verlorenbringerprüfung* auf natürlicher Wundspur = **Vbr.**, die *Bringtreueprüfung* am ausgelegten Fuchs = **Btr.** und die *Verbands-Schweißprüfung* = **VSwP.**

Gewissermaßen als »Mini-Gebrauchsprüfung«, zum Nachweis der Mindestanforderungen an die jagdliche Brauchbarkeit, stehen neben allen diesen Prüfungen noch die staatlich verordneten und im allgemeinen von den Untergliederungen der Landesjagdverbände durchgeführten **JEP** = *Jagdeignungsprüfungen* oder **BP** = *Brauchbarkeitsprüfungen* (die nicht als »Gebrauchsprüfung« bezeichnet werden dürfen!). **FJS** bedeutet *Feldjagdsuche*, das ist eine von manchen Vorstehhundvereinen durchgeführte interne Eignungsprüfung.

Zensuren, Preise, Leistungszeichen

Anlagen und Leistungen der Hunde werden auf den einzelnen Prüfungen im allgemeinen mit Prädikaten bezeichnet, denen eine bestimmte Zensur

(Note) entspricht. Umgekehrt wie in der Schule, ist hier gleich nach **0** = *ungenügend* die **1** = *mangelhaft* die schlechteste Note; es folgen **2** = *genügend* oder *ausreichend*, **3** = *gut*, **4** = *sehr gut* und **4 h** = *hervorragend*. (Teilweise ist statt dieser Notenskala ein noch weiter differenziertes System von zwölf Punkten eingeführt, so allgemein für VJP und HZP.)

Diese Noten werden meist noch mit *Fachwertziffern* **(FwZ)** der einzelnen Prüfungsfächer multipliziert, woraus sich schließlich eine Punktzahl für die Gesamtleistung ergibt. Zum Beispiel: VGP mit 310 Punkten bestanden.

Je nach Punktzahl werden die Hunde bei manchen Prüfungen in drei Preisstufen eingeteilt: I., II. und III. Preis. Preisstufe und Punktzahl geben dem Kenner einen guten Anhalt über das Abschneiden des Hundes auf der betreffenden Prüfung.

Um außerdem noch einzelne Leistungen besonders herauszustellen, sind verschiedene Leistungszeichen entwickelt worden, die entweder aus Symbolen oder ebenfalls aus Abkürzungen bestehen.

Der Schrägstrich / vor dem Namen des Hundes ist der »*Härtestrich*«, der besagt, daß der Hund seine Raubwildschärfe im praktischen Jagdgebrauch nachgewiesen hat. (Dafür gibt es bei manchen Rassen auch die Abkürzungen **m.S.** = *mit Schärfe* oder **H** = *Härte* hinter dem Namen.)

Der umgekehrte Strich \ ist der »*Spurlautstrich*« oder (bei Vorstehhunden) »*Lautstöberstrich*«. (Die verschiedenen Arten des Lautes – meist auf der Hasenspur geprüft – werden auch mit **spl.** = *spurlaut*, **sil.** = *sichtlaut* und **wdl.** = *waidlaut* angegeben.)

Mit — wird der *Totverbeller*, mit | der *Totverweiser* bezeichnet.

Ein Doppelpunkt : (symbolisch für Schweißtropfen) bezeichnet eine bestandene Prüfung auf *natürlicher Schweißfährte* bei den Schweißhundrassen sowie bei DW.

Diese Zeichen können zu Gesamtbildern wie ⇢: oder >: zusammengefaßt werden. Speziell bei DJT und DW finden wir auch den »doppelten Spurlautstrich« \\ (bei DW »Weitjagerstrich«), bei DJT auch den »doppelten Härtestrich« //, der besonders hervorragende Leistungen bezeichnet, ferner bei DJT das Leistungszeichen ⌒ für die *Bauarbeit*. Hinter dem Namen des Hundes steht in jedem Fall zunächst die **Zb-Nr.** = *Zuchtbuchnummer*, also zum Beispiel »Quick v. Wächtersbach 86634«. Woraus der Kenner schon merkt, daß es sich wahrscheinlich um einen DD handelt; denn ein DK heißt zum Beispiel »Ciro vom Ries 14 W/73«, und auch andere Zuchtvereine haben ihre mehr oder

weniger unverwechselbaren Ziffernkombinationen. Hat der Hund eine Gebrauchsprüfung bestanden und ist er demzufolge im **DGStB** = *Deutschen Gebrauchshund-Stammbuch* eingetragen, führt er hinter der Zb-Nr. die DGStB-Nr., die stets unterstrichen oder in Fettdruck angegeben wird: »Quick v. Wächtersbach 86634, **22216**«.

Danach folgen Leistungszeichen wie **Vbr., Btr.** oder für bestandene VSwP je nach Einstufung **Sw I, II, III,** wobei Leistungen auf über 40stündiger Rotfährte hinter einem Schrägstrich angeführt werden: **Sw I/II.**

Auf eine bestandene *Schutzhundprüfung* weist das Zeichen **SchH** mit dem Klassenzusatz I, II oder III hin.

Einen langen »Rattenschwanz« von Leistungszeichen haben viele Teckel hinter sich, da hier die Abkürzungen für die einzelnen Prüfungen gleich als Leistungszeichen gelten: **Sp., St., BhFK, BhDN, SchwhK, Vp.** und andere mehr, bis zum **KSchlH,** was bedeutet: *Karnickelschleppe mit Herausziehen* aus dem Bau. Der Zusatz **J** *(Jugend)* bedeutet, daß die betreffende Prüfung im Alter bis zu zwölf Monaten abgelegt ist, also etwa **Sp/J** oder **SchwhK/J.**

Besonders bewährte Hunde können noch Titel wie **KS** = *Kurzhaarsieger* (bei DK), **PSg** = *Prüfungssieger* (bei DW), **Gs** = *Gebrauchssieger* (bei Teckeln) führen oder mit dem **CACIB** bzw. **CACIT** die Anwartschaft auf das *internationale Schönheits-* bzw. *Leistungschampionat* erworben haben.

Es gibt noch verschiedene Feinheiten bei einzelnen Rassen und Prüfungen – die aber würden für das allgemeine Verständnis zu weit führen.

Unter den vielfältigen Angaben über das Aussehen der Hunde gibt es schlicht **br.** = *braune,* auch **Brschl.** = *Braunschimmel* oder **Schwschl.** = *Schwarzschimmel,* auch **br. m. w. Pl. u. Brstfl.** *(braun mit weißen Platten und Brustfleck).* Und **sauf. RT** kennzeichnet einen Rauhhaarteckel als »*saufarben*«.

Der Form- bzw. Haarwert der Hunde wird allgemein mit den Prädikaten vorzüglich (v), sehr gut (sg), gut (g), genügend (gen.), mangelhaft (m) und ungenügend (ug) angegeben.

Neuerdings finden wir öfter noch die Angabe **HD**-frei oder **HD** 0; das bedeutet, daß der Hund (nach der bei manchen Rassen für Zuchthunde vorgeschriebenen Röntgendiagnose) frei von *Hüftgelenksdysplasie* ist, einer krankhaften Verformung der Hüftgelenke.

Die Buchstaben **Z., E., A.** und **F.,** kennzeichnen *Züchter, Eigentümer, Ausbilder* und *Führer* eines Hundes.

Jagdwaffenkunde

Die Jagdwaffen sind das Handwerkszeug des Jägers. Ausreichende Kenntnis über die Technik der Schußwaffen und die Wirkung der verwendeten Munition sind wesentliche Voraussetzung für die waidgerechte Jagd und den verantwortungsbewußten Umgang damit.

Entwicklung der Schußwaffen und gebräuchliche Gewehrarten

Schon in der Steinzeit war der Bogen bekannt, der als Fernwaffe zur Erbeutung von Wild benützt wurde. Damit war es nicht mehr erforderlich, sich auf Reichweite den Tieren zu nähern, um diese mit dem Speer oder der Keule zu töten oder mit Netzen zu fangen, bzw. in Fanggruben oder Fallen zu treiben.

Einen bedeutenden Fortschritt stellte die im Mittelalter in allgemeinen Gebrauch kommende *Armbrust* dar, deren Bolzen (und Kugeln) weitaus genauer und mit großer Durchschlagskraft noch auf Entfernungen bis über 50 Schritt treffsicher und wirksam waren. Die Armbrust hatte sich noch lange neben den ersten Feuerwaffen jagdlich behaupten können und wird, wie der Bogen, in verschiedenen Ländern noch heute zur Jagd verwendet.

Feuerwaffen waren erst mit der Einführung des *Rad-* und später des *Feuersteinschlosses* für die jagdliche Verwendung geeignet. Frühe Handrohre, die schon mit der Erfindung des Schwarzpulvers (um 1320) aufkamen, waren jagdlich noch nicht brauchbar.

Die Ablösung der Luntenzündung durch die Verwendung des Feuersteins (Flint), war ein weiterer Schritt, um die »Flinten« jagdtauglicher zu machen. Die zur Entzündung des auf der Pfanne befindlichen Pulvers notwendigen Funken konnten nun jederzeit mit dem Rad- oder Steinschloß erzeugt werden. Es war sowohl der Schrot-, als auch der Kugelschuß in Gebrauch, wenngleich letzter aus glatten Läufen noch äußerst ungenau war.

Die gezogenen (geriffelten) Läufe hatten zunächst keinen Drall. Erst mit der Einführung der Langgeschoße (noch heute »Kugel« genannt), wurde durch die gewundenen Züge eine wesentlich verbesserte Schußgenauigkeit möglich.

Eine vollständige Umwälzung brachte die Erfindung des *Knallquecksilbers* (um 1800) und des *Zündhütchens* (um 1820). Die Einführung des *Perkussionsgewehrs* wurde nicht zuletzt durch die einfache Umänderungsmöglichkeit der Steinschlosse auf Perkussionszündung beschleunigt. Statt der Pfanne wurde in den Lauf ein durchbohrtes Piston eingeschraubt, auf den das Zündhütchen gesteckt wurde. Der Hahn schlug nun nicht mehr Funken, sondern direkt auf das Zündhütchen, das so die Pulverladung zur Entzündung brachte. Im Prinzip handelte es sich immer noch um *Vorderladerwaffen,* bei denen Pulver und Geschoß von der Mündung her in den Lauf eingeführt werden mußten. Benutzt wurden diese Gewehre, die z.T. recht genau schossen, noch bis in die zweite Hälfte des 19. Jahrhunderts.

Erstmals eines Zündstiftes, der in etwa dem Schlagbolzen eines Repetiergewehrs gleichzusetzen ist, bediente sich das *Zündnadelgewehr.* Die lange, im

Radschloßbüchse, Wien 1568

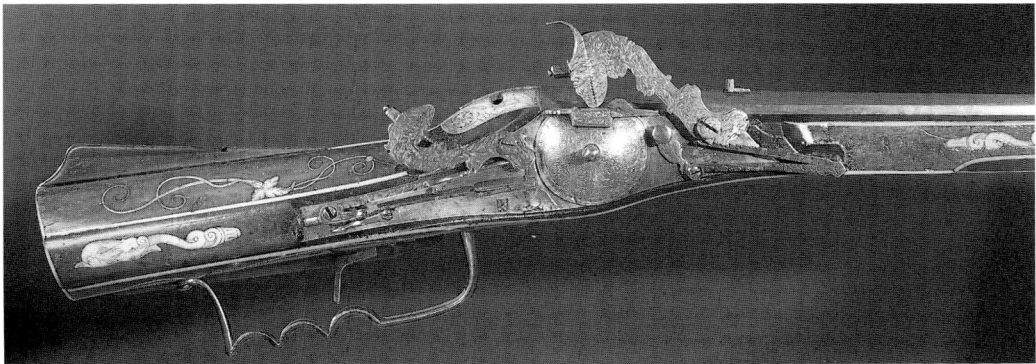

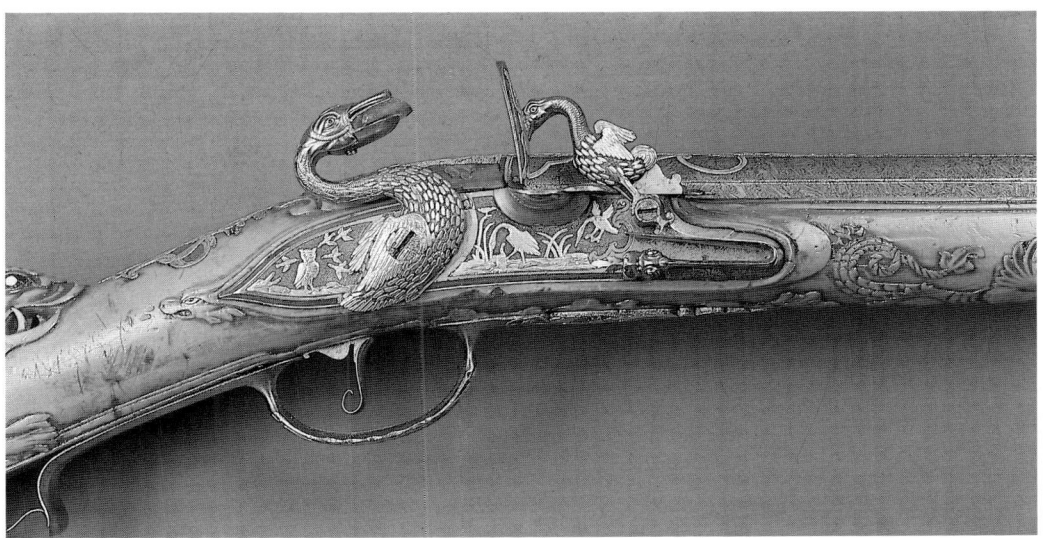

Steinschloßgewehr, Niederlande, um 1680

Verschluß geführte Zündnadel stach eine in der Papierpatrone geladene Zündkapsel an, die das Pulver entzündete. Dieses System beschränkte sich weitgehend auf militärischen Einsatz. Aber mit dem Dreyse-Zündnadelgewehr begann 1835 die Ära der *Hinterlader mit Zylinderverschluß.*

Im Jahre 1852 machte der Franzose *Lefaucheux* eine Erfindung, die mit den bisherigen Gewehrsystemen vollständig brach. Statt der starren Läufe konnten diese nun abgekippt und von hinten mit einer Ladung beschickt werden, die als Patrone sowohl das Pulver, als auch das Geschoß bzw. die Schrote, und die Zündung enthielt. Der Zündstift ragte am Hülsenboden seitlich aus der Patrone und wurde beim Laden in eine Ausnehmung des Patronenlagers gelegt und stand bei geschlossenem Verschluß oben aus dem Lauf. Der Hahn schlug auf diesen Stift und entzündete so die Ladung.

Patronen nach heutiger Konstruktion, also mit Metallhülse (meist Messing) und zentralem Bodenzündhütchen kamen um 1860 auf. Diese Hülsen halten stärksten Gasdrücken stand. Die Zündung des Pulvers wird durch den Aufschlag des Schlagbolzens (Zündstift) auf die Mitte des Zündhütchens eingeleitet. Die etwas früher entwickelte Randfeuerentzündung wird heute nur noch in Flobert- und Kleinkaliberpatronen verwendet. Hierbei befindet sich der Zündsatz im Rand der Hülse.

Die wichtigsten Jagdwaffen stellen die Gewehre dar, die für verschiedene Jagdarten in unterschiedlichen Ausführungen verwendet werden. Hierbei werden *Büchsen* mit gezogenen Läufen und *Flinten*

mit glatten Läufen unterschieden. *Kombinierte Jagdgewehre* weisen zumindest je einen Büchsen- und Flintenlauf auf. Waffenrechtlich zählen Jagdgewehre als *Langwaffen* (länger als 60 cm) zu den *Handfeuerwaffen.*

- Nach Art der Geschoße (Schrot oder Kugel) unterscheidet man Schrotgewehre **(Flinten)** und Kugelgewehre **(Büchsen).** Gewehre mit glatten Flinten- und gezogenen Büchsenläufen (mindestens je einer), werden als **kombinierte Gewehre** bezeichnet.

- Hinsichtlich der Läufe werden **einläufige** und **mehrläufige Gewehre,** wie Doppelflinte, Doppelbüchse, Büchsflinte, Drilling oder Vierling unterschieden. Sind zwei Läufe übereinanderliegend (aufgebockt), spricht man von einer Bockbüchsflinte, Bockflinte oder Bockbüchse.

- Nach dem Schloß werden **Handspanner** mit außenliegenden Hähnen oder innenliegenden,

Perkussionsbüchse Franz Josephs I., Kaiser von Österreich, im Jahre 1860

293

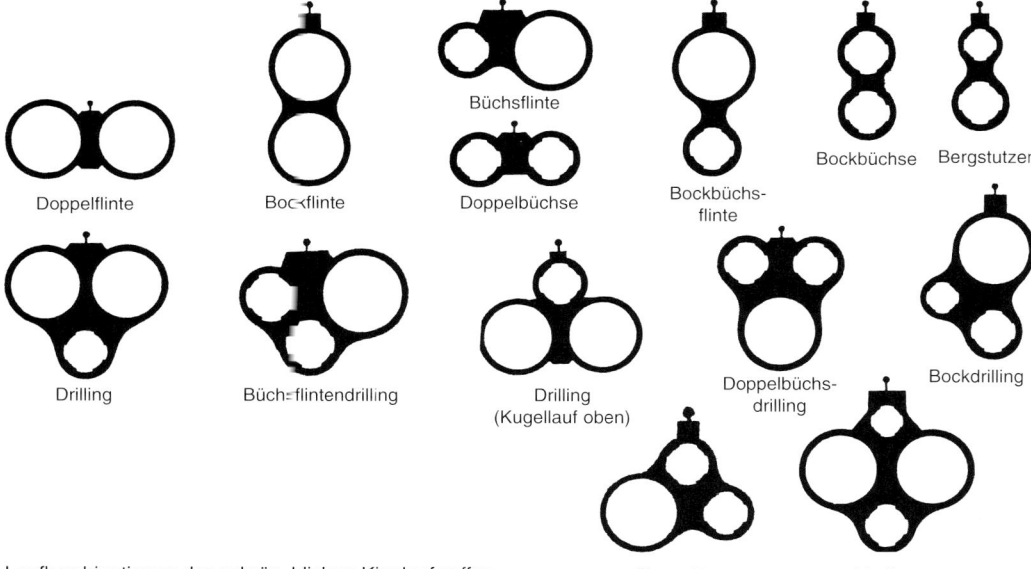

Büchsflinte

Bockbüchse   Bergstutzen

Doppelflinte   Bockflinte   Doppelbüchse   Bockbüchsflinte

Drilling   Büchsflintendrilling   Drilling
(Kugellauf oben)   Doppelbüchs-
drilling   Bockdrilling

Blaser Duo   Vierling

Laufkombinationen der gebräuchlichen Kipplaufwaffen

mittels Spannschiebern oder Hebeln zu spannenden Schlossen und **Selbstspanner** unterschieden. Hierbei kann es sich um innenliegende Hahnoder Schlagbolzenschlosse handeln, die sich beim Öffnen oder Schließen der Läufe oder des Verschlusses selbsttätig spannen. Es sind auch Kombinationen aus diesen Systemen, wie separate Kugelspannungen, die automatisch nachspannen, bzw. von Hand entspannt werden können, gebräuchlich.

- Gewehre werden weiterhin auch nach den Verschlußarten, wie Kipplauf-, Zylinder- oder Blockverschluß eingestuft.
- Nach der Ladefähigkeit werden Einzellader, Mehr- oder Selbstlader unterschieden.

Einzelladersysteme werden nicht aus einem Magazin heraus, sondern von Hand mit je einer Patrone direkt in den Lauf geladen. Alle mehrläufigen (Kipplauf-)Gewehre, Block- und magazinlose Zylinderverschlußwaffen sind Einzellader.

Das **Mehrladesystem** umfaßt einläufige Büchsen und Flinten, die mit einem Magazin ausgestattet sind, das sich unter dem Lauf oder unter dem Verschluß befinden kann und mehrere Patronen faßt. Bei Schließen des Verschlusses wird eine Patrone aus dem Magazin in das Patronenlager des Laufes eingeführt und kann sofort abgeschossen werden. Beim Öffnen des Verschlusses wird entweder die Hülse der abgeschossenen Patrone, oder die nicht verwendete komplette

Patrone wieder aus dem Lauf gezogen oder ausgeworfen. Der Vorgang kann bis zur Entleerung des Magazins wiederholt werden. Die Verschlußbetätigung erfolgt dabei mittels des Kammergriffs *(Kammerstängels)*, eines Unterhebels *(Lever action)* oder des Vorderschaftes *(Pump action)*.

Selbstlader sind einläufige Mehrladegewehre für Kugel- oder Schrotpatronen. Nach Auffüllen des Magazins und Schließen des Verschlusses ist die Waffe sofort schußfertig. Je nach System entriegelt der Verschluß durch Rückstoß oder Gasdruck, die Hülse wird ausgeworfen und beim Vorgleiten des Verschlusses wird die nächste Patrone aus dem Magazin in den Lauf eingeführt. Für jeden weiteren Schuß muß der Abzug erneut betätigt werden. Nach gültigem (bundesdeutschen) Waffenrecht dürfen sich in einem Selbstladegewehr nicht mehr als *drei* Patronen laden lassen. Vollautomatische Waffen feuern solange der Abzug durchgezogen bleibt und sich Patronen im Magazin befinden. Als Kriegswaffen sind sie nach dem Waffenrecht verboten.

Die Teile des Gewehrs

Jedes Gewehr besteht aus den Hauptgruppen Lauf, Verschluß, Schloß mit Abzugseinrichtung und Schaft. Zu den Untergruppen sind zu rechnen, die Visierung und der Schaftbeschlag.

Lauf

Im Gewehrlauf läuft die Schußentwicklung ab. Er hat den Gasdruck aufzufangen und dem Einzelgeschoß oder den Schroten Führung und Richtung zu geben. Die Lauflänge soll gewährleisten, daß die Pulverumsetzung möglichst vollständig erfolgt ist, wenn das Geschoß die Mündung verläßt. Die gebräuchlichsten Lauflängen liegen zwischen 55 und 75 cm.

Die Läufe mehrläufiger Gewehre sind in jedem Falle im Bereich der Patronenlager fest miteinander verbunden. Neben mehrfacher fester Verbindung auf ganzer Länge, gibt es auch Bockflinten, Bockbüchsen und kombinierte Waffen, bei denen ein Lauf, bzw. der eine Büchsenlauf »freiliegend« ist. Hierunter wird verstanden, daß der betreffende Lauf an der Mündung längsverschiebbar oder, gegenüber einem anderen Lauf der Waffe sogar einstellbar gelagert ist. Dadurch soll vermieden werden, daß es infolge der Lauferwärmung durch den Schuß zu Verspannungen kommt, die sich nachteilig auf die Treffpunktlage, insbesondere von Nachschüssen oder längeren Schußfolgen, auswirken.

Das hintere Ende des Laufes enthält das *Patronenlager* mit dem trichterförmigen *Übergangskegel*, der in den glatten oder gezogenen Teil des Laufes übergeht. Das Laufinnere wird als *Laufseele*, die gedachte Mittellinie als *Seelenachse* bezeichnet. Die tatsächliche Laufweite (Zugdurchmesser) entspricht nur ausnahmsweise der Handelsbezeichnung eines *Kalibers* und kann bei Büchsenläufen an der Mündung gemessen werden. Bei Flintenläufen ist dies nur bei zylindrisch gebohrten Läufen möglich, jedoch nicht bei solchen mit Coke-Bohrungen.

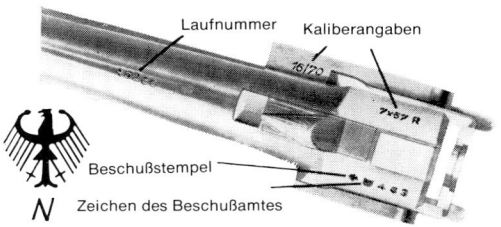

Büchsflintenläufe mit Beschußzeichen

Laufschienen, die zur Aufnahme der *Visierung* dienen, können angefräst, aufgelötet, durchgehend oder abgesetzt sein, soweit es sich um mehrläufige Waffen handelt. Einläufige Gewehre haben oftmals keine Laufschiene, allenfalls sitzt die Visierung auf kurzen Korn- und Visiersockeln (Satteln).

Unter *Wechselläufen* werden solche Läufe oder Laufbündel verstanden, die austauschbar in den gleichen Verschluß eines Gewehres eingelegt werden können und für Büchsen, Flinten und kombinierte Gewehre in verschiedenen Fabrikaten, bzw. Modellen zur Verfügung stehen. Damit erhöht sich die Vielseitigkeit einer Waffe hinsichtlich Kaliber, Lauflänge und Chokebohrung.

Nur *amtlich beschossene Gewehre* dürfen in Deutschland in den Handel kommen und verwendet werden.

Die Bestimmungen hierüber regelt das Bundeswaffengesetz. Schußwaffen werden mit besonderen Beschußpatronen auf Haltbarkeit geprüft, die einen um 30% höheren Gasdruck entwickeln, als die Gebrauchsladung. Schußwaffen, welche den Be-

Bezeichnung der Teile eines Jagdgewehres. Oben: Kipplaufgewehr (Drilling); unten: Repetierbüchse

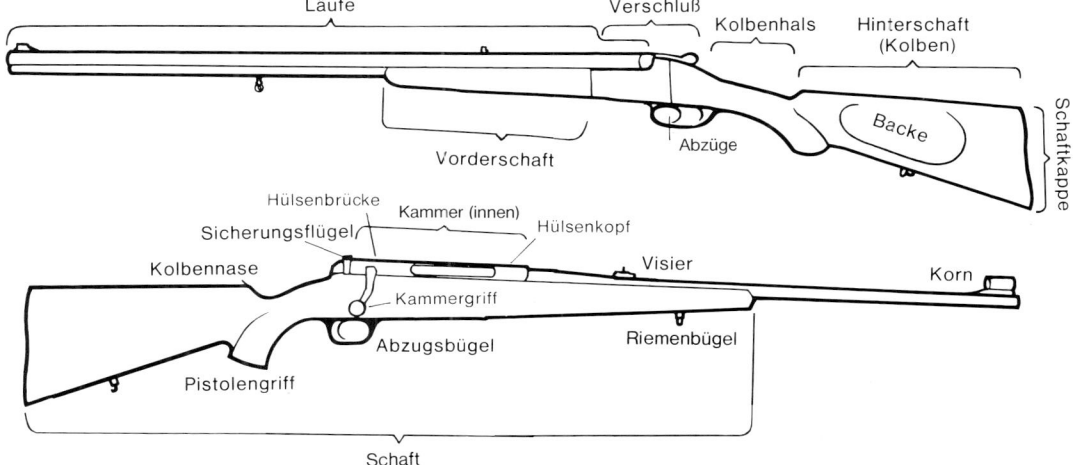

Adler in der neuen einfachen Form

 J   N   V   L

Ortszeichen der Prüfämter

 Hannover   München   Köln   Kiel   Suhl   Ulm (neu)

 Mellrichstadt   Ulm (alt)

Die gegenwärtig gültigen Beschußzeichen

N	**Normaler Beschuß** bei Handfeuerwaffen, Böllern, Einstecklaufen oder wesentlichen Teilen nach § 3 Abs. 2 Nr. 1 des WaffG, die zum Verschießen von Munition mit Nitropulver mit normalem Gebrauchsgasdruck bestimmt sind
V	**Verstärkter Beschuß** bei Handfeuerwaffen, Einstecklaufen oder wesentlichen Teilen nach § 3 Abs. 2 Nr. 1 des WaffG, die zum Verschießen von Munition mit überhöhtem Gasdruck bestimmt sind
PN	**Normaler Beschuß** bei Handfeuerwaffen, Böllern, Einstecklaufen oder wesentlichen Teilen nach § 3 Abs. 2 Nr. 1 des WaffG, die zum Verschießen von Schwarzpulver bestimmt sind
L	**Normaler Beschuß** bei Handfeuerwaffen, Böllern, Einstecklaufen oder wesentlichen Teilen nach § 3 Abs. 2 Nr. 1 des WaffG, bei denen zum Antrieb ein entzündbares flüssiges oder gasförmiges Gemisch oder eine Treibladung verwendet wird
J	**Instandsetzungsbeschuß** bei Handfeuerwaffen, Böllern, Einstecklaufen oder wesentlichen Teilen, die nach § 16 Abs. 2 des Gesetzes erneut zu prüfen sind
F	**Freiwilliger Beschuß**

Kennzeichen, Zulassungszeichen

	Kennzeichen für Schußwaffen, deren Geschossen eine Bewegungsenergie von nicht mehr als 7,5 J erteilt wird
	Zulassungszeichen für Handfeuerwaffen, Schußapparate und Einstecklaufe nach § 21 des Gesetzes
	Zulassungszeichen für Schreckschuß-, Reizstoff- und Signalwaffen nach § 22 des Gesetzes
	Zulassungszeichen für pyrotechnische Munition nach § 23 des Gesetzes
	Prüfzeichen nach § 16 Abs. 2 der 3. WaffV für Schußapparate. Die Zahl im kleinen Quadrat bezeichnet die zwei letzten Ziffern der Jahreszahl, die in Richtung Laufmündung zeigende Zahl in einer der Ecken des großen Quadrats das Quartal

schuß bestanden haben, erhalten vom jeweiligen Beschußamt auf den wesentlichen Teilen, i. d. R. Lauf und Verschluß, die *Beschußstempel* der Bundesrepublik in Form des Bundesadlers, des Beschußamtes, und die Art des Beschusses. Wichtig ist in erster Linie das »N« für *Nitrobeschuß*. Eine Reihe von Staaten erkennt gegenseitig den Beschuß an. Für Deutschland gelten auch solche Waffen als amtlich beschossen, wenn diese die Beschußzeichen z. B. von Österreich, Tschechei, Frankreich, Italien, England oder Spanien aufweisen. Waffen aus den USA, Skandinavien oder der Schweiz müssen dagegen erst amtlich beschossen werden. Dem Beschuß unterliegen u. a. auch die langen Einsteckläufe für Zentralfeuerpatronen. Diese werden, zusammen mit der Waffe in der sie eingepaßt sind, geprüft.*

Der **Flintenlauf** dient zum Verschießen der Schrotladung. Die früher verwendeten gewickelten (dünne Eisenstäbe wurden um einen Dorn gewickelt und verschweißt) Damastläufe waren nur für die schwachen Schwarzpulverladungen geeignet. Heute werden die Läufe durch Ausbohren massiver Stahlstangen hergestellt, wobei spezielle, mitunter rostträge, Stahlsorten verwendet werden.

Die Laufoberfläche ist innen glatt, mitunter verchromt. Soweit die Läufe eine *Würgebohrung* aufweisen, sind diese im Bereich der Mündung um einige Zehntelmillimeter enger gebohrt, um die Schrotladung beim Verlassen des Laufes besser zusammenzuhalten und so auf weitere Entfernung eine bessere Deckung der Schrotgarbe zu erreichen.

Weicheisenschrot (Steel Shot) erfordert spezielle Würgebohrungen, da sich die Schrote nicht zusammenpressen lassen.

Die *Kaliberbezeichnung* von Schrotläufen beruht auf der Zahl von gleichschweren Kugeln, die sich aus einem englischen Pfund Blei (453 g) herstellen lassen. Daraus ergibt sich, daß das Kaliber 12 größer ist als Kaliber 20. Die genormten Minimalmaße für die zylindrische Bohrung nach dem Übergangskegel betragen bei: Kaliber 12 18,2 mm, Kaliber 16 16,8 mm, Kaliber 20 15,7 mm. Entsprechend dem Kaliber schwankt das mögliche Gewicht der Schrotladung, deren günstigstes Verhältnis sich im Kaliber 12 ergibt. Das Kaliber 16 wird oftmals bei kombinierten Gewehren gewählt,

weil sich das Waffengewicht niedrig halten läßt. Kaliber 20 ist mehr eine Angelegenheit für Liebhaber leichter (Damen-)Flinten, allerdings nur, soweit nicht die 76 mm langen Magnumpatronen verschossen werden, die wegen des höheren Gasdruckes auch stabilere Konstruktionen erfordern. Von den anderen kleinen Schrotkalibern (24, 26 und 28) wird nur noch das Kaliber .410 mit Laufweite 10,2 mm gelegentlich für leichte Schonzeitgewehre verwendet. Die Gebrauchsgasdrücke liegen für Normalpatronen bei 730–830 bar, für Magnumlaborierungen (auch in normallangen Hülsen erhältlich) bis zu 1050 bar.

Der **Büchsenlauf** wird aus hochbelastbaren speziellen Stahlsorten gefertigt. Es werden zunehmend rostträge oder nichtrostende (stainless steel) Laufstähle verwendet. Nach der Bohrung der Laufseele werden die schraubenförmig gewundenen *Züge* (Drall) eingearbeitet, die das Geschoß beim Durchgang durch den Lauf in Rotation versetzen. Die Züge werden eingeschnitten, eingedrückt oder gehämmert, wobei es bei den letzteren Methoden zu einer Verdichtung des Materials kommt, die sich günstig auf die Lebensdauer des Laufes auswirkt. Zwischen den Zügen stehen die erhabenen Balken, die *Felder*.

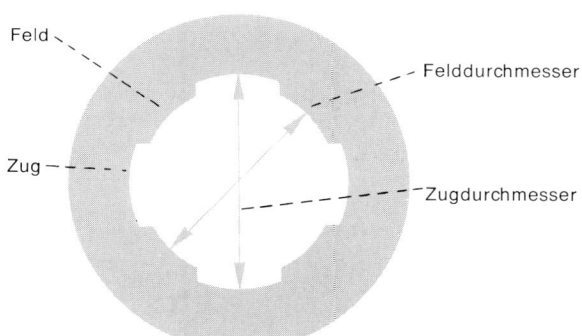

Querschnitt durch einen Büchsenlauf

Das *Kaliber* wird in Millimeter oder in Zoll (Inch = 25,4 mm) gemessen. Dabei entspricht der weitere Zugdurchmesser annähernd dem Durchmesser des Geschoßes. Der engere Felddurchmesser drückt sich in das Geschoß ein und läßt es so dem *Drall* folgen. Handelsübliche Kaliberbezeichnungen, wie 5.6, 7 oder 8 mm entsprechen nur ungefähr den tatsächlichen genormten minimalen Zugabmessungen. Nachstehend die Zugdurchmesser einiger bekannter Kaliber:

---

* Bundeswaffengesetz (siehe Seite 54). Beschußämter der Bundesrepublik sind z. Z. in Ulm, Kiel, Hannover, Berlin, München, Köln, Suhl.

Handelsbezeichnung	Zug ⌀ min.	Geschoß ⌀ max.
.22 Hornet; .222 Rem; 5,6×50 (R)	5,69	5,70
.243	6,17	6,17
6,5×57 (R); 6,5×68	6,70	6,70
7×57 (R); 7×64; 7×65 R	7,24	7,25
.308 Win; .30–06, .300 WinMag.	7,82	7,85
8×57 I (R)	8,07	8,09
8×57 I (R) S; 8×68 S	8,20	8,22
.338 WinMag	8,59	8,61
9,3×62, 9,3×64; 9,3×74 R	9,28	9,30
.375 H&H Mag.	9,55	9,55
.458 WinMag.	11,63	11,66

Die *Drallänge* ist so gewählt, daß Geschoße unterschiedlicher Gewichte mit der Spitze voran, also stabilisiert, ins Ziel fliegen. Zu langer Drall ergibt mit schweren Geschoßen mitunter eine schlechte Schußpräzision. Die Umdrehungszahl wird durch die Länge des Dralles bestimmt, der z. B. bei einer Länge von 25 cm und einer Mündungsgeschwindigkeit von 1000 m/s eine Geschoßrotation von 4000 Umdrehungen pro Sekunde bewirkt.
Neben Läufen mit scharf ausgeprägten Zügen (Zugtiefe ca. 1 Zehntelmillimeter) werden auch sogenannte *Polygonläufe* gefertigt, die jedoch jagdlich keine Vorteile bieten. Die Geschoße werden beim Durchgang nicht angeschnitten, sondern von den Drallflanken nur angedrückt.

Einsteckläufe

sind meist kurze und leichte Läufe mit Patronenlager und Klemmvorrichtung, die früher meistens für die Kaliber .22 lfB, und später für die .22 Winchester Magnum, beides Randfeuerpatronen, eingerichtet waren. Aus Läufchen mit 44 cm Länge kann die letztere Patrone bis auf etwa 80 m präzise verschossen werden. Läufe dieser Art unterliegen nicht der Beschußpflicht, sondern sind mit PTB-Zeichen (siehe Beschußzeichen) im Viereck gekennzeichnet.

Einstecklauf (Krieghoff) oben EL 22 cm, unten EL 44 cm Länge

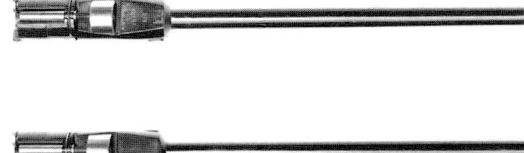

Wesentlich wirkungsvoller sind »lange« Einsteckläufe, die bis zur Mündung des Schrotlaufes reichen und für Zentralfeuerpatronen wie .22 Hornet, .222 Rem., 5,6×50 RM und stärker hergestellt werden. Der Einbau erfordert den amtlichen Beschuß in der betreffenden Waffe. Für alle Einsteckläufe ist es wichtig, daß sich die Treffpunktlage auf die der »großen« Kugel einer kombinierten Waffe einstellen läßt. Bei Flinten ist dies weniger von Bedeutung, weil nur das Zielfernrohr entsprechend eingestellt zu werden braucht.

Adapterhülsen sind für schwächere Patronen gedacht, die sich aus kalibergleichen Büchsenläufen verschießen lassen, wie z. B. .22 Hornet aus 5,6×50; 7,65 aus .30–06; .32 Magnum aus 8×57 I (R) S.

Reduzierhülse (Adapter) zur behelfsmäßigen Verwendung von schwächeren, kürzeren Patronen aus Läufen gleichen Kalibers (z. B. .30 Carbine aus .30-06)

Patronenlager

Aufgrund der maßlichen Festlegung ist sichergestellt, daß sich die maximalen Patronenmaße mit den minimalen Lagermaßen nicht überschneiden. Dadurch ist die Ladefähigkeit jeder Munition in jeder Waffe des betreffenden Kalibers gewährleistet. Die Länge des Übergangs berücksichtigt dabei auch die unterschiedlichen Geschoßlängen, um sicherzustellen, daß ein Geschoß nicht an den Feldern des Dralls anliegen kann. Die Läufe sind im Bereich des Patronenlagers besonders starkwandig gehalten, da hier Gasdruckspitzen bis 4600 bar erreicht werden.

Verschluß

Der Verschluß hat die Aufgabe, den Lauf nach hinten abzuschließen und den Gasdruck aufzufan-

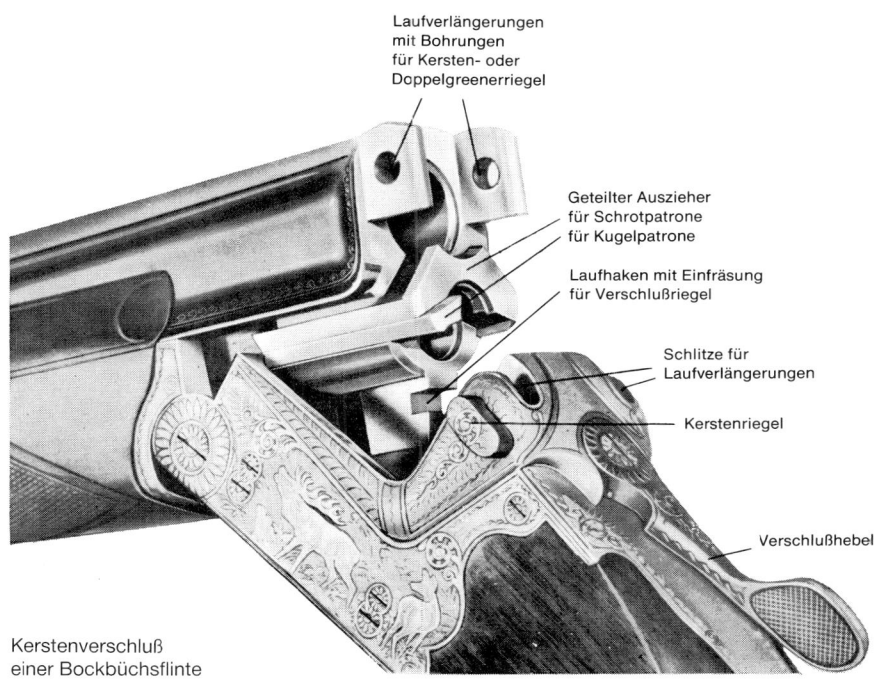

Laufverlängerungen
mit Bohrungen
für Kersten- oder
Doppelgreenerriegel

Geteilter Auszieher
für Schrotpatrone
für Kugelpatrone

Laufhaken mit Einfräsung
für Verschlußriegel

Schlitze für
Laufverlängerungen

Kerstenriegel

Verschlußhebel

Kerstenverschluß
einer Bockbüchsflinte

gen. Es gibt verschiedene Systeme: Kipplauf-, Block-, Kammerverschluß (Zylinderverschluß).

Kipplaufverschlüsse – Die Läufe drehen sich um ein Scharnier des Verschlußkastens. Sie werden durch – meist mehrfache – Riegel in ihrer Verschlußlage gehalten. Je nach Konstruktion greifen die Riegel in Haken oder Zapfen der Läufe (Laufhaken) ein oder auch in Ausnehmungen, die in die hinteren Enden der Läufe eingearbeitet sind. Kipplaufverschlüsse sind bei allen mehrläufigen Gewehren gebräuchlich sowie auch bei einläufigen Büchsen und Flinten.

Blockverschlüsse – Bei diesen bewegt sich ein Verschlußblock senkrecht oder schräg zum Laufende. Am stabilsten ist der Vertikal-Blockverschluß, wie er u. a. bei der Heeren- und der Ruger-Blockbüchse zur Anwendung kommt. Die kurze Bauart ermöglicht bei gleicher Gesamtlänge die Wahl längerer Läufe als bei Repetierbüchsen. Je nach Kon-

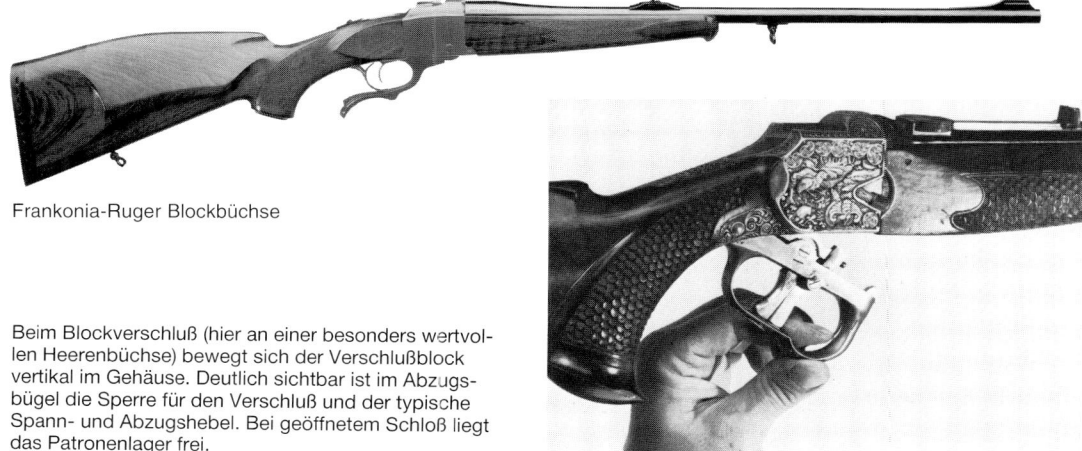

Frankonia-Ruger Blockbüchse

Beim Blockverschluß (hier an einer besonders wertvollen Heerenbüchse) bewegt sich der Verschlußblock vertikal im Gehäuse. Deutlich sichtbar ist im Abzugsbügel die Sperre für den Verschluß und der typische Spann- und Abzugshebel. Bei geöffnetem Schloß liegt das Patronenlager frei.

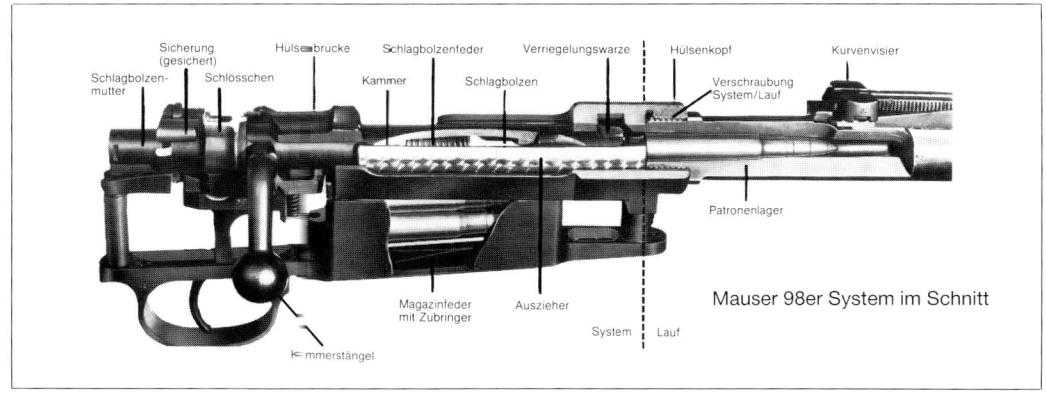

Mauser 98er System im Schnitt

Labels: Schlagbolzenmutter, Sicherung (gesichert), Schlösschen, Hülsebrücke, Kammer, Schlagbolzenfeder, Schlagbolzen, Verriegelungswarze, Hülsenkopf, Verschraubung System/Lauf, Kurvenvisier, Patronenlager, Magazinfeder mit Zubringer, Auszieher, System, Lauf, Kammerstängel

struktion wird beim Öffnen auch das Schloß gespannt. Dabei treten Teile des Verschluß- und Schloßmechanismus aus der Waffe.

Kammer-(oder Zylinder-)verschlüsse – Hier ist an das hintere Laufende ein Verschlußgehäuse (Verschlußhülse) angeschraubt, in dem ein Verschluß-

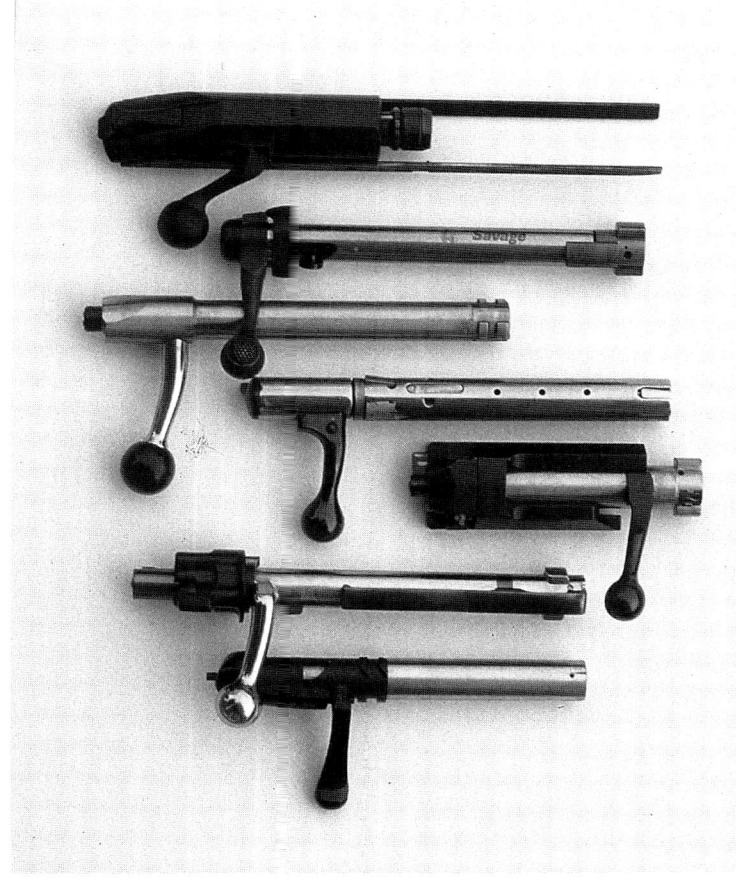

Repetierbüchsen-
Verschlüsse von oben:
Blaser R 93,
Savage 110,
Varberger 757,
Sauer 90,
Mauser 66,
Mauser 98 K,
Steyr-Mannlicher.

300

stück in Zylinderform (Kammer) vor und zurück bewegt werden kann, das bei geschlossenem Zustand mit dem Lauf fest verriegelt ist. Dieser Verschluß hält stärkerer Beanspruchung stand. Er kommt nur bei feststehenden Laufsystemen in Betracht, also vor allem bei Repetierbüchsen und Gasdruck-Selbstladebüchsen.

Bedienungsmäßig ist es von Vorteil, wenn der Öffnungswinkel klein ist. Bei gegenüberliegenden Verschlußwarzen muß der Zylinder um 90 Grad, bei zu 120 Grad angeordneten Warzen nur um 60 Grad gedreht werden. Bei der Sauer 90 treten *Stützklappen* in die Verschlußhülse ein. Zwar muß der Kammerstengel noch gedreht werden, der Verschluß selbst wird axial bewegt.

Ohne Drehung der Kammer lassen sich Repetierbüchsen mit *Geradezugverschluß* nachladen. Die Verriegelung erfolgt, je nach Fabrikat, mittels Radialbundverschluß (Blaser), Kugeln (Heym) oder auf konventionelle Art. Das Schloß wird durch Betätigung des Kammerstängels oder besonderer Schieber wahlweise oder zwangsläufig aktiviert. Ob im Anschlag repetiert werden kann, hängt davon ab, wie weit der Verschluß gegen das Gesicht des Schützen zurückgezogen werden muß.

Selbstlader (siehe Seite 294). Sie weisen für Randfeuerpatronen meist einfachere Masseverschlüsse auf. Für Zentralfeuerpatronen wird das Rückstoßsystem mit beweglichem, oder das Gasdrucksystem mit starrem Lauf verwendet. Die Verschlüsse sind meist verriegelt. Die Sicherungen wirken in der Regel nur auf den Abzug.

Schloß

Das Schloß hat die Aufgabe, den Schuß zu lösen. Durch Druck gegen den Abzug werden verschiedene Hebelwirkungen ausgelöst, die das unter starker Federspannung stehende Schlagstück (Hammer, Hahn, Schlagbolzen) freigeben. Dieses schlägt auf das Zündhütchen der Patrone; die dadurch erzeugte Flamme entzündet die Pulverladung.

Es gibt verschiedene Schlosse: Hahnschlosse mit außen liegenden, von Hand zu spannenden Häh-

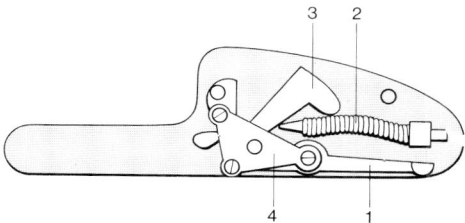

Brünner Seitenschloß mit Spiralfeder
1 Abzugstange   3 Schlagstück
2 Schlagfeder   4 Studel

nen bzw. Schlagstücken; Selbstspannerschlosse mit innen liegenden Schlagstücken; Blattfeder- und Spiralfederschlosse. Meistens sind sie in die Verschlußsysteme der Gewehre eingebaut.

Es werden ein- und mehrschlossige Waffen gebaut, wobei erstere auch mehrläufig sein können. Sogenannte Einschloß- und Sicherheitsgewehre sind meist Bockbüchsflinten, deren eines Schloß mittels eines bestimmten Abzugs oder einer Umschaltung auf den gewünschten Lauf wirkt.

Patronenauszieher

Dieses Waffenteil erleichtert die Entnahme von Hülsen oder Patronen aus dem Lauf oder Verschluß eines Gewehres. Bei *Zylinderverschlüssen* faßt eine Kralle die Patrone an der Auszieherrille bzw. dem Rand. Je nach Bauart wird die Patrone schon beim Einrepetieren von der Auszieherkralle gefaßt (Mauser 98) oder lose direkt ins Patronenlager geschoben.

Bei *Kipplaufgewehren*, die vornehmlich für Randpatronen ausgelegt sind, haben die Auszieher für randlose Patronen kleine gefederte Krallen. Bei *mehrläufigen Gewehren* ist der Auszieher meist zweiteilig und zieht die untere Patrone etwas weiter aus dem Lauf. Ejektoren (Auswerfer) werden über das Schloß ausgelöst und werfen nur die Hülse der abgeschossenen Patrone aus.

Sicherung

Die Sicherung soll verhüten, daß unbeabsichtigt durch Druck auf den Abzug des gespannten Schlosses oder durch eine äußerliche starke Erschütterung des Gewehrs ein Schuß ausgelöst wird. Eine Sicherung erübrigt sich in der Regel bei solchen Gewehren, die nicht mit gespannten Schlossen getragen werden, sondern deren Schlosse der Jäger erst unmittelbar vor der Schußabgabe von Hand spannt, wie z. B. bei Hahn- oder Handspanner-Systemen.

Je nachdem welches Schloßteil arretiert wird, sprechen wir von *Abzugs-, Stangen- oder Schlagstücksicherung*. Letztere ist die zuverlässigste Art. Die Sicherung wird mittels Druckknopf, Hebel, Schieber oder Flügel betätigt.

Abzug und Stecher

Der Abzug dient zur Abgabe des Schusses durch Auslösung des gespannten Schlosses. *Flintenabzüge* sollen »weich« stehen, um durch zu hohen Abzugswiderstand den Schuß nicht zu verreißen. In der Regel befindet sich zwischen dem Abzug und dem Schlagstück mindestens ein weiteres Teil, das

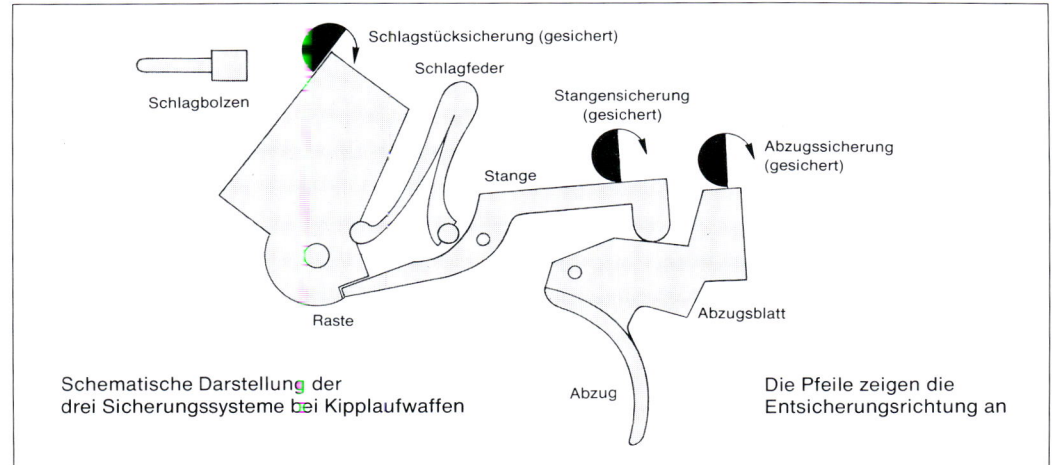

Schlagstücksicherung (gesichert)

Schlagfeder

Schlagbolzen

Stangensicherung
(gesichert)

Abzugssicherung
(gesichert)

Stange

Raste

Abzugsblatt

Schematische Darstellung der
drei Sicherungssysteme bei Kipplaufwaffen

Abzug

Die Pfeile zeigen die
Entsicherungsrichtung an

als Abzugsstange oder Abzugsstollen bezeichnet wird. Die Anordnung der Spannrasten und die Hebelverhältnisse im Schloßwerk haben großen Einfluß auf das Abzugsverhalten. Flintenabzüge werden bei Schrotgewehren meistens, bei Kugelgewehren zunehmend mehr eingebaut. Sie eignen sich besonders für bewegte Ziele.

Repetierbüchsen-Sicherungen: Verschiedene Sicherungstypen von oben:
Flügelsicherung (Mauser Mod. 98), Schiebesicherung am Systemschwanz (Savage 110), Seitliche Schiebesicherung (Steyr-Mannlicher), Druckknopfsicherung auf dem Kolbenhals (Sauer 202).

Für den genauen »Punktschuß« sind zu hart stehende Abzüge (über 1,5 kg) nicht geeignet, weshalb man schon in der Zeit der Steinschloß- und Perkussionswaffen nach Verbesserungen hinsichtlich präziserer Schußabgabe gesucht hat. Bei gezogenen Militärvorderladern und Jagdbüchsen kam schon bald der *Stecherabzug* in Gebrauch, weil damit die schwergängigen Schlosse wesentlich leichter auszulösen waren. Modernere Armeerepetierer wurden mit *Druckpunktabzügen* ausgestattet, die sich jagdlich nicht durchsetzen konnten. Der Schuß wird ausgelöst, wenn nach einem gewissen Vorzug des Abzugs ein höherer Widerstand, der »Druckpunkt«, überwunden wird.

Vor allem in deutschsprachigen Raum fand der Stecherabzug weite Verbreitung, weil sich damit die meist auf Militärwaffen basierenden Jagdbüchsen leichter und präziser schießen lassen. Bei einläufigen Waffen wurde meist der *Deutsche (Doppelzüngel-)Stecher* und bei mehrläufigen Gewehren der *Französische (Rück-)Stecher* verwendet. In beiden Fällen wird der Abzug vorgespannt und steht dann in einer feinen Rast. Der Abzugswiderstand wird dadurch wesentlich gesenkt und zur Auslösung des gestochenen Abzugs genügt eine leichte Berührung oder ein nur sehr geringer Druck. Mittels einer Schraube sind Stecherabzüge einstellbar.

Die Aktivierung des Stechers erfordert jeweils einen weiteren Handgriff, sowohl für die Schußabgabe als beim Entstechen. Näheres hierüber bei »Stechen, Schießen, Entstechen« (siehe Seite 307).

Moderne Jagdbüchsen haben Abzugssysteme, die den Stecher überflüssig machen. Dadurch kommt der Abzug im Abzugsbügel in eine bessere Position zum Schießfinger. Bei Doppelzüngelstechern besteht die Gefahr einer ungewollten Schußauslösung durch zu enge Verhältnisse im Abzugsbügel, was das Tragen von Handschuhen praktisch ausschließt. Rückstecher können in gestochenem Zustand ebenfalls zu weit nach vorne stehen. Deutsche und österreichische Büchsen sind oftmals mit *»Kombinations-Abzügen«* ausgestattet, die sich wahlweise als Rückstecher oder als kurzstehende Flintenabzüge verwenden lassen.

Repetierbüchsen-Sicherungen zeichnen sich durch eine besonders hohe Zuverlässigkeit aus, wenn die Schlagbolzenmutter oder der Abzugsstollen blockiert wird. Je nach Fabrikat und Modell können die Sicherungselemente unterschiedlich ausgebildet sein und als Flügel, Hebel, Druckknopf oder Schieber die Sicherung bedienen. Wichtig ist jagdpraktisch, daß unbeabsichtigte Selbstverstellung möglichst ausgeschlossen wird ohne die Handhabung umständlich werden zu lassen. Die eindeutige Sicherungsstellung muß jederzeit erkennbar sein um gefährliche Situationen durch sinnwidrige Sicherungsstellung auszuschließen. In gesichertem Zustand sollten die Bedienungselemente entweder nach links oder nach hinten zeigen. Bei einigen neueren Modellen befinden sich die Sicherungen vor oder neben dem Abzugszüngel, sodaß die Sicherung mit dem Schießfinger betätigt werden kann. Hinsichtlich der Handhabung sollten sich die

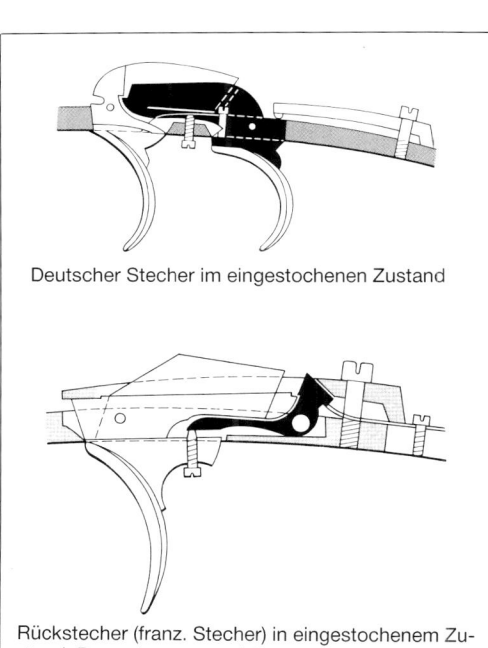

Deutscher Stecher im eingestochenen Zustand

Rückstecher (franz. Stecher) in eingestochenem Zustand. Das schwarz gezeichnete Rasterl steht in der Rast des Abzug-Mittelstückes.

Sicherungen bequem bedienen lassen und geräuschlos funktionieren. Sicherungen können sich abnützen, weshalb bei Waffenstörungen, insbesondere bei ungewollter Schußauslösung, die Waffe fachmännisch überprüft werden sollte. Abzugssicherungen finden bei Repetierern wenig Verwendung, sind dafür vermehrt an Selbstladebüchsen zu finden. Viele Sicherungen sind in drei Positionen stellbar, wobei dann jeweils ein gesichertes Nach- oder Entladen möglich ist, die voll eingelegte Sicherung dagegen das Schloß (Schlagbolzen) und den Verschluß (Kammer) blockiert.

Rückstecher sind überwiegend im vorderen Abzug kombinierter Jagdgewehre eingebaut, um ein geringeres Abzugsgewicht für den Schuß aus dem Kugellauf zu erreichen. Hier ist unbedingt darauf zu achten, daß zu entstechen ist, falls statt dem eingestochenen Kugelschlosses z. B. mit dem linken Lauf eines Drillings geschossen werden soll. Bei Unterlassung ist mit einem Doppeln der Waffe zu rechnen, weil der Rückstoß des Schrotschusses ausreichen kann um den eingestochenen vorderen Abzug auszulösen. Bei kombinierten Waffen, die auf Flintensystemen basieren, hat der Rückstecher noch eine gewisse Berechtigung, wurde aber auch hier schon durch modernere Konstruktionen (Krieghoff, Blaser) abgelöst.

Unter *Einabzug* wird verstanden, wenn sich zwei Schlosse, in der Regel bei Doppelflinten nacheinander mittels nur eines Abzuges abschlagen lassen. Die Umschaltung erfolgt dabei von einem Schloß auf das andere entweder mechanisch oder durch den Rückstoß. Laufwahleinrichtungen erlauben es meist, einen bestimmten Lauf zuerst abzuschießen. Bei Drillingen ist der vordere Abzug dem rechten Schrotlauf und, über eine Umschaltung, dem Büchsenlauf zugeordnet. Der hintere Abzug ist für den linken Schrotlauf. Bei älteren Drillingen stellt sich das Visier auf, wenn auf »Kugel« gestellt ist.

Schäftung

Bei Kipplauf-, Blockverschluß- und einigen neueren Repetiergewehren ist der Schaft zweiteilig *(Vorder- und Hinterschaft)* bei konventionellen Repetierbüchsen meist einteilig. Als Material findet Nußbaumholz, aber auch Schichtholz oder Kunststoff Verwendung. Für den Anschlag sind vorrangig die Abmessungen des *Hinterschaftes* von Bedeutung, da diese auf die Körpermaße des Schützen abgestimmt sein sollten. Insbesondere die Schaftlänge (Abzug/Schaftkappe), die *Schränkung* und *Senkung* sollten mit der Statur hinsichtlich Halslänge, Kopf- und Schulterbreite harmo-

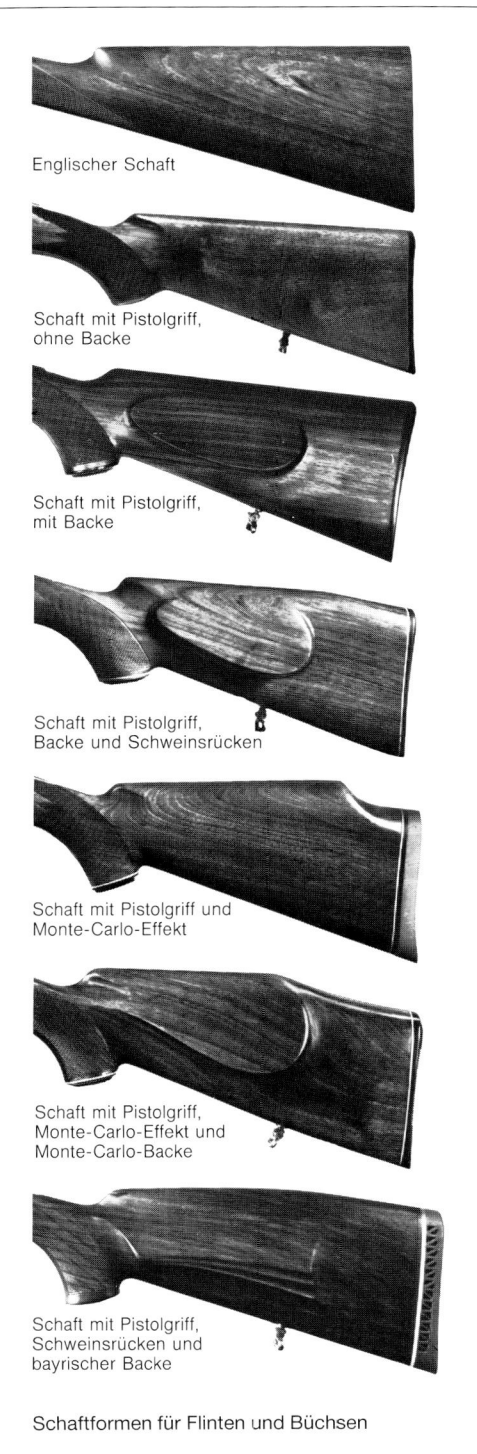

Englischer Schaft

Schaft mit Pistolgriff,
ohne Backe

Schaft mit Pistolgriff,
mit Backe

Schaft mit Pistolgriff,
Backe und Schweinsrücken

Schaft mit Pistolgriff und
Monte-Carlo-Effekt

Schaft mit Pistolgriff,
Monte-Carlo-Effekt und
Monte-Carlo-Backe

Schaft mit Pistolgriff,
Schweinsrücken und
bayrischer Backe

Schaftformen für Flinten und Büchsen

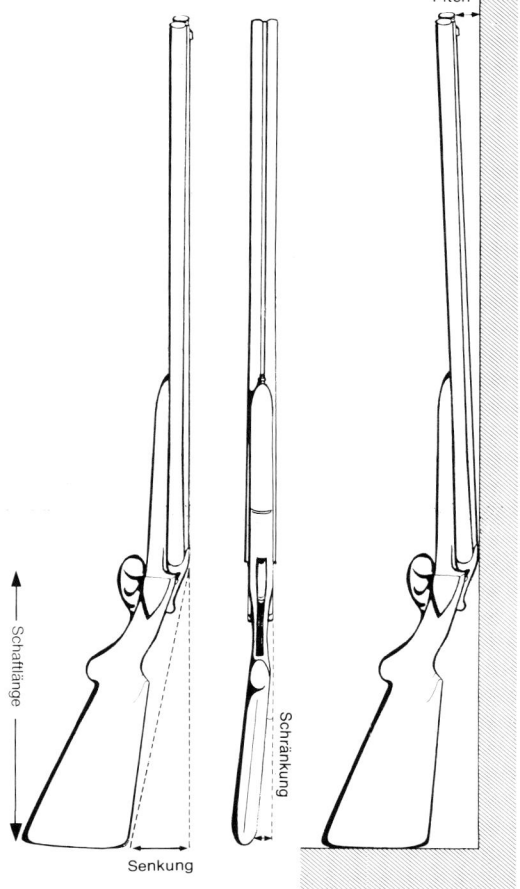

Senkung – Schränkung – Pitch

nieren. Ein Gewehr für den Schuß über Zielfernrohr kann gerader (höher) geschäftet sein, als eine Flinte, mit der über die Schiene visiert wird. Starke *Senkung* bewirkt ein verstärktes Hochschlagen der Waffe im Schuß, starke *Schränkung* läßt das Gewehr seitlich ausschlagen. Bei durchschnittlicher Körpergröße und Figur läßt sich meist schon durch geringe Korrekturen der Anschlag verbessern. In Einzelfällen kann ein Maßschaft erforderlich werden. *Schaftkappen* aus weichem ventiliertem Gummi können in gewissen Grenzen den Rückstoß dämpfen. In jedem Fall verhindern sie das Wegrutschen einer auf glatter Fläche abgestellten Waffe. Sehr rauhe Schaftkappen bremsen den flüssigen Anschlag mit der Flinte, was Ursache für Fehlschüsse sein kann.

Visierungen

Flinten sind in der Regel nur mit einem *Korn* ausgestattet, das auf der Laufschiene an der Mündung sitzt. Bei Waffen, mit denen auf größere Entfernungen genaue Punktschüsse abgegeben werden sollen, ist die Visierung aufwendiger. Neben dem Korn, das auf einer durchgehenden oder abgesetzten Laufschiene, bzw. einem Kornsockel sitzt, ist zusätzlich ein Visier auf dem Lauf angebracht. Der *Kimmeneinschnitt* sollte auf die Form des Kornes abgestimmt sein. Am genauesten läßt es sich mit Balkenkornen zielen, die sich in einer Rechteckkimme in Höhe und Seite genau ausrichten lassen. Visierungen dieser Art werden als *»offene Visierung«* bezeichnet und erfordern, neben gutem Licht, eine ausreichende Sehkraft des Schützen zum korrekten Zielen. Die Visierlinie ist meist nur um die 40 cm und verlängert sich bei Verwendung eines Lochvisiers auf ca. 75 cm. Die längere Visierlinie verbessert zwar die Zielgenauigkeit, ist aber noch mehr von ausreichend Licht abhängig. Alle Gewehre die stark beansprucht werden, sollten mit einer Visierung versehen sein. Insbesondere dann, wenn diese auf Drückjagden oder auf gefährliches Wild geführt werden sollen, um bei Ausfall des Zielfernrohrs die Waffe noch verwenden zu können. Eingeschossen auf 50 m, reicht für den Ernstfall aus.

Schaftmagazin

Dieses wird in den Hinterschaft eingelassen, um stets einen Notvorrat an Munition greifbar zu haben. Die Ausnehmungen hierfür können schmale Schäfte schwächen und bruchempfindlich machen. Je nach Lage der Patronen, können sich die Geschoße in der Hülse verschieben, herausziehen oder lockern. Daher sollten Patronen nicht längere Zeit im Schaftmagazin bleiben.

Garnitur

Darunter werden die alle Schaftbeschläge, wie *Riemenbügel, Abzugsbügel, Pistolgriffkäppchen* und *Kolbenkappen* verstanden. Alle Teile sollten so gestaltet sein, daß durch Handhabung und im Schuß keine Verletzungen entstehen können. Die Lage des vorderen Riemenbügels ist wichtig für die Trageweise über die Schulter. Kopflastigkeit läßt die Waffe mit der Mündung andernfalls nach unten rutschen. Im weitesten Sinne kann auch der Riemen dazu gezählt werden. Neben reiner Zweckmäßigkeit, spielen hier persönliche Vorlieben und modische Aspekte mit herein. Soweit sich Riemen nicht verkürzen lassen und bei angeschlagener Waffe steif und hinderlich sind, empfehlen sich abnehmbare Riemenbügel. Besonders auf Leitern, in Kanzeln oder im Auto wird so ein Hängenbleiben vermieden.

Praktische Hinweise

Handhabung

Die Benützung und Handhabung von Jagdgewehren setzt ein hohes Maß von Verantwortungsbewußtsein voraus. Das bedeutet, daß der Sicherheit allererste Priorität zukommt.

Die Sicherheitsüberprüfung

Wird ein Gewehr in die Hand genommen, muß sofort geprüft werden, ob es *gesichert, geladen, gespannt* oder *gestochen* ist. Der jeweilige Zustand läßt sich teilweise von außen durch die Stellung der *Sicherung,* der Hähne, des Spannschiebers, des Stechers oder des Schlagbolzens feststellen. Niemals mit einer Waffe sorglos umgehen. Ist sie geschlossen, muß sie solange als geladen betrachtet werden, bis sich der Benützer selbst vom Gegenteil überzeugt hat. Evtl. vorhandene Signalstifte und deren Anzeige entbinden nicht von der Sorgfaltspflicht.

Nach dem Öffnen ist durch die entladenen Läufe zu sehen, ob sich darin Fremdkörper oder Öl befinden. Vor dem Laden ist zu überprüfen, ob die Munition die gleichen Kaliberangaben aufweist wie die Waffe.

Kipplaufgewehre – Nach dem Betätigen des Verschlußhebels werden die Läufe vollständig abgekippt. Das Spannen der Schlosse ist durch Knacken hörbar. Die Patronen werden bis zur Anlage im Auszieher eingeführt und der Lauf wird angeklappt. Danach läßt man den Verschlußhebel in die Mittelstellung zurückgleiten. In dieser Weise läßt sich ein selbstspannendes Kipplaufgewehr nahezu geräuschlos laden. Niemals den Verschluß zuschlagen, weil sich hierdurch ein Schuß lösen und das Gewehr beschädigt werden kann. Bei Sicherheits- und Einschloßgewehren muß sich der Spannschieber in Ruhestellung befinden.

Ist die Waffe geladen und geschlossen, ist sie mit der *Mündung nach oben zu tragen* oder zu halten. Ist eine sofortige Schußabgabe, z. B. zwischen den Treiben, in gefährlichen Situationen, oder im Auto nicht erforderlich bzw. verboten, ist die Waffe zu entladen. Einen absoluten Schutz gegen ungewolltes Losgehen eines Schusses bietet keine der Sicherungen. Auch bei Sicherheitswaffen und Handspanner nur, wenn die Spannelemente in Ruhestellung gebracht wurden. Auf die Möglichkeit des Doppelns bei mehrläufigen und mehrschlossigen Gewehre wurde bereits hingewiesen (s. Seite 303). Eine geschlossene Waffe ist in jedem Fall so zu behandeln als sei sie geladen. Sie darf daher niemals auf einen Menschen oder in gefahrbringende Richtung gehalten werden. *Selbstspannergewehre* müssen vor dem Schuß nur entsichert und gegebenenfalls eingestochen werden.

Handspannersysteme sollten erst unmittelbar vor der Schußabgabe gespannt werden. Das gilt für Hahngewehre in gleicher Weise wie für Waffen mit anderen Spannelementen wie Spannschieber, Knöpfe oder Hebel.

Repetierbüchsen sind ebenfalls sofort nach dem Aufnehmen sicherheitsmäßig zu überprüfen. Das Öffnen des Verschlusses bewirkt, von Handspannern abgesehen, gleichzeitig das Spannen des Schlosses. Manche Bauarten lassen sich gesichert öffnen, andere wieder nicht. Repetierbüchsen setzen das Vorhandensein eines *Magazins* voraus, aus dem die Patronen direkt in den Lauf eingeführt werden. *Kastenmagazine* sind fest in die Waffe integriert und besitzen teilweise einen Klappdeckel zum schnellen Entladen der Waffe, ohne jede Patrone einzeln herausrepetieren zu müssen. Diese Art Magazine klappert nicht und kann weder vergessen noch verloren werden. *Wechselmagazine* erlauben ein schnelles Laden, wenn diese gefüllt in die Waffe eingeschoben werden. Der feste Sitz ist abhängig von der Magazinhalterung, die sich unbeabsichtigt nicht lösen darf. Auf die Möglichkeit des Verlierens oder Vergessens sei nochmals hingewiesen. Einzelne Patronen können in den meisten Wechselmagazinen nicht wie bei Kastenmagazinen von oben eingedrückt werden. Das Einrepetieren der Patronen hat in einem Zug zu erfolgen, andernfalls treten Ladehemmungen auf. Bei 98er-Systemen muß der Patronenboden hinter der Auszieherkralle liegen, weil sich sonst der Verschluß nur schwer schließen läßt.

Blockbüchsen werden mittels des Abzugsbügels oder eines besonderen *Unterhebels* geöffnet. Bei fast allen Waffen dieser Bauart treten dabei Schloß- oder Verschlußteile aus dem Systemkasten. Es gibt auch hier Selbst- und Handspannermodelle. Bei einigen wird gleichzeitig gestochen, wenn gespannt wird.

Selbstladegewehre müssen in besonderer Weise sicherheitsmäßig behandelt werden. Nach dem Sichern ist zunächst das Magazin zu entfernen, bzw. zu entleeren, weil mit jeder Verschlußbetätigung eine neue Patrone in den Lauf eingeführt werden könnte. Zusammen mit *Lever Action*- und *Pump Action*- sind Selbstladegewehre die einzigen Langwaffen, deren Lauf nur von der Mündung her überprüft und meist auch gereinigt werden kann. Aus diesem Grund ist besondere Vorsicht geboten. Die Sicherungen wirken meist nur auf den Abzug.

Geradezug-Repetierer – Von oben: Mauser M 96, Browning Acera, Heym SR 30, Blaser R 93.

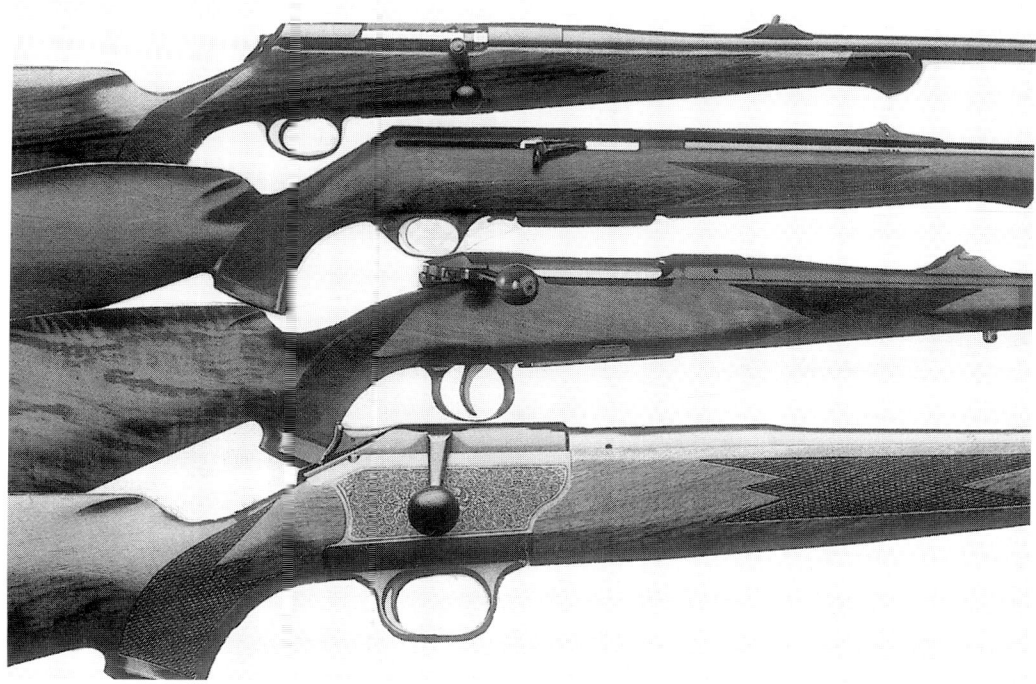

Laden und Sichern

Geladen darf eine Waffe nur werden, wenn die *Sicherheitsüberprüfung* erfolgt und mit einer alsbaldigen Schußabgabe zu rechnen ist. Nur während des Ansitzes, der Pirsch, Such- Drück- und anderen Gesellschaftsjagden darf die Waffe geladen sein. Das Gewehr sollte so lange wie möglich gesichert bleiben und erst unmittelbar vor dem Schuß eingestochen werden.

In kritischen Situationen ist das Gewehr zu *entladen*. Das Öffnen des Verschlusses allein genügt nicht. Dies gilt vor allem für die Überwindung von Hindernissen, wie Zäune, Gräben, Bäche schmale Stege und Hochsitzleitern. Um das Eindringen von Nadeln, Erde oder Schnee zu vermeiden, ist die Waffe nach dem Entladen wieder zu schließen und die Mündung mit einer Kappe zu schützen. Vor dem erneuten Laden ist nochmals durch die Läufe zu sehen, weil durch den Mündungsschoner erst Fremdkörper in den Lauf gelangt sein können. Vor dem Schuß sind Leder- und Gummikappen wieder abzunehmen. In der jagdlichen Praxis hat sich das Zukleben von Läufen mit Klebeband (Tesafilm) bewährt, das ohne negative Auswirkungen durchschossen werden kann.

Soweit nicht schon vorher möglich, ist unmittelbar nach dem Laden und Schließen der Waffe zu sichern. Absolut zuverlässig sind allenfalls *Schlagbolzensicherungen* von Repetierbüchsen oder ungespannte *Handspannersysteme*. Leider ereignen sich gerade mit sogenannten Sicherheitswaffen immer wieder Unfälle, weil Jäger vergessen, die gespannte Waffe wieder zu entspannen. Durch das Fehlen der an sich auch überflüssigen Sicherung, kommt es bei unvorsichtiger Handhabung zum Lösen eines Schusses. Derlei Vorfälle mit oft tragischem Ausgang sind vermeidbar und passieren meist am Auto oder im Zusammenhang mit dem Jagdhund.

Stechen, Schießen, Entstechen

Falls eine Waffe mit einem *Stecherabzug* ausgestattet ist und dieser verwendet werden soll, sollte die Waffe schon im Anschlag und entsichert sein. In diesem Zustand reagiert ein Jagdgewehr äußerst sensibel, so daß es schon bei Veränderungen der Waffenauflage, des Anschlags oder schneller unbedachter Handgriffe zu einer Schußauslösung kommen kann.

Der *Deutsche Stecher* (Doppelzüngelstecher) wird durch kräftiges Zurückziehen des hinteren Abzuges eingestochen. Beim Einrasten entsteht ein feines Knacken. Abgezogen wird durch zunehmenden Druck auf das vordere Züngel bis der Stecher das Schloß auslöst und der Schuß bricht. Beim Einstechen niemals mit zwei Fingern im Abzugsbügel hantieren. Anders beim *Entstechen*, wo die Hinzunahme eines zweiten Fingers erforderlich wird, zumindest, wenn lautlos entstochen werden soll. Repetierbüchsen werden vorher gesichert, Kipplaufwaffen zusätzlich etwas geöffnet. Dann zunächst mit dem Mittelfinger den hinteren Abzug ganz zurückziehen und danach mit dem Schießfinger den vorderen Abzug. Jetzt das hintere Züngel vorlassen und der Stecher ist entstochen.

Der *Rückstecher oder Französische Stecher* wird durch Vordrücken des hier nur einen Züngels eingestochen. Der Handgriff wird mit dem Daumen der Schießhand ausgeführt. Der Schießfinger liegt dabei außen am Abzugsbügel. Rutscht beim Einstechen der Daumen vom bereits teilweise gestochenen Abzug ab, kann das Zurückschnellen den Schuß auslösen. Auch hier wird geschossen, in dem der Druck auf den Abzug zunehmend verstärkt wird, bis der Schuß bricht. Dabei ist darauf zu achten, daß nicht mit starkem seitlichen Druck abgezogen wird, weil andernfalls nur entstochen wird, ohne daß es zur Auslösung des Schlosses kommt.

Entstochen wird der Rückstecher nach dem Sichern. Der Abzug wird mit Daumen und Zeigefinger gefaßt und zurückgeführt. Im Gegensatz zum Deutschen Stecher ist beim Rückstecher dabei ein Knacken hörbar. Bei Repetierbüchsen gibt es Stecher, die beim Sichern automatisch entstechen. Bei der Vielzahl von Konstruktionen ist es nicht möglich, alle Waffen eingehend zu behandeln, was die Abzugssysteme betrifft.

Werden unterschiedliche Waffen geführt, kann es bei Verwechslung der Abzüge zu Fehlbedienungen kommen. Wird z. B. ein Deutscher Stecher nach Art des Rückstechers mit dem hinteren Abzug eingestochen, löst sich der Schuß. Beim Einstechen eines Drillings in der Art eines Deutschen Stechers, kommt es zur Abgabe des Schrotschusses aus dem linken Lauf. Das Kapitel Stecherabzüge ist nicht zuletzt wegen der damit zusammenhängenden Sicherheitsaspekte umfangreich und erfordert daher besondere Beachtung.

Ein wesentlicher Denkfehler besteht darin, daß der eingestochene Abzug in dem Moment, wo das Absehen des Zielfernrohrs mitten im Ziel steht, möglichst schnell durchgerissen oder angetippt wird. Schnelle Bewegungen dieser Art bringen das Gewehr aus der Richtung bevor der Schuß bricht. Schlechte Treffer oder Fehlschüsse sind eine vermeidbare Folge. Wenn der Stecher seinen Zweck erfüllen soll, muß er mit zunehmendem Druck auf den Abzug ausgelöst werden, um die Waffe im Ziel halten zu können. Zwar stehen Stecher vergleichsweise leicht, haben jedoch unterschiedliche Abzugswege. Extrem kurzstechende Stecher sind äußerst empfindlich (und gefährlich), langstehende sind geradezu sinnwidrig. Zur Erreichung guter schützenseitiger Abzugstechnik sind Stecher eher nachteilig, weil sie zum Durchreißen verleiten. Zunehmend wird auf Stecher zugunsten von Kombinations- oder Flintenabzügen verzichtet, soweit es Repetierbüchsen betrifft. In den USA oder Skandinavien ist der Stecher nahezu unbekannt.

Wird ein Jagdgewehr über längere Zeit nicht benützt, ist es entladen und mit entspannten Schlossen aufzubewahren. *Einschlossige Waffen*, wie Repetier-, Kipplauf- oder Blockbüchsen lassen sich entspannen, wenn entsichert wird und der Abzug durchgezogen bleibt, bis der Verschluß geschlossen ist. *Kombinierte Einschloßgewehre* werden durch die Zurücknahme der Spanneinrichtung entspannt. Bei *mehrschlossigen Waffen* wie Doppelflinten, Bockbüchsflinten oder Doppelbüchsen mit Doppelabzug werden beide Abzüge dabei durchgezogen. Waffen mit *Einabzug* müssen entweder zweimal abgezogen bzw. auf das zweite Schloß umgeschaltet werden. *Dreischlossige* Drillinge werden am zweckmäßigsten wie folgt entspannt: Öffnen, entsichern, in Stellung »Schrot« beide Abzüge durchziehen und die Läufe etwa halb anklappen. Danach auf »Kugel« stellen, vorderen Abzug durchziehen, zurück auf Schrot stellen, nun die Waffe ganz schließen und wieder sichern. Gewehre mit *automatischer Sicherung*, die sich nicht entspannen lassen, sollten zur Schonung der Schlosse und Schlagbolzen mittels *Pufferpatronen* abgeschlagen werden. Zur Vermeidung von gefährlichen Verwechslungen dabei keine abgeschossenen Patronen verwenden! Auch bei entspannten Schlossen stehen die Schlagfedern unter einer gewissen Spannung. Spiralfedern sind gegen Dauerbelastung weniger empfindlich als Bugfedern. Bei Ejektorwaffen bleiben die Ejektorfedern gespannt, wenn die Schlosse entspannt sind.

Über die jeweiligen technischen Details und Besonderheiten sollte sich der Jäger beim Kauf einer Waffe unbedingt vom Fachmann* aufklären lassen.

---

* Die Versuchs- und Prüfanstalt für Jagd- und Sportwaffen (DEVA) in 4791 Altenbeken-Buke stellt sich auch hier für Beratung und Überprüfung zur Verfügung.

Munition

Allgemeines

Mit der aus den Jagdgewehren zu verschießenden Munition ist der Jäger in der Lage, noch auf verhältnismäßig große Entfernung Wild zu erlegen. Der Schuß auf Wild ist nicht Selbstzweck, sondern erfolgt unter Beachtung von gesetzlichen Regeln und traditionellen Gepflogenheiten. Soweit Wild dem menschlichen Verzehr zugeführt wird, ist eine unnötige Zerstörung und Entwertung des Wildbrets zu vermeiden. Im Vordergrund muß jedoch die schnellstmögliche Tötung und geringstmögliche Zufügung von Schmerzen bei der Erlegung von Wild stehen.

Das Reviersystem ermöglicht es, gleichzeitig eine Vielzahl unterschiedlicher Wildarten bejagen zu können. Dieses erfordert neben einer universellen waffenmäßigen Ausrüstung, die Verwendung entsprechender Kugel- und Schrot-Patronen. Wer ausschließlich und ganzjährig nur Niederwild bejagt, benötigt andere Gewehre und Patronen, als der ausgesprochene Hochwildjäger oder der auf eine spezielle Wildart (z. B. starkes Schalenwild) jagende Waidmann, sei er nun Revierpächter oder Jagdgast, Berufsjäger oder Forstbediensteter. Neben der Wahl eines speziellen Kalibers, kann je nach den Umständen die Flinte, die Büchse oder die kombinierte Jagdwaffe das zweckmäßigere Gewehr sein. Keinesfalls darf sich ein Jäger dazu hinreißen lassen, Munition auf Wild oder Entfernungen zu verschießen, für die sie ungeeignet, insbesondere zu schwach ist. Dies trifft sowohl für Büchsenmunition (Kugelpatronen) als auch für Flintenmunition (Schrotpatronen, Flintenlaufgeschoße) zu. Nachdem die Munition nicht für sich allein, sondern im Zusammenspiel mit der Waffe wirkt, aus der sie verschossen wird, muß diesen beiden Faktoren die entsprechende Beachtung zuteil werden. Schon diese Zeilen lassen erkennen, daß es die »Universal«-Patrone oder Kaliber nicht geben kann. Allenfalls wenn größere Kompromisse gemacht werden, ist die anwendungsbezogene Eignung bei einer Patrone oder Laborierung etwas größer als bei einer anderen. Die größte potentielle Leistung einer Büchsen- oder Schrotpatrone kann nur ausgenützt werden, wenn der Jäger seinen Teil dazu beiträgt und sich im Umgang mit seinen Jagd-

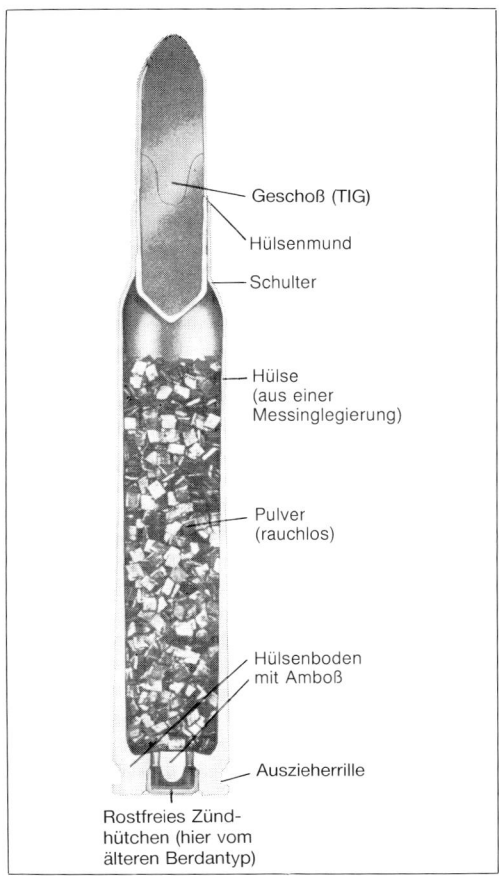

- Geschoß (TIG)
- Hülsenmund
- Schulter
- Hülse (aus einer Messinglegierung)
- Pulver (rauchlos)
- Hülsenboden mit Amboß
- Auszieherrille

Rostfreies Zünd-
hütchen (hier vom
älteren Berdantyp)

Schnitt durch eine Büchsenpatrone

gewehren und der verwendeten Munition bestmöglich vorbereitet. Im Kapitel »Zielen und Schießen«
wird hierauf noch besonders eingegangen.
Büchsenpatronen werden nahezu ausschließlich in

Gürtelhülse
(Hülsenboden
verstärkt)

Hülsenboden
ohne Rand

Hülsenboden
mit Rand

Messinghülsen geladen. Bei *Zentralfeuerpatronen*
sitzt das Zündhütchen in der Hülsenbodenmitte.
Es ist bei der *Berdanzündung* durch zwei Bohrungen und bei der *Amboßzündung* mit einer zentralen
Bohrung (wiederladerfreundlich) mit dem Pulverraum verbunden. Verwendet wird *rauchschwaches
Nitropulver*, das mit einem bestimmten *Geschoß*
verladen, die jeweilige Laborierung ergibt. Innerhalb eines *Fertigungsloses* sind die Unterschiede so
minimal, daß diese bei normaler jagdlicher Verwendung in der Waffen- und Schützenstreuung
untergehen. Trotz des hohen Fertigungsstandards
und genauester Kontrollen können zwischen unterschiedlichen Losen Treffpunktabweichungen auftreten. Aus diesem Grund ist es ratsam, sich mit
einer größeren Menge eines Loses einzudecken.
Schrotpatronen werden sowohl in *Papp-* als auch in
Plastikhülsen verladen. Zwischen der Pulverladung
und der Vorlage (Schrot/FLG) ist das *Zwischenmittel* in Form eines Filz- oder Plastikpfropfens als
vierte Komponente eingefügt. Es dient zur Abdich-
tung gegenüber den Pulvergasen und ist z. T. mit
einem *Becher* (Schrotkorb) kombiniert, der die
Berührung der Schrote mit der Laufwand verhindert und ein längeres Zusammenhalten der Schrotgarbe beim Verlassen der Laufmündung bewirkt.
Der *Verschluß* der Hülse erfolgt mittels einer Bör-
delung um ein Deckplättchen oder mittels des Falt-
(Stern-)Verschlusses. Verwendet wird auch hier
rauchschwaches Nitropulver, das wegen des geringeren Widerstands der Ladung besonders
schnell (offensiv) abbrennt.

Wiederladen befaßt sich mit der Herstellung von
Munition aus Einzelkomponenten unter Wieder-
verwendung auch abgeschossener Patronenhülsen.
Mit diesem Verfahren lassen sich nicht nur Patronen in modernen, sondern auch in alten und nicht
mehr fabrikmäßig gefertigten Kalibern herstellen.
Bei entsprechender Sorgfalt wird die Qualität von
Fabrikpatronen erreicht und für bestimmte Waffen
sogar übertroffen. Hülsen, Zündhütchen, Geschoße und Pulver werden sowohl von den Munitionsfa-
briken selbst, als auch von Spezialfirmen hergestellt und sind im Fachhandel erhältlich. Wer
Patronen wieder laden will, bedarf einer *Genehmigung nach dem Sprengstoffgesetz.*

Büchsenmunition

Noch heute verwenden wir die Bezeichnung »Kugel« wenn wir von den Langgeschoßen sprechen,
die aus *gezogenen Läufen* verschossen werden und
ursprünglich aus Blei gegossene Rundkugeln waren. Bleigeschosse lassen sich zwar auch aus gezo-

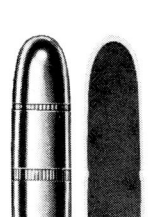  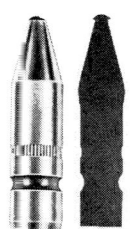 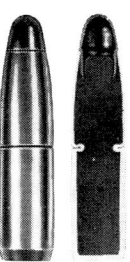 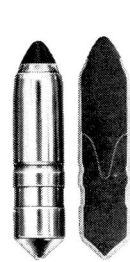 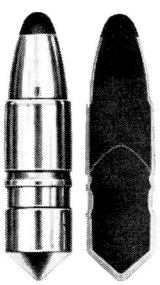

| Vollmantel-Rundkopf Kal. 8 mm S 12,7 g | Teilmantel-Rundkop Kal. 7 mm 11,2 g | KS-Geschoß Kal. 7 mm 0,5 g | H-Mantel-Kupferhohlspitzgeschoß Kal. 7 mm 11,2 g | Brenneke TIG Kal. 7 mm 10,5 g | Brenneke TUG Kal. 9,3 mm 19,0 g |

genen Läufen verschießen, sind jedoch nur für relativ niedrige Geschwindigkeiten geeignet. Das Hinterladersystem und die Einführung der *Patronenmunition mit Mantelgeschoßen,* die eine ganz enorme Verbesserung der Treffgenauigkeit zur Folge hatte, war ein ganz wesentlicher Fortschritt auf dem Gebiet der Jagdbüchsenpatronen. Von nostalgieverbrämten Schießsportdiszplinen abgesehen, werden *Bleigeschosse* heute nur noch in Randfeuer- und Kurzwaffenpatronen verwendet.

Die überwiegende Zahl der Büchsengeschoße sind *Mantelgeschoße,* bei denen der Bleikern in einer Umhüllung aus nickelplattierten Flußeisen, Tombak oder ähnlichen Kupferlegierungen sitzt. Mantelgeschoße folgen, durch das Eindrücken der Felder in die Geschoßführung, präzise dem *Drall* und werden so stabilisiert. Im Laufe der Zeit kommt es zur Ablagerung von Mantelmaterial im Lauf, das zum Nachlassen der Schußpräzision führt. Diese Rückstände können mit besonderen chemischen Lösungsmitteln laufschonend entfernt werden.

Unabhängig von der Art des Mantels oder dem Material aus dem sie hergestellt sind, werden Geschoße vom Profil her nach der Form des Kopfes (der Spitze) und des Geschoßbodens bezeichnet. Entsprechend werden sie dann *Rundkopf-, Flachkopf-, Kegelspitz-, Scharfrand-, Spitz-* oder *Torpedogeschoße* genannt. Vom Aufbau her werden Geschoße mit Vollmantel, Teilmantel oder aus vollem Material hergestellt, was ganz wesentlich die Wirkungsweise im Wildkörper beeinflußt.

Das **Vollmantelgeschoß,** (VM) wie es für militärische Zwecke verwendet wird, hat nur sehr geringe jagdliche Bedeutung. Das jagdliche Einsatzspektrum beschränkt sich in kleinen Kalibern auf kleines Wild, bzw. auf schwerstes Großwild, wie Büffel und Elefant, wo es auf stärksten Durchschlag ankommt und spezielle großkalibrige, leistungsstarke Patronen erforderlich sind VM-Spitzgeschoße geben nur wenig Energie ab und wirken nur bei

Verletzung lebenswichtiger Organe rasch tötend. Auf gefährliches Großwild werden, falls überhaupt, nur schwere VM-Rundkopfgeschoße eingesetzt, deren Mantel im Bereich der Spitze besonders stark gehalten ist, um ein Zerplatzen selbst bei Knochentreffern auszuschließen.

Beim **Teilmantelgeschoß** (TM) bleibt der Kern an der Spitze mehr oder weniger unbedeckt, der Geschoßboden ist, im Gegensatz zum VM-Geschoß, dagegen geschlossen. Diese Konstruktion führt schon beim Auftreffen auf den Wildkörper zu einer Stauchung des Geschoßkopfes und im Verlauf des Eindringens zu einer *Deformation des Geschoßes* infolge Aufreißens des Mantels. Bei einer hohen Festigkeit des Mantels wird die Tiefenwirkung, bei »weicherem« Aufbau die Breitenwirkung verstärkt. Geschoße, die einen Großteil ihrer Auftreffenergie schon beim Auftreffen abgeben, sind für stärkeres Wild nicht geeignet und würden es nur krankschießen. Schon dieses eine Beispiel zeigt, daß es ein für alle Wildarten gleichermaßen gutgeeignetes Geschoß oder Kaliber nicht geben kann. Einfache TM-Geschoße können sich bei hohem Zielwiderstand so weit zerlegen, daß es zu einer Trennung von Kern und Mantel kommt. Dies wirkt sich negativ aus, weil die einzelnen Splitter zu einer Verminderung des Geschoßgewichts führen und nur noch geringe Eigenwirkung haben. Um das Geschoß, trotz der gewünschten Deformation, nicht vollständig »zerspritzen« zu lassen, wird versucht, die Aufpilzung durch den Mantel zu steuern. Bestrebungen, die einfachen Teilmantelgeschoße wirkungsmäßig zu optimieren, haben zu verschiedenen Entwicklungen geführt. So ist das **Starkmantel-Geschoß** eine bewährte Konstruktion, dessen Mantel dünn ausläuft, einen Scharfrand hat und dessen Kern durch tiefe Einschnürungen im hinten sehr starkwandigen Mantel gehalten wird. Dieses Geschoß wurde von der MEN in einigen Kalibern geladen. Das von der RWS entwickelte **KS-Ge-**

5,6 × 57
Kegelspitz-
Geschoß

6,5 × 57
Teilmantel-
Spitz-
Geschoß

6,5 × 68
Kegelspitz-
Geschoß

7 × 57 R
H-Mantel-
Kupfer-
Hohl-
spitz-
Geschoß

7 × 64
Torpedo-
Ideal-
Geschoß

7 × 65 R
Kegelspitz-
Geschoß

8 × 57 JRS
H-Mantel-
Kupfer-Hohl-
spitz-
Geschoß

8 × 68 S
H-Mantel-
Kupfer-
Hohlspitz-
Geschoß

9,3 × 62
H-Mantel-
Kupfer-
Hohlspitz-
Geschoß

9,3 × 64
Torpedo-
Universal-
Geschoß

9,3 × 74 R
Teilmantel-
Rundkopf-
Geschoß

schoß stellt eine Fortentwicklung des TM-Prinzips dar. Der lange zylindrische Geschoßkörper läuft in einer scharfen Kegelspitze aus und der durchgehende Bleikern sitzt in einem Tombakmantel, dessen Wandung zur Spitze hin immer dünner wird. Die feine Bleispitze ist entweder überstehend oder als Hohlspitze gestaltet, um ein kontrolliertes Ansprechen beim Auftreffen zu erreichen. Als Deformationsgeschoß ist eine vollständige Zerlegung weitgehend ausgeschlossen und auch bei Knochentreffern ist noch eine ausreichende Tiefenwirkung zu erwarten. Das KS-Geschoß gibt es ab Kaliber 5,6 bis .375 H&H, so daß für jede Wild- und Jagdart eine zweckmäßige Laborierung zur Verfügung steht. Eine Weiterentwicklung stellt das DK-(Doppelkern-)Geschoß dar. Sowohl in den USA, als auch in Skandinavien werden ebenfalls vorzügliche TM-Geschoße gefertigt. Neben fabrikverladenen Geschoßen werden diese von den Munitionsherstellern auch lose abgegeben, bzw. werden von speziellen Geschoßherstellern für das Wiederladen von Patronen angeboten. Bekannte Konstruktionen sind *Silvertip, Power Point, Core Lokt, Dual-Core, PPC-Vulcan, TM-Alaska, Mega, Hammerhead, Game-King* und ähnliche. Einige der TM-Geschoße weisen an der Spitze Mantelkerben auf, die mitunter innenliegend, oder aber von außen sichtbar sind. Sie sollen die Einleitung einer möglichst gleichmäßigen Aufpilzung und Bildung von Mantelfahnen gewährleisten. Die Verwendung von zähweichem Tombak anstelle des spröderen Flußeisens wirkt sich günstig auf die Deformation aus, weil durch Absplitterung keine größeren Gewichtsverluste des Geschoßes auftreten. In gewissem Umfang können auch Mantelstärken und -einschnürungen die Energieabgabe beeinflussen.

Weitaus differenzierter wirken jedoch **Spezialgeschoße,** die eine Weiterentwicklung der einfachen TM-Geschoße darstellen. Schon die Bezeichnungen lassen das erkennen. So ist das **H-Mantel-Geschoß** sowohl auf Zerlegung, als auch auf Durchschlag konstruiert, was durch eine ausgeprägte Einschnürung des Mantels in den Bleikern erreicht und als H-Rille bezeichnet wird. Die Zerlegung wird durch diese »Sollbruchstelle« gestoppt, wodurch der Geschoßrestkörper genügend Masse für Durchschlag behält. H-Mantel-Geschoße sind mit einer Kupferhohlspitze versehen und ab Kaliber 7 mm erhältlich. In ähnlicher Weise wirkt das **Nosler-Partition-Geschoß,** dessen Vorder- und Hinterkern durch einen massiven Steg der aus vollem Tombak herausgearbeiteten Mantelhülle getrennt ist. Im Kopfbereich sind die Wandstärken dünner gehalten, um ein frühzeitiges Aufpilzen

einzuleiten, das jedoch sicher am Quersteg endet und für ausreichende Tiefenwirkung sorgt. In diese Kategorie lassen sich das Swift-A-Frame- und das Blaser-CDP-Geschoß einordnen. Eine besondere Gattung von Doppelkerngeschoßen stellen die Brenneke-Büchsengeschoße dar. So besitzt das **Torpedo-Ideal-Geschoß** (TIG) zwei Kerne, dessen vorderer weicherer zapfenartig im hinteren und härteren sitzt. Der Mantel ist aus Flußeisen und ist im Kopfbereich als *Scharfrand* geformt, der einen nahezu kalibergroßen Einschuß ausstanzt. Der vorne dünnere Mantel deformiert sich je nach Zielwiderstand, während der hintere harte Kern, durch einen starkwandigen Mantel zusammengehalten, für Tiefenwirkung und Ausschuß sorgen soll. Das TIG wird ab Kaliber 7 mm verladen. Das **Torpedo-Universal-Geschoß** (TUG) ist grundsätzlich ähnlich aufgebaut, nur daß der vordere Kern aus Weichblei hutartig auf dem hinteren harten Kern sitzt, der wie beim TIG, durch kräftige *Einschnürungen im Mantel* gehalten wird und in einem Torpedoheck ausläuft. Die Wirkung ist auf mittleres und schweres Wild ausgelegt. Das TUG ist ab Kaliber .30 erhältlich.

Als letzte Gruppe sind die **Vollgeschoße** zu erwähnen, deren Geschoßkörper durchgehend aus dem gleichen Material, entweder aus Tombak, Messing oder Kupfer bestehen. Das **ABC-Geschoß** von Hirtenberger hat eine langgezogene Kegelspitze, in die ein kleiner Bleikern eingesetzt ist. Vier Steuerkerben tragen, je nach Zielwiderstand (siehe Abb.) zur Bildung kräftiger Mantelfahnen und zur Aufpilzung bis zum mehr als zweifachen Geschoßdurchmesser bei. Das **Schrägflächenscharfrand-**

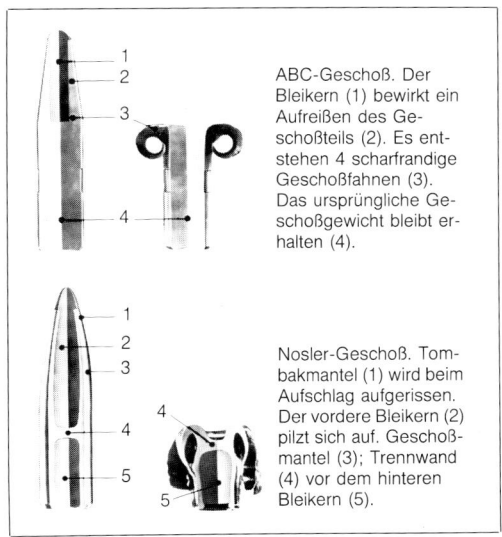

ABC-Geschoß. Der Bleikern (1) bewirkt ein Aufreißen des Geschoßteils (2). Es entstehen 4 scharfrandige Geschoßfahnen (3). Das ursprüngliche Geschoßgewicht bleibt erhalten (4).

Nosler-Geschoß. Tombakmantel (1) wird beim Aufschlag aufgerissen. Der vordere Bleikern (2) pilzt sich auf. Geschoßmantel (3); Trennwand (4) vor dem hinteren Bleikern (5).

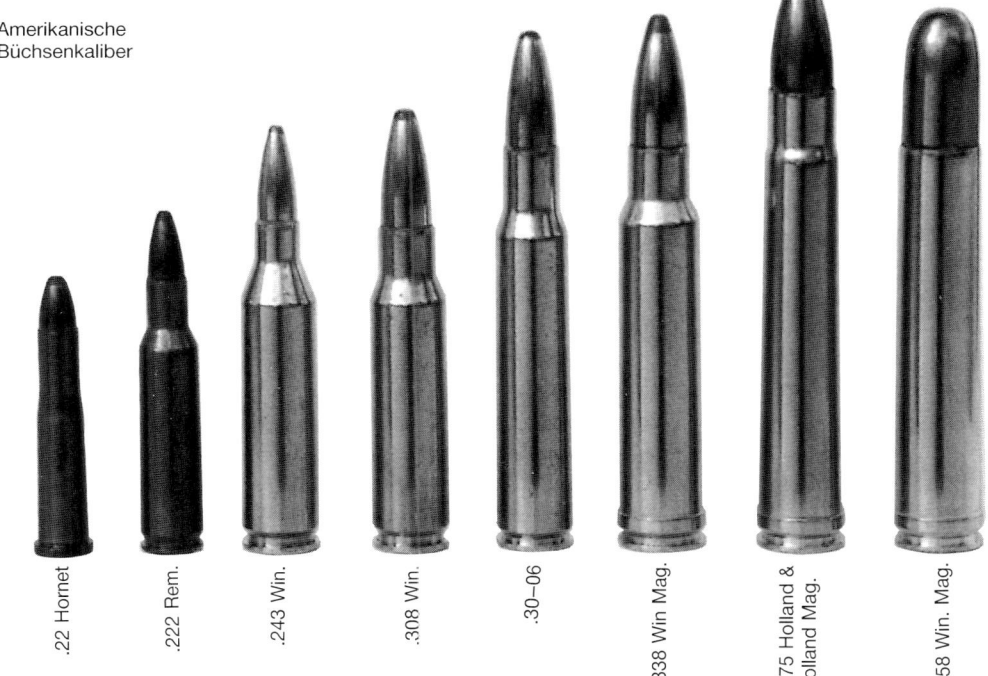

.22 Hornet   .222 Rem.   .243 Win.   .308 Win.   .30–06   .338 Win Mag.   .375 Holland & Holland Mag.   458 Win. Mag.

Geschoß kommt ganz ohne Bleikern aus. Die kurze Kegelspitze ist mit vier außenliegenden schräg angesetzten Steuerkerben und einem Scharfrand versehen. Sowohl das ABC- als auch das SFS-Geschoß bestehen aus Tombak. Als derzeit einziges Geschoß, dessen Bleikern nicht nur eingepreßt, sondern eingelötet ist, bietet Federal sein **Trophy-Bonded-Geschoß** an. In die Kopfkaverne des massiven Kupfergeschoßes wird das Blei eingeschmolzen, sodaß die Trennung von Kern und Mantel unmöglich ist. Gesteuerte Aufpilzung und hohes Durchschlagsvermögen sind für diese Konstruktion kennzeichnend. Als *Trophy-Solid* mit Rundkopf wird es in Patronen der Premium Safari Serie verladen. Ebenfalls für *schwerstes Großwild* sind die Monolithics von A-Square gedacht. Gleichermaßen echte »Solids« sind die **X-Geschoße** von Barnes, die von außen wie ein TM-Hohlspitzgeschoß aussehen. Gefertigt aus massivem Messing, pilzen sie durch innenliegende Steuerkerben auf und ergeben eine große Eindringtiefe. Die Beanspruchung der Läufe durch Geschoße aus Kupferlegierungen ist nur hinsichtlich der erhöhten Laufverschmierung von Bedeutung. Da starke Ablagerungen die Laufseele verengen, steigert sich diese Erscheinung mitunter sprunghaft und wirkt sich in nachlassender Schußpräzision aus. Die Munitionsindustrie ist laufend bestrebt, die Jagdgeschoße

leistungsmäßig zu verbessern. Je größer die Wildart, umso mehr sollte die Wirkung und je kleiner das Wild umso mehr sollte die Schußpräzision im Vordergrund stehen. Es bleibt dem Jäger überlassen, wie er die Prioritäten setzt.

Bezeichnung der Patronen

In Europa, vor allem in Deutschland, erfolgt die Bezeichnung nach dem Schema Geschoßdurchmesser mal Hülsenlänge, z. B. 7 × 57, bei Hülsen mit überstehendem *Rand* mit einem zusätzlichen »R«, z. B. 7 × 57 R. Grundsätzlich eignen sich randlose, nur mit einer *Auszieherrille* versehene, Patronen mehr für Repetierer und Randpatronen mehr für Kipplaufwaffen. Nachdem es eine Reihe von Patronen entweder nur ohne Rand (.222 Rem, .243 Win, .308 Win usw.) oder wie die .22 Hornet, .30–30 Win. nur mit Rand gibt, ist keine generelle Zuordnung möglich. *Gürtelhülsen* sind ebenfalls für alle Waffenarten geeignet. Die Kaliberangaben sind auf dem Hülsenboden eingeprägt. Der »Bodenstempel« gibt auch den Hersteller an.
Die deutschen Angaben sind keineswegs genauer, als z. B. die ausländischen. Neben den deutschen Büchsenkalibern 5,6; 6,5; 7; 8 und 9,3 mm sind auch die *amerikanischen Sorten* wie .222 Rem, .308 Win, .30–06 .300 Win. Mag. oder .338 Win. Mag. ge-

bräuchlich. Aus *England* kommen Kaliber wie die .375 H&H Magnum oder die .303 British, aus *Skandinavien* die 6,5 × 55, .308 NormaMag. und die .338 LapuaMag, aus *Rußland* die 7,62 Mosin-Nagant. Bei den meisten ausländischen Kalibern ist die Hülsenlänge und der Hülsentyp nicht angegeben, sondern durch Zusatzbezeichnungen wie *Remington, Winchester, Savage* oder *Springfield* ersetzt. Wichtig ist in jedem Falle, daß die Angaben auf der Waffe und der Munition völlig übereinstimmen, was auch für Zusatzbezeichnungen wie *Magnum, Super Express* o.ä. wichtig ist. Zu beachten ist ganz besonders, daß es im Kaliber 8 mm neben dem durchmesserstärkeren »*S-Kaliber*« auch noch das um 0,13 mm schwächere *I*«-*Kaliber* gibt. Werden Patronen im S-Kaliber aus den engen I-Läufen verschossen, kann es zu schweren Folgen, bis hin zu Laufsprengungen kommen. Auf der kleinsten Verpackung ist bei Patronen im Kaliber 8 × 57 I (R) S auf diesem Umstand besonders hingewiesen. Auf den Patronenschachteln sind zusätzlich Einzelheiten über die Laborierung vermerkt, insbesondere der *Geschoßtyp* und das *Geschoßgewicht*, z.B. Teilmantel-Spitz, 9,0 g, gelegentlich auch die ballistischen Daten (Über die Eignung der verschiedenen Kaliber siehe Seite 321).

Flinten-Munition

Die glatten Flintenläufe sind in erster Linie zum Verschießen von Schrot konstruiert. Schrotpatronen enthalten eine Vielzahl von *Schrotkörnern* (Schroten), die nach dem Verlassen der Laufmündung in Form einer Wolke (»Garbe«) weiterfliegen, wobei sich die Abstände zwischen den einzelnen Schroten laufend vergrößern, während ihre Bewegungsenergie ebenso abnimmt.

Dahinter steht der Gedanke, kleine, bewegte Ziele sicher und mit tödlicher Wirkung treffen zu können, und zwar möglichst mit mehreren Schroten: Man nimmt heute noch an, völlig erforscht ist das noch nicht!), daß die tödliche Wirkung des Schrotschusses weniger vom einzelnen Schrotkorn, als von der Energie mehrerer, gleichzeitig auf dem Wild einschlagender Schrote bewirkt wird (Schocktod).

Das begrenzt den (waidgerechten) Schrotschuß von vornherein auf die relativ kurze Entfernung bis höchstens 40 Meter: Aus einer noch bequem handzuhabenden Waffe und mit erträglichem Rückstoß läßt sich nur eine begrenzte Menge Schrote verschießen. Diese Menge, auf wenige »große« Schrote aufgeteilt, würde zwar auf diese Entfer-

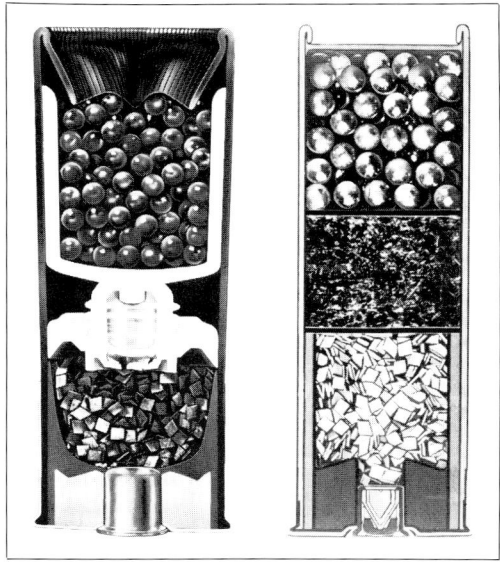

Schnitt durch eine Schrotpatrone. Links Sternverschluß (Faltverschluß), rechts Plättchenverschluß (Bördelverschluß)

nung jedem von ihnen noch eine beachtliche »Tötungsenergie« mitgeben – aber die Gefahr mit sich bringen, daß kleine Ziele zwischen ihnen hindurchschlüpfen – oder nur gestreift oder sonst »am Rande« getroffen würden. Würde sie auf sehr viele ganz kleine Schrote aufgeteilt, wäre das Ziel zwar kaum mehr zu verfehlen, die Schrote hätten aber auf diese Entfernung nicht mehr genügend »Tötungsenergie«.

Im Laufe der Zeit hat die Praxis gezeigt, daß Schrote mit 2 bis 4 Millimeter Durchmesser einen brauchbaren Kompromiß abgeben, wobei »grobes Schrot« (über 3 mm Durchmesser) nur bei relativ großen Zielen auch noch die erforderliche, verläßliche »Deckung« (mehrere Schrote auf der zu treffenden Fläche) aufweist – und das nur bei eng gebohrten Läufen. Reh- und Sauposten mit Kugeldurchmessern von 6 bis 9 mm sind wegen der geringen Deckung jagdrechtlich auf Schalenwild verboten.

Wildbezogene Schrotstärken wie »Hühnerschrot«, »Entenschrot« oder »Hasenschrot« sind irreführend: Tatsächlich wird auch ein Fuchs von einem gutsitzenden Schuß 2 mm-Schrot schlagartig getötet, wenn dieses »feine« Schrot noch genügend Energie mitbringt – also auf eine Entfernung von ca. 20 Meter. International setzt sich daher für die Jagd die Verwendung der »feineren« Schrote durch. Sie bringen – bei geringerer Gefährdung des Hinterlandes – alles Wild verläßlich zur Strecke, *wenn man mit der Schußentfernung Maß hält:* 2,7 mm ist eine universell verwendbare Schrotstärke – bei Schußentfernungen nicht über 30 Meter.

Die Schrotstärken werden heute praktisch nur noch in Millimetern angegeben; die früher üblichen (und von Land zu Land verschiedenen) »Schrotnummern« sind der Internationalisierung des Patronenmarktes ebenso zum Opfer gefallen wie die (nur in Deutschland eingeführte) unterschiedliche Färbung der (ohnehin meist durch den Sternverschluß weggefallenen) Patronen-Schlußdeckel. Bei Patronen mit Sternverschluß ist die Schrotstärke auf die Hülse aufgedruckt.

Die Schrote selbst bestanden bisher meistens aus Blei mit einem geringen Zusatz an Arsen und Antimon (»Hartblei«). Aus Gründen des Tierschutzes (Vergiftung gründelnden Wasserwildes) und Umweltschutzes soll es vermehrt durch *»Weicheisenschrot«* ersetzt werden.

Da aber Weicheisen ein sehr viel geringeres spezifisches Gewicht hat als Blei, läßt sich eine vergleichbare Tötungsenergie nur durch größere Schrote, damit wiederum eine befriedigende »Deckung« nur durch Erhöhung ihrer Anzahl erreichen. Das wiederum bedingt spezielle Neukonstruktionen von Patronen, den Übergang zu großen Flintenkalibern, höhere Patronenpreise – und in vielen Fällen die Anschaffung einer neuen, speziell geeigneten Flinte, die verstärkt beschossen ist und eine möglichst geringe Chokebohrung hat. (In letzter Zeit wurden Versuche mit *Zink-* und *Wismutschroten* unternommen.) In den USA ist inzwischen »Tungsten«-Schrot zugelassen, dessen Eigenschaften zwischen Blei- und Weicheisenschrot liegen.

Kaliber und Hülsenlängen

Das Kaliber der Schrotläufe und -patronen wird nicht in Millimetern (und nur ausnahmsweise in Zoll) angegeben, sondern nach der Zahl der Bleikugeln des betreffenden Durchmessers, die auf ein (engl.) Pfund gehen. (Deswegen ist Kaliber 12 größer als Kaliber 20!) Am verbreitetsten ist bei uns Kaliber 12 für Flinten und Kaliber 16 in kombi-

nierten Waffen. Das kleinste gebräuchliche Schrotkaliber ist Kaliber 36, meist in Zoll als .410 angegeben.

Die Hülsenlänge (gemessen an der abgeschossenen Patrone!) ist deshalb wichtig, weil längere Patronen nicht aus kürzeren Patronenlagern verschossen werden dürfen (gefährlich erhöhter Gasdruck!) Die Standardhülsenlänge beträgt heute 70 mm. Aus nur 65 mm kurzen Patronenlagern lassen sich noch Hülsen mit 67,5 mm verschießen. Vor allem bei *Weicheisenschrot* sind inzwischen bis zu 89 mm lange Hülsen üblich. Sogenannte *Magnum-Schrotpatronen* sind auch mit 70 mm-Hülsen im Handel und dürfen nur aus Waffen verschossen werden, die einem verstärkten Beschuß unterzogen wurden. Da gebrauchsfertig geladene Schrotpatronen durch den Bördel- oder Sternverschluß kürzer sind, lassen sie sich auch in an sich zu kurze Lager einführen. In der Schußentwicklung ist jedoch die korrekte Streckung der Hülse nicht möglich, sodaß es zu gefährlichen Gasdruckerhöhungen kommen kann.

Hülsenlänge und Kaliber bestimmen, wieviel Schrote maximal aus einer Patrone verschossen werden können. Dabei steigert die höhere Anzahl der Schrote keineswegs den Erfolg: Um mehr Schrot mit der selben Fluggeschwindigkeit auf die Reise zu schicken, muß der Gasdruck erhöht werden, was wiederum schwerere Flinten (oder einen stärkeren Rückstoß) bedeutet: Erfahrungsgemäß ist der Rückstoß einer passend geschäfteten Flinte erträglich, solange das Schrotgewicht nicht mehr als 1% des Flintengewichts beträgt.

Eine auf der Jagd vielfach verwendbare Flinte von 3 kg Gewicht sollte also höchstens mit Patronen von 30 g Schrotgewicht geladen werden; das ergibt ca. 340 Schrote 2,5 mm. Maximales Schrotgewicht im sportlichen und jagdlichen Schießen ist 24 g. Erfolgreiche Schützen nehmen auch auf der Jagd diese Patronen, weil sie sich ermüdungsfreier – und damit auf die Dauer treffsicherer – schießen lassen.

Flintenlaufgeschosse (FLG)

Statt mit einer Schrotladung können Flintenpatronen auch mit einem Einzelgeschoß geladen werden. In Deutschland ist die *Brenneke* zum Inbegriff des *FLG* geworden. Dieses Bleigeschoß wird durch einen angesetzten Filz- oder Plastikpfropfen nach dem Pfeilprinzip stabilisiert. Aus glatten Läufen verschossen, erhält es keinen effektiven Drall. Vor dem jagdlichen Einsatz sollte unbedingt ermittelt werden, wie die Treffpunktlage aus der betreffen-

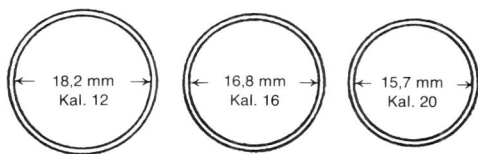

Die 3 gebräuchlichsten Flintenkaliber in mm

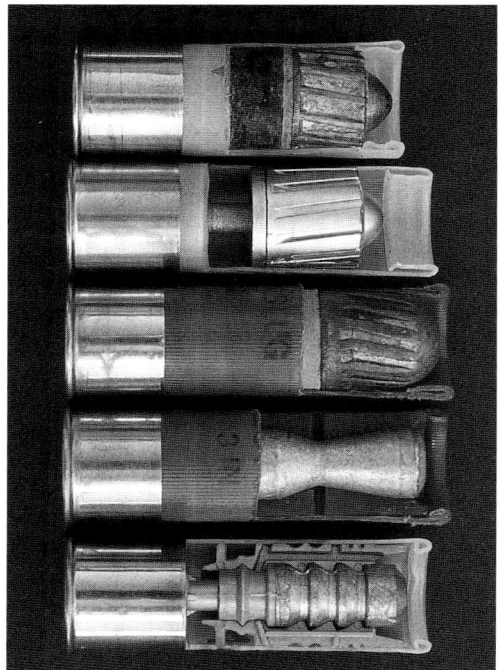

Flintenlaufgeschoße (v. o.):
Rottweil-Brenneke; Brenneke-Golden Slug;
Federal-Slug (Foster-Typ); Federal-Sabot Slug *;
Sauvestre mit Leitwerk *.
* mit Treibspiegel

faßt die *Innenballistik* die Vorgänge im Lauf während der Schußentwicklung, die *Außenballistik* die Vorgänge während des freien Fluges des Geschosses außerhalb des Laufes und die *Zielballistik* das Verhalten des Geschosses im Ziel (Wildkörper).

Schußentwicklung

Durch das Auftreffen des Schlagbolzens auf das Zündhütchen explodiert in diesem der Zündsatz und verursacht eine Stichflamme, die durch die Zündlöcher der Zündglocke in den Pulverraum der Patrone hineinschlägt und das Pulver entzündet. Das Pulver brennt unter höchster Temperatur (je nach Pulverart (2500–3500° C) und Gasentwicklung ab.

Maßeinheit für den Gasdruck ist das Bar (b), früher Atmosphäre (at). (1 b entspricht ungefähr 1 at.) 1 b (at) ist der Druck von 1 kp (Kilopond, entspricht 1 kg) auf 1 cm^2. Der Gasdruck beträgt bei Büchsen bis über 4500 und bei Flinten bis 830 bar (Magnum bis 1050 bar). Er treibt das Geschoß bzw. die Schrotladung durch den Lauf. Der Druck nach der Seite wird durch die Laufwand, der Druck nach rückwärts durch den Verschluß aufgefangen. Ist die Verbrennung des Pulvers noch nicht beendet, wenn das Geschoß den Lauf verläßt, entsteht an der Laufmündung das Mündungsfeuer. Zu starkes Mündungsfeuer deutet darauf hin, daß Lauflänge, Geschoßgewicht und Pulverladung nicht in günstigem Verhältnis liegen.

Unter der Einwirkung des Gasdrucks wird gleichzeitig die Hülse an die Innenwand des Patronenlagers gepreßt. Dieser Vorgang wird als *Liderung* bezeichnet und bewirkt erst den gasdichten Verschluß. Dieser Effekt tritt nur bei völlig ölfreiem Patronenlager ein, andernfalls ist mit einer erhöhten Verschlußbelastung zu rechnen. Nach Absinken des Gasdrucks federt die Hülse wieder etwas zurück und läßt sich leicht ausziehen.

Streuung und Trefferleistung von Läufen

Die Treffgenauigkeit oder Schußleistung eines Laufes ist zunächst davon abhängig, wie exakt er gebohrt ist; also daß (beim Büchsenlauf) sein Kaliber in möglichst engen Toleranzgrenzen der verwendeten Munition entspricht, bzw. (beim Flintenlauf) seine Bohrung die Schrotgarbe optimal ins Ziel bringt. Dabei kann im Einzelfall durch Versuch ermittelt werden, mit welcher Laborierung bzw. Munitionssorte ein bestimmter Lauf seine beste Schußleistung erreicht. Aber auch bei bestmöglicher Übereinstimmung von Lauf und Muni-

den Waffe ist. Bei sehr guter Übereinstimmung von Flintenlauf und Patrone mit FLG lassen sich noch bis auf 50 m Streukreise von unter 10 cm erreichen. Neben leitwerkgeführten Geschoßen, sind noch die fingerhutähnlichen Geschoße vom *Foster-Typ* und neuerdings auch solche mit *Treibspiegel* (Sabot Slug) bekannt. Die Mündungsgeschwindigkeiten liegen, je nach Kaliber, Geschoßgewicht und Fabrikat, zwischen 430 und 520 m/s. auf 50 m werden noch bis zu 1800 Joule erreicht. Soweit nur irgend möglich, sollte dem Büchsenschuß der Vorzug vor dem FLG eingeräumt werden.

Bei uns, wo jeder Jäger das Recht (und meist auch die Möglichkeit) zum Besitz und Führen einer Büchse hat, werden sie meist als Notbehelf betrachtet, um auch aus der Flinte einen (Schalenwild!) Kugelschuß abgeben zu können.

Vorgänge beim Schuß, Schußleistung

Ballistik ist die Lehre von den physikalischen Vorgängen, die sich beim Schuß abspielen. Dabei um-

tion gibt es von Schuß zu Schuß gewisse Abweichungen, deren Ausmaß wir (beim Büchsenlauf) als *Laufstreuung* bezeichnen. Sie wird vor allem hervorgerufen durch die Schwingungen und die Wärmeausdehnung des Laufes, die bei der Schußentwicklung entstehen.

Die Laufstreuung ist in der Regel bei freiliegenden Läufen am geringsten. Sie kann durch die Verbindung mit anderen Läufen (bei mehrläufigen Gewehren), durch die aufgelötete Laufschiene, durch Zielfernrohrmontagen oder durch fest anliegendes Schaftholz ungünstig beeinflußt werden, weil durch einseitige Verspannungen des Laufes eintreten können, besonders bei stärkerer Erwärmung durch eine Folge von mehreren Schüssen.

Diese technisch bedingte Laufstreuung wird beim praktischen Schießen überlagert und verstärkt durch die *Schützenstreuung,* die individuell bedingt ist (Atmung, Pulsschlag, Unruhe oder »Jagdfieber« des Schützen). Um die Laufstreuung möglichst exakt festzustellen, wird sie aus dem in eine »Schießmaschine« oder einen »Anschußbock« fest eingespannten Gewehr ermittelt.

Für die Beurteilung der Streuung von Büchsenläufen und der Trefferleistung von Schrotläufen mag als Anhalt dienen:

Für ein Revier, in dem keine weiteren Schußentfernungen als höchstens 150 m auf Rehwild und 180 m auf Rotwild in Betracht kommen, ist eine Streuung von 5 cm auf 100 m Entfernung noch ausreichend. Bei Doppelbüchsen gilt eine Gesamtstreuung (bei fünf Schüssen aus jedem der beiden Läufe) von 15 cm auf 100 m noch als ausreichend. Die modernen Herstellungsverfahren ermöglichen für einläufige Büchsen durchaus eine Laufstreuung von nur 2–3 cm auf 100 m.

Ein Schrotlauf Kal. 16/70 soll auf 35 m Entfernung etwa mindestens 120 Schrote der Größe 3 mm (oder 190 der Größe $2^1/_2$ mm) in einen Kreis von 75 cm Durchmesser bringen.

Beim Flintenlaufgeschoß ist eine Streuung von 10 cm auf 35 m noch jagdlich brauchbar.

Geschoßgeschwindigkeit

Der *Gasdruck,* der von der abbrennenden Pulverladung entwickelt wird, treibt das Geschoß oder die Schrotladung durch den Lauf; er versetzt sie in eine vorwärts gerichtete *Bewegungsgeschwindigkeit* (V). Mit zunehmendem Vordringen wird das Geschoß bzw. die Schrotladung im Lauf stetig beschleunigt und erreicht seine größte Geschwindigkeit praktisch an der Laufmündung. Bezeichnet als *Anfangsgeschwindigkeit (V_0),* beträgt sie bei Jagd-

büchsengeschossen etwa 600 bis 1200 m/sec und bei Schroten etwa 380 m/sec.

Verläßt das Geschoß bzw. die Schrotgarbe die Laufmündung, wirkt ihm der Luftwiderstand entgegen. Er veranlaßt mit zunehmender Flugweite eine ständige Abnahme der Geschwindigkeit. Dabei setzt sich ein Geschoß gegenüber dem Luftwiderstand um so besser durch, je größer seine Masse (Gewicht) im Verhältnis zu seinem Querschnitt (Geschoßdurchmesser) ist. Infolgedessen verlieren Geschosse um so weniger Geschwindigkeit, je schwerer sie im Verhältnis zu ihrem Querschnitt sind. Es gilt:

$$\text{Querschnittsbelastung} = \frac{\text{Gewicht (in g)}}{\text{Querschnitt (in cm}^2\text{)}}$$

Daneben beeinflußt auch die Form des Geschosses (rund, spitz, abgeflacht) die Überwindung des Luftwiderstandes.

Die Geschwindigkeit, mit der ein Geschoß auf ein Ziel trifft, wird als *Auftreffgeschwindigkeit* (V_z), bezogen auf die Schußentfernung z. B. mit V_{50}, V_{100} usw., bezeichnet.

Geschoßflugbahn

Auf Geschosse, die den Lauf verlassen haben, wirkt außer dem Luftwiderstand auch die Anziehungskraft der Erde ein. Ihr folgend, behalten die Geschosse die anfängliche Richtung, die ihnen der Lauf vermittelt hat, nicht bei, sondern ihr Flug senkt sich in einer ballistischen Kurve (Parabel) zum Erdboden. Das Ausmaß der Krümmung steigert sich mit der Zunahme der Flugweite bzw. Schußentfernung, weil infolge des Luftwiderstandes die Geschwindigkeit der Geschosse ständig abnimmt. Dadurch werden mit zunehmender Flugweite die Geschosse zunehmend der Erdanziehung ausgesetzt.

Günstigste Einschußentfernung (GEE)

Unter diesem Begriff wird derjenige Fleckschuß (Zeichen ⊕) verstanden, der bei einer Flugbahnerhöhung von maximal 4 cm über der *Visierlinie* zustande kommt. Je gestreckter (rasanter) die Flugbahn ist, umso weiter rückt der zweite Schnittpunkt der Flugbahn mit der Visierlinie von der Mündung weg. Beispiel: $6,5 \times 57$ mit 6 g TM GEE 200 m, 7×57R mit 11 g TM GEE 150 m. Basis für die Ermittlung der GEE ist waffenseitig eine Visierhöhe von 5 cm. Der erste Flugbahnschnittpunkt liegt, je nach Kaliber und tatsächlicher Visierhöhe, zwischen 25 und 50 m.

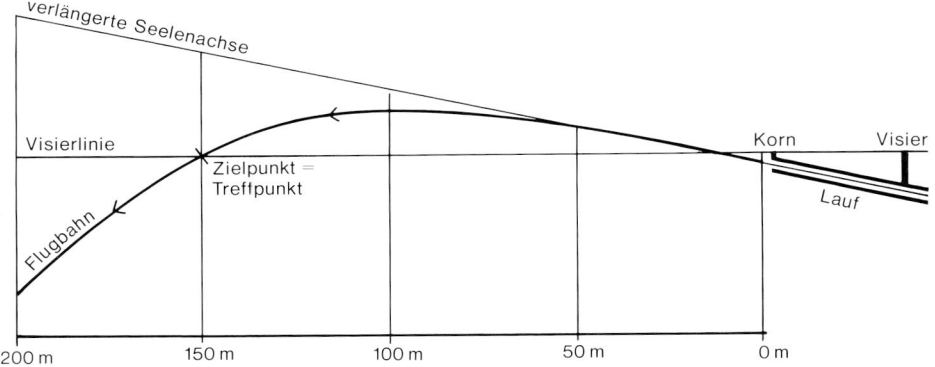

Visierlinie korrigiert (Zielpunkt fällt mit dem Treffpunkt zusammen); nach dem natürlichen Fall des Geschosses würden Ziel- und Treffpunkt nie zusammenfallen.

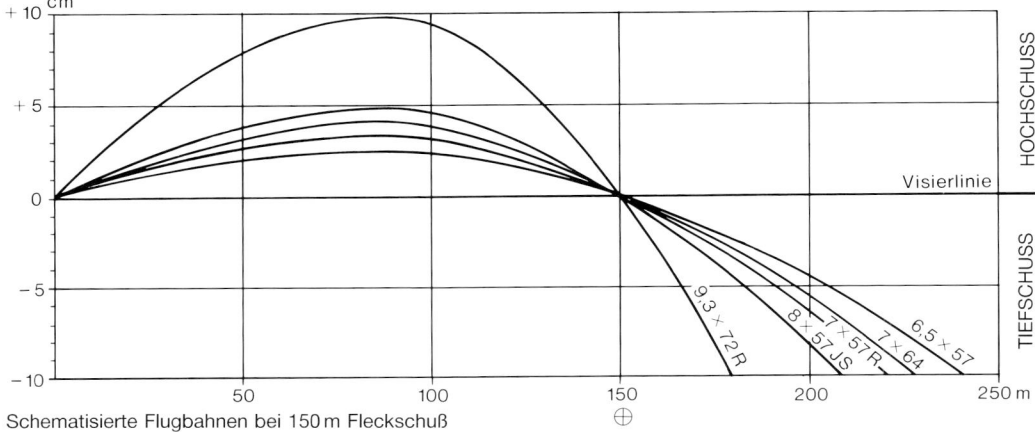

Schematisierte Flugbahnen bei 150 m Fleckschuß

Die Gestrecktheit der Flugbahn wird als *Rasanz* bezeichnet. Je schneller ein Geschoß fliegt und je geringer der Geschwindigkeitsverlust ist, umso rasanter verläuft die Flugbahn. Hierfür sind die Faktoren V^0, Querschnittsbelastung und Formwert von vorrangiger Bedeutung.

Bei weiten Horizontalschüssen im Gebirge kommt es zu einem *Hochschuß*, wenn das Gewehr im Flachland eingeschossen wurde. Dies hängt mit der geringeren Luftdichte in größeren Höhen zusammen. Bei weiten Steilschüssen verstärkt sich diese Tendenz, so daß es, durch die verminderte Einwirkung der Erdanziehung zu ganz beträchtlichem Hochschuß kommen kann. Hier gilt der Merksatz: »Bergauf und bergunter – halt immer drunter!«.

Bei kurzen Steilschüssen oder extrem nahen Fangschüssen verläuft dagegen die Flugbahn je nach Visierhöhe bis zu 8 cm tiefer, so daß in solchen Fällen entsprechend höher ins Ziel zu gehen ist.

Geschoßenergie

Abhängig von seiner Masse (Gewicht) und Fluggeschwindigkeit entwickelt jedes Geschoß Wucht oder *Energie* (E). Maßeinheit dafür ist das Joule (J), früher das Meterkilogramm (mkg) oder Kilopondmeter (kpm). 1 J = 0,1 kpm.

Die Energie ist um so stärker, je schwerer ein Geschoß *und* je größer seine Fluggeschwindigkeit ist. Die einfache Formel

$$E = \frac{p \cdot V^2}{2 \cdot g}$$

läßt die Zusammenhänge erkennen.

Dabei bedeutet p das Geschoßgewicht (in kg), V die Geschoßgeschwindigkeit (in m/s) und g den Wert 9,81 m/s^2 (= ungefähr 10 m/s^2) für die Fallbeschleunigung (Erdanziehungskraft).

Die Formel zeigt, daß das Geschoßgewicht nur mit

318

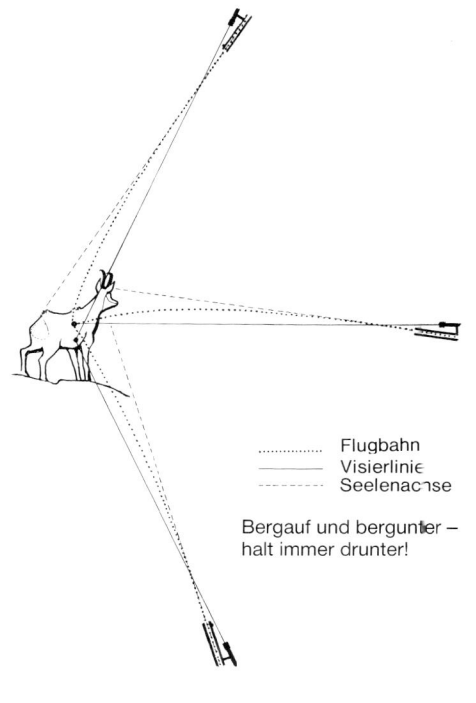

.... Flugbahn
————— Visierlinie
------ Seelenachse

Bergauf und bergunter –
halt immer drunter!

seinem einfachen Wert die Energie beeinflußt, die Geschwindigkeit jedoch mit dem Quadrat ihres Wertes. Höhere Energie kann daher eher durch vermehrte Geschoßgeschwindigkeit als durch höheres Geschoßgewicht erreicht werden. Daraus erklärt sich die Wechselwirkung kleinerer Kaliber mit höheren Geschwindigkeiten und relativ leichten Geschossen.

Das Ideal, nämlich möglichst schwere Geschosse mit trotzdem möglichst hoher Geschwindigkeit zu verschießen, findet seine technischen Grenzen im Gewicht und der Handlichkeit der Waffen, da hierfür unverhältnismäßig starke Ladungen erforderlich wären. Andererseits hat auch die Erhöhung der Geschwindigkeit von leichten Geschossen ihre praktischen Grenzen, weil die Schußwirkung im Wildkörper nicht nur von der rechnerischen Auftreffenergie abhängt, sondern auch die Masse des Geschosses für sich bestimmte Funktionen hat (Stabilität gegenüber Hindernissen in der Flugbahn und im Ziel, genügend großer Ein- und Ausschuß, Tiefenwirkung).

Die Energie unterliegt während des Fluges einer ständigen Verringerung, weil der Luftwiderstand die Geschwindigkeit stetig vermindert. Die Energieverringerung fällt um so kleiner aus, je schwerer

die Geschosse im Verhältnis zu ihrem Querschnitt sind. Die beim Erreichen des Ziels vorhandene Geschoßenergie wird *Auftreffenergie* genannt und mit E_z, bezogen auf die Schußentfernung z. B. E_{50}, E_{100} usw., bezeichnet.

Verhalten der Geschosse im Ziel

Mittels seiner Energie dringt das Geschoß in den Wildkörper ein und durchdringt ihn bis zu bestimmter Tiefe oder vollständig (Ausschuß).

Während dieses Vorganges wirken verschiedene Kräfte auf das Geschoß ein. Der Auftreffwucht – abhängig von Masse und Geschwindigkeit – wirkt der Widerstand entgegen, den der Wildkörper dem eindringenden Geschoß bietet. Dadurch kommt es zu einer Verformung des Geschosses, die auch von der Geschoßkonstruktion abhängig ist (siehe Seite 309 f.).

Der *Widerstand des Wildkörpers* hängt von dessen Masse, der Gestalt des Wildes und seiner Stellung zum Schützen und von den getroffenen Körperteilen (Weichteile oder Knochen) ab.

Große Auftreffgeschwindigkeit und starker Zielwiderstand bewirken eine gesteigerte *Verformung* des Geschosses. Im Verlauf der Zerlegung abgesprengte Bruchstücke (Splitter) vermindern die ursprüngliche Masse des Geschosses. Dadurch wird seine Eindringtiefe eingeschränkt.

Auch die Masse, die ein Geschoß im Verhältnis zu seinem Kaliber enthält (Querschnittsbelastung), ist für die *Eindringtiefe* mitbestimmend. Beispiel dafür seien zwei Geschosse desselben Kalibers und derselben Konstruktion, die jedoch infolge verschiedener Länge unterschiedliches Gewicht (Masse) und Querschnittsbelastung haben. Die Energien der beiden Geschosse sollen gleich sein, indem das leichtere Geschoß entsprechend schneller fliegt als das schwerere. In diesem Fall dringt bei gleichem Zielwiderstand das schwerere Geschoß tiefer ein. Es setzt sich auf Grund seiner gewichtigeren Masse gegenüber dem Widerstand des Zieles wuchtiger und nachhaltiger durch.

Wegen ihrer geringen Auftreffgeschwindigkeit werden *Bleischrote* nur wenig, *Weicheisenschrote* dagegen kaum, verformt. Letztere zeigen eine erhöhte Abprallneigung.

Wirkung der Geschosse im Ziel

Die in einem Geschoß enthaltene Energie ist die Fähigkeit, Arbeit zu leisten. Sie hat die Aufgabe, das beschossene Wild so schnell und schmerzlos wie möglich zu töten. Diese erwünschte *Schußwir-*

kung ist in technischer Hinsicht davon abhängig, daß die entsprechenden Eigenschaften des Geschosses (Masse, Geschwindigkeit, Konstruktion) der Stärke des zu erlegenden Wildes angemessen sind. In die Verantwortung des Jägers als Schütze fällt es, einen möglichst *sicheren Schuß* abzugeben, so daß die lebenswichtigen Organe des Wildes getroffen werden. Dazu gehört auch, die Entfernung einzuhalten, in der zuverlässig mit einem gut sitzenden Treffer zu rechnen ist. Mit wachsender Entfernung nimmt die Treffsicherheit infolge der Lauf- und Schützenstreuung (siehe Seite 327) zwangsläufig ab; beim Büchsenschuß um so mehr, je stärker die Flugbahn des Geschosses gekrümmt ist. Beim Schrotschuß ist die wirksame Schußentfernung durch die Deckung der Schrotgarbe, aber auch durch die Durchschlagskraft der Einzelschrote begrenzt.

Das **Büchsengeschoß** verletzt zunächst unmittelbar die getroffenen Organe. Die Energieabgabe (= tötende Kraft) ist dabei um so stärker, je mehr sich das Geschoß im Wildkörper deformiert, also durch »Aufpilzen« seinen Querschnitt vergrößert und so einen großen »Wundkanal« erzeugt, *und* je tiefer es dabei in den Wildkörper eindringt.

Schlecht ist die Geschoßwirkung, wenn sich das Geschoß nicht oder nur wenig deformiert und den Wildkörper mehr oder weniger glatt durchschlägt (Vollmantelgeschoß, s. Seite 310), wenn seine Energie nicht ausreicht, tief in den Wildkörper einzudringen (zu schwache Geschosse für zu starkes Wild, aber auch zu große Schußentfernung) oder wenn es sich infolge ungeeigneter Konstruktion vorzeitig zerlegt und so nur oberflächliche Wunden hervorruft. Geschosse, die mit einer Geschwindigkeit von mindestens 800 m/s oder mehr auftreffen, erzeugen zusätzlich zu der unmittelbaren Verwundung noch eine andere, entscheidende Wirkung: Beim Durchdringen des Wildkörpers entsteht infolge der hohen Geschwindigkeit eine sich ausweitende und wieder verengende Höhlung um den Schußkanal (»pulsierende Kaverne«), von der in schneller Zeitfolge Druckwellen ausgehen, die einen Schock auf das Nervensystem hervorrufen. Dadurch bricht die Steuerung der Herz- und Atmungsfunktionen schlagartig zusammen (Schocktod), soweit das Geschoß nicht zu weit von lebenswichtigen Organen eindringt oder durchschlägt.

Aus zwei Gründen ist es ferner wünschenswert, daß das Geschoß genügend Energie aufbringt – und auch entsprechend konstruiert ist –, daß es nicht nur möglichst tief in den Wildkörper eindringt, sondern diesen auch ganz durchschlägt und einen Ausschuß ergibt: Zunächst ist der Ausschuß in allen den Fällen wichtig, in denen das Geschoß schlecht getroffen und keine unmittelbar lebenswichtigen Organe zerstört hat, so daß das Wild außer Sichtweite weggeflüchtet ist und nachgesucht werden muß. Der aus dem Ausschuß austretende Schweiß erleichtert die Nachsuche wesentlich, während aus dem Einschuß oft kaum Schweiß austritt.

Außerdem ist die Schußwirkung auf jeden Fall am besten, wenn beide Körperhälften von der jeweiligen Geschoßwirkung betroffen sind. Das hängt mit dem symmetrischen Aufbau des Körpers und des Nervensystems zusammen, wobei einseitige Funktionsausfälle teilweise von der anderen, unversehrten Körperhälfte ausgeglichen werden könnten. Werden dagegen beide Hälften gleichzeitig betroffen, brechen die Körperfunktionen um so schneller zusammen.

Die Wirkung des **Schrotschusses** unterscheidet sich grundsätzlich von der des Büchsengeschosses. Auf angemessene Schußentfernung wird die Oberfläche des Wildkörpers von einer ganzen Anzahl Schrote gleichzeitig getroffen (*Deckung* der Schrotgarbe). Die einzelnen Schrote dringen zwar infolge ihrer geringen Auftreffwucht (Energie) meist nur oberflächlich in den Wildkörper ein, bewirken jedoch durch ihre Anzahl einen über den ganzen Körper ausgebreiteten schlagartigen Nervenschock, wodurch die Lebensfunktionen (Herzschlag, Atmung) zusammenbrechen.

Daneben wirken einzelne Schrotkörner, die bis zu den lebenswichtigen Organen vordringen, auch durch deren unmittelbare Verletzung. Solche Einzeltreffer bringen das Wild manchmal ebenfalls alsbald zur Strecke, führen für sich allein meist aber erst nach längerer Zeit zum Verenden.

Da es beim Schrotschuß also mehr auf die Schockwirkung als auf das Eindringen eines einzelnen Schrotes ankommt, ist eine große Trefferzahl anzustreben.

Diese ist um so größer, je geringer die Schußentfernung und je kleiner die Schrotstärke ist. Um optimale Schußwirkung zu erreichen und zugleich zu vermeiden, daß das Wild übermäßig »zerschossen« wird (Wildbretentwertung), müssen Schrotstärke und Schußentfernung in angemessenem Verhältnis zur Stärke des Wildes stehen.

Die wirksame Schrotschußentfernung liegt im allgemeinen zwischen 20 und 40 m. In diesem Entfernungsbereich ergibt die Schrotgarbe ausreichende Deckung und haben die einzelnen Schrote die für ihre Wirkung nötige Auftreffwucht. Werden im Verhältnis zur Stärke des Wildes geringere Schrot-

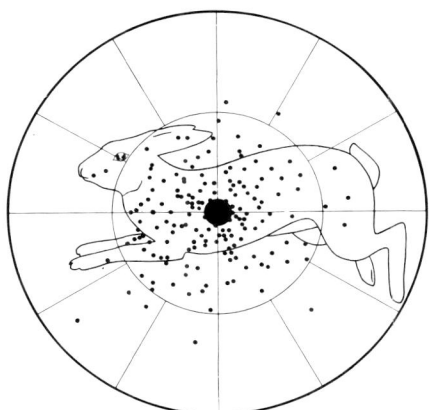

Schußbild einer Normalpatrone auf 15 m Schußentfernung

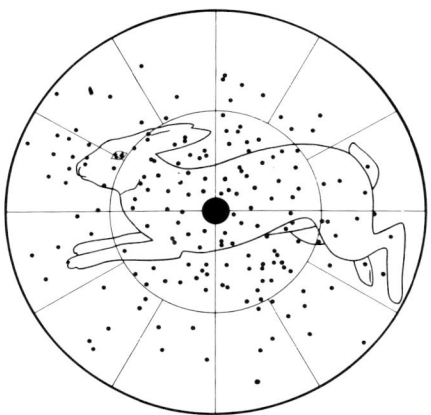

Schußbild einer Normalpatrone auf 25 m Schußentfernung

stärken verwendet (z. B. 2,5 mm auf Hase), so muß die Schußentfernung verringert werden (z. B. 15–25 m auf Waldjagden). Umgekehrt ist es *nicht* möglich, durch größere Schrotstärken die wirksame Schußweite auf verhältnismäßig schwaches Wild zu vergrößern (z. B. 4 mm auf Wildenten). Im Gegenteil: auch hier müßte die Schußentfernung verringert werden, weil die Deckung der Schrotgarbe bald ungenügend wird und Einzeltreffer auf größere Entfernung (40–60 m) nur zufällig eintreten und das Wild häufig nur krankschießen, ohne daß es zur Strecke kommt.

Eignung der verschiedenen Geschosse und Patronen

Für schwaches Wild und seinen geringen Körperwiderstand sind **Büchsengeschosse** geeignet, die über eine entsprechend mäßige Masse und Energie verfügen und die leicht verformbar bzw. zerlegbar gebaut sind. Starkes Wild erfordert Geschosse mit angemessener gewichtiger Masse, kräftiger Energie und mit einem Aufbau, dessen Festigkeit dem Zielwiderstand gegenüber ausreicht. Ferner müssen Geschosse um so fester gebaut sein, je höher ihre Auftreffgeschwindigkeit ist. Andernfalls werden sie durch den Zielwiderstand übermäßig verformt und zerlegt, so daß für stärkeres Wild das Durchschlagsvermögen nicht ausreicht.

Kaliber

Maßgebend für die jeweilige Eignung von Büchsenpatronen ist zunächst schon das Kaliber als Maß für die Geschoßstärke.

Im geringsten bei uns üblichen Jagdbüchsenkaliber **5,6 mm** (.22, .222) haben wir sowohl schwache »*Schonzeitpatronen*« für Niederwild, die für Schalenwild verboten sind (das sind alle Randfeuerpatronen wie die »Kleinkaliberpatronen« .22 l.f.B. und .22 Win.Mag., aber auch schwache Zentralfeuerpatronen wie die .22 Hornet, deren E_{100} unter 1000 Joule liegt), sowie ausgesprochene »*Rehwildpatronen*«, die eine E_{100} von mindestens 1000 Joule erreichen müssen (5,6×50, 5,6×52 R, .222 Rem, 6×70 R). Die leistungsstärksten Patronen in diesem Kaliber, wie die .22-250 Rem., 5,6×57 oder die 5,6×61 Superexpreß, erreichen zwar eine E_{100} von über 2000 Joule, sind aber gesetzlich trotzdem nur für Rehwild zugelassen, da für alles übrige Schalenwild ein Kaliber von mindestens 6,5 mm vorgeschrieben ist.

Damit scheiden die genannten stärksten Patronen des Kalibers 5,6 mm, die ursprünglich als ausgesprochene »*Gamspatronen*« für weite Schußentfernung auf relativ geringes Wild entwickelt wurden, für Gamswild bei uns ebenso aus wie für alles übrige Hochwild. Das gilt auch für Patronen im Kaliberbereich von **6 mm,** wie .243 Win. 6 mm Rem. oder 6 mm Freres. (Für stärkeres Hochwild ist diese Beschränkung durchaus sinnvoll, für Gamswild jedoch unverständlich.)

Als zulässige Gamspatronen – daneben auch als leistungsstarke Rehwildpatronen sowie in den stärkeren Laborierungen auch für geringeres Rotwild, Frischlinge, Überläufer usw. geeignet – verbleiben besonders die im Kaliber **6,5 mm.** Dieses Kaliber leitet über zu den gängigen »*Universalpatronen*«, Kaliber **7 mm, 7,62 mm** und **8 mm,** deren stärkste Laborierungen dann bereits in den Bereich der ausgesprochenen »*Hochwildpatronen*« übergehen, die

321

wir sonst hauptsächlich im Kaliber **9,3 mm**, neuerdings auch in .388 (8,59 mm) haben.

Laborierungen

Neben dem Kaliber selbst kommt es wesentlich auf das *Geschoßgewicht* und die *Geschoßgeschwindigkeit* an, ob die jeweils benötigte Auftreffwucht (Energie) erreicht wird. Höhere Geschoßgeschwindigkeit erfordert stärkere Pulverladung, die wiederum ein größeres Volumen der Patronenhülse voraussetzt, also größere *Hülsenlänge.* Daneben muß auch die *Konstruktion* des Geschosses dem jeweiligen Zielwiderstand angepaßt sein (siehe Seite 309f.).

Die schwachen Schonzeit- und Rehwildpatronen im Kaliber **5,6 mm** haben Geschosse im Bereich von 3–5 g Gewicht.

Die Standardpatrone im Kaliber **6,5 mm** ist die 6,5 × 57 (R). Sie hat Geschosse von 6 g (Reh, Gams, geringes Hochwild) bis 9,1 g (stärkeres Hochwild). Bei gleichen Geschoßgewichten wesentlich höhere Auftreffwucht infolge stärkerer Ladung (Geschwindigkeit) erreichen die Patronen 6,5 × 65 und 6,5 × 68. Die amerikanischen Kaliber .25-06, .257 Roberts oder 257 Weath. Magnum sind ebenfalls auf alles Hochwild zugelassen.

Standardpatronen im Kaliber **7 mm** sind 7 × 57 (R) und 7 × 64 (65 R). Ihre leichtesten Geschosse von 7–9 g eignen sich für Reh- und Gamswild und liegen für stärkeres Schalenwild an der unteren Leistungsgrenze; mit Geschossen von 10–11,5 g sind sie auch für stärkeres Hochwild geeignet. Ähnlich zu bewerten ist das Kaliber .270 (6,8 mm). Leistungsstärkere Spezialpatronen dieses Kalibers sind 7 mm Superexpreß bzw. 7 × 75 R 7 mm Rem. Mag.

Im Kaliber **7,62 mm** haben sich bei uns eingeführt die »NATO-Patrone« .308 (7,62 × 51) und die .30–06 (7,62 × 63). Ihre Geschoßgewichte liegen im Bereich von 8–14 g, deren Leistungen etwa mit denen der deutschen Patrone 7 × 64 vergleichbar sind. Auch in diesem Kaliber gibt es leistungsstärkere Spezialpatronen, wie die .300 Winchester Magnum, die als ausgesprochene Hochwildpatronen anzusehen sind.

Im Kaliber **8 mm** ist als Standardpatrone die 8 × 57 IS (IRS) verbreitet, heute nur noch mit mittleren Geschoßgewichten von 12,1–12,8 g. Ihre früher größere Auswahl an Laborierungen ist zugunsten des Kalibers 7 mm eingeschränkt worden. Als spezielle Hochwildpatrone dieses Kalibers ist die 8 × 68 S bewährt, auch auf ausländisches Großwild wie Elch, Großantilopen und Büffel, mit Geschoßgewichten von rund 12–15 g.

Im Kaliber **.338** hat sich die .338 Win. Mag. mit Geschoßgewichten von 14,5 bis 16 g auf Grund der Auswahl an Marken und Laborierungen gut eingeführt.

Im Kaliber **9,3 mm** finden wir schließlich ausgesprochene, starke Hochwildpatronen: 9,3 × 62, 9,3 × 64 und 9,3 × 74 R, mit rund 13–19 g schweren Geschossen für starkes Hochwild und ausländisches Großwild. (Eine Ausnahme davon ist die leistungsschwache, veraltete Patrone 9,3 × 72 R, die alte »Försterpatrone«, deren 12,5 g schweres TM-Flachkopfgeschoß eine E_{100} von wenig über 1000 Joule erreicht und die deshalb heute nur noch auf Rehwild erlaubt ist.)

Daneben gibt es noch eine große Fülle von veralteten, meist relativ leistungsschwachen Patronen alter Kaliber, die heute nicht mehr (oder nur noch teilweise im Ausland) hergestellt werden, aber auch viele weniger gebräuchliche Patronen, hauptsächlich aus dem Ausland, in allen Leistungsbereichen.

Der Jäger hat also für jeden Verwendungszweck reichhaltige Auswahl. Er hat die Wahl zwischen Spezialpatronen mit eng begrenztem Verwendungsbereich (z. B. 5,6 × 57 für Rehwild, 9,3 × 64 für starkes Hochwild) und »Universalpatronen« (z. B. 7 × 64 oder .30–06), bei denen eine Vielzahl von Laborierungen wieder eine Spezialisierung innerhalb der Patrone ermöglicht (z. B. 8 g KS für Rehwild und Gams, 11,5 g TIG für starkes Hochwild). Je nach Revierverhältnissen wird man aber sogar mit einer einzigen »Universallaborierung« auskommen (z. B. 7 × 64 10,5 g TIG oder 10,5 g KS), die auf normale Schußentfernung sowohl für Rehwild wie für mittelstarkes Hochwild zufriedenstellt.

Die wesentlichen **ballistischen Daten** können aus den »Schußtafeln« entnommen werden, die von den Munitionsherstellern herausgegeben werden. Die nachstehenden Tabellen enthalten einige Beispiele. Eine vollständige Übersicht über alle im Handel erhältlichen Patronen ist aus den Katalogen der Munitionshersteller sowie der bekannten Versandhäuser für Waffen, Munition und Jagdausrüstung zu entnehmen.

Schonzeitpatronen

Die für Schalenwild nicht erlaubten schwachen Büchsengeschosse, durchwegs im Kaliber 5,6 mm mit Auftreffwucht E_{100} von weniger als 1000 Joule, eignen sich zum Erlegen von geringem Niederwild und Raubzeug (daher *»Schonzeitpatronen«*) sowie zum Übungsschießen.

Die folgende Tabelle gibt einige Beispiele für die ballistischen Daten verschiedener Jagdbüchsenpatronen.

Kaliber	Geschoß Art	Ge-wicht [g]	max. Gas-druck* [bar]	Flug-geschwindigkeit [m/s] V₀	V₁₀₀	V₂₀₀	Energie [J] E₀	E₁₀₀	E₂₀₀	Günstige Einschieß-entfernung	Treffpunktlage in cm zur Visierlinie bei ⊕ m Fleckschuß durch das Fernrohr, wenn Visierlinie 5 cm über der Seelen-achse beginnt 50 m	100 m	150 m	200 m
.22 Hornet	TMS	3,0	3200	740	560	425	824	471	275	⊕ 135 m	+ 3,0	+ 3,5	− 3,0	− 20
.222 Rem.	TM	3,24	3700	970	785	625	1530	1001	638	⊕ 185 m	+ 1,0	+ 4,0	+ 3,5	− 2,5
5,6×50 Magnum	TMS	3,24	3800	1095	915	755	1942	1354	922	⊕ 210 m	+ 0,5	+ 4,0	+ 4,0	+ 1,0
5,6×52 R	TMS	4,6	3300	870	740	640	1736	1256	942	⊕ 170 m	+ 1,5	+ 4,0	+ 2,0	− 5,0
5,6×57	KS	4,8	4400	1040	920	805	2600	2031	1560	⊕ 215 m	+ 0,5	+ 3,5	+ 4,0	− 1,5
.243 Win.	KS	6,2	4150	955	840	740	2825	2195	1700	⊕ 190 m	+ 1,0	+ 4,0	+ 3,0	− 1,5
6,5×57	TMS	6,0	3900	1010	880	760	3061	2325	1736	⊕ 200 m	+ 1,0	+ 4,0	+ 3,5	⊕
6,5×57 R	KS	8,2	3300	845	770	695	2923	2433	1982	⊕ 175 m	+ 1,5	+ 4,0	+ 2,5	− 3,5
6,5×68	KS	8,2	4400	690	875	795	3777	3139	2590	⊕ 200 m	+ 1,0	+ 4,0	+ 3,5	⊕
7×64	HM	11,2	4150	850	765	690	4042	3277	2668	⊕ 170 m	+ 1,5	+ 4,0	+ 2,5	− 4,5
7×64	KS	10,5	4150	880	795	720	4061	3316	2717	⊕ 180 m	+ 1,5	+ 4,0	+ 2,5	− 2,5
7×65 R	TIG	10,5	3800	870	760	690	3973	3031	2502	⊕ 175 m	+ 1,5	+ 4,0	+ 2,5	− 3,5
7×65 R	TIG	11,5	3800	835	765	705	4012	3365	3110	⊕ 175 m	+ 1,0	+ 4,0	+ 2,5	− 3,5
7,62×63 (.30−06)	TMS	9,7	4050	910	810	715	4012	3178	2806	⊕ 180 m	+ 1,5	+ 4,0	+ 2,5	− 2,5
7,62×63 (.30−06)	TUG	11,7	4050	840	745	665	4130	3267	2904	⊕ 165 m	+ 1,5	+ 1,5	+ 2,0	− 5,0
7,62×51 (.308)	TMS	9,7	4150	870	770	680	3669	2874	2561	⊕ 175 m	+ 1,5	+ 4,0	+ 2,5	− 3,5
7,62×51 (.308)	TUG	11,7	4150	780	690	615	3541	2786	2482	⊕ 155 m	+ 3,0	+ 4,0	+ 0,5	− 8,0
8×57 JS	TMR	12,7	3900	800	685	595	4061	2982	2246	⊕ 150 m	+ 2,0	+ 4,0	⊕	− 9,5
8×57 JRS	TIG	12,8	3300	750	660	595	3600	2786	2266	⊕ 150 m	+ 2,0	+ 4,0	⊕	− 10
8×68 S	KS	14,5	4400	870	780	695	5484	4415	3502	⊕ 175 m	+ 1,5	+ 4,0	+ 2,5	− 3,5
9,3×62	TUG	19,0	3900	740	675	625	5199	4326	3708	⊕ 155 m	+ 2,0	+ 4,0	+ 0,5	− 8,5
9,3×64	TUG	19,0	4400	785	720	670	5857	4925	4267	⊕ 165 m	+ 1,0	+ 4,0	+ 1,5	− 5,5
9,3×72 R	TMF	12,5	2000	615	475	380	2364	1413	903	⊕ 115 m	+ 3,0	+ 2,5	− 8,5	− 34
9,3×74 R	TMR	18,5	3400	695	605	530	4464	3384	2600	⊕ 135 m	+ 2,5	+ 3,5	− 2,5	− 16

* Piezo-Meßwerte

Die folgende Tabelle soll am Beispiel der Patrone 7×57 (R) aufzeigen, welche Vielfalt an Auswahlmöglich-keiten die verschiedenen Laborierungen bieten. Eine ähnlich große Zahl an Laborierungen gibt es für die Patronen 7×64 (65 R), .308 und .30−06. Aber auch für die übrigen gängigen Jagdbüchsenpatronen gibt es einige verschiedene Laborierungen für die hauptsächlichen Leistungsbereiche.

Kaliber	Geschoß Art	Ge-wicht [g]	max. Gas-druck* [bar]	Flug-geschwindigkeit [m/s] V₀	V₁₀₀	V₂₀₀	Energie [J] E₀	E₁₀₀	E₂₀₀	Günstige Einschieß-entfernung	Treffpunktlage in cm zur Visierlinie bei ⊕ m Fleckschuß durch das Fern-rohr 50 m	100 m	150 m	200 m
7×57	KS	7,5	3900	890	765	650	2972	2197	1589	⊕ 170 m	+ 1,5	+ 4,0	+ 2,5	− 3,5
7×57	TMR	9,0	3900	780	670	565	2737	2800	1432	⊕ 150 m	+ 2,0	+ 4,0	⊕	− 10
7×57	KS	10,5	3900	800	720	650	3365	2717	2217	⊕ 160 m	+ 1,5	+ 4,0	+ 1,0	− 6,5
7×57	HM	11,2	3900	770	695	625	3316	2708	2188	⊕ 155 m	+ 2,0	+ 4,0	+ 0,5	− 8,0
7×57	TIG	10,5	3900	800	705	635	3365	2609	2119	⊕ 155 m	+ 1,5	+ 4,0	+ 0,5	− 7,5
7×57	TIG	11,5	3900	780	720	670	3502	2982	2580	⊕ 165 m	+ 1,5	+ 4,0	+ 1,5	− 5,5
7×57 R	KS	7,5	3400	890	765	650	2972	2197	1589	⊕ 170 m	+ 1,5	+ 4,0	+ 2,5	− 3,5
7×57 R	TMR	9,0	3400	780	670	565	2737	2800	1432	⊕ 150 m	+ 2,0	+ 4,0	⊕	− 10
7×57 R	KS	10,5	3400	780	700	635	3198	2570	2119	⊕ 155 m	+ 2,0	+ 4,0	+ 0,5	− 8,0
7×57 R	HM	11,2	3400	750	675	610	3149	2551	2080	⊕ 155 m	+ 2,0	+ 4,0	+ 0,5	− 9,0
7×57 R	TIG	10,5	3400	780	685	620	3198	2462	2021	⊕ 155 m	+ 2,0	+ 4,0	+ 0,5	− 8,0
7×57 R	TIG	11,5	3400	750	695	645	3237	2776	2394	⊕ 155 m	+ 1,5	+ 4,0	+ 0,5	− 7,0

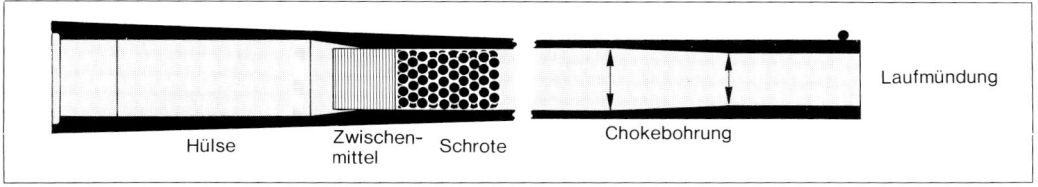

Schnitt durch Patronenlager (mit Patrone) und Mündungsbereich eines Flintenlaufes bei beginnender Schußentwicklung (Schrote und Zwischenmittel treten in den Lauf ein).

Die schwächste davon ist die eigentliche »Kleinkaliberpatrone« .22 (l.f.B. = »lang für Büchsen« oder l.r. = »long rifle«). Wegen ihrer stark gekrümmten Flugbahn und ihrem wenig wirksamen Bleigeschoß ist ihre jagdliche Verwendung auf geringe Schußentfernung und ganz schwaches Wild (Tauben, Eichelhäher) beschränkt. Wesentlich besser wirkt die stärkere Patrone .22 Winchester Magnum mit Teilmantelgeschoß, mit der bis auf etwa 80 m Entfernung Wild bis zur Stärke von Hase und Fuchs erlegt werden kann. Beide Patronen sind Randfeuerpatronen und daher auch für die Verwendung in Einsteckläufen geeignet (siehe Seite 298).

Die schwächste heute gebräuchliche Zentralfeuerpatrone und zugleich die stärkste unter den ausschließlichen »Schonzeitpatronen« ist die .22 Hornet (5,6 × 35 R). Sie reicht für Fuchs und wildernde Hunde bis zu rund 100 m Entfernung aus. Sie eignet sich deshalb ganz besonders zum Übungsschießen auf bewegliche Ziele (laufende Keilerscheibe u. dgl.), weil die Krümmung ihrer Flugbahn und ihre Geschoßgeschwindigkeit – und daher auch das »Vorhaltemaß« beim Schießen – den Verhältnissen bei mittleren Jagdbüchsenpatronen nahekommen.

Schrotpatronen

Bei den *Schrotpatronen* gibt es keine so großen Unterschiede in der Eignung für den jeweiligen Verwendungszweck. Grundsätzliches über Kaliber, Schrotstärken und die Wirkung des Schrotschusses ist bereits bei der Beschreibung der Munition (Seite 308f.) erwähnt

Die Schrotstärke muß innerhalb der wirksamen Schußentfernung der Stärke des Wildes angemessen sein. Da die Wirkung umso größer ist, je mehr Schrote den Wildkörper treffen, sind größere Kaliber leistungsstärker als schwächere, weil die größere Hülse (z. B. Kaliber 12) mehr Schrote faßt als die kleinere (z. B. Kaliber 20). In gewissen engen Grenzen kann die Leistung bei gleichem Kaliber auch durch unterschiedliche Pulver- und Schrotladung beeinflußt werden.

Ein besseres »Zusammenhalten« der Schrotgarbe auf größere Entfernung wird dadurch zu erreichen versucht, daß das Zwischenmittel (der Pfropfen) aus Plastik die gesamte Schrotladung seitlich korbförmig umschließt (»Schrotkorb«) und sie erst einige Zeit nach Verlassen des Laufes völlig freigibt. Durch solche »Weitschußpatronen« lassen sich aber auch nur wenige Meter zusätzliche Schußentfernung gewinnen.

Neben verminderter Laufverbleiung schützen Becherpfropfen vor einer Verformung der Schrote an der Laufwandung, die andernfalls als Randschrote abirren und die Kerngarbe an Schroten reduzieren. Eine zusätzliche Verbesserung wird durch Granulatzwischenfüllung angestrebt, damit sich die Schrote während der Schußentwicklung nicht gegenseitig verformen und die Deckung verschlechtern.

Bei Nahschüssen unter 20 m dagegen hält die Schrotgarbe noch so eng zusammen, daß – unabhängig von der Schrotstärke – das getroffene Wild stark »zerschossen« wird. Um das zu vermeiden, gibt es für besondere Zwecke (z. B. Kaninchenjagd) besondere »Streupatronen«, in denen ein kreuzförmiger Plastikeinsatz in der Schrotladung bewirkt, daß die Schrotgarbe sich nach Verlassen des Laufes frühzeitig zerstreut.

Außerdem läßt sich die Streuung der Schrotgarbe in gewissen Grenzen durch die Bohrung des Laufes beeinflussen: Zylindrisch gebohrte Läufe streuen im allgemeinen am meisten; eine *Choke-Bohrung* (Mündungsverengung) verringert die Streuung. Für einläufige Flinten (Selbstladeflinten) gibt es Mündungsaufsätze, mit denen der Schütze die Mündungsverengung verstellen kann (»Polychoke«). Neuerdings gibt es ähnliche Einsätze, die auch in die Schrotläufe mehrläufiger Gewehre (Kipplaufgewehre) eingeschraubt werden können (»Multichoke«, »Mobilchoke«).

Weicheisenschrot erfordert darauf abgestimmte Chokes. Dünne Laufwandungen können beschädigt werden.

Auch Munition muß zugelassen sein, was durch Zeichen des prüfenden Beschußamtes auf der kleinsten Verpackung kenntlich gemacht ist.

Zielen und Schießen

Visiereinrichtungen

Bei **Flinten** besteht die Visiereinrichtung im allgemeinen nur aus der Laufschiene und dem *Korn* nahe der Mündung. Es soll auffällig sein und etwa 3 mm Durchmesser haben. Man zielt, indem man über die Mittellinie der Laufschiene hinweg das Korn auf das Ziel richtet.

Die Gewehre mit **Büchsen**läufen haben außer dem *Korn*, das auf der Laufschiene oder auf dem Kornsattel sitzt, noch ein auf dem hinteren Teil des Laufes (oder der Laufschiene) angebrachtes *Visier*. Es kann als offenes Visier mit Kimme oder als Lochvisier (Diopter für Scheibenbüchsen oder Ringvisier für Jagdgewehre) ausgeformt sein.

Es gibt verschiedene Arten von offenen Visieren: solche mit halbrund, spitzwinkelig oder rechteckig ausgeschnittener Kimme und entsprechendem Korn (Perl-, Dach-, Balkenkorn). Weiter unterscheidet man feststehende und – teils selbsttätige – Klappvisiere. Die für jagdliche Zwecke günstige Form der Visierung ist ein Balkenkorn in Verbindung mit einer genügend weiten Rechteckkimme, um das Korn exakt nach Höhe und Seite ausrichten zu können. Die Visierung sollte für die jeweilige Jagdart passen und für weite Punktschüsse feiner, bzw. für schnelle Nahschüsse »gröber« beschaffen sein.

Beim Zielen bringt man Auge, Visier, Korn und Haltepunkt im Ziel in eine Gerade *(Visierlinie)*. Dieser Vorgang wird wesentlich vereinfacht, wenn ein *Zielfernrohr* verwendet wird. Dabei müssen nur zwei Punkte – das Absehen im Zielfernrohr (z. B. Zielstachel oder Fadenkreuz) und der Haltepunkt im Ziel – in Übereinstimmung gebracht werden. Außerdem ermöglicht die Vergrößerung des Zielfernrohres, auch noch bei schlechtem Licht und auf größere Entfernung sicher zu zielen. Auch Sehfehler des Auges können leicht ausgeglichen werden. Deshalb wird beim Büchsenschuß heute fast ausschließlich das Zielfernrohr verwendet (siehe Seite 340).

Einschießen

Das Absinken der Geschoßflugbahn unter die Seelenachse eines **Büchsenlaufes** wird durch die entsprechende Stellung (Erhöhung) des Visiers bzw. des Zielfernrohrabsehens ausgeglichen. Zweckmäßig wird eine Büchse auf die für das Kaliber oder die Laborierung passende Fleckschußentfernung eingeschossen, die auch als *günstigste Einschußentfernung* (GEE) angesehen wird. Näheres wurde bei Geschoßflugbahn beschrieben. Generell läßt sich eine Jagdbüchse dann gut einsetzen, wenn diese auf 100 m mit einem Hochschuß von etwa 4 cm eingeschossen wurde, weil bei leistungsstarker Munition deren Rasanz besser ausgenützt wird. Bei schwächeren Kalibern mit geringerer Leistung empfiehlt es sich dagegen, die Waffe auf 100 Fleck einzuschießen, um auf kürzere Schußentfernungen keinen zu großen Hochschuß zu haben.

Das Einschießen läßt sich am besten auf einem Schießstand durchführen, weil hier die Bedingungen ungleich günstiger sind als im Revier, wo außerdem das Einschießen verboten ist. Um die *Streuung* und *Treffpunktlage* eines Büchsenlaufes genau feststellen zu können, bedarf es bestimmter Voraussetzungen, die in dieser Form nur der Schießstand bieten kann. Neuwaffen werden in der Regel vom Büchsenmacher eingeschossen, insbesondere dann, wenn ein Zielfernrohr auf die Waffe montiert wurde. So wird sich das Einschießen eher auf ein Kontrollschießen beschränken, wenn es auf der Jagd zu Vorfällen kommt, die eine Überprüfung der Treffpunktlage ratsam erscheinen lassen, wie dies bei vorhergegangenen Fehlschüssen oder schlechten Treffern der Fall sein kann.

Beim Einschießen sollten stabile *Anschußtische* verwendet werden, die auch das Auflegen der beiden Ellbogen zulassen. Schwere Dreibeine oder Sandsäcke eignen sich als Waffenunterlage weit besser als wabbelige Schaumgummipolster. Massive Hölzer mit Filzauflage eignen sich ebenfalls recht gut. Für die Hinterschaftunterstützung gibt es

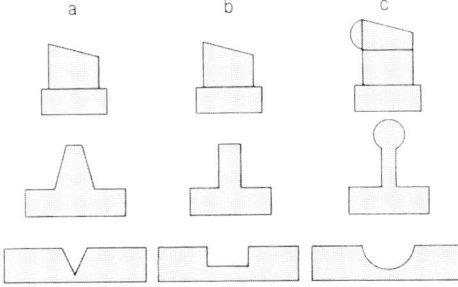

Formen von Visier und Korn: Korn, Seitenansicht von rechts (obere Reihe); Korn, Ansicht vom Visier her (mittlere Reihe); dazugehörige Kimme (untere Reihe).
a Dach- oder Keilkorn, b Rechteck- oder Balkenkorn, c Perlkorn.

sogenannte Ohrensäckchen, die ein seitliches Kippen der Waffe verhindern. Je nach Kaliber ist die Waffe umso fester in die Schulter einzuziehen, je höher der zu erwartende Rückschlag ist. Dabei sollte die Körperhaltung nicht verkrampfen, sondern alles vermieden werden, was Atmung und Pulsschlag auf die Waffe übertragen könnte. Das Niederhalten der Büchse durch Druck auf den Lauf oder das Zielfernrohr kann zu Fehlschüssen führen. Auch auf der Jagd ist es weit besser, die Waffe vorne aufzulegen und eher mit der anderen Hand zusätzlich am Hinterschaft zu unterstützen, wobei für beide Ellbogen Halt gesucht werden sollte. Harte Auflagen sind weit weniger kritisch, als gemeinhin angenommen wird. Als dämpfende Zwischenlage reicht ein Handschuh, der Hut oder ähnliches aus.

Der Rat, daß alle Langwaffen möglichst nahe vor dem Abzugsbügel aufzulegen seien, kann allenfalls für Kipplauf- oder Blockverschlußwaffen gelten. Repetierbüchsen, deren Läufe im Schaft freiliegen, können dagegen auch noch weit am Vorderschaft aufgelegt sein. Beim Einschießen kommt es weit mehr auf die Technik des Abziehens als des Zielens an. Minutenlanges Starren auf das Ziel ist zudem für die Konzentration nachteilig und wird häufig durch schnelles Durchreißen des Abzugs wieder hinfällig und wertlos. Die überwiegende Zahl von Schüssen wird zwar auf stehendes Wild aus der Position sitzend/aufgelegt abgegeben, trotzdem werden auch andere Schüsse erforderlich, wie z. B. auf Drückjagden stehend/freihändig oder auf der Pirsch stehend/angestrichen, wo wegen der kürzeren Entfernungen auch über die offene Visierung gezielt wird. Aus diesem Grunde sollte bei einer Büchse die Visierung wenigstens auf 50 m Fleck eingeschossen sein. Näheres hierüber unter Visiereinrichtungen. Lichtreflexe können jedoch die korrekte Ausrichtung des Kornes in der Kimme erschweren, so daß es schon deshalb zu Fehlschüssen kommen kann, von Zielfehlern durch »verklemmtes«, zu hohes (Voll-) oder zu niedrig genommenes (Fein-)Korn ganz abgesehen. Bei der Verwendung eines Zielfernrohrs ist dessen Absehen (Zielstachel oder Fadenkreuz) weit einfacher auf das Ziel zu richten, als bei offener Visierung, wo die drei Punkte Ziel, Korn und Kimme zusammengebracht werden müssen. Kommt es schon auf dem Schießstand zu Fehlschüssen oder großen Streukreisen, wird man bei näherer Betrachtung oft feststellen können, daß nicht Ziel-, sondern Abzugsfehler die Urache und auf das sogenannte »Mucken« zurückzuführen sind. Unter Mucken wird das vorweggenommene Erschrecken des Schützen in Erwartung von Knall und Rückstoß verstanden. Da dies meist schon am Schießstand zu beobachten ist, kann das oft beschriebene Jagdfieber nicht die Ursache für die allermeisten Schlumpschüsse auf Wild sein. Wer mit seinem Jagdgewehr übungsmäßig viel schießt und sich handhabungsmäßig vertraut macht, hat weitaus bessere jagdliche Erfolge als derjenige, der vor lauter Stechen und Entstechen, Sichern und Entsichern nicht mehr durchblickt und schließlich den Schuß, ohne richtig auf dem Ziel zu sein, hinauswürgt. Der Büchsenschuß muß gedanklich und praktisch beherrscht werden. Gute Anleitung durch einen erfahrenen Büchsenmacher oder Jagdschützen sind dabei sehr nützlich. Trokkentraining ist sinnvoll, kann die Übung mit dem scharfen Schuß aber nicht ersetzen.

Durch das Fehlen einer Visierkimme kommt es bei der **Flinte** darauf an, daß im schnellen Anschlag das Korn auf das Ziel zeigt. Dabei ist es zweckmäßig, wenn unter Ausnützung des bei der Waffenfertigung berücksichtigten leichten Hochschusses, das Ziel auf dem Korn aufsitzt. Der *Schaftform* kommt bei Flinten eine weit höhere Bedeutung zu als bei Büchsen. Insofern hat der Spruch: »Der Lauf schießt, aber der Schaft trifft« seine Berechtigung.

Beim Einschießen von Schrotläufen spielt auf die geringe Entfernung von 20–40 m die Krümmung der Flugbahnen der einzelnen Schrote (und damit der gesamten Schrotgarbe) keine Rolle; sie liegt mit 2–5 cm auf 35 m innerhalb der Schrotstreuung. Zu bedenken ist aber, daß der Schütze beim Schießen auf bewegliche Ziele unwillkürlich zu tief hält, weil er das Wild gern sehen möchte, anstatt es mit den Läufen teilweise zu verdecken. Schrotläufe sollen daher auf 35 m einen Hochschuß von etwa 15 cm ergeben, um diesen Zielfehler auszugleichen.

Als Scheiben zum Einschießen von Schrotläufen können behelfsmäßig genügend große Papierbogen verwendet werden. Besser ist eine mit Kalk bestrichene Eisenplatte, auf der sich die Treffer abzeichnen und nach Bedarf wieder überstrichen werden. Am genauesten ermöglicht die in mehrere Felder unterteilte Anschußscheibe nicht nur die Ermittlung der Treffpunktlage, sondern auch der Streuung der Schrote in den einzelnen Bereichen. So kann auch ermittelt werden, mit welcher Patronensorte und Schrotsorte ein Flintenlauf seine beste gleichmäßige Deckung oder – je nach Wunsch – seine stärkste Streuung oder umgekehrt seine größte Verdichtung der Schrotgarbe erreicht.

Soll aus kombinierten Waffen gelegentlich der Schrotschuß auf unbewegte Ziele (z. B. Fuchs am Luderplatz, Ansitzhase) durch das Zielfernrohr gezielt werden, so ist zu ermitteln, ob und wie weit die Treffpunktlage der Schrotgarbe dabei abweicht. Nachdem das Zielfernrohr, das für den Kugelschuß bestimmt ist, nicht gleichzeitig nach dem Schrotlauf eingestellt werden kann, muß in solchen Fällen der Haltepunkt entsprechend gewählt werden.

Ziel- und Schießübungen

Zur Erlangung und Erhaltung der *Schießfertigkeit* mache man immer wieder Ziel- und Anschlagübungen mit der Büchse wie vor allem mit der Flinte (auch im Zimmer vor dem Spiegel). Der einwandfreie Anschlag eines Gewehres ist ausschlaggebend für ein gutes Treffergebnis. Beim stehend-freihändigen Schießen soll der Rechts-Schütze, gleich bei welcher Schußrichtung, den linken Fuß leicht vorsetzen und belasten. Nur der Oberkörper wird nach links oder rechts aus der Hüfte heraus gedreht. Das Körpergewicht ist etwas auf das vorgestellte Bein zu verlagern, das zurückgestellte Bein zu entlasten bzw. seine Ferse leicht anzuheben. Im übrigen sei die Haltung locker und ungezwungen. Der Schaft des Gewehres ist fest in die Schulter einzuziehen. Der etwas vorgebeugte Oberkörper fängt den Rückstoß bei Auslösung des Schusses besser ab. Beim Anschlag stehend/angestrichen wird entweder der Bergstock oder ein Baum genutzt. Im letzteren Fall streicht der Rechtsschütze links am Baum an. Die Hand liegt bei ausgestrecktem Arm mit dem Ballen des hoch gestellten Daumens an, die Waffe ruht im Winkel zum Zeigefinger. Die Beine stehen quer zur Schußrichtung. Ein für den Schützen gut geschäftetes Gewehr ermöglicht das vor allem für den Schuß auf flüchtiges Wild wichtige schnelle Zielen, ohne nach dem Anschlag noch viel berichtigen zu müssen.

Durch häufiges Schießen auf die Scheibe sowie mit der Flinte auf Wurftauben eigne man sich die Fertigkeit an, genau zu sehen, wohin bei der Auslösung des Schusses die Visierlinie gerichtet war; man muß also das »Abkommen ansagen« können.

Jeweils vor Beginn der Jagdzeit, nach längerem Gebrauch, mehrmaligem Transport in Fahrzeugen, nach empfindlichen Stoß oder Erschütterungen prüfe man durch Probeschüsse die Treffpunktlage der Büchsenläufe.

Der Deutsche Jagdschutzverband betrachtet es als eine seiner besonderen Aufgaben, die Jäger im Umgang mit der Waffe zu vervollkommnen. Die *Schießvorschrift* des DJV regelt das *Übungs- und Leistungsschießen*. In diesem Zusammenhang sei auch auf die »Richtlinien für die Einrichtung und Abnahme von Schießstandanlagen für sportliches und jagdliches Schießen« verwiesen.

Leider haben die Bedingungen der DJV-Schießvorschrift in weiten Teilen keinen Bezug zur jagdlichen Praxis. So ist der Schuß liegend/freihändig oder 100 m stehend/freihändig nur höchst selten anwendbar, während der Schuß sitzend/aufgelegt keinerlei Beachtung findet.

Der Schuß auf Wild

Sicherheit zuerst – Der Jäger darf sich bei aller nervlicher Anspannung, die ihn angesichts der erstrebten Beute befallen kann, zu keiner unüberlegten, leichtsinnigen oder gefährlichen Schußabgabe hinreißen lassen. Zur Dämpfung riskanter Handlungsweise hat sich folgender Ablauf bewährt:

1. Wild ansprechen
2. Vorder- und Hintergelände beachten
3. Natürlichen Kugelfang beachten
4. Schußfertig machen und schießen
5. Nachladen und das beschossene Stück beobachten.

Bevor Punkt 1 nicht geklärt ist, erübrigt es sich in Anschlag zu gehen. Punkt 2 und 3 bezieht sich auf Hindernisse in der Geschoßflugbahn, Bodenbeschaffenheit hinsichtlich Abprallern und Flugweite des Geschoßes. Im Anschlag nochmals außen an der Waffe entlangsehen, ob sich vor der Mündung kein Hindernis befindet, das im Zielfernrohr nicht erkennbar ist. Im Anschlag entsichern, evtl. einstechen und schießen. Nicht mucken! Dem Schuß nachblicken, denn nur so ist das Zeichnen des Stückes zu erkennen. Den Anschuß merken, nachladen und sichern, um für einen erforderlichen Nachschuß fertig zu sein. Schon eine geringe räumliche Veränderung kann völlig andere Bedingungen schaffen, die sicherheitsbezogene Beachtung erfordern, was insbesondere bei Gesellschaftsjagden der Fall ist.

Die Umstände beim Schuß auf Wild sind oft weit ungünstiger als beim Schießen auf dem Schießstand. Es muß oft bei ungünstiger Beleuchtung, in Eile und Erregung (»Jagdfieber«) geschossen werden. Oberster Grundsatz muß sein, im Zweifelsfall lieber nicht zu schießen, als einen schlecht sitzenden Schuß zu riskieren, der dem Wild Schmerzen und Qualen bereitet. Dazu gehört vor allem auch, nicht auf übermäßige große Entfernung zu schießen!

Wichtig ist auch, das Verhalten des Wildes zu beobachten, mit dem es auf den Schuß reagiert (das Zeichnen) sowie das weitere Verhalten des wegflüchtenden Wildes (s. Seite 211).

Zutreffende Beobachtungen und richtiges Verhalten des Schützen sind eine Voraussetzung für den Erfolg jeder Nachsuche. Dazu gehört vor allem auch, daß Anschüsse nicht voreilig zertrampelt und angeschossenes Wild, das sich in der Nähe des Anschusses in Deckung befindet, nicht durch übereiltes Verfolgen aufgemüdet wird, bevor die Nachsuche ordnungsgemäß mit einem brauchbaren Hund aufgenommen werden kann.

Beim **Kugelschuß** sind ruhige Hand, ruhiges Atmen und freie Sicht zum Ziel Voraussetzung. Hindernisse in der Flugbahn des Geschosses, wie Grashalme, feine Äste, lenken dieses ab und verursachen unter Umständen schlecht sitzende Schüsse und können auch Unfälle hervorrufen. Als wirkungsvollster Schuß gilt auf Schalenwild der auf das Blatt des breitstehenden Stückes (Kammerschuß). Wenn das Blatt nicht breit frei ist, soll man eher den Schuß unterlassen, als einen unsicheren wagen.

Dies gilt insbesondere für den Trägerschuß, der wegen des kleinen und unruhigen Zieles sowie der Gefahr von Drossel-, Schlund- und Äserschüssen die Ausnahme zu bleiben hat. Bei sehr nahen (Fang-) Schüssen ist die Höhe der Visierlinie und der damit verbundene Tiefschuß zu beachten.

Muß der Schuß ausnahmsweise auf spitz oder schräg stehendes Wild abgegeben werden, so muß er so angetragen werden, daß das Geschoß auf seinem Weg durch den Wildkörper die Kammer (Brustraum) durchschlägt. Je schräger zum Schützen das Wild steht, desto bedenklicher ist der Schuß. Ebenso ist der Schuß auf Wild, das sich niedergetan hat, zu unterlassen. Dagegen ist auf krankes oder angeschweißtes Wild im Zweifelsfall jeder Schuß erlaubt, den man antragen kann.

Beim Schuß auf bewegliche Ziele muß man mit dem Gewehr mitziehen und je nach der Entfernung des Zieles und der Geschoßgeschwindigkeit kurz bevor der Schuß bricht davorschwingen. Als Anhalt gilt: Bei 50 m Entfernung auf trollendes Wild

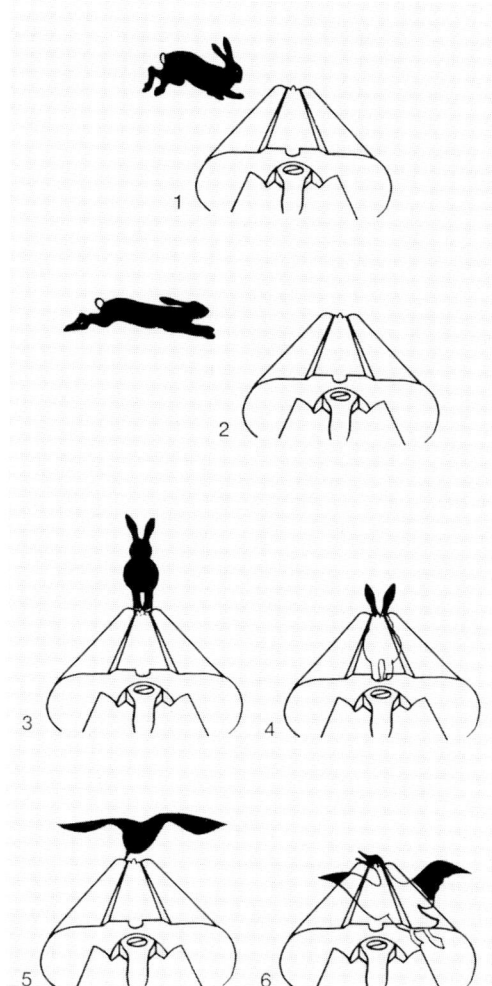

So etwa müßte es aussehen, im Augenblick des Schusses, wenn die Flintenmündung das Wild erfaßt, seine Bewegung aufgenommen hat – und überholt, ohne anzuhalten: Beim schräg wegflüchtenden (1), quer vorbeiflüchtenden (2) den Schützen anlaufenden (3) und von ihm fortflüchtenden Hasen (4), bei der anstreichenden Schnepfe (5), bei der aufstehenden Ente (6).

Die Fluchtgeschwindigkeiten		ca.
Es legen in 1 Sekunde etwa zurück:		km h/h
Rebhuhn	12 m	43
Fasan	15 m	54
Stockente	29 m	104
Krickente	33 m	119
Hase	15 m	54
Schwarzwild	5 m	18
Rotwild	5 m	18
Rehwild	4 m	14
DJV Scheiben		
Überläufer	3 m	11
Kipphase	2½ m	9
Tontaube	20 m	70

50 cm und auf flüchtiges 90 cm vorhalten, wenn man nicht zügig mitzuziehen vermag.

Als größte waidgerechte Schußentfernung sollten, wenn man bei gutem Licht das Gewehr sicher auflegen kann, 150–180 m nicht überschritten werden; nur im Hochgebirge und in weiten deckungslosen Ebenen kann sich bisweilen die Notwendigkeit ergeben, auf größere Entfernung zu schießen. Das erfordert dann besonders geeignete Patronen mit äußerst gestreckter (rasanter) Flugbahn, optimale äußere Bedingungen, wie klare Sicht und Windstille und vor allem einen überdurchschnittlich guten Schützen.

Der Einfluß des Windes wird häufig unterschätzt. Kleine Ziele werden bei niedrigen Geschoßgeschwindigkeiten schon auf mittlere Entfernungen gefehlt. Selbst schnelle Geschoße weichen auf große Schußweiten beträchtlich ab. Beispiel: Querwind 16 km/h, 7×64. Geschoß 10,4 g mit V^0 810 m/s ergibt auf 200 m eine Drift von ca. 20 cm.

Beim **Schrotschuß** auf Wild, das sich nicht bewegt (sitzende Taube, verhoffender Fuchs) muß man daran denken, daß die Flinte in der Regel für den Bewegungsschuß geschäftet ist und deshalb etwas Hochschuß aufweist: Lieber etwas tief halten!

Der Schrotschuß auf Wild, das sich (schnell) bewegt, verlangt eine eigene Technik, die aber zu erlernen ist – auf dem Wurftaubenstand bzw. Jagdparcours. Das Wild darf niemals als Versuchskaninchen dafür dienen!

Die Schwierigkeit besteht darin, daß man die Schrotgarbe ja nicht an die Stelle bringen darf, wo sich das Wild im Moment des Schusses gerade befindet, sondern dorthin, wo es sein wird, wenn die Schrotgarbe ihren Weg zurückgelegt hat. Es hilft also nichts, auf das Wild zu »zielen«, es führt auch nicht weit, wenn man auf einen imaginären Punkt zielt (»vorhält«), an dem das Wild einen Augenblick später sein wird: Theoretisch ließe sich dieser Punkt zwar ermitteln, wenn man ihn aus der genauen Geschwindigkeit des Wildes, dem Winkel seiner Bewegung relativ zum Schützen, dessen Reaktionsgeschwindigkeit und der Geschwindigkeit der Schrote jedesmal errechnen könnte.

Praktisch läßt sich dieser Punkt tatsächlich manchmal erraten – aber zum verläßlichen Flintenschützen wird man damit nicht. Der gute Flintenschütze verfolgt eine andere Technik: Er nimmt zunächst das Ziel (Wild) mit den Augen auf, verfolgt es mit den Augen, bis es in Schußnähe ist, bringt dann die Flinte dorthin in Anschlag (bedarf der Übung!), wohin er gerade schaut, synchronisiert Blick und (!) Flintenmündung mit der Bewegung des Wildes, überholt es flüssig – und drückt dabei ab, ohne in der Bewegung anzuhalten.

Wer das übt, der wird zwar auch nicht *immer* treffen – dafür gibt es zu viele Fehlermöglichkeiten, von einem nicht voll gelungenen Anschlag bis zu Pannen bei der Befehlsübermittlung zwischen Auge, Hirn und Muskeln (z. B. des Schießfingers!), aber die Wahrscheinlichkeit, das Wild tödlich zu treffen und ihm damit Schmerzen zu ersparen, wird ganz wesentlich erhöht.

Kurzwaffen

Allgemeines

Pistolen und Revolver fallen waffenrechtlich unter den Begriff »Kurzwaffen« (Lauflänge unter 30, Gesamtlänge unter 60 cm). Treffsicherheit und Schußwirkung der verhältnismäßig schwachen, aus kurzen Läufen verfeuerten Patronen ermöglichen nur einen Einsatz auf kurze Entfernung. In ihrem polizeilichen und militärischen Verwendungsbereich sind Kurzwaffen ausgesprochene »Nahkampfwaffen«. Jagdlich lassen sie sich nur für zwei spezielle Zwecke sinnvoll einsetzen:

Einmal zum Erlegen von Raubwild und »Raubzeug«, das lebend in Fallen gefangen ist, oder das beim Aufgraben eines Baues (»Einschlag« beim Fuchs- und Dachsgraben) auf ganz kurze Entfernung (am besten mit Kopfschuß) erlegt werden kann. In diesen Fällen ist ein Gewehr meist zu unhandlich, um einen sicheren Schuß mit einer Kleinkaliberpatrone anzubringen; der Schrotschuß würde auf die kurze Entfernung das Wild zu stark zerschießen (Entwertung des Balges!) und auch die Falle beschädigen. Der Schuß aus der Kurzwaffe tötet rascher und weniger qualvoll, als wenn das Wild unter solchen Umständen erschlagen oder von Hunden abgewürgt werden müßte.

Die zweite Möglichkeit ist der Fangschuß auf Schalenwild in solchen Fällen, wenn das Wild noch lebend im Wundbett gefunden wird und es nicht möglich oder nicht zweckmäßig wäre, den Fangschuß mit der Büchse (der grundsätzlich vorzuziehen ist) anzubringen. Solche Fälle sind nicht selten: Wenn das kranke Wild zufällig gefunden wird und keine Büchse zur Hand ist; wenn es im dichten Bewuchs (Dickung) vom Hund gefaßt wird und der Büchsenschuß den Hund gefährden würde; wenn im dichten Bewuchs die Büchse zu unhandlich ist, um annehmendes wehrhaftes Wild (Schwarzwild!) abzuwehren; wenn auf befriedeten Grundstücken oder neben Straßen der Büchsenschuß Menschen gefährden würde – ein Umstand, der bei vielen Wild-Verkehrsunfällen eintritt. In allen diesen Fällen tritt der Fangschuß mit der Kurzwaffe heute immer mehr an die Stelle des früher allgemein üblichen Abfangens mit der »blanken Waffe«, dem Waidmesser oder Hirschfänger. Der Schuß aus einer genügend wirksamen Kurzwaffe erlöst das kranke Wild oft schneller von seinen Leiden, als das mit der »blanken Waffe« möglich wäre.

Das Erlegen von gesundem Wild mit Kurzwaffen verbietet das Jagdgesetz dagegen ausdrücklich. Als Mindestforderung an die Patronen zur Abgabe von Fangschüssen auf Schalenwild ist eine Mündungsenergie (E_0) von mindestens 200 Joule vorgeschrieben.

Eine andere Verwendungsmöglichkeit der Kurzwaffe für den Jäger ist ihr Einsatz für den Selbstschutz: allgemein in Notwehrsituationen, die sich im Jagdschutz gegen Wilderer und beim Zusammentreffen mit sonstigen Straftätern im Revier ergeben können; speziell auch für den »erweiterten Waffengebrauch« für diejenigen Jäger, die im Diensteinsatz polizeiliche Befugnisse ausüben (Berufsjäger, Forstbeamte).

Grundsätzlich zu unterscheiden sind nach ihrer Bauart und Funktionsweise *Revolver* und *Pistolen*. Von beiden Arten gibt es zahlreiche verschiedene Modelle, die sich teilweise in ihrer Handhabung unterscheiden, besonders in ihren Spann- und Sicherungssystemen.

Wie schon bei den Langwaffen, ist es daher auch bei den Kurzwaffen unerläßlich, daß sich jeder Jäger, der eine solche Waffe erwirbt, vom Fachmann (Büchsenmacher) genau in der Handhabung seiner Waffe unterweisen läßt und auf dem Schießstand sowie mit ungeladener Waffe auch zu Hause, übt, damit ihm die Bedienungshandgriffe geläufig werden. Die Unfallgefahr ist um so größer, je weniger der Besitzer mit seiner Waffe vertraut ist.

Revolver

Beim Revolver sind Lauf und Patronenlager voneinander getrennt: Das Magazin für die (meist 5 oder 6) Patronen ist die *Trommel*, in der die Bohrungen, worin die Patronen liegen, zugleich auch die Patronenlager darstellen. Durch Drehen der Trommel gelangt eine Patrone nach der anderen in ihrem Patronenlager schußbereit an das hintere Ende des Laufes. Wir unterscheiden Revolver mit »einfacher Bewegung« (*single action*) und mit »doppelter Bewegung« (*double action*).

Bei den (veralteten) Revolvern mit »einfacher Bewegung« muß der Hahn für jeden Schuß von Hand gespannt werden. Durch das Spannen des Hahnes dreht sich gleichzeitig die Trommel und bringt die nächste Patrone hinter den Lauf. Der Druck auf den Abzug läßt den Hahn niederschlagen und die Patrone zünden.

Revolver mit »doppelter Bewegung« *können* ebenso gehandhabt werden, wie oben für die »einfache Bewegung« beschrieben. *Zusätzlich* aber kann der Hahn auch durch festes Durchziehen des Abzugs gespannt und so der Schuß unmittelbar – also ohne erst eigens den Hahn zu spannen – abgefeuert werden. Diese »*Abzugsspannung*« ist vorteilhaft, wenn in überraschenden Situationen (Notwehr!) sehr schnell geschossen werden muß. Für den genau gezielten Schuß dagegen ist zu empfehlen, den Hahn nach Art der »single action« eigens zu spannen.

Wenn die Trommel leergeschossen ist, wird sie nach Betätigung einer Entriegelung – meist mit einem seitlichen Schieber – ausgeschwenkt; die leeren Patronenhülsen werden entnommen und die Patronenlager der Trommel können neu geladen werden.

Da der Hahn jedesmal erst unmittelbar vor dem Schuß gespannt wird, brauchen Revolver (wie auch die Hahngewehre) keine besondere Sicherung. Ist der Hahn gespannt, der Schuß aber nicht abgefeuert worden, so wird entspannt, indem der Daumen den Hahn festhält, der Zeigefinger den Abzug drückt und der Daumen den Hahn langsam in die Ruhrast vorgleiten läßt (ebenso wie bei einem Hahngewehr).

Die Funktion des Revolvers ist also nicht »automatisiert«; Revolver müssen mit einfachen, klar zu übersehenden Handgriffen bedient werden. Das geht etwas auf Kosten der Feuergeschwindigkeit, ist aber betriebs- und »narrensicher« und weniger unfallträchtig.

Revolverpatronen haben Hülsen mit Rand (ähnlich den Patronenhülsen für Kipplaufgewehre) und

Benennungen eines Revolvers

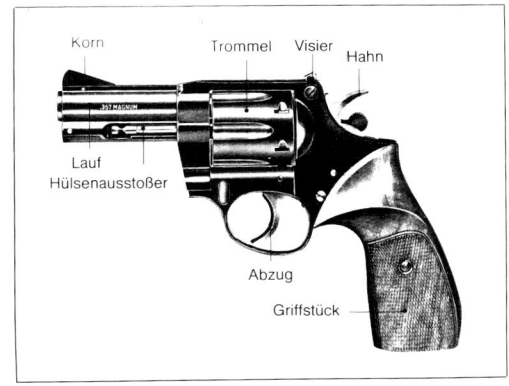

verschießen in der Regel Bleigeschosse. Die gängigen Kaliber reichen von .22 (5,6 mm) bis .45 (11 mm). Als Standardkaliber für den Normalgebrauch gilt .38 special (9,5 mm), das sich noch für leichte »Taschenrevolver« eignet. Es gibt dafür mehrere Laborierungen, die sich in der Stärke der Pulverladung, im Geschoßgewicht und der Geschoßkonstruktion unterscheiden. Eine noch größere Leistungsbreite haben Revolver im Kaliber .357 Magnum (aus denen auch alle Patronen .38 special verschossen werden können); ihre stärksten Laborierungen sind besonders für den *Fangschuß auf Hochwild* geeignet. Ein vielseitiges Mittelkaliber ist .32 HR Magnum, aus dem auch die schwächere Patrone .32 S&W long verschossen werden kann. Kaliber ab .44 Magnum sind nicht ganz unproblematisch im Gebrauch, so daß wegen des nicht unerheblichen Rückschlages die potentielle Leistung nicht voll umzusetzen ist.

Pistolen

Abgesehen von Spezialwaffen für sportliches Schießen und von den einfachen (veralteten) »Derringern«, sind Einzellader-Pistolen heute nicht mehr gebräuchlich. Die heutige »Gebrauchspistole« ist immer eine **Selbstladepistole**.

Das Patronenmagazin ist meist im Griff der Waffe untergebracht. Der Lauf liegt unter einem beweglichen, durch Federkraft oder Verriegelung geschlossenen Verschlußstück, dem »Schlitten«. Dieser »Schlitten« wird durch den Rückstoß des Schusses zurückgetrieben, dadurch wird die abgeschossene Patronenhülse ausgeworfen, das Schlagstück wird neu gespannt, gleichzeitig drückt die Magazinfeder eine neue Patrone nach oben, die vom wieder

Benennungen der Pistole (Walther PP)

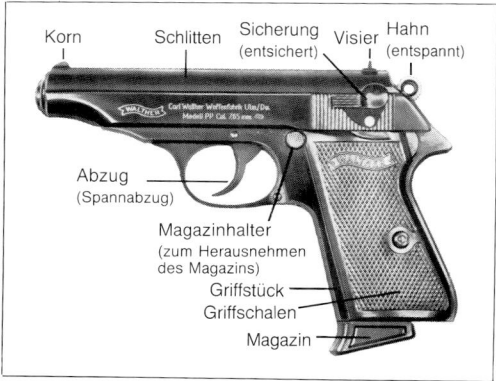

vorgleitenden Verschlußstück ins Patronenlager des Laufes gedrückt wird, wobei sich der Verschluß schließt und die Pistole für den nächsten Schuß bereit ist.

Das Auswerfen der abgeschossenen Hülse, das Spannen und Nachladen erfolgen also selbsttätig; der Schütze braucht für jeden Schuß nur den Abzug zu drücken.

Für den ersten Schuß können Pistolen je nach Bauart verschieden *gespannt* werden.

Pistolen **ohne freiliegenden Hahn** werden mit einer Patrone im Lauf *gespannt* und *gesichert* getragen (wie Selbstladegewehre). Nach dem Entsichern (meist durch einen seitlichen Schieber oder Schwenkhebel) sind sie schußbereit. Die andere Möglichkeit ist, die Pistole mit gefülltem, aber »untergeladenem« Magazin (also *ohne* Patrone im Lauf) *entspannt* und *entsichert* zu tragen. Schußbereit wird sie dann gemacht, indem der Schütze den Schlitten mit der Hand zurückzieht und wieder vorschnellen läßt; dadurch wird die Waffe gespannt und die erste Patrone aus dem Magazin ins Patronenlager eingeführt. Jetzt kann durch Drücken des Abzugs sofort geschossen werden – oder die Waffe wird gesichert und dann – wie oben – in geladenem und gespanntem Zustand gesichert getragen.

Pistolen **mit freiliegendem Hahn** werden ge- und entspannt, indem der Hahn genau wie bei einem Revolver oder bei einem Hahngewehr von Hand bedient wird. Die Sicherung ist dabei nur beim Laden bzw. beim Entspannen als zusätzliche Sicherheit nötig. Es wäre unzweckmäßig und gefährlich, eine Pistole mit freiliegendem Hahn gespannt und gesichert zu tragen – die allerbeste Sicherung ist der *entspannte* Hahn! Vor dem ersten Schuß den Hahn zu spannen, geht meist leichter und zügiger, als den seitlichen Sicherungshebel zu bedienen.

Unter den Pistolen mit freiliegendem Hahn sind diejenigen am zweckmäßigsten, die außerdem mit **Abzugsspannung** ausgestattet sind. Sie sind am schnellsten schußbereit, indem durch einfaches kräftiges Durchziehen des Abzugs gleichzeitig der Hahn gespannt und der erste Schuß abgefeuert werden – genau wie beim Double-action-Revolver.

Wenn ein Schuß abgefeuert ist, bleibt eine Selbstladepistole schußbereit gespannt, solange sich noch eine Patrone im Magazin befindet. Es ist also immer darauf zu achten, die Pistole zu *sichern* und zu *entspannen*, wenn nicht sofort der nächste Schuß abgegeben werden soll! Wenn das Magazin leergeschossen ist, wird es entnommen und es kann ein gefülltes Ersatzmagazin eingeführt werden. (Das geht schneller, als das geleerte Magazin neu zu

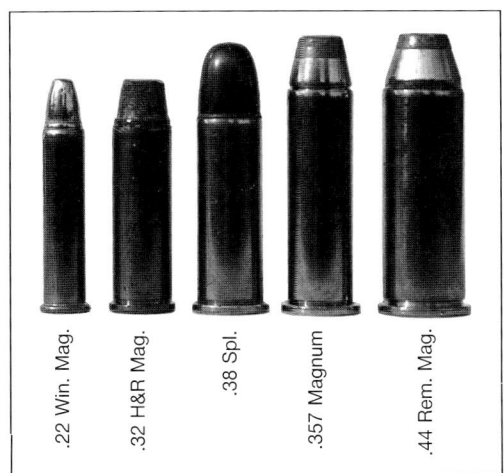
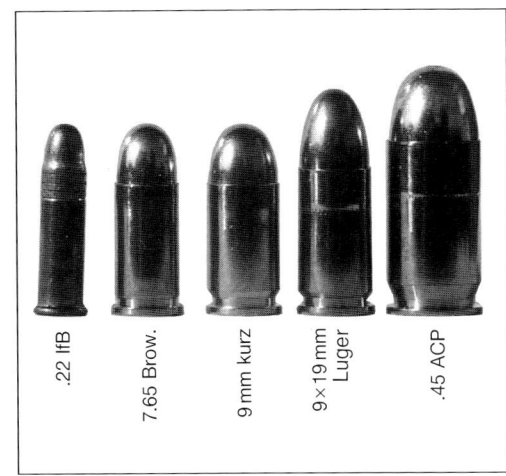

.22 Win. Mag. | .32 H&R Mag. | .38 Spl. | .357 Magnum | .44 Rem. Mag.

.22 lfB | 7.65 Brow. | 9 mm kurz | 9 × 19 mm Luger | .45 ACP

füllen.) Bei manchen Pistolen (deren Schlitten nach dem Leerschießen geöffnet stehen bleibt) wird beim Einführen des neuen Magazins sofort eine Patrone in den Lauf geladen; sie sind dann wieder schußbereit und müssen gesichert und entspannt werden, wenn nicht weitergeschossen werden soll. Bei anderen Modellen wird das neue Magazin zunächst »unterladen«; die erste Patrone gelangt in den Lauf, indem der Schlitten von Hand zurückgezogen wird.

Gerade beim Laden und Entladen, Spannen und Entspannen müssen die je nach Modell teilweise unterschiedlichen Handgriffe exakt beherrscht werden, um Unfälle auszuschließen. Besonders zu beachten ist beim *Entladen*, daß nach Entnahme des noch ganz oder teilweise gefüllten Magazins meist immer noch *eine Patrone im Lauf zurückbleibt,* die durch Zurückziehen des Schlittens eigens ausgeworfen werden muß!

Moderne Selbstladepistolen funktionieren weitgehend störungsfrei. Eine erhöhte Anfälligkeit gegenüber dem Revolver ist nur bei schlechter Munition und Nachlässigkeit bei der Pflege zu erwarten. Auch Revolver sind gegen Fremdkörper in der Mechanik (Trommeltransport, Schloßfunktion) anfällig, was bei allen Kurzwaffen durch Tragen in einem geeigneten Holster weitgehend verhindert werden kann.

Selbstladepistolen der »neueren Generation« sind außerordentlich bedien- und unfallsicher. Neben

Ballistische Daten der gebräuchlichen Patronen für Kurzwaffen

	Patrone	Geschoß- gewicht (g)	Max. Gasdruck (bar)	Fluggeschwin- digkeit (m/s) V_0	Auftreffenergie (J)		
					E_0	E_{25}	E_{50}
Pistolen- patronen	.22 lfB*	2,6	2050	350	155	140	125
	6,35 mm*	3,2	1200	255	104	96	88
	7,65 mm Brown.	4,7	1600	305	219	204	190
	9 mm kurz (9 × 17)	6,1	1350	305	284	257	231
	357 SIG	8,1	3050	410	685	595	525
	9 mm Luger (9 × 19)	8,0	2350	350	491	451	422
	.45 Automatik	14,95	1300	270	549	500	481
Revolver- patronen	.22 Magnum	2,6	1900	615	490		334
	.32 H&R Magnum	6,1	1620	314	305	280	250
	.38 Special	10,2	1500	265	363	314	294
	.357 Magnum	10,2	3000	445	1010	900	796
	.44 Magnum	16,2	2800	360	1050	960	900
	.45 Colt	14,6	1100	275	550	520	495

* Für Fangschüsse auf Schalenwild nicht zugelassen.

einer Fallsicherung, lassen sich die meisten Modelle über einen Entspannhebel entspannen, was die nicht ungefährliche Entspannung des Hahnes mittels des Abzugs überflüssig werden läßt.

Pistolenpatronen haben überwiegend randlose Hülsen und sind in den kleineren Kalibern mit Vollmantelgeschoßen geladen. Ab Kaliber 9 mm Luger (9×19 mm) sind Patronen mit Teilmantelgeschoßen erhältlich, die eine bessere Energieabgabe gewährleisten. Hohlspitzgeschoße würden noch stärker wirken, sind jedoch in Patronen für Kurzwaffen generell verboten. Die Kaliber reichen auch hier von .22 bis .45; sie sollten beim Fangschuß auf Rehwild wenigstens eine E_0 von 300 Joule leisten, auch wenn von Gesetzes wegen 200 Joule ausreichen. Auf stärkeres Schalenwild sollten die Kaliber 9 mm Luger, .357 SIG oder .45 Automatic eingesetzt werden.

Die Wahl der Kurzwaffe

Das Waffengesetz gesteht dem Jäger von vornherein das »Bedürfnis« zum Erwerb von höchstens zwei Faustfeuerwaffen zu. (Für weitere Waffen muß der zuständigen Behörde ein »besonderes Bedürfnis« eigens nachgewiesen werden.) In den meisten Fällen wird der Jäger hauptsächlich Wert auf eine nicht zu schwere »Taschenwaffe« legen, die er unauffällig in einem kleinen, bequemen Holster am Gürtel mitführen kann. Der Wunsch nach diesem handlichen Format einerseits und nach einer möglichst wirkungsstarken Patrone andererseits läuft auf einen Kompromiß hinaus: In Betracht kommen Pistolen der Kaliber 7,65 mm, 9 mm kurz oder 9 mm Police oder ein Revolver mit 5-Schuß-Trommel im Kaliber .32 HR Mag. oder .38 Special. Die Pistole ist durch ihre flache Form angenehmer zu tragen, der Revolver hat Vorteile durch seine Unkompliziertheit und vor allem durch seine leistungsfähigere Munition.

Als Zweitwaffe kommt dann entweder das »Kleinkaliber« .22 l.f.B. in Betracht, das für billiges Übungsschießen günstig und für die Bau- und Fallenjagd geeignet ist, vielleicht auch das wirksamere Kaliber .22 Win. Magnum, oder aber speziell für die Nachsuche auf stärkeres Schalenwild ein schwerer Revolver mindestens im Kaliber .357 Magnum oder eine entsprechende Pistole 9 mm Luger, 357 SIG oder stärker. Einreihige Magazine für 8 bis 10 Patronen reichen jagdlich aus und machen die Griffstücke zudem schmaler. Natürlich sind auch verschiedene andere Möglichkeiten aus der großen

Polizei- und Jagdschutzpistole SIG-Sauer P 226

Vielfalt der angebotenen Modelle je nach Bedarf denkbar. Völlig abzuraten ist von dem in jeder Hinsicht unzulänglichen Pistolenkaliber 6,35 mm.

Blanke Waffen

Darunter verstehen wir die jagdlichen *Hieb- und Stichwaffen* (im Gegensatz zu den Feuerwaffen auch »kalte Waffen« genannt).

Zur Grundausrüstung jeden Jägers gehört das **Waidmesser:** Entweder als *feststehendes Messer* oder als *Klappmesser,* wobei neben der (am besten feststellbaren) Hauptklinge noch verschiedene andere Klingen und Werkzeuge in den Griff eingeklappt werden können. Das Klappmesser kann in jeder Tasche untergebracht werden; das feststehende Messer wird entweder in seiner Scheide in einer in die Hosennaht eingearbeiteten Messertasche getragen oder in einer Gürtelscheide.

Der alte Name »Nicker« oder »Gnicker« für das Waidmesser kommt daher, daß früher damit krankgeschossenes geringes Schalenwild, vor allem Rehwild, »abgeknickt« wurde, d. h. dem Wild wurde der »Genickfang« gegeben, indem das zwischen Hinterhaupt und erstem Halswirbel eingestochene Messer das Rückenmark durchtrennte. Diese Methode des Abfangens setzt immer nahe Berührung des kranken Wildes voraus und führt nur bei großer, durch Übung erlangter Fertigkeit zum sofortigen Verenden. Aus Gründen des Tierschutzes ist nach heutiger Auffassung je nach Möglichkeit der Fangschuß – auch mit der Kurzwaffe – oder notfalls der Fangstoß mit einem genügend langen Messer (am besten Waidblatt) seitlich zwischen die Rippen in den Brustraum vorzuziehen.

Das Waidmesser ist mehr Werkzeug als Waffe: Unentbehrlich ist es zum Aufbrechen und Zerwirken sowie zum Häuten von Wild.

Das **Waidblatt** ist ein großes und schweres Messer, das in der Scheide wie ein Seitengewehr am Gürtel getragen (oder als Werkzeug im Rucksack mitgeführt) wird. Es dient besonders im Hochwildrevier zum Abfangen von krankem Wild, das fluchtunfähig im Wundbett gefunden wird oder von Hunden gefaßt ist, sofern kein Fangschuß möglich ist. Beim Aufbrechen dient es dazu, die Schloßnaht aufzuschlagen, die bei starkem Wild nicht einfach aufgeschnitten werden kann. (Das Aufschlagen mit dem Waidblatt gilt als »zünftiger«, als eine Knochensäge zu verwenden.) Beim Zerwirken können damit Rippen und andere Knochen durchschlagen werden. Außerdem kann die schwere Klinge behelfsmäßig nach Art einer Axt zum Abschlagen von Zweigen und zum Zerkleinern von Holz verwendet werden. Eine Form des Waidblattes mit besonders starker und schwerer Klinge wird deshalb auch als *Standhauer* bezeichnet.

Ein **Waidbesteck** besteht aus einem Waidblatt oder Standhauer und einem kleineren Waidmesser in einer gemeinsamen Scheide.

Der **Hirschfänger** gilt heute meist nur noch als Dekorationswaffe. In seiner schlichten Gebrauchsform dient er, ähnlich wie das Waidblatt, zum Abfangen von Wild, eignet sich aber weniger als dieses zum Hieb- und Schneidewerkzeug. Er ist die historische Seitenwaffe der hirschgerechten Berufsjägerei und bis in unsere Zeit Bestandteil von Forstuniformen geblieben.

In der jagdlichen Praxis ist die *Schnitthaltigkeit* der Jagdmesser von Wichtigkeit. Harte Stähle bleiben zwar länger scharf, sind aber schwieriger nachzuschärfen. Weichere Stähle sind wegen des häufigeren Nachschärfens schneller verbraucht. Wegen der Gefahr von Verletzungen, sollten bei mehrteiligen Messern die häufiger benötigten Klingen an der selben Seite eines Messers sitzen, um beim Umgreifen nicht in eine der scharfen Klingen zu fassen.

Von den schwereren blanken Waffen aus alter Zeit, wie den Jagddegen und Jagdschwertern, mit denen auch vom Pferdesattel aus wehrhaftes Hochwild vor den Hunden abgefangen wurde, und den Schweins- und Bärenspießen ist uns nur die **Saufeder** erhalten geblieben: Eine spießartige Stangenwaffe mit einer kräftigen, beidseitig geschliffenen Klingenspitze an kräftigem Schaft aus zähem Eschenholz. Sie wird heute nur noch selten, meist in großen Gatterrevieren, zum Abfangen von Sauen verwendet, die von der Hundemeute gestellt und »gedeckt« sind. Der hinter dem Eisen angebrachte Knebel soll verhindern, daß die Saufeder den Wildkörper ganz durchdringt und das Stück auf Abstand gehalten werden kann. Öfter ist die Saufeder als Dekorationswaffe zu sehen.

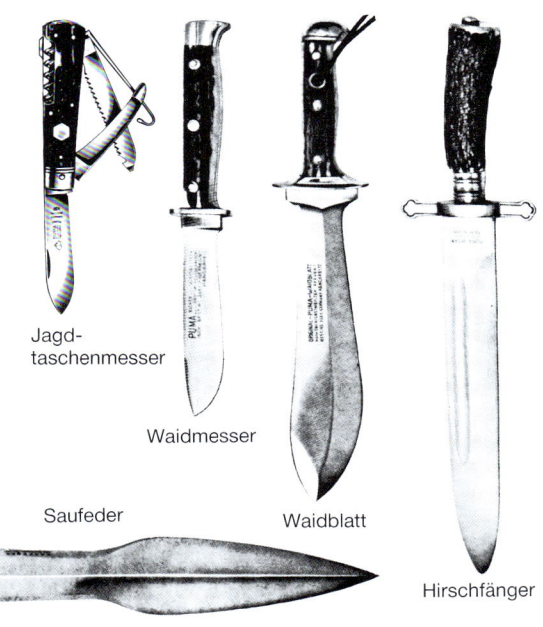

Jagd-
taschenmesser

Waidmesser

Saufeder

Waidblatt

Hirschfänger

Pflege und Aufbewahrung der Waffen

Wie alle technischen Geräte, müssen Waffen sachgemäß *gepflegt* werden, um ihre Funktionssicherheit zu erhalten.

Von *außen* wirken vor allem Witterungseinflüsse auf die Waffen ein sowie die Gefahr des Eindringens von Fremdkörpern und von Beschädigungen; das *Innere* der Läufe wird durch den Schuß beansprucht, durch Verbrennungsrückstände des Pulvers und durch Abrieb von Material der Geschosse verunreinigt.

Achtsamer Umgang

Beim *Führen* von Waffen erfordert es schon die Sicherheit, Beschädigungen möglichst zu vermeiden. Die Waffe also immer so tragen, abstellen, hängen oder legen, daß sie nirgends gewaltsam anschlägt, nicht wegrutscht oder umfällt! Beim Transport sollte die Waffe in einem schützenden Behältnis (Futteral, Koffer) untergebracht sein.

Vor dem Eindringen von *Fremdkörpern* wie Laub, Nadeln oder Erde, auch Schnee und Regen in die Läufe schützt am besten ein Mündungsschoner – den abzunehmen man vor dem Schuß nicht vergessen darf! Zu staubigen Arbeiten, wie Heumachen, Einfüllen von Druschabfällen und anderem Trockenfutter, Streuen von Kunstdünger, nimmt man am besten kein Gewehr mit. Vor allem ist die Berührung des Metalls mit Salz (Lecksalz, Kunstdünger, schweißfeuchte Hände) möglichst zu vermeiden.

Ist das Gewehr bei Regenwetter naß geworden oder beim Eintritt in einen warmen Raum stark »beschlagen«, läßt man es am besten zunächst abtrocknen (nicht nahe am warmen Ofen!). Einschlagen in eine trockene Wolldecke beschleunigt das Abtrocknen. Erst das trockene Gewehr mit dem Öllappen abwischen!

Laufreinigung

Die modernen »rostfreien« Zündsätze und die Nitropulver erleichtern die *Laufreinigung* wesentlich.

Nach dem Schießen sollte möglichst noch am gleichen Tag – jedenfalls aber, wenn das Gewehr längere Zeit nicht mehr benutzt werden soll, also vor dem Aufbewahren – der Lauf gereinigt werden. Dazu wird ein mit Gewehrlauföl getränkter Wergpfropfen mit Hilfe eines dem Kaliber angemessenen Wischstockes durch den Lauf geschoben – und zwar in Richtung vom Patronenlager zur Mündung. Dadurch wird der größte Teil der Rückstände beseitigt. Nach einiger Zeit wischt man den Lauf mit einem trockenen Wergpfropfen vollends sauber und ölt ihn danach wieder leicht ein. Vor dem neuerlichen Gebrauch ist der Lauf wieder trockenzuwischen; denn Öl im Lauf beeinträchtigt wie jeder Fremdkörper die Schußleistung (»Ölschuß«). Für die Laufreinigung haben sich die auf Wischstöcke aufsteckbaren *Filzpfropfen* der Firma VFG bestens bewährt, die in allen Kugel- und Schrotkalibern erhältlich sind.

Ist aus dem Lauf nicht geschossen worden, aber Feuchtigkeit hineingelangt, so genügt es, den wieder trocken gewordenen Lauf mit einem leicht eingeölten Wergpfropfen durchzuwischen.

Zum Abschluß der Reinigung wird das ganze Gewehr auch außen mit dem Öllappen abgewischt. Schädlicher als die Laufreinigung zu unterlassen, kann es auf die Dauer sein, wenn unsachgemäß gereinigt wird. Hauptfehler, besonders bei Büchsenläufen, sind zu grobes, rauhes Werg oder gar Metallbürsten; zu oftes Durchwischen mit bereits verschmutztem Werg; schadhafte oder nicht dem Kaliber angemessene Wischstöcke; Reinigen von der Mündung aus oder Zurückziehen des aus der Mündung gestoßenen Wergpfropfens; zuviel Öl im Lauf, das dann in das Schloß eindringen und »verharzen« kann.

Um Metallablagerungen im Lauf zu beseitigen, die nach längerem Gebrauch auftreten können (besonders bei Bleigeschossen sowie Kupfer- und Tombakmänteln), verwende man keine Metallbürsten und Kratzer, die nur die Laufinnenwand beschädigen, sondern chemische Lösungsmittel, die es im Fachhandel gibt.

Äußere Pflege

Von Zeit zu Zeit soll der hölzerne *Gewehrschaft* mit einem *Schaftöl* (nicht mit dem Lauföl!) fest eingerieben werden. Das gilt besonders für die sogenannten »Ölschäfte«, die von vornherein durch Öl imprägniert sind und dadurch ihren schönen matten Glanz erhalten. Aber auch lackierte Schäfte sollten ab und zu so behandelt werden.

Ist der Vorderschaft nicht – wie bei den meisten

Kipplaufgewehren – ohne weiteres abnehmbar, sondern fest mit dem Lauf verbunden (bei Repetierbüchsen, vor allem ganzgeschäfteten), verhindert das Ausstreichen der Ritze zwischen Lauf und Schaft mit Streichwachs, daß dort Feuchtigkeit eindringt. Hartgewordenes Verstreichwachs kann die Laufschwingungen beeinflussen, weshalb es sinnvoller ist, bei Repetierbüchsen nur die Ritzen zwischen System und Schaft und nicht auch das Laufbett abzudichten.

An das Zerlegen der *Schlosse*, um die inneren Teile zu reinigen, sollte sich nur wagen, wer hinreichende technische Fertigkeiten besitzt. Am leichtesten geht es bei Zylinderverschlüssen (Repetierbüchsen) und bei Kipplaufgewehren mit herausnehmbaren Seitenschlossen. Ansonsten sollte das Gewehr ungefähr jedes Jahr einmal zum Büchsenmacher (möglichst in der »stillen Zeit« zwischen den Hauptjagdzeiten) gebracht werden, der die Schloßteile reinigt, etwaige Defekte und Verschleißerscheinungen rechtzeitig repariert und das Schloß mit einem nicht harzenden Schmieröl gängig macht.

Nicht zu vergessen bei der Waffenpflege ist auch der *Gewehrriemen!* Brüchiges Leder, aufgetrennte Nähte, gelockerte Schrauben am Riemenbügel können zu gefährlichen Unfallquellen werden!

Kurzwaffen sind besonders empfindlich gegen Verunreinigungen. Sie gehören in ein Futteral oder Holster – nicht ungeschützt in die Hosentasche oder in den Rucksack!

Aufbewahrung

Waffen – und Munition! – sollen unbedingt *trocken* und ohne große Temperaturschwankungen gelagert werden. Also weder in feuchten noch in zeitweise überhitzten Räumen.

An das *Aufbewahren* von Waffen stellt das Waffengesetz gewisse Anforderungen (siehe auch Seite 56). Sie sind vor allem gegen den Zugriff von Unbefugten so sicher wie möglich aufzubewahren.

Leichtfertigkeit in dieser Hinsicht kann die Zuverlässigkeit des Waffenbesitzers in Frage stellen und sogar den Entzug des Jagdscheins zur Folge haben.

Folgende Grundsätze sind zu beachten:

■ An ihrem *ständigen Aufbewahrungsort* in der Wohnung sollen Waffen in einem verschlossenen Gewehrschrank (von möglichst einbruchsicherer Konstruktion) aufbewahrt werden, die Munition getrennt in einem eigenen verschlossenen Fach. Werden Gewehre frei in der Wohnung aufbewahrt, soll wenigstens der Vorderschaft (bei Kipplaufgewehren) oder der Verschlußzylinder (bei Repetierbüchsen) entfernt und verschlossen aufbewahrt werden, ebenso natürlich die Munition.

■ Bei längerer Abwesenheit oder auch sonst bei erhöhter Diebstahlsgefahr empfehlen sich für Waffen die gleichen Sicherheitsmaßnahmen wie für andere Wertgegenstände: besondere Sicherung durch Alarmanlagen oder Aufbewahrung in gesicherten Tresoren; Auslagerung in einen Banktresor (z. B. Kurzwaffen), zu einem Büchsenmacher oder zu einem zuverlässigen Bekannten (der zur bloßen Aufbewahrung nicht waffenbesitzberechtigt zu sein braucht).

■ Bei *vorübergehender Aufbewahrung* außerhalb der Wohnung ist besondere Vorsicht angebracht. Insbesondere dürfen Waffen nie unbeaufsichtigt in Jagdhütten gelassen werden; erst recht nicht im Revier während irgendwelcher Arbeiten oder bei Nachsuchen an der Jagdgrenze o. dgl. abgestellt werden. Auch hier kann durch Entfernung wesentlicher Teile der sofortige Gebrauch bei Entwendung verhindert oder erschwert werden.

■ In Kraftfahrzeugen dürfen Waffen nie offen sichtbar liegen. Aber sogar das unbeaufsichtigte Zurücklassen im versperrten Kofferraum wird nach geltender Rechtsprechung als »unzuverlässig« betrachtet.

■ Muß man mit dem Gewehr öffentliche Verkehrsmittel benutzen oder eine Gastwirtschaft besuchen, soll man es unbedingt ins Futteral stecken und nicht aus den Augen lassen.

Vorsichtsmaßnahmen beim Gebrauch von Waffen

Beim Umgang mit Schußwaffen ereignen sich immer wieder Unfälle, oft mit tödlichen Folgen, die zu vermeiden gewesen wären, wenn die Beteiligten die wichtigsten Vorsichtsmaßnahmen beobachtet hätten.

- Grundvoraussetzung ist, daß sich die Waffe in *einwandfreiem technischen Zustand* befindet und gut gepflegt wird (siehe oben).
- Verwende nur einwandfreie und passende, für die betreffende Waffe *geeignete Munition!* (Beachte Kaliber, Hülsenlänge, Gasdruck, Beschußstempel!)
- Achte darauf, daß Waffen und Munition *nicht in die Hände von Kindern und anderen Unbefugten* gelangen.
- Vergewissere dich jedesmal, wenn du eine Waffe zur Hand nimmst, ob sie auch wirklich *nicht geladen* ist und lade erst, wenn es erforderlich ist!
- Schau vor dem Laden durch den Lauf, ob sich nicht ein *Fremdkörper* darin festgesetzt hat! (Wergreste von der Reinigung; Erde, Schnee, Nadeln oder Laub; Patronenpropfen oder sogar ein Geschoß nach einem sogenannten »schlappen Schuß«)
- Vergesse nicht, die Waffe rechtzeitig zu *entladen:* nach dem Abblasen eines Treibens; vor dem Besteigen oder Verlassen eines Hochsitzes; vor dem Überklettern oder Überspringen von Hindernissen; vor dem Betreten schwierigen Geländes (Felsen, Steilhang, Glatteis); beim Verlassen des Reviers; vor dem Betreten eines Gebäudes und vor dem Besteigen eines Fahrzeuges!
- Vergewissere dich vor dem Reinigen und vor dem Aufbewahren einer Waffe noch einmal, ob sie auch wirklich *entladen* ist!
- Richte den Lauf einer Waffe – ob ungeladen oder geladen – *nie auf Menschen* oder Tiere oder überhaupt auf Ziele, die du nicht tatsächlich beschießen willst! (Ausnahme: Anschlagübungen mit garantiert entladener Waffe – jedoch auch diese *nie auf lebende Ziele!*)
- Trage das Gewehr im Revier möglichst *mit dem Lauf nach oben!* Halte nie die Hand über die Mündung des umgehängten Gewehrs! Schütze die Mündung mit einem *Mündungsschoner –* besonders bei Regen, Schnee und beim Kriechen durch Dickungen – und vergesse nicht, vor dem Schuß den Mündungsschoner abzunehmen! Bei sehr kalter Waffe Fremdkörper nicht aus dem Lauf zu blasen versuchen, es besteht die Gefahr der Innenvereisung und damit Laufverengung.
- Spanne Spannschieber oder Hahn, entsichere und steche (ggf.) erst so spät wie möglich und sinnvoll; entsteche, sichere, entspanne gleich wieder, wenn du nicht zum Schuß gekommen bist.
- Schieße nur, wenn du das Ziel (Wild) sicher und *einwandfrei angesprochen* hast und wenn kein weiteres Stück unmittelbar dahinter steht, das beim Durchschuß verletzt werden kann.
- Schieße nur, wenn der Schuß das *Hintergelände nicht gefährden* kann – wenn also hinter dem Ziel – vor allem beim Kugelschuß – ein sicherer *Kugelfang* vorhanden ist! Schieße vor allem nie auf Wild, das frei auf einer Anhöhe steht! Schieße nicht mit der Kugel auf Federwild in Bäumen! (Auch Kleinkalibergeschosse können bis zu 1500 m Unheil anrichten; stärkere Büchsengeschosse bis zu 5 km!)
- Bedenke, daß der *Schrotschuß* das Hintergelände je nach Schrotstärke bis zu 350 m weit gefährden kann und daß seine Breitenstreuung durch

Gefahrenbereich beim Büchsen- und Flintenschuß

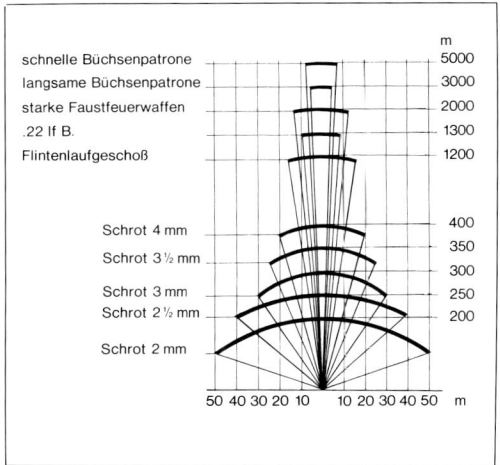

Abpraller auf steinigem oder gefrorenem Boden auf Eis, Wasserflächen und an Zaundrähten unkontrolliert zunehmen kann!

- Denke daran, daß in *belebten Gegenden* hinter jedem Baum und Strauch zu jeder Tages- und Nachtzeit ein Mensch auftauchen kann!
- Beachte peinlich genau die *sachlichen und örtlichen Verbote* des Jagdgesetzes! Halte die *Verhaltensmaßregeln bei Gesellschaftsjagden*, die *Unfallverhütungsvorschriften* (siehe Anhang Seite 408) und die *Schießstandordnungen* ein!
- Halte dich bei Gesellschaftsjagden außerdem genau an die *Anweisungen des Jagdleiters!*
- Treten *Störungen an der Waffe* auf (Ladehemmung, verklemmter Verschluß, im Patronenlager verklemmte Patronenhülse), versuche sie nicht gewaltsam oder behelfsmäßig zu beheben! Versuche nicht mit der Waffe weiterzuschießen, sondern bringe sie alsbald zum Büchsenmacher!
- *Versagt* eine Patrone, so öffne nicht sofort den Verschluß, sondern warte einige Zeit, ob es sich nicht um einen »Nachbrenner« mit verzögerter Schußentwicklung handelt!
- Gehe besonders vorsichtig mit *Faustfeuerwaffen* um, deren geringe Größe zu unachtsamer Handhabung verleitet!
- Denke bei allen *Selbstladewaffen* daran, daß nach Entleeren bzw. Entnahme des Magazins noch immer eine scharfe Patrone im Lauf stecken kann!
- Führe unter der Einwirkung von Alkohol, Medikamenten oder Drogen keine Schußwaffe.

Optische Hilfsmittel

Optische Hilfsmittel für den Jäger (»Jagdoptik«) sind Ferngläser, Fernrohre (Spektive) und Zielfernrohre. Sie haben den Zweck, durch ihre Vergrößerung entfernte Gegenstände zur besseren Beobachtung an das Auge »heranzuholen«. Damit wird es möglich, Einzelheiten auf größere Entfernung sowie bei schlechten Lichtverhältnissen (Dämmerung) besser zu erkennen. Durch das Zielfernrohr wird außerdem der Zielvorgang vereinfacht.

Ferngläser

Ferngläser (Jagdgläser, Feldstecher) sind heute durchwegs *Prismenferngläser*. Sie sind wesentlich leistungsfähiger als die früheren Linsenferngläser (»Galileigläser«). Durch das *Objektiv* (das ist die vordere, dem beobachteten Gegenstand zugewandte Linse) tritt das Licht in das Fernglas ein. Im Innern des Fernglases werden die Lichtstrahlen durch ein System von Linsen gebündelt und dann durch das *Okular* (das ist die hintere, dem Auge zugewandte Linse) ins Auge geleitet. Mittels Prismen (geschliffene Glaskörper) wird ein seitenrichtiges Bild erzielt.

Je nach Aufbau des Prismensystems haben Ferngläser mehr breite, gedrungene oder längliche, schlanke Form. Ausmaße und Gewicht eines Fernglases sind in gewissen Grenzen von seiner Vergrößerung sowie den verwendeten Glassorten und Gehäusematerialien abhängig. Die moderne Technik ermöglicht jedoch auch leistungsstarke Ferngläser mit starker Vergrößerung bei erstaunlich geringen Abmessungen und niedrigem Gewicht. Dadurch ist ein früherer Nachteil stark vergrößernder Gläser – ihre Unhandlichkeit – teilweise weggefallen.

Dachkant-Prismen-Jagdglas 8×56

Optische Daten

Die optischen Daten eines Fernglases werden durch die **Vergrößerung** und den **Objektivdurchmesser** bestimmt. Sie werden beispielsweise als 6×30, 8×40, 8×56 usw. angegeben. Dabei bedeutet die erste Zahl die Vergrößerung ($6 \times$, $8 \times$), die zweite Zahl den Objektivdurchmesser in Millimeter (30 mm, 40 mm, 56 mm).

Je größer das Objektiv ist, desto mehr Licht kann es »einfangen«. Deshalb ist bei gleicher Vergrößerung das Glas mit dem größeren Objektivdurchmesser leistungsfähiger. Umgekehrt leistet bei gleichem Objektivdurchmesser das Glas mit der stärkeren Vergrößerung mehr – aber nur innerhalb bestimmter Grenzen.

Es kommt nämlich nicht nur auf die Lichtmenge an, die vom Objektiv »eingefangen« wird, sondern darauf, wieviel davon auch wirklich vom Auge ausgenützt werden kann. Diesen Wert stellt die **Austrittspupille (AP)** dar. Das ist der Durchmesser des hellen Lichtkreises, den man im Okular sehen kann, wenn man aus einiger Entfernung gegen den hellen Himmel hindurchblickt. Diese Austrittspupille wird errechnet, indem man den Objektivdurchmesser durch die Vergrößerung teilt. Also 30:6 = 5 mm, 40:8 = 5 mm, 56:8 = 7 mm.

Die Grenze liegt darin, daß das menschliche Auge in der Regel nicht fähig ist, eine Austrittspupille von mehr als 7 mm auszunützen. Mit höherem Lebensalter eines Menschen sinkt der Wert bis gegen 5 mm.

Die folgende Tabelle gibt eine Übersicht über die optischen Daten der gebräuchlichsten Ferngläser.

Vergrößerung × Objektivdurchmesser	AP mm	Dämmerungs- zahl
8 × 20	2.5	12.7
10 × 25	2.5	15.8
6 × 30	5	13.4
8 × 30	3,75	15.5
10 × 40	4	20.0
7 × 42	6	17.1
7 × 50	7.14	18.7
10 × 50	5	22.4
8 × 56	7	21.2
10 × 56	5.6	23.7
12 × 60	5	26.8
15 × 60	4	30.0
9 × 63	7	23.8
12 × 63	5.25	27.5
20 × 60	3	34.6

Früher wurde die **Lichtstärke** eines Fernglases mit einem Wert angegeben, der dem Quadrat der Austrittspupille entsprach. Also für obige Beispiele: $5 \times 5 = 25$ und $7 \times 7 = 49$. Dieser Wert kennzeichnet aber die tatsächlichen Unterschiede in der Leistung von Ferngläsern beim Sehen in der Dämmerung nicht zutreffend. Heute errechnet man daher die **Dämmerungsleistung** nach der komplizierteren Formel: Quadratwurzel aus Vergrößerung mal Objektivdurchmesser.

Also zum Beispiel $\sqrt{8 \times 56} = \sqrt{448} = 21{,}2$.

Qualitätsmerkmale und Handhabung

Neben diesen rechnerischen Werten ist die tatsächliche Leistung eines Fernglases auch von der Qualität der verwendeten Glassorten und ihrer Verarbeitung abhängig. Das Bild soll nicht nur möglichst hell, sondern auch bis an den Rand scharf sein und die Farben richtig wiedergeben. Zusätzliche Steigerung der Helligkeit wird durch die **Vergütung** der Oberflächen der Linsen und Prismen mit einem reflexmindernden Belag erreicht. Dadurch geht der sonst an den Glasflächen reflektierte (gespiegelte) Anteil des Lichtes nicht verloren. Wegen seines meist bläulichen (aber auch violetten oder gelblichen) Schimmers wird der reflexmindernde Belag auch als »Blaubelag« bezeichnet.

Ferngläser sind in der Regel Doppelgläser (»Binokel«) zum beidäugigen Gebrauch. *Monokulare* Ferngläser sind für den einäugigen Gebrauch sozusagen »halbiert« – und dementsprechend auch billiger. Für Jäger mit zwei gesunden Augen sind sie nicht zu empfehlen, weil das einäugige Gesichtsfeld kleiner und das Bild weniger plastisch ist.

Für *Brillenträger* gibt es Ferngläser mit speziellen Okularen, damit der Abstand zum Auge den durch die Brille gegebenen Verhältnissen angepaßt werden kann. So kann auch der Brillenträger das volle Gesichtsfeld des Glases ausnützen, ohne die Brille abnehmen zu müssen.

Die **Sehschärfe** wird an Ferngläsern durch Drehen an dafür bestimmten Rändelringen eingestellt. Das ist einmal nötig zur Anpassung an das Auge, aber auch um die Tiefenschärfe je nach Entfernung zu korrigieren – vor allem bei stärkeren Vergrößerungen. Dazu sind Ferngläser mit *Mitteltrieb* am zweckmäßigsten: Wenn sie einmal auf das betreffende Auge fest eingestellt sind, erfolgt die Entfernungskorrektur für beide Okulare gemeinsam durch Drehen an dem in der Mitte, an der »Brücke« befindlichen Rändelring. Ferngläser mit *Okular-Einzeleinstellung* müssen durch Drehen an beiden Okularen eingestellt werden. Bei Ferngläsern mit Innenfocussierung bleibt die Außenlänge stets gleich, bei Außenfocussierung bewegt sich die Brücke und die darin sitzenden Okulare nach vorne und hinten.

Wahl des Fernglases

Die Wahl des Fernglases richtet sich nach dem Verwendungszweck. Bei Tag spielt die Dämmerungsleistung keine Rolle und man kommt oft mit einem kleinen und leichten »Pirschglas« wie 6×30 oder 8×30 aus. Um in der Dämmerung Wild noch im letzten Licht anzusprechen, muß dagegen das »Nachtglas« eine möglichst hohe Dämmerungsleistung haben, wie etwa 8×56 oder 9×63. Ein Kompromiß zwischen beiden Anforderungen sind Gläser im mittleren Leistungsbereich, wie 7×42, 8×40 oder 10×40.

Mit zunehmender Vergrößerung werden das *Gesichtsfeld* und der Bereich der *Tiefenschärfe* kleiner. Es ist also schwieriger, mit einem stark vergrößernden Glas bewegte Objekte im Gesichtsfeld und – durch ständiges Nachstellen der Schärfenregulierung – im Sehschärfenbereich zu behalten. Dagegen kann die Vergrößerung nicht stark genug sein, um bei gutem Licht weit entfernte Objekte möglichst nah »heranzuholen«, vor allem, wenn sie sich nicht oder nur wenig bewegen und wenn das Glas aufgelegt oder sogar an einem Stativ befestigt werden kann.

Diesem Zweck der extremen Vergrößerung dienen die *Ausziehfernrohre*, meist **Spektive** genannt. Früher hauptsächlich im Hochgebirge gebräuchlich, haben sie heute weitere Verbreitung gefunden. Sie haben meist 30- bis 60fache Vergrößerung, bei entsprechend kleinem Gesichtsfeld und geringer Dämmerungsleistung. Zweckmäßig sind Spektive mit *variabler Vergrößerung:* Die kleinere (etwa 15- oder 20fache) Vergrößerung liefert ein größeres Gesichtsfeld und ein helleres Bild; je nach Bedarf können dann die stärkeren Vergrößerungsstufen eingestellt werden. Durch größere Objektivdurchmesser (bis zu 75 und 80 mm) ist es auch gelungen, die Dämmerungsleistung moderner Spektive zu verbessern, bei zwangsläufig vergrößerten Abmessungen.

Zielfernrohre

Eigenschaften und Verwendung

Beim Zielfernrohr steht zunächst nicht die Vergrößerung im Vordergrund, sondern die **Vereinfachung des Zielvorganges.** Beim Zielen über die »offene Visierung« (siehe Seite 308) muß das Auge Kimme, Korn und Zielpunkt in eine Linie bringen, wobei es unmöglich ist, alle drei Punkte gleichzeitig scharf zu sehen. Das genaue Zielen ist für das Auge anstrengend; Sehfehler sind dabei durch eine Brille oft nur unzureichend zu korrigieren. – Beim Zielen durch das Zielfernrohr dagegen braucht nur das Absehen (Zielstachel oder Fadenkreuz) auf den Zielpunkt gerichtet zu werden – ein einfacher, vom Auge leicht zu erfassender Vorgang. Unschärfen können durch entsprechende Schärfeneinstellung leicht korrigiert werden.

Die **Vergrößerung** ist eine zusätzliche Hilfe, um das Ziel außerdem näher »heranzuholen« und es auch noch bei schlechten Lichtverhältnissen deutlich genug zu erkennen, wenn für die offene Visierung kein »Büchsenlicht« mehr herrscht. Allerdings wird mit zunehmender Vergrößerung das Gesichtsfeld kleiner, das Zielfernrohr selbst aber umfangreicher, wodurch der freihändige Schuß auf bewegte Ziele erschwert wird.

Für den ruhigen Schuß mit aufgelegtem oder angestrichenem Gewehr über weitere Entfernung hat das Zielfernrohr so große Vorteile, daß heute mit der Büchse kaum noch ohne Zielfernrohr geschossen wird.

Die Treffsicherheit wird durch das Ausschalten der meisten Zielfehler wesentlich erhöht. Allerdings muß eindringlich darauf hingewiesen werden, daß dieser Vorteil hinfällig wird, wenn sich der Jäger durch die Vergrößerung des Zielfernrohres dazu verleiten läßt, auf übermäßig weite Entfernung zu schießen! Das Ziel wird zwar optisch »herangeholt« – es wird dadurch eine geringere Schußentfernung aber nur vorgetäuscht. Die Treffsicherheit ist nicht nur vom genauen Zielen abhängig, sondern sie hat ihre technische Entfernungsgrenze in der Streuung des Laufes und in der Krümmung der Geschoßflugbahn. Diese Entfernungsgrenze liegt normalerweise für den Schuß auf Schalenwild bei 150–180 Meter (siehe Seite 317). Es ist aber in gleicher Weise zu beachten, daß auf Entfernungen unter 50 m die Flugbahn des Geschoßes deutlich unterhalb der Visierlinie verläuft. Bei extremen Nahschüssen (Fangschuß) kann z. B. eine Bockbüchsflinte mit »großem« Zielfernrohr und untenliegendem Büchsenlauf einen Tiefschuß bis zu 8 cm haben. Dieser Umstand ist auch zu berücksichtigen wenn mit aufgelegter Waffe geschossen wird, damit die Mündung frei ist.

Montage

Das Zielfernrohr wird mittels der Montage mit der Waffe verbunden. Neben den schnell abnehmbaren *Einhak- und Schwenkmontagen,* werden für Waffen, die ausschließlich mit Zielfernrohr geschossen werden, auch sogenannte *Fest-(Kipp-, Aufschub-)Montagen* verwendet. Bei allen Bauarten kommt es darauf an, daß sie absolut schußfest und verspannungsfrei auf der Waffe befestigt sind, was vor allem für die abnehmbaren Ausführungen von Bedeutung ist.

Beim Aufsetzen abnehmbarer Zielfernrohre ist darauf zu achten, daß die Gesteckteile richtig zusammengefügt werden und die Verriegelung korrekt erfolgt, um die ursprüngliche Treffpunktlage sicher zustellen.

Bei Kipplaufwaffen wird das Zielfernrohr auf dem Lauf, bzw. der Laufschiene, bei Repetier- und Selbstladewaffen nahezu ausschließlich auf der Verschlußhülse montiert. Generell läßt sich sagen, daß die mechanische Festigkeit umso höher ist, je weiter die Montageteile auseinanderliegen. Bei Repetierbüchsen können Montagen, die weit vor der Hülse auf dem Lauf sitzen, für schlechte Schußleistung verantwortlich sein.

Das Zielfernrohr soll möglichst niedrig auf dem Lauf montiert sein: Seelenachse und Visierlinie klaffen dann nicht weit auseinander, und der Anschlag wird erleichtert. Deshalb ist der früher allgemein übliche »Durchblick« unter dem Zielfernrohr, der es ermöglicht, trotz aufgesetztem Zielfernrohr über die offene Visierung zu zielen, außer Gebrauch gekommen.

Bei der Montage ist der Augenabstand des Zielfernrohrs an den individuellen Anschlag des Schützen anzupassen, um das Gesichtsfeld voll nutzen zu können. Der Abstand zum Auge beträgt bei modernen Gläsern zwischen 6 und 10 cm.

Absehen

Die optische Zielvorrichtung im Zielfernrohr ist das Absehen. Das sind verschieden starke und verschieden angeordnete Balken, Fäden oder Punkte, die im Innern des Rohres angebracht sind und beim Durchblicken in der Bildfläche des Objektivs erscheinen. Beim Zielen wird die Spitze des Zielstachels oder der Kreuzungspunkt des Fadenkreuzes entsprechend auf das Ziel gerichtet; die

Verschiedene Formen von Zielfernrohrabsehen

Entfernungsschätzen durch das Zielfernrohr.
Absehen 1 breitstehender Rehbock oben 100 m unten 200 m entfernt

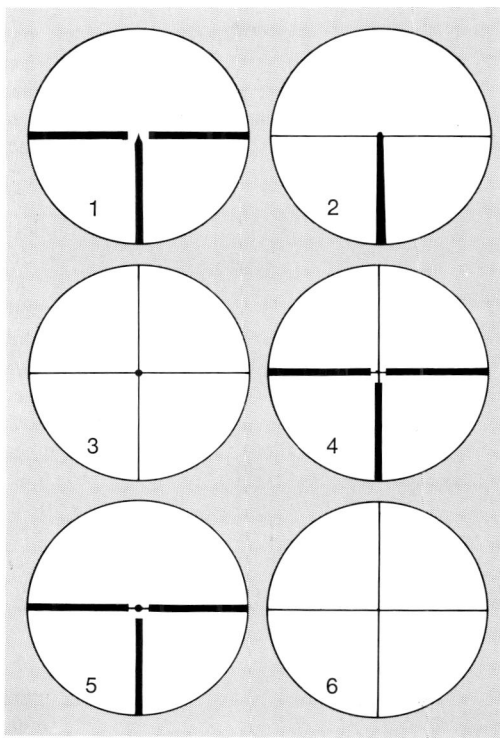

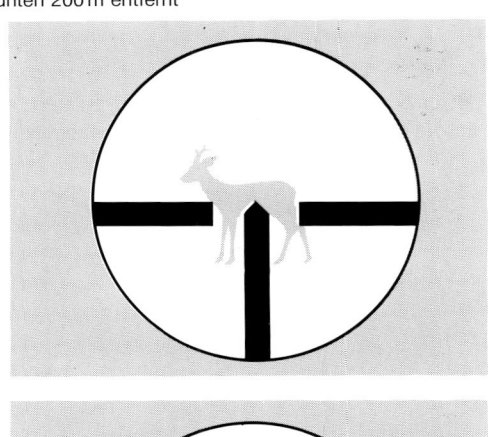

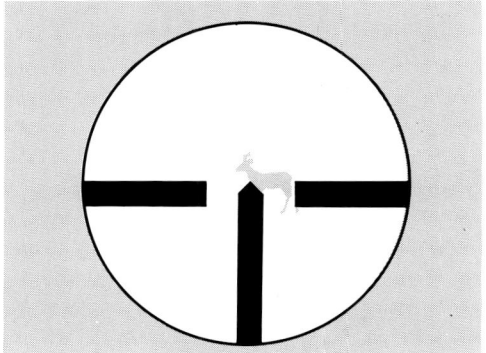

waagrechten und senkrechten Fäden oder Balken bilden Hilfslinien, um das Ziel besser zu erfassen und ein »Verkanten« des Gewehres zu vermeiden.

Varianten des Fadenkreuzabsehens werden heute zu etwa 60% verwendet, Punkt- und Stachelabsehen folgen mit etwa 20%. Dabei dienen die feinen Elemente (die Spitze des Zielstachels, das Fadenkreuz) dem genauen Zielen bei gutem Licht, während die Balken auch noch bei schlechter Beleuchtung das Ziel gut eingrenzen. Die Absehen 1 und 4 können auch zum Entfernungsschätzen verwendet werden: Ein auf 100 m breitstehendes Reh füllt gerade den Abstand zwischen den beiden Querbalken aus.

Eine Sonderstellung nehmen beleuchtete Absehen ein, deren Zielmarken ebenfalls als Spitzen, Kreuze oder Punkte gestaltet sind. Einige Modelle sind mit zuschaltbaren Leuchtmarken ausgestattet. Wichtig ist die Möglichkeit einer guten Dimmbarkeit, damit das Leuchtabsehen das Zielbild nicht überstrahlt.

Weiterhin gibt es nicht vergrößernde Leuchtpunktvisiere in Form von Zielfernrohren oder als holografische Geräte. Vorteilhaft ist das beidäugige Zielen und das große Sehfeld, was für Drückjagden mit kurzen Schußweiten sinnvoll ist.

Einschießen

Beim Einschießen muß die Visierlinie mit ihrem Zielpunkt in entsprechende Übereinstimmung mit der Flugbahn des Geschosses und ihrem Treffpunkt gebracht werden. Die Grobeinstellung erfolgt bereits bei der Montage. Nachträgliche Änderungen an ihr sollten bei guter Arbeit nicht mehr erforderlich werden. Die Feineinstellung erfolgt am Zielfernrohr selbst. Moderne Zielfernrohre verfügen über die Möglichkeit sowohl zur Höhen- wie zur Seitenverstellung. Durch entsprechendes Drehen an den Stellschrauben wird das Absehen verstellt, bis der Zielpunkt mit dem Treffpunkt bzw. dem beabsichtigten Haltepunkt übereinstimmt. Besonders zweckmäßig sind Zielfernrohre, deren Absehenverstellung so eingerichtet ist, daß jeweils eine Raste (»Klick«) der Stellschraube genau einer Abweichung von 1 cm auf der 100-m-Scheibe entspricht.

Beim Einschießen und Kontrollschießen kommt es unter anderem darauf an, daß die Waffe korrekt und ruhig liegt, wenn der Abzug betätigt wird. Näheres wird hierzu auf Seite 325 ausgeführt. Während einläufige Waffen längere Schußserien »vertragen«, ist bei *kombinierten Jagdgewehren* zu berücksichtigen, daß sich allein durch die Erwärmung des Laufbündels eine *Treffpunktveränderung* ergibt. Daher sind bei solchen Waffen zwischen den Schüssen längere Pausen einzulegen, um eine Abkühlung der Läufe zu erreichen.

Soweit die Stellschrauben nicht anzeigen in welche Richtung sich der Treffpunkt bewegt, ist bei zunächst zentrischem Anhalten das Absehen in Richtung des zuletzt erzielten Treffers zu verstellen. Nach erfolgtem Einschießen sind abschließend

Zielfernrohr mit Leuchtabsehen: Schmidt & Bender 8 × 56.

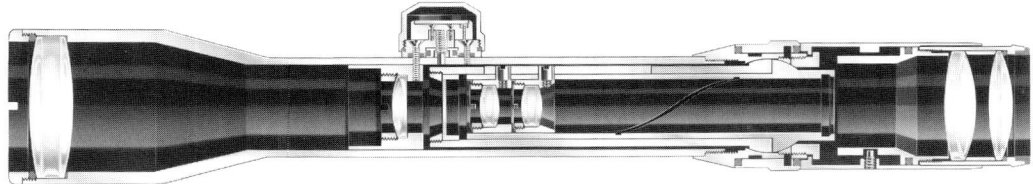

Längsschnitt durch ein variables Zielfernrohr.

mindestens drei weitere Schüsse mit gleichem Haltepunkt abzugeben, um sicherzustellen, daß sich ein einziger gutsitzender Schuß nicht als Zufall erweist.

Wahl des Zielfernrohres

Die Wahl des Zielfernrohrs sollte auf den überwiegenden Einsatz hin erfolgen. Bei *kombinierten Waffen*, mit denen sowohl mit Schrot als auch mit der Kugel auf unterschiedliche Entfernung und Wildarten geschossen wird, eignet sich am besten ein *variables Zielfernrohr*. Für Flinten kann dies in gleicher Weise zutreffen, wenn mit Flintenlaufgeschoßen oder mittels eines Einstecklaufes Büchsenpatronen verschossen werden. Konstantvergrößernde Zielfernrohre werden vorrangig auf *Büchsen* montiert, wobei die *sechsfache Vergrößerung* sich bedingt sowohl für Ansitz, Pirsch und Drückjagd eignet. Waffen, mit denen unter weitgehend gleichen Bedingungen, z. B. weite Schüsse im Gebirge oder Flachland, oder auf kleine Wildarten (Füchse) geführt werden, können sinnvoll mit stark vergrößernden Zielfernrohren bestückt werden. Bei der Jagd auf Großwild und auf kurze Entfernungen kommt der Jäger gut mit bis zu vierfacher Vergrößerung aus. Für *Pirschwaffen*, die ausschließlich am Tage benützt werden, bieten sich variable Gläser mit Objektivdurchmessern bis

42 mm an. Kleine variable Zielfernrohre z. B. 1,5–4 × sind speziell für größeres Wild gedacht, das flüchtig beschossen wird und gerne für Doppelbüchsen oder als kleines Zweitglas für Repetieroder Selbstladebüchsen angeschafft wird. Große variable Zielfernrohre sind schwerpunktmäßig für den Ansitz bei schwierigen Lichtverhältnissen und wechselnden Bedingungen gedacht und erforderlichenfalls auch für die Drückjagd verwendbar. Auf *flüchtiges Wild* kommt es besonders darauf an, daß der Jäger das Absehen des Zielfernrohrs möglichst schnell erfassen kann. Aus diesem Grunde eignen sich hier besser die *groberen Absehen*, die zusätzlich keine starken Querbalken aufweisen, die beim Mitziehen das Wild nicht verdecken. Bei variablen Zielfernrohren verändert sich das Absehen im Vergleich zum Ziel größenmäßig oder nicht, je nachdem, an welcher Stelle im optischen System das Absehen eingebaut ist. Die Absehen selbst können sowohl rein mechanisch, als auch in Glasflächen eingeätzt sein. Wichtig ist in jedem Fall, daß sich bei der Verstellung der Vergrößerung die Treffpunktlage nicht verändert. Unterschiedlich im Bildeindruck wirken Absehen nach ihrer Position im optischen System variabler Zielfernrohre. In der Objektivbildebene eingebaut, verändern sie sich proportional mit der Zielgröße, während in der Okularbildebene nur das Ziel vergrößert wird und das Absehen anscheinend feiner wird.

Optische Daten verschiedener Zielfernrohre*)

Feste Vergrößerung

Modell	Sehfeld m	Austrittspupille/mm	Dämmerungszahl
4×32	10,5	8	11,3
4×40	10,0	10	12,7
6×42	7,0	7	15,9
10×42	4,0	4,2	20,5
8×56	5,0	7	21,1
12×56	3,5	4,7	25,9

Variable Zielfernrohre

Modell	Sehfeld m	Austrittspupille/mm	Dämmerungszahl
1,5– 4×20	32 –10	14,0–5,0	3,7– 8,9
3– 9×40	13 – 3	13,3–4,5	11,0–19,0
1,5– 6×42	20 – 7	12,0–4,0	4,2–15,9
4–12×42	10,5– 3,5	10,5–3,6	13,0–22,5
2,5–10×48	14 –11	13,2–4,8	9,1–21,9
3–12×50	9 – 3,3	14,3–4,2	8,5–24,5
2,5–10×56	12,5– 4,0	13,3–5,6	11,8–23,7
3–12×56	9,2– 3,3	14,0–4,7	8,5–25,9

*) Werte schwanken zwischen einzelnen Fabrikaten

Technische Abkürzungen für Waffen, Munition, Optik

Zeichen	Begriff	Beispiel
AP	Austrittspupille	AP 7 mm
bar	Gasdruck	4000 bar
DZ	Dämmerungszahl	21,1
E	Energie	E^{100} 2000 J
FLG	Flintenlaufgeschoß	Brenneke-FLG
GEE	Günstigste Einschußentfernung	205 m
g/kg	Masse (Gewicht)	6,0 g/3,25 kg
J	Joule (Geschoßenergie)	200 j
m/s	Metersekunden	V^0 1000 m/s
NN	Normalnull	Meereshöhe
TPL	Treffpunktlage	2 cm links/hoch
QB	Querschnittsbelastung	25 g/cm²
V	Velocitas (Geschwindigkeit)	V_{100} 850 m/s
Z	Ziel	V^Z 700 m/s
⊕	Fleckschußzeichen	⊕ 100 m
∅	Durchmesser	∅ 8,20 mm

Auf die Leuchtabsehen sei nochmals hingewiesen, die unter bestimmten Lichtverhältnissen ein besseres Erfassen des Zieles zulassen. Wichtig ist der Ladezustand der Batterie und Schutz vor Feuchtigkeit gegen Entladung, was den Ausfall der Leuchteinrichtung zur Folge hat.

Zielfernrohre sind sorgfältig zu behandeln, besonders vor Fall, Sturz und Erschütterungen zu bewahren. Beim Schießen ist darauf zu achten, daß das Auge nicht zu nahe am Okular anliegt; durch den Rückstoß kann das Zielfernrohr schmerzhafte Platzwunden an der Augenbraue verursachen. (Näheres unter »Montage«). Durch eine aufgesetzte Gummiblende läßt sich der Augenabstand einhalten und eine Berührung abdämpfen.

Umwelt- und Naturschutz

Grundlagen des Land- und Waldbaues

Entwicklung des Naturschutzes

Der Naturschutzgedanke reicht mit seinen Ursprüngen weit zurück. Aber erst, als gegen Ende des vorigen Jahrhunderts die Großstädte zu industriellen Ballungsgebieten anwuchsen, als immer mehr neue Verkehrswege entstanden und die Gewässer für die wirtschaftliche Ausnutzung ausgebaut wurden, als dadurch die überkommene Landschaft weitgehend umgestaltet wurde und bald auch die Nachteile dieser Entwicklung, die Gefährdung wertvoller oder seltener Pflanzen- und Tierarten erkennbar wurde, entstand eine aktive Naturschutzbewegung. Gefördert durch Pioniere des Naturschutzes, wie Ernst Rudorf, Hugo Conwentz, Walter Schoenichen u. a. wurde sie mit der Zeit ein allgemeines Anliegen unseres Volkes. Hermann Löns hat als Journalist und Schriftsteller diese Entwicklung maßgeblich beeinflußt.

Bis zum Ende des ersten Weltkrieges befaßte sich der Naturschutz mit Naturdenkmalpflege und dem Schutz bestimmter, in ihrer Existenz gefährdeter Tier- und Pflanzenarten. Die Landesnaturschutzgesetze der 20er Jahre befaßten sich vor allem mit der Ausweisung von Naturschutzgebieten, während das 1935 erlassene Reichsnaturschutzgesetz die Möglichkeit gab, auch größere Landschaftsteile (Landschaftsschutzgebiete) gegen verunstaltende, die Natur schädigende oder den Naturgenuß beeinträchtigende Eingriffe zu schützen.

Die menschliche Wirtschaft ist mit umgestaltenden Eingriffen in das Gefüge der Natur verbunden. Zuerst wurden durch den Ackerbau die in unserem Land bodenständigen Wälder zurückgedrängt. Dann folgten die großen Städte und Industriesiedlungen mit weitgehender Umgestaltung der bäuerlichen Kulturlandschaft zur industriell bestimmten Zivilisationslandschaft. Der wirtschaftliche Aufstieg ließ begreiflicherweise nur die vorteilhaften Folgen dieser Entwicklung hinnehmen und bewundern.

Zunächst aus Unkenntnis nicht oder kaum erkannt oder aus Unachtsamkeit oder Gewinnsucht verschwiegen, sind jetzt die negativen Auswirkungen in den modernen Industriestaaten so offensichtlich geworden, daß eine weltweite Unruhe wachgerufen wurde. Die Verschmutzung der Gewässer, der gesteigerte Wasserbedarf, die Verpestung der Luft durch die Abgase, der Ausstoß von Staub und Ruß, die Folgen der Anwendung chemischer Mittel zur Bekämpfung von »Schädlingen« (Pestizide), die Müllablagerung, der Raubbau an den Energiequellen haben ein gewaltiges Ausmaß angenommen und zeigen Folgen für Boden, Wasser und Luft, für Pflanzen, Tiere und die Bevölkerung, die zu Gefahren der Menschheit geworden sind.

Nach dem zweiten Weltkrieg hat ein in diesem Ausmaß bisher unbekannter neuer Ansturm auf die freie Landschaft eingesetzt. Man erkannte, daß die natürlichen Lebensgrundlagen der menschlichen Gesellschaft aufs äußerste gefährdet sind, und daß der ganze Lebensraum – und nicht nur Ausschnitte aus Natur und Landschaft – des Schutzes bedarf gegenüber unsachgemäßen Eingriffen der Technik und augenblicklicher Gewinnsucht. Aufgabe der Landespflege ist es daher, die natürlichen Lebensgrundlagen nachhaltig zu sichern, zu pflegen und zu gestalten.

Die Erkenntnis dieser vielfachen Bedrohung der Lebensgrundlagen auch für den Menschen hat dazu geführt, daß sich der Naturschutz (der sich ursprünglich als »Artenschutz« mehr der Erhaltung einzelner Tier- und Pflanzenarten und als »Naturdenkmalschutz« der Bewahrung einzelner Landschaftselemente gewidmet hat) zum umfassenden **Umweltschutz** ausgeweitet hat.

Heute sind Natur- und Umweltschutz im Grundgesetz und in den Verfassungen vieler Bundesländer verankert, im Bundesnaturschutzgesetz und den entsprechenden Landesgesetzen niedergelegt und damit amtliche Angelegenheit der damit befaßten Behörden geworden. Die Maßnahmen, die zur Verwirklichung des Natur- und Umweltschutzes erforderlich sind, lassen sich aus naturwissenschaftlichen, volkswirtschaftlichen, gesundheitlichen, sozialen bzw. ethischen Gründen herleiten.

Unzulänglich wären die Naturschutzbestimmungen, wenn man ihren Sinn und Zweck nur in der Erhaltung des Bestehenden sehen wollte (»erhaltender Naturschutz«). Der moderne Naturschutz führt mehr und mehr zu einer tätigen Gestaltung, zu einer **Natur- und Landschaftspflege** (»gestaltender Naturschutz«). Der gestaltende Naturschutz steht im Bereich der Landschaftspflege wiederum in enger Beziehung zur Landeskultur. Ordnungsgemäße, nach dem Prinzip der Nachhaltigkeit ausgerichtete und möglichst »naturgemäß« betriebene Land- und Forstwirtschaft sowie Jagd und Fischerei stehen nicht in grundsätzlichem Widerspruch zum Naturschutz, sondern können dazu beitragen, die Naturgüter, die sie nutzen, auch zu erhalten.

Der Jäger im Naturschutz

Alle Bestrebungen, die natürlichen Lebensgrundlagen zu sichern, berühren direkt oder indirekt auch die jagdlichen Belange. Insbesondere gilt das für den **Biotopschutz,** das ist die Erhaltung naturnaher Lebensräume mit ihrer Tier- und Pflanzenwelt. Er ist Voraussetzung für wirksamen **Artenschutz** ebenso wie für sinnvolle Wildhege und steht in unmittelbarer Beziehung zu den Maßnahmen der jagdlichen Reviergestaltung.

Die vorausgehenden Abschnitte dieses Buches enthalten bereits viele Hinweise auf die engen Wechselbeziehungen von Jagd und Wildhege mit den Bestrebungen von Umwelt- und Naturschutz und Landschaftspflege. Die auf den einzelnen Teilgebieten tätigen Menschen mit den jeweils zuständigem amtlichen und privaten Organisationen streben gemeinsam danach, die Natur mit allen ihren vielfältigen Erscheinungsformen des Lebens zu erhalten und zu schützen. Insbesondere wollen sie dafür sorgen, daß in der weitgehend vom Menschen nach seinen wirtschaftlichen Bedürfnissen umgestalteten Kulturlandschaft die Vielfalt natürlicher Lebensformen in ihren vom Lebensraum (Biotop) geprägten Wechselbeziehungen (Ökosystem) möglichst erhalten bleiben.

Das ist nicht nur eine ethisch begründete Forderung des »klassischen« Naturschutzes, sondern heute weitgehend als biologische Notwendigkeit zur Erhaltung auch des menschlichen Lebens erkannt, um die »natürlichen Quellen« unserer Erde weiterhin nachhaltig nutzen zu können, anstatt sie im Raubbau auszubeuten.

Je intensiver die Landnutzung nach rein wirtschaftlichen Gesichtspunkten betrieben wird, desto wichtiger wird es, gewisse »Ausgleichsflächen« zu schaffen, auf denen die Natur mehr oder weniger sich selbst überlassen bleibt, wo Tier- und Pflanzenarten Zuflucht finden und immer wieder auf die einseitig gestalteten Wirtschaftsflächen ausstrahlen können.

Derartige »ökologische Zellen« haben ganz besondere Bedeutung auch für die **Wildhege:** Die Erhaltung und Anlage von Hecken, Schutzgehölzen, Tümpeln mit Schilfbeständen, die Bepflanzung von ausgebeuteten Kies- und Erdgruben usw. in der Feldflur, die Anlage von Verbißgehölzen im einseitigen Nadelwald sind vordringliche Maßnahmen der Reviergestaltung und liegen ganz im Sinne des »gestaltenden Naturschutzes«. Diesem Sinn dient schließlich auch die nach biologischen Erkenntnissen ausgerichtete jagdliche Behandlung der Wildbestände selbst, entsprechend dem jagdgesetzlichen Hegeauftrag. Andererseits gerät der Jäger dann in Widerspruch zu den Forderungen des Naturschutzes, wenn er einseitig »Überhege« einzelner, jagdlich besonders interessanter Wildarten zu Lasten der gesamten Lebensgemeinschaft in seinem Revier betreibt.

Der Gedanke einer pfleglichen, nachhaltigen Nutzung von Naturgütern hat in der Jagd – wie auch in der Forstwirtschaft – eine wesentlich längere Tradition als in anderen Bereichen; ebenso sind viele ethische Grundsätze von Natur- und Tierschutz auf jagdlichem Gebiet in der Idee der Waidgerechtigkeit vorgezeichnet. Der Jäger hat also die Möglichkeit, mit seiner tätigen Fürsorge um die Erhaltung des Wildes und seines Lebensraumes aktiv im Sinne von Natur- und Umweltschutz zu wirken.

Durch die Hegepflicht mit der Sorge für den Lebensraum des Wildes kommt dem Jäger eine besonders verantwortungsvolle Aufgabe zu: Ihm sind die größeren freilebenden Tiere – eben das Wild – anvertraut, die besonders hoch entwickelte, auffällige, wertvolle und erhaltenswerte Glieder der Lebensgemeinschaften darstellen, deren Erhaltung in der Kulturlandschaft gegenüber den Ansprüchen menschlicher Wirtschaft und Freizeitgestaltung aber auch besonders schwierige Probleme aufwirft.

Während in Land- und Forstwirtschaft für »Monokulturen« und andere einseitig wirtschaftsorientierte Eingriffe in den Naturhaushalt (z. B. Einsatz von Pestiziden) vielfach wirtschaftliche Zwänge verantwortlich sind, die einen Kompromiß mit dem Naturschutz erschweren, stehen bei der Jagd von vornherein nicht wirtschaftliche, sondern ideelle Gesichtspunkte im Vordergrund. Der Jäger hat es auf seinem Gebiet also leichter als der Land- und Forstwirt, möglichst naturgemäß zu »wirtschaften« und dadurch sogar den Erlebniswert der Jagd zu erhöhen, gerade weil er weniger von ihrem materiellen Ertrag abhängig ist.

Die Belange der eigentlichen **Jagdnutzung** selbst treten demgegenüber zwar immer mehr zurück, doch darf nicht übersehen werden, daß sie stets einen starken Antrieb zur Verfolgung auch der übergeordneten Ziele und Aufgaben dargestellt haben: Eine bestmögliche Jagdnutzung (sowohl im ideellen Sinn des Jagderlebens wie auch im materiellen des Jagdertrages) setzt die Erhaltung des Wildes unter möglichst wenig gestörten, naturgemäßen Lebensbedingungen in möglichst naturnahen Lebensräumen voraus. Dieser Zusammenhang bildet die Grundlage für die ideelle Gemeinsamkeit von Jägern und nichtjagenden Naturschützern. Gelegentliche Differenzen in Einzelfragen dürfen diese Gemeinsamkeit nicht erschüttern.

Zu erwähnen sind hier ferner das **Bundeswaldgesetz** vom 8. 7. 1975 (BGBl. I S. 1037), zuletzt geändert durch Gesetz vom 25. 6. 2001 (BGBl. I S. 1215), mit den Waldgesetzen einzelner Bundesländer sowie das bundeseinheitlich geltende **Tierschutzgesetz** (vom 25. 5. 1998, BGBl. I S. 1105, zuletzt geändert durch VO vom 29. 10. 2001, BGBl. I S. 2785).

Gesetzesüberblick

Der Bund hat von seinem Recht, nach Art. 75 Ziff. 3 des Grundgesetzes Rahmenvorschriften über Naturschutz und Landschaftspflege zu erlassen, durch das **Bundesnaturschutzgesetz** (BNatSchG) vom 25. 3. 2002 [BGBl. I S. 1193], Gebrauch gemacht.

Dazu kommt als wichtigste Regelung für den Artenschutz die **Bundesartenschutzverordnung** (BArtSchV) (in der Fassung der Bekanntmachung vom 14. 10. 1999 [BGBl. I S. 1955, 2037], zuletzt geändert durch Verordnung vom 9. 9. 2001 [BGBl. I S. 2331]) vgl. Seite 355). Die Länder sind gehalten, Ergänzungsbestimmungen zu verfügen und ihre bestehenden Bestimmungen anzupassen. Das ist in einer großen Vielfalt von Landesgesetzen, Durchführungsverordnungen und Einzelbestimmungen geschehen. Ebenso wie im Jagdrecht, ist dadurch auch im Naturschutzrecht eine unübersichtliche Vielfalt entstanden, die zudem häufigen Änderungen unterworfen ist. Dazu kommt die zunehmende Notwendigkeit, Anpassungen an internationale Rechtsnormen (besonders im Rahmen der Europäischen Union) durchzuführen.

Deshalb kann im folgenden nur ein allgemeiner Überblick über die Grundsätze des Naturschutzrechts gegeben werden. Aktuelle Informationen über die Rechtslage im einzelnen geben die Veröffentlichungen in Gesetz- und Verordnungsblättern, Textausgaben und Kommentaren (bei Fachverlagen erhältlich) sowie die von den zuständigen Ministerien und nachgeordneten Naturschutzbehörden herausgegebene Informationsschriften.

Bundesnaturschutzgesetz

Allgemeine Grundsätze

Die Aufgaben des Naturschutzes und der Landschaftspflege sollen nach Maßgabe folgender Grundsätze verwirklicht werden:

- Der Naturhaushalt ist so zu sichern, daß die biologischen Funktionen und Strukturen erhalten, entwickelt oder wiederhergestellt werden.
- Die Naturgüter sind sparsam und schonend zu nutzen.
- Böden sind zu erhalten.
- Natürliche oder naturnahe Gewässer sowie deren Uferzonen und natürliche Rückhalteflächen sind zu erhalten, zu entwickeln oder wiederherzustellen.
- Schädliche Umwelteinwirkungen sind gering zu halten.
- Zur Sicherung der Leistungs- und Funktionsfähigkeit des Naturhaushalts ist die biologische Vielfalt zu erhalten und zu entwickeln. Sie umfaßt die Vielfalt an Lebensräumen und Lebensgemeinschaften, an Arten sowie die genetische Vielfalt innerhalb der Arten.
- Die wild lebenden Tiere und Pflanzen sind als Teil des Naturhaushalts in ihrer natürlichen und historisch gewachsenen Artenvielfalt zu schützen. Ihre Biotope und ihre sonstigen Lebensbedingungen sind zu schützen, zu pflegen, zu entwickeln oder wiederherzustellen.
- Auch im besiedelten Bereich sind noch vorhandene Naturbestände, wie Wald, Hecken, Weg-

raine, Saumbiotope, Bachläufe, Weiher sowie sonstige ökologisch bedeutsame Kleinstrukturen zu erhalten und zu entwickeln.

- Die Landschaft ist in ihrer Vielfalt, Eigenart und Schönheit auch wegen ihrer Bedeutung als Erlebnis- und Erholungsraum des Menschen zu sichern.
- Das allgemeine Verständnis für die Ziele und Aufgaben des Naturschutzes und der Landschaftspflege ist mit geeigneten Mitteln zu fördern.

Da andererseits gerade viele Aktivitäten für Freizeit und Erholung (besonders wenn sie kommerziell genutzt werden, wie bei Fremdenver-

kehr, Tourismus, Freizeitsportarten) erhebliche Belastungen für Natur und Landschaft darstellen können, ist es zu einer Aufgabe des modernen Naturschutzes geworden, den »Erholungsbetrieb« in naturverträgliche Bahnen zu lenken.

Welches Ausmaß die Verarmung der Fauna und Flora in der Bundesrepublik bis heute erfahren hat, mag folgende Liste zeigen:

Jagdrecht und Naturschutzrecht zielen zwar als Artenschutzrecht in dieselbe Richtung, indem sie »die Erhaltung eines den landschaftlichen und landeskulturellen Verhältnissen angepaßten artenreichen und gesunden Wildbestandes sowie die Pflege und Sicherung seiner Lebensgrundlagen« (§ 2

Gefährdung der einheimischen Tiere (Wirbeltiere)

Artengruppe (Stand 1998)	Artenzahl	ausge-storben	im Bestand gefährdet	extrem selten	Arten der Vor-warnliste	insgesamt (ausgestorben und gefährdet)
Säugetiere	100	13	33	5	8	46 = 46%
Brutvögel	256	16	70	27	18	86 = 34%
Kriechtiere	14	–	11	–	–	11 = 79%
Lurche	21	–	13	1	2	13 = 62%
Fische/ Rundmäuler (limnisch)	70	4	45	3	–	49 = 70%

Damit sind von den einheimischen Wirbeltieren insgesamt 33 Arten (= 5,3%) bereits ausgestorben und 173 Arten (= 27,8%) im Bestand gefährdet. Mehr als die Hälfte der einheimischen Wirbeltiere in Deutschland, nämlich 52%, mußten in die Rote Liste (Blab, Nowack, Bless 1994) aufgenommen werden.

Wirbellose Tiere (ausgewählte Beispiele)

Gruppe	Zahl der einheimischen Arten	bereits ausgestorben	im Bestand gefährdet
Muscheln	31	1 = 3%	16 = 52%
Schnecken	270	2 = 0,8%	126 = 47%
Hautflügler	1686	58 = 3%	929 = 33%
Großschmetterlinge	1300	27 = 2%	510 = 39%
Käfer	ca. 4000	96 = 2%	1590 = 40%
Libellen	80	4 = 5%	39 = 49%
Köcherfliegen	278	19 = 7%	149 = 54%
Eintagsfliegen	81	5 = 6%	52 = 64%
Krebse	63	1 = 2%	31 = 49%
Spinnen	803	17 = 2%	97 = 14%

Das gleiche gilt, teilweise in noch höherem Maß, für viele Gruppen der wirbellosen Tiere (siehe folgende Tabelle). Leider sind die Zahlen nicht rückläufig, sondern nehmen noch ständig weiter zu, wie die aufgrund wissenschaftlicher Bestandsaufnahmen aufgestellten »Roten Listen« der gefährdeten Pflanzen- und Tierarten zeigen. (Die unten veröffentlichten Zahlen beruhen auf Angaben aus 1984 – Quelle: »Naturschutz Aktuell«, Rote Liste, 4. Auflage, Kilda-Verlag – und dürften durch die fortschreitende Gefährdung schon wieder überholt sein. Eine Neuauflage ist leider noch nicht erschienen.)

Gefährdung der einheimischen Wildpflanzen

Gruppe (Stand 1996)	Zahl der einheimischen Arten	bereits ausgestorben	im Bestand gefährdet
Farn- und Blütenpflanzen	3001	47 = 1,6%	804 = 27%
Moose	ca. 1120	54 = 4,8%	387 = 35%
Flechten	ca. 1690	182 = 11%	751 = 44%
Großpilze	4385	26 = 0,6%	1001 = 23%
Armleuchteralgen	40	5 = 12,5%	29 = 72%

Abs. 2 BJagdG) anstreben bzw. bezwecken »Natur und Landschaft so als Lebensgrundlage des Menschen zu schützen, zu pflegen, zu entwickeln und, soweit erforderlich, wiederherzustellen, daß die Leistungs- und Funktionsfähigkeit des Naturhaushaltes, die Regenerationsfähigkeit und nachhaltige Nutzungsfähigkeit der Naturgüter, die Pflanzen- und Tierwelt, die Vielfalt, Eigenart und Schönheit sowie der Erholungswert von Natur und Landschaft auf Dauer gesichert sind« (§ 1 Abs. 1 BNatSchG). Dabei folgen beide Rechtskreise aber unterschiedlichen Ansätzen:

Das **Naturschutzrecht** sieht den Tierartenschutz als Selbstzweck und fordert dessen »Nachhaltigkeit« als eigenen Wert und zur Sicherung der Lebensgrundlagen des Menschen. Nach diesem Ansatz, der für alle Tiere gilt, die nicht zum »Wild« gehören, ist die Natur mit ihren natürlichen Regelungsmechanismen solange sich selbst zu überlassen, als ein menschlicher Eingriff nicht erforderlich ist.

Die **Jagd** hingegen bedeutet primär Nutzung und Bewirtschaftung der Natur. *Somit ist eine Jagdausübung zulässig, solange sie dem ökologischen Gleichgewicht nicht schadet und die Artenvielfalt nicht beeinträchtigt.* Die auch hier geforderte »Nachhaltigkeit« dient der Sicherung der »Produktionsgrundlage Wild«.

Ziel der Jagdgesetze ist es daher, die nachhaltige jagdwirtschaftliche Nutzung des Grund und Bodens zu bewahren, ohne dadurch das öffentliche Interesse an einem funktionierenden Naturschutz und das private Interesse der Land- und Forstwirtschaft zu beeinträchtigen. Durch die bundesrechtliche Pflicht zur Hege soll die Jägerschaft ihr personelles und finanzielles Potential im öffentlichen Interesse an der Erhaltung eines artenreichen und gesunden Wildbestandes und seiner Lebensgrundlagen einsetzen und dadurch ihren Beitrag zum Naturschutz leisten.

Auszug aus den Gesetzesbestimmungen

1. Landschaftsplanung

Die Maßnahmen, die zur Verwirklichung der Ziele des Naturschutzes und der Landschaftspflege erforderlich sind, werden in Landschaftsprogrammen (für den Bereich eines Landes), Landschaftsrahmenplänen (für Teile eines Landes) und Landschaftsplänen (für örtliche Gebiete) dargestellt.

2. Allgemeine Schutz-, Pflege- und Entwicklungsmaßnahmen

Wo Eingriffe in die Natur nach anderen Rechtsvorschriften einer Erlaubnis bedürfen, ist zu prüfen, ob solche Eingriffe den Naturhaushalt oder das Landschaftsbild beeinträchtigen. Trifft dies zu, kann der Verursacher des Eingriffs zu ausgleichenden Maßnahmen verpflichtet werden.

Die ordnungsgemäße land-, forst- und fischereiwirtschaftliche Bodennutzung ist nicht als Eingriff in die Natur und Landschaft anzusehen. (Da das Gesetz keine Definition enthält, was unter »ordnungsgemäßer« Land- und Forstwirtschaft zu verstehen ist, haben sich gegen diese »Landwirtschaftsklausel« starke Einwände erhoben. Immerhin geht auch von der Landwirtschaft eine Gefährdung von Pflanzen- und Tierarten in der Kulturlandschaft aus.)

Grundstückseigentümer können gehalten werden, Maßnahmen des Natur- und Landschaftsschutzes zu dulden, soweit dadurch die Nutzung der Grundstücke nicht unzumutbar beeinträchtigt wird.

3. Schutz, Pflege und Entwicklung bestimmter Teile von Natur und Landschaft

Teile von Natur und Landschaft können zum
a) Naturschutzgebiet, Nationalpark, Landschaftsschutzgebiet, Naturpark oder

Schutzgebiete in der Bundesrepublik Deutschland

Typ	Anzahl	Fläche ha	%	Bemerkungen
Naturschutz-gebiet	6 202 + 579 einstweilig sichergestellte Gebiete	824 161 173 343	2,3 0,49	Ohne Wasserflächen der Nord- und Ostsee 66% kleiner als 50 ha, 12% größer als 200 ha (Stand: 31. 12. 1997)
Landschafts-schutzgebiet	ca. 6 159	ca. 8,9 Mio	25	(Stand: 31. 12. 1997)
Naturpark	78	6 677 670	18,7	Weitere Naturparke sind in den neuen Bundes-ländern einstweilig sichergestellt (Stand: 31. 12. 1998)
Nationalpark	11	730 505	2,0	Davon ca. 87% Watt- u. Wasserflächen (Stand: 1. 7. 1999)
Biosphären-reservat	14	1 584 000	4,3	Davon ca. 40% Watt- u. Wasserflächen an der Nord- u. Ostsee (Stand: 1. 2. 2000) davon 4 flächengleich mit Nationalparken

Quelle: Bundesamt für Naturschutz; nach Angaben der Länder

Neben inhaltlichen Unterschieden ist darauf hinzuweisen, daß eine Addition der unterschiedlichen Schutzge-bietstypen nicht möglich ist, da sie sich im erheblichen Maße überschneiden bzw. deckungsgleich sind.

b) Naturdenkmal oder geschützten Landschafts-bestandteil
erklärt und registriert werden.
Die Erklärung bestimmt den Schutzgegenstand, den Schutzzweck, die zur Erreichung des Zwecks notwendigen Gebote und Verbote und die Pflege- und Entwicklungsmaßnahmen hierzu. Eine Ein-schränkung der Jagdausübung ist zwar grundsätz-lich zulässig, jedoch nur, wenn es zur Erreichung des Schutzzweckes erforderlich ist. Anderenfalls stellen Ge- und Verbote einen unzulässigen Ein-griff in das eigentumsähnliche Jagdausübungsrecht dar.

Naturschutzgebiete (§ 23 BNatSchG)

(1) Naturschutzgebiete sind rechtsverbindlich fest-gesetzte Gebiete, in denen ein besonderer Schutz von Natur und Landschaft in ihrer Ganzheit oder in einzelnen Teilen
1. zur Erhaltung, Entwicklung oder Wiederher-stellung von Biotopen oder Lebensgemein-schaften bestimmter wild lebender Tier- und Pflanzenarten,
2. aus wissenschaftlichen, naturgeschichtlichen oder landeskundlichen Gründen oder

3. wegen ihrer Seltenheit, besonderen Eigenart oder hervorragenden Schönheit
erforderlich ist.
(2) Alle Handlungen, die zu einer Zerstörung, Beschädigung oder Veränderung des Naturschutz-gebietes oder seiner Bestandteile oder zu einer nachhaltigen Störung führen können, sind nach Maßgabe näherer Bestimmungen verboten. Soweit es der Schutzzweck erlaubt, können Naturschutz-gebiete der Allgemeinheit zugänglich gemacht wer-den.

Nationalparke (§ 24 BNatSchG)

(1) Nationalparke sind rechtsverbindlich festge-setzte, einheitlich zu schützenden Gebiete, die
1. großräumig und von besonderer Eigenart sind,
2. in einem überwiegenden Teil ihres Gebiets die Voraussetzungen eines Naturschutzgebiets er-füllen und
3. sich in einem überwiegenden Teil ihres Gebiets in einem vom Menschen nicht oder wenig be-einflussten Zustand befinden oder geeignet sind, sich in einen Zustand zu entwickeln oder in einen Zustand entwickelt zu werden, der einen möglichst ungestörten Ablauf der Natur-

vorgänge in ihrer natürlichen Dynamik gewährleistet.

(2) Nationalparke haben zum Ziel, im überwiegenden Teil ihres Gebiets den möglichst ungestörten Ablauf der Naturvorgänge in ihrer natürlichen Dynamik zu gewährleisten. Soweit es der Schutzzweck erlaubt, sollen Nationalparke auch der wissenschaftlichen Umweltbeobachtung, der naturkundlichen Bildung und dem Naturerlebnis der Bevölkerung dienen.

(3) Die Länder stellen sicher, daß Nationalparke unter Berücksichtigung ihres besonderen Schutzzwecks sowie der durch die Großräumigkeit und Besiedlung gebotenen Ausnahmen wie Naturschutzgebiete geschützt werden.

Biosphärenreservate (§ 25 BNatSchG)

(1) Biosphärenreservate sind rechtsverbindlich festgesetzte einheitlich zu schützende und zu entwickelnde Gebiete, die

1. großräumig und für bestimmte Landschaftstypen charakteristisch sind,
2. in wesentlichen Teilen ihres Gebiets die Voraussetzungen eines Naturschutzgebiets, im übrigen überwiegend eines Landschaftsschutzgebiets erfüllen,
3. vornehmlich der Erhaltung, Entwicklung oder Wiederherstellung einer durch hergebrachte vielfältige Nutzung geprägten Landschaft und der darin historisch gewachsenen Arten- und Biotopvielfalt, einschließlich Wild- und früherer Kulturformen wirtschaftlich genutzter oder nutzbarer Tier- und Pflanzenarten, dienen und
4. beispielhaft der Entwicklung und Erprobung von die Naturgüter besonders schonenden Wirtschaftsweisen dienen.

(2) Die Länder stellen sicher, daß Biosphärenreservate unter Berücksichtigung der durch die Großräumigkeit und Besiedlung gebotenen Ausnahmen über Kernzonen, Pflegezonen und Entwicklungszonen entwickelt werden und wie Naturschutzgebiete oder Landschaftsschutzgebiete geschützt werden.

Landschaftsschutzgebiete (§ 26 BNatSchG)

(1) Landschaftsschutzgebiete sind rechtsverbindlich festgesetzte Gebiete, in denen ein besonderer Schutz von Natur und Landschaft

1. zur Erhaltung, Entwicklung oder Wiederherstellung der Leistungs- und Funktionsfähigkeit des Naturhaushalts oder der Regenerationsfähigkeit und nachhaltigen Nutzungsfähigkeit der Naturgüter,

2. wegen der Vielfalt, Eigenart und Schönheit oder der besonderen kulturhistorischen Bedeutung der Landschaft oder
3. wegen ihrer besonderen Bedeutung für die Erholung erforderlich ist.

(2) In einem Landschaftsschutzgebiet sind unter besonderer Beachtung des § 5 Abs. 1 und nach Maßgabe näherer Bestimmungen alle Handlungen verboten, die den Charakter des Gebiets verändern oder dem besonderen Schutzzweck zuwiderlaufen.

Naturparke (§ 27 BNatSchG)

(1) Naturparke sind einheitlich zu entwickelnde und zu pflegende Gebiete, die

1. großräumig sind,
2. überwiegend Landschaftsschutzgebiete oder Naturschutzgebiete sind,
3. sich wegen ihrer landschaftlichen Voraussetzungen für die Erholung besonders eignen und in denen ein nachhaltiger Tourismus angestrebt wird,
4. nach den Erfordernissen der Raumordnung für die Erholung vorgesehen sind,
5. der Erhaltung, Entwicklung oder Wiederherstellung einer durch vielfältige Nutzung geprägten Landschaft und ihrer Arten- und Biotopvielfalt dienen und in denen zu diesem Zweck eine dauerhaft umweltgerechte Landnutzung angestrebt wird,
6. besonders dazu geeignet sind, eine nachhaltige Regionalentwicklung zu fördern.

(2) Naturparke sollen entsprechend ihren in Absatz 1 beschriebenen Zwecken unter Beachtung der Ziele und Grundsätze des Naturschutzes und der Landschaftspflege geplant, gegliedert, erschlossen und weiterentwickelt werden.

Naturdenkmale (§ 28 BNatSchG)

(1) Naturdenkmale sind rechtsverbindlich festgesetzte Einzelschöpfungen der Natur oder entsprechender Flächen bis fünf Hektar, deren besonderer Schutz

1. aus wissenschaftlichen, naturgeschichtlichen oder landeskundlichen Gründen oder
2. wegen ihrer Seltenheit, Eigenart oder Schönheit erforderlich ist.

(2) Die Beseitigung des Naturdenkmals sowie alle Handlungen, die zu einer Zerstörung, Beschädigung oder Veränderung des Naturdenkmals führen können, sind nach Maßgabe näherer Bestimmungen verboten.

Geschützte Landschaftsbestandteile
(§ 29 BNatSchG)

(1) Geschützte Landschaftsbestandteile sind rechtsverbindlich festgesetzte Teile von Natur und Landschaft, deren besonderer Schutz
1. zur Erhaltung, Entwicklung oder Wiederherstellung der Leistungs- und Funktionsfähigkeit des Naturhaushalts,
2. zur Belebung, Gliederung oder Pflege des Orts- oder Landschaftsbildes,
3. zur Abwehr schädlicher Einwirkungen oder
4. wegen ihrer Bedeutung als Lebensstätten bestimmter wild lebender Tier- und Pflanzenarten

erforderlich ist. Der Schutz kann sich in bestimmten Gebieten auf den gesamten Bestand an Alleen, einseitigen Baumreihen, Bäumen, Hecken oder anderen Landschaftsbestandteilen erstrecken.

(2) Die Beseitigung des geschützten Landschaftsbestandteils sowie alle Handlungen, die zu einer Zerstörung, Beschädigung oder Veränderung des geschützten Landschaftsbestandteils führen können, sind nach Maßgabe näherer Bestimmungen verboten. Ausnahmen von diesem Verbot sind nur zulässig, wenn sie aus zwingenden Gründen der Verkehrssicherheit durchgeführt werden und keine anderen Maßnahmen zur Erhöhung der Verkehrssicherheit erfolgreich durchgeführt werden konnten. Die Länder können für den Fall der Bestandsminderung die Verpflichtung zu angemessenen und zumutbaren Ersatzpflanzungen festlegen.

4. Schutz und Pflege wild lebender Tier- und Pflanzenarten (Arten- und Biotopschutz)

Allgemeine Vorschriften

Hier handelt es sich um den *Artenschutz,* d. h. den Schutz und die Pflege der wild wachsenden Pflanzen und wild lebenden Tiere, ihrer Entwicklungsformen, Lebensstätten, Lebensräume und Lebensgemeinschaften als Teil des Naturhaushalts. Der Artenschutz schließt auch die Ansiedlung verdrängter oder in ihrem Bestand bedrohter Pflanzen- und Tierarten ein.

Biotopschutz ist die vordringliche Voraussetzung für wirksamen Artenschutz. Deshalb stellt das Naturschutzgesetz eine Reihe von bestimmten (besonders empfindlichen bzw. gefährdeten) Biotopen ausdrücklich unter Schutz.

Die Vorschriften des Pflanzenschutzrechts, des Tierschutzrechts, des Seuchenrechts sowie des Forst-, Jagd- und Fischereirechts bleiben von den Bestimmungen des Artenschutzes des BNatSchG

unberührt. »Soweit in jagd- und fischereirechtlichen Vorschriften keine besonderen Bestimmungen zum Schutz und zur Pflege der betreffenden Arten bestehen oder erlassen werden, sind vorbehaltlich der Rechte der Jagdausübungs- oder Fischereiberechtigten die Vorschriften dieses Abschnitts und die auf Grund und im Rahmen dieses Abschnitts erlassenen Rechtsvorschriften anzuwenden« (§ 39 Abs. 2 Satz 2 BNatSchG). Die Unberührtheitsklausel garantiert den Vorrang des Jagdrechts vor den naturschutzrechtlichen Bestimmungen des Artenschutzes. Soweit das Jagdrecht (Bundes- oder Landesrecht) also etwas regelt, treten die Bestimmungen des Naturschutzrechtes (Bundes- und Landesrecht) zurück. Bestehen allerdings Regelungslücken, wie z. B. bei der Vermarktung, erfassen die naturschutzrechtlichen Verbote auch Jäger und Wild. Ferner findet das gesamte Artenschutzrecht auf sämtliche Personen Anwendung, die für die betroffenen Flächen nicht »befugte Jäger« sind.

Schutz bestimmter Biotope

Maßnahmen, die zu einer Zerstörung oder sonstigen erheblichen oder nachhaltigen Beeinträchtigung folgender Biotope führen können, sind nach Maßgabe der Länder verboten:
1. natürliche oder naturnahe Bereiche fließender und stehender Binnengewässer einschließlich ihrer Ufer und der dazugehörigen uferbegleitenden natürlichen oder naturnahen Vegetation sowie ihrer natürlichen oder naturnahen Verlandungsbereiche, Altarme und regelmäßig überschwemmten Bereiche,
2. Moore, Sümpfe, Röhrichte, seggen- und binsenreiche Naßwiesen, Quellbereiche, Binnenlandsalzstellen,
3. offene Binnendünen, offene natürliche Block-, Schutt- und Geröllhalden, Lehm- und Lößwände, Zwergstrauch-, Ginster- und Wacholderheiden, Borstgrasrasen, Trockenrasen, Schwermetallrasen, Wälder und Gebüsche trockenwarmer Standorte,
4. Bruch-, Sumpf- und Auwälder, Schlucht-, Blockhalden- und Hangschuttwälder,
5. offene Felsbildungen, alpine Rasen sowie Schneetälchen und Krummholzgebüsche,
6. Fels- und Steilküsten, Küstendünen und Strandwälle, Strandseen, Boddengewässer mit Verlandungsbereichen, Salzwiesen und Wattflächen im Küstenbereich, Seegraswiesen und sonstige marine Makrophytenbestände, Riffe, sublitorale Sandbänke der Ostsee sowie artenreiche Kies-,

Grobsand- und Schillbereiche im Meeres- und Küstenbereich.

Durch Landesrecht können weitere Biotope unter Schutz gestellt werden. Ausnahmen sind nur zulässig, wenn sie ausgeglichen werden können oder »aus überwiegenden Gründen des Gemeinwohls« notwendig sind.

Allgemeiner Schutz wild lebender Tiere und Pflanzen

Nach § 41 BNatSchG erlassen die Länder Vorschriften über den Schutz der wild lebenden Tiere und Pflanzen. Dabei ist insbesondere zu regeln,

1. Tiere nicht mutwillig zu beunruhigen oder ohne vernünftigen Grund zu fangen, zu verletzen oder zu töten, (das gilt grundsätzlich auch für Tiere, die nicht unter besonderem Schutz stehen und landläufig als »Schädlinge« sowie in jagdlicher Hinsicht als »Raubzeug« gelten. Der »vernünftige Grund«, sie zu fangen oder zu töten, kann sich aus den Belangen ordnungsgemäßer Wirtschaft bzw. aus den Erfordernissen des Jagdschutzes ergeben.)
2. Pflanzen nicht ohne vernünftigen Grund von ihrem Standort zu entnehmen oder zu nutzen oder ihre Bestände niederzuschlagen oder auf sonstige Weise zu verwüsten,
3. Lebensstätten nicht ohne vernünftigen Grund zu beeinträchtigen oder zu zerstören.

Besonders geschützte Tier- und Pflanzenarten

Bestimmte heimische Arten sind unter *besonderen Schutz* zu stellen, wenn dies wegen der Gefährdung ihres Bestandes (oder auch wegen Verwechslungsgefahr mit einer gefährdeten Art) erforderlich ist (§ 52 Abs. 1 BNatSchG). Dies gilt – im Einvernehmen mit dem Bundesministerium für Verbraucherschutz, Ernährung und Landwirtschaft grundsätzlich auch für Wild (§ 52 Abs. 8 BNatSchG), wobei auch in diesem Fall das Jagdrecht auf Grund der o. g. Unberührtheitsklausel (vgl. S. 353) Vorrang hat. Die unter besonderen Schutz gestellten Tierarten ergeben sich aus § 10 Abs. 1 Nr. 10 BNatSchGast sowie aus Anlage 1 zur Bundesartenschutzverordnung. Ausgenommen vom besonderen Schutz sind dort ausdrücklich Mink, Nutria, Marderhund, Bisam und Waschbär.

(1) Nach § 42 BNatSchG ist verboten,

1. wild lebenden Tieren der besonders geschützten Arten nachzustellen, sie zu fangen, zu verletzen, zu töten oder ihre Entwicklungsformen, Nist-, Brut-, Wohn- oder Zufluchtstätten der Natur zu entnehmen, zu beschädigen oder zu zerstören,
2. wild lebende Pflanzen der besonders geschützten Arten oder ihre Teile oder Entwicklungsformen abzuschneiden, abzupflücken, aus- oder abzureißen, auszugraben, zu beschädigen oder zu vernichten,
3. wild lebende Tiere der streng geschützten Arten und der europäischen Vogelarten an ihren Nist-, Brut-, Wohn- oder Zufluchtstätten durch Aufsuchen, Fotografieren, Filmen oder ähnliche Handlungen zu stören,
4. Standorte wild lebender Pflanzen der streng geschützten Arten durch Aufsuchen, Fotografieren oder Filmen der Pflanzen oder ähnliche Handlungen zu beeinträchtigen oder zu zerstören,

(2) Es ist ferner verboten,

1. Tiere und Pflanzen der besonders geschützten Arten in Besitz oder Gewahrsam zu nehmen, in Besitz oder Gewahrsam zu haben oder zu be- oder verarbeiten (Besitzverbote),
2. Tiere und Pflanzen der besonders geschützten Arten im Sinne des § 10 Abs. 2 Nr. 10 Buchstabe b und c
   a) zu verkaufen, zu kaufen, zum Verkauf oder Kauf anzubieten, zum Verkauf vorrätig zu halten oder zu befördern,
   b) zu kommerziellen Zwecken zu erwerben, zur Schau zu stellen oder sonst zu verwenden (Vermarktungsverbote).

Mit dem neuen Bundesnaturschutzgesetz ist das Artenschutzrecht unter Berücksichtigung der europarechtlichen Vorgaben neu und umfassend geregelt worden. Die alte BArtSchV muß – und wird in Kürze – angepaßt werden. Für den Anwender schwer verständlich und ohne weitere Unterlagen nicht nachvollziehbar sind die zahlreichen Verweisungen auf europarechtliche Verordnungen und Richtlinien. Das gesamte Rechtsgebiet bleibt daher auch in der Neufassung des BNatSchG eine schwierige Materie.

Tiergehege

Die bundesrechtliche Pflicht zur Einholung einer Genehmigung für die Errichtung, Erweiterung und den Betrieb von Tiergehegen (§ 24 Abs. 1 BNatSchG a. F.) ist entfallen. Ob eine Genehmigung erforderlich ist und unter welchen Voraussetzungen sie erteilt wird, richtet sich künftig nach Landesrecht.

5. Erholung in Natur und Landschaft
Betreten der Flur

Das Betreten der Flur auf Straßen und Wegen sowie auf ungenutzten Grundflächen zum Zwecke der Erholung ist auf eigene Gefahr von den Ländern zu gestatten. Die Länder können das Betreten aus wichtigen Gründen einschränken sowie andere Benutzungsarten dem Betreten gleichstellen. Hier ist auf Feld- und Flurgesetze, das Bundeswaldgesetz und die Landeswaldgesetze zu verweisen, die sich mit dem Betreten der freien Natur befassen.

6. Vollzug der Gesetze

Die Kompetenz für den Naturschutz liegt auf Bundesebene beim **Ministerium für Umwelt, Naturschutz und Reaktorsicherheit.**
Die aus der Naturschutzgesetzgebung herzuleitenden Maßnahmen obliegen den Naturschutzbehörden der Bundesländer. **Oberste Naturschutzbehörde** ist in der Regel das Umweltministerium. – **Höhere/obere Naturschutzbehörde** – soweit vorhanden – ist regelmäßig die Bezirksregierung bzw. der Regierungspräsident. – **Untere Naturschutzbehörde** ist die Kreisverwaltungsbehörde (Landratsamt) bzw. die Verwaltung kreisfreier Städte.
Die *Beratung* der Naturschutzbehörden erfolgt durch Beiräte und durch Landes-, Bezirks- oder Kreisbeauftragte für Naturschutz und Landschaftspflege.
Das *Bundesministerium* ist nicht Naturschutzbehörde hinsichtlich des Vollzuges der Gesetze. Ihm obliegt die Bearbeitung allgemeiner Angelegenheiten auf diesem Gebiet und die Vorbereitung der Bundesgesetzgebung. Ihm untersteht das Bundesamt für Naturschutz.
Die **Forstbeamten** und die **Berufsjäger** haben nach Maßgabe der gesetzlichen Vorschriften und ihrer Dienstanweisungen beim Umwelt-, Natur- und Tierschutz mitzuwirken. Ggf. obliegt es ihnen neben den Beamten des Polizei- und Sicherheitsdienstes, Verstöße gegen die diesbezüglichen Bestimmungen abzuwehren und zur Anzeige zu bringen. Alle *Jagdschutzberechtigten* und *Jäger* sollten sich zu ihrem Teil beim Vollzug des Naturschutzgesetzes zur Verfügung stellen. Soweit nach landesrechtl. Bestimmungen **Naturschutzwarte** eingesetzt werden oder eine **Naturschutzwacht** aufgestellt wird, ist die Mitwirkung der Jägerschaft in solchen Institutionen wertvoll.

Bundesarten-schutzverordnung

Die Bundesartenschutzverordnung (BArtSchV) bestimmt, welche Tier- und Pflanzenarten unter die Schutzbestimmungen des Bundesnaturschutzgesetzes fallen. Bezüglich der einheimischen Tiere (und Pflanzen) gelten folgende Grundsätze:
In den umfangreichen Anlagen zur BArtSchV sind alle Arten aufgeführt, die den »besonderen Schutz« nach dem Naturschutzgesetz genießen. Unter ihnen sind noch die streng geschützten Arten eigens hervorgehoben. Da das Bundesnaturschutzgesetz in seiner Neufassung vom 25. 3. 2002 eine noch weitergehende gesetzliche Definition der besonders geschützten Arten vornimmt, bedarf es einer baldigen Anpassung der BundesartenschutzVO (s. auch S. 42). Derzeit gilt noch folgendes:
Für **Säugetiere** gilt, daß grundsätzlich **alle** einheimischen Arten (mit wenigen Ausnahmen) den »besonderen Schutz« genießen, sofern sie nicht dem Jagdrecht unterliegen. Europäische Vogelarten werden über die neue Definition in § 10 BNatSchG auch insoweit erfaßt, als sie zum Wildkatalog gehören.
Wichtig sind die **Ausnahmen** vom »besonderen Schutz«, also diejenigen Säugetierarten, die nach vereinfachtem Sprachgebrauch als »ungeschützt« gelten (obwohl auch sie den »Mindestschutz« nach dem Natur- und Tierschutzrecht unterliegen, wie z. B. dem Verbot des Tötens ohne »vernünftigen Grund«).
Es sind dies folgende **Säugetiere:** Schermaus, Rötelmaus, Erdmaus, Feldmaus, Hausmaus, Wanderratte, Hausratte, Bisam, Nutria, Marderhund, Waschbär, Mink sowie verwilderte Haustauben, Hunde und Katzen (Marderhund, Mink, Waschbär sowie Nutria unterliegen in einigen Bundesländern dem Jagdrecht.)
Unter den **Vögeln** gibt es überhaupt keine Ausnahmen mehr; es genießen also alle einheimischen Vogelarten den besonderen Schutz, auch die bisher ungeschützten Arten Rabenkrähe, Elster, Eichelhäher, Star, Amsel und Haussperling. (Wegen der drei Rabenvögel; vgl. Seite 168.)

Von den **Kriechtieren (Reptilien)** und den **Lurchen (Amphibien)** genießen **alle** europäischen Arten den »besonderen Schutz«.

Von den **Weichtieren (Mollusken)** sind z. B. die Weinbergschnecke sowie alle einheimischen Teich- und Flußmuscheln »besonders geschützt«, unter den **Krebsen** der Stein- und der Edelkrebs.

Eine sehr große Zahl von **Insekten** fällt unter den »besonderen Schutz«. Darunter u. a.: alle einheimischen Libellen; einige Heuschreckenarten; alle wildlebenden Bienen- und Hummelarten; die Roten Waldameisen; unter den Käfern vor allem die Puppenräuber und Großlaufkäfer, viele Bockkäfer, Blüten-, Gold- und Rosenkäfer, Sandlaufkäfer, Breitrand- und Kolbenwasserkäfer, Hirschkäfer, Nashornkäfer, Walker u. a.; alle Ameisenjungfern (samt ihren Larven, den »Ameisenlöwen«) und Singzikaden; ferner sehr viele Schmetterlingsarten (ausgenommen die ausgesprochenen Schädlinge unter den Spinnern, Spannern, Motten, Weißlingen u. dgl.).

Sehr umfangreich ist auch die Liste der »besonders geschützten« **Pflanzen.**

Stellvertretend seien einige besonders wichtige bzw. bekannte Arten der Gruppen aufgeführt: Eisenhut; Adonisröschen; Anemonen; Akelei; Arnika; Grasnelken; Rautenfarne; Silberdistel; Alpenwaldrebe; Alpenveilchen; Seidelbast; Pfingstnelken; Diptam; Fingerhut; Sonnentaugewächse; Stranddistel; Sumpfwolfsmilch; Schachblumen; Schneeglöckchen; Enziane; Christrose; Schwertlilien; Sumpfporst; Edelweiß; Alpenrosen; Märzenbecher; Lein; Bärlappgewächse; Straußfarn; Traubenhyazinthe; Narzissen; See- und Teichrosen; Orchideen; Königsfarn; Karlszepter; Hirschzunge; Schlüsselblumen; Küchenschelle; Steinbrechgewächse; Hauswurzgewächse; Soldanellen; Wassernuß; Trollblume.

Ergänzende bzw. abweichende Bestimmungen können die Naturschutzgesetze und -verordnungen der einzelnen Bundesländer enthalten. Den aktuellen Stand der Gefährdung von Tier- und Pflanzenarten geben die **»Roten Listen«** wieder, die von Naturschutzorganisationen aufgestellt und laufend ergänzt werden.

Als **streng geschützt** führt die BArtSchV u. a. die im Anhang Seite 415 in einer Übersicht dargestellten heimischen Arten auf. (Sie genießen über den »besonderen Schutz« hinaus noch weitere Schutzbestimmungen).

Die Listen im Anhang zur Bundesartenschutzverordnung enthalten noch wesentlich mehr als die hier genannten Arten; denn dort sind sämtliche europäische Arten aufgeführt, im Hinblick auf die Ein- und Ausfuhrbestimmungen. Andererseits fehlen einige Arten, da sie bereits nach internationalem Recht Schutz genießen (EG-Verordnung 338/97).

Die BArtSchVO enthält ferner ausführliche Vorschriften über **Aufzeichnungs- und Kennzeichnungspflichten** sowie **Haltung und Zucht** von geschützten Tieren und Pflanzen. An diesbezügliche Genehmigungen und Kontrollen werden strenge Maßstäbe angelegt. Die früher enthaltenen Ein- und Ausfuhrbeschränkungen wurden bereits 1999 aus der BArtSchV gestrichen und durch entsprechende Vorschriften im BNatSchG ersetzt.

Verbotene Handlungen, Verfahren und Geräte

Den besonders geschützten Arten darf ohnehin in keiner Weise nachgestellt werden. Aber auch für die nicht besonders geschützten **Wirbeltiere** gelten nach § 12 BArtSchV folgende Verbote:

Es ist verboten, ihnen nachzustellen, sie anzulocken, zu fangen oder zu töten mit Schlingen, Netzen, Fallen, Haken, Leim, unter Benutzung von lebenden Locktieren mit Armbrüsten, mit künstlichen Lichtquellen, mit akustischen oder elektrischen Geräten, durch Begasen, Ausräuchern, mit Gift- oder Betäubungsmitteln, mit Selbstladewaffen, deren Magazin mehr als 2 Patronen aufnehmen kann, mit Hilfe von Nachtzielgeräten, mit Sprengstoffen, aus Kraftfahrzeugen, Luftfahrzeugen und aus Booten mit mehr als 5 km/h Geschwindigkeit. – Ausnahmen von diesen Verboten gibt es zur Schädlingsbekämpfung in Übereinstimmung mit dem Pflanzenschutzrecht und für Bisams. Im übrigen haben jagdrechtliche Regelungen Vorrang, so daß nach Jagdrecht erlaubte Methoden hinsichtlich Wild nicht verboten werden.

Für die dem Jagdrecht unterliegenden Tiere ist die **Bundes-Wildschutzverordnung** zu beachten (siehe Seite 42).

Einschlägige Bestimmungen des Tierschutzgesetzes

Das Naturschutzrecht befaßt sich – soweit es Tiere betrifft – mit dem Arten- und Biotopschutz von Wildtieren. Das Tierschutzrecht behandelt dagegen den Schutz des einzelnen Tieres vor vermeidbaren Schmerzen und Leiden; seine Bestimmungen betreffen in erster Linie Haus- und Nutztiere, gelten grundsätzlich aber auch für den Umgang mit Wildtieren.

Die grundsätzlichen Bestimmungen, die auch den Jäger angehen, sind in den Neufassungen des Tierschutzgesetzes (1972, 1975, 1986, 1998) im wesentlichen unverändert geblieben.

- Oberster Grundsatz ist: *Niemand darf einem Tier ohne vernünftigen Grund Schmerzen, Leiden oder Schäden zufügen* (§ 1 TSchG).
- Wer ein Tier hält oder betreut, muß ihm angemessene, artgemäße *Nahrung und Pflege* sowie verhaltensgerechte *Unterbringung* gewähren. Das artgemäße *Bewegungsbedürfnis* darf nicht dauernd eingeschränkt werden (§ 2 TSchG).
- Verboten ist (§ 3 TSchG):
  - einem Tier Leistungen abzuverlangen, die offensichtlich seine Kräfte übersteigen;
  - in Obhut des Menschen gehaltene Tiere auszusetzen oder zurückzulassen;
  - *Tiere an anderen lebenden Tieren auf Schärfe abzurichten oder zu prüfen* sowie *ein Tier auf ein anderes Tier zu hetzen* (ausgenommen, wenn dies zur waidgerechten Jagdausübung – gemeint ist die Hetze im Verlauf einer Nachsuche – erforderlich ist; die Ausbildung und Prüfung von Hunden »hinter der lebenden Ente« wird auch von der neuesten Rechtsprechung [OLG Celle und VG Schleswig] aus dem Jahr 1994 für zulässig erachtet), sofern landesrechtlich keine ausdrücklicher Verbote bestehen;
  - einem Tier Futter zu geben, das ihm Schmerzen, Leiden oder Schäden zufügt.
- Ein Wirbeltier töten darf nur, wer die dazu nötigen Kenntnisse und Fähigkeiten besitzt (§ 4 Abs. 1 TSchG) (dies ist für den Jäger durch die Jägerprüfung gegeben).

- Ein Wirbeltier darf grundsätzlich nur unter Betäubung oder sonst unter Vermeidung von Schmerzen getötet werden. Bei der *waidgerechten Ausübung der Jagd* ist das Töten ohne Betäubung zulässig, doch dürfen dem Tier dadurch *nicht mehr als unvermeidbare Schmerzen* entstehen (§ 4 Abs. 1 TSchG). (Diesem Ziel dienen die jagdrechtlichen Vorschriften über zulässige Jagdarten, Waffen, Munition und Fanggeräte, über die sachgerechte Nachsuche und die Verwendung brauchbarer Jagdhunde.)
- Mit Schmerzen verbundene *Eingriffe* an einem warmblütigen Wirbeltier darf grundsätzlich nur ein Tierarzt vornehmen (§ 5 Abs. 1 TSchG). Das gilt auch für das Kupieren der Ruten von Hunden, was nur bei jagdlich zu führenden Hunden zulässig ist, wenn dies für die vorgesehene Nutzung unerläßlich ist. Das Kupieren der Ohren von Hunden ist grundsätzlich verboten.

Das **Halten von Hunden im Freien** ist in einer besonderen Verordnung geregelt (§ 4 ff. der Tierschutz-Hundeverordnung v. 2. 5. 2001, BGBl. I S. 838). Bei Haltung im *Zwinger* muß eine wetterfeste Schutzhütte zur Verfügung stehen. Der Zwinger muß für einen mittelgroßen Hund mindestens 6 qm groß sein (ohne die Grundfläche der Hütte), für jeden weiteren Hund kommen 3 qm dazu. Material und Verarbeitung des Zwingers müssen ungefährlich sein, der Zwinger muß sauber und trocken gehalten werden, der Hund muß Sicht nach außen und einen schattigen Liegeplatz haben. Hunde dürfen im Zwinger nicht angebunden werden (sicherheitshalber sollte man ihnen auch die Halsung abnehmen).

Angebunden dürfen Hunde nur gehalten werden, wenn mit einer mindestens 2,5 m langen Anbindung an einer mindestens 6 m langen Laufvorrichtung ausreichend (seitlich mindestens 5 m) Bewegungsraum verfügbar ist; ferner muß – wie im Zwinger – eine wetterfeste Hütte vorhanden sein.

Im Zwinger oder angebunden gehaltene Hunde müssen *mindestens einmal täglich versorgt* werden; *frisches Wasser* muß ständig zur Verfügung stehen: Einem Hund ist ausreichend Auslauf im Freien sowie ausreichend Umgang mit Personen (SozialKontakte) zu gewähren.

Bedeutung und Schutz der nicht jagdbaren Tiere

Die dem Jagdrecht unterliegenden Tiere (Wild) bilden nur einen kleinen Ausschnitt aus der gesamten einheimischen Tierwelt. Es handelt sich dabei ausschließlich um Säugetiere (Haarwild) und Vögel (Federwild), die infolge ihrer Größe, Häufigkeit und Verwertbarkeit als Jagdbeute in Betracht kommen. Sie alle stehen aber in ihrem Lebensraum (Biotop) in engen Wechselbeziehungen zu allen übrigen Tier- und Pflanzenarten, dürfen also als Glieder des gesamten »Ökosystems« nicht isoliert betrachtet werden.

Die große Artenfülle der nicht jagdbaren Tiere ist für den jagdlichen Bereich in zweierlei Hinsicht von besonderer Bedeutung: Zunächst alle diejenigen Tiere, die als Beutetiere die Lebensgrundlage für viele beutegreifende Arten darstellen, die dem Jagdrecht unterliegen (Raubwild, Greifvögel), dann aber auch diejenigen, die wegen ihrer Seltenheit dem besonderen Schutz nach dem Naturschutzrecht unterliegen und deshalb in ideeller Hinsicht auch vom Jäger (z. B. im Rahmen der Reviergestaltung) aktiv geschützt und in ihrem Bestand gesichert und gefördert werden sollen.

Ökologische Grundlagen

Grundsätzlich stellen die grünen Pflanzen die Lebensgrundlage für die gesamte Tierwelt dar. Nur die grüne Pflanze ist in der Lage, durch ihr Blattgrün (Chlorophyll) mit Hilfe von Sonnenlicht und Wasser aus dem Kohlendioxid der Luft und den Mineralstoffen des Bodens auf chemischem Wege organische Substanz aufzubauen (Assimilation). Die grünen Pflanzen sind »Produzenten« (Erzeuger), von denen eine große Zahl pflanzenfressender Tiere als »Konsumenten« (Verbraucher) leben. Die Pflanzenfresser bezeichnen wir als »Primärkonsumenten«, weil sie unmittelbar die von den Pflanzen erzeugten Nährstoffe verbrauchen. Fleischfressende Tiere, die wiederum hauptsächlich von Pflanzenfressern leben, nennen wir »Sekundärkonsumenten«. Auch sie leben indirekt – auf dem Umweg über ihre Beutetiere – von der Pflanzenwelt. Abgestorbene Tiere und Pflanzen sowie Stoffwechselprodukte (Kot) werden schließlich von Abfallverzehrern (»Destruenten«) weiterverwertet (niedere Tiere, Pilze, Bakterien) und zuletzt in ihre anorganischen (mineralischen) Bestandteile zerlegt, die dann den Pflanzen wieder zum Aufbau neuer organischer Substanz zur Verfügung stehen.

Allgemein gilt, daß Tiere, je kleiner sie sind, eine umso kürzere Lebensdauer und kleineren Lebensraum, jedoch schnelle und zahlreiche Vermehrung haben und in um so größerer Zahl vorkommen. Je größer dagegen ein Tier ist, desto weniger »natürliche Feinde« hat es über sich; es kann es sich leisten, bei längerer Lebensdauer und größerem Lebensraum sich spärlicher zu vermehren: Immer weniger Nachkommen reichen aus, die Erhaltung der Art in Wechselbeziehung zur Umwelt zu gewährleisten.

Im Laufe der stammesgeschichtlichen Entwicklung haben sich alle Tierarten an ganz bestimmte Umweltverhältnisse (Lebensbedingungen) angepaßt. Sie nehmen in ihrer Lebensgemeinschaft sozusagen ganz bestimmte, von der Natur geschaffene »Planstellen« ein, haben sich eine »ökologische Nische« erobert. Der allmähliche Wandel der Umweltverhältnisse (Klima, Pflanzenwuchs) bedingt fortgesetzte Anpassungsvorgänge, die in sehr langen Zeiträumen zu gewissen Umbildungen der bestehenden Formen, teilweise auch zum Verschwinden (Aussterben) nicht mehr genügend anpassungsfähiger Lebensformen führen. Diese natürliche Entwicklung (Evolution) wird in unserer Zeit durch den Einfluß des Menschen verstärkt und beschleunigt: Die durch den Menschen verursachten Änderungen in den Lebensbedingungen erfolgen so schnell, daß sich die Lebewesen nicht entsprechend anpassen können; viele Tier- und Pflanzenarten sind daher in ihrem Bestand gefährdet, teilweise bereits ausgerottet worden.

Die vom Menschen lange Zeit nach einseitig wirtschaftlichen Gesichtspunkten (»Nutzen – Schaden«) betriebene Auslese unter den wildwachsenden Pflanzen und freilebenden Tieren ist heute als sehr gefährlich erkannt, weil sie zu einer Verarmung der natürlichen Vielfalt an Lebewesen führt, weil dadurch die ökologischen Wechselbeziehungen zwischen den Lebewesen in unübersehbarer Weise gestört werden und weil für die Zukunft die »natürlichen Hilfsquellen« als Lebensgrundlage für den Menschen selbst geschmälert werden. Es gilt der Satz, daß »Ökologie« (das heißt die ganzheitliche, auf die natürliche Vielfalt des Lebensgefüges bezogene Betrachtungsweise) auf lange Sicht auch

Zauneidechsen

Blindschleiche

Kreuzotter (dunkle Form)

die vernünftigste »Ökonomie« (nachhaltig gesicherte Wirtschaftlichkeit) darstellt. Ein Grundsatz, der auch heute noch in vielfachem Gegensatz zu einem Wirtschaftsdenken steht, das sich am kurzfristigen Vorteil orientiert, ohne die späteren Auswirkungen zu berücksichtigen. Hier liegt der wesentliche Kern der *Naturschutzpolitik,* in die auch die jagdlichen Belange einbezogen sind (vgl. S. 347).

Die hier in großen Zügen aufgezeigten Zusammenhänge sind zum Teil schon in der Einführung zum Abschnitt »Wildkunde« (Seite 63 ff.) erwähnt; auf die besonderen schützenswerten bzw. gefährdeten Arten ist, soweit sie dem Jagdrecht unterliegen, bei Behandlung der einzelnen Wildarten hingewiesen; soweit sie dem Naturschutzrecht unterliegen, sind sie in der Übersicht auf Seite 354 aufgeführt.

Die einzelnen Gruppen und Arten

Die größte Arten- und Individuenzahl von Tieren finden wir bei den **niederen Tieren** (Würmer, Weichtiere, Spinnen, bis zu den Insekten). Von ihnen sind einige besonders auffällige Formen bereits Anliegen des besonderen Naturschutzes (z. B. Weinbergschnecke, verschiedene Insekten, siehe Seite 356). Sie haben größtenteils wichtige Funktionen als Beseitiger pflanzlicher und tierischer Abfälle (»Destruenten«), zur Erhaltung der Bodenfruchtbarkeit (Regenwurm!), viele Insekten vor allem auch zur Bestäubung von Pflanzen (Bienen, Hummeln, auch Fliegen usw.). Alle sind Nahrungsgrundlage für zahlreiche weichtier- und insektenfressende Tiere. Viele Vögel sind ausgesprochene Insektenfresser; aber auch pflanzenfressende Vögel sind für die Aufzucht ihrer Jungen weitgehend auf Insekten- und Weichtiernahrung angewiesen. Das gilt z. B. gerade für die Hühnervögel (Auer- und Birkwild, Rebhuhn, Fasan). Da das natürliche Vorkommen von Insekten in enger Wechselbeziehung zu einer vielfältigen Vegetation von Wildpflanzen steht, ergibt sich die Gefährdung solcher Vogelarten mittelbar daraus, daß z. B. in der Landwirtschaft die Wildpflanzen radikal durch chemische Bekämpfung (Herbizide) vernichtet werden.

Manche Tiere sind auf Großinsekten als Nahrung spezialisiert (z. B. Wespenbussard, zum Teil auch der Baumfalke, Wiedehopf, Fledermäuse).

Andererseits neigen gerade manche Insektenarten zur zeitweisen Massenvermehrung, wenn einförmige Pflanzenbestände auf großer Fläche (»Monokulturen«) und günstige klimatische Bedingungen zusammentreffen. Solche »Schädlingskalamitäten« (z. B. Borkenkäfer) sind in der Regel durch einseitige Wirtschaftsweise verschuldet und erfordern wiederum »unnatürliche« (chemische) Bekämpfungsmittel. Mehr naturgemäße Wirtschaftsweise und Einsatz biologischer anstatt chemischer Schädlingsbekämpfungsmethoden könnte auf weitere Sicht aus diesem Teufelskreis herausführen.

Unter den **Wirbeltieren** ist die Zahl der **wechselwarmen Landtiere** (»Kaltblüter«) bei uns nur gering: Sie können nur im Sommer aktiv leben und müssen die kalte Jahreszeit in Winterstarre überdauern. Dazu gehören die **Lurche** (Amphibien) mit den Gruppen der Molche, Salamander, Unken, Kröten und Frösche, und die **Kriechtiere** (Reptilien) mit den Schlangen, Eidechsen und Schildkröten. Trotz der geringen Artenzahl kann in geeigneten Biotopen die Individuenzahl einzelner Arten bedeutend sein und dann zur Nahrungsgrundlage anderer Tiere werden. So ist z. B. die bedrohliche Lage der Störche und Reiher wesentlich auf den Rückgang von *Feuchtgebieten* mit ihrem ursprünglich reichen Vorkommen von Lurchen zurückzuführen.

Wesentliche Schutzmaßnahmen sind die Reinhaltung von Gewässern, die Erhaltung und Neuanlage von Feuchtgebieten, Tümpeln und Weihern. Eine spezielle Schutzmaßnahme für Kröten und Frösche besteht in der Verhinderung der Verluste auf Verkehrsstraßen, wenn die Tiere aus ihren Winterverstecken oft in großer Zahl zu den Laichgewässern wandern. An den bekannten und immer wieder benutzten »Wanderwegen« können zur Zeit der Laichwanderung die Tiere in Gräben und Fanggruben aufgesammelt und dann über die Verkehrsstraße gebracht, oder aber durch niedrige Zäune zu Unterführungen unter der Straße umgeleitet werden.

Eine Sonderstellung unter den wechselwarmen Wirbeltieren nehmen die **Fische** ein. Sie besetzen die »ökologischen Nischen« der Gewässer ebenso wie die Landtiere die des festen Landes und haben eine große Artenvielfalt entwickelt. Sie sind unmittelbar abhängig von der Beschaffenheit der Gewässer und daher durch wasserbauliche Maßnahmen (Begradigung, Verbauung) ebenso benachteiligt wie vor allem durch die Verschmutzung der Gewässer mit Abfällen und chemischen Substanzen. Zahlreiche Tiere sind auf Fischbeute spezialisiert oder zum Teil davon abhängig (z. B. Robben, Fischotter, Kormorane, Taucher, Säger, Reiher, Fischadler). – Die Fischerei ist überdies ein bedeu-

Laubfrosch

Feuersalamander

Teichmolch (Landform)

Anbringen eines Vogelnistkastens

tender Wirtschaftsfaktor und rechtlich durch das Fischereirecht in ähnlicher Weise geregelt wie die Jagdausübung durch das Jagdrecht.

Unter den **gleichwarmen Wirbeltieren** (»Warmblütern«) finden wir die uns am besten vertrauten Formen der *Säugetiere* und der *Vögel*, zu denen auch unsere Wildarten gehören.

Die kleinen **Säugetiere** führen ein heimliches, meist nächtliches Leben, sind deshalb schwerer zu beobachten und weit weniger volkstümlich als die Vögel. Manche von ihnen sind überdies bei Massenvermehrung als »Schädlinge« mißliebig.

Zusammenfassend zu nennen sind die *Insektenfresser* mit so bekannten Arten wie *Igel* und *Maulwurf* sowie den verschiedenen *Spitzmäusen*, ferner die ebenfalls insektenfressenden *Fledermäuse* (rund 20 Arten!). Praktisch alle diese insektenfressenden Säuger sind schutzwürdig und durch den Schwund des vielfältigen Insektenlebens mehr oder weniger benachteiligt oder sogar (wie die Fledermäuse) gefährdet.

Die zweite nennenswerte Gruppe sind die kleinen *Nagetiere*. Unter ihnen verdient die kleine Gruppe der *Bilche* (Schläfer) besonderen Schutz. Unter den artenreichen Gruppen der *Mäuse* und *Wühlmäuse* dagegen finden wir solche Arten, die bei Massenvorkommen zu Schädlingen in Forst- und Landwirtschaft werden können. Sie alle sind Nahrungsgrundlage für die meisten kleinen und mittelgroßen Raubwildarten, Greifvögel und Eulen.

Einige wenige größere Säugetiere, die nicht dem Jagdrecht unterliegen, sind im systematischen Zusammenhang mit Wildarten bereits in dem entsprechenden Abschnitt dieses Buches erwähnt (Eichhörnchen, Hamster, Bisam, Wanderratte u. a.). Alle übrigen Säugetiere unterliegen dem Jagdrecht.

Besondere Schutz- und Förderungsmaßnahmen für nichtjagdbare Säugetiere sind kaum möglich. Abgesehen von der Schaffung von Zufluchtsstätten für Fledermäuse (spezielle Fledermaus-Kästen ähnlich den Vogelnistkästen), kommen alle Hegemaßnahmen für Wild und alle Vogelschutzmaßnahmen gleichzeitig auch den kleinen Säugetieren zugute (Schutz von Gewässern und Feuchtgebieten, Schutzgehölze, Hecken, Erhaltung hohler Bäume usw.).

Wesentlich mehr Aufmerksamkeit findet allgemein der **Vogelschutz,** dem daher nachfolgend ein besonderes Kapitel gewidmet ist.

Vogelschutz

Vogelschutz ist ein wesentliches Teilgebiet des Naturschutzes und fällt demnach auch in den Interessenkreis des Jägers, der sich ja heutzutage nicht nur auf sein Jagdhandwerk beschränken darf, sondern bemüht sein muß, die ganze natürliche Umwelt draußen im Revier kennen und begreifen zu lernen. Kenntnis ist die erste Voraussetzung für wirksamen Schutz! Die Vogelwelt lenkt das besondere Augenmerk des Naturbeobachters auf sich, weil die meisten Vögel – im Gegensatz zu den wenig auffälligen kleinen Säugetieren – bei Tag aktiv sind und durch ihre Stimmen, ihr Verhalten und ihr Aussehen unser Wohlgefallen erregen. Wir begrüßen viele von ihnen als Frühlingsboten und schätzen die Hilfe, die sie als Insektenfresser in Wald, Flur und Garten leisten.

Im Winterwald

Ein Futterhäuschen mit rohem Speck und Sonnenblumenkernen vor der Jagdhütte bietet die beste Gelegenheit, die meisten Waldvögel kennenzulernen, die auch im Winter bei uns bleiben. Unter den Singvögeln sind es besonders die Meisen: die Kohlmeise ist die stattlichste, die Tannenmeise die häufigste im Nadelwald, seltener sind die Haubenmeise mit ihrem lustigen Federschopf und die schlicht braune Sumpf- bzw. Weidenmeise mit schwarzer Kopfplatte; im Laubwald stellt sich auch die hübsche Blaumeise ein. In die weitere Meisenverwandtschaft gehört der Kleiber (»Specht-meise«). Sie können sich gleich gut von Insekten wie von ölhaltigen Sämereien, Fleisch und Fett ernähren. Die winzigen Goldhähnchen dagegen kommen nicht ans Futterhaus; sie sind auch im Winter auf Insektenjagd angewiesen, ebenso wie der unauffällige Baumläufer. Von solchen »Weich-fressern«, die es im Winter schwer haben, treffen wir noch den Zaunkönig und das Rotkehlchen an. Auch die Amsel überwintert bei uns schlecht und recht. Besser kommen die robusteren Finkenvögel durch: Gimpel (Dompfaff) und Grünfink, ebenso der nordische Bergfink als Wintergast schätzen unsere Sonnenblumen- und Hanfkerne; Goldam-mern besuchen scharenweise die Federwildschüt-ten, auch der Eichelhäher findet sich dort gern ein. Stieglitz und Zeisige ziehen in Schwärmen umher auf der Suche nach Distel-, Birken- und Erlensa-men. Am besten haben es die Kreuzschnäbel: sie sind so auf die Samen der Nadelbäume als Nahrung spezialisiert, daß sie bei Überfluß davon sogar mit-ten im Winter brüten.

Seltenere, manchmal aber auch invasionsartig mas-senhaft auftretende Wintergäste sind der braun-weißgefleckte Tannenhäher (der im Hochgebirge einen einheimischen Vetter hat) und der bunte Seidenschwanz, der sich hauptsächlich von Beeren-früchten ernährt. An schnell fließenden, eisfreien Gewässern überwintern Wasseramsel und Eisvo-gel.

Von den Nicht-Singvögeln treffen wir im Winter-wald vor allem die Spechte an, die dank ihres kräftigen Schnabels nie Hunger zu leiden brau-chen. Der Schwarzspecht ist selten und scheu; eher sehen wir einmal den Grünspecht oder seinen ähn-lichen »Vetter« Grauspecht. Am häufigsten – auch am Futterhaus – ist der Buntspecht (die ähnlichen, aber kleineren Arten Mittel- und Zwergspecht sind seltener).

Frühlingsboten

Die meisten Singvögel und viele andere Arten, denen Insekten zur Nahrung dienen, verlassen uns im Spätsommer, um in südlicheren Breiten zu über-wintern. Erste Frühlingsboten, die wieder bei uns eintreffen, sind der Star (der in milden Lagen auch teilweise überwintert hat) und die Bachstelze als Vorbotin der Waldschnepfe. Noch enger an menschliche Behausungen halten sich der Hausrot-schwanz und die beiden Schwalben (Rauch- und Mehlschwalbe). Feld- und Heidelerche jubilieren über der Feldflur; in Au und Laubwald finden sich Gartenrotschwanz und Fliegenschnäpper ein, die

unscheinbare Heckenbraunelle ist wieder da, und bald erschallen auch die Stimmen der verschiede-nen Laubsänger und Grasmücken, von denen das eintönige »Zilp-zalp« des Weidenlaubsängers und das Geklapper der Zaungrasmücke auch dem un-kundigen Ohr auffallen. Im Wald schmettert der Buchfink sein Lied, über Heiden und Kahlflächen singen die Pieper nach Lerchenart im Balzflug, und im Schilf lärmen die Rohrsänger. In Dorngebüsch und an Dickungsrändern geht der (leider immer seltener werdende) Rotrückenwürger (»Neuntö-ter«, »Dorndreher«) und der noch seltenere große graue Raubwürger auf Insektenjagd. Im Mai flötet der Pirol aus frischgrünen Buchenwipfeln, und »Kuckuck, Kuckuck ruft's aus dem Wald«. Natür-lich haben es auch alle die Vögel, die den Winter über bei uns ausgehalten haben, jetzt wichtig, mit Gesang und Balz Wohnrevier und Weibchen zu erobern und zu verteidigen.

Brutgewohnheiten

Zu unterscheiden sind die beiden großen Gruppen der Höhlenbrüter und der Freibrüter, zwischen die sich noch die Halbhöhlen- oder Nischenbrüter als Übergang einfügen.

Höhlenbrüter sind vor allem die Spechte, die eigens kunstvolle Brut- und Schlafhöhlen in Baumstämme meißeln. Andere Höhlenbrüter benutzen entweder verlassene Spechthöhlen oder ausgefaulte Astlö-cher in morschen Bäumen u. dgl. (Meisen, Kleiber, Star, Dohle). In Erdhöhlen, die sie in lehmige Steilböschungen graben, brüten Eisvogel und Uferschwalbe.

Nischenbrüter an Felswänden wie an Gebäuden sind Hausrotschwanz, Bachstelze, Mauersegler. Die Hausschwalben stellen ihre Bruthöhle bzw. -nische selbst her.

Der Baumläufer baut sein Nest hinter loser Baum-rinde.

Unter den *Freibrütern* gibt es Baum-, Gebüsch-und Bodenbrüter. Die meisten bauen kunstvoll ins Gezweig verflochtene Nester, deren Bauweise für jede Vogelart typisch ist. Lerchen und Pieper brü-ten auf dem blanken Erdboden, Laub- und Erdsän-ger in Gras und bodennahem Gebüsch, die Rohr-sänger flechten ihr Nest um Schilfhalme, Drosseln, Grasmücken und Würger bevorzugen dichtes, halbhohes Gebüsch, der Gimpel dichte Fichten-hecken, während der Buchfink schon die Wipfelre-gion des Waldes bezieht; auch die Goldhähnchen flechten ihre Kugelnester zuhöchst im Fichtenalt-holz, der Zaunkönig dagegen in Brombeerhecken oder unter Reisighaufen.

Nahrungserwerb

Im Körperbau der Vögel gibt uns besonders die Schnabelform einen Hinweis auf den Nahrungserwerb. Grundsätzlich zu unterscheiden ist zwischen *Weichfressern* (Insekten, Beeren) mit verhältnismäßig dünnen, zierlichen Schnäbeln, und *Hartfressern* (Körnerfressern) mit kräftigen »Knackschnäbeln«. Grasmücke und Kernbeißer können als typische Vertreter der beiden Gruppen gelten. Daneben gibt es weniger spezialisierte Formen, die beides können: Insekten fangen und Kerne aufmeißeln, wie z. B. die Meisen. Weitgehend unspezialisierte »Allesfresser« sind die Krähenvögel. Viele Weichfresser sind einseitig auf Insektennahrung angewiesen (Laubsänger, Grasmücken, Fliegenschnäpper, Schwalben), andere nehmen neben Insekten und Würmern auch Beerenfrüchte auf (Star, Drosseln, Seidenschwanz). Die meisten Körnerfresser verzehren auch mehr oder weniger Insekten, füttern sogar ihre Jungen vorwiegend mit solcher tierischen Nahrung (so auch die Sperlinge, die dadurch »nützlich« werden). Krähen, Häher, Dohle, Elster, gelegentlich auch die Amsel, betätigen sich als »Nesträuber«.

Seltsame Gestalten

Neben den bisher genannten Vogelformen, die uns allen einigermaßen geläufig sind, gibt es noch einige ausgefallene Vögel, die nicht recht in das gewohnte Bild von »Amsel, Drossel, Fink und Star« passen. Sie sind zumeist selten und daher besonders schutzwürdig, zumal sie oft durch Färbung oder Gestalt besonders auffallen.

Den farbenprächtigsten einheimischen Vogel haben wir oben bereits erwähnt: den Eisvogel, der der nördlichste Vertreter einer ansonsten tropischen Vogelgruppe ist. Sehr selten geworden ist die farbenprächtige Blauracke, ebenso der tropisch bunte Bienenfresser. Ein ähnlicher Sonderling, den wir nicht mehr oft antreffen, ist der Wiedehopf. Auch unser Kuckuck ist wegen seines Brutschmarotzertums ein recht sonderbarer Vogel. Jeder Städter kennt den Mauersegler, wer aber weiß, daß er nichts mit den Schwalben zu tun hat, ja überhaupt kein Singvogel ist, sondern den Kolibris nahesteht und wie diese bei Nahrungsmangel in eine Art Winterschlaf (Kältestarre) verfällt?

In die Verwandtschaft der Spechte gehört der unscheinbare Wendehals. Ein sagenumwobener Nachtvogel ist die Nachtschwalbe (»Ziegenmelker«), sie vertritt bei uns als einzige die sonderbare Vogelgruppe der Schwalme, die ansonsten in wärmeren Erdgegenden zuhause ist. Ebenfalls durch ihre vorwiegend nächtliche Lebensweise nehmen die Eulen eine bemerkenswerte Sonderstellung in der Vogelwelt ein.

Eine Vogelwelt eigener Prägung hat sich das Hochgebirge geschaffen. Der prächtige Mauerläufer ist dafür ebenso typisch wie die Alpendohle, der Tannenhäher, die Ringdrossel und der Dreizehenspecht, die hier die Stelle von Dohle, Eichelhäher, Amsel und Buntspecht einnehmen.

Schließlich ist eine große Zahl von früher (bis 1977) »jagdbaren« Vogelarten in das Naturschutzrecht übergegangen: mit Ausnahme der Waldschnepfe alle Angehörigen der formenreichen Gruppe der Schnepfvögel und Regenpfeifer, der Strand-, Wasser- und Uferläufer; die Taucher (außer dem Haubentaucher), die Rallen (außer dem Bleßhuhn), der Kranich und beide Störche, alle Drosseln und noch manche andere Arten. (Sie sind im systematischen Zusammenhang mit den verwandten Federwildarten in diesem Buch näher behandelt.)

Die hier in knappen Umrissen gebotene Aufzählung und Einteilung der wichtigsten Vertreter der einheimischen nichtjagdbaren Vogelwelt kann natürlich nur einen groben Anhalt bieten und soll dazu anregen, sich anhand eines guten Vogelbestimmungsbuches eingehender mit diesem liebenswerten Fachgebiet zu befassen. Wer sich erst einigermaßen auskennt, wird bei jedem Reviergang und auf jedem Ansitz viel Freude an Vogelbeobachtungen finden.

Hinweise für den praktischen Vogelschutz

Vogelschutzmaßnahmen haben sowohl rein ideelle als auch wirtschaftliche Gründe. Insbesondere in der Forstwirtschaft und im Gartenbau spielen Vögel eine gewisse Rolle als Vertilger von Schadinsekten. Das ist nicht so zu verstehen, als ob Vögel (oder sonstige »natürliche Feinde«) eine Schädlingskalamität ohne weiteres verhindern könnten. Sie können aber unter Umständen vorbeugend oder abschwächend auf solche Massenvermehrungen von Insekten einwirken.

Gezielten Einzelmaßnahmen übergeordnet ist auch hier eine allgemein möglichst »naturgemäße« Wirtschaftsweise mit der Erhaltung einer möglichst großen Vielfalt an »ökologischen Nischen« als Lebensmöglichkeiten für viele Vogelarten. Im Vordergrund steht die Erhaltung und Anlage von Feuchtgebieten, die Erhaltung alter, teilweise hohler Bäume, von Gebüschen, Unterholz und Hecken, von Schilfbeständen und Wildwuchs auf »Ödland«. Die Vernichtung, insbesondere das Abbren-

Eisvogel

Wasseramsel

Schilfrohrsänger

Flußseeschwalbe

Neuntöter

Wiedehopf

364

nen (»Flämmen«) von Dürrgras und Gebüsch ist zu vermeiden, die Anwendung chemischer Insektenvernichtungsmittel (Insektizide) möglichst einzuschränken.

Als besondere **Nisthilfe** für Höhlenbrüter ist das Anbringen von Nistkästen bekannt. Es sollten nur anerkannte Nistgeräte verwendet werden, die den Ansprüchen der Vögel entsprechen (genügend Nistraum, wetterfest und sicher vor Feinden), in erster Linie die Holzbeton-Kästen in verschiedener Bauweise für Meisen, für Baumläufer (Spaltkästen) oder Nischenbrüter (Halbhöhlen für Bachstelzen, Hausrotschwanz). Entsprechend größere Nistkästen gibt es auch für Hohltaube und Waldkauz.

Die Nistkästen sind mit den dafür von den Herstellern vorgesehenen Vorrichtungen stabil, aber ohne entwertende Beschädigung von Nutzholzstämmen anzubringen. Sie sollen in lockerer Verteilung entweder entlang von Wald- und Wegrändern oder gruppenweise in bestimmten Waldbeständen angebracht werden, am besten in etwa 3–4 m Höhe, der einzelne Kasten mit dem Flugloch der Wetterseite abgewandt, etwas beschattet und nicht völlig frei am kahlen Stamm, sondern in Deckung überstehender Zweige oder Dürräste.

Nistkästen können zur Feststellung ihrer Annahme regelmäßig kontrolliert werden; sie sollten nach der Brutzeit (Ende August/Anfang September) vom alten Nistmaterial gereinigt werden. Dadurch erhalten viele Vögel für den Winter ungezieferfreie Nachtquartiere, und die Haltbarkeit der Kästen wird verlängert. Neue Kästen sollten schon im Herbst für die kommende Brutzeit aufgehängt werden.

Für Freibrüter können Hecken und Gebüsche noch günstiger gestaltet werden, wenn durch zeitweisen Beschnitt die Bildung von Astquirlen angeregt wird, die gute Standorte für Nester bilden. Reisig- und Asthaufen sollten besonders im Wald als Niststätten für Zaunkönig und Heckenbraunelle liegen bleiben.

Zur **Ernährung** der Vögel sind alle Maßnahmen vorteilhaft, die das Vorkommen von Insekten und anderen Kleintieren fördern, also vor allem ein möglichst vielfältiger Pflanzenwuchs und die Anlage von Feuchtgebieten (Tümpel, Weiher), sowie die Förderung von fruchttragenden Sträuchern und Bäumen und samentragenden Kräutern. – Winterfütterung der bei uns überwinternden Vögel wird zwar oft unsinnig übertrieben, ist aber in Notfällen zu empfehlen: Ölhaltige Sämereien (Sonnenblumenkerne, Hanf), gemischt mit ungesalzenem tierischen Fett (Rindertalg, Speckschwarte) für Mei-

sen und Kleiber, geröstete Haferflocken, getrocknete Beeren für Drosseln und andere Weichfresser erleichtern den Vögeln das Überleben in Perioden strengen Frostes, wenn Rauhreif und Eisbelag die Nahrungssuche erschweren. Bei milder Witterung sollte die Fütterung unterbrochen werden. Das Futter sollte so angeboten werden, daß es Mäusen und Eichhörnchen sowie solchen Vögeln, die nicht darauf angewiesen sind (Körnerfresser, Eichelhäher) nicht zugänglich ist. Körnerfresser (Finken, Goldammern usw.) holen sich ihren Teil von den Federwildschütten. Die Fütterung soll die Vögel nicht »verwöhnen«. Ständige Konzentration von Vogelschwärmen an Futterplätzen kann zum Ausbruch gefährlicher Krankheiten führen.

Besonderer Schutz vor **natürlichen Feinden** ist nur dann erforderlich, wenn der Lebensraum für die Vögel selbst einseitig gestaltet, arm an Deckung und Nistmöglichkeit ist und andererseits bestimmte Freßfeinde, vor allem Nestplünderer, im Übermaß vorhanden sind. Im einzelnen kann es ratsam sein, Eichelhäher, Elstern und Rabenkrähen (soweit gesetzlich erlaubt), auch Wanderratten kurzzuhalten. Bodenbrütern werden streunende Hauskatzen gefährlich. Das aus jagdlichen Gründen betriebene Bejagen von Raubwild und Kurzhalten von »Raubzeug« kommt im allgemeinen auch dem Vogelschutz zugute.

Landbau

Geschichte der Landwirtschaft

Für unser Gebiet läßt sich Ackerbau für die Zeit um etwa 4000 v. Chr. nachweisen. Einkorn, Hafer, Gerste und Hirse sowie Erbse, Linse, Platterbse, Bohne und auch Lein dürften damals genutzt worden sein.

Mit Ausbreitung des römischen Reiches kamen verbesserte Anbautechniken und neue Nutzpflanzen wie Obst und Gemüse in den germanischen Raum. Etwa 100 n. Chr. sind erste Ansätze der Drei-Felder-Wirtschaft zu finden, mit wechselndem Anbau von Wintergetreide, Sommergetreide und der darauffolgenden Brache.

Um 800 n. Chr., nach Ende der Völkerwanderung, war die Drei-Felder-Wirtschaft weit verbreitet. Die Palette der Kulturpflanzen reichte von Hafer, Gerste, Roggen, Weizen über verschiedene Hirsearten hin bis zu Hanf, Lein, Mohn. Die damaligen Erträge waren aus heutiger Sicht recht mager. Bis zum 17. Jh. erntete man bei Getreide nur das Drei- bis Vierfache dessen, was man gesät hatte. Dies steigerte sich innerhalb eines Jahrhunderts auf das Verhältnis von etwa 1:6, das waren dann etwa 6 Dezitonnen (dt = 100 kg) pro Hektar (ha) nach Abzug der Saatmenge. Spielte das Wetter nicht mit, waren Mißernten und Hungersnöte unausweichlich.

Auch wenn die Erträge vom Acker gering waren, so kam es trotzdem zu einer Verarmung der Böden. Der Mist aus der Viehhaltung, der auf die Brachflächen ausgebracht wurde, war der einzige, allerdings nicht ausreichende Dünger. Um die Fruchtbarkeit des Bodens zu erhöhen, holte man Humus und Laubstreu aus dem Wald.

Dort, wo wegen ungünstigen Klimas oder nicht ausreichender Bodenverhältnisse die Drei-Felder-Wirtschaft nicht möglich war, arbeitete man in der Wechselwirtschaft. Die Flächen wurden mit Roggen oder Hafer bestellt und dann für etliche Jahre unbebaut liegen gelassen.

Ende des 18. Jh. intensivierte man den Anbau, indem man die Brachflächen mit Luzerne, Rotklee und Esparsette bebaute, im weiteren dann auch mit Raps, Rübsen, Hirse, Lein und Mohn. Vor allem der Kleeanbau wirkte sich auf die Böden positiv aus.

Mitte des 18. Jh. fand auch eine deutliche Verbesserung der Geräte statt. Ebenso intensivierte man die Düngung, z. B. durch Kalk. Die Pflugfurche wurde vertieft, und es begann die Bekämpfung von Unkräutern und Ungräsern mit der Egge. Unter günstigen Umständen konnten daher Getreideerträge bis zu 20 dt/ha erreicht werden.

Die Aufhebung des Frondienstes, Ablösung oder Umwandlung von Dienst-, Geld- und Naturalleistungen im 19. Jh. führten zu einer Öffnung der Landwirtschaft für fortschrittliche Produktionsmethoden. Die verbesserte Drei-Felder-Wirtschaft zusammen mit dem Fruchtwechsel (nach Getreide Hackfrucht) brachte eine Verbesserung des Humus- und Nährstoffhaushaltes der Böden.

Ganz entscheidend war gegen Ende des 19. Jh. die Einführung des Mineraldüngers. Mit ihm ließ sich nicht nur der Abfall der Leistungskraft des Bodens aufhalten, man konnte vielmehr die Erträge deutlich steigern. Zugleich gelang es, leistungsfähige Pflanzensorten zu züchten.

Seit Anfang unseres Jahrhunderts bis in die Fünfziger Jahre ergab sich eine jährliche Ertragssteigerung von 1,5–2 %, so daß 1950 Getreideerträge von 25–30 dt/ha erreicht wurden.

Innerhalb der letzten 30 Jahre trat eine rasante Entwicklung hin zu unserer derzeitigen intensiven allerdings durchaus nachhaltigen Landwirtschaft ein.

Durchschnittliche Erträge von gut 70 dt/ha bei Weizen, bezogen auf das Bundesgebiet, und Höchstleistungen von 80–100 dt/ha zeigen, wie erfolgreich heute Landwirtschaft betrieben wird.

Die Einführung moderner Produktionsmethoden, vor allem der hohe Einsatz der Technik in fast allen Arbeitsabläufen, führte zu einer ganz erheblichen Abwanderung aus der Landwirtschaft. Waren 1950 noch 5 146 000 ständige Arbeitskräfte in der Landwirtschaft beschäftigt (Zahlen altes Bundesgebiet), so waren es 1990 nur noch knapp 1,5 Mio., davon 1,4 Mio. Familienarbeitskräfte einschließlich Betriebsinhaber. Deren Zahl verringerte sich weiter, und zwar auf 860 000 für das gesamte Bundesgebiet im Jahr 2001. Der sog. »Strukturwandel« führt weiter zur Aufgabe kleinerer Höfe, deren Bewirtschaftung nicht mehr lohnt. Deutlich wird dies zum Beispiel durch den hohen Anteil der »Sozialbrache«.

Landwirtschaft in Zahlen

Mähdrescher im Einsatz. Im Hintergrund ein Hopfen-
garten.

Von den rund 35,7 Mio. ha der Gesamtfläche der
Bundesrepublik Deutschland wurden 1997 19,3
Mio. ha (rund 54%) landwirtschaftlich genutzt und
10,49 Mio. ha (rund 29%) forstwirtschaftlich.
Rund 100 ha landwirtschaftlich genutzter Fläche
(LF) gehen täglich verloren für Bau- und Infra-
strukturmaßnahmen.

Die Zahl der Betriebe mit über 2 ha LF betrug
1999 414 700. Im alten Bundesgebiet hält der
Strukturwandel (kleine Betriebe hören auf, die
großen wachsen) weiter an. Gut 3% der Betriebe
geben jährlich auf, die Wachstumsschwelle (ab
dieser Betriebsgröße nimmt die Zahl der Betriebe
zu) liegt bei 50 ha. Im Haupterwerb wurden 1999
in Deutschland 187 500 Betriebe bewirtschaftet
und im Nebenerwerb 227 100. Die vorherrschende
Betriebsform in der Alt-Bundesrepublik ist der
bäuerliche Familienbetrieb. In der Form von Perso-
nengesellschaften wurden rund 16 000 Betriebe
geführt und als juristische Personen rund 5400.

Geht man nach der Betriebsform, so überwiegen
die Futterbaubetriebe mit 43% Anteil (rund
204 000), es folgen die Marktfruchtbetriebe mit
27% (rund 129 000) und die Dauerkulturbetriebe
mit 9% (rund 43 000). In der Veredelung arbeiteten
1999 6% der Betriebe (rund 28 000) und als Ge-
mischtbetriebe galten 5% (rund 26 000).

Von der LF wurden 1999 11,821 Mio. ha als Acker-
land und 5,114 Mio. ha als Dauergrünland genutzt.
Getreide wurde auf 6,63 Mio. ha gebaut (Weizen
2,6 Mio. ha, Wintergerste 1,37 Mio. ha), Futterpflanzen standen auf 1,7 Mio. ha (davon Silomais
mit 1,2 Mio. ha), Ölfrüchte auf 1,4 Mio. ha und
Hackfrüchte auf 0,8 Mio. ha.

Bei Weizen lagen die Erträge 2001 bei durchschnittlich 78,9 dt/ha, es folgten Gerste mit
64,0 dt/ha, Hafer mit 49,0 dt/ha, Körnermais und
Corn-Cob-Mix mit 90,1 dt/ha, Kartoffeln mit
389,7 dt/ha und Zuckerrüben mit 550 dt/ha. Trotz
rückgängigem Aufwand an Pflanzenschutz und
Düngung ist auch weiterhin mit 2% Ertragssteigerungen pro Jahr zu rechnen, die vor allem aus dem
Zuchtfortschritt resultieren.

Von den rund 352 000 viehhaltenden Betrieben
hielten 1999 etwa 152 000 Milchkühe, 103 000
Mastschweine und 54 000 Zuchtsauen.

Der Anteil landwirtschaftlich Erwerbstätiger verringerte sich von 1980 mit 4,5% (früheres Bundesgebiet) auf etwa 2,5% im Jahr 2000 in Gesamtdeutschland. Der Arbeitskräftebesatz verringerte
sich drastisch von 1950 mit 29,2 AK/100 LF
(früheres Bundesgebiet) auf nur noch 3,6 im Jahr
2000. Ernährte ein Landwirt im Jahr 1950 erst 10
Personen, so steigerte sich diese Zahl bis zum Jahr
2000 auf 119.

Boden

Der Boden ist das Kapital des Landwirtes, ihn muß
er fruchtbar halten und vor Erosion schützen.

Die Unterschiede zwischen den verschiedenen Böden ergeben sich aus der Art des Gesteins, aus dem
sie entstanden sind, daher zum Beispiel Urgesteins-
boden. Die Verwitterung greift das Gestein einmal
auf *physikalischem Weg* an (Temperaturwechsel,
Frost), zum anderen setzt *chemische Verwitterung*
ein (Hydrolyse, Lösungsverwitterung). Auch die
Pflanzen wirken bei der chemischen Verwitterung
mit.

Der Verwitterung muß noch die Bildung des Hu-
muskörpers folgen, damit aus Gestein Boden wird.
Die gesamte abgestorbene Bodensubstanz wird als
Humus bezeichnet. Humus entsteht durch die Arbeit der Bodentiere und Mikroorganismen, die organische Substanz, also Pflanzenmasse, abbauen.
Von besonderer Wichtigkeit ist der Regenwurm,
der für eine Durchmischung des Bodens sorgt und
mit seinen Grabröhren das Kanalsystem für den
Luftaustausch und das Sickerwasser herstellt. Der
Kot des Regenwurmes bildet zudem stabile Krü-
mel.

Wie schnell und mit welchem Ergebnis die biologische Umsetzung erfolgt, hängt vom Ausgangsmaterial sowie von den Umweltbedingungen ab, wie
Feuchtigkeit, Wärme, Durchlüftung und Basenge-
halt des Bodens (pH-Wert).

Das Auswaschen der Nährstoffe aus dem Boden
über das Sicker- und Kapillarwasser bestimmt die
weitere Entwicklung. Dabei ist vor allem die *Kal-
zium-Auswaschung* von Bedeutung. Durch sie
kommt es zu einer Verlagerung der Tonanteile in
den Unterboden mit der Folge von Bodenverdich-

tung, stauender Nässe und weiterer Versauerung des Bodens.

Mit welcher Bodenart man es zu tun hat, hängt von der Zusammensetzung des Bodens aus den verschieden großen Mineralteilen zusammen. *Man unterscheidet nach Ton und Sand.* Je nach Anteil der verschiedenen Komponenten gibt es zum Beispiel schluffigen Sand, sandigen Lehm, lehmigen Ton sowie weitere Abstufungen.

Sandböden sind »arme Böden«, denn sie können weder das Wasser speichern noch Nährstoffe festhalten. Sandböden sind leicht zu bearbeiten (»leichter Boden«).

Hat ein Boden *hohe Schluffanteile,* ist er mittelmäßig wasserdurchlässig, hält aber viel pflanzennutzbares Bodenwasser. Er neigt zur Erosion, zum Verschlämmen und Verkrusten. Die Nährstoffgehalte sind mittel, Erwärmung und Durchwurzelung richten sich nach dem Grad der Verdichtung.

Tonböden sind oft staunaß, da sie nur sehr wenig Wasser durchlassen, die Pflanzenverfügbarkeit des Bodenwassers ist gering, der Nährstoffgehalt aber hoch. Tonböden sind »kalte Böden«, das heißt sie erwärmen sich schlecht, und werden als »schwere Böden« bezeichnet, da sie schwer zu bearbeiten sind.

Lehmböden stehen zwischen Sand-, Schluff- und Tonböden. Sie sind von der Ertragsfähigkeit her hoch einzuschätzen, an der Spitze stehen die Lößlehme.

Humusgehalt der Böden – Er schwankt je nach Klima, Bodenfeuchte, Bewuchs und Bodennutzung. Ebenso unterschiedlich ist die Verteilung des Humus im Boden. In landwirtschaftlich genutzten Böden ist der Humus im Bereich der Krume stark mit dem Mineralanteil vermischt, während er beim Waldboden in einer einheitlichen Schicht den Mineralboden abdeckt (Auflagehumus). Beim Akkerboden befindet sich etwa die Hälfte des Humus im Krumenbereich, beim Grünland in den obersten 10 cm.

In gut durchlüfteten, leichten Böden ist der Humusgehalt niedrig, da das Bodenleben sehr aktiv ist, so daß Humus vermehrt abgebaut wird. Hohe Humusgehalte sind dagegen zum Beispiel bei tonigen, nassen Böden zu finden.

Wasser – Es ist entscheidend für die Abläufe im Boden, von der chemischen Verwitterung bis hin zum Lösen der Pflanzennährstoffe. Die Niederschläge fließen entweder an der Oberfläche ab (*Oberflächenwasser*) oder dringen in den Boden ein. Zum Teil versickert dieses Wasser (*Sickerwasser*), der andere Teil bleibt gegen die Schwerkraft an den Bodenteilchen haften (*Haftwasser*). Nur

einen Teil dieses Haftwassers können die Pflanzen über ihre Saugkraft dem Boden entziehen. Dieser Teil heißt »*nutzbare Feldkapazität*«. Das nicht pflanzenverfügbare Wasser heißt *Totwasser*.

Trifft das versickernde Wasser auf wasserundurchlässige Schichten in geringer Tiefe, wird es zum *Stauwasser,* liegen diese Schichten tiefer, und steht das Wasser nicht tiefer als zwei Meter unter der Oberfläche, wird es *Grundwasser* genannt.

Luft braucht der Boden neben dem Wasser. Über die gröberen Bodenporen findet der Gasaustausch statt, das heißt Zuführung von Sauerstoff und Abgabe von Kohlendioxid.

Bodenhorizonte – Der Boden ist nicht gleichförmig aufgebaut, sondern er gliedert sich in Schichten verschiedener Stärke, die in etwa parallel zur Oberfläche verlaufen. Das Bodenprofil ist der Aufbau des Bodens aus mehreren Bodenhorizonten.

Da Bodenhorizonte nicht in irgendwelchen Kombinationen aufeinander folgen, sondern jeweils in ganz bestimmten, kann man nach der Abfolge der Bodenhorizonte den Bodentyp feststellen.

Die wichtigsten Bodentypen – Ranker, Rendzina, Schwarzerde, Braunerde und Parabraunerde, Podsol, Pelosol, Pseudogley, Gley, Marschboden, Moorboden.

Ranker: Ertragsarmer Boden meist in Hoch- und Mittelgebirgslagen, von geringer Tiefe. Er liegt meist direkt auf dem Gestein auf.

Rendzina: Humusreicher Boden mit gutem Krümelgefüge, aber flachgründig, meist auf Kalkgestein. Geringe Wasserspeicherfähigkeit.

Schwarzerde: Bester Boden, humusreich, günstiges Bodengefüge, sehr aktives Bodenleben. Enorme Mächtigkeit des dunklen A-Horizontes und dadurch große Wasserspeicherfähigkeit. Entstanden vor allem aus Löß.

Braunerde und Parabraunerde: Böden mit braunem Unterboden (gute Durchlüftung). Braunerde meist auf silikat- und quarzreichem Gestein. Oft flachgründig, mit geringem Wasserhaltevermögen.

Parabraunerde (Ton zum Teil in den B-Horizont abgewandert) auf kalkhaltigem Lockergestein. Parabraunerde aus Löß zählt mit zu den fruchtbarsten Böden.

Podsol: Saurer Boden, nährstoffarm, kaum Bodenleben, geringe Wasserspeicherfähigkeit auf Sandschichten. Unter einer Rohhumusschicht liegt ein hellgrauer Bleichhorizont. Darunter ein Anreicherungshorizont, der durch die aus dem Oberboden ausgewaschenen Humus- und Metallverbindungen dunkel gefärbt und meist stark verdichtet ist (Ortstein).

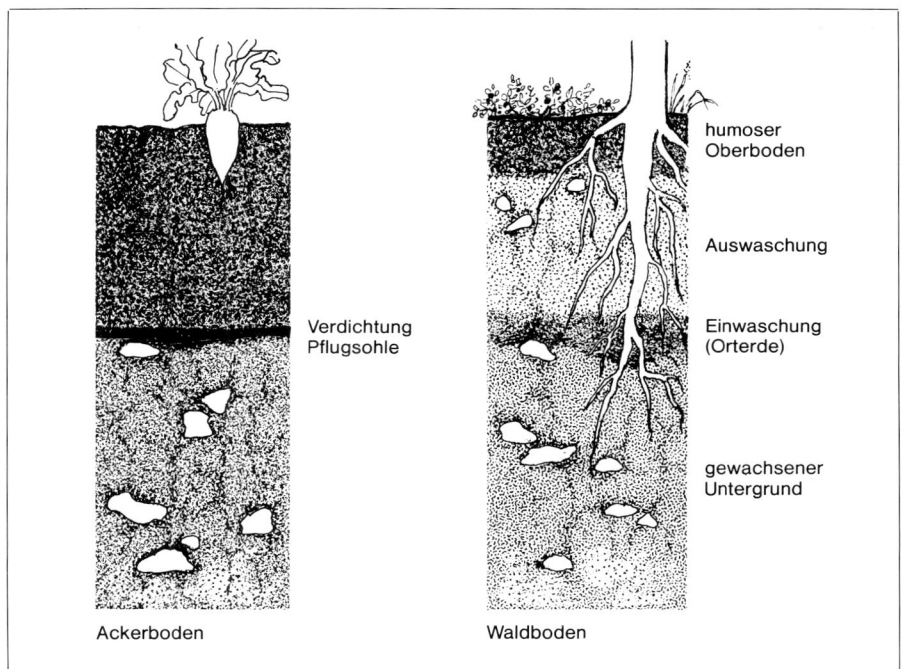

humoser
Oberboden

Auswaschung

Einwaschung
(Orterde)

gewachsener
Untergrund

Verdichtung
Pflugsohle

Ackerboden

Waldboden

Aufbau eines
Acker- und
Waldbodens

Pelosol: Aus Tonablagerungen entstandener Boden, der bei Feuchte leicht quillt und zu Staunässe neigt. Bei Trockenheit dagegen schrumpft er stark. Geringe nutzbare Feldkapazität. Pelosole sind »Stundenböden«, das heißt man muß sie in einem eng begrenzten Feuchtigkeitsbereich bearbeiten.

Pseudogley: Staunasser Boden durch wasserundurchlässige Schicht im Unterboden. Schlecht zu bearbeiten, verschlämmt leicht, trocknet schlecht ab. Bei Trockenheit kein Wasservorrat. Nutzung als Acker und Grünland möglich.

Gley: Typischer Tal- und Niederungsboden bei hoch anstehendem Grundwasser. Unter dem A-Horizont aus dunkelbraunem, stark humosem sandigem Lehm folgt der G-Horizont, der im Schwankungsbereich des Grundwassers Rost- und Graufleckigkeit zeigt. Bei hohem Grundwasserstand (weniger als 40 cm) leidet die Trittfestigkeit und Befahrbarkeit des Bodens.

Marschböden: Entstanden aus Meeresablagerungen. Nach dem Eindeichen setzen Abbauvorgänge ein, die den Boden relativ rasch verändern bis zur kalkfreien Knickmarsch mit verdichtetem Unterboden, die nur als Grünland zu nutzen ist.

Moorboden: Hierzu zählen alle Böden mit einem Torfhorizont, der stärker als 30 cm ist, und die zudem mehr als 30% organische Substanz haben.

Moorböden sind kalte Böden und sie sind frostgefährdet. Werden sie als Acker genutzt, besteht die Gefahr, daß sie sich stark zersetzen, daß sie vermullen und die Winderosion sie stark angreift.

Bodenuntersuchung – Anhand von Bodenproben lassen sich der pH-Wert des Bodens sowie sein Gehalt an Nährstoffen (Kalium, Phosphat, Kalk, Magnesium) und Spurennährstoffen feststellen.

Meliorationen (Verbesserungen) sind bei durch Grund- oder Stauwasser vernäßten Böden erforderlich. Im ersteren Fall muß der Grundwasserspiegel gesenkt werden. Bei Stauwasser ist zu drainieren, sowie die Wasserdurchlässigkeit des Bodens zu fördern. Je nach Lage kann die Drainage mit Rohren oder ohne (Erddrän) ausgeführt werden, oder es müssen verdichtete Schichten im Unterboden (tiefer als 40 cm) aufgebrochen werden, die sogenannte Tieflockerung. Vernäßte Böden haben normalerweise eine saure Bodenreaktion, so daß unmittelbar nach der Drainage die Meliorationskalkung erfolgen muß.

Düngung

Nährstoffe

Die heutigen, hohen Erträge bei unseren Kulturpflanzen lassen sich nur über den gezielten Einsatz von Mineral- und Wirtschaftsdünger erreichen. Die verschiedenen Nährstoffe (zum Beispiel Stickstoff, Phosphor, Kali) haben unterschiedliche Wirkung, keiner ist durch den anderen zu ersetzen. Tritt bei einem eine Unterversorgung auf, dann richtet sich das Wachstum nach diesem im Minimum befindlichen Nährstoff (Minimumgesetz nach Justus von Liebig). Dies gilt auch für andere Wachstumsfaktoren wie etwa Licht, Wasser, Temperatur.

Heute hat das Gesetz vom abnehmenden Ertragszuwachs mehr Gewicht: Je mehr ein Wachstumsfaktor im Minimum ist, umso mehr steigert schon eine geringe Verbesserung dieses Faktors das Wachstum. Eine weitere Verbesserung steigert zwar den Ertrag noch weiter, aber mit abnehmender Tendenz.

Schädlich kann auch ein Zuviel von einem Wachstumsfaktor sein. So führt eine Überdüngung mit Stickstoff zum Beispiel bei Getreide zu Lager (die Pflanzen verlieren ihre Standfestigkeit und fallen um).

Als Hauptnährstoffe werden *Stickstoff, Phosphor, Kali* und *Magnesium* bezeichnet. Die notwendigen Düngermengen werden in kg Reinnährstoff je ha angegeben.

Stickstoff (N) ist der wichtigste Dünger und die Voraussetzung für Wachstum überhaupt. Die Pflanzen brauchen Stickstoff als Baustein für Eiweiß und Aminosäuren sowie für Fermente und Enzyme, die den Stoffwechsel steuern. Stickstoff ist zudem Bestandteil des Chlorophylls.

Die am häufigsten verwendeten N-Dünger sind die Ammonsalpeterdünger wie *Kalkammonsalpeter, Ammonsulfatsalpeter, Stickstoffmagnesia*. Die wichtigsten Vertreter der Ammoniakdünger sind *schwefelsaures Ammoniak* und *flüssiges Ammoniak*. Zu den sehr schnell wirkenden Salpeterdüngern gehören *Natronsalpeter* (Chilesalpeter) und *Kalksalpeter*. Der Kalkstickstoff, meist als *Perlkalkstickstoff*, hat neben der düngenden auch eine Kalkwirkung, die für den Boden sehr vorteilhaft ist. *Harnstoff* ist leicht löslich, hat einen hohen N-Anteil und wird hauptsächlich zur Blattdüngung eingesetzt.

Bestände mit zu geringer N-Düngung zeigen hellgrüne Farbe und kümmerlichen Wuchs, während überdüngte mastig wirken, dunkelgrün (»blau«) gefärbt sind, zu Lager neigen und krankheitsanfällig sind.

Phosphor wird im Dünger als P_2O_5 gegeben. Es kann von der Pflanze nur in gelöster Form aus dem Boden aufgenommen werden. Regelmäßige Phosphatdüngung verbessert die Bodengare durch eine beständigere Krümelstruktur. In der Pflanze findet sich Phosphor hauptsächlich in Blüten und Früchten, sowie in den Zellkernen. Phosphor beschleunigt die Abreife und erhält die Ertragssicherheit. Eine gute P-Versorgung hilft Schädlingsbefall vermindern, drückt das Infektionsrisiko und erhöht die Frostresistenz.

Kleine, kümmerliche Pflanzen mit starrer Haltung der Blätter zeigen P-Mangel an. Die Blattfarbe ist schmutzig-grün.

Phosphordünger unterscheiden sich durch ihren Gehalt an löslichem Phosphat. Verwendet werden zum Beispiel folgende Dünger: *Superphosphat, Thomasphosphat, Rhenaniaphosphat, Novalphos, Hyperphos*.

»**Kali**« ist die gebräuchliche Kurzform der Kalidüngermittel, deren Nährstoffgehalt in Prozent K_2O angegeben wird. Die Höhe der Kalidüngung richtet sich stark nach den jeweiligen Bodenverhältnissen. Bei humusarmen, strukturgeschädigten Löß- und Lehmböden kommt es zu einer derart starken Festlegung des Kalium an die Tonteilchen, daß es fast nicht mehr pflanzenverfügbar ist. Eine besonders starke Kalium-Fixierung ist zum Teil auch auf Aueböden festzustellen. In solchen Fällen muß die Düngergabe wesentlich erhöht werden.

In der Pflanze wirkt Kali quellend auf das Zellplasma, was den über Enzyme gesteuerten Stoffwechsel fördert. Eine gute K-Versorgung fördert die Wasseraufnahme und bremst die Wasserabgabe. Die Frostresistenz wird erhöht, die Qualität und Lagerfähigkeit der Produkte gefördert.

Eine zu geringe Kali-Versorgung äußert sich in schlaffen, herabhängenden Blättern, die vom Rand her gelb werden und absterben. Die Pflanze insgesamt ist welk und schlaff.

Am häufigsten verwendet werden Kalidünger auf Chloridbasis: *40er und 50er Kali, Kornkali mit MgO* (zu 5% ist Magnesiumsulfat enthalten) und *Magnesia-Kainit*. Zu den Kalidüngern auf Sulfatbasis zählen *Kalisulfat* und *Kalimagnesia*.

Magnesium (als MgO) zählt heute zu den Hauptnährstoffen. Seine besondere Bedeutung erhält Mg dadurch, daß es das Zentralatom des Chlorophylls darstellt. Zusammen mit anderen Nährstoffen reguliert Mg den pH-Wert in der Pflanze sowie den Wasserhaushalt. Ist die Mg-Versorgung ungenügend, stockt auch die Phosphataufnahme. Typisch für Mg-Mangel sind Aufhellungen zwischen den Blattadern, beginnend an den älteren Blättern. Es gibt eine ganze Reihe im Handel befindlicher Mg-Dünger wie zum Beispiel *Kieserit, Magnesium-Kalke, Magnesiumchlorid, Kalimagnesia, Stickstoffmagnesia, Magnesia-Kainit.*

Kalk (als CaO oder CaCO$_3$) ist ein wichtiger Bodendünger, er hebt vor allem den pH-Wert im Boden an. Weiter fördert Kalk die Bodenstruktur und verbessert die biologische Aktivität im Boden. Wie für den Boden ist Kalk auch für die Pflanze unentbehrlich. Wurzelwachstum, Längenwachstum und Zellvermehrung werden durch ihn positiv beeinflußt. Zu den Kalkdüngern zählen unter anderem *kohlensaurer Kalk, Branntkalk, Löschkalk, Thomaskalk, Hüttenkalk*

Direkter Kalkmangel kommt selten vor. Eine Unterversorgung der Böden führt zu Wachstumsschäden, meist verringertem Wachstum, aber kaum zu äußerlich sichtbaren Zeichen.

Die *Erhaltungskalkung* (im Spätsommer auf die Stoppel, alle drei Jahre) ersetzt Verluste durch Auswaschung und Pflanzenentzug. Mit der *Gesundungskalkung* soll durch hohe Gaben stark saurer Boden im pH-Wert angehoben werden. Bei der *Meliorationskalkung* wird der Kalk teilweise bis auf 1 m Tiefe eingearbeitet.

Spurennährstoffe benötigen die Pflanzen nur in geringer Menge, sie sind aber genauso wichtig wie die Hauptnährstoffe. Die Spurenelemente sind meist Schwermetalle. Zu den wichtigsten zählen: *Bor (B), Eisen (Fe), Kupfer (Cu), Mangan (Mn), Zink (Zn), Molybdän (Mo), Kobalt (Ko).*

Mehrnährstoffdünger haben sich aufgrund der arbeitswirtschaftlichen Vorteile gegenüber den Einzeldüngern durchgesetzt. Mit ihnen lassen sich Haupt- und Spurennährstoffe in verschiedenen Kombinationen und Konzentrationen in einem Arbeitsgang ausbringen. *NPK-Dünger* enthalten die Hauptnährstoffe Stickstoff, Phosphat, Kalium. Wieviel der jeweilige Dünger von den einzelnen Bestandteilen enthält, wird mit Prozentzahlen in der Form etwa 10×15×20 angegeben, das heißt der Dünger enthält 10% Stickstoff, 15% Phosphor und 20% Kalium. Entsprechend sieht ein *NP-Dünger* aus mit 20×20×0 oder ein *PK-Dünger* mit 0×16×24.

Mineraldünger

Gedüngt wird heute hauptsächlich mit Mineraldüngern (»Kunstdünger«), meist in gekörnter Form. So lassen sich die Nährstoffe einzeln oder kombiniert in genauer Dosierung ausbringen.

Bei der Bodendüngung wird Mineraldünger mit dem Schleuder- oder Pendelstreuer entweder flächig ausgebracht (Flächendüngung) oder als Reihen-, Band- oder Unterfußdüngung direkt neben oder unter der Saatreihe ausgebracht. Niedrig konzentrierte Düngerlösung wird bei der Blattdüngung direkt auf die Blätter der Kulturpflanzen gespritzt.

Nach dem Ausbringungszeitraum des Düngers unterscheidet man:

Grund-Düngung – »Phosphor« (P$_2$O$_5$) und »Kali« (K$_2$O) werden vor dem Herstellen des Saatbettes ausgebracht.

Kopfdüngung – Stickstoff (N) wird in einem bestimmten Entwicklungsstadium auf den Pflanzenbestand ausgebracht, um ein rasches, intensives Wachstum zu erreichen.

Spätdüngung – Hierbei wird Stickstoff zu Getreide gegeben und zwar einmal zur Ertragssteigerung zwischen Schossen und Ährenschieben und zum anderen zur Qualitätssteigerung zwischen Ährenschieben und Blüte.

Wirtschaftsdünger

Die Wirtschaftsdünger kommen im Gegensatz zu den industriell hergestellten Mineraldüngern vorwiegend aus dem landwirtschaftlichen Betrieb. Sie bestehen aus organischem Material und bringen so Nähr- und Dauerhumus in den Boden. Die regelmäßige organische Düngung hebt die Leistung des Bodens langfristig an: bei leichten Böden wird die Wasserhaltefähigkeit verbessert, schwere Böden werden lockerer, die Mikroorganismen im Boden werden gefördert und damit die Umsetzungsvorgänge im Boden. Weiter vergrößert sich der Wurzelraum, und die im Boden befindlichen Nährstoffe werden besser erschlossen.

Die Nährstoffe liegen in den Wirtschaftsdüngern in relativ niedriger Konzentration vor, zusätzlich noch schwankend nach Trockensubstanzgehalt des Düngers und Entmistungsverfahren.

Zu den Wirtschaftsdüngern zählen *Festmist* (mit Einstreu vermischter Kot und Harn), *Jauche, Flüssigmist* (Schwemm-, Treibmist), *Gülle, Klärschlamm* und *Müllkompost* aus kommunalen Einrichtungen.

Zur organischen Düngung gehören ebenso die *Strohdüngung* (Einarbeiten des ausgedroschenen Strohs), die *Gründüngung* wie auch die *Ernterückstände* bestehend aus Wurzeln, Halm- und Blattmasse (zum Beispiel Rübenblatt).

Abgeerntetes Stroh wird, allerdings mit rückläufiger Tendenz, teilweise auch verbrannt. Hierzu ist eine *behördliche Genehmigung* einzuholen, und zudem ist eine Reihe von Vorsichtsmaßnahmen zu treffen wie bestimmte Abstände zu Straßen, Schienenwegen, Siedlungen und Feldscheunen, wie auch Wäldern und Feldgehölzen. Außerdem muß um die entsprechende Fläche eine 3 m breiter gepflügter Schutzstreifen gezogen werden.

Gründüngung meint das Einarbeiten von Pflanzenmasse, die normalerweise im Zwischenfruchtbau erzeugt wird. Das heißt, daß zum Beispiel nach der Getreideernte entsprechende Pflanzen wie Sommer- oder Winterraps, Rübsen, Senf, Ölrettich oder Leguminosen angebaut werden, deren Blatt- und Wurzelmasse vollständig in den Boden eingearbeitet wird. Teilweise werden diese *Zwischenfrüchte* zur Fütterung eingesetzt, größtenteils im Herbst, überwinternde Arten wie etwa Winterraps aber auch im darauffolgenden Frühjahr.

Ein weiterer Vorteil des *Zwischenfruchtanbaus* ergibt sich durch die Fruchtfolgewirkung, die man auf diese Weise innerhalb eines Jahres erreicht. Die Zwischenfrucht schützt zudem den nach der Ernte ansonsten brach liegenden Boden vor Wasser- und Winderosion und sorgt durch die Beschattung für eine günstige Bodengare.

Tiefwurzelnde Zwischenfrüchte lockern Bodenverdichtungen auf, und die Leguminosen sammeln über die Knöllchenbakterien Stickstoff im Boden an.

Fruchtfolge

Im Gegensatz zu einer natürlich bewachsenen Fläche, auf der sich eine vielfältige, auf den Standort abgestimmte Pflanzengesellschaft einfindet, nutzt der Ackerbau die Fläche mit jeweils nur einer Frucht. Dieser intensive Anbau einer Kulturpflanze fördert das Auftreten von Krankheiten, Schädlingen und Unkraut. Baut man mehrere Jahre hintereinander auf der gleichen Fläche immer wieder die gleiche Frucht an, vervielfachen sich die negativen Faktoren derart, daß im Endeffekt diese Frucht nicht mehr angebaut werden kann. Um dies zu verhindern und die Bodenfruchtbarkeit zu erhalten, bedient man sich der Fruchtfolge. Die Fruchtfolge ist ein bestimmtes, zeitliches Aufeinanderfolgen von Kulturpflanzen auf dem gleichen Feld. Der Gegensatz von Fruchtfolge ist *Monokultur*.

Entscheidend für die Einreihung der Pflanzen in die Fruchtfolge ist ihre Verträglichkeit untereinander, beispielsweise ihre Selbstverträglichkeit. Mais etwa ist mit sich selbst verträglich und kann deswegen mehrmals hintereinander angebaut werden.

Luzerne dagegen hat eine geringe Selbstverträglichkeit, so daß eine Anbaupause von mindestens fünf Jahren notwendig ist.

Der Vorfruchtwert meint den Wert, den eine Kulturpflanze auf den Ertrag einer ihr folgenden ausübt. Der Begriff *Bodenmüdigkeit* faßt mehrere Schadfaktoren zusammen, wie Nährstoffmangel, Anreicherung wachstumshemmender Stoffe, Auftreten von Fruchtfolgekrankheiten und -schädlingen. Bodenmüdigkeit ist die Folge von zu einseitigem Anbau bestimmter Früchte, wie zum Beispiel in starken Getreidefruchtfolgen dann Fußkrankheiten auftreten.

Je nach Standort und wirtschaftlichen Voraussetzungen haben sich unterschiedliche Fruchtfolgesysteme herausgebildet, wie etwa die *verbesserte Vierfelderwirtschaft:* Einmal Blattfrucht, dreimal Halmfrucht (Kartoffeln, Winterweizen, Sommergerste, Winterroggen, Silomais, Sommergerste, Hafer).

Von *Überfruchtwechsel* spricht man zum Beispiel, wenn auf zweimal Blatt- oder Hackfrucht nur eine Halmfrucht folgt: Zuckerrüben, Kartoffeln, Hafer. Rinderhaltende Betriebe beziehen den Ackerfutterbau zur Versorgung ihrer Tierbestände mit in den Fruchtwechsel ein, so daß sich beispielsweise eine *Wechselwirtschaft* mit Kleegras ergibt.

Die klassischen Grundsätze der Fruchtfolge haben heute nicht mehr die überragende Bedeutung, da über moderne Humuswirtschaft, Mineraldüngung, entsprechende Bodenbearbeitung und Pflanzenschutz manches ausgeglichen werden kann.

Pflanzenschutz

Unter dem Begriff Pflanzenschutz sind alle Maßnahmen zusammengefaßt, die dem Schutz der Kulturpflanze dienen vor tierischen Schädlingen, Krankheitserregern wie Bakterien, Pilzen, Viren, weiter Unkräutern und Ungräsern, sowie vor schädigenden Einflüssen des Standortes und der Witterung.

Pflanzenschutz beginnt schon vor der Saat. So spielt einmal die Wahl des Standortes eine Rolle, wie auch Bodenpflege, Fruchtfolge, Düngung und Saattechnik, vor allem Saatzeit die Gesundheit der Pflanzen beeinflussen. Die Sortenresistenz verschafft für eine gewisse Zeit eine Befallsfreiheit. Auch der Schutz nützlicher Tiere wie Vögel, Säugetiere, Reptilien und Nutzinsekten wirkt vorbeugend.

Mechanischer Pflanzenschutz – Er ist aus arbeitswirtschaftlichen Gründen lange Jahre zurückge-

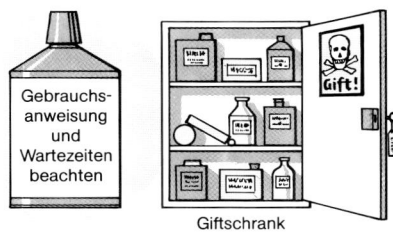

Giftschrank

Pflanzenschutzmittel sollen an einem sicheren Ort verwahrt werden.

gangen, dürfte aber wegen zunehmender Resistenz gewisser Unkräuter oder Ausweisung von Wasserschutzzonen, in denen bestimmte chemische Präparate nicht mehr eingesetzt werden dürfen, wieder mehr Bedeutung erlangen. Neben verschiedenen bodenpflegenden Verfahren wie Eggen, Fräsen, Pflügen gewinnt die thermische Unkrautbekämpfung (das Abbrennen der Unkräuter) vor allem im Maisanbau an Gewicht.

Biologischer Pflanzenschutz – Hier versucht man die natürlichen Abläufe nachzuahmen. So werden etwa die natürlichen Feinde bestimmter Schädlinge in großen Mengen gezüchtet und diese Nutzinsek-ten dann ausgesetzt. Auch werden Viren, Bakterien und Pilze gezüchtet, die die Schädlinge befallen und vernichten. Eine weitere Möglichkeit bietet die massenweise »Herstellung« von unfruchtbaren Schadinsekten, die im Befallsgebiet ausgesetzt den Fortpflanzungszyklus unterbrechen. Zu den biologischen Verfahren zählt auch der Einsatz von Pheromonen (Sexuallockstoffen, zum Beispiel beim Borkenkäfer), sowie von abschreckenden oder die Entwicklung hemmenden Stoffen.

Chemischer Pflanzenschutz – Er nimmt die absolute Vorrangstellung im Pflanzenschutz ein. Die Mittel sind vergleichsweise billig, wirken schnell und lassen sich rasch und mit geringem Arbeitsaufwand einsetzen.

Praktisch für jeden Bereich stehen Wirkstoffe zur Verfügung: *Akarizide* (gegen Milben), *Bakterizide* (gegen Bakterien), *Fungizide* (gegen Pilze), *Herbizide* (gegen Unkräuter), *Insektizide* (gegen Insekten), *Molluskizide* (gegen Schnecken), *Nematizide* (gegen Nematoden), *Rodentizide* (gegen Nagetiere). Vorbeugend eingesetzt werden Mittel zur Saat- und Pflanzgutbehandlung, wie etwa *Beizmittel, Saatgutpuder, Saatgutinkrustierung* oder *Vergrämungsmittel*.

Rechtsgrundlagen für den chemischen Pflanzenschutz.

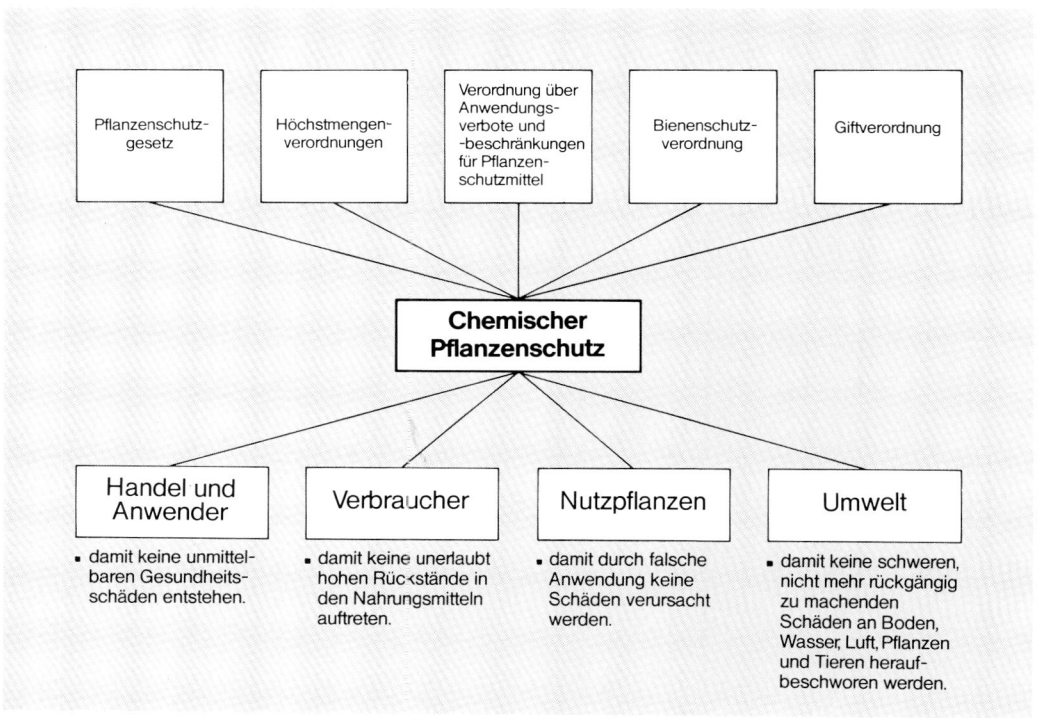

373

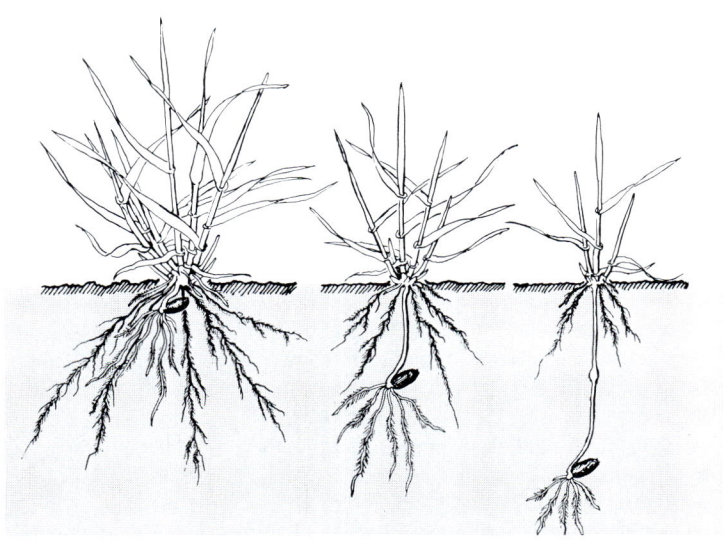

Die Saattiefe hat Einfluß auf Bewurzelung und Bestockung: links flach, rechts tief abgelegtes Saatkorn

Beim Einsatz dieser Mittel ist besondere Vorsicht geboten, da es durch falsche Anwendung, Überdosierung, ungleichmäßiges Ausbringen oder den falschen Ausbringungszeitpunkt zu Schäden an den Kulturen kommen kann. Bei der Anwendung giftiger chemischer Präparate ist unbedingt der Gebrauchsanweisung zu folgen. Beim Ansetzen der Spritzbrühe sowie beim Ausbringen ist besondere Vorsicht geboten. Reste von Pflanzenschutzmitteln sowie Reste der Spritzbrühe dürfen nicht in offene Gewässer eingebracht werden, da viele Mittel für Fische hochgiftig sind.

Zu achten ist auch auf den *Bienenschutz,* das heißt, daß bienenschädliche Mittel nicht in blühende Bestände oder auf blühende Unkräuter ausgebracht werden dürfen.

Um den Verbraucher vor schädlichen Wirkstoffrückständen im Erntegut zu schützen, sind nur *zugelassene Präparate* einzusetzen, die angegebenen Konzentrationen sowie die Wartezeiten (Zeit von der Ausbringung bis zur Ernte) sind unbedingt einzuhalten.

Integrierter Pflanzenbau – Hier versucht man Nachteile des reinen chemischen Pflanzenschutzes wie etwa das Entstehen von Resistenzen einzudämmen durch das Herunterfahren des Chemieeinsatzes auf das wirtschaftlich notwendige Maß. Dazu ist es notwendig die bereits angesprochenen acker- und pflanzenbaulichen Maßnahmen zur Schadensvorbeuge einzusetzen.

Bodenbearbeitung

Bevor der Landwirt säen oder pflanzen kann, muß er den Boden bearbeiten. Fehlerhafte Bodenbearbeitung drückt die Ernteerträge stark. Mit der Bodenbearbeitung sollen Strukturschäden im Boden beseitigt werden, muß Unkraut bekämpft werden, Dünger und Ernterückstände sind einzuarbeiten und es ist das entsprechende Saatbett herzustellen. Das Saatbett muß die möglichst besten Bedingungen für das Keimen, das Aufgehen der Saat, das Wachstum schaffen. Das schwierige dabei ist, daß der Boden im oberen Bereich locker sein muß, um eine genaue Saatgutablage und Durchlüftung des Bodens zu sichern, daß aber auch genügend Bodenschluß für die kapillare Wasserbewegung geschaffen werden muß, d. h. die Krume, der bearbeitete Teil, muß nach unten hin dichter werden. Die entsprechenden *Arbeitsgeräte* dazu sind Pflug, Grubber, Egge, Fräse, Walzen oder entsprechende

Ausbringen von Pflanzenschutzmittel

Pflug, 3-scharig, im Einsatz.

Eine Saatbettkombination erspart viele Arbeitsgänge.

Drillgerät zur Saatablage

Von links nach rechts: Weizen, Hafer, Mais

Kombinationen, zum Teil auch gleich mit der Sämaschine kombiniert.

Gesät wird nach verschiedenen Verfahren: Bei der *Breitsaat* wird das Saatgut flächig per Hand, mit dem Düngerstreuer oder der Drillmaschine ohne Reihenablage ausgebracht und dann eingeeggt oder -gefräst. Die *Drillsaat* kann mit exaktem Reihenabstand und genauer Ablagetiefe ausgeführt werden. Bei der *Frässaat* sind Fräse und Sämaschine kombiniert am Schlepper angebaut, so daß in einem Arbeitsgang das Feld hergerichtet und gesät werden kann. Die Frässaat wird auch bei der *Minimal-Bestelltechnik* eingesetzt.

Getreidearten

Den weitaus größten Teil an der Ackerfläche der Bundesrepublik Deutschland nimmt mit 7,058 Mio. ha Getreide ein (Zahlen für 2001). Flächenmäßig steht an erster Stelle Winterweizen mit 2,85 Mio. ha, es folgen Wintergerste mit 1,48 Mio. ha,

Roggen mit 0,84 Mio. ha, Sommergerste mit 0,63 Mio. ha und Triticale mit 0,54 Mio. ha.

Geerntet wird Getreide im Stadium der *Totreife* bei einem Wassergehalt des Kornes von 14–16 %. *Notreife* setzt bei langer Trockenheit oder bei Krankheit ein. Bei der Gefahr von *Auswuchs* (das Ge-

Bestockung am Beispiel des Getreides

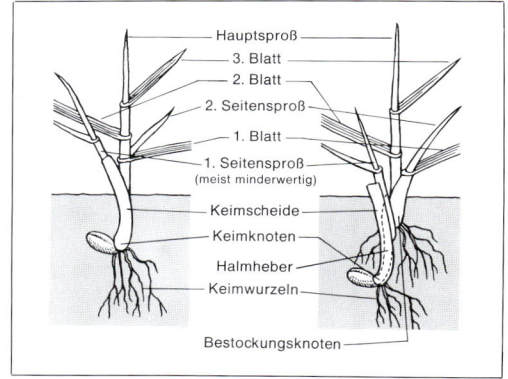

treide keimt am Halm) muß möglichst rasch geerntet werden. Das Erntegut ist dann künstlich zu trocknen. Die Getreideernte erfolgt entweder mit Selbstfahr-Mähdreschern oder mit gezogenen.

In der Fruchtfolge wird Getreide heute günstiger eingeschätzt als früher, da es durch relativ große Mengen an Ernterückständen humuserhaltend und bei Strohdüngung humusmehrend und garefördernd wirkt. Vor allem auch Zwischenfruchtbau mindert die Nachteile enger Getreidefruchtfolgen.

Gerste wird unterschieden in zweizeilige (zwei Reihen Körner an der Ähre) und mehrzeilige Sorten. Die Sommergerste wird als Braugerste verwendet, während die Wintergerste hauptsächlich verfüttert wird. Sommergerste sollte möglichst früh gesät werden. Nasse, stark verschlämmende oder moorige Böden sind nicht geeignet. Die Wintergerste verträgt Temperaturen bis −20° C, ist aber durch Auswinterung (Schneeschimmel, Vertrocknen, Ersticken oder Auffrieren) stark gefährdet. Sie hat bei ausreichender Düngung geringe Bodenansprüche, nur leicht auffrierende Böden (Moorböden) sind nicht geeignet.

Unsere **Weizensorten** gehören zur Kulturform Weichweizen. Angebaut werden sowohl Sommer- wie Winterweizen. Weizen findet Verwendung zu Back-, Futter- und Brauzwecken. Für den Weizenanbau sind fast alle Böden geeignet, außer Trockenlagen und saure Böden, Neuland und frischer Wiesenumbruch. Wichtig ist eine gute Kalk- und Humusversorgung der Böden und eine gute Wasserhaltefähigkeit. Der Weizen ist auf hohe Düngung angewiesen. Sommerweizen sollte möglichst

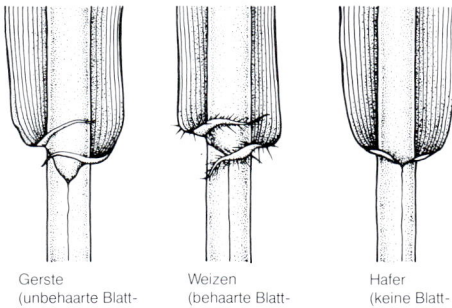

Gerste
(unbehaarte Blattöhrchen)

Weizen
(behaarte Blattöhrchen)

Hafer
(keine Blattöhrchen)

Unterscheidungsmerkmale der Getreidearten

bald im Jahr angebaut werden, Winterweizen Mitte bis Ende Oktober.

Dinkel ist eine primitive Weizenart für rauhere Lagen.

Triticale ist eine Kreuzung aus Weizen und Roggen, die in ihrem Erscheinungsbild mehr dem Weizen ähnelt und vom Roggen die Robustheit gegen extreme Bedingungen hat, wie niedrige Wintertemperaturen, schlechte Wasserversorgung.

Hafer hat geringe Bodenansprüche, braucht aber ausreichend Feuchtigkeit. Auf kultivierten Waldböden oder sauren Moorböden ist Haferanbau ebenso möglich wie nach Wiesenumbruch. Hafer ist empfindlich gegen späte Saat. Er wird hauptsächlich für Futterzwecke genutzt.

Roggen ist eine anspruchslose Getreideart, er ist unempfindlich gegen Trockenheit, auf guten Böden neigt er zu Lager. Es wird fast ausschließlich Winterroggen angebaut, nur in extremen Lagen findet man den deutlich im Ertrag unterlegenen

Gerste

Weizen

Hafer

Mais

Sommerroggen. Tetra-Roggen und Hybridroggen werden nur in geringem Umfang angebaut.

Der **Mais**-Anbau hat aufgrund raschen Zuchtfortschrittes (niedrigere FAO-Zahlen = kürzere Reifezeit) stark zugenommen. Lagen mit Spät- und Frühfrösten sind für Mais kaum geeignet. An die Bodenqualität stellt der Mais keine hohen Ansprüche. Im Juli und August hat Mais den größten Wasserbedarf, ansonsten braucht er nicht viel Wasser. Mais ist gut selbstverträglich, doch führt mehrjähriger Anbau leicht zu Problemen mit Bodenverdichtungen und Erosionen.

Futterrüben

Genutzt wird Mais als Grünmais oder als Silomais zur Verfütterung und als Körnermais für den Verkauf oder für die Schweinefütterung (Körner oder ganze Kolben gehäckselt).

Hackfrüchte

Hackfrüchte sind Wurzel- (Beta- und Brassicarüben) oder Knollenfrüchte (Kartoffel, Topinambur), zu deren Bestandspflege früher die regelmäßige Bearbeitung mit der Hand- oder Maschinenhacke gehörte.

Beta-Rüben – Hierzu gehören die Zuckerrüben und die Futterrübe. Die *Zuckerrübe* geht hauptsächlich in die Zuckerherstellung, kann aber auch verfüttert werden. Das Zuckerrübenblatt kann frisch wie auch siliert verfüttert werden oder es dient zur Gründüngung. Die Zuckerrübe braucht tiefgründige, humose Böden mit annähernd neutralem pH-Wert. Wichtig ist eine gute Wasserführung des Bodens, sowie eine feinkrümelige Oberfläche. Empfindlich ist die Zuckerrübe gegen Bodenverdichtungen. In der Fruchtfolge kommt sie auf Getreide, sie selbst ist eine gute Vorfrucht für Getreide. Mehrmaliger Anbau von Rüben wie auch die Fruchtfolge mit Kreuzblütlern ist wegen der Nematodengefahr zu vermeiden. Zuckerrüben werden mit ein- oder mehrreihigen Bunkerköpfrodern geerntet.

Die *Futterrüben* unterteilt man nach ihrem Trockensubstanzgehalt (TS) in vier Gruppen: Massenrüben (11–12% TS), Kompromißrüben (13–14%), Gehaltsrüben (15–16%), Zucker-Futterrüben (18–19%).

Auf kleinen Flächen herrscht bei Futterrüben die Handarbeit vor, während auf großen Schlägen sowohl die Saat wie auch die Ernte vollmechanisch erledigt werden kann.

Kartoffel – Sie findet ihre Verwendung hauptsächlich in der menschlichen Ernährung, in der Tierfütterung und in der Industrie (Stärke, Brennerei). Sie braucht lockere, gut durchlüftete und erwärmbare Böden mit guter Wasserversorgung. Die Erntemenge, vor allem aber die Qualitätsmerkmale werden durch die Bodenart stark beeinflußt. Kartoffeln werden mit halb- und vollautomatischen Legemaschinen gepflanzt. Sie haben für Getreide eine gute Vorfruchtwirkung. Mehrmaliger Anbau verbietet sich wegen der Kartoffelnematoden. Geerntet wird die Kartoffel meist mit Vollerntern sowie mit Schleuder- oder Vorratsroder.

Topinambur ist ein Sonnenblumengewächs, das sich durch Samen und Knollen fortpflanzt. Es gibt

Kartoffelpflanze in Blüte

sehr viele verschiedene Züchtungen, so daß Topinambur auf allen Böden von leichtem Sand bis schwerem Ton angebaut werden kann. Topinambur wird hauptsächlich zur *Wildfütterung* angebaut. Genutzt wird die obere Stengelhälfte als Laubheu oder auch Silage, die Knollen werden vom Wild aus dem Boden geschlagen.

Kreuzblütler

Raps gehört zur botanischen Familie der Kreuzblütler. Winterraps rangiert im Anbau weit vor Sommerraps und Rübsen. Raps braucht tiefgründigen Boden wegen der typischen Pfahlwurzel. Stauende Nässe sowie zu trockene Böden sind ungeeignet. Raps hat hervorragende Vorfruchtwirkung für alle Kulturpflanzen, wobei Wintergetreide als Folgefrucht günstig ist. Raps ist nicht selbstverträglich, er braucht eine Anbaupause von 3–4 Jahren.

Rapsöl wird für die Ernährung eingesetzt (erucasäurefreie Sorten) sowie für technische Zwecke (mit Erucasäure). Raps wird auch als Zwischenfrucht eingesetzt, wobei entweder die ganze Pflanze zur Gründüngung untergepflügt wird, oder die Blattmasse in die Tierfütterung geht.

Für Aufregung hat die Einführung des *00-Rapses* (Doppelnull-Raps) gesorgt. Es ist dies ein genetisch erucasäurefreier und glucosinolatfreier Raps. 00-Raps steht im Verdacht, Ursache für das im Herbst 1986 aufgetretene Hasensterben zu sein,

wie auch für unerklärliche Verhaltensstörungen bei Rehen. Bisher konnte noch nicht einwandfrei festgestellt werden, ob die Tiere durch den Wegfall der »Äsungsbremse« (Säure und Glukosinolate) zuviel von diesem Raps aufnehmen, was zu Vergiftungen führen kann.

1987 waren bereits 40% der bundesdeutschen Rapsfläche mit 00-Raps bestellt. Ab 1991 zahlt die EG die Verarbeitungshilfe im Rahmen der Marktordnung nur noch für 00-Körner-Raps.

Rübsen ist eine dem Raps verwandte und sehr ähnliche Ölfrucht. Rübsen hat grasgrüne, den Stengel ganz umfassende Blätter, während Raps blaugrüne Blätter hat, die den Stiel nur halb umfassen. Schote und Stiel bilden bei Raps eine gerade Linie, bei Rübsen ist die Linie geknickt. Rübsen stellen nur geringe Ansprüche an Boden und Klima. Es gibt Sommer- und Winterform. Genutzt werden Rübsen als Zwischenfrucht.

Körnerleguminosen

Die Körnerleguminosen (Hülsenfrüchte) wie Akkerbohne, Erbse, Wicke, Lupine, haben nur eine geringe Anbaufläche. Trotzdem haben sie wegen ihrer guten Vorfruchtwirkung, der Bindung von Stickstoff und der tiefen Bodendurchwurzelung sowie als Lieferant betriebseigenen Eiweißes eine gewisse Bedeutung.

Raps

Rotklee   Weißklee   Hornklee   Schwedenklee

Ackerbohne – Sie wird hauptsächlich zur Körner-
gewinnung angebaut, als Zwischenfrucht steht sie
im Gemenge mit anderen Pflanzen.
Erbsen werden vorrangig im Zwischenfruchtbau
als Gemengeteil zur Grünfütterung eingesetzt. Das
gleiche gilt für die *Wicke.* Auch die *Lupine* wird als
Zwischenfrucht angebaut und zur Gründüngung
genutzt.

Der Feldfutterbau

Der Feldfutterbau ist neben dem Grünland das
»zweite Bein« für die Grundfutterversorgung der
Rinderbestände. Zum Feldfutterbau zählen die
kleeartigen Futterpflanzen, Luzerne, Futtergräser
und deren Gemische (z. B. Kleegras). Auch Silomais und Futterrüben werden hinzugerechnet.

Kleegras

Luzerne

Kleeartige Futterpflanzen – Sie gehören zu den Leguminosen (Unterfamilie Schmetterlingsblütler). Trotz der enormen Vorteile in der Fruchtfolge nimmt der Kleeanteil an der Anbaufläche immer mehr ab. Folgende Kleearten werden angebaut: Rotklee, Inkarnatklee, Weißklee, Bastardklee, Alexandrinerklee, Perserklee, Gelbklee, Hornschotenklee, Esparsette. Genutzt werden die Kleearten sowohl als Grünfutter oder Silage, über Beweidung oder auch als Heu oder Cobs (heißluftgetrocknet).

Luzerne – Hierfür gelten die gleichen Nutzungsmöglichkeiten außer Weide. Bemerkenswert ist die Pfahlwurzel, die bei entsprechenden Böden bis auf 2 m Tiefe geht.

Futtergräser – Bei den Futtergräsern werden hauptsächlich Welsches Weidelgras (übersteht einen Winter) und Einjähriges Weidelgras genutzt.

Kleegrasgemische – Sie haben den Vorteil, daß sie eine höhere Ertragssicherheit als Reinsaaten bieten.

Grünland

Grünland ist in Mitteleuropa keine natürliche Vegetationsform, bis auf die Gebiete, in denen sich vor der Besiedelung kein Wald entwickeln konnte (siehe Waldbau). Erst durch menschliche Eingriffe entstand es. Grünland kann kurz definiert werden als eine »dauernde, von zahlreichen Pflanzenarten im Gemisch gebildete Grasnarbe«. Grünland wird als Wiese, Weide oder Mähweide genutzt, es stellt die Grundlage der Rinderhaltung dar.

Absolutes Grünland findet sich dort, wo eine Akkernutzung nicht möglich ist, bei *fakultativem* (wahlweise) Grünland dagegen ist auch Umbruch zur Ackernutzung möglich.

Gründlandstandorte befinden sich in Gebieten mit entweder hohen Jahresniederschlägen (über 700 mm), relativ hohem Grundwasserstand, in Überschwemmungsgebieten oder in Hanglagen, die mit schweren Maschinen nicht mehr befahren werden können. Folgende Bodentypen sind für Grünland typisch: Ranker, Pelosol, Podsol, Gley, Pseudogley, Aueboden, Marsch, Moorboden.

Etwa 1600 verschiedene Pflanzenarten sind auf dem Dauergrünland Mitteleuropas zu finden. Aus 20 Pflanzenfamilien, davon die wichtigste die Süßgräser, setzt sich die Grünlandflora zusammen.

Süßgräser des Grünlandes – Sie sind meist mehrjährig. Entsprechend ihrem Wuchs sind sie unterteilt in Ober- und Untergräser. Erstere herrschen auf Wiesen vor, während letztere auf Weiden überwiegen. Deutlich zu sehen ist dieser Unterschied zwischen Wiese und Weide nach der Mahd: Die Narbe der Wiese ist lückig, da die Obergräser keine oder nur schwache Basalblätter haben. Die Weidenarbe dagegen ist auch nach dem Mähen noch dicht.

Zu den Süßgräsern gehören unter anderem: Wiesenfuchsschwanz, Wiesenlieschgras, Wiesenschwingel, Knaulgras, Goldhafer, Deutsches und Welsches Weidelgras, Quecke, Wiesenrispe, Rot-

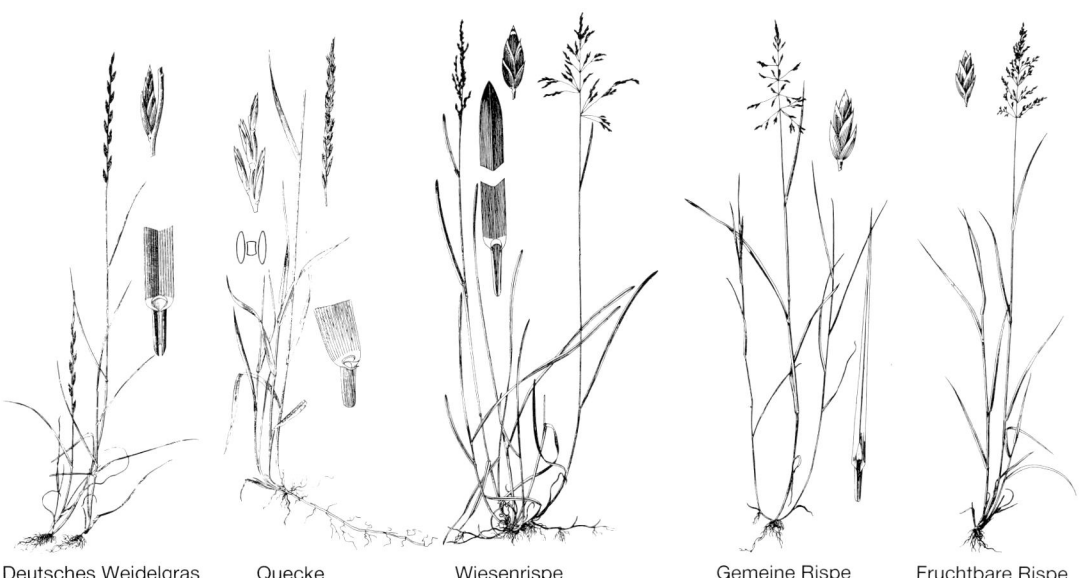

Deutsches Weidelgras   Quecke   Wiesenrispe   Gemeine Rispe   Fruchtbare Rispe

schwingel, Weißes und Rotes Straußgras, Trespe (aufrechte, weiche oder wehrlose), Zittergras.

Sauergräser des Grünlandes – Sie wachsen meist auf vernäßten Stellen und auf Streuwiesen. Zu ihnen gehören die Seggen, die Wollgräser und die Simsenarten.

Leguminosen (Schmetterlingsblütler) – Eine weitere wichtige Pflanzenfamilie des Dauergrünlandes. Zu ihnen gehören die verschiedenen Kleearten und kleeartigen Pflanzen. Die meisten von ihnen, außer dem Weißklee, sind empfindlich gegen häufigen Biß, Tritt und frühen Schnitt. Daher ändert sich der Anteil der Leguminosen je nach Nutzungsart des Grünlandes. So wird zum Beispiel auf Weiden kein Rotklee, dafür aber Weißklee zu finden sein.

Zu den wichtigen Grünland-Leguminosen zählen: Wiesenrotklee, Weißklee, Schwedenklee, Gelbklee, Fadenklee. Auch Wiesenplatterbse, Zaunwicke und Vogelwicke gehören hierher.

Grünlandkräuter – Hierzu zählt alles, was nicht zu Gräsern und Leguminosen gehört. Zum Teil verbessern die Kräuter den Futterwert des Aufwuchses, giftige Arten können ihn aber auch verschlechtern. Kräuter sollten nur einen bestimmten Anteil des Aufwuchses ausmachen, da sie sonst die Gräser verdrängen und es bei der Ernte zu starken Bröckelverlusten kommt.

Kräuter auf dem Dauergründland – Zu den wichtigsten gehören unter anderem aus der Familie der Doldenblütler Wiesenkerbel, Bärenklau, Wiesenkümmel, Wilde Möhre, von den Lippenblütlern, Günsel und Wiesensalbei, die Klappertopfarten aus der Familie der Rachenblütler, weiter die Familie der Wegericharten und aus der Familie der

Korbblütler Löwenzahn, Wiesenpippau, Gänseblümchen, Schafgarbe. Weiter sind zu nennen der stumpfblättrige Ampfer und Sauerampfer von den Knöterichgewächsen, von den Rosengewächsen Frauenmantel und Fingerkrautarten, sowie die Hahnenfußgewächse.

Typische Pflanzengesellschaften – Es bilden sich je nach Standort und Nutzung typische Pflanzengesellschaften heraus, anhand derer sich die Standorteigenschaften erkennen lassen. Die wichtigsten Pflanzengesellschaften sind die *Trockenrasen*, *Borstgrasrasen* und *Zwergstrauchheiden*, die *Röhrrichte* und *Großseggenriede*, sowie die *Wirtschaftswiesen* mit Fettwiesen, Weißkleeweiden und Feuchtwiesen.

An den *Zeigerpflanzen* kann der Standort genau beurteilt werden, zum Beispiel ob Nährstoffmangel vorliegt, ob die Bodenreaktion sauer oder alkalisch ist, wie der Wasserhaushalt des Bodens aussieht.

Nutzungsintensität des Grünlandes – Je nach den natürlichen Voraussetzungen schwankt sie stark. Bei der *Wiesennutzung* geht dies von der *ein- oder zweischürigen Wiese* mit einem Ernteertrag von 25–50 dt/ha mit 1000 bis 2000 KStE hin zur *mehrschnittigen Wiese*, von der *Silage* wie auch *Cobs* (heißluftgetrocknetes und gepreßtes Erntegut) gewonnen werden, die bis zu 130 dt/ha mit 5000–7000 KStE bringen.

Dementsprechend reicht die *Weidenutzung* von den Hutungen und Almen über extensive Standweiden hin zu *Umtriebsweiden* unterschiedlicher Intensität bis zu den *Portionsweiden*, auf denen dem Vieh per Elektrozaun pro Tag eine bestimmte »Weideportion« zugeteilt wird.

Futtervorräte für den Winter – Sie werden hauptsächlich als Silage und Heu, teilweise auch als Cobs bereitgestellt. Die *Silagebereitung* nimmt zu, da das Wetterrisiko nicht so hoch ist wie bei Heu und die Gärfutterbereitung im Fahrsilo arbeitswirtschaftlich günstig ist. Da der Silageschnitt früher als der Heuschnitt stattfindet, steigen die negativen Folgen für die Tierwelt durch das Ausmähen von Rehkitzen, Junghasen und Gelegen.

Heu läßt sich bei entsprechendem Wetter rein in Bodentrocknung gewinnen, das heißt der notwendige Feuchtigkeitsgehalt von 15–20% wird auf der Wiese erreicht. Reicht die Bodentrocknung nicht aus, setzt man zusätzlich die Unterdachtrocknung ein, entweder kaltbelüftet (ohne Vorwärme) oder mit vorgewärmter Luft.

Vor allem in niederschlagsreichen Gebieten (zum Beispiel Allgäu) hat sich die *Heißlufttrocknung* etabliert. Hierbei wird das Erntegut sofort nach der Mahd in zentrale Trocknungsanlagen gefahren,

Wildretter, angebaut an ein Kreiselmähwerk, im Einsatz

dort getrocknet und zu den sogenannten Cobs gepreßt. Die Nährstofferträge pro kg/TS steigen zwar
deutlich an, je mehr mit vorgewärmter Luft gear-
·beitet wird, allerdings setzten die Energiekosten
diesen Verfahren enge Grenzen.

Düngung des Grünlandes – Sie erfolgt zum Teil
über Mineraldünger, vor allem aber auch über die
Wirtschaftsdünger Festmist, Gülle, Jauche. Vor
allem die Güllewirtschaft führt teilweise zu Problemen, wenn außerhalb der Vegetationsperiode
große Mengen ausgebracht werden. Dies kann bei
entsprechenden Niederschlägen oder bei der
Schneeschmelze zu starkem Eintrag von Dünger in
Oberflächengewässer, aber auch zur Nitratauswa-
schung ins Grundwasser führen.

Durch einseitige Düngung (Gülle, Jauche), zu
späte oder einseitige Nutzung, wie durch Verletzungen der Grasnarbe wird die Ausbreitung bestimmter Kräuter gefördert, die ab einem bestimmten Anteil an der Narbe als Unkräuter einzustufen
sind. So zum Beispiel Wiesenkerbel, Bärenklau,
Ampfer, Quecke. Aber auch wertvolle, gern ge-
fressene Kräuter wie der Löwenzahn, Kümmel
oder Schafgarbe können so zu »Unkraut« werden.

Haben die *Unkräuter* ein gewisses Ausmaß erreicht, ist allein durch Abstellen der Bewirtschaf-
tungsfehler keine Verbesserung des Pflanzenbe-
standes mehr zu erreichen. Dann muß entsprechend der Verunkrautung mit chemischen Präpara-
ten entweder eine Bekämpfung der Einzelpflanzen
erfolgen oder bei starker Verunkrautung eine Flä-
chenspritzung. In besonders krassen Fällen wird
man sich jedoch nur mit Umbruch des Grünlandes
und Neuansaat helfen können.

Da das Grünland von vielseitig zusammengesetzten Pflanzengesellschaften gebildet wird, sind im
Gegensatz zum Ackerbau Krankheiten und Schädlinge kaum ein Thema. Von Bedeutung sind nur
tierische Schädlinge wie Wühlmaus, Feldmaus,
Maulwurf, Larven der Wiesenschnake und Enger-
linge des Maikäfers.

Almwirtschaft

Eine Sonderstellung innerhalb der Grünlandwirtschaft nimmt die Almwirtschaft ein. Einmal ist nur
eine kurze Nutzungsdauer möglich (Anfang Juni
bis Mitte, Ende September) und zum anderen ist
wegen des steilen Geländes und des oft schwierigen
Erreichens eine Grünlandwirtschaft im eigentlichen Sinn nicht möglich. Die Erträge der Almflächen lassen sich durch die Bewirtschaftungsintensi-

Beim Ausbringen von Gülle

tät beeinflussen (Besatzstärke, entsprechende Flä-
cheneinteilung, Dauer der Beweidung).

Almen werden als Weiden für Rindvieh, Schafe
und Pferde genutzt. Wurde früher auf den Almen
hauptsächlich Milchvieh gehalten, wobei die Milch
sofort zu Butter oder Käse verarbeitet wurde, so
hat diese Bewirtschaftung heute aufgrund von Per-
sonalmangel kaum noch Bedeutung. Es wird
hauptsächlich Jungvieh aufgetrieben. Die Betreuung der Almen erfolgt teils direkt von den zugehörigen Hütten aus, oder von Nachbaralmen oder
vom Talbetrieb aus. Für den Weiterbestand vieler
Almen ist entscheidend, ob sie mit dem Schlepper
erreichbar sind.

Die Almwirtschaft hat große Bedeutung für die
Landschaftserhaltung, da nicht mehr bewirtschaftete Flächen je nach Steilheit die Lawinengefahr
erhöhen, die durch Bodenerosion gefährdet sind
und durch Anflug von Baum- und Strauchsamen
relativ schnell zuwachsen.

Als Bewertungsmaßstab der Almflächen dient im
oberbayerischen Sprachraum das »Kuhgras«, im
schwäbischen die »Kuhweide«. Damit ist die Fut-
terfläche gemeint, die notwendig ist, um eine ausgewachsene Kuh (1 GV) über die 100 Tage Alm-
weide zu bekommen. Auf guten, sonnenseitigen
Almen entspricht 1 Kuhgras etwa 1 ha, auf der
Schattseite dagegen 1,5–2 ha. Für ein 1-jähriges
Rind rechnet man 0,5 Kuhgräser, für ein Schaf 0,2.

Probleme für den Erhalt des Bergwaldes bringen
die in Oberbayern zum Teil noch bestehenden
Waldweiderechte. Da wegen des fortschreitenden
Baumsterbens der Waldverjüngung ganz entscheidende Bedeutung zukommt, nämlich um die
Schutzfunktion des Bergwaldes zu erhalten, versucht man diese Belastung vom Wald zu nehmen
durch Ablösen der Waldweiderechte. Die »Wald-
und Weidetrennung« gestaltet sich oft schwierig,
da die flächenknappen Talbetriebe sich nur ungern

in Geld abfinden lassen, sie vielmehr Ausgleichsflächen brauchen, um ihren Tierbestand halten zu können. Die Bereitstellung ausreichend großer Ausgleichsflächen in geeigneter Lage wird zunehmend schwieriger.

Feldgehölze/Hecken

Feldhecken sind dichte, meist nur wenige Meter breite Gehölzstreifen. Sie haben einen stufigen Aufbau, dem eines intakten Waldrandes entsprechend. Die unterste Schicht mit bis zu 3 m hohen Sträuchern bildet den Schutz gegen außen. Diese Sträucher sind oft dornenbewehrt (zum Beispiel Schlehdorn). Am äußeren Rand der Hecken schließt sich an die Büsche die Krautschicht an. Die mittlere Schicht von 3–5 m Höhe bilden die hohen Büsche wie etwa die Hasel. Die oberste Schicht dann besteht aus Bäumen, die nicht zu eng stehen dürfen.

Die Übergangszone zwischen dem Heckeninneren, wo es feuchter und schattiger ist, und der angrenzenden Flur ist bezogen auf die bewachsene Fläche sehr lang und bietet damit *Lebensraum für eine Vielzahl von Tieren.* So bietet eine Landschaft ohne Hecken nur sechs Vogelarten und fünf Säugetierarten Raum, eine Heckenlandschaft aber 37 Vogelarten und 20 Säugetierarten.

In einer Heckenlandschaft kommt es zu Verknüpfungen der einzelnen Glieder zu einer Lebensgemeinschaft, was zu einer gegenseitigen Regulierung führt. Zum Beispiel leben Turmfalke und Waldohreule in der Hecke und bejagen die Feldmäuse, oder Rotrückenwürger und Grasmücke jagen Insekten. Selbst Ameisen und Raubkäfer machen noch bis zu 50 Meter von der Hecke entfernt Beute.

Hecken schützen die landwirtschaftlichen Kulturen vor Wind. Der Windschutz einer intakten Hecke wirkt auf eine Entfernung bis zum fünfzehnfachen der Heckenhöhe. Durch die verringerte Windgeschwindigkeit läßt die Verdunstung aus dem Boden nach. Auch fällt mehr Tau. Je nach Kulturart ergeben sich Ertragssteigerungen von rund 10–30%. Mit ihren Wurzeln bewirken Hecken auch Erosionsschutz an Böschungen oder sie befestigen Bachufer.

Gegen Hecken kann sprechen eine unerwünschte Beschattung, Erschweren des Maschineneinsatzes,

Hecken bieten nicht nur Lebensraum für viele Tierarten, sie schützen die landwirtschaftlichen Kulturen vor Winderosion.

Wurzelkonkurrenz, die Platzfrage. Durch richtige Anlage, richtige Wahl des Standortes und des Heckentyps lassen sich jedoch die negativen Wirkungen einer Hecke meist vermeiden.

Feldholzinseln entsprechen in ihrem Aufbau etwa der Hecke, sind aber anders geformt. Selbst an der dünnsten Stelle sollten sie 10 m Breite haben. Die Randausformung sollte lappig sein, um eine möglichst große Übergangszone zu bekommen, diese sollte mit einer Krautschicht in die offene Landschaft hin auslaufen.

Feldhecken und Feldgehölze sollen der weiträumigen Eintönigkeit maschinengerechter Felder, die grenzlinienarm und meist nur von einer Pflanzenart bestanden sind, entgegenwirken. Mit ihnen ließen sich wesentliche Merkmale alter Bewirtschaftungsformen wieder in die Landschaft einbringen.

Als Beispiel für die positive Wirkung von Gehölzen in der Landschaft mag das Rebhuhn angeführt werden: Nimmt die reine Feldflur ohne Raine, Hecken und Feldgehölze über 80% der Fläche ein, geht die Zahl der Rebhühner zurück – Nahrung und Deckung fehlen.

Flurbereinigung

Die Flurbereinigung dient der Verbesserung der Produktions- und Arbeitsbedingungen in Land- und Forstwirtschaft. Ihre Arbeit umfaßt folgende Bereiche: *Bodenordnung* (Grundstückszusammenlegung), *Bodenschutz, Dorferneuerung, Erholungseinrichtungen, Landschaftspflege, Wasserwirtschaft* und *Wegebau*. So sinnvoll die Flurbereinigung ist, wenn es um die Bereinigung stark parzellierter Flächen geht, so wurde doch über viele Jahre mit »deutscher Gründlichkeit« drainiert, begradigt, eingeebnet und ausgeräumt, was an Hecken und Bäumen die Landschaft erst ausmachte. Krasse Fehlentwicklungen wie etwa großräumige Bereinigung von Weinbergen, die zu enormen Erosionen führten bis hin zum Abrutschen ganzer Hänge, oder das rasche Abführen von Niederschlägen in ausbetonierten Rinnen, wo ehemals ein Bach war, was die Hochwasserbildung fördert, oder das Absenken des Grundwassers zeigen, daß die Ausrichtung allein auf die Forderung »maschinengerecht« nicht richtig sein kann. Seit einigen Jahren ist zu erkennen, daß es in der Flurbereinigung ein Umdenken gibt. Teilweise werden Hecken nicht mehr einfach gerodet, sondern umgesetzt, z. T. werden auch wieder Windschutzhecken, Feldgehölze und Feuchtbiotope neu angelegt.

Ökologischer Landbau

Unter dem Sammelbegriff »Ökologischer Landbau« (alternativer Landbau) sind Landbaumethoden zusammengefaßt, die im Gegensatz zum sog. »konventionellen« Landbau, den Einsatz von Mineraldüngern und chemischem Pflanzenschutz ganz oder weitgehend ablehnen.

Die Zahl der ökologisch wirtschaftenden Betriebe lag im Jahr 2000 mit 12 740 bei einem Anteil von 3% an der Gesamtzahl der Betriebe. 3,2% der gesamten LF, das sind rund 546 000 ha, wurden somit ökologisch bewirtschaftet.

Unterschieden werden der **Biologisch-dynamische Landbau** nach dem Schweizer Anthroposophen Rudolf Steiner und der *Organisch-biologische Landbau* nach Dr. Hans Müller (Schweiz) und Hans Peter Dusch (Bundesrepublik Deutschland).

Die *Biologisch-dynamische Wirtschaftsweise* hat die Steigerung der biologischen Aktivität von Boden und Pflanze zum Ziel, die natürlichen Kreisläufe sollen intensiviert werden. Die Pflege der hofeigenen Düngemittel spielt dabei eine wichtige Rolle. Um die Rotte anzuregen und zu lenken, werden Heilkräuterpräparate eingesetzt. Der Einsatz von Mineraldünger ist nicht zugelassen, der Pflanzenschutz erfolgt mechanisch physikalisch und über den Einsatz von Kieselpräparaten. Da der Erdorganismus, so die Lehre, seine Energie aus dem Kosmos, von der Sonne, den Gestirnen bezieht, werden diese Einflüsse in der praktischen Arbeit ganz bewußt berücksichtigt.

Der **Organisch-biologische Landbau** zielt auf die Förderung des Bodenlebens ab, um so eine Steigerung der Bodenfruchtbarkeit zu erreichen. Der Boden wird nur flach gewendet, dafür aber tief gelockert. Im Unterschied zum biologisch-dynamischen Landbau wird hier der Mist meist flächig auf dem Feld kompostiert und mit Urgesteinsmehl vermischt. Geachtet wird auf vielseitigen Anbau, vor allem mit Zwischenfrüchten, hier besonders Leguminosen. Mineraldünger mit ätzender oder brennender Wirkung dürfen nicht eingesetzt werden. Chemischer Pflanzenschutz ist nur in gewissen Ausnahmen zulässig.

Um Menge und Qualität der lebenden Substanz im Boden feststellen zu können, wurde ein spezieller mikrobiologischer Text entwickelt. Entscheidender Punkt organisch-biologischen Wirtschaftens ist es, die Einfügung in die ökologischen Bedingungen des Standortes zu beachten.

Waldbau

Vom Urwald zum Wirtschaftswald

Vor gut tausend Jahren war Mitteleuropa noch weitgehend von Urwald bedeckt. Abgesehen von den Siedlungen und den sie umgebenden Feldern war lediglich auf den salzigen Böden an den Meeresküsten, in den Auenlandschaften am Unterlauf der Flüsse, in den Steppen halbtrockener Gebiete und in den Bergen oberhalb der Baumgrenze offene Landschaft zu finden. Der Urwald, das waren hauptsächlich Buchen- und Buchenmischwälder. In den tieferen Lagen war daneben die Eiche recht häufig. In den mittleren Lagen des süddeutschen Raumes kamen auch die Tanne und relativ selten die Fichte vor. Erst in den Hochlagen konnte die Fichte Reinbestände bilden. Die Kiefer als bestimmende Baumart war nur auf sehr trockenen Standorten zu finden.

Dieses Bild des Waldes und vor allem seine Ausdehnung änderten sich rasch nach dem Ende der Völkerwanderung. Die neu angesiedelten germanischen Stämme begannen die Wälder zu roden. In nur 400 Jahren drängten sie den Wald soweit zurück, daß er im 13. Jh. nur noch etwa ein Fünftel seiner ursprünglichen Fläche einnahm.

Die Flächen für Siedlungen und Äcker wurden über Brandrodung gewonnen. Das Vieh wurde damals in die Wälder getrieben: Waldweide für Rinder, Pferde, Schafe, Ziegen und Schweinemast in den Buchen- und Eichenwäldern. Dies führte rasch zu einer Vergreisung der Laubwälder.

Noch schlechter wurde die Lage für den Wald, als im Mittelalter Bergbau, Metallverhüttung, Salzsiederei und Glasherstellung ein enormes Ausmaß annahmen. Diese frühen Industrien fraßen Unmengen an Holz.

Schon Ende des 14. Jh. begann man jedoch über die Nachhaltigkeit der Holzwirtschaft nachzudenken und, was für die weitere Entwicklung des Waldes von großer Bedeutung war, man begann umzusteigen von Laubholz auf das schnellwüchsigere Nadelholz, das man nun auch zu säen und pflanzen lernte.

Nach Ende des Dreißigjährigen Krieges erlebte die Höfische Jagd ihre Blütezeit, mit zum Teil katastrophalen Folgen für den Wald; dort wo der Hirsch vor dem Holz rangierte, kam kein Jungwald mehr auf. Überhegte Wildbestände und das Weidevieh der Bauern fraßen weiter am Wald.

Im 18. Jh., als die Bauern begannen ihre Tiere ganzjährig im Stall zu halten, holte man die Laubstreu und die Humusauflage aus den Wäldern, um die Ställe einzustreuen. Dadurch verarmten die Waldböden, es kam zu Bodenverdichtungen, was wiederum das Aufkommen von Eichen und Buchen zusätzlich verhinderte. Zeugnis von dem jahrhundertelangen Raubbau am Wald legen die Heidegebiete und Kiefernwälder mit ihren kargen Böden ab.

Alles in allem kann man davon ausgehen, daß letztlich nur unser waldfreundliches Klima uns vor den Folgen des Raubbaues am Wald bewahrt hat, wie wir sie in den Mittelmeer-Ländern beobachten können.

Immer wieder ging in diesen vergangenen Jahrhunderten das Gespenst des Energiemangels, des Holzmangels, um. Um 1800 war ein kritischer Punkt erreicht, denn der Wald war ziemlich zerschunden, die Bevölkerung aber, und damit der Holzbedarf, stieg weiter stark an. Aus dieser Angst heraus begann man vor etwa 200 Jahren mit planmäßigen Aufforstungen.

Dabei änderte sich jedoch die Zusammensetzung des Waldes von rund 70% Laubholz und 30% Nadelholz hin zum Nutzwald mit rascheren Umtriebszeiten.

Grund dafür war einmal, daß auf den heruntergewirtschafteten Böden nur Pioniere angepflanzt werden konnten, wie Kiefer und dann auch die Fichte. Zum anderen, daß der Forst nun selbständig zu wirtschaften begann. Und da der Preis für Fichte und Kiefer dem Bedarf folgend stieg, und vor allem die Fichte den anderen Baumarten in der Holzproduktion überlegen ist, war die Entscheidung für die Nadelhölzer auch dort rasch gefällt, wo Laubbäume durchaus hätten wachsen können. Im Zuge dieser Überlegungen begann man auch mit der Kahlschlagwirtschaft und dem Pflanzen von Monokulturen.

Monokulturen aber sind mit großen Risiken behaftet, sie sind anfällig gegen Sturm, Schädlinge und auch Feuer. Einige Beispiele hierzu: Die Kiefernbuschhornblattwespe befiel 1959 und 1960 50000 Hektar Wald in Mittel- und Oberfranken, 1972 zerstörte ein Sturm 75000 Hektar Wald in Niedersachsen (15 Millionen Festmeter Schadholz) und 1975 zerstörte ein Großfeuer 10000 Hektar Kiefernreinbestand ebenfalls in Niedersachsen.

Diese Schäden sind der Preis für die Sünden unserer Vorfahren. Der Frage, welche Schäden am

Wald wir heute für unsere Nachkommen »produzieren«, sollte man sich einmal in aller Ruhe widmen.

Gegen Ende des 19. Jh. war von Holzmangel nicht mehr die Rede. Die Forstwirtschaft konnte damit trotz gewisser Mängel einen enormen Erfolg verbuchen. Zurück zur Natur, so lautete dann die Forderung, weg von den Monokulturen. Dieser Ansatz war aber durch die beiden dann folgenden Weltkriege zum Scheitern verurteilt. Der Wald wurde wieder ausgebeutet, und so stand man nach Ende des 2. Weltkrieges vor einem traurigen Ergebnis: Nur etwa die Hälfte des normalen Holzvorrates stand auf dem Hektar. Auch hier konnte die Devise nicht heißen naturnaher Waldbau, sondern rasches, wirkungsvolles Aufforsten.

Was das Wildproblem betrifft, markiert das Revolutionsjahr 1848 einen wichtigen Punkt. Die feudale Jagd wurde beendet, das Jagdrecht ist seit diesem Zeitpunkt an Grund und Boden gebunden. Dies führte sehr rasch zu einer rapiden Abnahme des Wildbestandes, so daß man überlegte, wie Rot- und Rehwild vor der Ausrottung bewahrt werden könnten. Aus dieser Situation entstand die Überlegung, den Jäger nicht nur als Beutemacher, sondern auch als Heger zu sehen. Im Reichsjagdgesetz von 1934 fand dieses Gedankengut seinen Niederschlag.

Nach Ende des 2. Weltkriegs sorgten jahrzehntelang nicht nur die Forstwirtschaft, sondern auch weit überhöhte Wildbestände für eine Verarmung des Waldes. Aufgrund der weiter anhaltenden Neuartigen Waldschäden ist es heute notwendig, durch ein ausgewogenes Wald-Wild-Verhältnis dem Wald eine Chance zur natürlichen Verjüngung zu geben.

Das Gebiet der Bundesrepublik Deutschland ist derzeit zu 30% mit Wald bedeckt, das entspricht 10,7 Mio. Hektar. Mit 66% Anteil an der Waldfläche stehen die Nadelhölzer vor den Laubhölzern mit 34%.

Die *Besitzverhältnisse im Wald* verteilen sich folgendermaßen: 46% Privatwald, rund 34% Staatswald und 20% Körperschaftswald. Dieser Zahlenvergleich bekommt erst dann einen Sinn, wenn man weiß, welche Größenordnung waldbaulich gesehen dahinter steckt. Denn die Größe des Waldbesitzes, Zahl und Form der Teilstücke beeinflussen stark die Art der Waldbehandlung. So wird in einem Staatsforstamtsbereich von 30 km² Fläche von dem geschulten Personal sicher anders Waldbau betrieben, als von einem Landwirt, der eine Parzelle von vielleicht 60×200 m sein eigen nennt. Die 46% Privatwald gehören über 700000 Besitzern. Davon haben 600000 einen Waldbesitz von unter 5 ha. Im Durchschnitt des gesamten Privatwaldes beträgt die Fläche der Einzelparzelle nur knapp über 2 ha.

Aufbau und Funktion des Waldes

Wald ist mehr als die Summe seiner Bäume. Zum Ökosystem Wald gehören neben den Bäumen genauso die Bodenpflanzen, Insekten, die Vögel und die Säugetiere sowie die Lebewesen im Wurzelraum. In einem gesunden Wald besteht ein *biologisches Gleichgewicht*, das heißt, die Lebensvorgänge aller diesem System zugehörigen Pflanzen und Tiere verlaufen reibungslos. Ein in diesem Sinne gesunder Wald ist relativ stabil gegen schädigende Einflüsse. Daher muß man im Forst, im Wirtschaftswald versuchen trotz der wirtschaftlichen Aspekte möglichst nahe am *Naturwald* zu bleiben, also das *Gleichgewicht der Lebensgemeinschaften* zu erhalten.

Standortgerechte Mischbestände entsprechen dieser Vorstellung am ehesten, sie sind zudem stabiler und leistungsfähiger als Reinbestände. Allerdings müssen die Bäume vom Wuchsverhalten her zusammenpassen, es muß zu einer Lichtbaumart eine Schattbaumart gegeben werden. Das ist zum Beispiel eine Mischung von Fichte und Buche oder Roterle (Buche und Roterle sind dann die Mischbäume) oder aber Fichte mit Tanne und Buche (stabiler als eine Fichtenreinkultur).

Weiter sind einschichtige und gleichförmige Bestände labil und anfällig gegen Krankheiten und Schädlinge. Eine dem Naturwald entsprechende Bestandsstruktur dagegen mit einer herrschenden Oberschicht, einer tragenden Mittelschicht und einer dienenden Unterschicht, stabilisiert den Bestand und ist anpassungsfähig. Im mehrschichtigen Bestand finden Bäume, Pflanzen und Tiere optimale Lebensbedingungen.

Waldmantel oder Trauf – Er muß vor allem nach Süden und Westen intakt sein, denn er erhält das Innenklima des Bestandes (Windruhe, höhere Luftfeuchtigkeit, hoher Gehalt an Kohlendioxid, ausgeglichene Temperaturen) und schützt vor Sturm wie auch vor zu starker Sonneneinstrahlung.

Waldrand – Er sollte, wenn möglich, stufig aufgebaut sein, d. h. zuerst Stauden und Sträucher, dann mittelhohe und zuletzt hochwachsende Bäume. Im

Idealfall hat der Randstreifen eine Tiefe von 25 m. Diese Übergangszone fördert die Festigkeit des Bestandes, erhält das Bestandsinnenklima und bietet der Tierwelt reichhaltig Nahrung und Lebensraum.

Neben dem richtigen Standort entscheiden vor allem noch die *Lichtverhältnisse* über die Zusammensetzung eines Waldbestandes.

Lichtbaumarten – *Aspen, Birken* und *Erler* sind die typischen Pioniere. Sie sind frosthart und wachsen sehr schnell im Jugendstadium. Alt werden sie dagegen nicht, einhundert Jahre sind in etwa die Grenze.

Kiefer, Eiche und *Lärche* brauchen auch viel Licht, sind in etwa so frosthart wie die erstgenannte Gruppe und eignen sich somit auch als Pioniere auf Kahlflächen.

Halbschattenarten – Sie finden sich im Waldbestand, dort wo der Schirm des Altbestandes genügend Licht durchläßt. Hierher gehören von den Nadelhölzern *Fichte* und *Douglasie*. Diese enorm wuchskräftigen Bäume kommen mit bald jedem Standort zurecht. Dagegen stellen die Laubbäume unter den Halbschattenarten wie *Ahorn, Esche* und *Ulme* höchste Ansprüche an den Standort. Die Bäume dieser Gruppe können ausnahmslos alt werden.

Schattbaumarten – Den Schatten des Kronendaches, um Konkurrenz nieder zu halten, und den Schutz des Schirmes gegen Frost brauchen dagegen *Tanne* und *Buche*. Sie gehören ebenso wie *Linde* und *Hainbuche* zu dieser Gruppe. Vor allem der Schutz gegen Konkurrenz ist wichtig, da sie in der Jugend äußerst langsam wachsen. Erst spät zeigen sie kräftigen Zuwachs, den sie dann aber lange durchhalten. Schattbaumarten können sehr alt werden.

Gut beobachten läßt sich diese extreme Anpassung an den Schattenstandort bei der Tanne. Sie kann jahrzehntelang direkt unter dem Schirm eines Altbaumes stehen und wird dabei nur einige wenige Meter hoch. Wird der Altbaum gefällt, wächst die unterständige Tanne los, als wäre sie gerade nur ein paar Jahre alt.

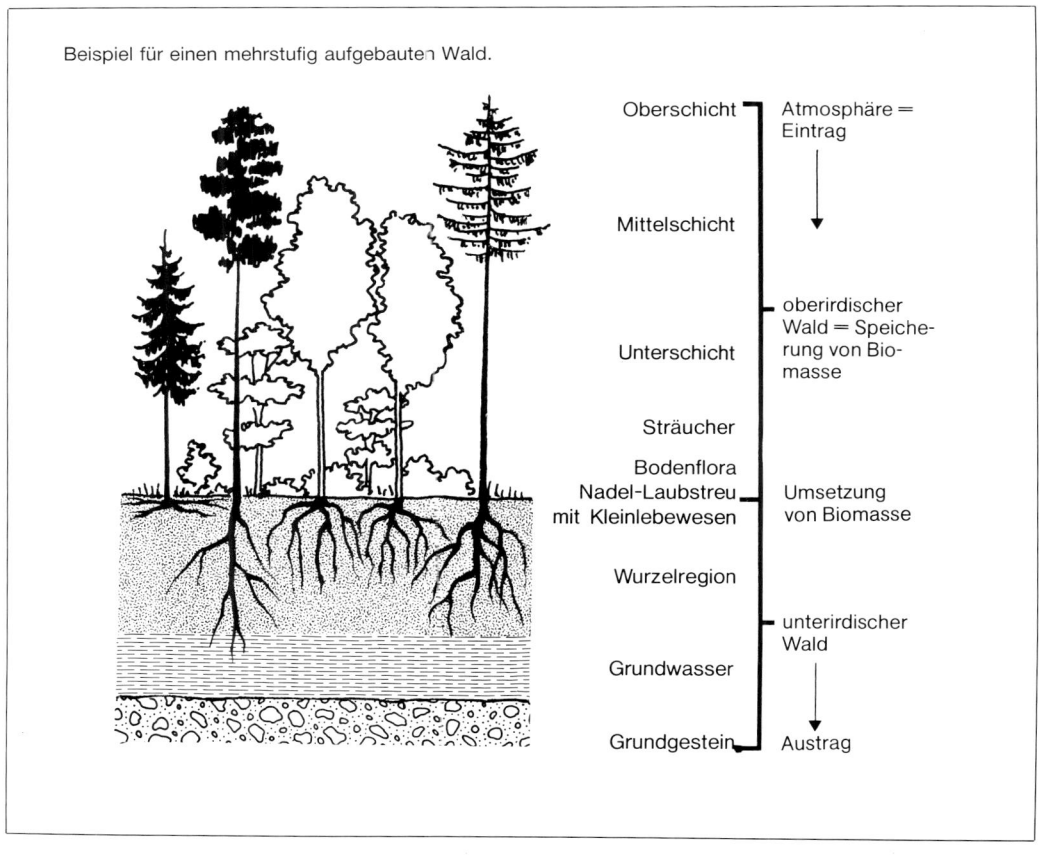

Beispiel für einen mehrstufig aufgebauten Wald.

Jahresringe – Auskunft über das Alter eines Baumes erhält man durch das Zählen der Jahresringe. Die Jahresringe zeigen zudem an, ob der Baum gleichmäßig wachsen konnte oder nicht. Stand er zu schattig oder gab es ein trockenes Jahr, sind die Jahresringe sehr eng. Konnte er dagegen ungehindert weiterwachsen, bildet er dem Zuwachs entsprechend breitere Jahresringe. Bleiben die Jahresringe im höheren Alter gleich stark, zeigt dies wegen des dann größeren Stammumfanges einen höheren Zuwachs an.

Der Forstmann ist interessiert, möglichst gleichmäßige Jahresringe bei seinen Bäumen zu erhalten, da einmal dies den Holzwert steigert (zum Beispiel Furnierholz) und zum anderen die Standfestigkeit des Baumes erhöht.

Der *Querschnitt eines Baumstammes* sieht folgendermaßen aus: Außen sitzt die *Borke* oder Rinde, die die inneren Gewebeteile schützt. Ihr folgt der *Bast,* in dem die bei der Photosynthese entstandenen Produkte nach unten geleitet werden. Danach kommt das *Kambium,* eine sehr dünne, mit freiem Auge nicht wahrnehmbare Schicht. Die Zellen des Kambiums sind in der Lage, sich immer wieder zu teilen. Sie bilden zum Stamminneren hin das Holz und nach außen den Bast. Es folgt der *Splint-Bereich,* in dem das Wasser transportiert wird. Dieser hebt sich durch seine hellere Färbung vom innersten Bereich, dem dunkelgefärbten *Kernholz,* ab. Das Kernholz transportiert kein Wasser mehr, es wird als »totes Holz« bezeichnet. Wirtschaftlich ist es aber sehr wertvoll, zum Beispiel wegen seiner Haltbarkeit.

Die Jahresringe entstehen bei der Bildung des Holzes aus dem Kambium. Im Frühjahr wächst das sog. *Früh- oder Weitholz* (hell gefärbt), das mit seinen großen Zellen die Wasserleitung übernimmt. Das *Spät- oder Engholz* (dunkel gefärbt) entsteht im späten Sommer, ist dichter und festigt die Holzsubstanz. Durch die *Grenzlinie* zwischen Spätholz und dem Frühholz des nächsten Jahres sind die Jahresringe deutlich zu erkennen.

Nachhaltigkeit – Oberster Grundsatz heutigen Waldbaus; d. h. nutzen ohne zu zerstören. Nachhaltige Erträge lassen sich dann erreichen, wenn in einem Waldbesitz Bestände aller Altersklassen zur gleichen Zeit vorhanden sind. Um sicher zu gehen, daß dem Wald nicht mehr entnommen wird als nachwächst – der Zuwachs muß dem Hiebssatz entsprechen – wird in etwa 10jährigem Abstand Inventur gemacht.

Welcher Standort für welche Baumart geeignet ist, mit welchem Zuwachs etwa gerechnet werden kann, ergibt sich aufgrund der *Standortkartierung.*

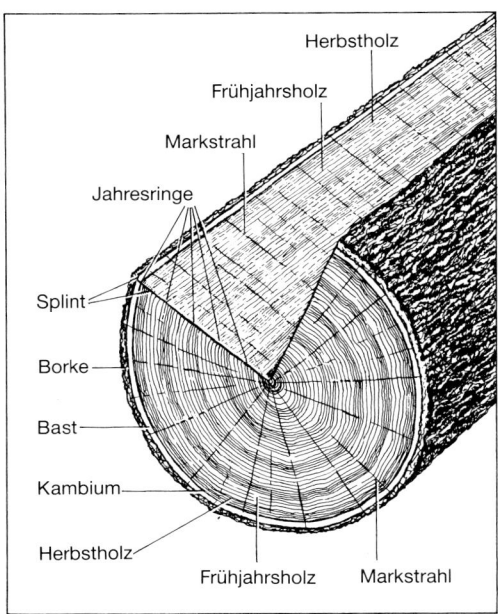

Stammquerschnitt und Jahrringverlauf.

Darin werden zum Beispiel erfaßt die Ergebnisse von Bodenuntersuchungen, das Vorkommen von Weiserpflanzen, Klima, Höhenlage, Nährstoff- und Wasserversorgung. Die wichtigsten Waldböden sind Braunerde, Podsol, Rendzina, Pelosol, Gley.

Unter der Vorgabe der Nachhaltigkeit ist das **Ziel des Waldbaues, schnell hochwertiges Holz zu gewinnen.** Wie unterschiedlich die Zuwachsleistungen der Baumarten sind, zeigen folgende Zahlen (Festmeter pro Hektar und Jahr): Douglasie 14, Tanne 11, Fichte 10, Buche 7, Lärche 7, Kiefer 6, Erle 6, Eiche 5, Esche 4, Birke 4. Mit *Vorrat* bezeichnet man das Holzvolumen, das in einem Bestand steht. Je nach Baumart, Alter, Ertragsklasse, Bestockungsgrad ist der Vorrat sehr unterschiedlich.

Mißt man nicht nur nach Volumen, sondern nach Gewicht, sieht die Sache mit dem Zuwachs anders aus. Ein Festmeter Fichte wiegt 380 kg, während ein Festmeter Eiche rund 560 kg bringt. Das heißt, die Leistung eines Eichenwaldes zur Erzeugung von einem Festmeter Holz liegt um die Hälfte über dem des Fichtenwaldes. Im groben Durchschnitt gesehen bildet der Wald 9–16 t Trockenmasse pro Jahr und Hektar.

Daß die Fichte zur Hauptbaumart, zum »Brotbaum« des Waldbesitzers geworden ist, ergibt sich aus ihren guten Zuwächsen, aus dem zu erzielenden Preis, der nur von der Eiche übertroffen wird, und von ihrer »Allroundnatur«, was den Standort betrifft.

Die Bedeutung des Waldes hat sich in der heutigen Zeit stark gewandelt. Hohe Besiedlungsdichte, sich mehrende Umweltbelastungen und zunehmende Freizeit verlangen ein Umdenken, so daß neben der Holzproduktion der Beitrag des Waldes zum Umweltschutz und zur Erholung immer mehr Gewicht erhält. Demgemäß lassen sich die Funktionen des Waldes in drei Bereiche einteilen: *Nutzfunktion*, *Schutzfunktion* und *Erholungsfunktion*.

Nutzfunktion – Sie meint die Holznutzung mit Nebennutzungen wie Beeren, Heilpflanzen, Pilzen oder Schmuckreisig.

Schutzfunktionen – Sie umfassen einen weiten Fächer. Da ist einmal der *Schutzwald* in den Bergen oder anderen Steillagen, der Lawinen, Muren und verstärkte Bodenerosionen verhindern soll.

Der Wald bremst den Niederschlag zuerst mit seinem Kronendach. Ist der Wald mehrstufig, das heißt, es stehen unter den Altstämmen noch halbhohe Bäume, und in der untersten Etage wächst noch eine Strauchschicht, dann erhöht sich diese Wirkung. Lockerer Waldboden mit Laubstreu kann sehr viel Wasser aufnehmen und festhalten, wie auch das Moos (trockenes Moos nimmt in 10 Minuten das Sechsfache seines Gewichtes an Wasser auf). Ein Teil der Niederschläge verdunstet dann auch wieder direkt von den Baumkronen (30–40% des Jahresniederschlages). Durch diese verschiedenen bremsenden Wirkungen wird dem Wasser die zerstörende Kraft genommen.

Weiter brauchen wir den Wald als *Wasserschutz* zur Reinhaltung des Grundwassers sowie als Klima- und Immissionsschutz. Der Wald liefert zum einen enorme Mengen Sauerstoff, andererseits bindet er in etwas das gleiche an Kohlendioxid. Weiter bindet der Wald Staub: Ein ha Buche 68 t, ein ha Fichte 30 t.

Daß der *Wald als Filter* überfordert wird, daß wir heute kranke und sterbende Bäume in beängstigendem Ausmaß haben, dazu später noch mehr.

Weiter wird der Wald auch als *Sicht- und Lärmschutz* genutzt.

Schließlich folgt die **Erholungsfunktion** für den Menschen: Saubere Luft, ausgeglichene Temperaturen, ein niedriger Geräuschpegel bilden den entscheidenden Kontrast zur Stadt. In diesem Funktionsbereich ergeben sich kritische Berührungen zwischen Jägern und einer immer größeren Zahl von Erholungssuchenden, von Spaziergängern, über Jogger bis hin zu den Reitern.

Diese verschiedenen Funktionen des Waldes werden im *Waldfunktionsplan* als Schwerpunkt- und Nebenfunktion bewertet und kartiert. Damit hat man geeignete Planungsunterlagen, um die Richtlinien für die zukünftige Waldentwicklung festlegen zu können.

Verschiedene Verfahren zur Nutzung und Verjüngung des Waldes

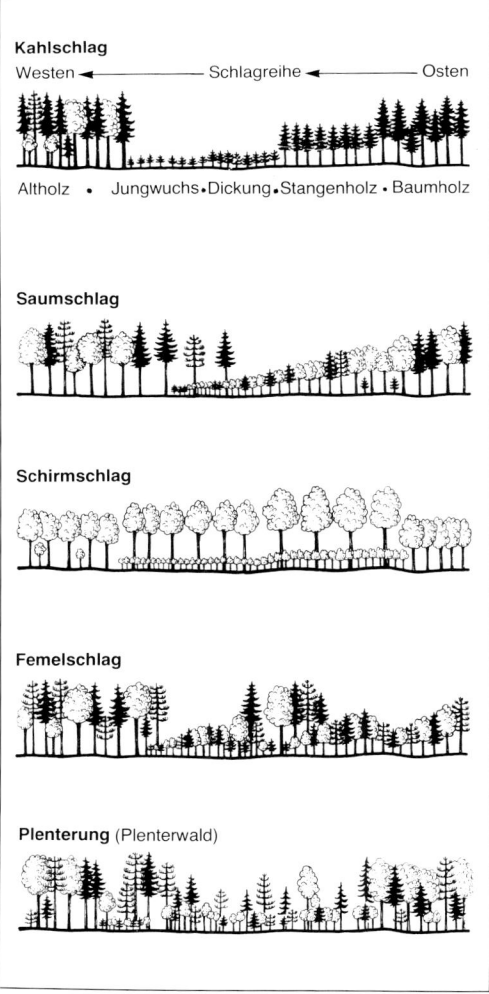

Kahlschlag
Westen ← Schlagreihe ← Osten
Altholz • Jungwuchs • Dickung • Stangenholz • Baumholz

Saumschlag

Schirmschlag

Femelschlag

Plenterung (Plenterwald)

Wirtschaftsformen

Niederwald

Mit der Niederwaldwirtschaft begann die geregelte Forstwirtschaft. Im Niederwald wird nach einer kurzen Umtriebszeit von höchstens 40 Jahren jeweils ein bestimmter Schlag total kahl geschlagen. Da der Wald innerhalb dieser Umtriebszeit relativ niedrig bleibt, erhielt er den Namen Niederwald.

Der Niederwald verjüngt sich entweder durch *Stockausschlag* oder durch *Austriebe* der Wurzeln, eine rein ungeschlechtliche Vermehrung. Dazu braucht man Baum- und Straucharten mit hoher Ausschlagfähigkeit, andere Bäume verschwinden schnell bei dieser Nutzungsform. Für den Niederwald geeignete Baum- und Straucharten sind: *Hainbuche, Eiche, Bergahorn, Esche, Ulme, Aspe, Pappel, Weide, Linde, Robinie, Edelkastanie, Schwarzerle, Birke, Hasel, Traubenkirsche, Faulbaum.*

Ziel dieser Wirtschaftsform war es, schwaches Brennholz, Holz für das Holzkohlebrennen und schwaches Nutzholz zu gewinnen, aber auch Weidenruten zum Flechten, oder man wollte das Laub als Viehfutter nutzen.

Der Anteil des Niederwaldes an der gesamten Waldfläche der Bundesrepublik Deutschland betrug 1985 3%. Dieser Prozentsatz dürfte noch geringer werden, da der Niederwald den heutigen Nutzungszielen nicht mehr entspricht. Er wird daher zunehmend in Hochwald umgewandelt.

Mittelwald

Der Mittelwald hat sich aus dem Niederwald entwickelt. Er unterscheidet sich von seinem Vorgänger dadurch, daß einige *fruchttragende Baumarten stehen gelassen werden*, um einmal auf dem generativen Weg nicht mehr ausschlagfähige Wurzelstöcke zu ersetzen und zum anderen um wertvolles Oberholz zu bekommen. Das richtige Maß zwischen Ober- und Unterholz zu finden ist nicht einfach, denn je mehr Oberholz man hat, umso geringer sind die Erträge im Unterholz und bei der Waldweide. Forstordnungen aus dem 16. Jh. spiegeln die unterschiedlichen Auffassungen wieder mit einer Schwankung von 400 bis hinunter zu 40 Oberholzstämmen je Hektar Mittelwald. Später ging der Trend zu mehr Oberholz. Der Anteil der Mittelwälder an der Waldfläche der Bundesrepublik betrug 1985 nur noch 1%. Auch er wird, wo er nicht unter Naturschutz steht, zu Hochwald. Ökologisch ist der Mittelwald sehr wertvoll.

Hochwald

Im Gegensatz zu seinen Vorläufern geht der Hochwald fast ausschließlich aus Samen hervor, wobei es nicht darauf ankommt, ob mit angekauftem Material gesät oder gepflanzt wird, oder ob mit Samen des jeweiligen Altbestandes verjüngt wird. Zum Hochwald zählt demnach auch schon die Dickung, die z. B. aus einer Pflanzung hervorgeht. Typisch für den Hochwald sind *die langen Umtriebszeiten* von 100 Jahren bei Fichte bis hin zu 300 Jahren bei Eiche.

Entscheidend für die Wirtschaftlichkeit des Hochwaldes ist allein der *hohe Anteil an Stammholz*. Im Hochwald wird jeder Baum nur einmal genutzt und zwar normalerweise, wenn er »hoch« ist, also ausgewachsen. Hochwald wird meist auf Kahlschlagflächen begründet.

Bis auf die genannten, geringen Anteile von Nieder- und Mittelwald und den Bergwald bestehen unsere Wälder alle aus Hochwald.

Methoden zur Waldverjüngung

Plenterwald – Die einzige waldbauliche Methode, die das Ökosystem Wald kaum stört, ist die *Einzelbaumwirtschaft* im Plenterwald. Entstanden ist der Plenterwald im kleinbäuerlichen Waldbesitz. Statt der Kahlschlagwirtschaft, bei der viel Holz auf einmal anfällt und dann lange Jahre nichts mehr, hat man hier die Entnahme einzelner, starker Exemplare – das Plentern.

Durch die Einzelentnahme wird das Kronendach soweit geöffnet, daß Licht und Wärme in einem bestimmten Maß zum Waldboden vordringen und sich junge Bäume langsam entwickeln können, allerdings nur Schattbaumarten wie Tanne und Buche oder Halbschattenarten wie Fichte. Im Plenterwald sind auf engstem Raum Bäume aller Entwicklungsstufen zu finden.

Verjüngung und Durchforstung im eigentlichen Sinn entfallen im Plenterwald. Jede Maßnahme ist Ernte, Pflege und Verjüngung zugleich.

Der Plenterwald sieht »stets gleich« aus, Veränderungen sind kaum zu bemerken, er befindet sich in einem Gleichgewicht. Dies allerdings nur so lange, wie er regelmäßig bewirtschaftet wird. Stockt zum Beispiel die Entnahme, dann erhält der Jungwuchs zu wenig Licht und schon fehlt eine Stufe in der Waldentwicklung.

Dort, wo es um den Schutz von Boden und Wasser geht, bietet sich besonders der Plenterwald an. In Schutzwäldern kann eine Plenterung angeordnet werden.

Trotz seiner vielen Vorteile steht einer großflächigen Verbreitung des Plenterwaldes vor allem folgendes im Weg: Er ist auf die Baumarten *Tanne, Buche, Fichte* beschränkt, das bedingt entsprechende Standorte.

Der Plenterwald nimmt heute weniger als 1% unserer Waldfläche ein.

Femelhieb – Beim Femelhieb werden dem Altbestand nicht einzelne Bäume entnommen, sondern kleine Gruppen. Auf diesen Flächen, den Femelkernen, können Schattbaumarten hochwachsen. Femellöcher im Altholz entstehen, wenn nach dieser ersten Verjüngung die Schirmbäume entnommen werden. Hier fällt dann genügend Licht ein, um auch Halbschattarten und Pioniere wachsen zu lassen. Je nach Fortschritt der Verjüngung werden die Femellöcher immer mehr erweitert, bis diese Flächen langsam ineinander übergehen. Der Altholzbestand wird dabei immer mehr ausgedünnt. Ist der letzte Altbaum gefallen, hat man einen verjüngten Wald in verschiedenen Altersstufen.

Die Verjüngung im Femelbetrieb dauert 20–40 Jahre.

Schirmhieb – Diese Bewirtschaftungsform eignet sich nur für Wälder mit Schattbaumarten, also Buche oder Tanne. Durch die Entnahme alter Bäume wird das Kronendach soweit aufgelichtet, daß durch die nun eindringenden Faktoren Licht, Wärme, Wasser das Bodenleben angeregt wird. Dieser Vorbereitungshieb verbessert den Bodenzustand soweit, daß Verjüngung anwachsen kann. Beim nächsten Hieb, der nach einigen Jahren erfolgt, wird nach einem Mastjahr (das heißt die Bäume tragen viele Früchte) ein Besamungshieb durchgeführt: Ein Drittel der Altbäume wird entnommen, so daß der *Aufschlag* (= Samen, die nicht fliegen, zum Beispiel Bucheckern) oder *Anflug* (leichte Samen wie Tanne, Fichte, die vom Wind mitgetragen werden) sich unter dem schützenden Schirm ohne Konkurrenz durch andere Bodenvegetation entwickeln kann.

Hat sich die Verjüngung soweit gekräftigt, daß sie sich gegen die Konkurrenz durchsetzen kann, folgt der Lichtungshieb, nach dem nur noch die Hälfte der Altbäume steht. Bei einer Wuchshöhe der Verjüngung von 1,50–2,00 m folgen dann die Räumungshiebe, bis zuletzt nur noch der verjüngte Wald ohne Altholz steht.

Der Verjüngungszeitraum beim Schirmschlag beträgt 10–20 Jahre.

Kahlhieb – Bei dieser Bewirtschaftungsform des Waldes wird eine bestimmte Fläche völlig eingeschlagen und dann wieder aufgeforstet. Es entsteht der *Altersklassenwald.*

Allerdings treten hierbei etliche Probleme auf. Je nach Klimalage kann es nach Wegfall der schützenden Baumschicht zum Versumpfen oder zum Austrocknen des Bodens kommen. Genau wie nach einem großen Sturmschaden wird durch den Kahlhieb das gewachsene Ökosystem zerstört. Licht, Wärme, Wasser dringen bis auf den Waldboden vor. Die Bodenorganismen beginnen verstärkt zu arbeiten, der Boden bietet Nährstoffe, rasch bewachsen Kräuter, Sträucher, Pionierbäume die freie Fläche: Der Wald kommt zurück.

Will der Forstmann nun eine bestimmte Baumart möglichst rasch hochbringen, muß er sie vor der Konkurrenz der Pioniere schützen, denn »seine« Bäume wären im Falle einer natürlichen Waldentwicklung erst 50–150 Jahre später an der Reihe. Die gepflanzten Bäume müssen freigeschnitten werden. Reinkulturen fördern zudem die Massenvermehrung von Kulturschädlingen wie Rüsselkäfer, Maikäfer, Mäusen und das Aufkommen schädigender Pilze wie zum Beispiel Kiefern- und Douglasienschütte.

Auf großen Kahlflächen ist zudem die Frostgefahr sehr groß, wie überhaupt die Jungpflanzen extremer Witterung wie Hitze, Trockenheit voll ausgesetzt sind.

Arbeitswirtschaftlich ist der Kahlhieb günstig, da hier mit entsprechendem Maschineneinsatz vorgegangen werden kann und entsprechend große Holzmengen anfallen. Auch bietet sich die Möglichkeit eventuell notwendige, bodenverbessernde Maßnahmen durchzuführen, wie etwa das Aufbrechen von Bodenverdichtungen.

Auf Kahlschlägen bietet sich dem Wild einige Jahre den *Sommer* über eine *günstige Äsungsgrundlage.* Im *Winter* dagegen stirbt die Krautschicht ab und *das Wild geht an die holzigen Pflanzen,* also auch an die Forstpflanzen. Bevorzugt werden dabei die seltenen Arten, so daß es kaum zu einer Mischwaldbegründung ohne entsprechende Schutzmaßnahmen kommen kann. Ohne *Einzelschutz der Bäume,* hauptsächlich des Leittriebes (Terminaltrieb) oder aber durch Einzäunen der Verjüngungsflächen hat der Wald kaum eine Chance.

Andererseits werden dem Wild durch Einzäunen weite Teile seines Lebensraumes entzogen, so daß der Druck auf die übrigen Flächen noch größer wird, das heißt eine natürliche Verjüngung kann dort nicht stattfinden.

Die Nachteile des Kahlhiebes lassen sich durch andere Verjüngungsverfahren vermeiden, wie etwa den Schirmhieb, Femelhieb, Saumhieb.

Saumhieb – Hier erfolgt der Hieb in aufeinander folgenden Streifen, so daß sich folgendes Waldbild ergibt: Direkt neben dem Altholz steht die gerade angepflanzte Verjüngung, und je weiter man vom Altholz weggeht, umso höher, das heißt älter wird die Verjüngung.

Naturnaher Waldbau

Eine Einzelbaumwirtschaft mit standortgemäßen Baumarten, die sich über Naturverjüngung vermehren. Angestrebt wird ein bestmöglicher Vorrat an qualitativ und quantitativ optimalem Stammholz. Verjüngungsverfahren können ebenso wie die Plenterung, der Femel- oder Schirmhieb sein, nur eben kein Kahlschlag mit nachfolgender Ansaat oder Pflanzung.

Naturnah bewirtschaftete Wälder sind gegenüber Schädlingen, Sturm, Schnee und Trockenheit stabiler als Reinbestände, vor allem wenn diese nicht standortgemäß sind. Naturnaher Wald bedeutet auch einen bedeckten Boden, der damit gut gegen Erosion geschützt ist, und eine hohe Wasserhaltefähigkeit hat.

Boden und Pflanzung

Damit der Nährstoffkreislauf zwischen Boden und Baum ungestört verläuft, muß der Waldboden tiefgründig, frisch, warm, krümelig, durchlüftet und ausreichend basenhaltig sein. Gesundheit und Leistungskraft des Bodens lassen sich durch entsprechendes waldbauliches Verhalten fördern.

Die »Abfälle« wie Feinreisig und anderes nicht verwertbare Material sollen auf der Schlagfläche verbleiben. Sie bieten natürlichen Dünger und halten Feuchtigkeit fest. Dagegen gehen beim Verbrennen des Schlagabraumes bis auf die Mineralien alle Nährstoffe verloren. Schädlich, vor allem auf leicht verdichtenden und vernässenden Standorten, ist die Stockrodung. Denn einmal lockern die bereits vorhandenen Wurzeln den Boden, zum anderen werden sie wieder zu Nährstoffen zersetzt und sie erleichtern den nachfolgenden Bäumen das Wurzeln durch die bereits vorhandenen Wurzelkanäle.

Um zu verhindern, daß sich eine nicht zersetzte, verfilzende und den Boden abdichtende Rohhumusschicht bildet, müssen die Pflegehiebe immer rechtzeitig und vor allem nicht zu zaghaft ausgeführt werden. Nur dann ist gewährleistet, daß Licht, Wärme und Feuchtigkeit den Boden »am Leben erhalten«. Dazu ist auch wichtig, daß durch

einen geschlossenen Waldrand ein günstiges Bestandsinnenklima erhalten bleibt. Günstig auf den Boden wirken sich außerdem *Mischbestände* aus. So ist es, soweit der Standort dies zuläßt, vorteilhaft, Nadel- und Laubbäume zu mischen, was eine leicht zersetzbare Streu ergibt, oder Flach- und Tiefwurzler nebeneinander zu stellen.

Zu vermeiden sind großflächige Kahlschläge, durch die es leicht zum Vernässen des Bodens kommt oder in entsprechenden Hanglagen zum Austrocknen des Bodens oder zu verstärkter Erosion.

Auch im Wald bedient man sich der *Zeigerpflanzen*, um die Qualität des Standortes zu bestimmten. So zeigt etwa die nicht gerade beliebte Brennessel den besten, tiefgründigen Boden an, ebenso wie Goldnessel und Springkraut. Laubmoose, Farne und Kräuter wie Waldmeister, Lungenkraut, Aronstaub, Erdbeere deuten in Laubwäldern auf frischen Boden hin, in Nadelbeständen zeigen dies Farne, Himbeere und Sauerklee an. Auf flachgründigen Kalkböden, die leicht austrocknen, findet man Schlehe, Waldmeister, Waldgerste, bei stark vernässenden Böden finden sich Mädesüß, Blutweiderich, Milzkraut.

Durch *Düngung* und *Melioration* lassen sich arme, versauerte Böden verbessern und Rohhumusschichten beleben und umsetzen. Ob überhaupt, wie oft und wieviel gedüngt werden soll, muß sehr genau überlegt werden, denn meist sind diese Maßnahmen mit hohen Kosten verbunden und können auch leicht auf die negative Seite hin ausschlagen. So kann etwa einseitige Düngung zu gebremstem Wachstum führen, da andere Nährstoffe ins Minimum geraten. Man untersucht hierzu zum Beispiel im Schwarzwald, ob der erhöhte Stickstoffeintrag über die Luft nicht ein solcher Vorgang sein könnte, der dann das Baumsterben beschleunigen würde.

Neben mineralischen Düngern und vor allem auch Kalk zur Anhebung des pH-Wertes, kann man auch mit *Gründüngung* (Lupine, Klee) arbeiten. Die sog. Kulturdüngung wird meist zum Start oder als Meliorationsdüngung gegeben. Mit der Bestandsdüngung in der Zeit des stärksten Zuwachses, dem Stangenholzalter, lassen sich zum Teil beachtliche Leistungssteigerungen erzielen, vor allem bei Fichte und Tanne. Ausgebracht wird der Dünger normalerweise mit Verblasegeräten oder bei Großflächen mit dem Flugzeug.

Entscheidend für Gesundheit und Leistung eines Waldbestandes ist die *Auswahl standortgemäßer Baumarten*. Das heißt, daß einmal die Baumart überhaupt passen muß, daß aber auch innerhalb der Baumart nur eine dem Standort angepaßte Herkunft geeignet ist. Es muß also Pflanzgut aus einem entsprechenden Wuchsgebiet gewählt werden. Mit zu beachten ist das Erscheinungsbild der Bäume, das durch Erbanlagen, Umwelteinflüsse und den Standort geprägt wird.

Entsprechend dem Gesetz über forstliches *Saat- und Pflanzgut* darf das Vermehrungsgut der dem Gesetz unterliegenden Baumarten nur von zugelassenem Ausgangsmaterial gewonnen und entsprechend deklariert in den Verkehr gebracht werden. Im praktischen Forstbetrieb hat vornehmlich das Vermehrungsgut »Pflanze« Bedeutung. Die Pflanzen werden heute überwiegend von Baumschulen gezogen.

Sowohl Lieferant wie Empfänger müssen sich darum bemühen, die Pflanzen während des Transportes so zu behandeln, daß vor allem die empfindlichen Wurzeln geschützt werden.

Bei »Wildlingen« handelt es sich um aus Naturverjüngung entnommene Pflanzen, die meist im eigenen Betrieb verwendet werden.

Je nach Zustand ist vor dem Pflanzen die *Pflanzfläche* herzurichten. Bei größeren Mengen von Schlagabraum ist dieser in Schwaden zwischen den Pflanzenreihen zusammenzuziehen. Auf verwilderten Flächen ist mit Häcksel- und Mulchgeräten der Aufwuchs zu beseitigen. Nur auf meliorationsbedürftigen Böden ist eine Bodenbearbeitung anzuraten, da ansonsten lediglich das Aufkommen von Unkraut gefördert wird.

Normalerweise wird im Frühjahr gepflanzt, aber auch die Herbstpflanzung ist möglich. Als *Pflanzverband* bezeichnet man den Abstand der Pflanzen untereinander. Je nach Wuchsverhalten und Ansprüchen der verschiedenen Baumarten variieren diese Abstände. Früher pflanzte man zum Beispiel die Fichte mit 1×1 m, also 10 000 Stück/ha und damit viel zu eng. Heute dagegen erreicht die Stückzahl pro ha nur 3300 bei einem Pflanzverband von $2,0 \times 1,5$ m.

Aufgrund arbeitswirtschaftlicher Vorteile und günstiger Aufwuchsergebnisse haben sich einige wenige *Pflanzverfahren* als die geeignetsten durchgesetzt: Winkelpflanzung, Schrägpflanzung, Lochpflanzung, Stockachselpflanzung, Ballenpflanzung und Maschinenpflanzung.

Ein weiteres Verfahren der künstlichen Waldbegründung ist die *Saat,* die aber nicht so sicher ist wie die Pflanzung und vor allem eine um einige Jahre verlängerte Anlaufzeit bedingt. Eiche, Buche und Birke sind zur Saat geeignet.

Im Gegensatz zu den künstlichen Verfahren Pflanzung und Saat steht die *Naturverjüngung,* wenn sich durch Samenfall Waldbestände selbst verjüngen. Naturverjüngung ist billig und bodenständig, zudem hat sie den Vorteil, unter dem schützenden Schirm des Altbestandes vor Frost und Sonne geschützt zu sein. Allerdings kommt sie meist unregelmäßig und stellenweise zu dicht auf, so daß später eine arbeitsaufwendige Auslese notwendig wird.

Nach der Kulturbegründung muß die *Jungwuchspflege* erfolgen mit dem Freischneiden der Pflanzen von Unkräutern, Weichhölzern. Die beste Zeit dafür ist Mai bis Juli. Gearbeitet wird mit Freistellungssense, Kultursichel, Kulturheppe oder dem motorisierten Freischneidegerät. Die chemische Unkrautbekämpfung sollte sich auf besonders hartnäckige Fälle beschränken.

Der *Schutz der Kulturen gegen Wildschäden* muß rechtzeitig einsetzen, bevor Nachbesserungen der Kulturen notwendig werden. Die Frage ist immer, ob man mit dem Einzelschutz gefährdeter Mischbaumarten auskommt, oder ob flächig mit Zaun gearbeitet werden muß.

Vor allem auf schlechten Standorten ist ein wirksamer Schutz vor Wildschäden wichtig, da hier die Pflanzen sich von den Schädigungen kaum erholen können.

Durchforstung

Bei einer Naturverjüngung können mehrere zehntausend junger Bäume pro Hektar zu stehen kommen. Auf derselben Fläche können aber nur wenige hundert Bäume alt werden (Buche 200, Fichte 400). Das heißt, es setzen sich nur die vitalsten durch, die Schatten und Konkurrenzdruck am besten vertragen. Der Forstwirt ahmt diesen Vorgang beim Aufbau des Waldes nach. Man begründet die Kultur mit ein paar tausend Pflanzen (zum Beispiel Fichte mit gut 3000) und muß diesen Bestand dann entsprechend ausdünnen.

Die erste Maßnahme ist das *Läutern,* das ist das Säubern des Bestandes von überflüssigen und schädlichen Bäumen. Die erste Läuterung sollte stattfinden, wenn sich die Dickung schließt. Nach der Läuterung folgen in regelmäßigen Abständen die *Pflegehiebe,* die Durchforstungen des Bestandes im Stangenholzalter. Vor dem Durchforsten sollte allerdings unbedingt das *Auszeichnen* (Kennzeichnen) der zu erhaltenden Bäume stehen.

Ziel der Durchforstung ist es, ausgewählte, gerade, astfreie, vitale Bäume möglichst gleichmäßig über die Fläche verteilt zu erhalten, so daß sowohl für die Krone wie für den Wurzelraum genügend Platz vorharden ist. Weiter ist darauf zu achten, daß ein gesuncer Zwischen- und Unterstand erhalten bleibt, einmal wegen der Bodenbedeckung und zum anderen wegen der Luftruhe im Bestand. Auch tief bemantelte Randbäume sind als Windschutz zu erhalten.

Ganz wichtig sind die ersten Durchforstungen. Sie sind zwar arbeitswirtschaftlich gesehen eher ein Ärgernis, da die Kosten meistens nicht gedeckt werden, sie sind aber entscheidend für eine ausreichende Widerstandskraft der Bestände gegen Witterungseinflüsse wie z. B. Sturm und Schnee.

Schadinsekten im Wald und ihr Schadbild

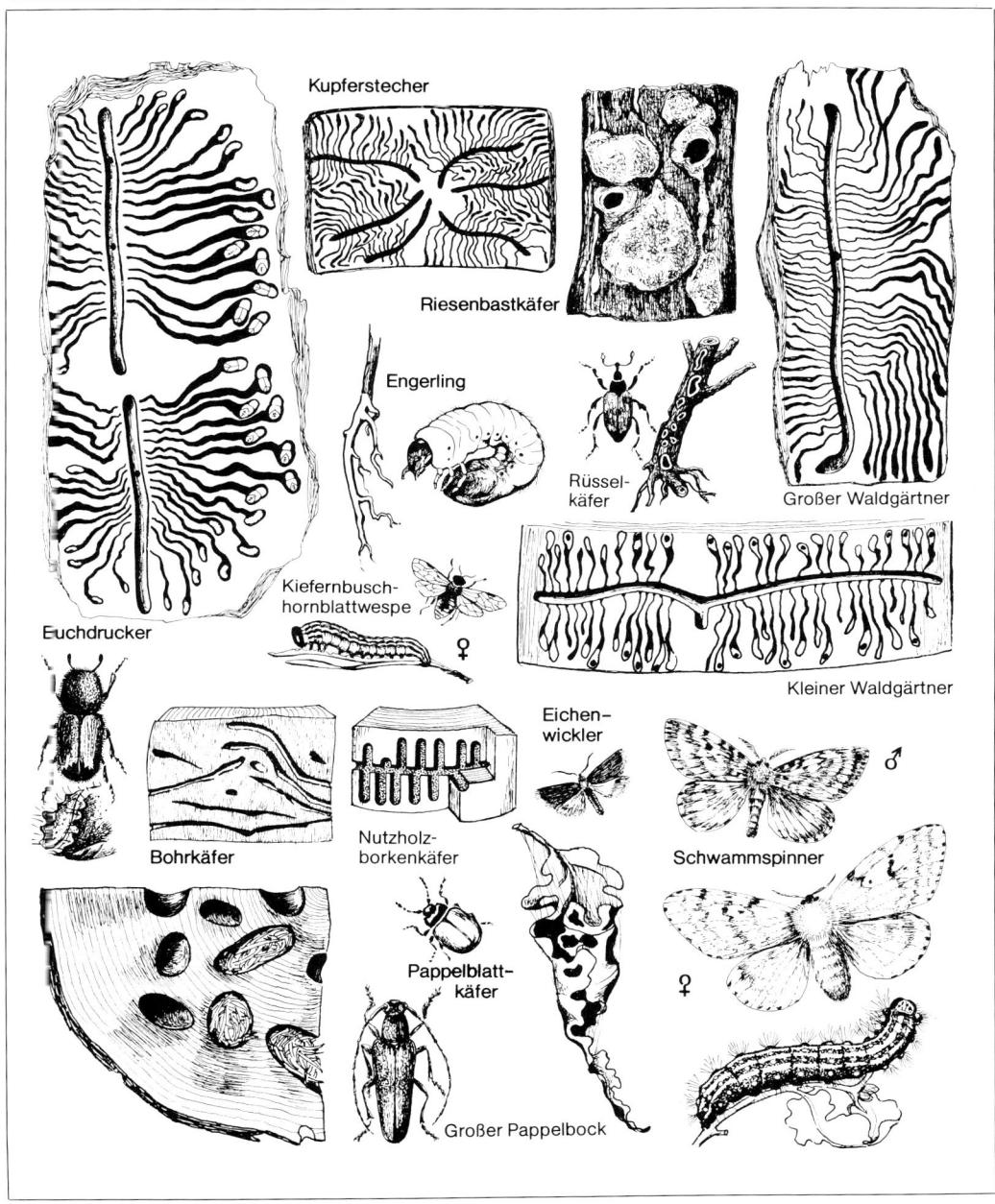

Kupferstecher

Riesenbastkäfer

Engerling

Rüssel-käfer

Großer Waldgärtner

Kiefernbusch-hornblattwespe ♀

Kleiner Waldgärtner

Euchdrucker

Eichen-wickler ♂

Bohrkäfer

Nutzholz-borkenkäfer

Schwammspinner

Pappelblatt-käfer

♀

Großer Pappelbock

Mischbestand nicht durchforstet

Mischbestand durchforstet. (Aus: »Waldwirtschaft«)

Im alten Bestand dagegen tritt dann oft *Hiebsruhe* ein, das heißt es werden nur noch die »zufälligen Ergebnisse« entnommen, das sind kranke oder absterbende Bäume.

Holzernte

Bevor mit der Ernte des Holzes begonnen wird, sind einige Überlegungen anzustellen, damit einmal Schäden am Wald und zum anderen wirtschaftliche Schäden vermieden werden. Die *Haupteinschlagszeit* ist der Herbst. Wird Starkholz im Saft gehauen, kommt es bei unzureichender Behandlung des Holzes zu Pilzbefall. So tritt bei Fichte Rotstreifigkeit auf, bei der Kiefer kommt es zu Bläue und Buche wird rasch stockig.

Der Einschlag während des Sommers führt leicht zu Schäden am stehenden Bestand, vor allem durch Rückeschäden (Aufreißen der Borke mit der Folge von Schädlings- oder Pilzbefall) im unteren Stammbereich oder am Wurzelansatz.

Werden ganze Parzellen eingeschlagen, so ist darauf zu achten, daß am Waldrand ein *Schutzstreifen* stehen bleibt. Ansonsten sind Sturmschäden vorprogrammiert, da die im Bestandsinneren herangewachsenen Bäume nicht die nötige Standfestigkeit haben.

Bei Baumarten, die *Schmuckreisig* tragen wie Douglasie, Tanne, Strobe aber auch Fichte, kann man durch geschickte Zeitwahl der Pflege und des Erntehiebes kurz vor Advent oder Weihnachten einen guten wirtschaftlichen Nebeneffekt erzielen. Allerdings ist in Waldschadensgebieten Schmuckreisig kaum mehr ein Thema, da die Zweige nur noch wenige Nadeljahrgänge tragen und die noch am Zweig befindlichen Nadeln rasch abfallen.

Arbeitsgeräte – Der *Reißhaken* dient zum Auszeichnen der Bäume (heute oft durch die Farb-Sprühdose ersetzt). Die *Iltisaxt* (Gewicht unter

Verschiedene Schäleisen

Fällkeile aus Aluminium und Plastik

Kluppe

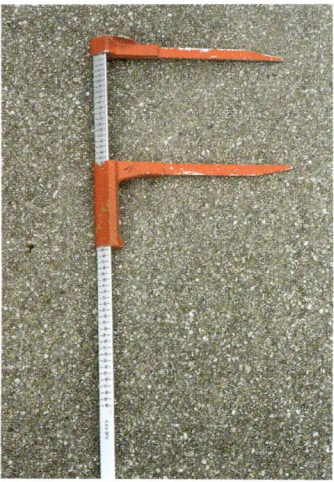

Sicherheitsarbeitskleidung für den Waldarbeiter

Pflanzkiste

1000 g, geschwungener Stiel) nimmt man zum Fällen wie zum Entasten, mit der *Spaltaxt* (bis 3000 g, gerader Stiel) wird Schichtholz gespalten. *Sägeschnittkeile* (Leichtmetall) halten den Sägeschnitt offen, *Fällkeile* (Duraluminum mit Holzeinsatz) verwendet man zum Umkeilen des angeschnittenen Baumes.

Die *Motorsäge* hilft Arbeitszeiten wesentlich zu verkürzen. Auch Axtarbeiten wie Hauen des Fallkerbs oder das Entasten lassen sich mit ihr rasch erledigen.

Äußerst wichtig bei der Waldarbeit, vor allem auch wegen der sehr unfallträchtigen Arbeit mit der Motorsäge, ist das *Tragen entsprechender Schutzkleidung.*

Für die Handentrindung nimmt man *Schäleisen* verschiedener Ausformung, die an 110–120 cm langen Stielen befestigt sind. *Entrindungsmaschinen,* die mit Antrieb über die Schlepperzapfwelle zum Beispiel auch vor Ort einzusetzen sind, haben eine hohe Kapazität.

Die Stammlänge wird mit dem Rollmaßband festgestellt, der Stammdurchmesser wird mit der *Kluppe* ermittelt.

Hilfsgeräte zum Halten, Heben und Drehen der Stämme: Mit dem *Stammheber* werden leichte Stämme zu Fall gebracht. Der *Wendehaken* dient zum Drehen von Stämmen wie auch zum Zufallbringen von Hängern (Bäume, die beim Fällen sich im Nachbarbaum verfangen haben). Der *Greifzug* ist wichtig, wenn man an kritischen Stellen fällen will. Mit ihm läßt sich die Fällrichtung festlegen. Mit der *Hebel-Fällkarre* oder dem *Fällboy* lassen sich leichte Stämme vom Stock abziehen. Der *Sappie* ist ein Universalgerät zum Heben, Wenden und Befördern von Stämmen.

Rücken des Holzes – Darunter versteht man das Herausziehen der Stämme aus dem Bestand hin zu einem geeigneten Abfuhrplatz. Gerückt wird entweder mit normalen Schleppern, mit Spezial-Forstschlepper oder mit Winden. Die Verjüngung leidet besonders stark durch Fällarbeiten während der Vegetationszeit. Nicht zuletzt schont man den Waldboden ganz entscheidend, wenn zum Beispiel nur bei ausreichender Schneelage gerückt wird.

Besonders in den *gefährdeten Lagen des Bergwaldes* und im naturnahen Waldbau mit Einzelstammentnahme (zum Beispiel Plenterwald) ist schonendes Fällen und Rücken enorm wichtig. Daher werden vor allem im Berggebiet Rückepferde einge-

Rückeschäden am Wurzelanlauf

setzt, mit denen äußerst bestands- und bodenschonend gearbeitet werden kann.

Geladen wird Holz mit *Kränen*.

An *Zugmaschinen* kommen im Forst zum Einsatz neben normalen landwirtschaftlichen Schleppern Forstschlepper, die aus landwirtschaftlichen Schleppern entwickelt wurden oder spezielle Forstschlepper. (Frontsitze, gleich große Räder, Allradantrieb, Differentialsperre auf beiden Achsen, extremer Lenkeinschlag). Weiter werden Spezial-Forstschlepper mit Knicklenkung eingesetzt. Knickschlepper sind im Gelände den vorhergenannten Typen überlegen, vor allem in Hanglagen, wo sie bergauf bis 30% Steigung schaffen und bergab mit Last 50–60%.

Die Mechanisierung hat einen hohen Stand erreicht: So gibt es derzeit bereits Maschinenzüge, die per Kran den zu fällenden Baum festhalten, zugleich absägen, ihn vor Ort in einem Arbeitsgang entasten und entrinden, ablängen und laden.

Baumarten

Tanne – Ganzjährig grüner Nadelbaum. Zwei Arten der Tanne kommen bei uns vor: Die im Gebirge heimische *Weißtanne* und die *Küstentanne*. Letztere ist anspruchsloser, aber auch weniger wert im Holz. Tannen erreichen eine Höhe von 30–50 m.

Weißtanne

Die Nadeln der Tanne sind vorne rundlich und stechen nicht. An der Unterseite zeigen sie zwei markante, weiße Wachsstreifen (Spaltöffnungsstreifen). 8–10 Jahre beträgt die Lebensdauer der Nadeln. Entnadelte Tannenzweige sind glatt. Die Zapfen der Tanne stehen aufrecht auf den Zweigen, reifen im 1. Jahr und zerfallen dann. Die Schuppen fallen einzeln ab und die Spindel bleibt stehen.

Die Tranne braucht tiefgründigen, frischen, nährstoffreichen Boden, der gut durchlüftet sein sollte. Vernäßte, saure wie auch trockene Böden sind nicht geeignet. Das Klima sollte ausgeglichen sein, sommerwarm und spätfrostgeschützt, mit relativ hoher Luftfeuchtigkeit. Die Niederschlagsmenge pro Jahr sollte nicht unter 800 mm liegen. Die natürliche Verbreitung der Tanne liegt zwischen 800–1000 Höhenmetern.

Die *Weißtanne* ist ein typischer Baum des Bergmischwaldes. Mit ihrer kräftigen Pfahlwurzel und den zahlreichen Seitenwurzeln stabilisiert sie den Boden. Auch wenn sie wirtschaftlich nicht an die Fichte herankommt, ist die Tanne der waldbaulich wertvollste Nadelbaum wegen ihrer bodenaufschließenden Wirkung.

Die Weißtanne hat seit 150 Jahren enorme Flächenverluste hinnehmen müssen: Als extreme Schattenbaumart braucht sie den gegen Konkurrenz und Frost schützenden Schirm des Altbestandes. Bei der seit dieser Zeit einsetzenden Kahlschlagwirtschaft entfiel dieser Schutz. Zudem wurden Aufforstungen hauptsächlich mit Fichte in Reinkultur durchgeführt.

Die Verjüngung der Tanne erfolgt meist auf natürlichem Weg, vor allem im Plenter- und Femelwald. Pflanzung und Saat sind daneben auch möglich. Dazu müssen die Zapfen vor dem Zerfall von Hand geerntet werden.

Der ärgste Feind einer natürlichen Tannenverjüngung sind überhöhte Bestände an Rot-, Gams- und Rehwild: Abäsen der Sämlinge, Verbiß. Tannenverjüngung ohne Zaun ist heutzutage kaum möglich. Im oberbayerischen Alpenraum wird die Tanne zusätzlich im Jugendstadium durch die Waldweide geschädigt.

Der Tannenkrebs, hervorgerufen durch einen Rostpilz, ist eine der wichtigsten Krankheiten dieser Baumart.

Eine tödliche Gefahr für die gegen Rauchschäden äußerst empfindliche Weißtanne stellen die Emissionen unserer Industrie dar. Das heutige »Baumsterben« begann vor etwa drei Jahrzehnten mit dem massiven Ausfall der Tanne.

Fichte – Ganzjährig grüner Nadelbaum, auch Rot-

Fichte

Kiefer

tanne genannt. Die Fichte ist eine Halbschattbaumart. Die Zweige der Fichte sind rundum benadelt. Die Nadeln sind vierkantig, spitz und stechend. Die Lebensdauer der Nadeln beträgt fünf bis sieben Jahre, in Höhenlagen zehn bis zwölf. Entnadelte Fichtenzweige sind sehr rauh. Die Zapfen hängen an den Zweigen, reifen im ersten Jahr und fallen als Ganzes ab.

Die Fichte ist ein Baum der höheren Lagen sowie der nordischen Nadelwälder. Ab 800–900 Höhenmeter bildet sie Reinbestände. Sie bevorzugt frische, lockere, mittel- bis tiefgründige Böden, die von naß bis steinig-sandig sowie von basenreich bis stark sauer sein können. Ungeeignet sind trockene Sande und reine Kiesböden. Der Fichte entspricht kühles, winterkaltes Klima mit ausreichender Luftfeuchte. In regenreichen Gebirgslagen gedeiht sie am besten.

Der Anbau auf sehr flachgründigen oder verdichteten Böden führt zu hoher Anfälligkeit gegen Windwurf und -bruch, wie die Fichte in ungeeigneten Lagen auch anfällig ist gegenüber Schädlingsbefall (Borkenkäfer, Fichten-Gallenlaus) und Rotfäule, die durch den Hallimasch und den Rotfäulepilz hervorgerufen wird.

In Fichtenreinbeständen kommt es durch die Anhäufung der Nadelstreu zur Bodenversauerung. Dadurch werden die Bodenverhältnisse nachhaltig verschlechtert.

Ein Fichtenbestand wird normalerweise mit 3– bis 5jährigen verschulten Pflanzen bei einer Pflanzenzahl von 3300–5000 je ha begründet, wovon etwa 400 das Erntealter von 100 Jahren erreichen. Den Wachstumshöhepunkt hat die Fichte im Stangenholzalter.

Kiefer, *Wald-Föhre* – Ganzjährig grüner Nadelbaum, der der Familie der Kieferngewächse den Namen gab. Diese Pflanzenfamilie besteht aus 10 Gattungen mit über 200 Arten. Die Nadeln der Kiefern sind steif, deutlich gedreht, spitz und mit 2,5 bis gut 7 cm relativ lang. Ihre Lebensdauer beträgt 2–3 Jahre.

Die Kiefer ist eine Lichtbaumart, ein sog. Pionier, der anspruchslos ist, was Standort und Klima betrifft. Die Kiefer kommt im Tiefland vor wie auch im subalpinen Bereich. Sie wächst auf mäßig trockenen bis nassen, basenreichen, kalkhaltigen oder auf sauren, humosen Böden mit Lehm, Sand, Kies oder Torf. Gegen Kälte und Hitze ist sie weitgehend unempfindlich, so daß sie es sowohl sommerwarm wie auch winterkalt verträgt. Die Kiefer bildet ein tiefgehendes Wurzelwerk, das, je ärmer der Boden ist, um so mehr Raum einnimmt.

Aufgrund forstlicher Anpflanzungen reicht die Verbreitung der Kiefer weit über ihr natürliches Areal hinaus und erreicht einen Flächenanteil von 25% an unserem Wald.

Reine Kiefernbestände sind stark gefährdet durch Schädlinge (zum Beispiel Kiefern-Eule, Kiefern-Spanner, Kiefern-Spinner, kleiner und großer Waldgärtner, Rüsselkäfer), durch Schüttepilz vor allem bei Jungbeständen in nassen Sommern, Schneebruch wie auch durch Waldbrand.

Normalerweise wird die Kiefer mit 1– bis 2jährigen Sämlingen gepflanzt und zwar mit 12–15 000 Pflanzen/ha, wovon 300 das Erntealter von etwa 120 Jahren erreichen. Die ersten 40 Jahre wächst die Kiefer rasch.

Da sie stark zur Astigkeit neigt, muß sie im Reinbestand geschlossen aufwachsen.

Arve

Die *Waldkiefer* ist bei uns die bedeutendste Vertreterin ihrer Gattung. Sie wurde vor allem zur Aufforstung devastierter (heruntergewirtschafteter) Waldböden (Lüneburger Heide, Oberpfalz, Nürnberger Reichswald) eingesetzt.

Douglasie

Aus der weitläufigen Gattung Kiefer seien einige weitere wichtige Vertreter genannt. Die *Berg-Föhre* tritt in verschiedenen Formen auf. Die *Leg-Föhre oder Latsche* ist ein niederliegender Großstrauch. Sie ist der Pionierbaum der alpinen Vegetation. Die Latsche wächst oberhalb der Waldgrenze und bildet dort den sog. Latschen- oder Krummholzgürtel. Mit ihrem weit verzweigten Wurzelwerk ist sie sehr wichtig für die Bodenstabilisierung an Lawinen- und Steinschlaghängen. Wegen ihrer Windverträglichkeit hat man sie auch zur Bepflanzung von Dünen eingesetzt.

Das Vorkommen der *Moor-Spirke oder Moor-Berg-Kiefer* reicht von den Vogesen bis ins Erzgebirge. Ihr Standort ist der staunasse, saure Torfboden. Im Aussehen ist sie variabel. Einmal ein teilweise niederliegender Busch ohne Hauptstamm oder zum anderen ein 8–10 m hoher Baum mit mehreren Stämmen.

Die *Schwarzkiefer* hat ihr Verbreitungsgebiet in Südeuropa bis nach Kleinasien. Von den verschiedenen Unterarten reicht die österreichische Schwarzkiefer am weitesten nach Norden. Bei uns gibt es nur unbedeutende, forstlich angelegte Vorkommen.

Die sehr wuchsfreudige *Weymouthskiefer oder Strobe,* aus Nordamerika stammend, wird seit Anfang des 18. Jh. eingesetzt. Da sie, was den Boden betrifft, recht anspruchslos ist, wurde sie schnell verbreitet. Durch den Befall mit Blasenrost (Pilz), dessen Entwicklungszyklus sich zum Teil auf Johannis- und Stachelbeere abspielt, wurde ihre Ausbreitung gestoppt. Sie sollte nicht im Reinbestand angebaut werden.

Die *Zirbelkiefer (Zirbe oder Arve)* ist hervorragend an extreme Hochgebirgsbedingungen angepaßt, wo sie bis über die Waldgrenze hinaus wächst. Ihr im Splint gelbliches, im Kern rötliches Holz ist äußerst begehrt zum Schreinern und Täfeln. Die Samen der Arve, die Zirbelnüsse, bilden die Hauptnahrung des Tannenhähers. Er legt viele Verstecke an, wo er die Samen im Boden verbirgt. Aus den nicht wiedergefundenen Verstecken entsteht die Naturverjüngung der Arve.

Auch die Kiefern zeigen mittlerweile Schädigungen durch Immissionen, vor allem auf Carbonatböden.

Wildverbiß kommt bei Kiefern, außer in geringem Maße bei der Latsche, kaum vor.

Douglasie – Von der Westküste Nordamerikas stammender immergrüner Nadelbaum. Sie erreicht im ausgeglichenen, feuchteren Klima und auf geeigneten Standorten (sandiger Lehm, gründig, gut durchlüftet, mäßig frisch) enormen Zuwachs, bis

gut ein Drittel mehr als die Fichte. Von den Stand-
ortansprüchen her liegt sie zwischen Fichte und
Kiefer. Die Nadelstreu der Douglasie zersetzt sich
gut und verbessert den Boden. Die Umtriebszeit
der Douglasie beträgt rund 80 Jahre, für Starkhöl-
zer 120–140 Jahre.

Douglasie wird bevorzugt verfegt und ist deswegen
unbedingt zu schützen, Verbiß spielt weniger eine
Rolle. Empfindlich ist sie gegen Sturm und Naß-
schnee.

Auch die Douglasie ist vom Baumsterben betroffen.

Lärche – Nur im Sommer grüner Nadelbaum. Die
heimische Lärche ist ursprünglich ein Baum der
Bergwälder. Sie braucht lockeren, nährstoffreichen, lehmigen bis sandigen und möglichst frischen
Boden. Sie wächst auf Kalk- oder Urgestein bei
lufttrockenem, sonnigem und winterkaltem Klima.
Im Gegensatz zu Fichte und Tanne braucht sie das
kontinentale Klima. Was dagegen Länge der Vegetationsperiode, Niederschlagsmenge, Jahrestem-
peratur anbetrifft, zeigt sie große Anpassungsfähigkeit. Im Zusammenhang mit der Waldweide
wurde sie in sehr lichten Beständen auch im niedri-
geren Alpenbereich angesiedelt. Bereits vor 400
Jahren wurde sie auch im Flachland gepflanzt.

Die Lärche ist eine extreme Lichtbaumart, die mit
Buchen im Zwischen- oder Unterstand hervorragend gedeiht.

Durch die Ausbreitung über ihr natürliches Vorkommen hinaus, ist sie durch Lärchenkrebs und
Lärchensterben (Zweigdürre, kein Rauchschaden)
gefährdet. An tierischen Schädlingen sind Rüssel-
käfer, Lärchen-Wickler, Lärchen-Borkenkäfer
und Lärchengespinstmotte zu nennen.

Junge Lärchen werden bevorzugt verfegt, daher
unbedingt schützen.

Die gegen die typischen Lärchenkrankheiten un-
empfindliche Japan-Lärche wird hauptsächlich in
den tieferen Lagen Norddeutschlands eingesetzt,
da sie frische Böden braucht sowie Luftfeuchtigkeit
und ausreichende Niederschläge. Sie wächst in der
Jugend sehr rasch, befriedigt aber im Alter nicht
immer.

Europäische und japanische Lärche unterscheiden
sich einmal durch die Farbe der Triebe (europäische braungelb, japanische rotbraun) wie auch
durch die Zapfen: Die auf den Zweigen stehenden
Zapfen haben bei der europäischen Lärche Schuppen mit geraden Rändern, während bei der japanischen die Schuppenränder stark umgebogen sind.

Eiche – Sie gehört botanisch zur Familie der Bu-
chengewächse. Von den 450 weltweit vorkommenden Arten gibt es in Mitteleuropa drei. Für uns von

Lärche

Bedeutung sind die Trauben- und Stieleiche. Zu
unterscheiden sind beide an Blättern und Früchten.
Bei der Traubeneiche haben die Blätter einen gut
2 cm langen Stiel, die Eicheln sitzen direkt am
Zweig. Bei der Stieleiche dagegen haben die Blätter einen nur sehr kurzen Stiel (ca. 0,5 cm), während die Eicheln an einem langen Stiel am Zweig
sitzen.

Die *Traubeneiche* ist, was den Boden betrifft, relativ anspruchslos, nur sollte er durchlässig sein, auf
keinen Fall staunaß. Hohen Grundwasserstand
meidet die Traubeneiche. Das Klima sollte Sommer wie Winter ausgeglichen sein mit ausreichender Luftfeuchte.

Bis zu einer Meereshöhe von etwa 700 m wächst die
Traubeneiche fast überall, sie ist der typische Baum
des Eichen-Hainbuchenwaldes. Die Kombination
Eiche mit Buche im Unterstand ist zur Gewinnung
astfreier Eichenstämme wichtig, denn Eichen neigen dazu, Wasserreiser am Stamm zu bilden. Die
Umtriebszeit der Eiche beträgt für Schneidholz
140–180 Jahre, für Furnierholz 250–300 Jahre.

Die *Stieleiche* braucht nährstoffreichen, tiefgründigen Boden, der locker und feucht sein sollte, allerdings verträgt auch sie keine Staunässe. Durch ihr
enormes Vermögen, Stockausschlag zu bilden, eignet sich die Stieleiche bestens für die Niederwald-

Rotbuche

wirtschaft. Früher wurde die Stieleiche zur Gewinnung von Gerbstoff genutzt. Das Holz eignet sich auch für Furnier oder Parkett, ist haltbar im Freien, vor allem auch unter Wasser.

Eichen können gesät wie auch gepflanzt werden, ebenso ist Naturverjüngung möglich. Wichtig ist es, sie in engem Verband zu setzen (10 000 Stück/ha), damit sie nicht grobastig wird. Eiche ist in der Jugend frostempfindlich und sollte daher unter leichtem Schirm stehen. Wildverbiß und Mäusefraß sind weitere Gefahren im Jugendstadium.

Durch ihre kräftige Pfahlwurzel ist sie sehr sturmfest und wird zum Windschutz eingesetzt.

Eichen bilden nicht jedes Jahr Früchte. In den sog. Mastjahren allerdings werfen sie sehr viel Frucht, die vom Wild sehr gern aufgenommen wird. Früher trieb man die Schweine zur Mast in die Eichenwälder, die speziell für diesen Zweck gefördert wurden. Sehr eindrucksvolle, aber völlig überaltete Bestände ohne jeden Jungwuchs zeugen von dieser Nutzungsart der Eichenwälder.

An Schädlingen sind für die Eiche zu nennen die Raupen des Eichenwicklers, des Schwammspinners und des Frostspanners.

Seit 1981 wird auch bei Eichen das Baumsterben beobachtet.

Rotbuche – Sie wird die »Nährmutter« des Waldes genannt: Das Buchenlaub zerfällt gut und bildet einen leichten Boden. Die Buche ist äußerst schattenverträglich. Die Rotbuche bevorzugt einen mittelgründigen, nährstoff- und humusreichen Boden, der mäßig feucht bis frisch sein sollte. Mit ihrer Herzwurzel nutzt sie den Boden gut aus. Das Klima sollte eher ausgeglichen mild ohne Trockenperioden und Spätfröste sein. Die Buche wächst langsam, besonders wenn sie unter Schirm steht. Die Umtriebszeit beträgt 100–140 Jahre.

Normalerweise wird die Buche gepflanzt (wegen ihrer Spätfrostempfindlichkeit unter Schirm) mit etwa 10 000 Pflanzen/ha. In Mastjahren (alle 5–10 Jahre) ist auch Naturverjüngung unter dem Schirm des Altbestandes möglich. Im geschlossenen Bestand bildet die Rotbuche 10–15 m lange, astfreie Stämme.

Die Früchte der Rotbuche, die Bucheckern, wurden früher als Schweinefutter verwendet. Vor allem für das Schwarzwild sind sie heutzutage von Bedeutung.

Eiche

Hainbuche

Gefährlich für die Buche sind Spätfröste wie auch Sonnenbrand, der die empfindliche Rinde zerstört, wenn zum Beispiel Buchen freigestellt werden. Nennenswerte Krankheiten und Schädlinge sind Buchenkrebs, Schleimflußfleckenkrankheit (Buchensterben), Buchenrotschwanz, Schiffswerftkäfer, Buchenprachtkäfer.

Die *Hainbuche* (Weißbuche) ist eine Hilfsbaumart, die halbschattenverträglich ist. Wegen ihres kräftigen Stockausschlages eignet sie sich bestens für den Niederwald. Sie bringt keine Mast.

Seit Anfang der 80er Jahre wird auch bei den Buchen das Baumsterben beobachtet mit steigender Tendenz seit 1985.

Weiß- oder Grauerle – Sie hat Pionierfunktion auf Rohböden und eine gute Schutzwirkung an erosionsgefährdeten Standorten. Ihr Stockausschlagvermögen ist sehr gut und sie verträgt kräftiges Zurückschneiden. Die Erle wächst in der Jugend sehr rasch, wird aber kaum älter als 50 Jahre.

Nebenbaumarten

Edellaubhölzer/*Bunthölzer* sind Esche, Ahorn, Ulme, Linde, Vogelkirsche und weitere Wildobstarten wie Wildbirne, Holzapfel, Eberesche (Vogelbeere), Elsbeere, Speierling. Wegen ihres kräftigen Wurzelwerkes sind sie geeignet für die Anlage von Sturmstreifen und Waldmänteln, ihre leicht zersetzbare Laubstreu hilft den Boden zu verbessern.

Linde

Naturnahe Wälder

Auwald

Das Wort »Au« stammt aus dem Mittelhochdeutschen und bedeutet »Wasser«. Damit ist treffend der Auwald charakterisiert: Er ist ein Wasserwald. Die Wurzelzone der Bäume ist ständig von fließendem, sauerstoffreichem, frischem Grundwasser mit wechselndem Pegelstand durchspült, so daß selbst bei längerer Trockenheit noch üppiges Wachstum möglich ist. Aufgrund des stark schwankenden Wasserpegels wird der Boden ständig mit Sauerstoff versorgt, wodurch Fäulnis und Torfbil-

Esche

Bergahorn

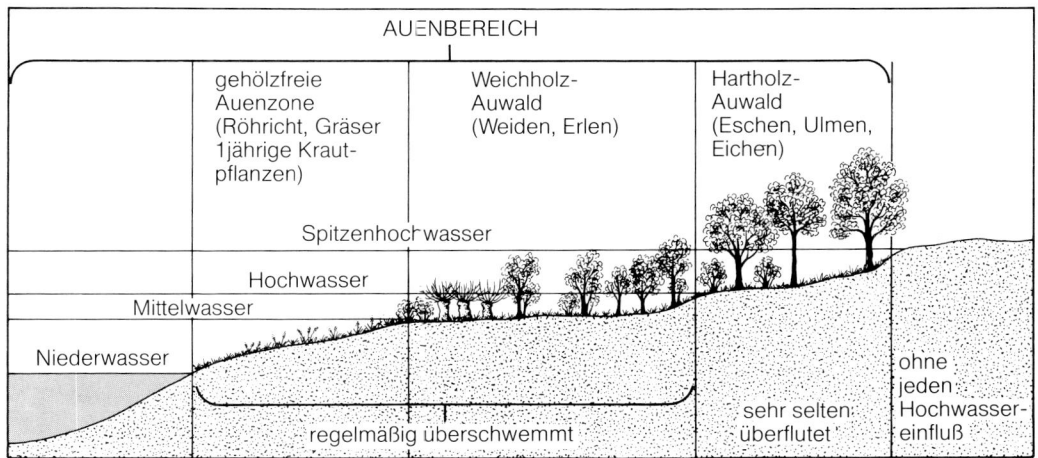

AUENBEREICH

| gehölzfreie Auenzone (Röhricht, Gräser 1jährige Krautpflanzen) | Weichholz-Auwald (Weiden, Erlen) | Hartholz-Auwald (Eschen, Ulmen, Eichen) |

Spitzenhochwasser

Hochwasser

Mittelwasser

Niederwasser

regelmäßig überschwemmt

sehr selten überflutet

ohne jeden Hochwassereinfluß

Schematischer Querschnitt durch einen Auwald

dung verhindert werden. Da die Auenlandschaft stets mit einem Fließgewässer verbunden ist, kommt es zu regelmäßigen Überschwemmungen, die mitunter wochenlang andauern können. Mit den Überschwemmungen kommen überreichlich Nährstoffe in den Auwald. Immer genügend Feuchtigkeit im Wurzelraum, üppiges Nährstoffangebot und ein feuchtes Innenklima, das durch den sehr dichten Buschsaum des Waldrandes erhalten wird, diese Faktoren ermöglichen ein für unsere gemäßigten Breiten außergewöhnliches, fast tropisches Wachstum. Die für Klima und Wasserqualität äußerst bedeutenden Auwälder sind durch rücksichtslose Flußregulierungen und Kraftwerksketten an den Flüssen und Strömen auf unbedeutende Reste zusammengeschrumpft.

Typische Baumart des Auwaldes, die auch längere Überschwemmungen verträgt, ist die Silberweide. Gut vertragen den ständigen Wechsel zwischen Trockenheit und Überflutung die Schwarz- und Silberpappel sowie verschiedene Strauchweiden (zum Beispiel Purpur-, Grau-, Lorbeerweide). Im auslaufenden Hochwasserbereich herrscht die Grauerle vor, während im seltener überfluteten Bereich der Spitzenhochwasser Eichen, Eschen und Ulmen stehen.

Bruchwald

Er steht im Gegensatz zum Auwald auf einem ständig vernäßten Boden, mit hohem Grundwasserstand, ohne Verbindung zu einem Fließgewässer. Er bildet sich in den Verlandungszonen von Flüssen, Seen und Teichen. Das Wasser ist sehr

sauerstoffarm, die Böden bestehen aus Torf. Beherrschende Baumart im Bruch ist die Schwarzerle, sie wird begleitet von der Bruch-Weide. Ist das Grundwasser basenarm, kann nicht einmal mehr die Schwarzerle gedeihen, sie wird dann durch Moorbirke und Waldkiefer ersetzt.

Bergmischwald

Er entspricht heute noch in weiten Teilen dem Bild eines naturnahen Waldes. So kommen Buche, Tanne, Fichte in einem von Natur aus ausgeglichenen, dem Standort entsprechenden Verhältnis vor. Beigemischt sind je nach Lage Bergahorn, Ulme, Esche, Sommerlinde. Die Art der Nutzung sollte naturnah sein, das heißt keine großflächigen Kahlschläge, um die äußerst wichtigen Schutzfunktionen des Bergwaldes für die Hangstabilität zu erhalten. Für den Ersatz eines Hektar Schutzwaldes durch technische Verbauung ist mit Kosten bis zu einer Million DM zu rechnen.

Derzeit ist der Bergmischwald stark gefährdet. Einmal nahmen in den Bergwäldern die Folgen des Baumsterbens deutlich stärker zu als im Flachland, und zum anderen hat jahrzehntelange Überhege des Rot-, Gams- und Rehwildes das Aufkommen der Naturverjüngung verhindert. Verstärkter Wildverbiß führt auch heute noch zu einer deutlichen Entmischung des Bergmischwaldes hin zu reinen, instabilen Fichtenbeständen.

Da im Bergwald die Vegetationszeit recht kurz ist, wächst die Verjüngung hier nur sehr langsam voran. Dies potenziert die Auswirkungen der Schäden.

Zerstörung des Bergmischwaldes bedeutet Humusschwund, zunehmende Rutschungen und Erosionen, sowie vermehrte Wildbachtätigkeit und Lawinenabgänge. Was das in der Praxis heißt, das hat deutlich der regenreiche Sommer 1987 gezeigt, mit seinen verheerenden Bergrutschen und Murenabgängen.

Waldzustandsbericht

Seit etwa 200 Jahren kennt man das Tannensterben, eine immer wiederkehrende Krankheit der Weißtanne. So dachte man, als Anfang der 70er Jahre des letzten Jahrhunderts die Tannenbestände im Bayerischen Wald, im Frankenwald und Fichtelgebirge sowie im Schwarzwald erkrankten, zuerst an diese Krankheit, deren Ursache nicht bekannt war. Das Schadbild der neu aufgetretenen Schäden glich den bisher bekannten. Nur verstärkte sich diesmal die Erkrankung, sie ergriff auch die jüngeren Bestände, so daß die Tanne als vom Aussterben bedroht angesehen werden mußte.

Im Jahr 1980 traten dann plötzlich Schadsymptome auch an Fichten und Kiefern auf. Ganz rasant nahmen die Schäden, die zuerst hauptsächlich im Bayerischen Wald beobachtet wurden, bundesweit zu. Erfaßt wurden Alt- wie Jungbestände.

Besonders dramatisch ist diese Entwicklung für den Alpenraum, wo durch das Waldsterben der Schutzwald rasch seine Funktion verliert (auch die Latschenbestände sind großflächig betroffen).

War man lange der Meinung, daß hauptsächlich Nadelbäume geschädigt würden, so wurde man bald eines Schlechteren belehrt. 1981 erkrankten erstmals Buchen im Dreisesselgebiet (Bayerischer Wald). Inzwischen sind alle Laubbaumarten erfaßt, teilweise ist sogar die Strauch- und Krautschicht in Mitleidenschaft gezogen. Ganze Waldbestände sind erfaßt wie auch einzeln stehende Bäume.

Die sogenannten Neuartigen Waldschäden werden durch eine Vielzahl von Einflußfaktoren verursacht, die regional und zeitlich (d. h. von Jahr zu Jahr) z. T. sehr unterschiedlich ausfallen und einwirken. Eine Schlüsselrolle spielen dabei Luft-

Fortschreiten der Erkrankung bei Fichte von links: gesund, mittlere, starke Schädigung

verunreinigungen (v. a. Schwefeldioxid, Stickstoffoxide und Ammoniak) sowie die unter maßgeblicher Mitwirkung der Stickstoffoxide gebildeten aggressiven Photooxidantien und Ozon. Aber auch natürliche Einflußfaktoren (z. B. Trockenstreß, Insekten, Pilze und Sturm) können den Wald belasten. Künftig werden infolge des Anstiegs der atmosphärischen Durchschnittstemperatur (Klimaänderung) zusätzliche Streßsituationen für die mitteleuropäischen Waldökosysteme erwartet, z. B. Verschiebungen der Konkurrenzverhältnisse zwischen den Baumarten, Zunahme von Witterungsextremen sowie von Massenvermehrungen forstschädlicher Insekten. Wie sich die Ausdünnung der stratosphärischen Ozonschicht bzw. eine erhöhte UV-Einstrahlung auf unsere Waldökosysteme auswirkt, läßt sich derzeit nicht abschätzen.

Die *Symptome der Neuartigen Waldschäden sind nicht leicht festzustellen,* das Erscheinungsbild schwankt von Standort zu Standort, und zudem können die Symptome bereits von Folgeschäden überdeckt sein. Verfärbungen von Blättern und Nadeln sind selten deutlich auszumachen. Um das all-

mähliche Entlauben oder Entnadeln der Bäume festzustellen, braucht es einige Übung (siehe dazu »So stirbt der Wald«, BLV Verlagsges.). Weiter kommt hinzu, daß tote Bäume oder Bäume in den hohen Schadensklassen vom Forstwirt entnommen werden, um dem Ausbreiten von Schädlingen zuvorzukommen (zum Beispiel nimmt der Borkenkäfer bereits erkrankte Bäume bevorzugt an). Diese Maßnahme führt allerdings dazu, daß der Wald gesünder aussieht, als er in Wirklichkeit ist.

Nach den Ergebnissen des Waldzustandsberichts 2001 des Bundes gibt der Zustand vieler Waldökosysteme in Deutschland weiterhin Anlaß zur Sorge. Das Ausmaß deutlicher Schäden an den Baumkronen hat sich zwar stabilisiert, ist aber immer noch zu hoch. Außerdem werden die tiefgreifenden, durch Luftverunreinigungen verursachten Veränderungen in vielen Waldböden und die damit einhergehenden langfristigen Folgeerscheinungen immer deutlicher. Die bisherigen Erfolge der Luftreinhaltung reichen nicht aus. Insbesondere die Stickstoffeinträge aus Landwirtschaft und Verkehr müssen noch weiter gesenkt werden.

Der Gesundheitszustand der Waldökosysteme wird seit nunmehr über 15 Jahren untersucht. Die Waldschadenserhebung betrachtet die Baumkronen als ein wichtiges Merkmal für den Zustand des Waldes. Dabei wird unterschieden zwischen

- ungeschädigten Bäumen mit einem Nadel- bzw. Blattverlust bis zu 10%
- der »Warnstufe« mit Nadel- bzw. Blattverlusten von 11 bis 25% und
- den »deutlichen Schäden« mit Nadel- bzw. Blattverlusten von mehr als 25%.

Im Durchschnitt aller Baumarten liegt der Anteil deutlicher Schäden bei 22%. Das Schadniveau hat sich damit seit 1996 stabilisiert. Es liegt zwar deutlich unter dem Höchststand von 1991 (30%), ist aber vor allem bei Laubbäumen immer noch zu hoch. In die Warnstufe (leichte Kronenverlichtungen) fallen 42% der Waldfläche; 36% sind ohne Schäden.

Bei den Baumarten ergeben sich unterschiedliche Entwicklungen:

Bei der Fichte liegt der Anteil deutlicher Schäden bei 26%. Er hat in den letzten Jahren leicht zugenommen, liegt aber deutlich unter dem Höchstwert von 1985 (33%).

Die Kiefer ist mit 14% deutlichen Schäden die am wenigsten beeinträchtigte Hauptbaumart. Dieser Anteil hat sich in den letzten Jahren kaum verändert. Das Schadniveau hat sich gegenüber 1991 (33% deutliche Schäden) mehr als halbiert.

Die Buche ist – gemeinsam mit der Eiche – die am stärksten betroffene Baumart. Bei der Buche weisen 32% deutliche Schäden auf. Über die letzten Jahre nahmen die deutlichen Schäden insgesamt leicht zu. Das Schadniveau ist inzwischen mehr als doppelt so hoch wie zu Beginn der Waldschadenserhebung (1984: 13%).

Bei der Eiche liegt der Anteil deutlicher Schäden bei 33%. Im Gegensatz zur Buche ergibt sich über die letzten Jahre bundesweit jedoch eine erhebliche Entspannung. Der Anteil deutlicher Schäden erreichte 1996/97 mit 47% einen absoluten Höchststand und ging seitdem um 14%-Punkte zurück. Damit scheint der zwischen 1984 und 1996/97 vorherrschende langjährige Trend zunehmender Kronenverlichtung gebrochen. Allerdings liegt das Schadniveau immer noch mehr als dreimal so hoch wie 1984 (9%).

Die Ländererhebungen zeigen, daß auch erhebliche regionale Unterschiede bestehen. So hat sich der Kronenzustand beispielsweise in Hessen, Sachsen und Schleswig-Holstein verbessert, in Bayern, Baden-Württemberg und Rheinland-Pfalz dagegen verschlechtert.

Der Verlust von Nadeln bzw. Blättern ist aber nur ein Merkmal für den Gesundheitszustand der Waldökosysteme. Zahlreiche Untersuchungen weiterer Merkmale zeigen immer deutlicher, wie tiefgreifend Luftverunreinigungen die Abläufe in den Waldökosystemen verändert haben: Jahrzehntelang anhaltende Einträge von Schwefel und Stickstoff haben nicht nur die Gesundheit der Bäume beeinträchtigt. Sie haben auch zu schwerwiegenden und langfristig wirksamen Veränderungen der Waldböden, der Bodenvegetation und teilweise auch der Qualität des Sickerwassers geführt. Im Ergebnis sind viele Waldböden versauert und geben zunehmend Schadstoffe ins Sickerwasser ab.

Vor diesem Hintergrund wird deutlich, daß die bisherigen Erfolge der Luftreinhaltung immer noch nicht ausreichen. Zwar hat sich die Luftqualität beispielsweise beim Schwefeldioxid entscheidend verbessert; die Anstrengungen und Investitionen zur Luftreinhaltung haben sich daher gelohnt. Die Stickstoffeinträge in die Wälder sind dagegen bisher kaum zurückgegangen. Auch sind die Säure-Einträge vielfach immer noch zu hoch. Außerdem werden die über Jahre angesammelten Luftverunreinigungen aus der Vergangenheit noch lange eine kritische Altlast bleiben. Im Ergebnis ist bereits heute die Filterfunktion der Waldböden gegenüber Schadstoffen vielerorts beeinträchtigt.

Anhang

Unfallverhütungs-vorschrift Jagd.
Vorschrift über Sicher-heits- und Gesund-heitsschutz (VSG 4.4)

mit Durchführungsanweisungen

§ 1 Grundsätze

Diese Unfallverhütungsvorschrift gilt für den Umgang mit Waffen und Munition sowie für die Ausübung der Jagd.

§ 2 Waffen und Munition

(1) Es dürfen nur Schußwaffen verwendet werden, die den Bestimmungen des Waffengesetzes entsprechen und nach dem Bundesjagdgesetz für jagdliche Zwecke zugelassen sind. Die Waffen müssen funktionssicher sein und dürfen nur bestimmungsgemäß verwendet werden.

Durchführungsanweisung zu Absatz 1

1. Eine Waffe ist zum Beispiel funktionssicher, wenn sie zuverlässig gesichert werden kann, ihr Verschluß dicht ist und wenn sie keine Laufaufbauchungen, Laufdellen oder die Funktionssicherheit beeinträchtigende Rostnarben aufweist.
2. Keine bestimmungsgemäße Verwendung ist zum Beispiel die Benutzung der Waffe zum
   - Niederhalten von Zäunen beim Übersteigen,
   - Aufstoßen von Hochsitzluken,
   - Erschlagen des Wildes.
3. Auf die einschlägigen Bestimmungen
   - des Waffengesetzes (WaffG)
   - der Verordnungen zum Waffengesetz (WaffV)
   - der Verwaltungsvorschrift zum Waffengesetz (WaffVwV),
   - das Bundesjagdgesetz (BJG)

wird hingewiesen.

(2) Es darf nur die für die jeweilige Schußwaffe bestimmte Munition in einwandfreiem Zustand verwendet werden.

Durchführungsanweisung zu Absatz 2

1. Hinweise auf die verwendbare Munition geben zum Beispiel die Angaben auf der Schußwaffe.
2. In nicht einwandfreiem Zustand ist zum Beispiel feucht gewordene Munition, selbst wenn sie getrocknet wurde.

(3) Auch nicht gewerbsmäßig hergestellte Munition muß den gesetzlichen Bestimmungen entsprechen.

Durchführungsanweisung zu Absatz 3

1. Hierzu gehört zum Beispiel wiedergeladene Munition.
2. Auf die einschlägigen Bestimmungen des Waffengesetzes und des Sprengstoffgesetzes wird hingewiesen.

(4) Flintenlaufgeschoßpatronen müssen so mitgeführt werden, daß Verwechslungen mit Schrotpatronen ausgeschlossen sind.

§ 3 Ausübung der Jagd

(1) Schußwaffen dürfen nur während der tatsächlichen Jagdausübung geladen sein. Die Laufmündung ist stets – unabhängig vom Ladezustand – in eine Richtung zu halten, in der niemand gefährdet wird. Nach dem Laden ist die Waffe zu sichern.

(2) Eine gestochene Waffe ist sofort zu sichern und zu entstechen, falls der Schuß nicht abgegeben wurde.

(3) Beim Besteigen von Fahrzeugen und während der Fahrt muß die Schußwaffe entladen sein. Beim Besteigen oder Verlassen eines Hochsitzes, beim Überwinden von Hindernissen oder in ähnlichen Gefahrlagen müssen die Läufe (Patronenlager) entladen sein.

(4) Ein Schuß darf erst abgegeben werden, wenn sich der Schütze vergewissert hat, daß niemand gefährdet wird.

Durchführungsanweisung zu Absatz 4

Eine Gefährdung ist zum Beispiel dann gegeben, wenn

- Personen durch Geschosse oder Geschoßteile verletzt werden können, die an Steinen, gefrorenem Boden, Ästen, Wasserflächen oder am Wildkörper abprallen oder beim Durchschlagen des Wildkörpers abgelenkt werden,
- beim Schießen mit Einzelgeschossen kein ausreichender Kugelfang vorhanden ist.

(5) Von Wasserfahrzeugen aus darf im Stehen nur geschossen werden, wenn das Fahrzeug gegen Umschlagen und der Schütze gegen Stürzen gesichert sind.

(6) Bei einer mit besonderen Gefahren verbundenen Jagdausübung ist ein Begleiter zur Hilfeleistung mitzunehmen.

Durchführungsanweisung zu Absatz 6

Besondere Gefahren können sich ergeben zum Beispiel durch Witterungs-, Gelände- und Bodenverhältnisse, vor allem im Hochgebirge, auf Gewässern und in Mooren oder bei der Nachsuche auf wehrhaftes Wild.

(7) Fangeisen dürfen nur mit einer entsprechenden Vorrichtung gespannt und nur mit einem geeigneten Gegenstand ge- bzw. entsichert werden.

(8) Fangeisen dürfen fängisch nur so aufgestellt werden, daß keine Personen gefährdet werden.

Durchführungsanweisung zu Absatz 8
Eine Gefährdung kann zum Beispiel vermieden werden, wenn Fangeisen in verblendeten Fangbunkern, Fallenkästen oder Fangburgen aufgestellt werden.

§ 4 Besondere Bestimmungen für Gesellschaftsjagden

(1) Bei Gesellschaftsjagden muß der Unternehmer einen Jagdleiter bestimmen, wenn er nicht selbst diese Aufgabe wahrnimmt. Die Anordnungen des Jagdleiters sind zu befolgen.

Durchführungsanweisung zu Absatz 1
Zur Gesellschaftsjagd gehören zum Beispiel Treibjagden und Drückjagden.

(2) Der Jagdleiter hat den Schützen und Treibern die erforderlichen Anordnungen für den gefahrlosen Ablauf der Jagd zu geben. Er hat insbesondere die Schützen und Treiber vor Beginn der Jagd zu belehren und ihnen die Signale bekanntzugeben.

Durchführungsanweisung zu Absatz 2
Zur Belehrung gehört insbesondere der Hinweis auf die Vorschriften in Absatz 3 sowie in den Absätzen 6 bis 11.

(3) Sofern der Jagdleiter nichts anderes anordnet, ist die Waffe erst auf dem Stand zu laden und nach Beendigung des Treibens sofort zu entladen.

(4) Der Jagdleiter hat Personen, die infolge mangelnder geistiger und körperlicher Eignung besonders unfallgefährdet sind, die Teilnahme an der Jagd zu untersagen.

(5) Der Jagdleiter kann für einzelne Aufgaben Beauftragte einsetzen.

Durchführungsanweisung zu Absatz 5
Zu den Aufgaben des Beauftragten können zum Beispiel das Einweisen der Schützen in die Schützenstände und das Führen der Treiberwehr gehören.

(6) Bei Standtreiben haben der Jagdleiter oder die von ihm zum Anstellen bestimmten Beauftragen den Schützen ihre jeweiligen Stände anzuweisen und den jeweils einzuhaltenden Schußbereich genau zu bezeichnen. Nach Einnehmen der Stände haben sich die Schützen mit den jeweiligen Nachbarn zu verständigen; bei fehlender Sichtverbindung hat der Jagdleiter diese Verständigung sicherzustellen. Sofern der Jagdleiter nichts anderes bestimmt, darf der Stand vor Beendigung des Treibens weder verändert noch verlassen werden. Verändert oder verläßt ein Schütze mit Zustimmung des Jagdleiters seinen Stand, so hat er sich vorher mit seinen Nachbarn zu verständigen.

(7) Wenn sich Personen in gefahrbringender Nähe befinden, darf in diese Richtung weder angeschlagen noch geschossen werden. Ein Durchziehen mit der Schußwaffe durch die Schützen- oder Treiberlinie ist unzulässig.

(8) Mit Büchsen- oder Flintenlaufgeschossen darf nicht in das Treiben hineingeschossen werden. Ausnahmen kann der Jagdleiter nur unter besonderen Ver-

hältnissen zulassen, sofern hierdurch eine Gefährdung ausgeschlossen ist.

Durchführungsanweisung zu Absatz 8
Besondere Verhältnisse können zum Beispiel gegeben sein durch die Geländeform oder bei Ansitzdrückjagden.

(9) Bei Kesseltreiben bestimmt der Jagdleiter, ab wann nicht mehr in den Kessel geschossen werden darf; spätestens darf jedoch nach dem Signal »Treiber rein« nicht mehr in den Kessel geschossen werden.

(10) Die Waffe ist außerhalb des Treibens stets ungeladen, mit geöffnetem Verschluß und mit der Mündung nach oben oder abgeknickt, zu tragen. Bei besonderen Witterungsverhältnissen kann der Jagdleiter zulassen, daß Waffen geschlossen und mit der Mündung nach unten getragen werden, wenn sie entladen sind.

(11) Durchgeh- oder Treiberschützen dürfen während des Treibens nur entladene Schußwaffen mitführen. Dies gilt nicht für Feldstreifen und Kesseltreiben.

Durchführungsanweisung zu Absatz 11
1. Als Feldstreife kann nach Entscheidung des Jagdleiters auch eine Streife mit flankierenden Schützen in sonstigem übersichtlichem Gelände gelten.
2. Das Mitführen der Schußwaffe mit entladenen Läufen (Patronenlager) ist ausnahmsweise für den Durchgeh- und Treiberschützen zulässig: für den Fangschuß, für den Schuß auf vom Hund gestelltes Wild.

(12) Bei Gesellschaftsjagden müssen sich alle an der Jagd unmittelbar Beteiligten deutlich farblich von der Umgebung abheben.

Durchführungsanweisung zu Absatz 12
Als deutlich farbliche Abhebung eignen sich bei Treibern, Treiber- und Durchgehschützen zum Beispiel gelbe Regenbekleidung oder Brustumhänge in orange-roter Signalfarbe, bei Schützen zum Beispiel ein orangerotes Signalband am Hut.

(13) Bei schlechten Sichtverhältnissen hat der Jagdleiter die Jagd einzustellen.

Durchführungsanweisung zu Absatz 13
Schlechte Sichtverhältnisse liegen zum Beispiel vor bei dichtem Nebel, einsetzender Dunkelheit oder Schneetreiben.

§ 5 Nachsuche

(1) Der Hundeführer wird durch den Unternehmer oder seinen Beauftragten als Jagdleiter bestimmt; er hat damit Weisungsrecht bei der Nachsuche, falls weitere Personen beteiligt sind.

(2) Der Hundeführer muß die notwendige persönliche Schutzausrüstung benutzen.

Durchführungsanweisung zu Absatz 2
Hierzu kann zum Beispiel das Tragen von Schutzbrillen und Schutzhandschuhen gehören.

(3) Der Lauf der Waffe ist vor eindringenden Fremd-körpern zu schützen.

Durchführungsanweisung zu Absatz 3
Hierzu eignen sich zum Beispiel Klebestreifen aus durchschießbarem Material.

(4) Kinder und Jugendliche dürfen nicht an der Nach-suche teilnehmen.

(5) Der Unternehmer hat bei der Nachsuche für die Bereitstellung von Erste-Hilfe-Material zu sorgen.

Durchführungsanweisung zu Absatz 5
Auf die Unfallverhütungsvorschrift »Erste Hilfe« (VSG 1.3) wird verwiesen.

(6) Es gelten im übrigen die Vorschriften von § 4 Ab-sätze 2, 3, 5, 6, 7, 10 und 12 entsprechend.

§ 6 Übungsschießen

(1) Das Übungsschießen ist nur auf behördlich zuge-lassenen Schießständen erlaubt.

Durchführungsanweisung zu Absatz 1
1. Die behördliche Zulassung kann auf Grundlage des Bundesimmissionsschutzgesetzes oder des Waffen-gesetzes erfolgen.
2. Auf die Schießstandordnung und die Schieß-vorschrift des Deutschen Jagdschutz-Verbandes e.V. wird hingewiesen.

(2) Beim Schießen ist geeigneter Gehörschutz zu tra-gen.

Durchführungsanweisung zu Absatz 2
Als geeigneter Gehörschutz sind zum Beispiel Gehör-schutzkapseln anzusehen. Auf die Unfallverhütungs-vorschrift »Allgemeine Vorschriften für Sicherheit und Gesundheitsschutz« (VSG 1.1) wird verwiesen.

§ 7 Hochsitze

(1) Der Unternehmer muß sicherstellen, daß
1. Hochsitze, ihre Zugänge sowie Stege fachgerecht errichtet und mit Einrichtungen gegen das Abstür-zen von Personen gesichert sind,
2. bei ortsveränderlichen Hochsitzen die Standsicher-heit gewährleistet ist,
3. Hochsitze vor jeder Benutzung, mindestens jedoch einmal jährlich, geprüft werden,
4. nicht mehr benötigte Einrichtungen abgebaut wer-den.

Durchführungsanweisung zu Absatz 1 Ziffer 1
1. Als Absturzsicherung bei Ansitzleitern wird die Waffenauflage angesehen.
2. Auf die Unfallverhütungsvorschrift »Allgemeine Vorschriften für Sicherheit und Gesundheits-schutz« (VSG 1.1) und die Unfallverhütungsvor-schrift »Arbeitsstätten, bauliche Anlagen und Ein-richtungen« (VSG 2.1) wird verwiesen.
3. Als fachgerecht hergestellt gelten Jagdeinrichtun-gen, wenn zum Beispiel die Hinweise in der Bro-schüre »Sichere Hochsitzkonstruktion« beachtet sind.

Durchführungsanweisung zu Absatz 1 Ziffer 2
Auf die Unfallverhütungsvorschrift »Technische Ar-beitsmittel« (VSG 3.1) wird verwiesen.

(2) Aufgenagelte Sprossen sind nur an geneigten stehenden Leitern zulässig. Sie sind mit den Leiter-holmen fest zu verbinden und auf diesen nach unten hin abzustützen.

§ 8 Ordnungswidrigkeiten

Ordnungswidrig im Sinne des § 209 Absatz 1 Nr. 1 Siebtes Buch Sozialgesetzbuch (SGB VII) handelt, wer vorsätzlich oder fahrlässig den Bestimmungen des
§ 2 Abs. 1,
§ 3 Abs. 1 Satz 1,
§ 4 Abs. 1 Satz 1, Abs. 2, 3, 6, 7, Abs. 8 Satz 1, Abs. 10 Satz 1 oder Abs. 11 Satz 1,
§ 5 Abs. 4,
§ 6 Abs. 1 oder
§ 7 Abs. 1 Ziffern 3 oder 4
zuwiderhandelt.

§ 9 Inkrafttreten

Diese Unfallverhütungsvorschrift tritt am 1. Januar 2000 in Kraft. Gleichzeitig tritt die Unfallverhütungs-vorschrift – Jagd (UVV 4.4) vom 1. Januar 1981 in der Fassung vom 1. Januar 1981 außer Kraft.

Bewertungsformeln, Trophäenbewertung

Bewertungsformeln geben einen Maßstab für die Begutachtung der Qualität eines Wildbestandes an Hand der erbeuteten Trophäen, sollen kein Ansporn zur Erbeutung möglichst hochbewerteter Trophäen sein.

Die Formeln für das europäische Wild hat der Internationale Jagdrat letztmals im Jahre 1976 festgelegt.

Rothirschgeweih*

A. Messungen

Messungen auf 0,1 cm bzw. auf 0,01 kg genau mit sorgfältig ausgedrücktem, dünnem, 5 mm breitem Stahlmeßband (0,05–0,09 Punkte werden auf 0,1 Punkt aufgerundet).

1. Stangenlänge: Durchschnitt der beiden Stangenlängen in cm × 0,5. Messungen entlang dem äußeren Bogen vom unteren Rosenrand bis zur Spitze des längsten Kronenendes, wobei das Bandmaß sorgfältig an die Stange angedrückt wird. Der von der Oberkante der Rose und der Stange gebildete Winkel wird überspannt.

2. Augensprossenlänge: Durchschnitt der beiden Augensprossenlängen in cm × 0,25, vom oberen Rosenrand bis zur Spitze des Sprosses.

3. Mittelsprossenlänge: Durchschnitt der beiden Mittelsprossenlängen in cm × 0,25. Der untere Ansatzpunkt für die Messungen der Mittelsprossenlänge ist die Stelle, wo der Mittelsproß sich deutlich von der Stange absetzt.

4. Rosenumfang: Durchschnitt des Umfanges beider Rosen in cm × 1. Einbuchtungen in der Rose werden mit dem Meßband überspannt.

5. Unterer Stangenumfang: An der schwächsten Stelle zwischen Aug- und Mittelsprosse gemessen. Umfang jeder Stange in cm × 1.

6. Oberer Stangenumfang: An der schwächsten Stelle zwischen Mittelsprosse und Krone (Gabel) gemessen; Umfang jeder Stange in cm × 1. Sprossen über der Mittelsprosse werden zur Krone gerechnet.

7. Geweihgewicht (3 Monate nach der Erlegung): 1 kg = 2 Punkte. Ist mehr als das Nasenbein mitgewogen, so ist im Regelfall von 0,5 bis zu 0,7 kg abzuziehen.

---

* Die Nadlerformel weicht von der Internationalen wie folgt ab: Mittelsprossenlänge und Eissprosse wird nicht berechnet. Krone: fehlend 0, schwach 1, gut 2, stark 3, kapital 4 Punkte. Spitzen und Enden: stumpf oder dunkel 0 Punkte, weiß poliert 1 Punkt.

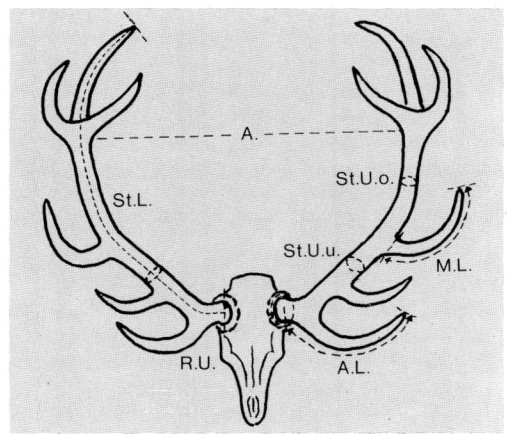

Rothirschgeweih, A = Auslage, AL = Augsprossenlänge, ML = Mittelsprossenlänge, RU = Rosenumfang, St.L. = Stangenlänge, St.U. = Stangenumfang (oben, unten)

8. Auslage (von 0–3 Punkte): Das ist die weiteste innere Entfernung der Stangen, ausgedrückt in Prozent der durchschnittlichen Stangenlänge. Weniger als 60% = 0 Punkte; 60–70% = 1 Punkt; 70–80% = 2 Punkte; über 80% = 3 Punkte.

9. Endenzahl: Zahl der Enden × 1. Zu geringe Enden (unter 2 cm) werden nicht angerechnet, abgekämpfte Enden rechnen voll, abgebrochene oder künstlich aufgesetzte Enden werden nicht gezählt.

*B. Zuschläge und Abzüge**

1. Zuschläge (Schönheitspunkte): (0–18 Punkte)

Farbe (0–2 Punkte)

hellgrau, gelblich oder künstlich		0 Punkte
grau bis mittelbraun		1 Punkt
dunkelbraun bis schwarz		2 Punkte

Perlung — 0–2 Punkte

Spitzen der Enden — 0–2 Punkte

Eissprossen (0–2 Punkte)

kurz (2–10 cm lang)	einseitig	0 Punkte
	beiderseitig	0,5 Punkte
mittel (10,1–15 cm lang)	einseitig	0,5 Punkte
	beiderseitig	1,0 Punkt
lang (über 15 cm lang)	einseitig	1,0 Punkt
	beiderseitig	2,0 Punkte

Krone (0–10 Punkte)

Für die Beurteilung der Enden (kurz, mittel, lang) gilt das Schema der Eissprosse wie vor.
Für die Wertung der Krone gilt:
Gesamtzahl der Enden beider Kronen

5–7 kurz	1–2 Punkte
5–7 mittel	3–4 Punkte
5–7 lang	4–5 Punkte
8–9 kurz	4–5 Punkte

---

* Hier wie bei den folgenden Formeln können bei Zuschlägen und Abzügen auch halbe Punkte angerechnet werden.

411

8–9 mittel	5–6 Punkte
8–9 lang	6–7 Punkte
10 und mehr kurz	6–7 Punkte
10 und mehr mittel	7–8 Punkte
10 und mehr lang	9–10 Punkte

2. Abzüge (Fehler) 0–3 Punkte
Ungleichmäßigkeit der Stangen und des Geweihs und der Aug-, Eis- und Mittelsprossen, soweit nicht bei der Wertung der Länge berücksichtigt.

Damschaufel

A. Messungen

Messung auf 0,1 cm bzw. 0,01 kg (0,05–0,09 Punkte werden auf 0,1 Punkte aufgerundet) mit Meßband wie beim Rothirschgeweih.

1. Stangenlaänge: Durchschnitt der beiden Stangenlängen in cm × 0,5. (Länge im Bogen der Stangen außen mit sorgfältig angedrücktem Bandmaß gemessen vom unteren Rosenrand seitlich bis zum obersten Punkt der geschlossenen Schaufel. Das Bandmaß wird nicht in die durch die Rose und die Stangenaußenwand gebildete Ecke eingedrückt.)

2. Augsprossenlänge: Durchschnitt der beiden Augsprossenlängen in cm × 0,25. (Länge der Augsprossen gemessen außen mit fest angedrücktem Bandmaß vom oberen Rosenrand bis zur Spitze. Sofern die Augsprossen nicht unmittelbar über dem oberen Rosenrand ansetzen, ist das Stangenstück zwischen dem oberen Rosenrand und dem Augsprossenansatz nicht mitzumessen.)

3. Schaufellänge: Durchschnitt der beiden Schaufellängen (ohne Enden) in cm × 1. (Gemessen an der Außenseite der Schaufel, entsprechend in ihrer natürlichen Krümmung. Als unterster Schaufelansatz gilt der Punkt, an welchem der geringste Stangenumfang über der Mittelsprosse bereits 1 cm zugenommen hat. Die obere Maßbegrenzung bildet der oberste Punkt der geschlossenen Schaufel. Bei normal geformten Schaufeln darf kein Punkt der gekrümmten Schaufelmeßlinie von dem vorderen Schaufelrand einen größeren Abstand haben, als der Endpunkt der Meßlinie am oberen Schaufelabschluß. Teilweise schaufelartige Fortsetzungen können nur dann für die Messung der Schaufellänge in Betracht kommen, wenn ihre größte Breite wenigstens das halbe Maß der größten vollen Schaufelbreite aufweist.)

4. Schaufelbreite: Durchschnitt der beiden Schaufelbreiten in cm × 1,5. (Die Schaufelbreite wird durch Messung des Umfanges der Schaufel **rundum** an ihrer breitesten Stelle ohne Berücksichtigung von Enden und endartigen Erweiterungen mit fest angedrücktem Bandmaß ermittelt; das Ergebnis wird mit 0,5 multipliziert.)

5. Rosenumfang: Durchschnitt des Umfanges beider Rosen in cm × 1. Einbuchtungen in der Rose werden mit dem Maßband überspannt.

6. Unterer Stangenumfang:
a) Umfang der linken Stange zwischen Aug- und Mittelsprosse, ohne Rücksicht auf etwaige Eis-

sprosse, an der schwächsten Stelle gemessen, in cm × 1.

7. Oberer Stangenumfang:
a) Umfang der linken Stange zwischen Mittelsprosse und Schaufel, an der schwächsten Stelle gemessen, in cm × 1.
b) Umfang der rechten Stange zwischen Mittelsprosse und Schaufel, an der schwächsten Stelle gemessen, in cm × 1.

8. Gewicht: Das Gewicht des Geweihs, mit der ohne Nasenbein, gekappt, in kg × 2 (1 kg also = 2 Punkte). Bei Abwiegung des Geweihs mit ganzem Schädel ohne Unterkiefer müssen 0,25 kg, mit Oberkiefer und ganzem Nasenbein, aber ohne Zahnreihen und ohne Hinterschädel 0,1 kg in Abzug gebracht werden.

B. Zuschläge und Abzüge

1. Zuschläge (Schönheitspunkte): (0–13 Punkte)
Farbe (0–2 Punkte)
hellgelb oder künstlich	0 Punkte
grau bis mittelbraun	1 Punkt
braun bis schwarz	2 Punkte

Endenbildung an den Schaufeln (0–6 Punkte)
Schaufelkanten mit wenigen	einseitig	0 Punkte
kurzen Enden	beiderseitig	0 Punkte
⅓ der Schaufelkanten		
mit Enden	einseitig	1 Punkt
	beidererseitig	2 Punkte

Damschaufel, A = Auslage, AL = Augsprossenlänge, RU = Rosenumfang, Sch.B. = Schaufelbreite, Sch.L. = Schaufellänge, St.L. = Stangenlänge, St.U. = Stangenumfang (oben, unten)

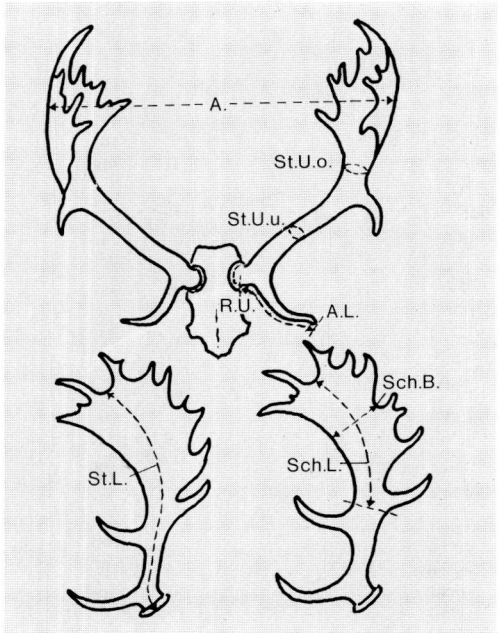

⅔ der Schaufelkanten

mit Enden	einseitig	2 Punkte
	beiderseitig	4 Punkte
Enden am gesamten hinteren	einseitig	3 Punkte
Schaufelrand einschl. Dorn		
	beiderseitig	6 Punkte

Wucht, Form, Regelmäßigkeit (0–5 Punkte)

| Wucht | 0–3 Punkte |
| Form u. Regelmäßigkeit | 0–2 Punkte |

2. Abzüge (Fehler): (0–24 Punkte)

Ungenügende Auslage (0–6 Punkte)

unter 85% der mittleren Stangenlänge	1 Punkt
unter 80% der mittleren Stangenlänge	2 Punkte
unter 75% der mittleren Stangenlänge	3 Punkte
unter 70% der mittleren Stangenlänge	4 Punkte
unter 65% der mittleren Stangenlänge	5 Punkte
unter 60% der mittleren Stangenlänge	6 Punkte

Fehlerhafte Schaufeln (0–10 Punkte)

Fischbauch-, Karo-, Dreieckschaufel		
	einseitig	1–3 Punkte
	beiderseitig	2–6 Punkte
Schlitzschaufel	einseitig	2–4 Punkte
	beiderseitig	4–8 Punkte
zerrissene Schaufel	einseitig	3–5 Punkte
	beiderseitig	6–10 Punkte
Schwertschaufel	einseitig	4–5 Punkte
	beiderseitig	8–10 Punkte

Unerwünschte Kanten

| (z. B. glatt oder morsch) | |
| der Schaufeln | 0–2 Punkte |

Mangelnde Ebenmäßigkeit

z. B. ungleichmäßige Stellung	0–6 Punkte
oder Länge der Stangen,	
der Aug- und Mittelsprossen	

Rehgehörn

A. Messungen

1. Länge der Stangen: Messung auf 0,1 cm genau von der seitlichen Mitte des unteren Rosenrandes (ohne Eindrücken des Bandmaßes in den Winkel oberhalb der Rose) der Krümmung der Stange folgend bis zur Spitze. Durchschnitt der beiden Stangenlängen in cm × 0,5.

2. Gewicht des Gehörns (trocken, 3 Monate nach der Erlegung): Mit oder ohne Nasenbein gekappt in Gramm vervielfacht mit 0,1. Beim Abwiegen des Gehörns mit ganzem Schädel ohne Unterkiefer müssen 65–90 g in Abzug gebracht werden. Gewogen wird auf 1 g genau.

3. Gehörnvolumen: Ohne Schädel und Rosenstock gemessen durch Wasserverdrängung in ccm × 0,3. Gemessen wird auf 4 ccm genau*.

_____

* Ist die Volumenermittlung durch Wasserverdrängung nicht möglich, so kann man durch die Vervielfachung des Gewichtes mit 0,23 (statt mit 0,1) die mehr oder weniger genaue gemeinsame Wertziffer für Gewicht und Volumen ermitteln.

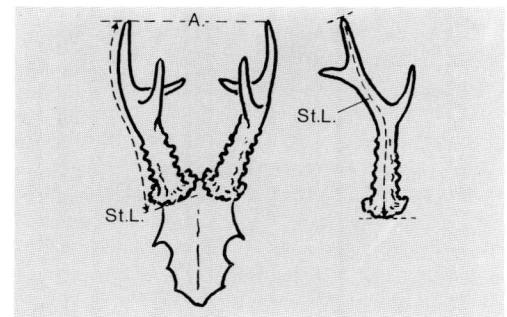

Rehgehörn, A = Auslage, St.L. = Stangenlänge

Auslage: (0–4 Punkte) weiteste innere Entfernung der Stangen voneinander

sehr eng (unter 30% der Stangenlänge)	0 Punkte
eng (30–35%)	1 Punkt
mittel (35–40%)	2 Punkte
gut (40–45%)	3 Punkte
sehr gut (45–75%)	4 Punkte
abnorm (mehr als 75%)	0 Punkte

B. Zuschläge und Abzüge

1. Zuschläge (Schönheitspunkte): (0–19 Punkte)

Farbe: (0–4 Punkte)

hell oder künstlich gefärbt	0 Punkte
gelb oder hellbraun	1 Punkt
mittelbraun	2 Punkte
dunkelgrau	3 Punkte
dunkel, fast schwarz	4 Punkte

Perlung: (0–4 Punkte)

glatt, fast ohne Perlung	0 Punkte
schwach geperlt	1 Punkt
mittelmäßig geperlt (kleine, ziemlich zahlreiche Perlen)	2 Punkte
gut geperlt (kleine Perlen auf allen Stangenseiten)	3 Punkte
sehr gut geperlt (reiche Perlung auf allen Stangenteilen)	4 Punkte

Rosen: (0–4 Punkte)

schwach (schmal und niedrig)	0 Punkte
mittel (schnurförmig, wenig geperlt)	1 Punkt
gut (kranzförmig und ziemlich hoch)	2 Punkte
stark (breit und hoch)	3 Punkte
sehr stark	4 Punkte

Spitzen der Enden: (0–2 Punkte)

stumpf und wenig ausgeprägt	0 Punkte
stumpf und mittelmäßig entwickelt	1 Punkt
spitz und weiß poliert	2 Punkte

Gehörform: (0–5 Punkte)

| davon Regelmäßigkeit | 0–3 Punkte |
| Güte (Vereckung) | 0–2 Punkte |

2. Abzüge (Fehler): (0–5 Punkte)

davon mangelnde Vereckung	0–2 Punkte
sonstige Unregelmäßigkeiten	
der Stangen und Ende, poröse Gehörne	0–3 Punkte

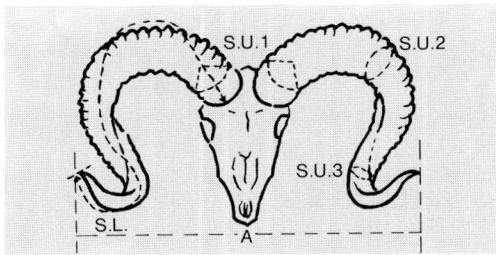

Muffelschnecke, A = Auslage, S.L. = Schlauchlänge,
S.U. = Schlauchumfang

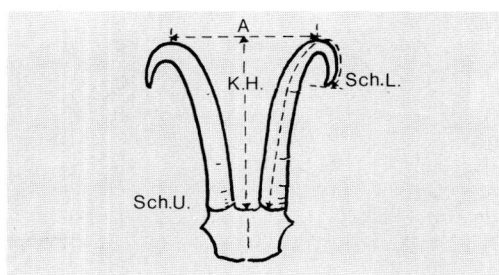

Gamskrucke, A = Auslage, K.H. = Kruckenhöhe,
Sch.L. = Schlauchlänge, Sch.U. = Schlauchumfang

Muffelschnecken

A. Messungen

Messungen (Länge und Auslage auf 0,5, Umfang auf
0,1 cm genau, bei 1.–4. jeweils Durchschnitt von links
und rechts in cm × 1).

1. **Länge** des linken Schlauches
   Länge des rechten Schlauches
   Durchschnitt in cm × 1
   Messung vom unteren Rand der Schläuche bis zur
   Spitze, der äußersten Krümmung folgend.
2. **Umfang** des linken Schlauches im 1. Drittel
   Umfang des rechten Schlauches im 1. Drittel
   Durchschnitt in cm × 1.
3. **Umfang** des linken Schlauches im 2. Drittel
   Umfang des rechten Schlauches im 2. Drittel
   Durchschnitt in cm × 1
4. **Umfang** des linken Schlauches im 3. Drittel
   Umfang des rechten Schlauches im 3. Drittel
   Durchschnitt in cm × 1
   2.–4. Messung im 1., im 2. und 3. Drittel an der
   stärksten Stelle mit dem Bandmaß
5. **Auslage** der Schläuche in cm × 1
   Messung des größten Abstandes der Außenflächen
   der Schläuche (oder ihrer Spitzen) mit der Kluppe.

B. Zuschläge und Abzüge

1. **Zuschläge** (Schönheitspunkte)
   Farbe (0–3 Punkte)   Rillung (0–3 Punkte)
   gefärbt 0 Punkte   glatt 0 Punkte
   hell 1 Punkt   spärlich 1 Punkt
   braun 3 Punkte   mittel 2 Punkte
   schwarz 3 Punkte   dicht 3 Punkte
   Drehung der Schläuche um ihre Längsachse 0–5
   Punkte
2. **Abzüge (Fehler):** 0–5 Punkte
   Einachser, asymmetrische Ausformung, zu enge
   oder zu weite Kreisbogen

Gamskrucke

A. Messungen

Messungen (auf 0,1 cm genau)

1. **Länge** des linken Schlauches, Länge des rechten
   Schlauches, Durchschnitt in cm × 1,5.
   Messung vom unteren Rand des Schlauches über
   die äußere Krümmung bis zur Spitze der Hakelung.
2. **Höhe** der Krucke in cm × 1.
   Messung von der Schädelnaht zwischen den beiden
   Schläuchen bis zu einem über die höchste Stelle der
   Krümmung gelegten Lineal.
   Der Greiß'sche Schragen erleichtert die Vermessung.
3. **Umfang** des stärksten Schlauches in cm × 4. Messung an der stärksten Stelle einschl. Pechbelag.
4. **Auslage** der Krucke in cm × 1.
   Messung des größten Abstandes der höchsten
   Punkte der Schläuche. Bei abnorm starker Auslage
   darf diese nicht höher bewertet werden als die
   Kruckenhöhe.

B. Zuschläge und Abzüge

1. **Zuschläge** (Alterspunkte): (0–3 Punkte)
   6–10 Jahre   1 Punkt
   11–12 Jahre   2 Punkte
   13 Jahre und mehr   3 Punkte
2. **Abzüge (Fehler)**
   Für Pechbelag 0–5 Punkte.
   Der Abzug für Pechbelag ist die Differenz zwischen
   den Punktzahlen für den stärksten Schlauchumfang
   mit und ohne Pechbelag, vermindert um die Zahl 1.

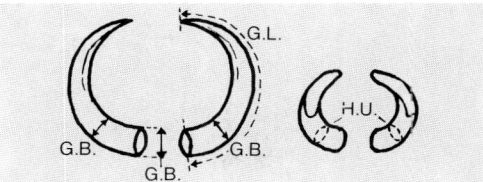

Keilerwaffen, G.B. = Gewehrbreite, G.L. = Gewehr-
länge, H.U. = Hadererumfang

Keilerwaffen

A. Messungen

Messungen auf 0,1 cm genau

1. Länge des linken Gewehres
Länge des rechten Gewehres
Durchschnitt beider in cm × 1
Messung auf der äußeren Krümmung (auf 0,1 cm
genau). Wenn die Spitze eines Gewehres abgebro-
chen ist, wird nur die tatsächliche Länge gemessen.

2. Breite des linken Gewehres
Breite des rechten Gewehres
Durchschnitt beider in mm × 3
Messung an der breitesten Stelle mit Zirkel oder Kup-
pe. Abnorme Auswüchse werden nicht gemessen.

3. Umfang des linken Haderers in cm × 1
Umfang des rechten Haderers in cm × 1
Messung an der stärksten Stelle, abnorme Auswüchse werden nicht gemessen. Unebenheiten
sind bei der Messung nicht zu berücksichtigen.

B. Zuschläge und Abzüge

1. Zuschläge (Schönheitspunkte): (0–5 Punkte), davon **für Gewehre** (0–2 Punkte)
Färbung an der Schleif-   einseitig 1 Punkt
fläche der Gewehre   beiderseitig 2 Punkte
dunkelbraun bis schwarz, gleichmäßige Wölbung
der Außenflächen, ausgedehnte Schleifflächen,
scharfe Spitzen, kreisförmige Krümmung **für Haderer** (0–3 Punkte)
Krümmung   einseitig 1 Punkt
                            beiderseitig 2 Punkte
Farbe der Schleiffläche
der Haderer   einseitig 0,5 Punkte
                            beiderseitig 1 Punkt

2. Abzüge (Fehler): (0–10 Punkte)
Schleiffläche der Gewehre (0–3 Punkte)
unter 4 cm   einseitig 1,5 Punkte
                            beiderseitig 3 Punkte
unter 5 cm   einseitig 0,5 Punkte
                            beiderseitig 1 Punkt
Ungleichheit der Gewehre
in Länge, Breite, Form)   0–3 Punkte
Ungleichheit der Haderer
(in Länge und Form)   0–3 Punkte
Mißverhältnis
zwischen Gewehren und Haderer   0–1 Punkt
Beschädigte Gewehre gelten nicht als unregelmäßig. Gänzlich unregelmäßige Waffen eignen sich
nicht zur Bewertung.

415

Paarungs-, Trag- und Setzzeit, Zahl der Jungen, Aufzuchtdauer beim Haarwild

Wildart	Paarungszeit	Tragzeit (Wochen)	Setzzeit	Zahl der Jungen	Aufzucht-dauer
Rotwild	September/Oktober	34	Mai/Juni	1 (–2)	6 Monate
Damwild	Okt./November	32	Mai/Juni	1 (–2)	6 Monate
Rehwild	Juli/August	40 (Eiruhe bis etwa Dezember)	Mai/Juni	1–2 (–3)	6 Monate
Gamswild	November/Dezember	25–26	Mai/Juni	1 (–2)	6 Monate
Steinwild	Dezember/Januar	22	Juni/Juli	1 (–2)	6 Monate
Muffelwild	November/Dezember	22	April/Mai	1 (–2)	6 Monate
Schwarzwild	Ende Nov./Dezember starke Schwankungen	18	gewöhnl. März/April, vereinzelt während des ganzen Jahres	4–8 1 (–2) Würfe	4 Monate
Feldhase	erstmals Januar/Februar	6	1. Satz März weitere Sätze im Sommer bis September/Oktober	2–4 (5), 3 (–4) Sätze	3 Wochen
Kaninchen	Februar/März bis in den September	4½	April bis Oktober	bis 12, selten weniger als 4, 4–6 Sätze	6 Wochen
Murmeltier	Ende April/Mai	5	Juni/Juli	2–5 (1 Satz)	6 Monate
Fuchs	Januar/Februar	7½	März/April	4–7	3 Monate
Wildkatze	Februar/März	(9–)10	Mai	2–4	3 Monate
Fischotter	meist Februar, aber auch sonst während des ganzen Jahres	7–9	meist April, doch entsprechend der Ranzzeit auch zu anderen Jahreszeiten	2–4	3 Monate
Dachs	Febr./März oder Juli/August	8 (mit etwa 28 Wochen Eiruhe je nach Ranzzeit)	Ende Januar/März	2–5	5 Monate
Baum-, Steinmarder	Juli/August	8–9 (dazu fast 30 Wochen Eiruhe)	Mitte März bis Mitte Mai	2–4	3 Monate
Iltis	Februar/März (Juni)	6	April/Mai (August)	4–8	3 Monate
Großwiesel	Februar bis in den Sommer	8 (dazu etwa 30 Wochen Eiruhe)	Frühjahr und Sommer	4–8	2 Monate

Paarungs-, Brut- und Schlupfzeit, Aufzuchtdauer beim Federwild

Wildart	Paarungszeit	Brutdauer (Tage)	Schlupfzeit	Zahl der Eier	Aufzucht-dauer
Auerwild	März/Mai	26–28	Mai/Juli	6–10	6 Wochen
Birkwild	April/Juni	25–28	Juni/Juli	6–12	5 Wochen
Haselwild	März/Juni	21–25	Mai/Juli	8–10	4 Wochen
Rebhuhn	April/Mai	23–25	Juni/Juli	8–18	5 Wochen
Fasan	März/Juni	23–25	Mai/Juli	10–14	5 Wochen
Waldschnepfe	März/April bis Mitte Juni/Juli	22–24	April/Mai/August	4 (2 Bruten)	6 Wochen

Paarungs-, Brut- und Schlupfzeit, Aufzuchtdauer beim Federwild

Wildart	Paarungszeit	Brutdauer (Tage)	Schlupfzeit	Zahl der Eier	Aufzucht-dauer
Ringeltaube	April/Juli	14–18	Mai/August	2 (2–3 Bruten)	5 Wochen
Stockente	März/April	21–26	April/Juni	8–12	8 Wochen
Bleßhuhn	April	21–23	Mai	5–9	9 Wochen
Graureiher	April/Mai	25–28	Mai/Juni	4–5	8 Wochen
Mäusebussard	März/April	33–35	Mai/Juni	3	7 Wochen
Habicht	März/April	35–38	Mai/Juni	2–5	7 Wochen
Sperber	März/April	31–33	Mai/Juni	4–6	7 Wochen
Kolkrabe	Januar/Februar	20–21	April/Mai	3–5	7 Wochen
Uhu	März/Mai	32–36	April/Juni	2–5	10 Wochen

Streng geschützte heimische Arten (Beispiele)*)

Säugetiere

Bayerische Kleinwühlmaus

Vögel

Drosselrohrsänger
Seggenrohrsänger
Schilfrohrsänger
Flußuferläufer
Eisvogel
Steinhuhn
Rohrdommel
Alpenstrandläufer
Ziegenmelker
Flußregenpfeifer
Weißstorch
Wachtelkönig
Schwarzspecht
Zippammer
Bekassine
Teichhuhn
Raubwürger
Rotkopfwürger
Uferschnepfe
Bienenfresser
Großer Brachvogel
Nachtreiher
Kampfläufer
Grauspecht
Grünspecht
Goldregenpfeifer
Rothalstaucher
Schwarzhalstaucher
Kleines Sumpfhuhn

Tüpfelsumpfhuhn
Säbelschnäbler
Uferschwalbe
Flußseeschwalbe
Wiedehopf
Kiebitz

Kriechtiere

Aspisviper

Schmetterlinge

Schwarzer Bär
Moosbeeren-Grauspanner
Kleiner Alpen-Bläuling
Alpen-Fleckleibbär
Brocken-Mohrenfalter
Kleiner Mottenspinner
Hochalpen-Apollofalter
Augsburger-Bär

Käfer

Deutscher Sandlaufkäfer
Großer Goldkäfer

Libellen

Alpen-Mosaikjungfer
Hauben-Azurjungfer
Zwerglibelle

Krebse

Edelkrebs

*) Anlage 1 zur BArtSchV – Beachte zusätzlich die durch § 10 Abs. 1 Nr. II BNatSchG unmittelbar gesetzlich »streng geschützten Arten«.

Deutsche Jagdsignale

1. Das hohe Wecken

2. Begrüßung

3. Aufbruch zur Jagd

4. Das Ganze

5. Langsam treiben! (Anblasen des Treibens)

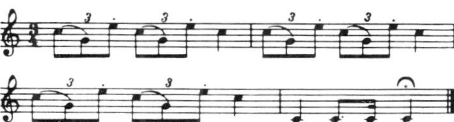

6. Halt!

7. Treiber in den Kessel! (Treiber rein!)

8. Aufhören zu schießen! (Abblasen des Treibens)

9. Zum Essen

10. Notruf

11. Hegeruf   **12. Antwort**

13. Hirsch tot!

14. Damhirsch tot!

15. Sau tot!

16. Gams tot!

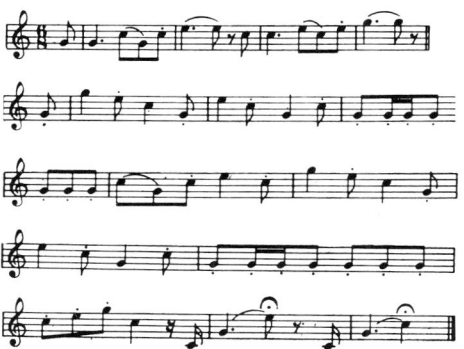

419

Mit freundlicher Genehmigung des Verlages Paul Parey, Hamburg, in Auswahl entnommen der Veröffentlichung »Die Jagdsignale. Die offiziellen Jagdsignale des DJV«

Sachwort-verzeichnis

Fettgedruckte Seitenzahlen
sind Hauptverweise

Victory 10 x 40 B T*: Das Geheimnis liegt im Detail.

Die Jagd auf Schalenwild

BLV Jagdpraxis
Bruno Hespeler
Vor und nach dem Schuss
Kaliber, Abkommen, Schusszeichen,
Nachsuche beim Schalenwild
Pflichtlektüre für jeden Jäger:
fundiertes Kompaktwissen rund
um die Jagd auf Schalenwild –
praxisgerecht mit vielen Abbil-
dungen.

Bernd Krewer
Schalenwild richtig bejagen
Wildgerechte und zeitgemäße
Methoden
Zeitgemäße Jagdmethoden unter
Berücksichtigung der Besonder-
heiten des jeweiligen Reviers und
seines Schalenwildbestandes;
Planung, Organisation und Durch-
führung.

Bruno Hespeler / Bernd Krewer
Jung oder alt?
Rehwild, Rotwild, Damwild, Muffelwild, Gamswild und Schwarzwild erkennen und beurteilen.

SPEZIALGESCHOSSE

KANN ALLES
Doppelkern-Geschoss

WIRKT SCHNELL
H-Mantel-Geschoss

EXTRA HART
Original-Brenneke-
Torpedo-Universal-Geschoss

PILZT AUF
Kegelspitz-Geschoss

TRIFFT IDEAL
Original-Brenneke-
Torpedo-Ideal-Geschoss

EINFACH GUT
Teilmantel-Geschoss

MASSGESCHNEIDERT FÜR IHREN ERFOLG

Für die meisten aktiven Jäger sind RWS-Patronen jederzeit erste Wahl. Zahlreiche Testsiege
in unabhängigen Fachzeitschriften belegen dies permanent. Diese Resultate begründen sich nach
unseren Erfahrungen durch die hohen Anforderungen an waidgerechtes Jagen. Dabei zählt
neben der ausgezeichneten Ballistik vor allem der schnelle, sichere Schocktod. RWS unterstützt
die Ansprüche der Jäger seit mehr als 100 Jahren mit der Entwicklung und Fertigung innovativer Geschosse.

RWS ist marktführend.
Und eine Marke von Dynamit Nobel.

Dynamit Nobel AmmoTec GmbH • Marketing • Kronacherstr. 63 • 90765 Fürth
Die angebotenen Produkte sind nach dem Waffengesetz in der Bundesrepublik Deutschland erlaubnispflichtig

Für Ausbildung und Praxis

Herbert Krebs
Vor und nach der Jägerprüfung

Seit Jahrzehnten ein Begriff – »der Krebs« jetzt wieder neu: das bewährte Standardwerk für Ausbildung und Praxis mit dem aktuellen Wissensstand aus allen jagdlichen Bereichen, vermittelt in Einführungstexten und 1836 Prüfungsfragen mit ausführlichen Antworten.

Bruno Hespeler
Jagdwissen auf einen Blick

Daten und Fakten für Praxis und Prüfung

Schneller Zugriff auf alle Fakten: das Kompaktwissen auf einen Blick zu allen Jagdbereichen – komprimiert, fundiert und übersichtlich, für den Praktiker ebenso geeignet wie für Jungjäger, Ausbilder und Prüfer.

Jagd-Lexikon

Das moderne Standardwerk mit über 6500 Stichwörtern zu allen Bereichen der Jagdwissenschaft und Jagdpraxis – komprimiertes Wissen von 20 kompetenten Fachautoren.

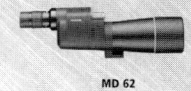

Jagdwaffen aktuell

Rolf Hennig
**Die Waffen-Sachkundeprüfung
in Frage und Antwort**
Das Standardwerk für die Prüfung – jetzt wieder neu:
Handhabung von Waffen und Munition, Reichweite
und Wirkungsweise der Geschosse, Waffenrecht,
Hinweise zur Genehmigung zum Waffensammeln,
ballistische Grundbegriffe.

Werner Reb
Jagdwaffen-Praxis
Für Revier und Jagdreise
Pflichtlektüre für jeden Waidmann: waffentechnisches
Wissen für die Jagdpraxis im Revier und für die Aus-
landsjagd; nach neuestem Stand der Technik: Jagd-
waffen, Munition und optische Geräte.

Walter Lampel / Richard Mahrholdt
Waffen-Lexikon
Das bewährte Standardwerk: der Ratgeber für alle
waffen-, schieß- und schusstechnischen Fragen mit
2450 Stichwörtern – komprimiertes Wissen und kom-
petente, Information nach neuesten Erkenntnissen.

Im BLV Verlag finden Sie Bücher zu den Themen:

Garten und Zimmerpflanzen • Natur • Heimtiere • Jagd
und Angeln • Pferde und Reiten • Sport und Fitness •
Wandern und Alpinismus • Essen und Trinken

Ausführliche Informationen erhalten Sie bei:

**BLV Verlagsgesellschaft mbH
Postfach 40 03 20 • 80703 München
Telefon 089 / 127 05-0
Telefax 089 / 127 05-543
http://www.blv.de**

Für die Praxis im Revier

Bruno Hespeler
Handbuch Reviergestaltung
Lebensräume schaffen und
erhalten
Biotope im Revier artgerecht
gestalten und rekonstruieren:
ökologische Daten und Fakten,
Beurteilungs- und Arbeitsanlei-
tungen mit Tabellen, Grafiken
und Fotos.

Odward Geisel
**Wildkrankheiten erkennen
und beurteilen**
Für die Fleischuntersuchung
des erlegten Haarwildes: die verschiedenen krankhaften Veränderungen und die wichtigsten
Infektionskrankheiten in Fotos
mit Texten zu Befund, Ursachen,
Beurteilung.

Manfred und Maria Baatz
**Hundeausbildung
für die Jagd**
Das bewährte Trainingsprogramm
für Jagdhunde aller Rassen.

Bildnachweis

Fotos:

Arndt: 84 r, 145 u, 152 o, 152 u, 157 ul
Baatz: 276 M, 278 l
Bender: 84 l, 88 ur, 97 ul, 97 ur, 109 ul, 114 r, 116 u, 121, 122 o, 124, 188, 191 r, 196 o, 200, 212, 225, 226 u, · 245 ul, 271 r, 275 o, 276 or, 279 u
Borchert: 222 (2)
Dagner: 157 ur
Danegger: 71, 89 or, 89 ur, 97 ol, 109, 114 ol, 115 ul, 159 u
Deutsches Jagd- und Fischerei Museum, München: 13 o, 17, 18, 19, 292, 293 (2)
Dietzen: 206
Fa. Feldsaaten Freudenberg GmbH: 377 u
Fa. Frankonia, Jagd: 289 o, 299 M, 304 l, 330, 331
Fa. Hirtenberger: 312
Fa. Krieghoff: 298 u
Fa. Mauser: 300 o
Fa. Puma: 334
Fa. RWS: 309 (2), 310, 311, 314
Fa. Sauer: 333
Fa. Schmid & Bender: 342
Fa. Zeiss: 338, 342
Geisel: 97 or, 217
Günther: 143 ol, 268 r
Hahn: 182 o
Hausen: 270 u
Hirsch: 13, 111 ol, 185, 205 l
Irsch: 94
Kalden: 20, 86 ol, 95 o, 98 (2), 99 (3), 103 o, 108, 161 or, 178 o, 196 u (2), 226 o
Klindsworth: 180 or
Kuczka: 150 u
Layer: 181 o
Lehmann 2/3, 172
Lehrstuhl für Forstbotanik, München: 404 (3)
Limbrunner: 116 o, 117 o, 126 o, 137 r, 143 or, 150 or, 155 ur, 156 u, 170, 359 (3), 360 (3), 364 o, 364 M
Maier: 255
Marek: 61, 190, 203, 274 r, 278 or, 428, 432
Markmann: 176 u, 268 l, 276 ul
Matula: 161 ol
Meyers: 63, 86, 87, 88 or, 95 u, 104, 105, 107, 110 r, 113 o, 115 o, 115 ur, 117 u, 118, 119 u, 120, 112 u, 123 o, 129, 133 o, 148 o, 159 M
Moosrainer: 138, 142 or, 155 o (2), 155 ul, 158, 160, 169 ul, 178 u, 180 l
Morerod: 112, 141, 181 u
Nagel: 163 r, 424
Nagygyörgy: 109 ur
Neugebauer: 378 o, 379 l
Pforr: 142 u, 158, 159 or, 163 l
Pirsch-Archiv: 10, 96, 131, 161 ul, 174 o, 194 (8), 195 (8), 207, 208 (2), 209 (2), 223, 295, 299 u, 381

Plucinski: 164 o
Pott: 144 ol, 157 o, 165 u
Quedens: 133 u, 143 ur, 146, 148 u, 153 u, 161 ur, 176 ol
Reinhard: 177 or
Reinhard/Rieser: 126 M
Rogl: 85, 88 ol, 101, 103 u, 119 o, 123 u, 126 ur, 127, 128, 132
Rolfes: 164 o
Schendel: 113 u, 205 r
Scherrer: 286
Schiersmann: 92, 168, 179 or
Schiffer: 379 r
Schmidt: 179 u
Schmoll: 91 u
Schneider: 111 or
Schrempp: 134
Seilmeier: 345, 375 ur
Siedel: 165 o
Siegel: 422
Sittig: 91 u, 93, 144 u, 163
Steidl: 140
Thiedemann: 174 u
Thielscher: 143 ol, 364 ul
Thiermeyer: 159 ol, 191 l, 196 M, 221, 224 (2), 245 o (2), 245 ur, 260, 264, 267, 270 ol, 272, 275 u, 276 ol, 276 ur, 277 u, 278 ol, 279 ol, 284, 285 (5), 361
Tierpath. Institut der Univ. München: 253 (7), 257 (7), 283 (7)
Trötschel: 145 o
Urban: 367, 374, 375 o, 375 M, 376 (3), 377 o, 378 u, 382, 383, 395 (3), 396 (3), 397, 398 (2), 399 (2), 400, 401 (3), 402 (3), 405
von Treuenfels: 169 o
van Elsbergen: 270 or, 271 l
Vater: 23
Wandel: 198 (2), 227, 230
Weber: 88 ul
Weidinger: 291, 300 u, 302 u, 306, 313, 316, 332 (2)
Wernicke: 137 l, 144 or, 54, 155 M, 156 o
Wiesner: 273, 274 l, 277 o 279 or
Winsmann: 110 l
Wothe: 364 ur
Zeininger: 130, 142 ol, 150 ol, 152 M, 153 o, 169 ur, 176 or, 177 l, 179 ol

Zeichnungen

Farb- und Schwarzweißtafeln von Helmut Diller, alle übrigen Zeichnungen: Barbara von Damnitz, Harald Hager, Hellmut Hoffmann. Marlene Gemke, Typotext, Anina Westphalen, Manuela Hutschenreiter.

Weiterführende Fachliteratur aus dem BLV

Wildbiologie

Bützler, W., 2001: Rotwild, 5. Auflage.
Hennig, R., 2001: Schwarzwild, 7. Auflage.
Hespeler, B., 1999: Rehwild heute. Lebensraum, Jagd und Hege. 7. Auflage.
Hespeler, B., 1995: Raubwild heute. Biologie, Lebensweise, Jagd.
Schneider, E., 1978: Der Feldhase.

Jagdpraxis

Geisel, O., 1995: Wildkrankheiten – erkennen und beurteilen.
Helemann, W., 1989: Das Jahr der Wildbahn. Wild und Jagd in heimischen Revieren. 2. Auflage.
Hespeler, B., 1992: Handbuch Reviergestaltung. Lebensräume schaffen und erhalten.
Hespeler, B., 2000: Hege und Jagd im Jahreslauf.
Hespeler u. Krewer, 2001: Jung und alt? Schalenwild richtig ansprechen.
Jagdlexikon, 1996: Neuausgabe (7. Auflage).
Krebs, H., 2002: Vor und nach der Jägerprüfung. 53., überarb. Auflage.
Kujawski, O. E., 1992: Wildbrethygiene – Fleischbeschau, 3. überarb. Auflage.
Lechner, E., 1991: Jagdparadiese in aller Welt. 2. Auflage.
Lechner, E.,1993: Aus fernen Wechseln. Jagdreisen rund um die Welt.
Wandel, G., 2002: Reviereinrichtung selbst gebaut. 8. überarb. Auflage.

Jagdhunde

Baatz, M. u. M., 2002: Hundeausbildung für die Jagd. 4. Auflage (Neuausgabe).
Krewer, B., 1996: Jagdhunde in Deutschland. Herkunft, Standort, jagdliche Eignung (2. Auflage).
Tabel, C., 1998: Der Jagdgebrauchshund. 11. Auflage.

Waffen

Hennig, R., 2002: Die Waffen-Sachkundeprüfung in Frage und Antwort. 21. neubearb. Auflage.
Lampel/Mahrholdt, 1998: Waffen-Lexikon. 11. Auflage.
Reb, W., 2001: Jagdwaffen praktisch. Revier, Schießstand, Jagdreise.

Jagdrecht

Bayerisches Jagdgesetz und Bundesjagdgesetz. 2002.
Thies, H.-J., 2002: Jagdrecht für die Praxis – Nordrhein-Westfalen.

Jagdkultur

Stief, R.: Handbuch der Jagdmusik. Band 1 bis Band 9.

Naturführer/Bestimmungsbücher

Bezzel, E., 1995: BLV Handbuch: Vögel.
Dierl, W., 1997: Insekten.
Eisenreich, W. u. a., 2002: Naturführer für unterwegs.
Gebhard, H. u. A. Ness, 2000: Fische.
Gerhardt, E., 1996: BLV Handbuch: Pilze.
Hecker, U., 2001: Bäume und Sträucher.
Horn u. Kögel, 2000: Käfer.
Lang, A., 1997: Spuren und Fährten unserer Tiere.
Pott, E., 2002: Pflanzen und Tiere des Waldes.
Reichholf, J.: Schmetterlinge.
Seidel, D., 2000: Unsere schönsten Wildpflanzen.
Thiede, U., 1997: Wasservögel und Strandvögel.
Thiede, W., 1999: Greifvögel und Eulen.

Naturbücher

Altmann, H. 2002: Giftpflanzen und Gifttiere.
Bezzel, E., 2002: Vögel beobachten.
Blab u. Vogel, 1996: Amphibien und Reptilien erkennen und schützen.
Siemers/Nill, 2000: Fledermäuse. Das Praxisbuch.